社 / 會 / 福 / 祉

THE SOCIAL WORK SKILLS WORKBOOK

제 6 판

사회복지
실천기술

Barry R. Cournoyer 저
김용석 · 이석호 · 전종설 공역

도서출판 박영사 CENGAGE Learning

Andover • Melbourne • Mexico City • Stamford, CT • Toronto • Hong Kong • New Delhi • Seoul • Singapore • Tokyo

The Social Work Skills Workbook

6ᵗʰ Edition

Barry R. Cournoyer

For permission to use material from this text or product, email to
asia.infokorea@cengage.com

ISBN-13: 978-89-6454-334-4

Cengage Learning Korea Ltd.
Suite 1801 Seokyo Tower Building
133 Yangwha-Ro, Mapo-Gu
Seoul 121-837 Korea
Tel: (82) 2 322 4926
Fax: (82) 2 322 4927

Cengage Learning is a leading provider of customized learning solutions
with office locations around the globe, including Singapore, the United Kingdom,
Australia, Mexico, Brazil, and Japan. Locate your local office at: **www.cengage.com/global**

Cengage Learning products are represented in Canada by Nelson Education, Ltd.

For product information, visit **www.cengageasia.com**

Printed in Korea
1 2 3 4 16 15 14 13

사회복지실천기술

[제6판]

Barry R. Cournoyer 저

김용석 · 이석호 · 전종설 공역

공역자 약력

김용석

가톨릭대학교 사회복지학과 교수

텍사스주립대학(The University of Texas at Austin) 박사

주요 경력: 가톨릭대학교 부설 한라종합사회복지관 관장

이석호

한울사회복지연구소 책임연구원

텍사스주립대학(The University of Texas at Austin) 박사

주요 경력: 사회복지 공동모금회 연구센터 책임연구원

전종설

이화여자대학교 사회복지학과 조교수

텍사스주립대학(The University of Texas at Austin) 박사

주요 경력: National Institute on Drug Abuse Postdoctoral Fellow, Department of Psychiatry, University of California, San Francisco

사회복지실천기술 제6판
The Social Work Skills Workbook, 6th Edition

제6판인쇄	2013년 3월 5일
제6판발행	2013년 3월 10일
저 자	Barry R. Cournoyer
공역자	김용석·이석호·전종설
발행인	안 종 만
발행처	(주) 박영사
	서울특별시 종로구 평동 13-31번지
	등록 1959. 3. 11. 제300-1959-1호(倫)
전 화	(02) 733-6771
f a x	(02) 736-4818
e-mail	pys@pybook.co.kr
홈페이지	www.pybook.co.kr

정 가	27,000원
ISBN	978-89-6454-334-4 93330

　　사회복지사 국가자격증 제도의 도입과 함께 사회복지학과 교과과정이 개편되면서 사회복지 실천에 관한 내용을 사회복지실천론과 사회복지실천기술론에서 다루고 있다. 사회복지실천론은 주로 사회복지실천의 지식기반을 다루며 사회복지실천기술론은 사회복지실천의 기술기반을 다 룬다고 할 수 있다. 사회복지실천기술은 사회복지 전문직의 가치와 전문적 활동에 필요한 지식과 함께 사회복지실천의 3대 요소라고 할 정도로 사회복지교육에서 강조되어 왔다.

　　국가자격증 제도 도입 이후 지난 10여 년간 국내에서 출판된 사회복지실천기술 관련 교재들 이 수십 종에 이를 정도로 많다. 이들 교재들은 사회복지사에게 필요한 다양한 실천기술을 소개 하는 장점을 갖지만, 지나치게 많은 실천기술을 다루다 보니 각 실천기술의 훈련과 습득을 위한 내용이 다소 미흡하다는 단점을 갖고 있기도 하다. 본 역서인 베리 코노이어Barry Cournoyer의 '사회 복지실천기술'은 실천기술의 훈련과 습득을 목적으로 저술된 교재이기 때문에, 기존 교재들의 단 점을 보완할 수 있는 교재로 사용될 수 있다.

　　이 책은 특정 대상 또는 실천모델을 위한 실천기술을 담기보다는 사회복지실천의 핵심기술 을 배우고, 이해하고, 연습할 수 있는 기회를 제공하고 있다. 이 책은 크게 2부 13장으로 구성되어 있다. 1부는 1장부터 5장까지 이루어져 있으며, 사회복지실천기술의 학습과정에서 필요한 기초적 인 사항들로 구성되어 있다. 1장은 전문 사회복지사에게 요구되는 전반적 사항에 대해 소개하고 있으며, 2장부터 5장까지는 전문성, 비판적 사고, 다양성 및 윤리적 결정에 관련된 문제들을 다루 고 있다. 2부는 6장부터 시작되는데 6장은 말하기와 경청하기와 같은 기본적 의사소통기술을 다 루며 7장부터 13장까지는 사회복지실천의 단계 및 과정(준비단계, 시작단계, 탐색단계, 사정단계, 계약단계, 개입 및 평가단계, 종결단계)에서 필요한 핵심기술을 설명하고 다양한 기관의 실제 사 례를 통해 이들 기술을 연습하고 습득할 수 있도록 구성되어 있다.

　　또한 이 책은 실천기술의 연습과 습득을 지원하는 다양한 자료를 담고 있다. 예를 들면, 학생 의 사회복지실천기술의 지식과 숙련을 측정하는데 사용되는 도구(사회복지실천기술검사, 사회복 지실천기술 자기평가 질문지), 학생의 자기사정과 전문적 발달을 촉진시키는 다양한 척도, 사례 기록의 기술, 사정, 계약을 위한 예시, 가상 또는 실제 클라이언트와의 면담에서 사용된 사회복지 실천기술의 질을 평가하는데 사용되는 양식 등이 담겨있다. 이와 같은 다양한 자료들을 사회복지 실천기술의 학습과정에 응용할 수 있도록, 학습 포트폴리오를 제작하는 방법 역시 제공하고 있다.

이 책을 통해 독자들이 사회복지실천기술을 습득하는 데 도움이 되기를 바라며, 지지부진한 번역과정을 인내하고 기다려주신 박영사의 안종만 회장님과 배근하 선생님께 진심으로 감사를 드린다.

2013년 2월
역자 일동

저자 서문

　　사회복지실천기술의 초판은 20년 전에 출판되었다. 사회복지학과 교수와 교재는 학생들에게 "무엇을 어떻게 해야 하는가"를 가르치기보다 단지 "실천에 관해 이야기하는" 경향이 있다는 학생들의 관찰과 불만이 이 책을 저술하게 된 자극제였다. "강의실에서 교수들은 추상적인 수준으로 강의하기 때문에 나는 클라이언트와 함께 있을 때 무엇을 해야 할지 모르겠다"는 것이 전형적인 학생들의 의견이었다. 확실히 우리는 보다 더 실용적이고 응용적인 학습교재를 필요로 했다.

　　초판이 출판된 지 20주년을 즈음하여 출판된 6판은 계속해서 이러한 욕구를 다루고 있으며 학습자들에게 핵심적인 사회복지실천기술과 역량을 숙련하고 배양할 수 있는 기회를 제공하고 있다. 실제로, 6판은 미국사회복지교육협의회(Council on Social Work Education)의 교육정책과 인증기준(Educational Policy and Accreditation Standards)의 최신판(2008)에 담겨 있는 사회복지실천기술과 역량을 반영하고 있다.

　　이 책은 (1) 실습과목에서 사회복지실천기술을 위한 주 교재로써("면담 기술", "대인관계 기술", "전문 기술", "상호작용 기술", "대인관계 의사소통 기술", "미시적 기술", "실천 기술" 또는 "원조 기술"로 명명될 수 있다); (2) 기초 "이머전" 또는 사회화를 위한 세미나 혹은 모듈을 위한 교재로써; (3) 사회복지실천 관련 과목을 위한 연습교재로써; (4) 실습 중에 있는 사회복지학과 학생들과 실습 담당 교수 및 슈퍼바이저들에 의해서; (5) 전문성을 향상시키고 필수적인 사회복지실천 기술과 능력을 숙련하고 배양하려는 사회복지사들에 의해서 사용될 수 있다.

　　이 책은 사회복지 학부과정과 대학원과정에서 사용될 수 있다. 이 책을 통해서 학생들은 실천기술 향상을 위한 많은 연습을 해보고 또 숙고할 수 있는 시간과 자신의 사회복지실천기술 학습 포트폴리오를 만들 수 있는 시간을 갖게 된다. 이를 촉진시키기 위해 6판은 두 가지 주요 부분으로 구성되어 있다. 1부는 학생들에게 사회복지의 가치, 문화, 맥락을 소개한다. 1부는 서론과 전문성의 차원과 특징을 다루는 4개의 장-(1) 진실성, 지식과 자기효능감, 자기이해와 자기통제, 사회적 지지, (2) 비판적 사고, 과학적 탐구, 평생학습, (3) 다양성과 차이의 존중, 인권과 사회정의 증진, 정책 실천을 통한 사회적 안녕 촉진, (4) 윤리적 의사결정-을 담고 있다: 2부는 실천기술의 발달을 강조하고 기본적인 말하기와 듣기 기술을 포함한다. 개별적인 장들은 실천의 7단계 – (1) 준비, (2) 시작, (3) 탐색, (4) 사정, (5) 계약, (6) 개입과 평가, (7) 종결 – 와 관련 있는 사회복지실천 기술을 다룬다.

사회복지기관, 정신보건센터, 의료 및 공중보건조직, 학교, 일부 교정복지 프로그램은 훈련의 목적을 위해서 이 책을 사용할 수 있다. 클라이언트에게 서비스를 제공하고 있는 사회복지사나 사회복지학을 전공하는 학생들은 기관의 세팅에 맞게 이 책의 연습문제, 특히 요약 연습문제를 부분적으로 수정해도 된다.

목적

이 책의 목적은 여러분이 윤리적이고 효과적인 사회복지실천을 위해 필요한 기술을 숙련할 수 있도록 원조하는 것이다. 기술들은 또한 사회복지 전문직의 목적 및 범위와 일치한다.

이 책은 사회복지실천의 핵심 기술을 배우고, 이해하며, 연습할 수 있는 기회를 제공하지만, 특정 상황에서 일부 사회복지사들에게 관련 있을 것 같은 모든 실천기술을 포함하지는 않았다. 그보다는, 이 책은 (1) 전문성의 특징을 대표하고, (2) 현대 사회복지실천의 목적, 단계, 과정에 적용가능하며, (3) 연구에 기반을 둔 지식, 사회복지 가치, 윤리, 의무에 기반하며, (4) 핵심적인 촉진적 자질을 반영하고, (5) 교육정책과 인증기준(Council on Social Work Education, 2008)에 담겨 있는 역량, 지식, 차원, 실천 행동과 일치하는 기술들을 다루고 있다.

박스 1	이 책의 목표

이 책을 완성한 후에 여러분은 다음과 같은 것들을 갖출 수 있어야 한다:

- 사회복지실천의 모든 단계에 전문성의 특징 적용하기
- 전문적 맥락에서 그리고 실천 단계 내내 비판적으로 사고하기
- 전문적 실천을 수행하면서 관련 있는 지식의 추구, 발견, 평가 및 적용을 위해 과학적으로 탐구하기
- 핵심적인 사회복지 가치, 윤리, 관련 있는 법적 의무를 윤리적 결정과 전문적 실천에 적용하기
- 개인, 가족, 집단, 조직, 지역사회, 동료와 일할 때 구두 및 문서 의사소통 기술 사용하기
- 다양성을 존중하고 문화적으로 민감하고 존중하는 방식으로 타인을 수용하기
- 인권과 사회정의를 옹호하고 사회적 안녕을 증진시키기 위해 정책실천에 관여하기
- 개인, 가족, 집단, 조직, 지역사회와 함께 준비, 시작, 탐색, 사정, 계약, 개입과 평가, 그리고 종결하기
- 사회복지실천기술과 역량의 숙련을 사정하고 평가하기
- 사회복지실천기술 학습 포트폴리오를 준비하는 과정을 통해서 학습한 것을 통합하고 종합하는 능력 키우기

그림 1 　전문성: 사회복지실천기술의 기반과 맥락

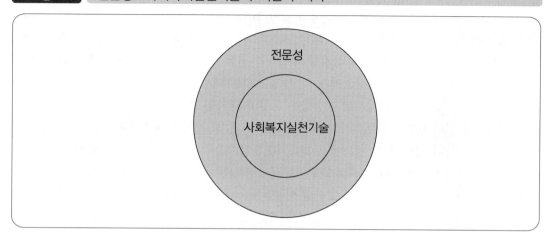

이 책에서 소개하는 사회복지실천기술들은 사회복지실천의 단계 또는 과정에 맞추어 소개되고 있다. 물론, 이러한 단계별 접근이 모든 클라이언트와의 개입이 유사한 패턴을 따르고 특정 단계에 적합한 특징과 기술이 다른 단계의 특징이나 기술과 뚜렷한 차이가 있다는 것을 제안하는 위험이 있기는 하나, 이것은 그러한 경우는 아니다. 때때로 특정 단계에서 취해졌던 일이 다른 단계에서 발생할 수도 있고, 긴급한 상황을 다루기 위해 순서가 바뀔 수도 있다. 실제로 특정 단계에 적용될 수 있는 역동성, 과제, 기능, 기술이 특정 클라이언트 체계와 일을 할 때에는 다른 단계에서도 적용될 수 있다. 일반적으로 우리는 클라이언트와 함께 일하는 과정 내내 클라이언트를 위해서 특정 기술들을(예를 들어, 공감적 반영 기술, 질문 기술) 반복적으로 사용한다. 개인, 커플, 가족, 집단, 조직, 지역사회와 일을 할 때 많은 기술들이 비슷한 방식으로 적용된다. 다른 기술들은 클라이언트 체계의 규모와 구성에 맞추어 변화되어야 한다. 사실, 전문적 판단은 실천의 모든 단계 내내 기술을 선택하고 적용하는 데 있어서 매우 중요하다.

사회복지실천기술은 관여되는 사람과 맥락을 신중하게 고려하지 않은 채 기계적으로 적용될 수 없고 적용되어서도 안되기 때문에 전문성은 매우 중요하다. 진실성, 지식, 비판적 사고, 윤리적 의사결정과 같은 전문성의 요소들과 함께 사회정의의 증진, 사회적 안녕의 촉진을 위해 필요한 공정성과 포괄성 등 인권 과정에 대한 인식이 사회복지실천기술의 기초 기반과 맥락으로써 작용한다(그림 p.1 참조). 이러한 전문적 기반이 결여된다면, 실천기술은 둔감하고, 편협하며, 부적절하고, 미숙하고, 궁극적으로는 위험한 방식으로 사용될 수 있다.

6판은 이전 판의 구조를 유지하고 있지만, 현대 사회복지실천, 최신 연구결과물, 특히 미국사회복지교육협의회가 최근에 채택한 교육정책과 인증기준(2008)에 제시된 역량과의 일치성을 높였다. 가 역량과 관련 있는 사회복지실천기술들을 제시하였다(부록 14 참조). 이에 더하여 사회복지실천기술검사(social work skills test)를 만들어 학생의 학습을 사정하고 사회복지 교육 프로그램의 평가를 위해 사용될 수 있도록 하였다. 학생은 학기초와 학기말에 검사지를 작성하고 이를 학습의 지표로 사용할 수 있으며, 교수는 첫 번째 검사에 대한 학생들의 응답이 강의에서 어떤 기술 또는 역량을 강조해야 할지를 결정하는 데 유용하다는 것을 알게 될 것이다.

사회복지실천기술검사지에 대한 학생들의 응답을 사회복지실천기술의 학습과 숙련도 향상의 증거로서 사용할 수도 있다. 검사 결과를 사전검사와 사후검사 방식으로 축적하면, 미국사회복지교육협의회의 인증기준을 충족하는데 도움이 될 것이다. 교육정책과 인증기준은 각 핵심 역량과 관련하여 학생들의 진전을 평가하도록 각 대학과 대학원에 요구하고 있다. 더욱이 각 대학과 대학원은 교육 프로그램의 질과 성과를 개선하기 위해 이러한 평가 결과를 사용해야 한다. 사회복지 대학교육 프로그램은 학생들에게 이 책에 포함된 대부분 혹은 모든 실천기술에 숙련되기를 기대한다. 실제로 이 책에 제시된 기술들은 학부와 대학원 프로그램 인증을 위해 요구되는 많은 지식영역과 실천 행동에 대한 학생들의 학습을 지원한다. 각각의 사회복지실천기술은 한 가지 이상의 핵심 역량과 관련 있기 때문에 사회복지실천기술검사—특히 사전-사후 방식으로 사용될 때—는 학생 개별적으로 그리고 프로그램 전반적으로 학생 학습의 성과를 평가하기 위한 자료로 활용될 수 있다. 더 나아가, 각 장에 포함된 연습문제는 사회복지실천기술 학습 포트폴리오에 포함될 수 있는 비판적 사고 기록을 만들어내기 때문에, 학생, 교수, 교육 프로그램을 후원하는 조직은 이를 사용하여 성과 평가를 위해 필요한 정보를 추가로 만들어낼 수 있다. 실제로, 사회복지실천기술검사 결과, 이 책에 포함된 많은 자기평가연습에 대한 응답과 사회복지실천기술 학습 포트폴리오에 포함된 기록을 합치고 축적하게 되면, 사회복지 대학교육 프로그램들이 성과를 높이고 인증기준을 충족시키기 위한 노력의 일부로써 교육 목표와 핵심 역량의 달성 정도를 평가하는데 도움이 될 수 있다.

표 1은 이 책의 목적 및 목표와 교육정책과 인증기준의 10가지 핵심 역량 간의 관계를 보여준다.

6판은 또한 클라이언트와 협력적 의사결정을 내리는데 있어서 과학적 탐구, 비판적 사고, 연구 기반 지식의 역할을 더욱 강조하였다. 이러한 강조는 증거와 성과 기반 실천에 대한 현대적 관점, 그리고 사회복지사는 "연구 기반 실천과 실천 기반 연구에 관여한다"는 기대와 일치한다 (Council on Social Work Education, 2008, EP2.1.3). 교육정책과 인증기준이 제안하듯이, "사회복지사는 논리적, 과학적 탐구와 이성적 식별의 원칙을 알고 있다. 사회복지사는 창의성과 호기심에 의해 축적된 비판적 사고를 사용한다. 또한 비판적 사고는 관련 정보의 통합과 의사소통을 요구한다 (Council on Social Work Education, 2008, EP2.1.3).

특히 비판적 사고가 부족할 때, 안전하고 효과적인 서비스에 관한 불충분한 지식은 개인, 가족, 집단, 조직, 지역사회, 그리고 심지어 사회에까지 심각한 피해를 초래할 수 있다. 경험이 부족하고, 경솔하며, 무지하고, 자기중심적이며, 자기 민족 중심적이고, 외국인에 대해 혐오적이며, 미신적인 방식으로 생각하는 사회복지사는 종종 비효과적이고 때때로 타인에게 해를 입힌다. 개인 의견, 미신, 직감이 진실과 타당성과 혼동되고 이데올로기가 종종 "지식"이 되는 시대에, 과학적 탐구와 비판적 사고는 매우 중요하다. 현대 사회에서 우리는 취약 계층에 상처를 주는 입증되지 않은 주장, 거짓, 부끄러움, 사기, 반대, 엉터리 치료를 알아내기 위해 학문적이고, 합리적이며, 반성적이고 비판적인 사람들을 절실히 필요로 한다. 사회의 가장자리에 있는 사람들과 집단에게 봉사하는 전문적인 원조자로서 사회복지사들은 스스로를 위해서 뿐만 아니라 클라이언트와 지역사회를 위해서 과학적 탐구, 비판적 사고, 평생학습에 능숙해야 한다. 실제로, 북아메리카에 사는 많은 사람들은 논리적이고 합리적인 사고 과정에 관한 교육과 훈련의 혜택을 제공받았다. 현대 실천을 위한 중요성을 고려하여 각 장을 결론짓는 많은 요약 연습들은 과학적 탐구, 비판적 사고,

표 1	사회복지실천기술 학습 목표와 교육정책과 인증기준의 핵심 역량 간 관계
사회복지실천기술(6판)	**교육정책과 인증기준의 핵심 역량(2008)**
이 책을 완성한 후에 여러분은 다음과 같은 것들을 갖출 수 있어야 한다:	사회복지대학교육협의회가 인증한 학부와 대학원의 졸업생은 다음과 같은 것들을 갖출 수 있어야 한다:
• LG01: 사회복지실천의 모든 단계에 전문성의 특징 적용하기	• EP2.1.1: 전문 사회복지사로 신분을 밝히고 그에 맞게 행동하기
• LG02: 전문적 맥락에서 그리고 실천 단계 내내 비판적으로 사고하기	• EP2.1.3: 전문적인 판단을 알리고 나누기 위해 비판적 사고 적용하기 • EP2.1.9: 실천을 형성하는 맥락에 반응하기
• LG03: 전문적 실천을 하면서 관련 지식의 추구, 발견, 평가 그리고 적용을 위해 과학적으로 탐구하기	• EP2.1.6: 연구 기반 실천과 실천 기반 연구에 관여하기 • EP2.1.7: 인간행동과 사회환경에 관한 지식 적용하기
• LG04: 핵심적인 사회복지 가치, 윤리 관련 법적 의무를 윤리적 결정과 전문적 실천에 적용하기	• EP2.1.4: 다양성과 차이를 실천에 끌어들이기
• LG05: 개인, 가족, 집단, 조직, 지역사회, 동료와 일할 때 구두 및 문서 의사소통 기술 사용하기	• EP2.1.2: 전문적 실천에 사회복지 윤리원칙 적용하기
• LG06: 다양성을 존중하고 문화적으로 민감하고 존중하는 방식으로 타인을 수용하기	• EP2.1.3: 전문적인 판단을 알리고 나누기 위해 비판적 사고 적용하기
• LG07: 인권과 사회정의를 옹호하고 사회적 안녕을 증진시키기 위해 정책 실천에 관여하기	• EP2.1.5: 인권과 사회적, 경제적 정의 증진시키기 • EP2.1.8: 사회적, 경제적 안녕을 증진시키고 효과적인 사회복지서비스를 전달하기 위한 정책 실천에 관여하기
• LG08: 개인, 가족, 집단, 조직, 지역사회를 대상으로 준비, 시작, 탐색, 사정, 계약, 개입과 평가, 그리고 종결하기	• EP2.1.10: 개인, 가족, 집단, 조직, 지역사회를 대상으로 관여, 사정, 개입, 평가하기
• LG09: 사회복지실천 기술과 역량의 숙련을 사정하고 평가하기	• EP2.1.1: 전문 사회복지사로서 신분을 밝히고 그에 맞게 행동하기
• LG10: 사회복지실천기술 학습 포트폴리오를 준비하는 과정을 통해서 학습한 것을 통합하고 종합하는 능력 키우기	• EP2.1.1: 전문 사회복지사로서 신분을 밝히고 그에 맞게 행동하기 • EP2.1.9: 실천을 형성하는 맥락에 반응하기

참조: "LG"는 학습목표를 "EP"는 교육정책을 의미한다.

평생학습 활동을 포함한다.

기술 습득을 위한 많은 연습은 인터넷 자료를 포함하지만, 다른 연습은 개인적 조명이나 경험 있는 사회복지사와의 대화를 요구한다. 여러분은 여러분이 지녀온 신념, 태도, 이데올로기에 대해 의심을 품거나 도전하게 될 때 어떤 연습은 불쾌감을 불러일으킬 것이다. 실제로, 나는 여러분이 여러분 자신의 생각과 다른 사람들의 생각에 관해 회의적이고 비판적으로 생각하도록 여러분을 자극하기에 충분하리만큼 불편함을 느끼길 바란다. 사회복지사로서 우리는 우리의 관점, 가치, 기대에 도전하는 매우 어렵고 상당히 긴장되는 상황들을 직면하곤 한다. 우리는 개인적,

대인관계적, 사회적, 지적 불편함을 다루는 방법을 배워 클라이언트의 욕구와 목표 그리고 우리 자신의 전문적 책임에 일차적 초점을 맞추고 유지할 수 있어야 한다.

나는 여러분에게 인간과 인간행동, 공정, 그리고 인생과 생활에 관한 개인적 신념을 탐색하고 더 나아가 그 신념에 의문을 제기하기 위해 이 책에 있는 연습문제를 사용해 보도록 권한다. 나는 여러분에게 "여러분이 생각하는 모든 것을 믿지 말라"(Kida, 2006)고 제안한다. 일반적으로 사회복지실천은 강력한 정서와 태도를 불러일으키는 개인적, 사회적 현상에 관해 복잡하고 "심오한 사고"를 포함한다는 것을 인식해라. 여러분이 이 책을 사용하면서, 타인과 여러분 주변의 세상에 접근하는 여러분의 방식을 안내할 가치와 생각을 입증해 주는 기본 가정, 증거의 본질, 출처, 그리고 질을 조사하고 분석하는 방법을 배우길 바란다.

우리가 봉사하는 개인, 가족, 집단, 조직, 지역사회는 점점 더 다양해진다. 따라서 나는 이 책에서 다양성, 인권과 사회정의, 정책 실천적 측면을 확대하였다. 사회복지실천에서 이들 주제의 중요성을 인식하여 각 주제는 별도의 장들에서 다루어졌다. 이에 더하여, 각 장의 후반부에 있는 요약 연습문제들이 인권과 사회정의에 영향을 끼치는 정책 및 실천과 관련 있을 경우 이들 연습문제는 문화, 지위, 차이를 다루고 있다.

클라이언트와 사회복지사가 만들어낸 사정, 개입을 위해 합의한 목표, 목표 달성을 위해 선택된 전략, 개입, 실행 단계들 간의 관계를 보다 명확하고 일관되게 만들기 위해 탐색, 사정, 그리고 계약을 다루는 장들을 강화하였다. 이는 여러분과 여러분의 클라이언트가 변화 지향적인 가설을 세우고 계약을 체결하는데 도움을 줄 것이다. 당연히 이러한 전문적인 활동은 과학적 탐구, 비판적 사고, 다양성에 대한 주목을 포함한다.

나는 이 책에 제시된 과정과 기술의 중요성, 안전성, 효과성과 관련 있는 문헌에 대한 체계적인 검토와 메타분석을 통해서 얻은 새로운 연구 기반 지식을 반영하고자 하였다. 예를 들어, 사정, 평가, 그리고 우리의 서비스에 의해서 영향을 받는 클라이언트의 피드백은 준비 단계에서부터 종결 단계까지 그리고 가능하면 그 이후까지 실천의 모든 단계에서 중요한 역할을 담당하였다.

전문성에 대한 관심이 증가하고 있다. 진실성, 전문 지식과 자기효능감, 자기이해와 자기통제, 사회적 지지, 그리고 앞에서 논의하였듯이 다양성과 차이의 존중, 인권과 사회정의 증진, 정책과 실천을 통한 사회적 안녕 촉진, 윤리적 의사결정뿐 아니라 비판적 사고, 과학적 탐구, 평생 학습은 전문성의 기본 요소들로서 서로 연결되어 있다. 이러한 요소들은 사회복지사로서 역량을 개발하고 유지하기 위해 필수적이다. 클라이언트와 클라이언트의 사회적, 환경적 맥락이 지닌 강점, 자원, 유연성, 자산이 그러했듯이 사회적 지지와 사회관계망같은 생태학적 요인들이 관심을 받고 있다. 물론 대부분의 사람, 집단, 지역사회는 개인적, 사회적 문제를 경험하고 있기 때문에 그들이 원조 전문가를 찾는다는 것을 인식하지만, 사회복지실천을 안내하는 초점으로써 문제보다는 목표를 강조한다.

나는 이 책을 다음과 같은 방식으로 배열하였다:

제1부는 서장으로 시작되는데 이 장은 사회복지실천의 본질, 실천 대상, 다루어지는 사회문제, 그리고 실천현장에 관한 서론과 전반적인 관점을 제공한다. 1장은 사회복지실천기술의 정의를 담고 있으며 사회복지실천기술과 사회복지교육협의회의 교육정책과 인증기준의 핵심 역량 간의 관계를 다루고 있다. 이 장에서 여러분은 이 책에서 다루어지고 있는 기술을 선택하기 위해

사용된 개념적 틀을 배울 것이고, 윤리적이고 효과적인 사회복지사가 클라이언트와 함께 일하면서 그리고 클라이언트를 위해 일관되게 반영하는 핵심적인 촉진적 자질과 전문성의 특성과도 친숙해질 것이다.

2장은 전문성을 보다 심도 있게 탐색한다. 이 장에서는 전문성을 전문적 실천과 관련하여 고려할 수 있도록 하기 위해서 여러분은 진실성의 측면을 살펴보고 도구들을 완성할 것이다. 여러분은 현대 사회복지 지식 기반의 차원들을 고려할 것이다. 몇 가지 연습문제는 사회복지 전문성의 특징과 관련 있는 자기 사전 정보를 만들어낸다. 예를 들면, 여러분은 전문적인 사회복지 지식 기반과 여러분 자신의 자기효능감을 배우기 위해 설계된 활동들을 할 것이다. 여러분은 원가족, 생태학적 맥락, 주요 사건, 자기통제, 사회적 지지와 같은 요인들에 대한 여러분의 이해를 확장하기 위한 연습도 할 것이다. 여러분은 또한 자신의 지식과 기술에 대한 "사전검사"로서 사회복지 실천기술검사를 완성함으로써 사회복지실천기술의 숙련도를 스스로 평가할 수 있으며 사회복지실천기술 학습 포트폴리오에 포함될 자료를 생산해내기 시작할 것이다.

6판에서는 과학적 탐구, 비판적 사고, 평생 학습이 별도의 장에서 다루어졌다. 3장은 과학적 탐구와 비판적 사고 기술들을 다루고 있으며 사고하기와 글쓰기 연습을 통해 이 기술들을 적용해보는 많은 기회를 제공한다. 다양성과 차이의 존중, 인권과 사회정의 증진, 정책 실천을 통한 사회적 안녕 촉진 또한 별도의 장에서 다루어졌다. 4장에서 여러분은 이러한 역량을 개발하고 강화하는 연습을 하게 될 것이다. 여러분은 자신의 편견적인 태도와 차별적인 행동, 그리고 타인, 특히 어떤 면에서 여러분과 차이가 있는 다른 사람들을 수용하는 정도를 알 수 있을 것이다. 인권과 사회정의를 배우게 되며 사회복지실천의 통합적인 부분이라고 할 수 있는 정책 실천과도 친숙해질 것이다.

5장은 여러분에게 사회복지실천에서 윤리적 결정을 내리는 과정들을 소개하고 있다. 여기서는 모든 원조 전문가들에게 적용되는 기본적인 법적 의무와 책임이 논의되고 있다. 그리고 사회복지사에게 적용되는 핵심 가치와 윤리적 원칙, 부적절한 실천과 관련된 이슈들이 소개되고 있고 최근의 법정결정에 대한 함의에 대해 논하고 있다. 마지막으로 여러분은 윤리적 결정 기술의 개발을 강화하는 연습을 하고 여러분의 비판적 사고와 평생학습 능력을 증진시킬 것이다.

제2부는 6장부터 시작된다. 이 장은 말하기와 경청하기 그리고 문화적으로 민감한 방식으로 의사소통하기와 같은 기본적인 대인관계 기술들을 소개하고 있다. 이 장에서는 목소리, 말투, 언어와 관계된 말하기 기술, 신체 언어, 듣기, 관찰하기, 격려하기, 기억하기 등과 같이 경청하는 기술들이 포함되어 있다. 말하기와 듣기 기술은 적극적 경청의 형태로 합쳐진다. 적극적 경청을 통해 사회복지사는 다른 사람들이 자신을 표현하도록 하고 그들이 표현한 것을 듣고, 기억하고, 반영한다. 북아메리카의 인종적, 민족적, 문화적 다양성 때문에 언어, 단어 선택, 그리고 비언어적 행동의 중요성에 상당한 주의를 기울였다. 이전 장들에서처럼, 여러분은 기본적인 듣기와 말하기 기술의 발달과 이 영역에서 여러분의 비판적 사고와 평생 학습 능력을 촉진하기 위해서 고안된 연습을 하게 될 것이다.

7장부터 13장은 사회복지실천의 단계 및 과정과 관련된 기술들을 소개한다: (1) 준비단계, (2) 시작단계, (3) 탐색단계, (4) 사정단계, (5) 계약단계, (6) 개입과 평가단계, (7) 종결단계 등이 그것이다. 이들 장에서는 각 단계에서의 업무의 목적과 과제들을 소개하며, 이어 특정 단계에서 공통적으로 사용되는 사회복지실천기술을 설명한다. 그리고 각 장과 절의 후반부에는 여러분이 각각의 기술을 실제에 적용하고, 다양성과 차이를 존중하며, 비판적으로 사고하고, 과학적으로 탐구하며, 평생 학습을 추구하는 여러분의 능력을 증진시키는 데 유용한 연습문제들이 제시되어 있다.

여러분은 학습연습을 완성하면서 두 개의 "사례기록"을 준비하게 될 것이다. 여러분은 이전에 터득한 자기이해에 기초하여 "개인사례기록"의 기술부분과 사정부분을 준비할 것이다. 추가로 여러분은 "실천 클라이언트"가 되기로 동의한 동료와 5차례의 면담을 수행하는 과정에서 보다 더 완벽한 "실천사례기록"을 준비할 것이다. 5차례의 면담은 전문적 관계의 모든 단계를 연습할 수 있는 기회를 여러분에게 제공할 것이다. 기술, 사정, 계약 부분에 더하여 여러분은 여러분의 동료를 포괄적인 실천경험에 관여시키면서 진행기록과 사례종결요약도 준비할 것이다. 두 가지 "사례기록"은 사회복지실천기술 학습 포트폴리오에 포함되는 중요한 내용이 될 것이다.

예문으로 선택되고 학습연습부분에서 사용된 사례들은 다양한 기관과 상황으로부터 얻어진 것들이다. 대부분의 사례가 개인과의 상호작용과 관련된 내용이지만, 환경적 요인의 중요성을 일관성 있게 반영하고 있다. 다른 유형의 클라이언트(부부, 가족, 집단 등)와 비클라이언트 체계(위탁 자원, 지역사회 자원 또는 관련 사회체계 등)와 관련된 예들도 포함되어 있다. 사례는 연령, 사회경제적·민족적 지위, 성별, 성적 취향이 다양하다는 관점에 기초하여 선별되었다.

강의를 위해 본 교재를 사용하고자 하는 교수는 이들 연습문제를 다양한 방법으로 사용할 수 있다. 교수는 과제나 수업 중 활동의 일부로 연습문제에 대해 어떻게 반응할지를 학생들에게 질문할 수 있다. 그런 다음 교수는 학생들에게 그들의 반응과 실천기술을 능숙하게 적용하기 위해 필요한 특징들을 나누도록 할 수 있다. 많은 자기평가 기회는 여러 종류의 평가 과정—교수의 평가뿐 아니라 자기평가와 동료 사정—을 촉진할 것이다. 실제로, 교수는 집단적 관심이 더 필요한 실천기술 영역을 강조하거나 이미 높은 숙련도를 보이는 실천기술들을 보다 신속하게 다루기 위해 축적된 사전 자료를 사용해도 좋다. 마찬가지로, 학생과 교수는 과정 또는 종합 사정 목적을 위해서 그리고 프로그램 평가의 일부분으로 사회복지실천기술 학습 포트폴리오를 정기적으로 검토할 수도 있다.

수업시간 동안, 학생들은 선택된 연습들을 수행하기 위해 두세 명씩 짝을 짓거나 소집단을 만들도록 할 수도 있다. 이때 클라이언트와 사회복지사의 역할을 번갈아 가면서 하게 함으로써 학생들에게는 역할극이 효과적인 학습 경험의 기회가 될 수 있다. 특히 다른 학생이나 교수의 피드백이 주어지게 되면 더욱더 효과적인 학습의 기회가 될 수 있다. 교수는 사회복지실천기술은 클라이언트를 원조하는 맥락에서 사용되어야 함을 알아야 한다. 따라서 건설적인 피드백을 적절하게 사용하면서 실전에 가까운 지도-학습 과정을 사용하는 것이 바람직하다. "무엇에 관해 얘기하는" 주제가 중요하지만, 기술과 역량이 포함된다면, 해보고, 적용하고, 연습하는 것이 훨씬 더 큰 교육투자 대비 효과를 만들어낼 것이다.

6판은 학습을 지원하는 몇 가지 부록을 포함하고 있다. 부록 1은 사회복지실천기술 학습 포트폴리오를 소개하면서 포트폴리오에 포함시킬 내용과 관련된 체크리스트를 포함하고 있다. 부록 2는 새로운 사회복지실천기술검사를 포함한다. 학생과 교수는 이 검사를 사전조사로서 그리고 사후조사의 지표로서 사용할 수 있다. 195문항으로 구성된 이 테스트는 유용한 학습지침 또는 광범위한 사회복지실천기술에 대한 지식과 숙련을 측정하는 수단이기도 하다. 부록 3은 본 교재에서 다루고 있는 실천기술에 대한 숙련을 사정하기 위한 또 다른 도구인 사회복지실천기술 자기 평가 질문지이다. 질문지는 여러분이 나중에도 여러분의 능력의 변화를 추적할 수 있도록 하기 위해 거의 모든 장의 후반부에 제시되어 있다.

부록 4-10은 학생의 자기사정과 전문적 발달을 촉진하는 척도를 포함한다. 부록 11은 사례기록의 기술, 사정, 계약에 관한 예시를 포함한다. 부록 12는 가상 또는 실제 클라이언트와의 면담에서 사용한 사회복지실천기술의 질을 사정하기 위해 사용될 수 있는 평가양식을 포함한다. 부록 13은 사회복지실천기술 표를 포함한다. 부록 14는 교육정책과 인증기준의 핵심적인 역량과 관련 있는 사회복지실천기술 표를 포함한다. 마지막으로, 부록 15는 사회복지실천기술검사를 위해 사용하게 될 답안지를 포함한다.

감사의 글

사회복지실천기술의 6판은 35년 이상의 사회복지실천 경험과 30년 이상의 대학 강의 경험을 반영한다. 그 기간 동안, 클라이언트와 학생들은 나의 가장 중요한 선생들이었고 그들에게 가장 많은 고마움을 가지고 있다. 그들은 몇 번이고 되풀이해서 나의 실수를 용서해주었고 나를 존중해주었다.

나는 특히 그들의 세상을 볼 수 있도록 허락해 준 클라이언트들에게 고마움을 전하고 싶다. 그들의 인생 이야기는 놀라울 정도였다. 나는 그들의 영웅적인 여행에 그들과 함께 참여할 수 있는 특권을 누렸다. 마찬가지로, 나의 학생들은 가장 뛰어난 나의 선생이었다. 만약 그들이 내가 그들로부터 배웠던 것의 반을 배웠다면, 나는 만족한다. 또한, 나는 사회복지학과 학생들과 교수들이 보내온 편지와 전자메일에도 감사한다. 나는 이 책을 개선시킨 그들의 제안을 소중히 여기고 있다.

나는 또한 나에게 전문적으로 영향을 주었고 이 책을 위해 채택한 접근방법에 기여한 사회복지사들의 강의와 원고에도 감사한다. 나의 은사였고 동료이기도 한 엘돈 마샬Eldon Marshal 박사는 나에게 처음으로 대인관계 원조 기술을 소개한 분이다(Marshall, Charping, & Bell, 1979; Marshall, Kurtz, & Associates, 1982). 나는 그의 강의와 나의 첫 번째 면담 녹화의 충격을 결코 잊지 못한다. 딘 헵워스Dean Hepworth 박사는 나의 석사과정 동안 강의와 원고를 통해 실천기술을 강조하였다. 나의 동료였으나 지금은 작고한 불라 캄튼Beulah Compton 박사 또한 당연히 칭찬받을 만하다. 기초적인 사회복지과정에 대한 그녀의 명확한 개념 정리는 나에게 매우 유용하였다. 사회복지실천에 관한 그녀와의 열띠고 자극적인 대화를 오랫동안 기억할 것이다.

나는 또한 인디애나대학 사회복지학과의 전·현 동료들에게도 감사한다. 학생들의 학습에 대한 그들의 헌신은 계속해서 영감을 불어넣고 있다.

나는 이 판과 이전 판들을 개선할 수 있도록 훌륭한 제안을 제공한 비평가들에게 고마움을 표하고 싶다.

Scott Boyle, College of Social Work, University of Utah

Tracy Carpenter-Aeby, East Carolina University

Robert Evans, Vincennes University

Dr. Pearl Fisk, Fordhan University Graduate School of Social Service

Dexter Freeman, Fayetteville State University

Tim Hanshaw, Limestome College

Dr. Mary Lewis, North Carolina AT&T State University

Bethany Lighthart, Southerwestern Michigan College

Craig Mosher, Luther College

Caroline Reid, Eastern Kentucky University

Deb Aden Ripperda, University of Sioux Falls

Sherrill A. C. Robinson, Kansas State University

Jan A. Rodgers, Dominican University

Cindy West, University of Tennessee at Martin

Patricia Wilson, Vincennes University

마지막으로 어머니의 타인에 대한 사랑과 동정에 감사드리고 장인과 장모님의 지칠 줄 모르는 지지에 대해서도 감사드린다. 그리고 아내와 아이들에게도 고마움을 전하고 싶다. 아내는 내가 만났던 사람들 중 가장 관대한 사람이고 의심할 여지없이 가장 훌륭한 사회복지사이다. 매일매일 아내와 아이들은 내가 할 수 있는 이상의 것을 할 수 있도록 지원해주었다.

Barry R. Cournoyer

박스 2 　베리 코노이어Barry Cournoyer가 저술한 책

- Cournoyer, Barry R., & stanley, Mary J. (2002). *The Social Work Portfolio: Planning, Assessing and Documenting Lifelong Learning in a Dynamic Profession.* Pacific Grove, CA: Brooks/Cole.
- Cournoyer, Barry R. (2004). *The Evidence-Based Social Work Skills Book.* Boston: Allyn & Bacon.
- Compton, Beulah R., Galaway, Burt, & Cournoyer, Barry R. (2005). *Social Work Process*(7th ed.). Pacific Grove, CA: Brooks/Cole.

PART Ⅰ　전문성

PART Ⅱ　사회복지실천기술

CHAPTER 6　말하기와 경청하기: 인간관계 기술의 기본 ···················· 163

PART I
전문성

서 론

흥미진진하고 도전적인 사회복지 전문직을 선택한 여러분을 환영한다! 여러분은 사회복지사로서 각계각층의 모든 사람들에게 도움이 되는 서비스를 제공할 것이다. 여러분이 도움을 주게 될 영역은 넓고 다양하다. 사회복지실천의 맥락은 복잡하고 주의를 요하며 항상 도전적이다. 사회복지사에 대한 놀랄만한 요구에도 불구하고, 사회복지 전문직은 모든 직업 중에서 가장 만족스럽고 보람 있는 직업 중 하나로 남아있다. 실제로, 설문조사 결과에 따르면, 사회복지는 가장 만족스러운 8가지 직업 중 하나이다. 사회복지사의 만족은 (1) 지적 자극, (2) 고용 안전, (3) 전문적 자율성, (4) 클라이언트와의 직접 접촉과 관련이 있다(CareerJournal.com editors, 2006a, 2006b).

사회복지서비스에 대한 요구, 도전, 책임은 때때로 위압적이다. 이러한 상황에서 유능하게 봉사하기 위해서, 오늘날의 사회복지사들은 식견이 있고, 사려 깊으며, 윤리적이고, 책임성 있으며, 능숙해야 한다. 이 장은(박스 1.1 참조) 현대 사회에서 윤리적이고 효과적인 사회복지실천에 필요한 사회복지실천기술, 실천단계, 전문성의 특성을 소개한다.

여러분은 학대의 위험에 놓여 있는 아동을 발견하여 그 가족의 아동보호 능력을 향상시켜 주는 아동보호 시설에서 일하게 될 수도 있다. 여러분은 위기에 처한 개인과 가족을 대상으로 개입하는 병원의 응급실에서 일하게 될 수도 있다. 성학대를 받은 아동을 위한 치료집단을 지도하게 될지도 모르며, 학대를 가한 성인에게 교육과 상담을 제공하는 일을 할 수도 있다.

또한 사회복지사로서 여러분은 결혼관계가 위태로운 부부를 돕거나 아동양육에 대한 지도와 지원이 필요한 한부모를 도울 수도 있다. 알코올이나 약물을 남용하는 사람 혹은 이들의 영향을 받는 가족들을 도울 수도 있고, 청소년 범죄자를 위한 주거시설이나 교도소 혹은 정신보건기관에서 일할 수도 있다.

대학생과 대학의 교직원을 위한 대학상담센터에서 일할지도 모르며, 신체적·정신적 문제가 의심되는 사람들을 돕게 될지도 모른다. 여러분은 학교에서 일할 수도 있고 경찰에게 자문을 해줄 수도 있다. 여러분은 또한 시청이나 국가 입법기관의 직원으로 일하게 될지 모르며, 혹은 여러이 장의 목적은 현대 사회에서 윤리적이고 효과적인 사회복지실천에 필요한 기술과 자질, 그리고 특성을 소개하는 것이다.

목표

이 장을 학습함으로써 다음을 할 수 있어야 한다.

- 사회복지 전문직의 사명과 목적 설명하기
- 전문성의 특성 밝히기
- 사회복지실천기술과 역량의 개념을 정의하기
- 사회복지실천의 단계 밝히기
- 핵심적인 촉진적 자질과 공통 요인 설명하기
- 사회복지실천기술 학습 포트폴리오의 목적과 기능 설명하기

교육정책과 인증기준의 핵심 역량

이 장에서 다루고 있는 기술은 아래의 교육정책과 인증기준의 핵심 역량과 관련 있다.

- 전문 사회복지사로 신분을 밝히고 그에 맞게 행동하기(EP2.1.1)
- 전문적인 판단을 알리고 나누기 위해 비판적 사고 적용하기(EP2.1.3)
- 다양성과 차이를 실천에 끌어들이기(EP2.1.4)
- 인간행동과 사회환경에 관한 지식 적용하기(EP2.1.7)
- 실천을 형성하는 맥락에 반응하기(EP2.1.9)
- 개인, 가족, 집단, 조직, 지역사회를 대상으로 관계형성, 사정, 개입, 평가하기(EP2.1.10[a-d])

분 자신이 국회의원이 될 수도 있다.

여러분은 자살 예방을 위한 위기개입센터에서 일할 수도 있다. 그 외에 여러분은 건강보험기구(health maintenance organization), 관리형 건강보호체계(managed health care system) 혹은 근로자원조프로그램(employee assistance program)을 위해 일할 수도 있다. 여러분은 사회복지사로서 인종차별주의나 성차별주의 혹은 연령차별주의로 인해 차별과 억압, 착취를 당한 사람들의 옹호자로서 일할 수 있다. 여러분은 집단 또는 공동체를 조직할 수도 있고, 근로자들이 노조를 만들거나 노조에 참여할 수 있도록 원조할 수도 있다. 여러분은 노숙인, 가출 청소년, 구걸과 매춘으로 삶을 유지하는 사람들과 함께 일할 수도 있다. 범죄로 희생된 사람들 혹은 범죄의 혐의를 받고 있는 사람들을 위해 일할 수도 있다. 여러분은 배우자학대, 아동학대, 노인학대의 피해자들에게 서비스를 제공하는 프로그램에서 일할 수 있다. 여러분은 암, 신부전, 알츠하이머, 에이즈와 같은 신체적 질병을 다루는 사람들에게 심리사회적 서비스를 제공할 수도 있고, 이들 가족이 이러한 질병으로 인한 다양한 심리사회적 영향에 잘 대응할 수 있도록 도울 수도 있다. 말기 환자와 그 가족들이 환자의 죽음을 준비할 수 있도록 도와주는 호스피스에서 일할 수 있다. 서비스와 자원이 필요한 사람들을 찾아 이들에게 정보를 제공하거나 관련기관에 의뢰해 줄 수도 있으며, 이민자, 피난민, 단기 체류자, 이주노동자들에게 봉사할 수도 있다. 여러분은 정신분열병, 강박장애, 우울증과 같은 정신질환으로 고통받는 사람들에게 상담을 해주거나 이들의 가족에게 지지와 교육 서비스를

제공할 수 있다. 노인 요양원에서 집단을 지도하거나 가족들을 상담할 수도 있고, 중간 집이나 위탁부모를 대상으로 일할 수도 있으며, 십대 부모들에게 정보와 지지를 제공할 수도 있다. 여러분은 현역 또는 퇴역 군인들과 그들의 가족을 대상으로 일할 수도 있고, 고용자와 피고용자의 복지 및 생산성에 영향을 주는 문제에 대해 자문을 하면서 기업체에서 일할 수도 있다.

이처럼 사회복지사가 일할 수 있는 현장의 범위와 기능은 정말로 광대하다. 그 다양함은 실로 압도적이라 할 수 있다. 여러분은 자신에게 "과연 내가 모든 현장에서 그 많은 다양한 사람들과 그들이 가진 복잡한 문제해결을 도와주는 유능한 사회복지사가 되기 위해 필요한 것들을 배울 수 있을까?" 라고 묻게 될지도 모른다. 이에 대한 답은 단연코 '그럴 수 없다'이다.

여러분과 나는 결코 사회복지사가 일하는 모든 영역에서 유능해 질 수는 없다. 왜냐하면, 지금까지보다 더 폭넓은 지식과 전문성이 요구될 것이기 때문이다. 사실상, 사회복지사가 관여하는 실천현장, 특정 인구집단, 심리사회적 문제마다 그에 필요한 전문성과 전문화된 지식체계가 있다. 여러분은 모든 것을 알 수 없고, 모든 것을 할 수도 없으며, 모든 사람을 돕는 데 유능해질 수도 없다. 그러나 여러분은 모든 실천현장, 모든 인구집단, 그리고 모든 심리사회적 문제에 공통으로 필요한 사회복지실천기술을 습득할 수는 있다. 이들 공통의 사회복지실천기술은 사회복지의 엄청난 다양성과 광대함에도 불구하고 사회복지 전문직에 통일성을 가져다준다.

이외에 사회복지사는 자신들에게 익숙한 시각으로 클라이언트에게 접근하려는 경향이 있다. 여기서 익숙한 시각은 사회복지사들이 사용하는 전문적 언어에 나타난다. 예를 들어, 대부분의 사회복지사는 '**환자**(patient)', '**대상**(subject)', '**사례**(case)'라는 용어보다는 '**클라이언트**(client)'라는 용어를 선호하며, '**진단**(diagnosis)', '**연구**(study)', '**조사**(examination)', '**취조**(investigation)'를 거부하고 '**사정**(assessment)'이라는 말을 사용하고, '**문제**(problem)', '**장해**(obstacle)', '**결함**(deficiencies)'이나 '**병리**(pathologies)'보다 '**강점**(strength)', '**자산**(asset)', '**자원**(resources)', '**유연성**(resilience)', '**역량**(competencies)', '**능력**(abilities)'을 찾아보려는 경향이 그것이다. 이러한 공통적 시각과 전문용어의 사용은 사회복지사가 일하는 특정 실천현장과 상관없이 대부분의 사회복지사들이 보이는 특징이다.

모든 전문 사회복지사는 학사학위나 석사학위 혹은 박사학위를 가지고 있다. 우리는 우리의 현장에서 실천을 할 허가를 받았다. 우리는 원조 활동의 모든 측면에 고루 영향을 미치고, 사회복지 윤리강령을 따르며, 국제사회복지사연맹의 사회복지 정의에 반영된 관점과 비슷하게 사회복지를 바라보는 공통된 전문적 가치를 채택한다:

> 사회복지 전문직은 안녕의 증진을 위해 사회변화, 인간관계문제의 해결, 사람들의 역량강화와 자유를 촉진한다. 인간행동과 사회환경에 관한 이론들을 활용하는 사회복지는 사람들이 그들의 환경과 상호작용하는 지점에서 개입한다. 인권과 사회정의의 원리는 사회복지의 근본이다(para.1).

사회복지사는 종사하는 분야나 위치에 상관없이 '인간과 상황(person-and-situation: PAS)' 혹은 '환경 속의 인간(person-in-environment: PIE)'을 관심의 기본 단위로 본다. 사회복지사는 사회적 기능의 강화와 "모든 사람들의 삶의 질을 향상시키기 위해 개인과 사회 간에 상호 도움이 되는 상호작용"의 촉진 또는 회복을 사회복지실천의 최우선 목적으로 고려한다. 인간과 환경 모두에 두는 이중 초점은 사회복지사들로 하여금 개인이 공식적인 클라이언트일 경우에도 복수의 체계를 고려하도록 한다. 실제로, 사회복지사는 원조 과정에서 타인 또는 다른 사회체계를 항상 고려하고 포함시킨다.

사회복지 전문직의 목적은 인간과 지역사회의 안녕을 촉진하는 것이다. 인간과 환경이라는 개념구성체, 세계적 관점, 다양성 존중, 과학적 탐구에 기초한 지식이 지배하는 사회복지의 목적은 사회·경제적 정의, 인권침해 예방, 빈곤 제거, 모든 사람들의 삶의 질 향상의 추구를 통해 실현될 수 있다(Council on Social Work Education, 2008, para.1).

사회복지사는 인간과 환경을 계속적으로 변화하는 존재 그리고 계획된 변화를 통해 변화될 수 있는 존재로 생각한다. 사회복지사는 사회복지실천을 클라이언트와 지역사회는 물론 사회를 위해 꼭 필요한 것으로 본다. 또한 사회복지사 개인에게 돌아오는 이득이 비록 부차적일지라도 우선 다른 사람에게 서비스를 제공한다는 생각을 한다. 이러한 사회복지에서 서비스 우선주의는 빈곤층, 실업자나 불완전고용자, 위기의 개인이나 피억압 집단에 특별한 관심을 갖는 데서도 나타난다. 실제로, 지위가 가장 낮고 가장 적은 권력을 가진 사람들이 사회복지의 일차적 클라이언트 집단이다.

사회복지사에게 사람을 돕는다는 것은 때로는 이로울 수도 있고 해로울 수도 있는 인간관계를 형성하는 과정이다. 사회복지사가 전문적 실천을 하기 위해서는 개인적, 전문적 통합성이 요구된다. 사회복지사는 철저한 자기이해와 훈련 및 자기통제를 필요로 하며, 선의나 개인적 자질 및 열정 이상을 필요로 한다. 특히 사회복지사는 근거없고, 오도하며, 터무니없는 정보를 포함하는 많은 양의 정보로부터 의미를 만들어 내기 위해 숙련된 비판적 사고자와 열정적인 평생 학습자가 되어야 한다.

선한 의도, 존경받을 만한 개인적 특성, 동정심 이상의 많은 것들이 요구된다. 사회복지사로서 우리의 말과 행동은 전문지식, 비판적 사고, 사회복지 가치, 윤리, 의무에 근거해야 한다.

사회복지실천기술

기술(skill)이라는 말은 지난 수십 년 동안 사회복지를 비롯한 원조전문직에서 매우 대중화된 용어이다. 널리 사용되었던 여러 권의 사회복지 교과서는 기술 또는 **기술 역량**(skill or skills competence), **역량**(competency)이라는 용어를 사용하고 있다(Brittan & Hunt, 2004; Fong & Furuto, 2001; Freeman, 1998; Gambril, 1983; Garvin & Seabury, 1997; Greene, 2007; Henry, 1981, 1992; Hepworth *et al.*, 2006; Lum, 2003; Maluccio, 1981; Middleman & Goldberg, 1990; O'Hagan, 2007; Phillips, 1957; Plionis, 2007; Pope-Davis, Coleman, Liu, & Toporek, 2003; Shulman, 2006; Vass, 1996; Yuen, 2002; Zide & Gray, 2007).

박스 1.2   사회복지실천기술의 정의

사회복지실천기술은 (1) 연구 기반 지식, (2) 사회복지 가치, 윤리, 의무, (3) 핵심적인 촉진적 자질 또는 "핵심 조건", (4) 전문적 특징, (5) 실천 단계나 과정의 맥락에서 합리적인 사회복지실천의 목적과 일치하는 일련의 인지적이고 행동적인 행위들을 말한다.

엘시 존슨L.C. Johnson(1995)은 기술을 "관심과 욕구에 맞춰 지식과 가치를 행동으로 전환하는 사회복지실천의 구성 요소"(p. 55) 그리고 "특정 목표나 활동을 위해 취해지는 행동"(p. 431)으로 정의한다. 스말리Smalley(1967)는 기술을 "특정 프로그램이나 서비스에 담겨진 사회복지실천의 목적을 달성하기 위해 필요한 과정을 촉진하는 방법을 사용할 수 있는 사회복지사의 능력"(p. 17)으로 본다. 기술은 또한 "특정 행동을 위해 고안된 구체적 조건하에서 사회복지사가 창출하는 행동"을 의미한다(Middleman & Goldberg, 1990, p. 12).

헨리Henry(1981)에 의하면, 기술은 "특정 시간에, 특정 목적을 위해, 특정 방식으로 사회복지사가 사용하는 일련의 행동 혹은 과업"(p. vii)이다. 그녀(1992)는 기술을 "행동하는 지식"으로 묘사한 필립스Phillips(1957)의 말을 인용하고 있다. 모랄레스Morales와 셰퍼Sheafor(1998)는 기술을 "지식과 개입 기법을 효과적으로 사용할 수 있는 능력"으로 묘사하였다(p. 140).

이상의 여러 다양한 정의들은 모두 유용한데, 그것은 기술이 사용되는 맥락을 제시하고 있기 때문이다. 우리는 박스 1.2에 제시된 사회복지실천기술의 정의를 사용한다.

박스 1.2의 정의는 미국사회복지교육협의회가 사용하는 **역량**(competency)의 정의와 유사하다. 교육정책과 인증기준에서 역량은 "지식, 가치, 기술로 구성된 측정 가능한 실천 행위"이다(Council on Social Work Education, 2008, p. 3, EP2.1). 전문적 교육 맥락에서 사회복지실천기술은 역량이며 역량은 기술이다. 이 책에서 다루고 있는 기술은 사회복지 가치를 반영하고 있으며 기술을 적용할 때 전문적 지식과 숙련을 필요로 한다.

사회복지실천기술은 단계나 과정에 따라 다르게 사용되기는 하나 로봇처럼 모든 클라이언트, 모든 문제, 모든 상황에 똑같은 방식으로 이루어지는 **기법적**(technical) 활동으로 보아서는 안 된다. 사회복지사는 환경 속 인간의 특성과 욕구에 적합한 기술들을 선택하고, 조합하고 적용해야 한다. 사회복지사는 어떤 기술을 언제, 어떻게 사용할지를 판단할 때 타이밍과 맥락을 신중하게 고려해야 한다.

사회복지사가 사용할 수 있는 실천기술의 범위는 광대하고 다양하다. "사회복지사가 사용할 수 있는 기술들에는 의사소통 기술, 문제 사정 관련 기술, 클라이언트와 함께 일할 수 있는 기술, 욕구와 자원을 연결하는 기술, 자원개발 기술, 사회구조를 변화시키는 기술 등이 포함된다"(Barker, 2003, p. 399). 약 30년 전에 미국사회복지사협회는 사회복지사가 사용할 수 있는 기술로서 다음의 12가지를 제시하고 있다(NASW, 1981a).

1. 이해와 목적을 가지고 다른 사람의 말을 경청하기
2. 사회력과 사정, 보고서를 준비하기 위해 관련 정보를 끌어내고 관련 사실들을 수합하기
3. 전문적 원조 관계를 형성하고 유지하기
4. 언어적, 비언어적 행동을 관찰하고 해석하며, 성격이론과 진단 방법에 대한 지식을 사용하기
5. 클라이언트들(개인, 가족, 집단, 지역사회)이 스스로 자신들의 문제를 해결하고 신뢰할 수 있도록 관여하기
6. 민감한 정서적 문제들을 위협적이지 않고 지지적 방식으로 토론하기
7. 클라이언트의 욕구에 대한 혁신적 해결책을 만들어내기
8. 치료적 관계의 종결을 결정하기

9. 조사를 수행하거나 혹은 기존의 연구결과나 전문적 문헌을 해석하기

10. 갈등을 보이는 당사자들을 중개하고 협상하기

11. 조직 간 연계 서비스를 제공하기

12. 모금, 대중, 입법자와 관련된 사회적 욕구들을 해석하고 의사소통하기

위의 12가지 실천기술이 구체적인 행동 또는 역량으로 언급되는 것에 주목하라. 최근 미국사회복지교육협의회가 전문 사회복지사에게 필요한 10가지 핵심 역량을 만들어 냈을 때 협회도 비슷한 방식을 취하였다. 교육정책과 인증기준(Council on Social Work Education, 2008, pp. 3~7)에 따르면, 인증받은 사회복지학부 또는 대학원을 졸업한 학생들은 다음을 할 수 있어야 한다.

1. 전문 사회복지사로 신분을 밝히고 그에 맞게 행동하기(EP2.1.1)

2. 전문적 실천을 위해 사회복지 윤리원칙 적용하기(EP2.1.2)

3. 전문적 판단을 알리고 나누기 위해 비판적 사고 적용하기(EP2.1.3)

4. 다양성과 차이를 실천에 끌어들이기(EP2.1.4)

5. 인권과 사회적, 경제적 정의 증진시키기(EP2.1.5)

6. 연구 기반 실천과 실천 기반 연구에 관여하기(EP2.1.6)

7. 인간행동과 사회환경에 관한 지식 적용하기(EP2.1.7)

8. 사회적, 경제적 안녕을 증진시키고 효과적인 사회복지서비스를 전달하기 위한 정책 실천에 관여하기(EP2.1.8)

9. 실천을 형성하는 맥락에 반응하기(EP2.1.9)

10. 개인, 가족, 집단, 조직, 지역사회를 대상으로 관여, 사정, 개입, 평가하기(EP2.1.10)

박스 1.3은 교육정책과 인증기준의 핵심 역량에 반영된 주요 용어들의 "말구름(word cloud)"을 담고 있다.

박스 1.3 | 교육정책과 인증기준의 핵심 역량에 포함된 주요 용어

그림 1.1	실천 단계

- 준비 단계

    • 시작 단계

        • 탐색 단계

            • 사정 단계

                • 계약 단계

                    • 개입 및 평가 단계

                        • 종결 단계

이 책에서 언급한 실천기술들은 교육정책과 인증기준(Council on Social Work Education, 2008)에 포함된 핵심 역량과 대부분의 실천지식 차원 및 실천행동을 뒷받침한다. 흥미롭게도, 실천기술들은 미국 대학·고용주협회가 제시한 10가지 자질이면서 고용주가 직원을 선발할 때 고려하는 자질과 일치한다. 이 기술에는 (1) 구두 및 서면 의사소통 기술, (2) 정직과 진실, (3) 잘 발달된 대인관계 기술, (4) 확고한 직업윤리, (5) 팀워크 기술, (6) 분석 기술, (7) 동기와 주도성, (8) 유연성과 적응성, (9) 컴퓨터 기술, (10) 상세함 등이 포함된다.

그러나 여기서 언급한 기술들은 사회복지실천의 단계나 과정, 유능한 원조전문가가 꼭 갖추어야 할 자질, 전문적 통합성을 위한 기본 특성 등을 강조하여 선정된 것들이다. 이러한 맥락에서 우리는 사회복지실천 단계를 7단계로 구분하였다(그림 1.1).

7단계는 교육정책과 인증기준에 약술된 4단계를 확장한 것이다(Council on Social Work Education, 2008). 교육정책과 인증기준에 따르면, 사회복지교육협의회가 인증한 사회복지학부 또는 대학원 졸업생은 개인, 가족, 집단, 조직, 지역사회를 대상으로 관계를 형성하고, 계약하고, 개입하며, 평가할 수 있어야 한다.

준비, 시작, 탐색 기술은 관계형성 및 일부 사정 역량을, 사정과 계약 기술은 사정 역량을, 개입 및 평가와 종결 기술은 개입과 평가 역량을 지원하며 이러한 역량은 교육정책과 인증기준의 EP2.110a-d에서 접할 수 있다(Council on Social Work Education, 2008).

각 단계나 과정과 관련 있는 과제들은 필수적인 자질과 일치하고 전문성의 중심적 특성과 양립할 수 있는 사고와 행위의 단위로 제시되어 있다. 이러한 방식으로 통합되고 종합된 과제들이 사회복지실천기술을 형성한다. 표 1.1이 보여주듯이, 우리는 이 책이나 사회복지교육협의회의 교육정책과 인증기준에 약술된 4단계에 따라 사회복지실천기술을 정리하였다. 이 책에 포함된 각각의 실천기술은 개인, 가족, 집단, 조직, 그리고 지역사회와 함께 일할 때 적용될 수 있다.

그림 1.2 단계와 과정

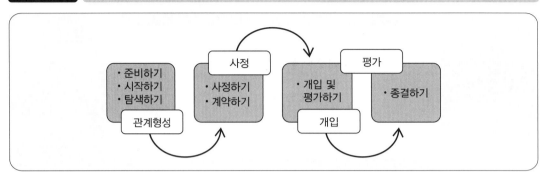

표 1.1 실천 단계와 클라이언트 체계 규모: 단계별 사회복지실천기술의 정리를 위한 틀

사회복지실천의 7단계	사회복지실천의 4단계: 교육정책과 인증기준 역량 EP.2.10(a–d)	EP.2.1.10 (a–d–1) 개인	EP.2.1.10 (a–d–2) 가족	EP.2.1.10 (a–d–3) 집단	EP.2.1.10 (a–d–4) 조직	EP.2.1.10 (a–d–5) 지역사회
SW1.0 준비하기	EP.2.1.10(a) 관계형성					
SW2.0 시작하기	EP.2.1.10(a) 관계형성					
SW3.0 탐색하기	EP.2.1.10(a) 관계형성					
SW4.0 사정하기	EP.2.1.10(b) 사정					
SW5.0 계약하기	EP.2.1.10(b) 사정					
SW6.0 개입 및 평가하기	EP.2.1.10(c) 개입 EP.2.1.10(d) 평가					
SW7.0 종결하기	EP.2.1.10(c) 개입 EP.2.1.10(d) 평가					

사회복지사는 다양한 실천 단계 또는 과정에서 다양한 규모의 클라이언트 체계와 함께 일하면서 실천기술과 역량을 보여줄 때 다음과 같은 필수적인 자질도 지속적으로 보여준다.

- 감정이입
- 존중
- 진실성

마지막으로 유능한 사회복지사는 서비스 제공의 모든 국면에서 다음과 같은 자질을 갖추어야 한다.

- 진실성
- 전문지식과 자기효능감
- 자기이해와 자기통제
- 사회적 지지
- 비판적 사고, 과학적 탐구, 평생 학습
- 다양성과 차이 존중
- 인권과 사회정의 증진
- 사회적 안녕 촉진
- 윤리적 결정

위의 각 자질은 사회복지사의 전문적 사고와 행위를 알려주는 가치, 윤리, 법적 의무에 관한 통합적 지식을 요구한다. 실제로, 사회복지 전문직의 가치는 클라이언트에 제공되는 서비스와 클라이언트와 함께 하는 개입의 모든 측면에 스며들어 있다.

공통 요인

많은 연구 결과에 따르면, 원조관계에 존재하는 특정 요인들 또는 핵심 조건들이 긍정적인 성과와 관련이 있다(Carkhuff, 1969; Carkhuff & Anthony, 1979; M. J. Lambert, 1976, 1982, 1983, 1992; M. J. Lambert & Bergin, 1994; M. J. Lambert, Christensen, & DeJulio, 1983; Rogers, 1951, 1957; Truax & Carkhuff, 1967; Weinberger, 2003). 1930년대부터 원조전문가들은(Rosenzweig, 1936) 다양한 치료적 접근들에 공통적으로 존재하는 요인들에 관해 논의하였다. 후속 연구들은 상담과 정신치료 분야에서 클라이언트 성과와 관련 있는 공통 요인들을 4가지 범주로 분류하였다(Asay & Lambert, 1999; M. J. Lambert, 1992, 2003; M. J. Lambert & Bergin, 1994; M. J. Lambert & Cattani-Thompson, 1996; Sprenkle, Blow, & Dickey, 1999).

클라이언트 요인과 상황적 요인: 클라이언트와 클라이언트 상황 내에 존재하는 강점, 자산, 자원, 도전, 한계. 클라이언트의 변화단계(Prochaska, 1999; Prochaska & Norcross, 2007; Prochaska, Norcross, & DiClemente, 1994)와 다양한 외적 요인은-클라이언트가 원조 전문가와의 관계에 가지고 오는 것-클라이언트 성과에 상당한 영향을 끼친다(M. J. Lambert, 1992; Tallman & Bohart, 1999; Wampold, 2001). 사회복지가 환경 속의 인간을 강조하고 "현재 클라이언트가 있는 곳에서부터 시작하는 것"이 이러한 결과와 조화를 이룬다.

관계 요인: 원조전문가의 자질과 클라이언트와 원조자 간의 관계. 클라이언트-사회복지사 관계의 본질 또한 클라이언트 성과에 영향을 준다(M. J. Lambert, 1992). 사회복지사는 오래전부터 사회복지사-클라이언트 관계의 중요성을 인식해왔다. 이 책에서 다루고 있는 사회복지실천기술을 숙련하게 되면 여러분은 클라이언트와 긍정적 관계를 형성하고 유지할 수 있을 것이다.

기대 요인: 원조 관계가 가져올 희망, 낙관, 기대. "위약 효과"는 클라이언트 성과에 상당한 영향을 끼친다(M. J. Lambert, 1992). 사회복지사들은 희망을 북돋우고 그들의 긍정적인 태도와 열정을 통해 다른 사람들에게 본보기가 된다.

모델과 기법 요인: 원조과정에서 채택된 이론적 접근 또는 모델, 변화 전략, 개입 기법, 실천 프로토콜. 기대 요인과 모델/기법 요인이 결합될 때 관계 요인과 같은 영향력을 갖는다(M. J. Lambert, 1992).

다른 학자들도 위의 공통 요인에 관해 유사한 결론을 지었다. 와인버거Weinberger(1993, 1995, 2003)는 관계의 질과 클라이언트 기대에 더하여 (1) 문제 탐색, (2) 문제의 여러 측면을 다루는 연습, (3) 문제 발생의 이유와 문제를 다루는 방법을 이해하고 설명하기 위해 필요한 개념적 수단의 개발을 강조하였다.

관계 요인의 중요성에 대한 인식은 연구자들로 하여금 원조자의 자질을 탐색하도록 하였다. 감정이입, 보호, 지배적이지 않은 따뜻함, 수용, 긍정성, 성실성, 격려와 같은 자질이 효과적인 원조자의 자질에 종종 포함된다(Hubbie, Duncan, & Miller, 1999). 전문가들이 이러한 자질을 가질 때, 클라이언트의 신뢰감과 안전감이 증가되고 긴장, 위협, 불안은 감소되며 이는 클라이언트가 자신의 문제를 개념화하고 궁극적으로는 자신의 행동에도 변화를 주어 두려움을 재구성하고, 위험을 감수하며, 대인관계 문제의 해결(예: 클라이언트는 보다 효과적인 방식으로 직면하고 대처한다)을 위해 노력하도록 이끈다(M. J. Lambert & Cattani-Thompson, 1996, p. 603).

원조과정의 성과에 영향을 미치는 모든 잠재적인 요인을 밝혀내고 측정하는 것은 매우 복잡한 일이다. 광범위한 모집단을 대상으로 다양한 현장에서 다양한 전문 기능을 수행하고 매우 도전적인 심리사회적 이슈를 다루는 사회복지사에게 특히 복잡하다. 서로 다른 맥락에 있는 사회복지사들은 서로 다른 역할과 책임을 담당한다. 실제로, 사회복지사는 여러 시점에서 서로 다른 특성을 강조한다. 아동병원의 신생아실에 입원중인 아이의 부모와 형제를 돕는 사회복지사는 약물에 중독된 사람들을 원조하는 사회복지사와는 다른 자질을 강조한다. 마찬가지로, "옹호활동에 관여하고 있는 사회복지사는 보다 공격적이고 직접적이며 주도적인 접근을 취할 수 있다"(Kadushin, 1983, p. 84).

사회복지실천이 폭넓고 다양함에도 불구하고, 사회복지사-클라이언트 경험의 어떤 측면들은 클라이언트 만족, 효과적인 성과와 관련 있는 것 같다. 예를 들어, 크릴Krill(1986)은 사회복지사와 클라이언트의 관계가 다음과 같은 5가지 조건만 갖추고 있다면 다른 어떤 것들보다 더 생산적일 수 있다고 제시하였다.

- 참여자들이 서로를 좋아하고 존중하는 경우
- 클라이언트가 무엇을 기대할 수 있으며 원조과정에서 자신이 어떻게 기여해야 하는지에 대해 분명히 듣는 경우
- 사회복지사가 따뜻하고 진실하며 성실하고 클라이언트의 경험에 대해 공감을 표현하는 경우
- 사회복지사와 클라이언트가 목표 지향적 활동에 관여할 경우

• 사회복지사가 원조과정에 클라이언트의 삶에 중요한 사람을 적극적으로 참여시키기 위해 노력하는 경우 등이다.

유능한 원조자의 자질을 흔히 핵심적 조건(core conditions) 혹은 촉진적 자질(facilitative qualities)이라고 한다(Carkhuff, 1969; Carkhuff & Truax, 1965; Ivey, 1971; Ivey & Authier, 1978; Ivey & Simek-Downing, 1980; Marshall, Charping & Bell *et al.*, 1979; Marshall, Kurtz, & Associates, 1982; Rogers, 1951, 1957, 1961, 1975; Truax & Carkhuff, 1967). 이들 자질은 사회복지사들에 의해 시종일관 제시된 것으로서 클라이언트와의 특별한 관계를 유지하고 발전시키는 데 도움이 된다. 클라이언트와 사회복지사의 관계는 때로 **원조 관계**(helping relationship), **전문적 관계**(working relationship), **치료적 관계**(therapeutic rapport), 혹은 **치료적 동맹**(therapeutic alliance)으로 불린다. 펄만Perlman(1979)에 따르면, 사회복지사와 클라이언트의 전문적 관계는 다음의 몇 가지 점에서 다른 관계와 차이가 있다.

• 목적에 대한 인식과 합의에 근거해 이루어진다.
• 시간이 제한되어 있다.
• 클라이언트를 위한 것이다.
• 권한을 수반한다.
• 통제된 관계의 특성을 갖는다.

바로 이러한 특별한 관계가 전제되는 경우에 사회복지사에게 필요한 자질들이 중요해진다. 사회복지사가 일관되게 이들 자질을 반영할 때 개인과 환경을 해치는 위험이 줄어들고 도움을 주게 될 가능성은 증가한다. 그러나 이들 자질을 표현하는 것만으로는 클라이언트가 자신의 목적을 달성하기에 충분치 않다. 사회복지사는 항상 전문적 지식과 기술을 가지고 클라이언트가 목적 달성을 향해 나아갈 수 있도록 도와야 한다. 더 나아가 사회복지사는 자신의 자질을 클라이언트의 개인적, 문화적 특성에 따라 다르게 적용해야 한다. 일부 클라이언트의 경우 사회복지사가 빈번하고 강렬하게 공감할 때 상당히 불편해 한다. 그들은 사회복지사가 직접적으로 조언하고 안내해주는 공식적인 만남을 선호한다. 다른 클라이언트의 경우 클라이언트와 사회복지사가 개인적인 생각과 감정을 공유하는 정서적으로 가깝고 친밀한 관계로부터 더 많은 도움을 받는다. 확실히 클라이언트 특성은 전문적 관계의 과정과 성과에서 중요한 역할을 한다. 과정에 적극적으로 참여하고 긍정적인 결과를 기대하는 동기가 강한 클라이언트는 서비스의 혜택을 더 많이 받는 경향이 있다. 과정에 수동적으로 참여하거나 참여를 꺼리는 우유부단하거나 비관적인 클라이언트는 덜 긍정적인 성과를 경험하는 것 같다. 물론, 사회복지사와 클라이언트의 자질은 때때로 변화한다. 실제로, 대부분의 클라이언트는 특정 변화 단계를 따르는 것 같다(Prochaska, 1999; Prochaska *et al.*, 1994). 많은 사람들이 그들의 변화 계획에 적극적으로 관여할 준비를 갖추기 전에 사회복지사를 접한다. 상냥하고 열중하며 힘을 북돋아 주는 사회복지사는 클라이언트의 희망과 낙관을 불러일으켜 클라이언트가 다른 변화단계로 이동하도록 원조한다. 마찬가지로 동기가 있고 열정적이며 열심히 하는 클라이언트는 사회복지사가 보다 이해심 많고 지지적이 되도록 도와줄 수 있다.

개입방법의 이론적 정향과 선택과는 관계없이 효과적인 원조자는 클라이언트에게 서비스를 제공할 때 공통적인 자질을 나타내는 경향이 있다. 원조 전문가들은 개별 클라이언트, 환경 속 인간의 독특한 상황, 사회복지사 역할의 본질, 서비스 단계에 따라 이러한 자질을 다르게 표현한다. 그럼에도 불구하고 일반적인 지침으로서 사회복지사는 클라이언트와의 관계에서 일관성 있게 반영해야 하는 핵심 자질로 (1) 감정이입, (2) 존중, (3) 진실성, (4) 전문성을 들 수 있다.

감정이입

감정이입(Altmann, 1973; Bohart & Greenberg, 1997a, 1997b; Bozarth, 1997; Keefe, 1976; Pinderhughes, 1979; Rogers, 1975)은 사회복지를 비롯한 원조전문직에서 널리 사용되는 용어이다. Empatheia라는 그리스어에서 유래한 '감정이입'은 다른 사람이 무엇을 어떻게 느끼고 있으며, 그러한 타인의 느낌에 참여하는 과정으로 묘사된다. 이처럼 감정이입이란 다른 사람과 일치되는 느낌의 과정이다. 즉, 다른 사람의 생각, 느낌, 경험, 환경을 이해하고 인식하는 것이다.

스토틀랜드Stotland(2001; Stotland, Mathews, Sherman, Hansson, & Richardson, 1978)에 따르면, "감정이입을 위한 핵심 선행조건은 감정이입을 하는 사람이 타인의 경험을 동일하게 경험하고 타인의 역할을 취해보도록 상상하는 것이다"(Empathy section, para 6). 사실상, 감정이입은 "다른 사람의 입장이 되어보라"는 속담과 관련이 있다.

감정이입은 동정이나 낭만적 사랑과 같이 누구에 대한 혹은 누구를 향한 감정의 표현은 아니다. 그것은 또한 "클라이언트에 대한 진단적이고 평가적인 이해"(Hammond, Hepworth, & Smith, 1977, p. 3)를 말하는 것도 아니다. 감정이입이란 다른 사람의 주관적 경험에 의식적이고 의도적으로 참여하는 것이다.

물론, 다른 사람이 느끼는 대로 느낄 수 있는 능력과 느끼려고 하는 의지에는 한계가 있다. 여러분은 전문 사회복지사로서의 전문적 책임을 다하기 위해 자신을 잘 통제해야 한다. 클라이언트의 느낌을 자신의 것으로 받아들여 클라이언트와 지나치게 동일시해서는 안 된다. 여러분은 클라이언트의 느낌을 느끼되 클라이언트에 대한 느낌을 떨쳐버리는 두 가지 모두를 할 수 있어야 한다. 여러분이 느낀 느낌은 클라이언트의 느낌으로 남아 있어야 한다. 여러분이 느낀 느낌을 여러분의 것으로 받아들여서는 안 된다. 만약 여러분이 클라이언트의 감정을 여러분 자신의 감정으로 받아들인다면, 여러분은 클라이언트를 대할 때 통제적이 될 수도 있고 아마도 부모처럼(즉, 아빠 같은 또는 엄마 같은) 될 수도 있다.

감정이입은 사회복지사인 여러분이 도움을 주는 사람들을 민감하게 감지할 수 있게 도와준다. 클라이언트와의 감정이입을 통해 여러분은 전문적 관계를 더 발전시킬 수 있고 생산적으로 만들 수 있다.

존　중

존중(Hammond et al., 1977, pp. 170-203)이란 타인을 통제하지 않으면서 따뜻함과 보호를 느끼게 하는 사회복지사의 태도이다. 존중은 타인을 조건 없이 긍정적으로 바라본다는 점을 표현하는 것이다(Rogers, 1957, 1961). 다문화적 맥락에서 볼 때, 존중은 차이와 다양성을 진정으로 수용하는 것을 포함하며 인간 공동체에서 그리고 생물학적 환경과 생태학적 환경 도처에서 다양성과 차이의 가치를 인정하는 것 이상이다.

대부분의 사회적 상황에서 사람들은 자신과 유사한 환경에 있는 사람이나 자신과 유사한 견해를 가진 사람 그리고 자신에게 우호적인 사람과 함께 시간을 보내는 경향이 있다. 반면에 자신과 다른 환경에서 사는 사람, 자신과 견해가 다른 사람, 혹은 자신을 모욕하거나 비난하는 사람에 대해서는 덜 우호적이다. 우리와는 다른 사람들을 찾는 경우는 드물며, 우리의 관점과 갈등을 일으키는 관점을 가지고 있는 사람들을 찾는 경우는 드물다.

사회복지사로서 여러분은 자신과는 많은 점에서 차이가 있는 사람과 일하게 될 가능성이 높다. 여러분은 여러분이 도움을 주는 사람들과 같지 않음을 발견하게 될 것이다. 또 어떤 사람은 여러분을 싫어할 수도 있을 것이다. 여러분은 다른 사람들의 신념, 태도, 행동을 싫어할 수도 있다. 그럼에도 불구하고 여러분은 사회복지사로서 여러분이 봉사하는 사람들, 여러분과 상호작용하는 모든 사람들을 존중하고 수용해야 한다. 사회복지사는 인간은 누구나 독특하고 고유한 가치를 가진다고 본다. 사회복지사는 클라이언트의 인종적 또는 민족적 배경, 성, 연령, 능력, 외모, 지위, 관점, 행동, 상황에 관계없이 모든 클라이언트를 높이 평가하고 소중히 다룸으로써 클라이언트에 대한 사회복지사의 존중을 전달한다. 특정 클라이언트의 말이나 행동이 마음에 들지 않고 인정할 수 없을지라도 여러분은 그들을 고유한 존엄성과 가치를 가진 존재로 보호하고 수용해야 한다. 아울러, 여러분은 자기결정이라는 클라이언트의 기본 권리를 인식하고 존중해야 한다. 이처럼 클라이언트의 자질과 행동, 환경과는 무관하게 클라이언트를 존중할 수 있는 능력은 사회복지실천에서 중요한 조건 중의 하나이다.

그러나 클라이언트를 가치 있는 인간으로 대하고 그들의 권리를 존중하는 것이 전문적 판단을 하거나 조언을 주는 것을 하지 말라는 것은 아니다. 또한, 클라이언트를 존중하는 것은 타인이나 다른 집단을 고려하지 말라는 의미도 아니다. 환경 속의 인간이라는 관점을 견지하는 전문 사회복지사로서, 클라이언트를 존중한다는 것은 클라이언트에게 영향을 미치는 사람과 사회체계에 관심을 가져야 함을 의미한다.

진 실 성

진실성이란 어떤 사람이 관계를 맺을 때 보이는 성실성을 말한다. 진실한 사회복지사는 기본적으로 인위적이지 않고 자연스러우며 인간적이다. 표현이 조화롭기 때문에 언어적, 비언어적, 행동적 표현들이 일치한다. 말과 행동이 일치한다. 진실한 사회복지사는 방어적이지 않고, 다른 사람의 생각에 열려있으며, 생각과 느낌을 나누는 데 있어서도 솔직하다. "진실한 사람은 자신을 타인과 인간적으로 관련시키기 때문에 표현이 연습을 하는 것처럼 보이거나 부자연스러워 보이지 않는다"(Hammond et al., 1977, p. 7). 참됨, 조화로움, 투명성, 또는 진실성(Rogers, 1961)은 때로 전문 사회복지사가 냉정하고 침착한 것과는 상반되는 것으로 보일 수 있다. 그러나 사회복지실천에서의 전문성은 딱딱하고 공식적이거나 지나치게 통제된 태도를 견지하는 것을 의미하지 않는다. 사회복지사로서 여러분은 여러분 자신을 무감동하고 초연하며 마치 컴퓨터와 같은 기술자로 표현해서는 안 된다. 사회복지서비스를 찾는 사람들이 사회복지사에 기대하는 것은 전문적으로 지식이 많고 유능한 것 이외에 누군가와 얘기하고 싶어 한다는 것이다. 그들이 만나고 싶어하는 사람은 미리 준비된 역할을 수행하거나 상투적인 말을 하거나 같은 말을 반복하는 사람이 아니라, 그들과 마찬가지로 살아가고 숨 쉬고 느끼는 인간이다.

그러나 클라이언트와의 관계에서 진실성을 강조하는 것이 여러분이 매순간마다 생각하고 느낀 것을 무엇이든 말하고 행할 자격을 가졌다는 의미는 아니다. 여러분이 항상 기억해야 할 것은 원조관계는 기본적으로 사회복지사인 여러분을 위한 것이 아니라 클라이언트를 위한 것이어야 한다는 점이다. 클라이언트와 사회복지사 간에 상호 합의된 목표를 달성하기 위해 클라이언트를 돕고 클라이언트와 함께 일하는 것 외에 그 어떤 목적으로든 여러분 자신의 생각과 감정을 표현하는 것은 사회복지실천의 효과를 떨어뜨리거나 최악의 경우 클라이언트에게 해로운 결과를 초래할 수 있다.

전 문 성

사회복지의 가치와 윤리에 포함되어 있고 핵심 자질의 여러 측면에 내재되어 있는 전문성은 사회복지사에게 매우 중요하기 때문에 특별한 관심을 받는다. 전문성은 (1) 진실성, (2) 전문지식과 자기효능감, (3) 자기이해와 자기통제, (4) 사회적 지지, (5) 비판적 사고, 과학적 탐구, 평생학습, (6) 다양성과 차이의 존중, (7) 인권과 사회정의 증진, (8) 사회적 안녕의 촉진, (9) 윤리적 결정과 같은 자질을 포함한다. 이러한 자질들은 이후 장들에서 다루어질 것이다.

요약

효과적인 사회복지사는 클라이언트에게 서비스를 제공할 때 감정이입, 존중, 진실성, 전문성을 정기적으로 보여준다. 이러한 특성과 자질은 전체 원조과정－준비 및 시작단계부터 종결단계－내내 나타나며 여러분이 일상에서 만나는 친구, 가족, 이웃, 동료 등과 상호작용할 때에도 나타난다.

■ Chapter 1 요약 연습

1장을 마친 다음, 아래의 연습문제에 대한 응답을 한두 문장으로 간략히 서술하시오.

1. 이 장의 내용과 함의를 곰곰이 생각한 다음 전문 사회복지사의 역할, 책임, 기능에 대한 여러분의 반응을 설명하시오.

2. 효과적인 사회복지사에게 필요한 핵심적인 지식, 가치, 태도, 자질, 능력을 생각해보시오. 여러분은 이들 중 개발하기에 가장 쉬운 것은 무엇이고 가장 도전적인 것은 무엇인지 밝히고 그 이유를 간략하게 설명하시오.

3. 이 책에 소개된 실천기술을 배우기 위해 매주 몇 시간씩 공부하고 실습한다고 가정하시오. 여러분은 필요한 시간을 확보하기 위해 무엇을 해야 하고 자신을 어떻게 동기 부여할 것인가?

4. 인터넷 검색 엔진을 사용하여 아래의 웹사이트를 찾아보시오. 관심있는 사이트의 웹사이트 주소를 기록하고 선택한 사이트의 내용과 잠재적 가치에 관해 메모하시오. 이러한 내용을 담은 파일을 "전문적 관심 웹사이트"라고 명명하고 여러분의 사회복지실천기술 학습 포트폴리오에 포함시키시오.

   a. Annie E. Casey Foundation and the Kids Count Database

   b. Association of Social Work Boards(ASWB)

   c. California Evidence-Based Clearinghouse for Child Welfare(CEBC)

   d. Campbell Collaboration

   e. Child Welfare Information Gateway

   f. Cochrane Collaboration

   g. Council on Social Work Education(CSWE)

   h. Directory of Open Access Journals

   i. Global Issues: Social, Political, Economic and Environmental Issues That Affect Us All

   j. Information for Practice: News & New Scholarship From Around the World

   k. Institute for Research on Poverty

   l. International Federation of Social Workers(IFSW)

   m. National Academies Press

   n. National Association of Social Workers(NASW)

   o. National Center for Cultural Competence

   p. National Poverty Center

   q. Online Books Page

   r. Open Culture: The Best Free Cultural & Educational Media on the Web

s. Oxfam International

t. Project Gutenberg

u. PubMed Central: A Free Archive of Life Sciences Journals

v. Social Work Action Network(SWAN)

w. UN 홈페이지를 방문하여 UN 산하 위원회, 조직뿐만 아니라 인권, 사회·경제적 개발, 인도주의 관련 이슈와 관련 있는 문서와 발의를 찾아보시오. 세계 식량 프로그램(World Food Programme), 세계 보건 기구(World Health Organization), 인간 개발 프로그램(Human Development Program), 유네스코(Educaitonal, Scientific and Cultural Organization)의 홈페이지를 방문하시오.

x. 세계 은행(The World Bank)

y. 세계 기아 교육서비스(World Hunger Education Services)와 기아 이슈

Chapter 1 자기 평가

이 장을 마치기 전에 아래의 자기 평가 연습을 하면서 현재 여러분의 이해 수준을 곰곰이 생각해 보시오.

자기 평가: 서 론

이 장에서 소개된 전문 사회복지실천의 다양한 측면들을 숙고하는 데 유용한 아래 문항들에 응답하시오. 각 문항을 읽은 다음 4점 척도를 사용하여 각 문항에 대해 동의하는 정도를 표시하시오.

4 = 매우 동의한다
3 = 동의한다
2 = 동의하지 않는다
1 = 전혀 동의하지 않는다

4	3	2	1	문항
				이 시점에서 나는…
☐	☐	☐	☐	1. 사회복지 전문직의 사명과 목적을 설명할 수 있다.
☐	☐	☐	☐	2. 전문성의 특성을 설명할 수 있다.
☐	☐	☐	☐	3. 사회복지실천기술과 역량의 개념을 정의할 수 있다.
☐	☐	☐	☐	4. 사회복지실천의 단계 또는 과정을 설명할 수 있다.
☐	☐	☐	☐	5. 핵심적 자질과 일반적 요인들을 설명할 수 있다.
☐	☐	☐	☐	6. 사회복지실천기술 학습 포트폴리오의 목적을 설명할 수 있다.
				소계

주: 위의 문항들은 부록 3에 제시된 사회복지실천기술 자기 평가 설문지의 서론에 포함되어 있는 문항들과 동일하다. 따라서 여러분은 현재의 응답과 이후의 응답을 비교할 수 있을 것이다. 또한 소계도 비교해라. 만약 실천기술의 숙련도가 향상되었다면 최근의 소계가 이전의 소계보다 클 것이다.

여러분은 이 장에서 전문적인 사회복지실천의 여러 차원과 측면들을 탐색했다. 여러분은 몇 가지 연습을 했고 자기 평가도 했다. 이 장의 내용과 여러분이 수행한 작업에 대해 생각해 보아라. 여러분의 분석에 기초해서 에세이를 작성하고 "사회복지와 사회복지사에 관한 첫 번째 숙고"라고 이름을 붙여라. 500자 이내로 작성해라. 이 장에 관해 생각하는 동안 떠오르는 아이디어, 질문, 이슈에 초점을 두어라.

이 에세이는 여러분의 사회복지실천기술 학습 포트폴리오의 일부분이 될 것이다. 부록 1에서 더 자세하게 설명하겠지만 학습 포트폴리오는 이 책을 배우면서 여러분이 준비한 것들(예를 들면, 폴더, 바인더, 디스크)을 담고 있는 그릇이다. 특히 여러분이 문서로 만들게 되면 학습 포트폴리오는 여러분의 사회복지실천기술이 향상되었다는 문서증거가 된다. 여러분은 자기 사정을 위해 사회복지실천기술 학습 포트폴리오를 사용할 수 있고, 교수는 학생의 학습을 평가하기 위해 사용할 수 있다. 특정 과목 또는 교육 프로그램의 효과를 평가하기 위해 수강생들의 포트폴리오를 평가할 수도 있다. 이해관계자들은 개인 또는 집단의 학습 욕구를 파악하기 위해 또는 순위, 등급을 결정하기 위해 사정과 평가를 사용할 수도 있다.

CHAPTER 2

전문성 입문

사회는 취약한 사람들을 위한 서비스의 제공과 관련된 지위, 권한, 책임을 사회복지 전문직과 사회복지 전문가들에게 위임하였다. 2장부터 5장까지는 전문성의 기본 요소를 탐색한다. 2장에서 진실성, 전문지식과 자기효능감, 자기이해와 자기통제, 사회적 지지를 탐색하면서 그 과정을 시작할 것이다. 3장에서는 비판적 사고, 과학적 탐구, 평생학습을 다루고 4장에서는 다양성 존중, 인권과 사회정의 증진, 사회적 안녕 촉진을 탐색한다. 5장에서는 전문성의 가장 중요한 요소라고 할 수 있는 윤리적 결정을 탐색한다.

각 장은 상호관련 있는 전문성의 요소들을 탐색하는 데 유용한 연습문제를 포함하고 있다. 여러분은 2장에서 가계도, 생태도, 주요 사건 타임라인을 배우게 되는데 이것들은 여러분의 자기이해를 증진시키고 클라이언트가 자신을 더 잘 이해할 수 있도록 해준다. 더욱이 여러분은 자신의 사회복지실천기술 학습 포트폴리오에 자료를 추가할 수 있을 것이다.

박스 2.1	2장의 목적

이 장의 목적은 학습자들이 전문성의 요소들과 친숙해지고 진실성, 자기이해와 자기통제, 사회적 지지의 과정에 기여하는 것이다.

목표

이 장을 학습함으로써 다음을 할 수 있어야 한다.

- 전문성의 요소들을 설명하기
- 효과적인 사회복지실천을 위해 전문성의 중요성 논하기
- 진실성이 전문성의 필수 요소로 작용하는 바를 논하기
- 전문지식과 자기효능감, 자기이해와 자기통제, 사회적 지지와 효과적인 사회복지실천과의 관련성 논하기

- 가계도 준비하기
- 생태도 준비하기
- 주요 사건 타임라인 준비하기
- 성격 사정이 갖는 의미 논하기
- 사회복지실천기술의 숙련도 사정하기

핵심 역량

이 장에서 다루어지는 실천기술들은 아래의 핵심적인 교육정책과 인증기준을 지지한다.

- 전문 사회복지사로 신분을 밝히고 그에 맞게 행동하기(EP2.1.1)
- 전문적인 실천을 위해 사회복지 윤리원칙 적용하기(EP2.1.2)
- 인간행동과 사회환경에 관한 지식 적용하기(EP2.1.7)
- 실천을 형성하는 맥락에 반응하기(EP2.1.9)
- 개인, 가족, 집단, 조직, 지역사회를 대상으로 관여, 사정, 개입, 평가하기(EP2.1.10[a-d])

전문성: 잠정 정의와 개념적 틀

원조전문가 공동체의 회원자격은 적지 않은 지위, 권력, 명성을 포함한다. 전문가는 "기술, 지식, 경험, 기준 또는 전문적 기술을 가지고 있거나 발휘하는 … 유능하고 효율적인 사람"(Oxford English Distionary[OED][Online], 2009)이다. 그러나 사회복지실천에서 전문성은 지식, 역량, 전문적 기술을 넘어 명예, 정직, 헌신, 봉사, 이타주의, 가치와, 윤리강령의 준수를 포함한다. 사회복지에서 전문성의 잠정 정의는 (1) 사회복지서비스 분야에 대한 지식, 역량, 전문적 기술, (2) 사회복지 전문직의 가치와 윤리강령의 존중과 준수, (3) 개인적, 전문적 진실성, 자기이해와 자기통제, 사회적 지지, (4) 비판적 사고, 과학적 탐구, 평생학습, (5) 다양성과 차이 존중에 관여, (6) 인권과 사회정의 증진, (7) 사회적 안녕 촉진을 포함한다. 그림 2.1은 개념적 틀로서 잠정 정의를 보여주고 있다.

개인, 가족, 집단, 조직, 지역사회, 그리고 사회 전체는 중요한 심리사회적 기능을 수행하고 절박한 사회문제를 다루기 위해 사회복지 전문직에 의존한다. 매년 사람들은 상당히 많은 공적, 민간 자금을 보건과 휴먼서비스에 투자한다. 예를 들어, 2008년 9월 말에 보고된 순지출이 미국 보건복지부는 7,127억 달러, 사회보장부는 6,636억 달러, 제대군인부는 4,304억 달러, 교육부는 619억 달러, 노동부는 606억 달러, 주택도시개발부는 598억 달러였다. 이를 모두 합치면 6개부의 1년 순지출은 1조 9,890억 달러이다. 이는 2008년 회계 연도 동안 미국 정부가 지출한 3조 6,407억 달러의 50% 이상을 차지한다(U.S. Department of the Treasury, 2008). 물론 매년 수십억 달러의 민간 자금이 보건, 교육, 복지 관련 서비스를 위해 사용된다.

미국 노동통계청은 2008-2009 직업전망서에 따르면 2006년 미국에서 취업상태에 있는 사회복지사가 595,000명이었다. "10개 직업 중 약 5개는 보건과 사회적 지원 산업과 관련이 있었고, 10명 중 3명은 지방자치단체의 기관들에 고용되었고 보건복지부에 고용되는 경우가 가장 많았다. 대부분의 사회복지사는 도시나 도시 근교에서 일하고 있지만, 일부 사회복지사들은 지방에서 일하고 있다"(U.S. Department of Labor, 2007, Employment section, paras. 1-2). 표 2.1은 2006년도 현장 유형별 사회복지사의 고용 현황을 보여주고 있다.

그림 2.1　전문성: 개념적 틀

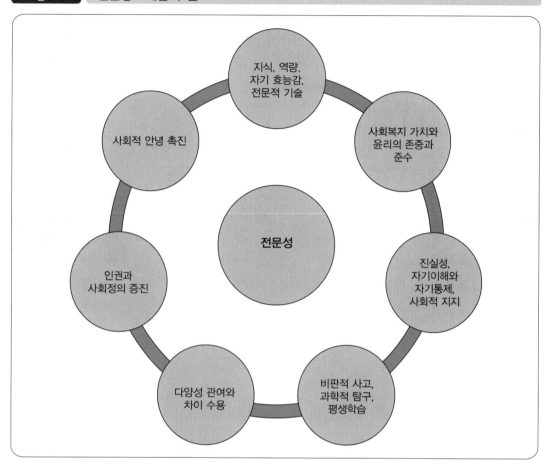

표 2.1　현장 유형별 사회복지사 고용 현황

사회복지 고용 현장	인 원
아동, 가족, 학교 사회복지사	282,000
의료, 공중보건 사회복지사	124,000
정신보건, 약물남용 사회복지사	122,000
기타 사회복지사	66,000
합　계	594,000

많은 사회복지사들이 다른 직업군(예를 들어, 약물남용과 행동장애 상담가; 교육, 직업, 학교 상담가; 결혼과 가족 치료사; 보호관찰관)에도 포함되어 있기 때문에 실제 사회복지사의 수는 750,000명에 가까울 것이다. 게다가 노동통계청이 보고하는 숫자는 개업 사회복지사를 포함하지 않기 때문에 더 많은 사회복지사들이 있다.

사회복지사는 대개 사람들에게 긍정적인 영향을 끼치지만 때로는 그렇지 못할 때도 있다. 많은 사회복지사가 있고 사회복지사가 제공하는 서비스의 본질과 범위를 고려할 때 전문성이 강조되지 않을 수 없다. 사회복지사가 유능하고 신뢰받을 때 클라이언트는 만족감을 느끼며 전체적으로 사회는 이득을 얻는다. 사회복지 전문직은 성장하였고 사회복지에 대한 전반적인 평판도 개선되었다. 그러나 사회복지사의 전문성이 부족할 때, 많은 사람들은 고통을 겪게 된다. 클라이언트들은 정책, 프로그램, 실천으로 인해 해를 입을 수도 있다. 실제로 일부 클라이언트는 사회복지사의 태만과 무능력 때문에 그들의 삶을 잃을 수도 있다. 소수 사회복지사의 전문성이 부족하기 때문에 고용주들이 다른 사회복지사를 채용하길 꺼려할 수도 있다. 사회복지 전문직의 위상이 추락하고 자원 제공자들이 사회복지서비스를 지원하길 꺼려할 수도 있다.

이해관계가 맞물려 있기 때문에 사회복지사들은 개인적으로, 도덕적으로, 윤리적으로, 법적으로 모든 서비스 활동 영역에서 높은 수준의 전문성을 보여주어야 할 의무를 가진다. 다행히도 대부분의 사회복지사는 클라이언트들에게 윤리적이고 효과적인 서비스를 제공하고 모든 사람을 위한 삶의 질 향상을 위해 전념하고 있다. 대부분의 사회복지사는 질 높은 서비스를 제공하면서 이해, 존중, 열정, 역량을 보여주려고 노력한다. 대부분의 사회복지사는 전문 지식의 흐름에 맞추려고 노력한다. 사회복지사들은 일상에서 보이는 그들의 행동이 전문적 평판과 전문적 수행에 영향을 끼칠 수 있다는 것을 인식하고 있다. 실제로 대부분의 사회복지사는 높은 전문성 기준에 집중하고 그 기준을 일관되게 준수할 때 동료들 사이에서 긍정적인 전문적 평판을 얻게 된다는 것을 알고 있다.

진 실 성

신뢰와 존중에 기초가 되는 진실성은 전문성의 필수 요소이다. 사회복지서비스 맥락에서 진실성은 정직, 신뢰, 성실을 암시한다. 미국사회복지사협회(NASW, 2008)의 윤리강령에는 "사회복지사는 부정직, 사기, 속임수를 용인하거나 이에 관여해서는 안 된다"(Section 4.04)는 진술문이 있다. 약속을 지키는 것은 진실성의 추가 요소이다.

사회복지사는 타당하고 신뢰할 만한 증거에 기반한 정보를 공유할 때 진실해진다. 사회복지사는 다른 사람들의 헌신을 공개적으로 인정하고 자신의 발언과 입장을 지지하기 위해 사용한 정보의 출처를 신뢰할 때 진실해진다. 사회복지사는 전문적 추천이 아닌 개인적 의견을 공유한다고 솔직하게 언급할 때 진실해진다. 사회복지사는 자신의 생각, 행동, 말에서 보인 실수를 인정할 때 진실해진다. 사회복지사는 속이고, 거짓말하거나 사실을 잘못 전달하려는 유혹을 뿌리칠 때 진실해진다. 사회복지사는 클라이언트를 속이고 부당하게 이용하거나, 시험볼 때 부정행위를 하거나 또는 보고서를 표절하는 친구나 동료를 보고할 때 진실해진다. 요약하면 존경할 만한 방식으로 행동하고 자신을 높은 개인적, 전문적 기준에 맞출 때 사회복지사는 진실해지는 것이다.

미국사회복지사협회의 윤리강령은 진실성을 핵심 가치 중 하나로 고려하고 있으며 관련 윤리 원칙을 다음과 같이 제시한다:

가치: 진실성
윤리 원칙: 사회복지사는 신뢰할 수 있는 방식으로 행동한다.

사회복지사는 전문직의 사명, 가치, 윤리원칙과 윤리기준을 항상 인식하고 이에 맞추어 실천한다. 사회복지사는 정직하고 책임성 있게 행동하고 자신이 속해 있는 조직을 대신해서 윤리적 실천을 촉진한다(National Association of Social Workers, 2008 Ethical Principles section, para. 6).

전문성의 다양한 요소를 고려할 때 진실성보다 더 본질적인 것은 아무것도 없다. 전문직의 가치와 윤리를 준수하고 성실, 공정, 신뢰, 헌신, 충실과 같은 기본적인 도덕적 원칙을 준수하는 것이 전문적 진실성의 중심이다. 하지만 진실성은 이러한 가치들의 합 이상인 것으로 결합, 전체, 사회복지 역할, 책임, 기대와의 조화를 포함한다. 개인적 명예뿐 아니라 신뢰를 포함하는 전문적 진실성은 사실상 사회복지실천의 모든 측면과 관련 있다. 예를 들어, 신뢰와 신용의 개념을 고려해보자. 클라이언트는 자신이 솔직하고 공정하며 신뢰할 수 있고 효과적인 치료를 받을 것으로 기대하며 사회복지사를 찾는다. 첫 번째 만남은 관계 내내 지속될 수 있는 신뢰와 관련 있다. 그러나 전문가의 말과 행동이 정직하지 못하고, 무책임하며, 불공정하고, 무능하다는 것을 클라이언트들은 알아차린다. 진실성이 없으면 선의는 위협당하며 실망한 클라이언트와 그들의 친구와 가족은 다른 사회복지사까지도 신뢰하지 않을 수도 있다.

어떤 경우에는 클라이언트가 "나는 결코 그 곳에 돌아가지 않을 거야" 또는 "나는 다시는 사회복지사를 찾지 않을 거야" 또는 심지어 "그것은 절망적이었어"라고 결론지을 만큼 손실이 영구적일 수도 있다. 이런 점에 있어서는 동료, 고용주, 지역사회 구성원들과의 관계도 마찬가지이다. 진실성의 결여는 가족, 친구, 전문적 관계를 손상시키거나 끝낼 수 있다.

아마도 진실성은 정직, 신뢰, 개인적 특징과 관련 있기 때문에 개인의 평판은 한번 손상되면 회복되기 매우 어렵다. 몇 년 전, 뉴욕타임지는 소속 기자들 중 한 명이 여러 차례의 위조, 조작, 표절을 하면서 언론 사기극을 저지른 것을 발견하였다. 뉴욕타임지는 회사의 명성에 끼칠 영향을 인식하고, 조사팀을 구성하여 허위 보고를 추적하였다. 조사팀은 조사결과에 대한 장문의 보고서를 자사 신문에 게재하였다(The New York Times staff, 2003a, 2003b).

그 기자는 다시는 언론계에서 활동하기 어려울 것이다. 출판사와 편집인들은 그를 신뢰할 수 없다. 그는 더 이상 신뢰받을 수 없다. 그의 개인적, 전문적 명성의 손상이 매우 심해서 그가 어떤 신문사나 잡지사와 일하게 되도 그 회사의 이미지는 더럽혀질 것이다. 그러나 그 영향은 기자 개인과 뉴욕타임지를 넘어선다. 그의 행동은 언론 전문직에 대한 의문을 불러일으킨다. 그가 지난 몇 개월 또는 몇 년에 걸쳐 많은 기사를 조작하고 표절했다면 다른 기자들도 그럴까? 독자들은 기자들과 신문들이 솔직하고 정확하다고 믿을 수 있을까?

일부 사회복지사와 사회복지 조직 또한 진실성 원칙을 어겼다. 일부는 그들이 감독해야 하는 학대받고 방임된 아동의 복지를 정기적으로 확인하는 일과 같은 기본 책임을 다하지 않았다("Daniel Kelly," 2009; Kaufman & Jones, 2003). 일부는 그들이 실제로 수행하지 않은 일과 제공하지 않았던 서비스를 수행하고 제공했다고 하거나(Ujifusa, 2008) 사법 절차를 방해하기(Reuters News Service, 2009) 위해 문서와 보고서를 조작하는 사기를 저질렀다. 일부는 그들의 개인적 쾌락과 이득을 위해 클라이언트들을 이용했고 착취하였다(Clarridge, 2009; Shifrel, 2009). 이와 같은 위반이 발생하면 그 결과는 매우 심각하다. 아동은 사망하거나 심한 상처를 받을 수 있고(Associated Press, 2009) 이웃들은 아동들이 홀로 남겨질 때보다도 위탁보호를 받을 때 더 악화될 것이라는 걱정 때문에 의심이 되는 학대와 방임을 보고하지 않을 수 있다.

오늘과 같은 디지털시대에 기억용량이 증가하였으며 증가된 용량은 우리의 명성에 부정적 영향을 주기도 한다. 휴대폰, 캠코더, 시청각 리코더 또는 컴퓨터 메모리에 일단 기록되면 그 기록은 아마도 영원히 이용 가능한 상태로 남게 된다. 실제로 인터넷을 경유하여 전달되거나 게시된 것의 대부분은 사이버 공간에 남게 된다. 이메일로 전송된 메시지, 트위터, 페이스북이나 다른 소셜 네트워크 웹 사이트의 게시물, 블로그의 글들이 우리를 매우 당혹스럽게 할 수 있다. 휴가 때 찍은 사진들이 우리를 괴롭힐 수 있다. 실제로 일부 고용주는 인터넷에서 입사 지원자들과 관련 있는 정보들을 찾기도 한다. 현실은 이해할 만하고 무고하지만 개인적 잘못이 드러남으로써 우리의 명예, 직장을 얻고 유지하려는 능력, 도움이 필요한 사람들을 원조하는 우리의 기회에 부정적으로 영향을 끼칠 수 있다.

일반적으로 사회복지사나 다른 원조전문가들은 진실성으로 이득을 본다. 얼마나 놀라운 선물인가! 뛰어난 힘과 영향을 지니는 이 선물은 거대한 도덕적 책임을 수반한다. 그 선물을 소중히 하고 여러분의 가장 소중한 자산들 중의 하나로 개인적, 전문적 진실성을 고려해라. 여러분의 약속을 지켜라. 여러분의 실수를 솔직하게 인정해라. 여러분의 지식, 기술, 역량에 관한 정보를 제공해라. 클라이언트에게 진실을 말해라. 더 나아가, 아마도 가장 중요한 것은 여러분 자신에게 잔인할 정도로 정직해라. 이 점에 있어서 극단적인 태도를 취해라. 원조전문가들 사이에서 자기기만은 가장 위험한 자만이다.

연습 2-1 진실성

아래에 있는 각 연습문제에 대해 응답해 보시오.

1. 사회복지학과 학생이 교수에게 거짓말하는 것이 정당화될 수 있는가? 사회복지사가 슈퍼바이저, 클라이언트 또는 판사에게 거짓말하는 것이 정당화될 수 있는가? 여러분의 의견을 제시하시오.

2. 사회복지학과 학생으로서 많은 과제들과 마감시간을 앞두고 있을 때 여러분은 확실히 스트레스와 압박감을 느낀다. 여러분은 보고서를 표절하거나 시험을 위해 컨닝 페이퍼를 만들거나 과제 제출 마감시간을 연장하기 위해 교수에게 거짓말을 하는 등 속이려는 유혹을 가끔 느낄 것이다. 여러분은 이러한 유혹을 어떻게 다룰 것인가?

3. 여러분이 시험장에서 부정행위로 적발된 동료 사회복지학과 학생의 배심원이라고 가정하자. 증거는 확실하다. 부정행위가 발생했고 의도적이었다는 것에 의심의 여지가 없다. 그 학생에게 어떤 처벌을 내려야 하는가(예를 들어, 퇴학, 과목 과제, 재시험)?

4. 여러분이 위탁보호중인 학대받고 방임된 아동들의 복지를 감독하는 사회복지사의 슈퍼바이저라고 가정하자. 사회복지사가 실제로는 아동들을 2~3개월에 한 번만 방문하였으나 매주 두 번씩 방문하였다고 거짓 보고한 것을 알게 되었다면 여러분은 무엇을 할 것인가? 게다가 그 사회복지사는 지난 4개월 동안 일부 아동을 전혀 방문하지 않았다. (a) 아동들이 모두 안전하고 건강하다면 (b) 아동들 중 한 명이 실종되었고 위탁부모가 그 아동의 행방을 전혀 알지 못한다면 또는 (c) 방문하지 않은 아동들 중 한 명이 위탁가정의 학대로 인해 사망했다면 여러분은 무엇을 할 것인가?

지식과 자기효능감

고급 전문지식은 윤리적이고 효과적인 사회복지실천을 위해 필수적이다. 사회복지에서 요구되는 지식은 실천현장, 개입을 위한 문제, 클라이언트, 기대되는 역할에 따라 다양하다. 그러나 모든 사회복지사에게 요구되는 전문지식이 있다. 예를 들어, 미국사회복지교육협의회에 따르면, 인증받은 학교의 졸업생들은 구체적 역량을 보여줄 수 있어야 하며 그 역량은 "지식, 가치, 기술로 구성된 측정 가능한 실천 행동이다"(p. 3). 전문적 역량을 갖추기 위해 많은 지식과 지속적인 학습이 필요하다. 미국사회복지교육협의회가 인증한 사회복지 교과과정은 다음과 같은 지식을 포함한다:

- 사회복지 전문직 – 역사, 사명, 핵심 가치, 윤리, 관련 법규 포함
- 인권, 시민권, 사회적 · 경제적 정의
- 연구, 논리적 · 과학적 탐구, 이성적 분별의 원칙
- 효과적인 구두, 서면 의사소통
- 인간행동과 사회환경 – 생애주기별 인간발달, 사회체계, 인간의 행동과 발달의 생물학적, 사회적, 문화적, 심리적, 영적 측면에 대한 이해를 증진시키는 이론과 지식
- 다양성, 차이, 문화; 빈곤, 억압, 차별, 주변화, 소외; 특권, 권력
- 사회 정책과 서비스의 역사와 현구조; 서비스 전달에서 정책의 역할; 정책 개발에서 실천의 역할
- 사회복지실천과 전문직에 영향을 주는 조직, 지역사회, 사회적 맥락
- 사회복지실천 – 개인, 가족, 집단, 조직, 지역사회와의 실천에서 관계형성, 사정, 예방, 개입, 평가를 위해 필요한 이론적이면서 연구에 기반을 둔 모델(pp. 3~7)

사회복지학을 전공하는 모든 학생은 실습을 이수하는데, 실습에서 학생들은 슈퍼바이저의 지도하에 그들이 배운 전문지식을 적용하는 방법을 배운다. 학생들은 실습현장에서 다른 방법으로는 발달시키기 어려울 수 있는 기술과 역량을 다듬게 된다.

구체적인 내용과 강조하는 점에 있어서는 차이가 있겠지만, 미국사회복지교육협의회가 인증한 모든 학교는 공통 지식기반에 기여하는 위의 지식 영역들을 다루고 있다. 이 영역들은 미국사회복지사협회가 제안한 보다 포괄적인 영역들과 일치한다(1981, p. 17). 또한 이 영역들은 대부분의 주와 푸에르토리코, 워싱턴 D.C., 버진아일랜드, 그리고 일부 캐나다 주들이 채택하고 있는 전국적으로 표준화된 사회복지사 자격증 시험에서 다루어지는 영역들과도 일치한다.

사회복지이사협의회가 관리하고 전국적으로 표준화된 학사 수준 시험에서 다루어지는 내용 영역들이 박스 2.2에 제시되어 있다.

사회복지이사협의회는 석사 수준 시험, 전문사회복지사 시험, 임상 시험도 관리하고 있다. 이러한 시험들은 미국의 대부분의 주와 일부 캐나다 주에서 동등한 기준이 적용되고 있다는 것을 확인해준다. 이들 자격시험은 미국사회복지사협회와 사회복지교육협의회의 정책과 함께 공통적인 사회복지 지식기반의 유지에 기여한다.

정교한 지식 및 기술에 더하여 사회복지사는 자신이 차이를 만들 수 있다고 믿어야 한다. 클

라이언트가 사회복지사의 선의, 진실성, 역량을 신뢰할 때 혜택을 볼 수 있듯이, 사회복지사들도 자신에 대한 확신이 있을 때 혜택을 본다. 사회복지사는 지식과 전문적 기술뿐 아니라 희망과 낙관주의 같은 태도를 가져야 한다. 사회복지사들에게 있어서 자기효능감은 "특정 상황에서 특정 기술을 사용함으로써 성공적인 결과를 이룰 수 있는 능력에 대한 확신"이다(Holden, Meenaghan, Anastas, & Metrey, 2001, p. 116). 지식에 기반을 둔 자기효능감이 없다면 사회복지사는 정력적이고, 협력적인 변화 매개인이 아니라 나태하고 소극적인 관찰자일 뿐이다.

박스 2.2 **사회복지이사협의회 내용 영역: 학사 수준 시험**

Ⅰ. 환경 속 인간 발달과 행동 – 14%
　　ⅰ. 개인, 가족, 집단, 지역사회, 조직 관련 이론적 접근
　　ⅱ. 인간 성장과 발달
　　ⅲ. 인간행동과 사회환경
　　ⅳ. 위기와 변화의 영향
　　ⅴ. 중독행위
　　ⅵ. 학대와 방임의 역학
Ⅱ. 다양성 – 7%
Ⅲ. 사정 – 20%
　　ⅰ. 사회력과 부수적 데이터
　　ⅱ. 사정도구 사용
　　ⅲ. 문제 확인
　　ⅳ. 환경이 클라이언트 행동에 미치는 영향
　　ⅴ. 클라이언트 체계의 장단점 사정
　　ⅵ. 정신과 행동 장애 사정
　　ⅶ. 학대와 방임의 지표
　　ⅷ. 자신과 타인에 대한 위험의 지표
　　ⅸ. 위기의 지표
Ⅳ. 직접적, 간접적 실천 – 21%
　　ⅰ. 실천모델
　　ⅱ. 개입기법
　　ⅲ. 개입과정의 요소
　　ⅳ. 개입과 클라이언트 욕구의 조화
　　ⅴ. 자아의 전문적 사용
　　ⅵ. 사회복지실천에서 협력적 관계의 사용
Ⅴ. 의사소통 – 10%
　　ⅰ. 의사소통 원칙
　　ⅱ. 의사소통 기법
Ⅵ. 전문적 관계 – 5%
　　ⅰ. 관계 개념
　　ⅱ. 실천에서 관계
Ⅶ. 전문적 가치와 윤리
　　ⅰ. 클라이언트 체계에 대한 책임
　　ⅱ. 전문직에 대한 책임

특히 개리 홀든Gary Holden은 사회복지 실천과 교육 현장에서 사용할 수 있는 자기효능감 사정 도구들을 개발하였다(Holden, 1991; Holden, Barker, Meenaghan, & Rosenberg, 1999; Holden, Cuzzi, Rutter, Chernack, & Rosenberg, 1997; Holden, Cuzzi, Rutter, Rosenberg, & Chernack, 1996; Holden, Cuzzi, Spitzer et al., 1997; Holden, Meenaghan, & Anastas, 2003; Holden et al., 2001). 자기효능감에 더하여 사회복지사는 자신의 역량에 대한 믿음을 갖게 되면 이득을 보게 된다(Bandura, 1977a, 1977b, 1992, 1995a, 1997, 1995b; Bandura & Walters, 1963).

사람들은 내적 힘(personal agency)의 기제를 통해서 그들 자신의 심리사회적 기능 향상에 기여한다. 이러한 힘의 기제들 중에서 자기효능감에 대한 믿음보다 중요한 기제는 없다. 자기효능감은 미래 상황을 다루기 위해 요구되는 행동 과정을 조직하고 실행하는 자신의 능력에 대한 믿음을 일컫는다. 효능감은 사람들이 생각하고, 느끼고, 자신에게 동기를 부여하고, 행동하는 방식에 영향을 끼친다(Bandura, 1995a, p. 2).

21세기에 활동하는 대부분의 사회복지사와 사회복지 전문직은 예사롭지 않은 도전에 직면해 있다(Austin, 1997). 윤리적이고 효과적인 사회복지실천을 위해서 타당하고 신뢰성 있는 넓고 깊은 지식 기반이 요구된다.

미국의 사회복지사협회(1981), 사회복지교육협의회(2008), 사회복지이사협의회(2008),[1] 그리고 저명한 사회복지사들(Barlett, 1970)은 공통적인 사회복지 지식 기반 요소들을 제시하였다. 물론 실제 실천에서 사회복지사는 클라이언트와 지역사회의 독특한 특징에 부합하는 전문지식을 가지고 있어야 한다. 예를 들어, 가정폭력 피해 여성에게 사회복지서비스를 제공한다고 가정해보자. 이 클라이언트와 지역사회에 효과적으로 서비스를 제공하기 위해 얼마나 많은 지식을 가져야 하는지 상상해보아라.

사회복지사는 가정폭력 피해 여성과 아마도 가정폭력 피해 남성을 위한 서비스의 특징 및

---

1 사회복지이사협의회의 인터넷 주소는 www.aswb.org, 사회복지대학교육협의회의 인터넷 주소는 www.cswe.org, 사회복지사협회의 인터넷 주소는 www.socialworkers.org이다.

성과와 관련된 최신 이론과 연구결과에 익숙할 필요가 있다. 사회복지사는 가정폭력의 발생을 감소시키는 요인들뿐 아니라 가정폭력 발생의 원인이 되는 요인들을 알아야 한다. 사회복지사는 이러한 상황에 처해있는 여성들이 직면하는 위험의 범위를 이해해야 하고 상해 또는 사망의 위험을 평가할 수도 있어야 한다. 사회복지사는 위험 정도에 따른 대처방법을 알아야 한다. 또한 사회복지사는 클라이언트가 다양한 행동방침의 위험-효과 비율을 고려할 수 있도록 원조해야 한다.

환경 속 인간 관점에서 서비스를 제공할 때 사회복지사는 1차, 2차 사회체계를 대상으로 확인, 사정, 개입하는 방법을 알아야 한다. 지역사회의 인종적, 민족적 문화에 관한 지식도 유용할 수 있다. 가정폭력 피해 아동의 생물심리사회적 욕구를 결정하는 데 필요한 지식과 기술은 여러 상황에서 적용될 수 있다. 폭력의 가해자로 의심되는 사람을 포함하여 1차 사회체계 구성원들의 강점과 잠재력을 사정하는 데 필요한 전문기술은 이해력을 깊게 하고 가능한 해결책을 찾는 데 도움이 될 수 있다. 사회복지사는 자신이 활동하고 있는 지역의 법과 규정 그리고 적용되는 전문적 가치와 윤리를 잘 알고 있어야 한다. 사회복지사는 실천과정에서 필요한 실제 자원과 잠재적 자원에 익숙해야 한다. 요약하면 효과적인 사회복지서비스는 세련된 수준의 일반적이고 구체적인 전문지식과 전문적 기술을 요구한다.

이 책은 사회복지실천 기술과 역량에 초점을 두고 있다. 이 책은 특정 서비스 맥락에서 필요한 구체적인 전문기술을 다루지 않는다. 이러한 영역들에 관한 자료들은 많이 있다. 최근에 출판된 인간행동과 사회환경, 사회복지정책, 조사, 사회복지실천 관련 교재들은 공통 기반을 상당히 잘 다루고 있다. 사회복지 백과사전(Mizrahi & Davis, 2008)은 모든 수준의 실천과 다양한 맥락에서 사회복지사에게 요구되는 정보를 담고 있다. 수십 권의 사회복지 교재들과 사회복지서비스의 특정 측면, 차원, 접근, 영역을 다루고 있는 수준 높은 전문 학술지들도 사회복지사들에게 유용한 정보를 제공한다.

이 책에서 여러분은 공통적인 사회복지 지식기반의 주요 부분을 탐색할 것이나 이것은 단지 일부분이다. 이 책은 실천의 준비, 시작, 탐색, 사정, 계약, 개입 및 평가, 종결 단계 내내 윤리적이고 효과적인 사회복지실천을 위해 필요한 기술에 초점을 둘 것이다. 아래의 연습문제는 이 책에서 다루고 있는 사회복지실천기술과 관련하여 여러분의 숙련도를 사정하는 데 도움을 줄 것이다.

■ 연습 2-2 사회복지실천기술 숙련도

1. 사회복지실천기술검사를 완성하기 위해 부록 2로 가시오. 여러분이 이제 막 학습과정을 시작했다는 점을 고려하시오. 이 검사를 이전에 다룬 적이 없다면, 이들 영역에 관한 여러분의 지식과 숙련은 상당히 제한적일 것이다. 많은 문항들에 응답할 수 없을지도 모르지만 절망하지 마라! 연구하고 실습하면 개선될 것이다

   사회복지실천기술검사의 결과가 갖는 함의를 요약하시오.

2. 기술검사를 마친 다음, 부록 3에 있는 사회복지실천기술 자가 평가 질문지를 완성하시오. 어떤 영역(1장 후반부에서 완성했던 "서론" 문항을 제외하고)에 대한 평가는 매우 낮을 수도 있다는 점을 이해하시오. 아마도 여러분은 이전에 이들 기술을 공부하지 않았을 것이다. 여러분의 평가를 기초 자료로 사용하시오. 교재를 읽고, 연습문제를 완성하고, 동료와 연습해 나가면서 사회복지실천기술을 사용하고 사정하는 여러분의 능력은 향상되고 자기 평가 질문지에 대한 여러분의 평가 또한 개선될 것이다. 이 시점에서 여러분의 자기 평가 결과는 확실히 초보적이다. 그럼에도 불구하고 여러분은 그 결과를 일반적이지만 임시적인 초기 숙련도의 지표로 삼을 수 있다.

   아래 공간에 여러분의 점수를 기록하고 사회복지실천기술 자기 평가 질문지에 대한 결과를 간략히 요약하시오. 이미 잘하고 있는 영역과 가장 집중해야 하는 영역들을 밝히시오.

3. 부록 4에 있는 자기효능감 척도를 완성하시오. 이 척도는 여러분의 자기효능감 수준을 사정하는 데 유용할 것이다. 이 척도는 시험이 아니기 때문에 맞고 틀리는 것이 없다.

   아래 공간에 척도 점수를 기록하시오. 한 사람의 개인으로서 척도 점수가 갖는 의미와 사회복지 전문가로서의 역할을 간략하게 논하시오.

자기이해와 자기통제

진실성, 전문지식, 평생학습, 비판적 사고 외에, 전문성에 필요한 것은 정교한 자기이해와 자기통제이다. 사회복지실천은 자기 자신을 의식적이고 신중하게 활용하는 것을 포함하기 때문에 여러분 자신이 사회복지의 지식, 태도, 기술을 전달하는 매개체가 된다. 여러분은 다른 사람들을 도울 때 진정으로 깊은 자기인식과 여러분 자신의 여러 측면들에 접근하는 정제된 능력이 필요하다. 이러한 자기이해가 없다면 여러분은 여러분의 미해결된 문제를 클라이언트와 동료들에게 드러내게 될 것이다. 여러분들 중에는 다른 사람을 도우려는 선의의 동기를 가지고 있는 경우가 있을 것이다. 그러나 여러분에게 자기인식 또는 자기통제가 결여되어 있다면 여러분은 여러분이 도우려는 사람들에게 오히려 해를 줄 수도 있는 정서적, 행동적 패턴을 자신도 모르는 사이에 할 수도 있다(Caplan & Caplan, 2001; Keith-Lucas, 1972).

자기이해와 자기통제는 완성되고 비축해 둘 수 있는 생산품이나 성과가 아니라, 이를 통해 개인적, 전문적으로 성장하는 지속적인 과정이다. 자기이해와 자기통제는 사회복지사가 자신의 사고, 습관, 패턴이나 이슈를 알지 못한 경우 일어날 수 있는 위험을 줄여 준다. 효과적인 서비스가 되기 위해 여러분은 어떻게 생각하고, 스트레스에 어떻게 반응하며, 문제를 어떻게 처리하며, 자신을 어떻게 표현하며, 타인에게 자신을 어떻게 드러내며, 자신이 보이는 매너리즘은 무엇인지 등에 대해 정교하게 이해할 필요가 있다. 여러분의 사상적 선호를 인정하고 자신에게 불안과 불편함을 일으키는 문제는 무엇이며, 어떤 종류의 사람 혹은 사건이 두려움과 분노를 유발하며, 그리고 자신이 선호하는 상호작용의 패턴이 무엇인지 등에 대해 정교하게 이해할 필요가 있다. 물론 이러한 자기이해의 수준은 한 번의 훈련이나 강좌 혹은 대학과정을 마쳤다고 하여 생기는 것은 아니다. 또한 사회복지학 학사나 석사 혹은 박사 학위를 가졌다고 해서 주어지는 것도 아니다. 자기이해는 일생을 통해 지속되는 과정이다.

최소한 사회복지사는 자신의 신념, 태도, 사상이 전문적 활동에 어떤 영향을 주는지를 이해해야 한다. 여러분의 가족적, 문화적 배경이 여러분의 심리사회적 기능과 관계 패턴뿐 아니라 개인적 관점에 어떤 영향을 끼치는지 평가해라(Kondrat, 1999). 주요 생활 사건의 영향을 이해하고, 여러분의 성격적 특성을 확인해라. 사회적 지지를 구하고, 제공받고, 주는 방식을 포함하여 여러분이 선호하는 관계 스타일에 관해 공부해라. 타인에 대한 수용을 표현하는 방식뿐 아니라 여러분 자신의 편견, 고정관념, 선입견, 타인을 대하는 성향을 이해해라. 높은 수준의 사회복지서비스를 제공하는 능력을 방해할 수도 있는 사고, 감정, 행동 패턴을 인식하고 관리하는 방법과 수단을 개발해라.

보람 있는 일들을 시도할 때처럼 자기인식 활동에 관여하는 일은 위험 부담을 수반하기도 한다. 여러분은 예전에는 인식하지 못했던, 특히 사회복지사로서 활동하는 데 영향을 끼칠 수 있는 여러분 자신의 측면들을 발견할 수도 있다. 예를 들어, 여러분은 타인과의 관계에서 관계를 지배하거나 통제하려는 강한 욕구를 가지고 있다고 발견할 수도 있다. 여러분은 남성보다 여성과의 관계에 대해 흥미, 열정, 관심을 덜 가지고 있다는 것을 알게 될 수도 있다. 여러분은 자신의 종교적, 영적, 또는 철학적 신념체계 때문에 다양한 현상을 과학적으로 이해하기 어려워하는 점을 알게 될 수도 있다. 여러분의 신체적 도전(예를 들어, 시력 또는 청력 상실)이 미래의 클라이언트에게 끼칠 수 있는 잠재적 영향을 검토해보지 않았다는 것을 알게 될 수도 있다. 특정 집단에 속한 사람들을 객관적으로 평가하는 바를 방해하는 여러분의 고정된 인종적 또는 민족적 고정관념을 인식할 수도 있다. 여러분이 아동기에 충족되지 못한 수용과 승인에 대한 욕구를 가지고 있어서 직면을 회피하거나 갈등상황에서 스스로 물러나는 것을 알게 될 수도 있다. 여러분은 권위 있는 인물 앞에서 불안감을 느끼는 것을 발견할 수도 있다. 여러분은 알코올 또는 약물 문제를 가지고 있고, 우울이나 해결되지 않은 분노를 가지고 있거나, 심지어 사회복지 전문직에 어울리지 않는다는 것을 알게 될 수도 있다.

자기탐색과 자기발견의 과정은 사고와 감정을 혼란시킬 수도 있다. 여러분은 심지어 중요한 삶의 선택들을 다시 생각하는 자신을 발견할 수도 있다. 실제로 자기성찰의 과정에는 많은 위험이 내재해 있다. 하지만 사회복지사로서 자기이해를 추구하는 것은 그만한 대가를 치를 가치가 있다. 이런 방식으로 성장하지 못한다면, 여러분과 클라이언트들은 도움이 되리라고 여러분이 바라는 과정으로부터 해를 입을 수도 있다.

여러분이 자기이해를 하게 되면, 자기통제와 자기훈련에 대해서도 같은 욕구를 느끼게 될 것이다. 전문 사회복지사로서 여러분 자신의 생각, 감정, 말, 제스처, 행동 등을 관리할 수 있어야 한다. 우리는 우리의 반응을 조절해야 한다. 다른 사람들이 강력한 감정과 충동에 휩싸이게 되는 경우에도 우리는 사회복지 전문직의 가치와 윤리, 지식, 그리고 달성해야 할 목적을 지킬 수 있도록 여러분의 말과 행동을 관리해야 한다.

사회복지사는 자신의 감정을 관리하고 "상황에 맞게 충동이나 행동을 제한해야 한다"(Barker, 2003, p. 387). 클라이언트와 일하면서 여러분의 비언어적 표현뿐 아니라 언어적 표현도 신중하게 선택해라. 여러분의 단어를 신중하게 선택하고, 여러분의 움직임, 몸짓, 얼굴표정을 모니터링하고, 여러분의 목소리로 어투를 조절하는 것을 통해서 여러분의 내현적, 외현적 행동 모두를 관리해라. 이 모든 것을 동시에 하기 위해서 상당한 정도의 자기통제가 필요하다.

심지어 여러분은 클라이언트들을 더 잘 돕고 옹호하기 위해 내적 사고를 관리할 필요도 있다. 자기통제는 전문가임을 증명하는 진정한 표시 중의 하나이다. 그것은 전문 사회복지사와 선의를 가진 우호적 사람을 구분하게 한다.

아울러 여러분의 전문직 판단과 수행을 방해할 가능성이 있는 부적응적 행동 패턴을 통제할 수 있어야 한다. 여러분이 외향적이고 수다스러운 사람이라고 가정하자. 클라이언트들이 그들 자신, 그들의 관심사와 상황에 관한 정보를 나눌 수 있는 기회를 가질 수 있도록 하기 위해 여러분은 자신의 대화 방식을 인식하고 관리해야만 한다. 반대로 여러분이 수줍어하고, 내성적이며, 자신을 잘 표현하지 않는 사람이라면, 클라이언트들이 여러분의 전문적 지식과 기술로부터 혜택을 볼 수 있도록 자신의 패턴에 이의를 제기해야 한다.

전문가로서 우리는 클라이언트들에게 제공하는 서비스 질을 방해할 수도 있는 특성과 행동들을 밝혀내고 관리할 의무를 갖는다. 부정적 영향을 끼칠 수 있는 여러분의 공포, 불안, 습관을 다루어라. 강박적인 패턴의 식사와 다이어트는 물론이고 강박적인 운동과 TV 시청은 효과적인 사회복지실천을 간접적으로 방해할 수 있다. 약물 오용은 사회복지사로서의 판단을 쉽게 손상시킨다. 권위, 성급한 성질, 충동처럼 미루는 버릇도 문제가 될 수 있다. 편협하고 고정된 신념과 사상은 주요 장애가 될 수 있다. 유사하게도, 어떤 대인관계 또는 상호작용 패턴은 강박적이어서 전문적 기능을 방해할 수도 있다. 알코올과 약물남용 이외에 일부 사람들은 성 중독이나 승인을 얻으려는 강한 욕구를 가지고 있다. 강박적으로 무엇인가와 관련시키는 패턴으로 구호 행위를 들수 있다. 전문적 사회복지실천에서 구호는 사회복지사가 클라이언트를 희생자로 바라볼 때 일어나는 것으로서 이는 클라이언트에 대한 부적절한 통제와 책임을 전제로 하고 있다. 이러한 행동은 클라이언트의 능력을 향상시키기보다는 이들의 능력과 자율성 및 역량을 감소시키는 결과를 가져온다. 물론 겨우내 다리 밑에서 설 수밖에 없기 때문에 동사의 위험에 처한 아동에게는 온정과 쉼터를 제공해야 한다. 이처럼 여러분이 충분히 적극적 사람에 대한 책임 있는 결정을 하는 경우 그것은 강박적 의미의 구호라고 볼 수는 없다.

자기이해와 자기통제는 일생을 통해 지속되는 과정으로 개별 상담, 개별 혹은 집단 형식의 심리치료, 선임 사회복지사와의 상담 또는 그(그녀)에 의한 관리, 그리고 전문 워크숍과 훈련 강좌 참여 등을 통해 촉진된다. 만일 여러분이 이러한 것에 개방되어 있어 자신을 이해하게 된다면 자기 인식과 자기 훈련은 또한 자연적으로 여러분의 동료, 클라이언트, 친구는 물론 가족들과의 상호작용을 향상시킬 수 있다.

아래의 절들은 자기 이해를 증진시키고 아마도 자기통제도 얻기 위해 고안된 내용과 연습문제를 담고 있다. 가계도, 생태도, 타임라인을 그려보고 여러분의 가족과 사회체계가 여러분에게 미치는 영향을 검토해 보게 될 것이다. 또한 주요 사건 타임라인, 성격 사정, 자기통제 척도를 완성해보아라.

가족: 자기 발전의 배경

사회복지사는 오래전부터 가족이 개인의 사회적, 심리적 발달은 물론 심지어 생물학적 발달에 강력한 영향을 미친다고 인식해 왔다(참조 Hartman & Laird, 1983). 가족과 어린 시절의 경험은 그 사람의 태도, 신념, 가치, 성격 특성 및 행동 패턴에 중대한 영향을 미친다. 가족은 문화적 사회화의 일차 집단이다. 여러분 가족이 여러분 자신에게 어떻게 영향을 미쳤는지에 대해 철저히 알지 못하면 여러분은 클라이언트 혹은 동료와 일하는 데 있어 여러분 가족에게 했던 역할이나 패턴을 부지불식간에 재연할 수도 있다. 사회복지사로서의 경험중에 흔히 일어나는 가족 역할(Satir, 1972; Wegscheider-Cruse, 1985)은 구원자, 중재자, 영웅, 부모 역할을 하는 아동 등이다. 물론 사회복지실천에서 어떤 때는 가족에 기반한 자아의 일부를 활용하는 것이 적절할 때도 있다. 그러나 이 경우에 사회복지실천의 목적이 명확히 확인되어야 하며, 여러분 자신이 그렇게 하고 있다는 점을 충분히 알고 있어야 한다.

가족이 자신들에게 어떠한 영향을 미쳐왔는가를 알게 하는 한 방법은 **가계도**(genogram)를 활용하는 것이다. 가계도는 **가족계보**(family tree)를 그림으로 나타낸 것이다(Wallendorf & Hadley, 2005). 그것은 가족성원들의 모습과 이들이 경험한 중요한 사건이나 주제를 연대기적으로 보여준다. 그 외에도 가계도는 개인의 사회심리적 특성과 그 가족의 상호작용 패턴에 대한 가설을 진전시키기 위한 "주관적인 해석 도구"(McGoldrick & Gerson, 1985, p. 2)로 활용될 수 있다.

가계도를 그리기 위해서는 공통적으로 사용되는 몇 가지 상징이 있다(McGoldrick, Gerson, & Shellenberger, 1999). 남자는 네모로 여자는 원으로 표현한다. 결혼관계는 선반받이 모양의 선으로

표현한다. 선반받이 모양의 선이 실선(|___|)이면 기혼을, 점선(|.....|)이면 미혼을 나타낸다. 선반받이 모양의 선 아래로 뻗어 나온 선은 임신이나 자손을 나타낸다. 별거는 사선 1개(/)로 표현한다. 이혼은 사선 2개(//)로 표현하되 관계를 나타내는 선을 끊어지게 한다. 임신과 출산은 첫 아이에서부터 막내까지를 왼쪽에서부터 오른쪽으로 배열한다. 사망은 원이나 네모 안에 X를 표기함으로써 나타낸다. 사람의 이름과 출생일, 결혼, 별거, 이혼 날짜는 각 상징과 나란히 표기한다. 예를 들어, 결혼관계는 이를 나타내주는 선반받이 모양의 선 위나 아래에 "1987/3/18 결혼"으로 표기한다. 이는 1987년 3월 18일에 결혼했다는 것을 나타낸다. 결혼을 통해 아이가 태어나거나 입양을 한 경우는 "1989/4/21 출생"이나 "1989/4/21 입양"으로 표기한다. 이 결혼관계가 후에 별거 상태로 된 경우는 "94/4/23 별거"로 표기하고, 이혼의 경우는 "95/5/7 이혼"으로 표기한다.

그 외에 여러분은 가족구성원 각 개인들의 특성과 관계를 간단한 기호로 묘사해 줄 수 있다. 예를 들어, 가족성원 중에는 전쟁중에 군에 복무할 수도 있고, 또 다른 가족 성원은 당뇨로 힘들어 할 수 있다. 주요한 사건이나 사고, 범죄, 직업이나 거주상의 변화와 같은 중요한 사건 또한 기록될 수 있다. 선택된 관계의 특성을 묘사하기 위해서는 또 다른 상징이나 기호를 사용할 수 있다(McGoldrick & Gerson, 1985; McGoldrick et al., 1999). 아주 가까운 관계, 정서적으로 냉랭한 관계, 긴장을 일으키는 관계, 갈등적인 관계 등도 명기할 수 있다. 가계도의 가장 아래쪽에는 가계도를 준비한 사람의 이름과 직함은 물론, 가계도를 그릴 수 있게 정보를 제공한 사람과 날짜를 표기한다.

가계도는 정보를 조직하는 사람의 욕구에 따라 간략할 수도 확대될 수도 있다. 어떤 사람은 부모, 사촌들, 조부모를 인터뷰하는 등 많은 시간을 보내면서 아주 열심히 가계도를 만들려고 한다. 그들은 심지어 먼 친척과 전에 살던 이웃들과도 접촉한다. 그러나 자신이 생각나는 정보에 근거해 가계도를 그리는 사람도 있다. 보통 자료를 수집하고 가계도를 작성하는 데 소요되는 에너지 양은 가계도를 그리는 목적에 따라 다양하다. 가계도는 또한 가족의 현재 시점에서 작성될 수도, 혹은 과거의 어느 시점에서 가족이 어떠했는지를 바탕으로 작성될 수도 있다. 가계도는 가족원들의 성장과정의 중요한 시점(학교 입학 및 졸업, 집을 떠나는 것, 군입대나 대학입학, 결혼, 자녀 출산이나 입양 등)에서 그들이 기억하는 것들을 사진 찍듯이 작성하는 것이 유용하다.

그 한 예로, 체이스 부인의 경우를 들어보자. 체이스 부인의 상황에 대한 정보는 나중에 설명하기로 하고, 여기서는 가계도의 전형적 형태를 보여주기 위해 그림 2.2처럼 체이스 가족의 가계도를 작성하였다. 사회복지사인 수잔 홀더는 체이스 부인의 관점에서 가계도를 작성하였고, 이는 상당량의 정보를 쉽게 접근할 수 있는 형태로 구성한 것이다. 이 가계도에는 세대 간의 주요한 가족 주제와 패턴이 간략히 정리되어 있다. 이 가계도는 사회복지사인 수잔이 체이스 부인에게 서비스를 제공하는 데 중요한 참고가 될 것이다.

많은 사회복지사들이 가족 가계도에 익숙해 있으나 다른 형태의 가계도들도 있다. 예를 들어, 클라이언트와 함께 문화 가계도(Congress, 1994; Hardy & Laszloffy,1995; Keiley et al., 2002) 또는 영성 가계도(Frame, 2000; Hodge, 2001a, 2001b, 2005a)를 그려볼 수도 있다. 가구 또는 배치 가계도(Alter & Adkins, 2001; Altshuler, 1999; McMillen & Groze, 1994)는 아동복지분야에서 특히 유용할 것이다.

그림 2.2   체이스 가족의 가계도

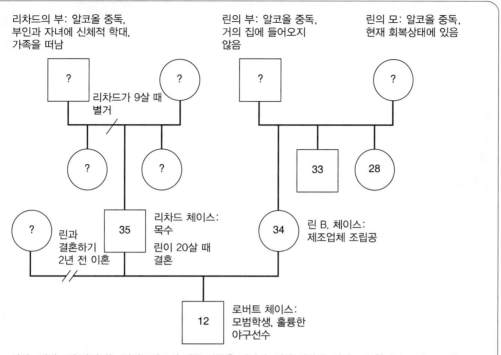

리차드의 부: 알코올 중독, 부인과 자녀에 신체적 학대, 가족을 떠남

린의 부: 알코올 중독, 거의 집에 들어오지 않음

린의 모: 알코올 중독, 현재 회복상태에 있음

리차드가 9살 때 별거

리차드 체이스: 목수
린이 20살 때 결혼

린과 결혼하기 2년 전 이혼

린 B. 체이스: 제조업체 조립공

로버트 체이스: 모범학생, 훌륭한 야구선수

설명: 리차드의 아버지는 리차드가 9살 때쯤 가족을 떠났다. 린에 의하면, 리차드와 형제들 그리고 그의 어머니는 아버지에 의해 육체적·정신적인 학대를 당했으며, 리차드의 아버지는 매우 심한 알코올 중독이었다고 말하였다. 린은 첫째였는데, 그녀가 기억하기로는 그녀의 아버지는 집에 거의 없었으며, 가족문제에 무관심한 편이었다. 린의 어머니는 린이 어릴 때 알코올 중독 상태에 있었다. 그래서 린은 어린나이에 어른으로서의 책임을 떠맡아야만 했다. 그 결과 린은 알코올 중독 가족 체계에서 흔히 나타나는 '부모적 성향을 띤 아동'의 특징을 보인다. 체이스 가족은 알코올 중독과 일 중독의 문제를 가지고 있고, 리차드는 아동기에 신체적, 정신적 학대를 당한 것으로 보인다. 린과 리차드에게는 부모로서의 책임이 과중했던 것으로 보인다. 로버트는 모범 학생이며, 훌륭한 야구선수이다.

면 담 자 : _____
사회복지사 : 수잔 홀더

피 면 담 자 : 린 체이스
날   짜 : 1월 13일

생태학적 사정

사람들은 가족 외에도 그들을 둘러싼 광범위한 사회적 환경에 영향을 받고 살아간다. 우리는 과거와 현재의 사회적, 환경적 상황과 미래에 대한 기대의 영향을 받는다. 사회복지사인 여러분도 여러분의 과거와 현재 환경에 영향을 받기는 마찬가지이다. 생태학적 요인늘은 여러분의 개인적, 전문적 삶의 다양한 측면들에 영향을 미친다. 실제로 여러분의 사회적 환경은 여러분의 개인적 삶뿐만 아니라 사회복지사로서의 여러분의 경험과 수행에도 영향을 미친다.

생태도(Hartman, 1978; Hartman & Laird, 1983)는 사회적 환경을 묘사해 주는 매우 유용한 도구이다. 왜냐하면 이는 한 개인의 사회적 세계를 그림으로 보여주기 때문이다. 환경 안에서의 개인, 가족의 개괄적 모습을 보여주는 것 외에도 가족과 같은 일차적 사회체계 구성원 간의 관계 및 이

그림 2.3   체이스 가족의 생태도

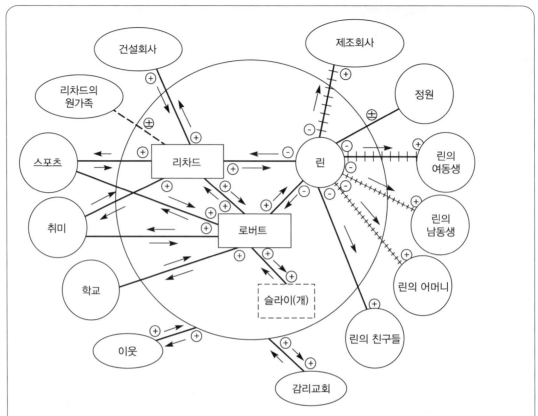

설명 : 리차드와 로버트는 투자하고 돌아오는 에너지 양에서 볼 때 적당한 균형관계가 나타난다. 그러나 린은 그녀가 받는 것보다 훨씬 더 많은 에너지를 소비하는 것으로 나타난다. 그녀는 많은 대인관계에서 투자를 하지만, 그녀가 얻는 에너지는 거의 없는 것으로 보인다.

면 담 자 : _____

사회복지사 : 수잔 홀더

피 면 담 자 : 린 체이스

들과 외부 세계와의 관계 그리고 이들 관계가 에너지를 향상 혹은 고갈시키는 관계인지를 용이하게 볼 수 있게 해준다(Mattaini, 1993a, 1993b, 1995). 생태도는 사회적 강점과 약점을 볼 수 있게 해주고 갈등과 친화의 영역을 알 수 있게 도와준다. 또한 변화가 필요한 영역이 어디인지를 보여주기도 한다. 생태도는 여러 가지 목적을 위해 사용될 수 있다(Fieldhouse & Bunkowsky, 2002; Hodge, 2000, 2005c). 생태도는 자연스럽게 가계도를 보완한다(Mattaini, 1990).

　　가계도에서와 마찬가지로 사각이나 원은 일차적 사회체계(예: 가구)의 성원을 나타낸다. 이들 성원들은 종이의 한가운데에 큰 원으로 그려 넣는다. 가족이나 가족성원들과 상호작용하는 중요한 다른 사회체계를 확인하고 이들 또한 원으로 그려 넣는다. 확인된 사회체계들 간의 관계의 특징은 선으로 표시한다. 실선(–)은 강한 관계(보통은 긍정적 관계)를, 점선(--)은 약한 관계를 그리고 해치 모양의 선(╫)은 긴장된 관계 혹은 갈등 관계를 나타낸다. 화살표(→)는 체계 간 에너지 혹은 자원의 흐름의 방향을 나타낸다. 관계를 나타내는 이러한 선들은 가족성원들 간의 에너지 교환의 특성을 나타내는 데도 사용된다. 플러스(+), 마이너스(-), 플러스·마이너스(±) 부호는 관계를 나타내는 선에 인접해 표시하는데, 이들은 해당 관계가 에너지를 향상시키는 관계인지, 에너지를 고갈시키는 관계인지 혹은 에너지 투입과 보상의 균형을 이루는 관계인지를 나타낸다.

그림 2.3은 체이스 가족의 생태도를 그린 것이다. 체이스 부인이 제공한 정보를 사용해 생태도를 준비하는 사회복지사는 체이스 가족성원들이 상호작용하는 중요한 사회체계를 확인했다. 그리고 이들 체계 간 관계의 특징을 파악했다. 생태도는 사회복지서비스를 제공하려 할 때 사회복지사와 클라이언트에게 그림 형태로 많은 정보를 제공해 준다. 여러분이 쉽게 관찰할 수 있듯이, 체이스 부인은 그녀가 관계하는 대부분의 사람과 체계들로부터 에너지를 받기보다는 에너지를 소비하고 있다.

타임라인

과거와 현재의 사건과 경험은 인간에게 심오하고 종종 예기치 않은 방식으로 영향을 미친다. 미래에 대한 기대 또한 우리의 현재 사고, 감정, 행동에 영향을 미친다. 정보를 시간 차원에서 조직화하는 방법은 타임라인(timeline)을 사용하는 것이다. 타임라인은 특정기간 동안 일어난 사건이나 경험을 연대기적 순서에 따라 간단히 표기하는 표이다. 최소한 두 가지 종류의 타임라인이 특히 유용하다. 하나는 "주요 사건 타임라인"으로 그 사람의 삶에서 중요하거나 의미 있는 경험들을 제시해 준다. 다른 하나는 "이슈(또는 문제) 타임라인"으로 특정 이슈나 문제의 기원과 전개과정의 궤적을 제시해준다. 이외에 또 다른 타임라인들도 도움이 될 수 있다. 예를 들어 "관계 타임라인"은 개인적 관계나 가족 관계 혹은 전문적 관계에서의 중요한 순간들을 그림으로 제시해 준다. "성공 타임라인"은 무엇인가 성취하거나 승리하거나 상을 받은 사건들의 날짜를 기록함으로써 강점을 찾는 과정에서 도움이 될 수 있다. 어떤 타임라인이든 가능하다. 여러분은 타임라인을 미래로까지 연장할 수 있는데, 이는 이후의 삶에서 일어날 수 있고 영향을 미칠 수 있는 중요한 사건이나 순간경험들을 상상하거나 예측함으로써 가능하다.

여러분 자신의 타임라인을 만들어보는 것은 자기이해에 진전을 가져다준다. 이를 위해 여러분은 중요한 생애 사건들을 적극적으로 반성해 보아야 한다. 클라이언트들 또한 그들 자신의 타임라인을 작성해 봄으로써 도움을 얻을 수 있다. 그러나 따로 여러분이나 누군가가 다른 사람을 위한 타임라인을 그릴 수도 있다. 예를 들어, 부모가 아이를 위해 타임라인을 만들 수 있고, 사회복지사가 지지집단이 이루어지는 기간 내에 일어난 중요한 사건을 기록하기 위해 타임라인을 만들 수도 있다.

타임라인을 만드는 법은 매우 간단하고 유연성이 높다. 기본 구성요소는 (1) 기간을 나타내는 칸을 만들고, (2) 각 사건이 일어난 날짜를 기록하기 위해 기간 칸을 여럿으로 나누며, (3) 기간을 나타내는 칸 바로 옆에 각 사건이나 경험에 대해 기술하는 것이다. 예를 들어, 긍정적 의미의 사건에는 + 부호를, 부정적 의미의 사건에는 - 부호를 표기할 수 있다. 혹은 긍정적 사건은 수평 타임라인 위쪽에(혹은 수직 타임라인 왼쪽에), 부정적 사건은 수평 타임라인 아래쪽에(혹은 수직 타임라인 오른쪽에) 둘 수도 있다.

그림 2.4　린 체이스 주요 사건 타임라인

1965(10월)	린 샤네시가 태어남
	불행한 어린시절
	아버지는 가출; 엄마는 알코올
	착하고 성실한 학생
1977	아이가 엄마를 '뚱보'라고 부름 – 매우 쇼크 먹음
1978	아저씨뻘 되는 사람이 성적으로 접근해 옴
1980	사춘기 동안의 강한 수치감을 신부에게 고백함
1983	첫 데이트; 첫 성 경험
1984	과다 음주; 파티를 쫓아다님; 여러 파트너와의 성 경험
1985	리차드를 만남 리차드와 결혼하고 과다 음주를 끊음
1987	로버트가 태어남
1991	낭종이 있어 제거함; 더 이상 아이를 가질 수 없게 됨
1998(7월)	제조회사에 일하러 나감; 두통, 체중감소, 과민해짐, 흡연을 다시 시작함
1991(1월)	사회복지기관에 처음 방문함

그림 2.4는 린 체이스의 주요 사건 타임라인이다. 여기서 보면 사회복지사는 체이스 부인이 제공한 정보에 기반을 두고 사전 타임라인을 그렸다. 사회복지사는 체이스 부인에게 자신이 그린 타임라인 초안을 주고 그것을 수정하게 한 후 다시 돌려받았다.

여러분이 짐작했듯이 주요 사건 타임라인은 체이스 부인의 삶에서의 중요한 경험들의 윤곽을 드러내 보여준다. 클라이언트를 도울 때 이 타임라인을 사용하면 사회복지사와 클라이언트 모두 중요한 정보에 쉽게 접근할 수 있다. 체이스 부인과 사회복지사는 함께 일을 해나가는 과정에서 타임라인을 손쉬운 준거로 사용할 수 있다.

성격 사정

원조전문가들은 종종 성격이라는 용어를 사용하지만 그들은 그 용어에 다양한 의미를 부여한다. 실제로 행동과학자들의 질문들 중 가장 도전적인 질문 중 하나가 "성격이란 무엇인가?"이다. 매길Magill(1998)은 이 질문을 다루면서 "사람들은 그들이 누구인지를 결정하고 그들의 행동을 인도하는 내적 '요소'를 가지고 있으나 그 요소의 본질은 이론마다 다르다는 것에 대부분의 이론가들은 동의한다"(p. 453)고 하였다. 그 요소의 어떤 측면을 강조하는지는 성격 이론가들에 따라 다르다. 본능적 충동이 강조되기도 하고 동기적 요인이나 내적 갈등이 강조되기도 한다. 일부 이론가들은 인간 발달 과정에, 또는 내·외적 기대에, 또는 유형과 특성에 관심을 갖는다. 이와 같이 성격에 대한 다양한 접근방식은 (1) 유형, (2) 특성, (3) 정신역동/정신분석적, (4) 행동적, (5) 사회 학습/사회 인식적, (6) 인도주의적 이론들로 구분된다(Roeckelein, 1998, pp. 374-375).

많은 연구자들이 이러한 이론적 관점들에 부합하는 사정 도구들을 개발하였다. 현재 가장 인기 있는 특성 접근적 성격 사정은 "5요인" 성격 – 경험 개방성, 성실성, 외향성, 친화성, 신경증(OCEAN) – 에 초점을 두는 것이다(Benet-Martinez & John, 1998; Digman, 1990; John, 2007-2009; John, Donahue, & Kentle, 1991; John, Naumann, & Soto, 2008; John & Srivastava, 1999; Srivastaba, John, Gosling, & Potter, 2003).

■■■ 연습 2-3 자기이해와 자기통제

1. 여러분 자신에 대한 이해를 도모하기 위한 노력의 일환으로 3세대에 걸친 여러분 가족의 가계도를 작성해 보시오. 이때 큰 종이나 소프트웨어 프로그램을 사용하시오. 워드프로세서를 사용하면 사각형, 원, 삼각형 등을 그릴 수 있다. 여러분은 '가족 가계도' 프로그램 중의 하나를 활용할 수도 있다.[2] 가계도를 그릴 때 여러분 자신과 형제들뿐만 아니라 여러분의 조부모와 부모를 포함시킨다. 여러분이 자녀나 손자녀를 가지고 있다면 그들을 4세대와 5세대로 포함시키시오. 가계도 작성의 연습을 위해서는 다른 가족 성원들로부터 많은 정보를 수집하기보다는 우선 여러분 자신의 기억을 활용하시오. 아울러 출생이나 사망, 결혼, 이혼, 별거, 졸업, 군입대, 입원, 이사, 상해, 외상적 경험과 같은 중요한 가족사건과 그 날짜를 포함시키시오. 유쾌하지 않았던 사건뿐 아니라 유쾌했던 사건도 포함시키시오. 만

---

[2] 평가판 GenoPro를 http://www.genopro.com에서 다운받을 수 있다.

일 여러분이 이들을 자세히 기억하지 못하는 경우는 사실 대신에 의문 부호를 넣으시오. 가계도를 여러분의 사회복지실천기술 학습 포트폴리오에 포함시키시오.

2. 가계도를 완성한 후 다음과 같은 질문을 던지면서 여러분의 어린 시절과 가족 경험을 곰 곰이 생각해 보시오. 그리고 주어진 공간에 여러분의 반응을 기록하시오.

여러분이 아동이었을 때 가족 내에서의 역할(예를 들어, 영웅, 희생양, 중재가, 구원자, 부모역할을 하는 아이 등)은 무엇이었습니까? 가족관계에서 여러분 자신은 현재 어떤 역할을 하고 있습니까? 여러분의 가족성원 각자는 애정을 어떻게 표현하였습니까? 그리고 현재 여러분 자신은 애정을 어떻게 표현합니까? 여러분의 가족 내에서 분노나 두려움, 기쁨과 같은 감정을 어떻게 표현했습니까? 현재 여러분의 삶에서 여러분은 이러한 감정들을 어떻게 표현합니까? 여러분 가족은 어떻게 자녀를 교육하고 지도하고 훈육하였습니까? 누가 이러한 사회화 기능을 수행했습니까? 현재 여러분 자신은 다른 가족성원들에게 어떻게 영향력을 발휘하고 있습니까? 여러분이 생각하는 이상적인 가족은 어떤 것입니까? 이상적인 가족과 여러분의 실제 가족 경험을 비교하면 어떻습니까?

3. 여러분의 자기이해 증진을 위한 일부로서 여러분의 사회적 환경에 대한 생태도를 그려보자. 여러분은 편지지 크기의 종이나 그래픽이 가능한 소프트웨어 프로그램을 사용하여 생태도를 그릴 수 있다. 워드프로세서를 사용하면 그래픽 기호들을 끌어다 사용할 수 있다. 여러분은 생태도를 위한 컴퓨터 프로그램을 사용할 수 있다.[3] 여러분에게 스트레스와 갈등을 가져다주는 근원뿐만 아니라 여러분에게 지지와 자양분을 주는 근원이 무엇인지 확인하시오. 여러분 자신과 다른 사람 그리고 다른 체계 간의 에너지 혹은 자원 흐름의 방향을 표시하고, 에너지 사용을 보여줄 수 있도록 플러스(+), 마이너스(-), 플러스 · 마이너스(±) 부호를 사용하시오. 생태도를 완성한 다음 여러분의 사회복지실천기술 학습 포트폴리오에 포함시키시오. 여러분의 사회적 환경에 대해 생각해 보고 다음과 같은 질문들을 던

---

3 여러분은 Ecotivity를 사용하여 그린 생태도를 http://www.interpersonaluniverse.net/ecomap.html에서 볼 수 있다.

져보시오. 여러분의 반응을 주어진 공간에 기록하시오.

여러분의 현재 상황에서 어떤 관계가 여러분의 에너지 수준을 향상시킵니까? 여러분의 에너지를 고갈시키는 관계는 무엇입니까? 여러분의 사회적 환경들은 여러분이 학교를 다니고, 클라이언트에게 서비스를 제공하고, 사회복지사로서의 다른 역할을 수행하는 데 필요한 신체적, 지적, 정서적 에너지에 어떻게 영향을 미칩니까? 여러분이 생각하는 이상적인 사회환경은 무엇입니까? 이상적인 사회적 환경과 여러분이 처한 현재의 환경과 비교하면 어떠합니까? 여러분이 처한 현재의 사회적 환경을 고려하건대, 어떤 클라이언트들이 여러분에게 강한 정서적 반응을 일으킬 것이라고 봅니까? 어떤 종류의 문제 혹은 이슈가 여러분에게 강한 정서적 반응을 일으킬 것이라고 봅니까? 여러분이 처한 현재의 사회적 환경상의 어떤 변화가 클라이언트에게 전문적이고 효과적인 서비스를 제공하는 데 필요한 심리적, 정서적, 신체적, 문화적, 영적, 사회적 자원을 향상시킬 것이라고 생각합니까?

4. 여러분 자신을 이해하기 위한 노력의 일환으로 주요 사건 타임라인을 그려보시오. 여러분은 편지지 크기의 종이나 워드프로세서 혹은 그래픽이 가능한 소프트웨어 프로그램을 사용하여 타임라인을 그릴 수 있다. 앞에서 언급한 지침에 따라 여러분의 삶에 중대하게 영향을 미쳤다고 생각되는 사건과 경험들의 근접 날짜를 확인하여 타임라인을 그리시오. 타임라인을 그리고 난 후 아래 질문이 내포하는 의미에 대해 곰곰이 생각해 보시오. 타임라인을 사회복지실천기술 학습 포트폴리오에 포함시키시오. 아래 질문에 답하기 위해 주어진 공간을 사용하시오.

여러분의 삶의 관점에 변화를 가져다 준 '전환적 시기'에 여러분이 경험한 사건과 경험들은 무엇인가? 10년이나 15년 후를 생각해 보시오. 여러분이 현재의 삶의 경로를 그대로 따라간다고 가정해 보자. 그러면 여러분은 어떤 중요한 사건과 경험을 하게 될 것인가? 그리고 그것들은 여러분에게 어떻게 영향을 미칠 것인가? 여러분의 주요 사건 타임라인을 사회복지사로서의 역할과 책임이라는 것과 관련하여 생각해보시오. 그것은 사회복지사로서의 여러분의 경력에 어떤 의미로 다가올 것인가?

5. 인터넷에 접속해서 성격검사 웹사이트(Potter, 1996~2009)에 있는 5요인 성격검사의 온라인 판을 찾기 위해 구글, 야후, 또는 빙과 같은 검색 엔진을 사용하시오. 존John과 동료들이 개발한 5요인 척도(John et al., 1991, 2008; Srivastava et al., 2003)는 온라인 판이며 무료이다. 인터넷에서 이 척도를 찾은 다음 이 척도에 익숙해지기 위해서 "Learn more about the Big Five"와 "Read our consent form"을 클릭하시오. 그리고 이 척도의 사용과 관련된 조건과 여러분의 권리에 대해 숙지하시오. 여러분이 지침에 동의한다면, 5요인 성격 검사를 완성하고 여러분의 점수를 포함하는 요약 보고서를 받아보시오. 여러분의 점수를 표 2.2에 기록하시오.

표 2.2 "5요인" 척도 점수 워크시트

	백분위 점수	차 원
O		경험 개방성
C		성실성
E		외향성
A		친화성
N		신경증(정서적 안정성)

5가지 요인들 중 일부는 상당히 명백할지라도 아래의 설명이 각 차원을 보다 명확하게 기술하고 있다.

외향성은 사회적, 물질적 세계를 향한 활기에 찬 접근을 암시하며 사교성, 활동성, 자기주장, 긍정적 정서와 같은 특성을 포함한다. **친화성**은 타인에 대한 친사회적, 공동체 지향성을 암시하며 이타주의, 온유함, 신뢰, 겸손과 같은 특성을 포함한다. **성실성**은 행동하기 전에 사고하기, 보상 지연, 규범과 규칙 준수, 과업의 계획, 조직 및 우선순위 매기기와 같은 과업과 목표 지향적 행동을 촉진하는 사회적으로 규정된 충동 통제를 의미한다. **신경증**은 정서적 안정과 차분함, 불안, 신경과민, 슬픔, 긴장과 같은 부정적 정서를 대조한다. 마지막으로 경험 개방성(폐쇄성과 대비하여)은 개인의 정신적, 경험적 삶의 폭, 너비, 독창성, 복잡성을 의미한다(John & srivastava, 1999, p. 30).

5요인 성격검사 요약 보고서와 여러분의 백분위 점수가 갖는 의미를 논하고 아래 공간에 기록하시오. 특히 여러분의 점수가 잠재적 사회복지 전문가로서의 여러분에 관해 무엇을 제안하는지 간략히 적어 보시오.

6. 부록 5에 있는 자기통제 척도를 완성하시오. 척도는 시험이 아니기 때문에 맞고 틀리는 것이 없다. 각 문항과 문항에 대한 답은 여러분의 자기통제 수준을 사정하기 위해 사용하시오.

자기통제 척도를 완성하고 점수를 매긴 다음, 아래의 질문에 답하면서 그 점수의 함의에 대해 생각해 보고 여러분의 반응을 주어진 공간에 기록하시오.

삶의 어떤 영역에서 자기통제를 보였는가? 또한 여러분이 불충분한 자기통제를 보여 온 삶의 영역은 무엇이었는가? 사회복지실천의 어떤 측면들이 여러분에게 상당량의 자기통제 훈련을 요구하는지 토론하시오.

사회적 지지

사회복지는 혼자서 하는 일이 아니다. 오히려 사회서비스 분야에 전념하는 전문직이다. 환경 속 인간 관점에 근거를 두고 있으며 개인, 가족, 집단, 조직, 지역사회, 그리고 사회에 봉사하는 사명을 이루기 위한 동기를 부여받은 사회복지사는 다른 사람들과 깊이 연관되어 있다. 사회복지사가 하는 일은 협동과 협력, 지속적인 슈퍼비전과 협의, 그리고 사회적 지지를 요구한다. 에너지를 끌어 올리고 현실을 검증하는 사회적 지지가 없다면, 사회복지사는 자신의 개인적 자원을 급격히 고갈하고 클라이언트와의 관계를 통해 자신의 욕구와 바람을 충족시키려 할 것이다. 강력하고 긍정적인 개인적, 전문적 사회 관계망이 부족한 고립된 사회복지사는 많은 유혹에 상당히 취약하다.

가계도와 생태도는 가족관계와 사회적 관계를 그림으로 보여준다. 타임라인은 이들의 시간 차원을 보여준다. 자기 통제와 타인에 대한 수용 척도들은 개인적 신념, 행동, 태도에 관한 정보를 제공한다. 이들 모두는 자기 이해를 증진함은 물론 사회적 지지가 수용되고 거부되는 맥락의 출처를 드러내 보여주기도 한다.

사회적 지지는 인간의 안녕을 위해 필수적이고(Lang, 2002; Lincoln, 2000; Sinha, Nayyar, & Sinha, 2002; Turner & Marino, 1994; Whitfield & Wiggins, 2003) 사회복지사와 특히 관련 있는 주제를 나타낸다. 사회적 지지는 "공식적이고 비공식적인 활동과 관계를 포함하는 것으로서 사회 속에서 함께 어울려 살려는 인간의 욕구를 말해 준다. 이들 욕구에는 격려해주고, 서로 접촉하며, 공감하고, 역할 모델이 되고, 사회적 정체성을 가지려는 개인과 집단들 간의 네트워크가 포함된다"(Barker, 2003, p. 407).

여러분이 그린 가계도와 생태도는 여러분이 접촉하는 일차적, 이차적인 사회체계를 그림으로 가장 잘 보여주도록 해야 한다. 이 그림들을 통해 사람들은 자신의 중요한 관계와 사회체계를 확인할 수 있다. 물론 이들이 여러 체계들 간에 일어나는 사회적 지지의 느낌과 경험, 상호작용을 충분히 반영하는 것은 아니다. 이러한 목적을 위해서 다른 종류의 사정이 필요하다.

사회적 지지에는 여러 차원이 있다. 여러분과 클라이언트는 가장 만족을 느끼는 사회적 지지의 출처를 파악해야 한다. 여러분과 클라이언트는 자주 사회적 관계망을 증대시키고 향상시켜야 될 때가 있을 것이다. 그리고 때로 여러분은 목적달성을 위해 여러분과 클라이언트의 만남에 핵심 가족성원과 그 친구들이 참여하도록 장려해야 할 것이다. 그러나 어떤 때는 지지의 출처가 될 수 없는 사람들이 어떤 사람들인지도 결정해야 할 때도 있을 것이다. 아무튼 여러분과 클라이언트는 사회적 관계망을 재구조화하게 될 것인데, 이러한 노력들은 클라이언트가 그들의 사회적 기능을 향상시키고 그들의 전반적 삶의 질을 향상시키는 데 도움이 될 것이다.

물론 사회적 관계와 관계망은 사회복지사에게도 영향을 미친다. 여러분이 가진 사회적 지지의 특징과 정도는 여러분이 서비스를 제공하면서 경험하는 만족만이 아니라 여러분의 전문적 실천의 질에도 영향을 미친다. 전문 사회복지실천에서 대인 간의 관계와 정서적 요구는 필수적인 것이다. 사회적 관계망과 대인 간 관계에서 지지적이라고 느끼는 사회복지사는 스트레스에 더 효과적으로 대처할 수 있다. 그러나 적절한 사회적 지지나 관여가 결여된 사회복지사는 클라이언트와의 관계를 그들의 정서적, 사회적 욕구를 충족시키는 데 사용하고 싶어 할 수도 있다. 예를 들어, 여러분이 가족과 친구관계에서 지지받지 못한다고 느끼는 사회복지사라고 가정하자. 여러분은 과연 여러분의 클라이언트로부터 그러한 지지를 찾으려 하지 않는다고 말할 수 있을 것인가? 여러분은 어떤 클라이언트가 배우자와 자녀로부터 지지받지 못한다고 성급하게 판단내리지 않으리라고 말할 수 있을 것인가?

특히 여러분이 여러 가지의 심한 스트레스에 처해 있는 경우, 여러분은 여러분이 처한 사회적 환경에 영향을 받게 될 것이다. 여러분은 환경 속 인간 관점에 깊이 몰두된 사회복지사로서 클라이언트 복지에 사회적 환경이 얼마나 중요한지를 알고 있다. 이러한 중요성이 여러분에게도 마찬가지임을 간과해서는 안 된다.

연습 2-4 사회적 지지

가계도와 생태도를 보완하기 위해 다음의 사회적 지지 평가 척도를 완성하시오. 이 척도는 여러분의 사회적 지지에 대한 개인적 경험을 사정하기 위해 고안된 것으로서 검사가 아니기 때문에 맞고 틀리는 것이 없다.

척도 점수를 매긴 다음 아래의 질문에 답해보면서 그 의미에 대해 생각해 보시오. 그리고 여러분의 생각을 공간에 기록하시오.

여러분이 가장 많은 지지를 경험하는 곳과 대상, 가장 적은 지지를 경험하는 곳과 대상은 어디이며 누구인가? 여러분이 가장 받고 싶은 사회적 지지의 종류와 형태는 무엇인가? 여러분은 여러분의 사회적 지지체계를 어떤 방식으로 변화시키고 싶은가? 그 이유는 무엇인가? 변화를 도모한다면 어떤 단계를 거쳐서 하고자 하는가?

요약

사회복지사는 다양한 배경을 가진다. 그들은 다양한 성격 특성과 삶의 스타일을 가진 사람들이다. 사회복지사들은 여러 가지 다른 이유로 사회복지 전문직에 매력을 느낀 사람들이다. 그들의 서비스에 대한 동기 또한 다양하다. 어떤 사회복지사는 타인에게 그들 자신을 헌신하려는 강한 이타주의적 욕구를 가지고 있다. 보다 나은 세상 혹은 사회 정의에의 헌신을 지지하는 사회복지사들도 있다. 또 어떤 사회복지사들은 종교적 신념에 의해 동기를 부여받기도 하고 어떤 이들은 자신들의 전문적 실천을 통해 자신들이 추구하는 특별한 이유를 가지고 있다. 과거에 사회복지사였거나 혹은 현재 사회복지사인 사람들 중 중요하고 의미 있는 사회복지사의 선례를 쫓는 사람도 있다. 어떤 사회복지사는 사회복지실천을 가족을 보하는 역할을 수행하는 것으로 보는 반면 다른 사회복지사는 상담가나 심리치료사가 되는 효과적인 길로 보기도 한다.

사회복지사 중에는 다른 학과보다 학점 이수가 어렵지 않고 덜 엄격하기 때문에 선택한 사람도 있다. 또 어떤 사회복지사는 사회복지학과 재학중은 물론 서비스를 제공할 때 그 자신이 개인적 혹은 사회적으로 해결했어야 할 문제를 아직까지도 가지고 있는 경우도 있다. 혹은 자신들을 클라이언트로 여겨 사회복지사와 동일시한 경우도 있다.

이 장의 내용과 연습을 다 했다면 여러분이 사회복지실천을 선택할 동기가 어떠한지에 대해 깊이 생각해 보아야 한다. 여러분은 전문성의 특징에 대해 생각해 보아야 할 것이다. 이 과정에서 여러분은 사회복지실천기술의 숙련도, 진실성, 전문 지식과 자기효능감의 중요성에 대한 인지, 그리고 여러분 자신과 여러분의 사회 환경의 여러 측면에 대한 이해 증진과 관련해서 사전 감각을 가져야 할 것이다. 여러분은 가계도, 생태도, 타임라인을 그릴 수 있어야 하고 자기이해, 자기통제, 사회적 지지의 중요성에 대해 평가해 보아야 한다.

이 장의 연습문제들을 다 했으면 환경 속 인간 관점을 획득했을 것이다. 우리는 여러분이 여러분 개인의 속성은 물론 가족과 사회적 환경 간의 관계에 대한 인식 그리고 현대 사회에서 전문 사회복지사로서 효과적으로 활동하기 위해 필요한 특성들을 획득했기를 바란다.

Chapter 2 요약 연습

사회복지실천에서 전문성의 측면으로 진실성, 지식과 자기효능감, 자기이해(가족, 생태도, 타임라인, 성격), 자기통제, 사회적 지지 등에 대해 토론하면서 이 장의 내용과 연습문제를 생각해 보고 통합하시오. 여러분의 분석을 2~3쪽 분량의 보고서로 만들고 그 제목을 "사회복지실천을 위한 전문성의 측면에 대한 함의"로 하시오. 끝나면 사회복지실천기술 학습 포트폴리오에 포함시키시오.

Chapter 2 자기 평가

아래의 자기 평가 연습을 완성하면서 진실성, 지식과 자기효능감, 자기이해, 자기통제, 사회적 지지와 관련하여 여러분의 전문성 수준에 대해 생각해 보시오.

자기 평가: 전문성

전문성에 대해 숙고하기 위해 아래의 문항들에 답하시오. 각 문항을 잘 읽고 각 문항의 내용에 동의하는 정도를 기록하시오.

4 = 전적으로 동의한다
3 = 동의한다
2 = 동의하지 않는다
1 = 전혀 동의하지 않는다

4	3	2	1	문항
				이 시점에서 나는…요소
☐	☐	☐	☐	1. 전문성의 요소들을 설명할 수 있다.
☐	☐	☐	☐	2. 효과적인 사회복지실천을 위한 전문성의 중요성을 토론할 수 있다.
☐	☐	☐	☐	3. 진실성이 어떻게 전문성의 통합적 측면인지 토론할 수 있다.
☐	☐	☐	☐	4. 진실성, 지식과 자기효능감, 자기이해, 자기통제, 사회적 지지가 효과적인 사회복지실천과 어떻게 관련 있는지 토론할 수 있다.
☐	☐	☐	☐	5. 가계도를 그릴 수 있다.
☐	☐	☐	☐	6. 생태도를 그릴 수 있다.
☐	☐	☐	☐	7. 주요 사건 타임라인을 그릴 수 있다.
☐	☐	☐	☐	8. 성격 사정의 함의를 토론할 수 있다.
☐	☐	☐	☐	9. 사회복지실천기술의 숙련도에 대한 사전 사정을 완성할 수 있다.
				소계

주: 위의 문항들은 부록 3에 있는 사회복지실천기술 자기 평가 설문지의 전문성에 포함된 문항들과 동일하다. 만약 여러분이 연습 2-2를 완성했다면, 이미 위 문항들에 응답하였다. 여러분은 이전의 응답과 현재의 응답을 비교할 수 있다. 만약 여러분의 숙련도가 향상되었다고 생각하면, 현재의 소계가 이전의 소계보다 높을 것이다.

CHAPTER 3

비판적 사고, 과학적 탐구, 평생학습

사회복지사는 어려운 도전에 직면해 있는 사람들에게 효과적이면서 최신의 서비스를 제공하기 위해서 폭넓고 깊이 있는 지식을 소유해야 하며 방대한 양의 정보를 수집하고 분석해야 한다. 현대 사회복지실천에서 사회복지사들은 위압적인 지적 도전에 직면해 있다. 이러한 요구를 충족시키기 위해서 비판적 사고, 과학적 탐구, 평생학습이 필요하다. 실제로, 사회복지교육협의회(CSWE, 2008)는 학부와 대학원 졸업생들이 "전문적 판단을 알리고 나누기 위해 비판적 사고를 적용하고"(p. 4), "논리적, 과학적 탐구와 이성적 통찰의 원칙"을 이해하고 적용하며(p. 4), "평생학습에 관여하기"(p. 3)를 요구한다.

이 장은 2장에서 다루었던 내용을 보완하기 위해 전문성의 추가요소를 탐색한다. 여기에는 비판적 사고, 과학적 탐구, 평생학습이 포함된다.

박스 3.1   3장의 목적

이 장의 목적은 현대 사회복지실천에서 필요한 비판적 사고, 과학적 탐구, 평생학습의 기술을 이해하고 적용하도록 돕는 것이다.

목표

이 장을 학습함으로씨 다음을 할 수 있어야 한다.

- 사회복지실천에서 비판적 사고, 과학적 탐구, 평생학습의 중요성 논하기
- 주장이나 결론의 신뢰성을 평가하기 위해 비판적 사고 기술 사용하기
- 정교한 연구문제를 만들고 실천이나 정책 관련 주제를 다루는 연구물을 찾고 분석하기 위해 과학적 탐구 기술 사용하기
- 평생학습 욕구의 사정, 학습목표 설정, 학습계획 수립하기
- 비판적 사고, 과학적 탐구, 평생학습 기술의 숙련도 사정하기

비판적 사고와 과학적 탐구

비판적 사고란 "어떤 구체적 행동에 관여할 때 반성적 회의주의를 사용하는 성향과 기술이다"(McPeck, 1990, p. 3). 비판적 사고에는 "신념과 행동에 대한 신중한 검토와 평가가 수반된다"(Gibbs & Gambrill, 1996, p. 3). 비판적 사고는 보다 나은 사고(조금 더 분명하고 정확하며 변호할 수 있는 사고)를 하기 위해 사고하는 동안 사고에 대해 생각하는 기술이다(Paul, 1993, p. 462).

과학적 탐구는 관찰하고, 이미 알려진 내용을 확인하기 위해 질문을 만들고, 책 또는 정보의 다른 출처들을 검토하고, 이미 알려진 내용을 실험적 증거에 비추어 재검토하고, 자료 수집, 분석, 해석을 위해 도구를 사용하고, 답, 설명, 예측을 제안하고, 결과를 전달하는 것을 포함한다(National Research Council, 1996, p. 23).

과학적 탐구와 비판적 사고는 분리될 수 없으며 전문 사회복지실천에 적용될 때 특히 그렇다. 전문직 회원이 되기 위해선 "오랜 훈련을 통해서 얻어진 특정 주제, 분야, 또는 과학에 대한 전문지식과 정규 자격증을 필요로 한다"(Oxford English Dictionary[OED][Online], 2009). 국제사회복지사연맹(2000)이 사회복지를 정의하면서 "사회복지실천은 실천 방법을 사회복지의 전통 지식을 포함하여 연구와 실천평가에서 비롯된 체계적인 증거기반 지식체계에 기반을 둔다"고 하였다(Theory section, para 1).

미국과학교사협회에 따르면 복잡하고 지속적으로 변화하는 21세기에는 과학과 과학적 탐구의 중요성이 더욱 커지기 때문에 학생들은 아래의 내용을 이해해야 한다고 하였다.

• 과학은 세상에 관한 질문을 하고 그 질문에 답하기 위한 과학적 연구방법의 개발을 포함한다.
• 모든 과학적 탐구가 따라야 하는 고정된 단계는 없다. 질문의 종류에 따라 과학적 탐구의 종류도 달라진다.
• 과학적 탐구는 과학을 배우는 데 있어서 중심이 되며 과학이 어떻게 이루어지는가를 반영한다.
• 적절한 도구를 사용하여 경험적 자료를 수집하는 중요성
• 학생들이 수집한 증거는 세상에 관한 그들의 인식을 바꿀 수 있고 그들의 과학적 지식을 증가시킬 수 있다.
• 학생들이 그들 자신의 연구와 타인의 연구를 평가할 때 회의적인 태도를 취하는 것의 중요성

- 결국 과학 공동체는 경험에 근거하고 논리적으로 일관된 설명을 추구한다(pp. 2~3).

미국과학교사협회는 학생들에게 아래 내용을 추가로 제안하였다.

- 과학적 탐구를 통해 답을 찾기 위해서 적절한 질문을 찾고 질문하는 방법 배우기
- 질문에 답을 할 때 필요한 증거의 수집을 위해 연구를 설계하고 실행하기
- 자료를 분석하고 해석하기 위해 적절한 도구 사용하기
- 결론을 내리고 증거에 기반을 둔 설명을 제시하기 위해 비판적이고 논리적으로 사고하는 방법 배우기
- 동료 및 타인에게 결과를 전달하고 방어하기

진정한 전문 사회복지사는 자신의 지식 기반이 되고 자신의 결정과 행동을 이끌어 주는 이론과 연구결과의 선택과 적용을 포함하여 자신 업무의 모든 측면을 과학적으로 탐구하고 비판적으로 사고한다. 더욱이 클라이언트와 함께 일할 때 사회복지사는 목표달성 정도를 정기적으로 모니터링, 사정, 평가하고 그 결과를 계획과 실행단계에서 사용한다.

원조전문가로서 우리는 사회와 우리가 돕는 사람들과 "사회적 계약"을 맺는 데 동의하였다. 우리의 지식과 기술은 선의 또는 동료, 슈퍼바이저, 교수, 교재 저자의 의견 이상의 것에 기반을 두어야 한다. 우리는 전문가로서 클라이언트를 돕기 위해서 사용하는 지식을 추구하고, 발견하고, 분석하며, 적용할 때 과학적인 자세를 갖추어야 한다. 우리가 선택하는 증거는 개인적 또는 사상적 편향과 선입견에 기초해서는 안 된다. 우리의 증거 기반은 연구결과, 정교한 논리적 분석, 전통적 지적 기준에 의해서 지지되어야 한다(Paul & Elder, 1996).

미국사회복지교육협의회는 지식만 가지고는 반드시 좋은 결정에 이르는 것이 아님을 주지시키고 있다. 아주 저명한 사회복지사일지라도 다른 사람의 삶에 영향을 미칠 결정과 행동을 수행하기에 앞서 신중하고 비판적으로 생각할 필요가 있다. 우리는 우리의 아이디어, 신념, 판단에 오류가 있을 수 있음을 인식하고, 이들에 의문을 제기하는 어떤 증거도 수용해야 한다. 해가 될 가능성만이 아니라 효율성, 성공 가능성, 심지어 비용-효과와 같은 요인들도 신중히 고려한다. 우리는 또한 법적, 윤리적 차원을 고려하고 자신의 말과 행동의 문화적 함의에 대해서도 숙고한다.

비판적으로 사고하는 사회복지사는 정보의 가치를 고려할 때 아래의 기술들을 능숙하게 사용한다.

- 입증 가능한 사실과 가치 진술을 구별하기
- 관련 있는 관찰 및 이유를 관련 없는 관찰 및 이유와 구별하기
- 진술의 사실적 정확성을 결정하기
- 출처의 신뢰성 결정하기
- 모호한 진술 찾아내기
- 진술되지 않은 가정 찾아내기
- 편향 찾아내기
- 논리적 오류 찾아내기

- 추론에서 논리적 비일관성 인식하기
- 주장이나 결론의 전반적 강점 결정하기(Beyer, 1988, p. 57, 재인용 Duplass & Ziedler, 2002, p. 116).

사려 깊은 반성과 분석은 전문 사회복지실천의 모든 단계, 모든 측면, 모든 형태에서 필요하다. 사회복지사들은 특히 비구조화된 이슈, 즉 어떤 것이 맞거나 틀리거나 진실이거나 거짓이거나 하는 등의 사지선다로 쉽게 될 수 없는 이슈를 강조하기 때문에 다양한 비판적 사고 기술들에 숙련될 필요가 있다(Berlin, 1990). 사회복지사들에게 특별히 요구되는 역량은 다음과 같다.

- 문제의 본질을 정확히 파악하고 구성해 내기
- 자료수집에 지침이 될 만한 유용하고 적절한 질문을 만들어내기
- 타당성 있고, 신뢰성 있고, 관련성 있고, 유용한 정보를 수집하기
- 타당하고 신뢰할 만한 유용한 정보에 근거해 결정을 하거나 판단하기 위해 타당성 있고, 신뢰성 있고, 관련성 있고, 유용한 사고과정 선택하기
- 전문적 결정과 판단을 내리고 이를 지지하기 위해 타당성 있고, 신뢰성 있고, 관련성 있고, 유용한 사고과정 사용하기
- 전문적 결정과 판단에 근거해 행동하기
- 자신들이 한 결정과 판단, 행동의 영향을 평가하기
- 타당하고 신뢰할 만한 유용한 정보에 근거해서 판단과 행동을 재고하고 수정하기

이러한 역량들에 숙련되기 위해서는 이를 이해할 수 있는 상당한 지적 용기가 요구된다. 사회복지사는 자신이 직면하는 광범위한 사람, 주제, 맥락에 효과적으로 적응하기 위해서 뚜렷하고, 논리적이고, 창의적으로 생각해야 한다. 사회복지실천은 복잡하고, 다차원적이며, 다체계적이고, 도전적인 작업이다. 단순한 주제도 거의 없고 단순한 해결책은 더욱더 없다. 비판적 사고 기술에 숙련된 사회복지사는 복잡한 문제를 더 잘 다룰 수 있으며 누구에게든 해를 주기보다 도움을 줄 가능성이 많다. 비판적으로 사고하지 못하는 사회복지사는 자신은 물론이고 클라이언트와 동료들까지 위험에 처하게 한다.

특히 우리가 장애물 앞에서 좌절하고, 압도당하고, 비효과적일 때 우리는 "무엇인가를 시도하려는" 유혹을 느낄 수도 있다. 우리는 우리의 강한 개인적 신념이나 격렬한 감정 때문에 클라이언트에게 특정 방식으로 반응하려는 충동을 느낄 수도 있다. 우리는 "직관" 또는 "예감"을 경험할 수도 있다. 우리는 종종 우리의 가족을 대하듯이 — 아마도 부모가 자녀를 대하듯이 또는 자녀가 부모를 대하듯이 — 클라이언트에게 반응하려는 유혹을 느낄 수도 있다. 비판적 사고 기술은 이러한 맥락에서 균형, 합리성, 때때로 억제력을 제공한다.

마찬가지로 우리는 TV, 인기 잡지, 인터넷에 나오는 정보에 끌리기도 한다. 우리는 "나도 내 클라이언트와 함께 이것을 할 수 있어"라고 생각할 수도 있다. 매우 신중해라. 그러한 정보에 기초하여 행동을 하기 전에 비판적으로 생각하고 과학적으로 탐구해라. 비록 일부 정보가 정확하고, 관련 있고, 유용할지라도 그러한 정보들 중 대부분은 검증되지 않았고 심지어 그릇된 정보일 수도 있다. 비판적 사고 기술은 전문 사회복지서비스를 위해 필요한 정보의 타당성, 신뢰성, 관련성을 결정하는 데 필수적이다.

모든 인간이 다양한 "사고하기" 활동에 관여하지만, 비판적 사고 기술이 뛰어난 사람들은 상대적으로 극히 적다. 엘더Elder와 폴Paul(1996; Paul & Elder, 2002, p. 47)은 비판적 사고하기의 발달단계를 아래와 같이 설명하였다.

1단계: 비반영적 사고자(주요 문제를 인식하지 못함)
2단계: 도전적 사고자(문제를 인식함)
3단계: 초보 사고자(사고의 질을 개선하려고 노력하나 정기적 연습 없이 그렇게 함)
4단계: 연습하는 사고자(사고하기의 숙련도 향상을 위해 정기적 연습의 필요성을 인식하고 연습을 함)
5단계: 전문 사고자(연습의 내용과 범위에 맞추어 사고의 질 향상)
6단계: 사고의 달인(숙련되고 직관력 있는 사고가 제2의 천성이 됨)

폴과 엘더의 비판적 사고의 발달단계는 페리Perry의 인지발달모델과 유사하다. 페리(1970)는 대학생들의 인지발달 유형을 4가지로 구분하였다: (1) 이원주의, (2) 다원주의, (3) 맥락적 상대주의, (4) 헌신적 상대주의(Battaglini & Schenkat, 1987; Belenky, Clinchy, Goldberger & Tarule, 1986; Moore, 2003; Perry, 1970, 1981).

대학생들은 종종 이원적 사고자로서 그들의 교육을 시작하는데 이러한 유형의 사고는 단순하고 이분법적이다. 사물은 "선 또는 악", "맞거나 틀리고", "우 또는 좌", "진실 또는 거짓"이다. 이원적 사고자는 절대 진실이 존재하고, 그러한 지식을 위한 타당한 출처가 있으며, 일부 사람들(예를 들어, 교수, 부모, 고용주, 정치 또는 종교 지도자)은 그 출처에 적법하게 접근할 수 있다고 가정한다. 이원적 사고자는 주장을 입증하기 위한 증거나 주장을 제공하지 않은 채 또는 마치 그 주장은 결함이 없는 것처럼 권위적인 인물이나 출처를 언급하면서 주장을 한다.

삶은 진실-거짓, 우-좌, 또는 선-악처럼 단순하지 않다. 많은 주제와 상황들이 복잡하고 역동적이다. 우리가 삶의 도전들에 단순하고 이원적인 방식으로 접근한다면 잠정적으로 유용한 관점을 간과하고 혁신적 해결책을 고려하지 못하게 된다. 더욱이 그러한 시각은 타인을 평가하고 이해하며 타인과 함께 공감하는 능력을 심각하게 방해한다.

학생들은 대학생활 동안 여러 가지 관점과 준거 틀이 있다는 것을 깨닫기 시작한다. "어떤 것도 진실이 될 수 있다" 또는 "너의 의견은 다른 누군가의 의견처럼 좋을 수 있다."라는 점 때문에 이원적 사고는 다양한 관점이 존재한다는 개방적 인식에 굽히게 된다. 다원적 사고자는 관점들이 타인이나 외적 기준에 의해서 판단될 수 없고 판단되어서도 안 된다는 가정에 기초하여 주장을 한다. 더욱이 "모든 사람은 그들 자신의 관점에 대한 권리를 가지고 있다"는 주장을 할 때 다원적 사고자는 "그것은 나의 관점이야. 네가 너의 의견에 대한 권리를 가지고 있듯이 나도 내 의견에 대한 권리를 가지고 있어"와 같이 말하면서 자신의 주장을 지원한다.

다원적 사고와 관련된 주요 문제 중 하나는 모든 의견, 입장, 주장이 동등하게 타당하고, 정당하며 적절하지 않다는 것이다. 일부 주장은 타당성이 낮아 우리와 같은 전문가들은 그 주장을 틀리고, 비합리적이고, 적절치 않으며, 가능성이 낮고, 타당하지 않은 것으로 취급한다. 실제로, 일부 관점들(예를 들어, 인종, 종교, 민족의 우월성에 대한 견해)은 인간이 겪는 많은 고통들의 원인이 되기도 한다. 생각이나 신념 그리고 그와 관련된 행동의 타당성과 정당성을 평가하기 위한 수단과 의지가 없다면, 다원적 사고자는 어이없고, 위험하며, 심지어 대량 학살을 초래하는 입장들도 너그

럽게 보아주게 된다.

　이원적 사고자는 옳고 그른 것에 대한 확신을 가지고 있고 그러한 확신에 기초하여 행동을 한다고 믿는 반면, 다원적 사고자는 합리적이거나 과학적인 관점을 가지고 다양한 입장들을 평가할 수 없기 때문에 우유부단하고 수동적일 수 있다. 이원적 사고(예를 들어, 민족적, 인종적, 종교적 편협)는 탐탁지 않은 사람들의 존재를 제거하려 할 수도 있다(예를 들어, 아르메니아, 캄보디아, 다르푸르, 동티모르, 르완다, 코소보, 마케도니아, 시에라리온의 대량학살). 다원적 사고는 복잡하고 경쟁적인 관점들에 직면했을 때 수동성과 우유부단함으로 이어질 수도 있다. 에드먼드 버크(Edmund Burke)가 말했듯이, 악마의 승리를 위해 필요한 모든 것은 선한 사람들이 아무 일도 하지 않는 것이다. 인간이 위험에 처해 있을 때 아무런 행동을 취하지 않은 것은 위험을 감소시키기보다는 위험의 원인이 된다.

　다원적 사고자와는 대조적으로 **맥락에 따른 상대주의적 사고자**는 관점은 준거 틀은 상황에 따라 그 가치나 활용도가 다르다고 생각한다. 상황 또는 맥락은 상대주의적 사고자의 관점과 판단에 영향을 미친다. 사회복지사로서 우리가 환경 속 인간 관점에서 클라이언트를 이해하고자 할 때 이런 종류의 사고에 관여한다. 이해하고 공감하려고 할 때 우리는 다양한 문화를 가지고 있고 다양한 상황에 처한 사람들의 경험과 관점에서 가치를 종종 발견한다. 심판하지 않고 맥락에 주의를 기울이고 공감적 이해를 하는 것은 스스로를 도전적인 상황에 놓여 있다고 생각하거나 또는 다른 사람들과 전문적 관계나 동맹 관계를 개발하는 우리의 능력에 크게 도움이 된다. 맥락을 고려하는 것은 진정한 존경과 이해를 위해 핵심적이다. 그러나 우리가 특정 사람과 눈앞의 상황에만 초점을 둔다면, 우리는 선험적인 요인들(예를 들어, 인권, 사회정의, 아동의 안전, 소수자의 권리, 지구의 생태학적 복지)과 우리 행동의 장기적인 결과를 고려하지 못할 수도 있다.

　여러분이 추론하듯이, 맥락에 따른 상대주의적 사고의 문제점은 비일관적이고 무정형적 특성에 있다. 만약 우리가 단지 개인적이고 상황적인 용어로 현상을 고려한다면 다른 사람들은 우리를 신뢰하는 것이 어렵다고 생각할 것이다. 실제로, 상황적 사고자와의 상호작용은 종종 그 개인의 정체성에 관한 불확실성으로 이어진다. 그 사람은 상황이 변함에 따라 변하는 것 같다. 극단적으로 말하면 카멜레온 같은 특성이 있다. 상황적 사고자가 도전에 직면하거나 변화 시기에 약속을 지키고 입장을 유지할지에 대해 우리는 알 수 없다. 그 사람은 상황이 변했기 때문에 약속을 쉽게 어기고, 입장을 쉽게 바꾸며, 결정을 쉽게 뒤엎기도 한다. 다양한 관점, 다양하고 역동적인 상황, 변화하는 요구와 관련해서 피할 수 없는 긴장감을 다룰 때 상황적 사고자의 개인적 또는 전문적 정체성과 철학은 연속성과 일치성이 부족하다. 상황적 사고자는 최종 결정을 내리고 확약하는 것 또는 강력한 지적 입장을 취하는 것이 매우 어렵고 때로는 매우 두렵다고 생각한다. 결국 상황은 변할 수 있다.

　상황적 사고자와는 대조적으로 **헌신적인 상대주의적 사고자**는 삶을 다루는 데 필요한 일련의 가치 및 기본원칙과 함께 철학을 개발하고 다양한 관점을 고려한다. 헌신적 사고자는 일관된 정체성과 명확한 "자아"관념을 나타낸다. 가치와 원칙은 다원적이고 상황적인 사고를 보완하고 복잡한 주제들에 대한 입장을 정할 수 있도록 해 준다. 헌신적 사고자는 아이디어, 입장, 제안, 지적 딜레마에 초월적 가치와 원칙을 적용하여 우선순위를 정하고, 결론에 도달하며, 결정하고, 실행한다. 헌신적 사고에는 일관된 가치 기반 원칙, 상황의 세부사항, 다양한 관점 모두가 고려된다. 갈등이 발생할 때 헌신적 사고자들은 해결책을 찾기 위해 상황에 대한 이해와 더불어 그들의 철학에 기반한 가치와 원칙을 적용한다. 헌신적 상대주의자들은 계획된 입장을 지지하는 증거들을 단순히 축적하기보다는 다양한 관점, 상황적 차이, 관련 가치를 고려하는 정교한 사고 과정에 관여한다. 이러한 복잡하고 원칙에 입각한 사고과정은 지적으로 방어할 수 있는 입장을 갖도록 이끌어준다.

때때로 헌신적 사고자들은 그들 자신의 철학적 준거틀을 재고하고 새로운 지식, 경험, 증거, 분석에 비추어 일부 원칙들을 수정하기도 한다. 상위 원칙이 하위 가치를 대체하기 때문에 이러한 수정이 발생한다. 예를 들어, 헌신적 사고자는 개인 안전의 원칙보다 명예, 진실, 인권, 사회정의와 같은 원칙들에 더 큰 가치를 부여한다. 그 결과로써 헌신적 사고자는 학대 남편을 떠났다고 해서 투옥된 여성의 석방을 위해 공개적으로 옹호활동을 한다. 헌신적 사고자는 사형제도에 반대할 수도 있고 혐오 방지 법안의 통과를 위한 활동을 할 수도 있다. 또는 직장을 잃을 수도 있다는 협박에도 불구하고 동료의 부정에 관해 "진실을 말할 수도 있다".

인간은 압박받고, 스트레스받거나, 도전받을 때 복합적 사고 능력의 저하를 경험한다. 압박을 받을 때 이원적 사고자들은 그들의 옳고 그름의 관점에 더욱더 빠지고 다원적 사고자들은 더욱더 양면적이고 우유부단해진다. 스트레스를 받을 때 맥락적 사고자들은 복합적 아이디어, 다양한 관점, 변화하는 상황을 합리적인 방식으로 처리하는 능력을 종종 잃어버린다. 다른 한편, 헌신적 사고자들은 도전, 의견차이, 갈등에도 불구하고 합리적 결정에 도달하기 위해 그들의 철학에 기반을 둔 가치와 원칙뿐만 아니라 다양한 관점과 상황적 요인들을 고려할 수 있다. 새로운 증거에 기초하여 입장을 재고하는 의지와 일관된 자아정체감은 예기치 않은 요구들에 신중한 방식으로 대처하는 그들의 능력을 향상시킨다.

비판적 사고와 과학적 탐구 기술을 발달시키기 위해서 주장, 논증, 전제, 가정, 결론과 같은 개념들에 친숙해져야 한다. 친근한 이웃이 대화중에 어떤 이야기를 나누거나 과학자가 전문 학술지에 논문을 게재할 때, 일반적으로 정보를 주장의 형태로 표현한다. 이러한 맥락에서 **논증** (argument)이라는 용어는 사람들 간의 의견 차이를 의미하지 않는다. 오히려 "논증하는 것은 결론을 지지하기 위해 필요한 사항들을 생산하는 것이다. 논증은 이것을 하는 과정…또는 산물, 예를 들어, 예증(전제), 추론의 유형, 그리고 도달한 결론이다"(Blackburn, 1996, Argument section, para. 1).

철학적으로 사용할 때 논증은 진술(결론)을 지지하기 위해 제시한 한 개 이상의 진술("전제"로 불림)이다 … 전제와 결론 사이에 적절한 논리적 연결이 있을 때에만 전제가 결론을 지지한다. 연역적 논증에서 전제가 진실인 조건에서 결론이 진실이 되고, 귀납적 논증에서는 진실인 전제는 결론을 보다 가능하게 만든다. 전제가 결론과 적절한 논리적 연관성을 가진다는 연역적 논증은 "타당한" 논증으로 불리고, 타당하지 못한 논증은 이러한 연관성이 부족하다. 그러나 한 가지 이상의 전제가 거짓일 때(예를 들어 모든 돼지가 날아다닌다, 날아다니는 모든 것은 공기보다 가볍다, 따라서 모든 돼지는 공기보다 가볍다) 타당한 논증은 결론을 지지하지 못할 수도 있다.

이 논증은 타당하지만 논증의 전제 모두 거짓이기 때문에 확신시키지 못한다. 우리 대부분은 어떤 돼지도 날아다닐 수 없고 날아다닐 수 없는 대부분은 공기보다 무겁다는 것을 알고 있다. 최소한 한 개 이상의 거짓 전제를 가진 논증은 "근거가 약한" 것이며 근거가 탄탄한 논증이 타당한 논증이며 이 논증의 모든 전제가 진실이다(Martin, 1994, pp. 24~25).

사실상 논증은 여러 진술을 통해서 아이디어의 진실 또는 타당성을 확보하려는 노력이다. 논증은 두 가지 중요한 부분을 포함한다. 주장 또는 결론이 한 부분인데 이는 제안된 아이디어 또는 입장이다. 주장(claim)과 결론은 다른 용어로 명제(proposition), 주제 진술(thesis statement), 단언(assertion), 중심 논증이라고 한다. 조사 연구에서 주장과 결론은 각각 가설과 결론으로 불린다.

논증의 두 번째 부분은 전제이다. 전제는 주장과 결론을 지지하는 근거 또는 기초이다. 전제의 다른 용어는 자료, 지지, 결과물 또는 증거이다. 확실한 자료(예를 들어, 사실, 과학적 연구의 결과, 경험적 결과물)는 주장이나 결론을 지지하는 강력한 증거이다. 만약 자료가 약하면, 그 자료는 원래 주장을 지지하기보다는 단지 다른 주장을 대변할 뿐이다. 입증되지 않은 주장에 의해서 지지되는 입증되지 않은 주장은 대단한 논증은 아니다.

논리적 오류 인식하기

논증을 검토하고, 증거의 신뢰성을 평가하며, 주장과 결론의 타당성과 적절성을 평가하는 사회복지사의 능력은 점점 더 중요해지는데 그 이유는 사회복지사는 정보의 홍수 속에 있기 때문이다. 모든 종류의 정보가 인기 매체 특히 인터넷을 통해서 널리 확산되는데 이 정보들 중 많은 정보는 질적으로 의심스럽다. 우리들 대부분은 의견은 사실이 아니고, 신념은 진실이 아니며, 정보가 지식이 아니라는 것을 알고 있다. 많은 진술들, 심지어 전문가, 교수, 또는 다른 권위적 인물들의 진술조차도 흠이 있는 논리 또는 그릇된 추론이며 쉽게 밝혀질 수 있는 논리적 오류를 포함하고 있다. "논리적 오류"는 주장을 위해 제시된 전제들이 주장의 수용을 보장하지 못하는 불충분한 논증(p. 125)이라고 무어Moore와 파커Parker(1995)는 제안하였다. 파인Pine(1996)은 다음과 같이 진술하였다.

> 논리적 오류는 심리적으로 설득력 있으나 논리적으로는 약한 논증이다. 이와 같은 정의에 의해서 우리가 의미하는 바는 논리적 오류가 있는 논증은 많은 사람들로 하여금 결론을 수용하게 하고, 사람들이 이런 논증을 통해 나온 결론을 받아들여서는 안 된다는 것이 상식일지라도 나쁜 논증을 좋게 보이게 만든다는 것이다 … 신문 사설, 편집자에게 보내는 편지, 정치적 연설, 광고, 사람들 간의 불일치와 같은 일상적 의견 교환에서 오류들이 자주 발견되기 때문에 이러한 오류를 '비공식적'인 것으로 고려한다 (pp. 113~114).

만약 여러분이 논리적 오류들을 조심한다면, 학술지 논문, 교재, 공식적 대화, 연설 등에서 오류를 발견할 수 있을 것이다. 우리는 우리 자신의 사고와 우리가 하는 말 또는 우리가 작성하는 글 속에서 오류를 확실히 발견할 수 있다. 실제로 논리적 오류는 삶의 모든 측면과 상상할 수 있는 모든 출처에서 나타난다. 비록 광고주, 정치가, 상품판매원들이 설득력 있지만 논리적 오류가 있는 논증을 통해서 잘못된 정보를 전달하는 사람들로 인식될지라도 때때로 의도적으로 그리고 종종 의식하지 못하는 사이에 이러한 논증에 관여한다. 사실, 대부분의 인간들은 그들 자신의 또는 타인의 논증에서 논리적 오류를 알아차리지 못한다고 우리는 가정한다. 인간은 모든 종류의 엉터리 치료에 빠지기 쉽기 때문에 모든 종류의 미신적 신념을 진실로 받아들인다. 쉬머Shermer(1997)는 이러한 현상을 **사이비과학**(pseudoscience)이라고 부른다. 사회복지학과 교수나 학생들도 예외는 아니다.

논리학과 언론학 분야의 학자들은 많은 비공식적 오류를 밝혀냈다. 아래에서 나는 몇 가지 논리적 오류들을 요약하였고 각각에 두 글자로 된 "코드"를 붙였다. 학생들과 교수들은 다양한 서면진술과 구두진술에서 발견되는 오류들에 주석을 달기 위해 이 코드들을 사용해도 된다. 이 코드를 규칙적으로 사용하게 되면, 여러분 자신과 타인의 주장, 확신, 논증의 신뢰성을 평가하는 여러분의 능력이 향상될 것이다. 보다 일반적인 논리적 오류들 중 몇 가지를 소개하면 아래와 같다(Cournoyer, 2004).

아드 호미넴(Ad Hominem: AH): 증거나 정보를 제시하는 사람 또는 조직이 흠이 있고 존경할 가치가 없다고 해서 그 증거나 정보를 고려해서는 안 된다고 주장하는 사람들이 있다. 예를 들어, "교수가 여성주의자"이기 때문에 그 교수가 제시한 정보는 거부되어야 한다고 주장하는 사회복지학과 학생이 있다. 분명히 "교수가 여성주의자"라는 것은 근거 없는 확신이다. 만약 그렇다면, 그 정보가 왜 결함이 있는지 또는 여성주의 관점을 지지하는 사람들이 제공하는 모든 정보는 반드시 정확하지도 타당하지도 않다는 것을 우리는 이해하지 못한다.

일화적 증거(Anecdotal Evidence: AE): 주장을 뒷받침하는 "근거"로서 어떤 사람들은 그 주장이 적용되는 몇몇 상황들을 기술한다. 예를 들어, 요즘 학생들은 10년 전 학생들보다 커닝을 더 많이 한다고 사회복지학과 교수가 주장할 수도 있다. 그 주장을 뒷받침하기 위해 교수는 "지난 학기 한 학생이 인터넷 자료를 그대로 배꼈고 들키지 않을 것으로 생각했다"고 말한다. 하나 또는 그 이상의 사례를 언급하는 것이 그 주장이 진실인지 거짓인지를 의미하지는 않는다. 우리 대부분은 어떤 주장도 뒷받침할 수 있는 사례를 제시할 수 있지만, 이러한 사례들이 해당 집단이나 현상을 대표하지 않을 수 있다.

동정을 사는 제안(Appeal to Pity: AP): 주장을 수용하지 않으면 여러 사람들이 손실이나 고통을 경험할 수도 있다고 말하면서 그 주장을 뒷받침하려는 사람들이 있다. 예를 들어, 클라이언트는 "내 배우자가 나를 떠난다면, 나는 살아갈 이유가 없다"고 주장할 수 있다. 클라이언트에 대한 동정은 배우자로 하여금 관계를 유지하게 한다거나 사회복지사로 하여금 배우자에게 그렇게 하도록 만들 수 있다. 그러나 클라이언트 자신이 살아야 하는 이유가 배우자의 존재와 어떤 방식으로든 관계가 있거나, 관계가 있어 왔거나, 관계가 있을 것이라는 또는 관계가 있어야만 한다는 주장을 뒷받침하는 근거를 제공하지 않았다. 이 사례와 같이 동정을 사는 제안은 "정서적 공갈협박"과 같다.

질문 구걸(Begging the Question: BQ): 어떤 사람들은 원래 주장이나 유사한 주장을 반복함으로써 주장을 뒷받침한다. 사실상, 그 주장은 데이터나 증거에 의해서 입증되지 않았다. 예를 들어, 사회복지사는 "내 클라이언트는 화가 나 있고 협력적이지 않다"라고 주장하면서 "클라이언트는 정말로 적대적이다"라고 말하면서 그 주장을 뒷받침한다.

편향된 표본(Biased Sample: BS): 어떤 사람들은 집단, 모집단, 또는 현상에 대해 주장하면서 대표성 없는 표본으로부터 나온 데이터를 근거로 사용한다. 이러한 논리적 오류는 일화적 증거와 유사한데 둘 다 타당하지 못한 방식으로 일반화하려 한다.

입증책임(Burden of Proof: BP): 어떤 사람들은 주장을 하고 그 주장을 입증할 책임을 다른 사람들에게 지운다. 영업사원이 고객에게 특정 상품이나 서비스를 원해서는 안 되는 이유를 얘기하도록 요청하는 것처럼 이는 영업에서 사용하는 일반적인 기교이다.

거짓딜레마(False Dilemma: FD): 어떤 사람들은 주장을 하고 단지 두 가지 옵션만을 제시한다. 예를 들어, "당신은 애국적인 방법을 선호합니까? 비애국적인 방법을 선호합니까?"와 같이 특정 정치적 입장을 옹호하는 것은 특정 주제를 이분법적 틀에 끼워 맞춘다. 이분법은 복잡한 현상이나 주제를 단순화시켜 사람들로 하여금 제한된 입장들에 포함되지 않은 데이터나 관점들을 간과하게 만든다.

개인적 경험(Personal Experience: PE): 어떤 사람들은 특정 현상이나 주제에 대한 모든 의견, 결론, 접근은 궁극적으로 개인적 신념이나 경험에 기초한다고 주장한다. 따라서 모든 것은 동등하게 합리적이며 더 뛰어난 것은 아무것도 없다. 이런 종류의 상대주의적 사고는 페리Perry의 "다양성 단계(multiplicity stage)"와 유사하다. 물론 어떤 주장자들은 타인을 설득하거나 단념시키기 위해 이러한 그릇된 논증을 의도적으로 사용한다. 어떤 사회복지사들은 공감적이고 타인에 대해 존중을 표할 때 개인적 경험 추론에 빠지기 쉽다. 동료 학생이나 교수가 지지받지 못하거나, 터무니없는, 또는 관련 없는 의견을 제시하고 그 의견이 아무런 문제없이 통과될 때 이러한 오류를 접하는 것이다.

대중적 신념(Popular Belief: PB)과 대중적 실천(Popular Practice: PP): "다른 사람들이 그것을 진실로 믿기" 때문에 또는 "모든 사람들이 그렇게 하기" 때문이라고 하면서 자신의 주장을 뒷받침하는 사람들이 있다. 예를 들어, 어떤 이는 모집단의 상당수가 초자연적 현상을 믿는다고 주장한다. 따라서 "우리도 그 현상을 믿어야 한다." 또는 표절을 한 학생이 자신은 낙제점을 받아서는 안 된다고 주장하기도 하는데 그 이유는 설문조사에서 많은 학생들이 그렇게 하는 것으로 나타났기 때문이다(Scanlon & Neumann, 2002). 어떤 것이 다수에 의해서 믿겨진다고 해서 그것이 진실은 아니며, 단순히 어떤 것이 널리 실천된다고 해서 그것이 옳거나 효과적인 것은 아니다.

레드 헤링(Red Herring: RH), 연막, 우회: 어떤 사람들은 주장 또는 논증의 일부로 관계없는 정보를 제시한다. 일반적인 논쟁 기교들 중 하나인 레드 헤링은 원래 주장에 대한 타인의 관심을 흩트리는 기교이다. 여러분은 영업에서 사용하는 유인상술을 잘 알고 있을텐데 이는 한 상품만 광고에 소개하고 고객이 매장을 방문할 때 다른 상품이 제시되는 기법이다.

동일 원인(Same Cause: SC): 어떤 사람들은 두 가지 이상의 사건이나 현상이 동시에 발생했을 때, 한 사건이 다른 사건의 "원인"이거나 또는 두 사건은 동일한 원인 때문에 발생했다고 주장한다. 동일 원인 오류는 상관관계 자료에 관한 오해 때문에 발생한다. 높은 상관이 있기 때문에 원인이 되는 요인에 관한 가설을 세울 수 있지만 인과관계를 입증할 수는 없다. 예를 들어, 사회복지사가 한 가족을 대상으로 개입하고 있는데 자녀는 불안증상을 가지고 있고 아동의 어머니는 큰 소리를 지르면서 자신의 감정을 표현하곤 한다고 가정해보자. 이런 경우 아동의 불안과 어머니의 감정표현방식이 동일한 원인 때문에 발생했다거나 또는 어머니의 감정표현방식이 아동의 불안을 또는 아동의 불안이 어머니의 감정표현방식을 야기했다고 추론할 수 없다.

미끄러운 비탈길(Slippery Slope: SS): 어떤 사람들은 한 사건은 필연적으로 보다 심각한 사건을 초래한다고 주장한다. 일반적으로 미끄러운 비탈길 논증은 한 사건과 다른 사건 사이에 강한 관계를 입증하는 데이터를 포함하지 않는다. 다양한 종류의 옹호자들, 아마도 특히 정치가들은 "그렇게 하지 못하면 더 좋지 않은 일이 발생할 것이다"라고 하면서 법적, 사회적, 군사적 행동을 정당화하기 위해 미끄러운 비탈길 논증을 사용한다. 동정을 사는 제안(AP)처럼 미끄러운 비탈길 기법의 사용도 종종 정서적 반응을 일으킨다. 그러나 사람들은 동정보다는 무서운 결과를 피할 수 없다고 결론내리면서 공포심을 느끼는 경향이 있다. 따라서 미끄러운 비탈길 오류에 빠지게 되면, 이 사건 후에 비극적인 사건이 발생할 가능성에 관한 증거를 신중하게 검토하지 못하게 된다.

허수아비(Straw Man: SM): 어떤 사람들은 타인의 입장을 부정확한, 불완전한, 또는 왜곡된 것으로 바꾼 다음 그것의 타당성에 의문을 제기한다(Cournoyer, 2004, p. 145). 레드 헤링처럼 허수아비 전략도 원래 논증이 입증되지 않도록 남겨두기 위해 타인의 관심을 다른 곳으로 돌리는 것이다.

근거 없는 주장(Unsubstantiated Assertion: UA): 이것은 뒷받침할 만한 근거, 자료, 또는 증거가 부족한 주장이다. 예를 들어, 사회복지사가 "나의 슈퍼바이저는 성차별주의자이다"라고 주장할 수 있다. 하지만 사회복지사는 성차별의 기준 또는 슈퍼바이저가 그 기준을 충족하였다는 주장을 뒷받침할 만한 증거를 제공하지 못했기 때문에 그 주장은 입증될 수 없는 불완전한 논증이다.

낙관적 생각(Wishful Thinking: WT): 어떤 사람들은 어떤 것이 진실이길 바라고 그것이 거짓이라고 결론내리는 것이 불편하기 때문에 그것이 진실이라고 주장한다. 예를 들어, 사회복지사는 그의 친한 친구이자 동료인 죠는 "그가 그러한 일을 결코 한 적이 없기 때문에" 기관의 자금을 횡령할리 없다고 주장할 수도 있다. 물론 좋은 친구들은 그들에 대한 우리들의 호의적인 관점에도 불구하고 나쁜 짓을 하기도 한다.

아마도 수백 가지 논리적 오류와 수천 가지 변이가 있다. 사회복지사로서 우리가 판단하고 결정하며 행동하기 위해 사용하고 채택한 출처와 사고과정 등 전문적 활동의 모든 측면에 관해 비판적으로 생각해야 한다. 논리적 오류는 결론의 질과 타당성을 저해하는 요인들을 대표한다. 만약 우리가 논리적 오류를 알아차린다면, 우리의 결정과 행동의 질을 개선시키기 위해 오류를 통제하고 관리해야 한다. 모든 연구 프로젝트가 타당성을 저해하는 많은 요인들을 포함하고 있다는 점에서 사회복지 전문가는 과학자와 유사하다. 과학자들은 그들의 논리와 추론상의 오류와 그리고 그들 연구의 모든 단계와 과정을 저해하는 요인들에 민감해야 한다. 연구자들은 그들 연구의 타당성을 저해하는 요인들을 인식하고 연구 결과의 타당성을 높이기 위해 이러한 저해요인들을 통제하고 관리해야 한다. 그러나 과학적인 태도를 지닌 연구자들 심지어 최고의 연구들도 최종 결과를 결코 생산하지 못한나는 것을 인식해야 한다. 연구자들은 확률적으로 생각해야 한다. 즉, 연구자들은 그들의 결과물의 타당성을 저해하는 요인들이 통제되었을지라도 결과물은 진실이거나 거짓일 확률을 가지고 있다는 것을 인식해야 한다. 실제로, 연구자들이 연구결과를 발표할 때, 결과물이 알려지지 않은 요인 또는 "우연"에 기인할 통계적 확률을 제시한다. 일반적으로 주장이나 가설이 높은 확률의 타당성을 가진다고 결정하는 것이 가장 좋은 결과라고 연구자들은 이해한다. 절대적 확실성은 매우 드물다.

과학적 탐구

과학적인 연구자들은 타당한 결론을 추구하기 위해 내적, 외적 타당도 저해요인들을 통제하고 관리하여 참긍정(true positive)과 참부정(true negative)의 가능성을 높이면서 거짓긍정(false positive)과 거짓부정(false negative)의 가능성을 낮춘다. 박스 3.2에서 보듯이 어떤 것이 참이라는 신념을 갖거나, 그러한 주장을 확신하거나, 또는 그러한 가설을 제안하고 실제로 그것이 참이거나 타당할 때, 우리는 그것을 참긍정(true positive)이라고 부른다. 어떤 것이 거짓이거나 타당하지 않다고 믿고 실제로 그것이 거짓이거나 타당하지 않을 때, 우리는 그것을 참부정(true negative)이라고 한다. 어떤 것이 참이거나 타당하다고 주장했으나 실제로는 거짓이나 타당하지 않을 때 거짓긍정(false positive)이 발생한다. 어떤 것이 거짓이거나 타당하지 않다고 주장했으나 실제로는 참이거나 타당할 때 거짓부정(false negative)이 발생한다.

| 박스 3.2 | 참긍정, 참부정, 거짓긍정, 거짓부정 |

	주장, 결론, 사정 또는 가설이 실제로 참임	주장, 결론, 사정 또는 가설이 실제로 거짓임
주장, 결론, 사정 또는 가설이 참이라고 믿음	참긍정(타당함)	거짓긍정(타당하지 않음)
주장, 결론, 사정 또는 가설이 거짓이라고 믿음	거짓부정(타당하지 않음)	참부정(타당함)

이러한 용어들은 의학적 실험 검사에서 사용된다. 우리가 검사를 위해 소변이나 피를 제공하면 실험실 직원은 그 표본을 분석하여 결과보고서를 제출한다. 예를 들어, 콜레스테롤 수치가 높다는 검사 결과가 나왔다고 가정하자. 만약 정확하다면 그 결과는 참긍정이 된다. 즉, 검사는 우리의 콜레스테롤 수치가 높다고 하였고 실제로 우리는 그렇다는 것이다. 만약 검사가 콜레스테롤 수치가 높지 않다고 하고 실제 콜레스테롤 수치가 낮다면, 그 결과는 참부정이 된다.

가끔 실험 결과가 정확하지 않을 때가 있다. 즉, 콜레스테롤 수치가 높지 않으나 검사는 콜레스테롤 수치가 높다고 할 때가 있다. 이런 경우를 거짓긍정이라고 한다. 콜레스테롤 수치가 실제로는 높으나 검사는 그렇지 않다고 할 경우 거짓부정이 된다.

사회복지에서도 동일한 과정이 발생한다. 예를 들어, 사회복지사, 슈퍼바이저, 그리고 부모 모두 14살인 수지가 대마초와 암페타민을 사용한다고 믿고 있다는 가정을 해보자. 그들은 수지의 행동, 학업수행, 사회관계망의 변화 때문에 이런 식으로 생각하였다(즉, 주장 또는 결론). 그러나 수지는 자신은 어떤 약물도 사용하지 않았다고 말한다. 무작위로 몇 차례에 걸쳐 실시된 혈액검사와 소변검사의 결과는 수지가 진실을 얘기한다고 확인해주었다. 어른들의 생각은 거짓긍정이 된다. 그들은 실제로는 자신들이 거짓일 때 그들의 결론이 맞다고 생각하였다. 수지의 진술은 참부정이 된다. 수지는 약물사용을 부인하였고 실제로 수지는 약물을 사용하지 않았다.

아동의 부모가 실제로는 보호적이나 그 부모가 자녀를 학대하고 방임한다고 아동보호기관

사회복지사가 결론내리는 것이 거짓긍정의 또 다른 예에 해당된다. 물론 이처럼 타당하지 않은 주장이나 결론은 치명적인 결과를 초래한다. 아동학대, 특히 성적 학대로 부당하게 기소된 부모는 잘못된 주장 때문에 평생 동안 고통과 괴로움을 경험하게 된다.

거짓긍정처럼 거짓부정 또한 파괴적이고 때로는 삶을 마감하는 결과를 초래할 수 있다. 예를 들어, 사회복지사가 우울증이 있는 자신의 클라이언트인 제시가 며칠 내에 자살하려는 계획을 가지고 있으나 그렇지 않다고 결론내렸다고 가정해보자. 제시가 자살했을 때 사회복지사는 자신의 결론이 잘못되었다는 것을 깨달았다. 만약 사회복지사가 다른 결론을 내렸다면 제시의 자살을 막을 수 있는 단호한 조치를 취했을 수도 있었다.

어떤 사람이 실제로는 살인을 범할 성향이 있으나 그렇지 않다고 하거나, 부모가 자녀를 학대하는데 그렇지 않다고 하거나, 남성이 여성을 강간했으나 하지 않았다고 하거나, 배우자가 폭력적이나 그렇지 않다고 하거나, 사회복지 프로그램이 효과적인데 비효과적이라고 하거나, 인간의 활동이 지구 기후 변화에 영향을 주는데 그렇지 않다고 하거나, 노예제도가 존재하는데 존재하지 않는다고 하거나, 또는 6백만 명의 유대인과 5백만 명 이상의 집시, 동성애자, 소수민족의 집단학살이 발생했으나 그런 학살이 없었다고 하는 주장들이나 결론들이 거짓부정의 또 다른 예들이다.

참긍정과 참부정의 가능성을 높이고 거짓긍정과 거짓부정의 가능성을 줄이기 위해 가설, 판단, 행동을 과학적으로 생각해야 한다. 그렇게 하지 못하면 클라이언트와 우리 자신에게 심각한 결과를 가져올 수 있다.

실제로 사회복지사들은 (1) 우리의 생각과 행동의 영향을 받는 클라이언트에게 해를 끼칠 가능성을 줄이기 위해, 사회복지 서비스의 영향을 받는 사람들에게 긍정적인 결과를 줄 가능성을 높이기 위해, (2) 정책, 프로그램, 실천의 질을 향상시키기 위해, (3) 클라이언트에게 영향을 미칠 프로그램과 실천의 효과성을 높이기 위해 과학적 탐구에 관여한다.

미국사회복지교육협의회(2008)는 사회복지학과 졸업생들에게 "양적, 질적 조사방법과 지식을 쌓는 과학적이고 윤리적인 접근방법을 이해하고, 증거기반 개입방법을 사용하며, 자신의 실천을 평가하고, 실천, 정책, 서비스 전달을 개선하기 위해 연구결과를 사용"(p. 5)할 것을 기대한다. 단지 몇 십년 전만 해도 많은 과학 교재들은 한 가지 과학적 탐구 접근방법을 유일한 방법인 것처럼 제시하였다. "과학적 방법"으로 언급되었으며 몇 단계 과정으로 기술되었다. 예를 들어, 공통적인 형식은 아래와 같은 단계를 포함한다.

1. 탐구하려는 문제나 현상을 인식한다.
2. 다른 사람들이 발견한 것을 이해하고 다른 사람들이 이미 현상을 탐구했거나 문제를 해결했는지를 결정하기 위해 관련 문헌을 검토한다.
3. 여러분이 검증하거나 탐색하려는 것을 질문과 가설의 형식으로 만든다. 일반적으로 문제는 "만약 A이면 B가 될 것인가" 또는 "만약 C면, D이다"와 같은 형식으로 표현된다. 예를 들어, 사회복지사로서 우리는 기근, 빈곤, 실업, 억압, 차별, 착취와 같은 사회문제를 해결한다. 따라서 우리는 "만약 정부가 특정 사회문제의 발생을 줄이기 위해 제안된 정책을 실행한다면, 모집단에서도 문제의 발생이 감소할 것인가?"와 같이 질문을 만든다. 또는 "만

약 우리가 특정 사회문제의 영향을 받은 사람들에게 특정 사회복지서비스를 제공한다면, 그들은 그 사회문제의 빈도, 강도, 범위, 지속의 감소를 경험할 것이다"와 같은 가설을 세울 수도 있다. 한때 가설은 영가설로 표현되었다. 서비스를 제공받거나 현상을 경험한 집단 성원들과 다른 것을 경험한 집단 성원들 간에 어떤 차이도 발견하지 못할 것이라는 가설을 세웠다. 예를 들어, "전문 사회복지서비스를 제공받은 집단과 또래지지를 제공받은 집단 사이에 어떤(통계적으로 유의미한) 차이가 없을 것이다"와 같은 영가설을 만들 수도 있다.

4. 질문에 답하거나 가설을 검증하기 위해 연구 프로토콜을 설계한다. 독립변수를 확인하고 문제나 현상의 발생, 빈도, 심각성, 지속성을 측정하기 위해 사용될 종속변수를 결정한다. 내적, 외적 타당도 저해요인들을 통제한다.

5. 연구 설계를 실행하고, 관찰하고 기록하며, 측정하고, 데이터를 수집한다.

6. 관찰, 측정, 데이터를 요약한다. 통계적 분석이나 다른 형태의 분석을 실시한다.

7. 보고서나 논문의 형태로 결과와 결론을 퍼뜨린다. 다른 연구자들이 재현할 수 있도록 질문, 모집단이나 표본, 변수, 연구 설계에 관한 정보를 제공한다.

그림 3.1　"과학적 방법"에 관한 전통적 인식

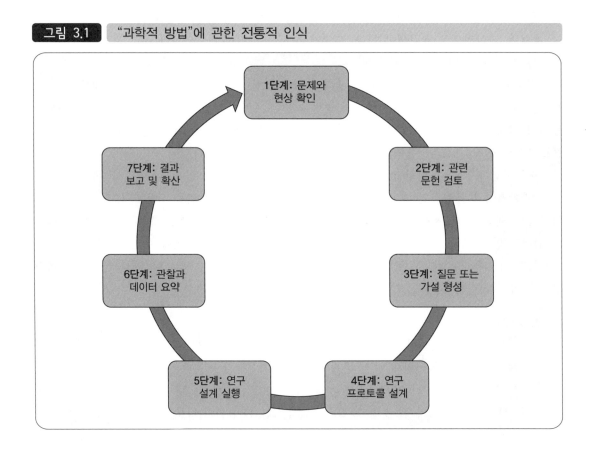

현대 과학자들과 연구자들은 단 하나의 "과학적 방법"만이 있다고 생각하지 않는다. 많은 과학적 방법들이 있다. 실제로, 미국 과학교사이사회(2000)는 과학의 본질에 관한 입장을 발표하였다. 입장의 일부는 아래와 같다.

과학의 복잡성을 다룰 수 있는 보편적인 과학적 방법이 없을지라도 공유되는 많은 가치들과 관점들이 자연을 이해하는 과학적 접근방법의 특성을 묘사할 수 있다. 이런 것들 중에서, 최소한 원칙에 있어서, 자연계에 대한 검증 가능한 경험적 증거에 의해서 뒷받침되는 자연주의적 설명을 위한 요구가 있다. 다른 공유된 요소들로는 관찰, 합리적 논증, 추론, 비관주의, 또래 검토, 재현이 있다(para. 3).

비록 일부 사회복지사들이 대규모의 과학적 조사연구를 수행하기는 하지만 우리 대부분은 두 가지 목적 – (1) 실천 관련 조사연구물을 찾고, 연구물의 질과 관련성을 분석하고, 결과물을 우리의 전문적 활동에서 사용할 수 있도록 전환, (2) 클라이언트에게 제공된 서비스의 효과성을 평가 – 을 위해 과학적 탐구 기술을 사용한다. 우리는 두 가지 형태의 과학적 탐구를 각각 법칙 설정적(nomothetic) 연구와 개성 기술적(ideographic) 연구라고 부른다(Cournoyer, 2004; Cournoyer & Power, 2002). 이러한 두 가지 연구방법들이 결합되고 통합되면 이는 증거기반 사회복지의 핵심적 요소를 구성하게 된다.

증거기반 사회복지는 클라이언트에게 제공되는 서비스의 선택, 적용, 평가와 관련된 통합적이고 협력적 과정의 일부로서 실천 효과성의 법칙 설정적, 개성 기술적 증거의 체계적 확인, 분석, 종합을 포함한다. 증거기반 의사결정과정은 고객의 문화적 가치와 개인적 판단뿐만 아니라 전문적 윤리와 경험에 대한 고려도 포함한다(Cournoyer, 2004, p. 4).

증거기반실천은 몇 가지 단계를 포함한다(그림 3.2).[1]

실천 관련 질문은 정교하게 만들어야 하는데 그 질문은 (1) 사회문제; (2) 클라이언트 또는 표적 집단; (3) 최소한 1개의 실천 또는 정책 접근방법이나 개입, 또는 사정도구; (4) 효과 또는 성과를 포함하도록 한다.

찾기는 (1) 질문과 관련 있는 주요 단어의 확인; (2) 찾기를 어디서 그리고 어떻게 할지에 관한 구체적 계획의 준비; (3) 분석을 위한 지침과 찾기 과정을 통해 발견된 자료를 포함하고 제외시키는 기준 마련; (4) 찾기 계획의 실행; (5) 발견된 자료의 저장을 포함한다.

분석은 (1) 발견된 자료의 신뢰성 결정을 위해 자료에 대한 신중한 검토; (2) 지침과 포함 기준을 충족하지 못한 자료의 제거와 충족한 자료의 선택; (3) 선택된 자료를 실천 또는 정책 원칙과 지침으로 조직, 종합, 전환; (4) 클라이언트 또는 정책이나 계획의 수행으로 영향을 받을 수 있는 사람들과 협의를 포함한다.

적용[2]은 (1) 증거기반 실천 또는 정책가 클라이언트의 개인적, 문화적 가치, 전통, 능력, 선호도 사이의 적합성에 관해 클라이언트와 함께 결정; (2) 전문가의 실천 경험과 개인, 가족, 집단, 조직, 지역사회의 고유 특성을 반영한 적용; (3) 상호 동의한 계획의 실행을 포함한다.

평가[3]는 (1) 실천 또는 정책의 성과와 효과에 대한 협력적 측정과 사정(예를 들어, 클라이언트 만족

---

[1] 이 과정에 대한 자세한 내용은 Cournoyer(2004)를 참조하시오.
[2] 이 책 후반부에 있는 계약, 개입 및 평가기술 참조.
[3] 이 책 후반부에 있는 개입 및 평가기술 참조.

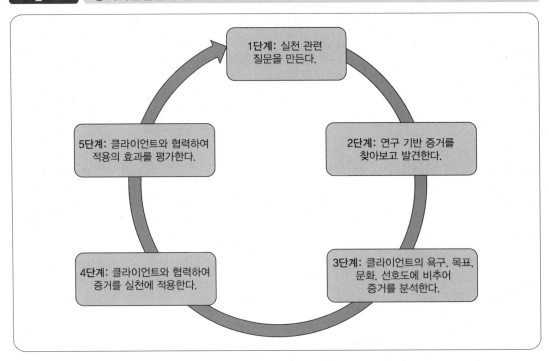

증거기반실천의 단계

1단계: 실천 관련 질문을 만든다.

2단계: 연구 기반 증거를 찾아보고 발견한다.

3단계: 클라이언트의 욕구, 목표, 문화, 선호도에 비추어 증거를 분석한다.

4단계: 클라이언트와 협력하여 증거를 실천에 적용한다.

5단계: 클라이언트와 협력하여 적용의 효과를 평가한다.

뿐만 아니라 문제해결 또는 목표달성 정도); (2) 실천 또는 정책의 변경 및 수정을 담고 있는 결과물을 통합하여 과정의 질과 성과의 효과성 개선; (3) 새로운 또는 수정된 계획의 적용과 성과 및 효과에 대한 지속적인 평가를 포함한다(Cournoyer, 2004).

사회복지사가 정책, 프로그램, 또는 실천의 효과성을 위한 연구기반 증거를 찾을 때 실천 관련 질문과 연관 있는 주요 용어를 사용한다. 또한 사회복지사는 관련 연구보고서를 포함할 가능성이 높은 출처를 찾기도 한다. 오늘날 많은 사회복지사는 온라인상에서 학술지 논문, 책, 보고서, 논문 등을 손쉽게 찾을 수 있다. 물론 많은 대학과 사회복지 기관들이 데이터베이스를 구입하기 때문에 논문이나 책의 전문을 볼 수도 있다. 많은 지역 도서관들도 구독자에게 데이터베이스에 접근할 수 있는 기회를 제공하고 있다.

일부 기관들은 특정 주제와 관련 있는 문헌을 체계적으로 검토한다. 예를 들어, Cochrane Collaboration은 심리사회적, 정신과적 주제를 포함하여 보건과 의료분야의 문헌을 그리고 Campbell Corporation은 교육, 사회복지, 교정 분야의 문헌을 제공한다. 이 외에도 영국 요크 대학의 Centre for Reviews and Dissemination, Turning Research into Practice(TRIP) 데이터베이스, 미국 텍사스 대학 Health Science Center의 SUM 검색 데이터베이스가 있다. 이러한 기관들은 선별 기준을 충족시킨 연구물을 신중하게 "걸러내고" 있으며 원조 전문가들이 사용할 수 있도록 결과물을 종합한다.

관련 연구들을 평가할 때 우리는 먼저 연구의 신뢰도와 타당도를 고려한다. 여러 종류의 타당도가 있다. 예를 들어, **개념구성 타당도**(construct validity)는 연구중인 현상이 개념화되고 측정되는 방식과 실제 현상 간의 관계의 강도를 다룬다. **결론 타당도**(conclusion validity)는 연구중인 활동과 성과 사이에 인과적 관계가 존재하는지를 다룬다.

다른 종류의 타당도가 있는데 이들 타당도가 특히 사회복지와 관련이 있다. 이들 타당도는 **내적 타당도**(internal validity)와 **외적 타당도**(external validity)이다. **내적 타당도**는 독립변수가 종속변수의 변화를 야기했는지를 다룬다. 예를 들어, 원조전문직에 종사하는 연구자와 실천가는 특정 프로그램, 개입전략 또는 정책이 실제로 작용하는지 – 즉, 클라이언트 원조라는 목표를 달성했는지 – 에 관심을 갖는다. **외적 타당도**는 결과물을 다른 모집단에 일반화할 수 있는지를 다룬다. 달리 표현하면, 상대적으로 규모가 작은 표본을 통해서 얻어진 결과를 그 표본의 모집단으로 확대 적용할 수 있는가?(Roth & Fonagy, 1996)

만약 인디애나주의 십대 폭력 예방 프로그램의 효과성을 평가하는 연구에서 프로그램이 십대 폭력을 감소시켰는지를 결정한다면 그것은 내적 타당도를 다루는 것이다. 만약 결과물이 미국내 다른 주에 거주하는 십대들에게 일반화할 수 있는지를 다룬다면 이는 외적 타당도를 다루는 것이다.

연구자들은 일반적으로 타당도 저해요인을 피하거나 최소화하려고 한다. 비판적 사고자가 논리적 오류를 피하듯이, 과학적 연구자들은 내적, 외적 타당도를 통제하려고 노력한다.

내적, 외적 타당도 저해요인 인식하기

우리는 앞에서 몇 가지 논리적 오류들을 약자로 나타내었다. 우리는 내적, 외적 타당도 저해요인들에 대해서도 같은 방식을 취하였다(D.T. Campbell & Stanley, 1966; T.D. Cook & Campbell, 1979; Grinnell, 1997; Issac & Michael, 1971; Royse, 1995; Rubin & Babbie, 2001; Yegidis, Weinbach, & Morrison –Rodriquez, 1999). 내적 타당도 저해요인들의 일부를 소개하면 아래와 같다:

선정과 할당: 연구 참가자들은 다양하다. 어떤 참가자들은 다른 참가자들보다 키가 크고 무거우며 피부색이 더 진하고 나이가 더 많다. 일부는 낮은 교육 수준과 학력 수준을 가지고 있으며, 일부는 내향적인 반면, 다른 참가자들은 외향적이다. 이러한 다양성은 연구 결과에 영향을 미칠 수 있다. 이러한 이유 때문에 일반적으로 실험집단은 통제 또는 비교집단과 짝을 이룬다. 실험집단과 통제집단으로 무작위로 선정하고 할당할 때, 각 집단의 특성이 비슷해질 가능성이 높아진다. 무작위화가 가능하지 않을 때, 각 집단을 비슷하게 구성하기 위해 참가자들의 특성을 "맞춘다(matching)". 그러나 집단의 특성이 유의미하게 다를 경우 연구자는 개입이 결과의 원인이라고 결정할 수 없다. 개입보다는 집단의 상이한 특성이 결과를 이끌어낼 수 있기 때문이다.

우연한 사건: 연구가 진행중일 때에도 "일들이 발생한다" 어떤 주요 사건(예를 들면, 자연재해, 정치적 또는 사회적 격변, 군사적 개입, **영토분쟁**)이 연구 시작과 종료 사이에 발생했을 때 연구자는 개입이 결과의 원인이라고 결정할 수 없다. 실제로 결과는 기대하지 않았던 외적 요인에 대한 참가자들의 반응 때문일 수도 있기 때문이다.

성숙: 연구가 진행되는 동안 "일들이 발생한다"는 것에 덧붙여 참가자들은 어떤 기대되는 이유 때문에 변화한다. 예를 들어, 아동은 성장하면서 인지 능력과 사회기술을 발달시킨다. 청소년들은 사춘기 때 생리적으로, 정서적으로, 그리고 사회적으로 변화한다. 사람들은 노년기 때에도 많은 변화를 겪는다. 일반적으로 인간은 시간이 흐르면서 성숙해지고 변화한다. 연구 참가자들도

예외는 아니다. 특히 장기 연구를 수행하는 연구자는 시간과 성숙은 참가자들에게 영향을 미칠 수 있고 이는 결과에 영향을 끼쳐 결과의 원인이 개입인지 아니면 성숙인지를 결정하기 어렵게 만든다.

상실: 연구가 진행되는 동안 어떤 참가자들은 중단할 수도 있다. 그들은 여러 이유로 탈락할 수 있다. 어떤 참가자들은 사망하거나 질병에 걸릴 수도 있고 직장이나 다른 상황 때문에 이사를 할 수도 있다. 일부 참가자들은 이미 혜택을 받았고 또는 연구에 대한 관심을 잃어버려 떠날 수도 있다.

탈퇴한 사람들은 남아 있는 사람들과 다를 수 있기 때문에 상실은 연구의 타당성을 위협한다. 상실의 결과로 실험집단과 통제집단은 동등하지 않게 되며 더 나아가 표본이 모집단을 대표하지 못하게 된다.

시험 효과: 참가자들이 시험을 두 번 이상 치를 때 참가자들은 시험의 영향을 받는다. 사전조사에 참여한 참가자들은 일부 문항을 기억하거나 관련 지식을 보유하고 있기 때문에 사후조사에서 그들의 점수가 올라갈 수 있다. 또는 참가자들은 여러 차례 시험을 치루면서 다소 긴장이 풀리고 무관심해질 수 있으며 또는 동기가 강화될 수도 있다.

실험도구 효과: 시험 효과에 더하여 도구 자체가 타당하거나 신뢰적이지 못할 수 있고 연구 참가자들의 관심을 끌지 못할 수도 있다. 도구들이 부적절하게 사용되거나 또는 채점을 할 때 실수가 발생할 수도 있다. 연구자가 측정하고자 하는 바를 도구가 정확하게 측정하지 못한다면, 연구 결과의 타당성이 의심받게 된다.

평균으로 통계적 회귀: 연구자들은 연구 참가자들의 검사 점수가 후속 검사들에서 완화되는 경향이 있다는 것을 이해한다. 즉, 첫 번째 검사에서 특이하게 높거나 낮은 점수를 받은 참가자들은 후속 검사에서 집단 평균으로 향하는 경향이 있다는 것이다. 이러한 통계적 경향이 참가자들의 사전검사 점수와 사후검사 점수 간의 차이를 설명할 수도 있다. 다른 저해요인들처럼 평균으로의 회귀도 개입으로 인한 효과와 통계적 경향으로 인한 효과를 구분하기 어렵게 만든다.

반응성: 일반적으로 연구 참가자들은 그들이 연구의 대상이라는 것을 인식한다. 연구 참여에 대한 인식은 여러 종류의 반응을 불러일으킨다. 어떤 참가자들은 "더 열심히" 할 수도 있고 검사에 대한 그들의 반응을 왜곡할 수도 있다(예를 들어, 호손 효과나 위약 효과). 마찬가지로 실험집단의 참가자들이 비교집단의 참가자들과 상호작용하게 되어 참가자들의 반응에 영향을 미칠 수도 있다(예를 들어, 비교집단의 참가자들이 실험집단의 참가자들로부터 치료 또는 개입에 관해 배운다). 연구자들도 연구 결과에 영향을 미치기도 한다. 연구자들은 가끔씩 비교집단 또는 통제집단의 참가자들에게 개입을 제공하지 않기 때문에 특별한 보호, 동정, 관심을 보여줌으로써 그들에게 보상하려고 한다. 이러한 다양한 반응 효과는 개입 결과의 실제 원인을 파악하는 것을 어렵게 한다.

인과관계의 모호: 때때로 연구자들은 독립변수(예를 들어, 치료 또는 개입)가 종속변수의 변화(예를 들어, 척도 점수)를 발생시켰는지 또는 그와 반대인지를 결정하지 못할 수 있다. 예를 들어, 약물남용 치료 프로그램에서 탈락한 참가자들이 프로그램을 이수한 참가자들보다 약물이나 알코올을 남용할 가능성이 더 높다고 가정해보자. 연구자는 프로그램 이수가 약물남용의 감소에 영향을 끼쳤다고 추론할 수도 있다(즉, 독립변수가 종속변수에 영향을 주었다). 그러나 루빈Rubin과 배비Babbie(2001, pp. 299~300)가 언급하였듯이, 이러한 결과는 약물남용의 감소가 프로그램의 이수로 이끌었다고(즉, 종

속변수가 독립변수에 영향을 주었다) 해석될 수도 있다.

다양한 내적 타당도 저해요인들에 더하여 조사연구는 외적 타당도 저해요인들도 다루어야한다(D.T. Campbell & Stanley, 1966; Grinnell, 1997; Royse, 1995; Rubin & Babbie, 2001; Yegidis et al., 1999). 외적 타당도 저해요인들의 일부를 소개하면 아래와 같다.

사전검사 개입 상호작용: 앞에서 반복적인 시험의 효과를 내적 타당도 저해요인으로 언급하였다. 이에 더하여 사전검사는 참가자들의 반응과 행동에 영향을 미칠 수도 있다. 만약 참가자들이 사전검사의 결과로 변화한다면 그들은 모집단을 대표하는 표본이라고 할 수 없다. 그들이 모집단을 대표하지 못한다면 연구결과는 표본을 넘어 일반화될 수 없다. 그렇게 하는 것은 연구의 외적 타당도에 문제를 일으킨다.

선정 개입 상호작용: 앞에서 선정과 할당의 효과를 내적 타당도 저해요인으로 언급하였다. 선정은 또한 외적 타당도에도 영향을 미칠 수 있다. 만약 무작위 선정이나 신중하게 맞추어진 할당이 없었다면 표본이 모집단을 대표한다는 것을 확신할 수 없게 된다. 때때로 연구 결과는 좁게 정의된 특정 집단의 참가자들을 포함하였기 때문에 다른 사람들에게 일반화될 수 없다.

반응성: 연구 경험은 참가자들의 다양한 반응을 불러일으킬 수 있다. 참가자들이 더 이상 모집단을 대표하는 표본으로 고려될 수 없는 방식으로 변화할 때 반응 효과는 내적 타당도뿐만 아니라 외적 타당도에도 영향을 미칠 수 있다. 그 결과 연구 결과는 그 연구의 참가자들을 넘어서 일반화될 수 없다.

연구자와 확인 편향: 대부분의 인간은 확인 편향의 영향을 받는다. 즉, 우리는 우리가 보고자 하는 것만 보려는 경향이 있다. 연구자들도 이러한 성향으로부터 자유롭지 못하다. 연구자들은 그들이 발견하고자 하는 바를 발견하려는 경향이 있으며, 우연히 또는 무의식적으로 실험집단의 참가자들이 기대되는 방향으로 변화하도록 격려하거나 보상하여 그들이 세운 가설을 확인하려고 한다. 만약 연구자가 누가 실험집단에 참여하고 누가 통제집단에 참여하는지를 알고 있다면 이와 같은 내적 타당도 저해요인은 외적 타당도 저해요인이 되기도 한다. 그들의 편향을 확인하려는 연구자의 행동은 참가자들의 변화를 야기하여 참가자들은 모집단을 대표하는 표본의 지위를 상실하게 된다.

연구설계 이해하기

내적, 외적 타당도 저해요인을 인식하고 이해히게 되면 연구결과를 검토하고 분석하는 데 도움이 된다. 다양한 연구설계와 각 설계의 장점에 대한 지식도 도움이 된다. 예를 들어, 여러 훌륭한 연구들은 질적 혹은 비실험 연구들이다. 이런 연구들은 특정 문제와 모집단, 특히 여러 상황들이 사람들에게 미치는 영향과 관련하여 유용한 정보를 제공해준다. 그러나 이런 연구들은 인과관계를 결정할 때는 덜 유용하다(예를 들어, 실천개입이 클라이언트의 목표달성에 기여했는지를 결정). 이런 목적을 위해서 실험, 유사실험, 단일체계 연구설계가 필요하다.

사회복지사가 정책, 프로그램, 혹은 실천의 효과성에 관한 증거를 찾을 때 내적, 외적 타당도 저해요인을 다루는 연구결과를 사용하며 이럴 때 개입과 결과 간의 인과관계를 세울 수 있다. 실제로 일부 증거기반실천 옹호자들은 연구설계들을 분류하였다. 예를 들어, 나탄Nathan과 고먼Gorman(2007)은 연구설계를 6가지 유형으로 분류하였다.

유형1 연구: 이 유형은 가장 엄격한 유형이며 무작위 전향적 임상시험을 포함한다. 이러한 연구는 무작위로 할당된 통제집단, 눈가림 평가, 명확한 포함·제외 기준 제시, 최신의 진단방법, 통계적 힘을 제공할 정도의 적절한 표본크기, 명확한 통계방법을 포함한다.

유형2 연구: 이 유형도 개입을 평가하는 임상시험이나 유형1 연구의 요건들 중 일부가 빠져 있는데 예를 들어 이중 눈가림이 유지되지 않는 시험, 두 가지 치료를 비교하나 무작위화를 사용하지 않은 시험, 치료 효능에 관한 판단을 내리기 어려운 정도로 관찰 기간이 짧은 것처럼 치명적인 결함이 있는 시험 등이다. 이러한 연구들은 유형1 연구와 같은 동일한 평가를 받을 수는 없지만, 종종 중요한 기여를 하기 때문에 무시되어서는 안 된다.

유형3 연구: 이 유형은 방법론적으로 한계가 있다. 유형3 연구는 예비 자료의 수집을 목적으로 하는 개방치료연구(open-treatment studies)들이다. 이 연구는 관찰자 편향의 영향을 받기 때문에 보다 엄격한 설계를 활용해서 치료를 평가해야 하는 필요성 이상의 정보를 제공하지는 못한다. 환자들을 찾아내고 그들로부터 치료에 관한 정보를 후향적으로 수집하는 사례통제연구가 이 유형에 속한다. 물론 이런 연구가 많은 자연주의적 정보를 제공하지만 통제되지 않은 자료수집과 회상 실수와 같은 문제를 갖는다.

유형4 연구: 2차 자료 분석을 수행하는 연구도 유용할 수 있는데 특히 자료분석 기법이 복잡할 때 더욱 그렇다. 메타분석방법은 부정적 성과 연구들이 긍정적 성과 연구들보다 상당히 낮은 비율로 보고되고 있는 사실을 설명해준다.

유형5 연구: 2차 자료 분석 없이 수행하는 연구는 문헌에 관한 인상을 제공하는 데 유용하지만 저자의 의견에 취약하며 상당히 편향되어 있다.

유형6 연구: 이 유형은 사례연구, 수필, 의견서처럼 한계 가치를 갖는 보고서들을 포함한다.

연구문헌에 대한 체계적 검토와 메타분석의 중요성을 강조하고 검토 및 분석의 가치를 실천효과성과 연결시킨 구얏트Guyatt, 사켓Sackett, 싱클레어Sinclair(1005)는 약간 다른 분류법을 제시하였다.

- 수준 1: 수준 높은 체계적 검토와 메타분석
- 수준 2: 명확한 결과를 제공한 무작위 통제연구
- 수준 3: 불명확한 결과를 제공한 무작위 통제연구
- 수준 4: 동류집단 연구
- 수준 5: 사례통제연구
- 수준 6: 횡단연구
- 수준 7: 사례보고서(Greenhalgh, 1997a)

현대 사회복지사는 클라이언트와 자신이 제공하는 서비스와 관련 있는 연구물에 접근하고 연구물을 평가하는 데 능숙해야 한다. 이것의 의미는 우리의 실천분야에서 최근에 발표된 연구물을 찾아서 읽고 반영해야 한다는 것이다. 지난 수십 년 동안 기술의 발달로 인해서 연구자들은 관련 연구결과에 대한 "체계적 검토"(Akobeng, 2005; D.J. Cook, Greengold, Ellrodt, & Weingarten, 1997; Greenhalgh, 1997a, 1997b; Grimshaw *et al.*, 2001; Helmer, Savoie, Green, & Kazanjian, 2001; D.L. Hunt & McKibbon, 1997; Jones & Evans, 2000; Pai *et al.*, 2004)와 "메타분석"(Akobeng, 2005; T.D. Cook *et al.*, 1992; Glass, 1976; M. Hunt, 1997; Runder, Glass, Evartt, & Emery, 2000; Sutton, Abrams, Jones, Sheldon, & Song, 2000; Videka-Sherman, 1988, 1995; Wierzbicki & Pekarik, 1993)을 수행할 수 있게 되었다. 의학분 야에서 증거에 기반을 둔 "최상"의 실천을 결정하기 위한 도구로서 인기 있는 체계적 검토와 메 타분석은 다른 원조 전문직에서도 점점 인기를 얻고 있다(Cournoyer, 2004; Cournoyer & Powers, 2002; Hunt, 1997).

현대적 체계적 검토와 메타분석과는 달리 전통적 문헌검토는 연구자의 의도적 또는 비의도 적 확인 편향의 영향을 쉽게 받으며 체계적이거나 객관적 또는 포괄적이거나 엄격하지 않다. 검 토자들의 선입견과 예측의 영향을 받기 때문에 검토자들은 그들 자신의 아이디어를 지지하는 연 구와 자원을 발견하길 원하며 실제로 그렇게 한다. 그들의 아이디어를 부인하고 논박하는 자원들 은 무시된다. "연구들에 대한 연구"로서 진정한 체계적 검토와 메타분석은 타당도 저해요인을 잘 다룬다. 방법론이 명확히 기술되어 있기 때문에 다른 연구자들이 동등한 결과가 나오는지를 결정 하기 위해 검토와 메타분석을 반복할 수도 있다.

나탄과 고먼의 분류와 구얏트와 동료들(1995)의 분류에 있어서 한 가지 단점은 단일체계설계 연구를 낮은 수준으로 분류했다는 점이다. 단일체계설계가 외적 타당도 문제를 가지고 있는 것은 명백하다. 개인, 가족, 집단, 조직, 지역사회 대상의 개입에 대한 단일체계평가의 결과를 더 큰 모 집단에 일반화시킬 수 없다는 것을 알고 있다. 일상적인 사회복지실천에서 모집단의 무작위 추출 과 실험과 통제집단으로 무작위 할당은 불가능하다. 그럼에도 불구하고 단일체계평가는 서비스 이용자들에게 상당한 의미가 있다. 보다 중요한 점은, 단일체계평가는 우리의 전문적 활동의 한 부분이 될 수 있고 이 평가의 활용은 우리 서비스의 질을 직접적으로 향상시킬 수 있다는 것이 다. 연구 기반 실천 문헌에 대한 체계적 검토, 전문적 경험, 클라이언트와 협력, 비판적 사고와 결 합될 때 단일체계설계는 증거기반 사회복지의 개념을 완성한다. 단일체계평가에 관한 구체적인 정보는 12장에 소개되어 있다.

보편적 지적 기준 채택하기

실천 관련 연구를 검토하면서 사회복지사는 전문적이고 과학적인 관점을 유지하려고 노력한 다. 우리는 타당도 저해요인을 이해하고, 우리 자신과 타인의 주장과 결론에서 논리적 오류를 찾 아내며, 정교한 분석에 관여하며, 엄격한 지적 기준들을 채택한다. 엘더와 폴(Paul, 1990; Paul & Elder, 1996, 1997)은 비판적 사고, 과학적 탐구, 평생학습에 관여할 때 사회복지사가 고려해야 하는 지적 기준과 지적 특성을 제안하였다. 우리는 그들의 기준들[4] 중 일부를 채택하였다.

- 겸손
- 공감

---

[4] 이러한 기준들이 어떻게 사회복지 상황들에 적용되는지를 살펴보기 위해 Cournoyer & Stanley(2002)를 참조해라.

- 공정
- 용기
- 정직과 진실
- 명료, 정교, 정확
- 관련성
- 지적 소양
- 논리

지적 기준은 실천, 정책, 전문적 이슈, 아마도 가장 중요한 것은 클라이언트들과 관련 있고 그들에게 영향을 미치는 주제에 관해 우리가 생각하고 배우는 방식에 적용된다. 만약 비판적 사고와 과학적 탐구의 핵심적인 공통 요소가 **학습**이라고 생각한다면, 이러한 원리는 비공식적 학습 (예를 들어, 스스로 조사연구물 읽기와 체계적인 문헌검토; 동료 및 지역사회 구성원들과 대화와 협의; 개인, 가족, 집단, 조직, 지역사회 클라이언트 대상의 실천과 평가)뿐만 아니라 공식적 학습(예를 들어, 학위 과정, 세미나, 워크숍, 컨퍼런스, 훈련 기관)에도 적용된다. 우리가 윤리강령과 지적 기준 모두를 우리의 전문적 활동과 특히 우리의 평생학습에 적용한다면, 우리의 클라이언트, 동료, 우리의 공동체 회원들이 혜택받을 것은 거의 확실하다.

겸손: 우리가 전문적 활동과 평생학습을 하면서 우리 자신의 지식과 기술의 부족을 알아차리고 이를 공개적으로 인정할 때 겸손하다고 한다. 지적 겸손은 미국사회복지사협회의 윤리강령 (2008)과도 일치하는데, 윤리강령에 따르면 "사회복지사는 그들의 교육, 훈련, 자격, 수료, 제공받은 자문, 슈퍼비전받은 경험, 또는 기타 관련 전문적 경험의 범위 내에서만 서비스를 제공하고 자격을 갖는다"(1.04[a] Competence).

공감: 우리가 전문적 활동과 평생학습을 하면서 다른 사람의 관점과 경험을 존중하고, 우리의 아이디어와 행동의 영향을 받는 사람들에게 주는 잠재적인 의미를 진정으로 고려할 때 공감한다고 한다. 만약 우리가 우리 자신의 관점과 경험만으로 제한한다면, 우리가 다른 사람, 특히 우리와 다른 사람들을 포함하는 경우보다 덜 배울게 될 것이다.

공정: 우리가 전문적 활동과 평생학습을 하면서 지적 자기훈련을 하고 여러 종류의 편향을 통제할 때 공정하다고 한다. 인간은 무엇인가를 배울 때 종종 선입견을 갖거나, 자기중심적이거나, 민족 중심적이거나, 미신적이다. 우리는 우리의 신념, 의견, 기대를 확인하고 지지하는 정보를 받아들이고 반박하는 정보는 무시하곤 한다. 지적 공정은 우리의 학습 초점에 관련 있는 모든 정보를 찾아보고 그것을 진지하게 고려하는 것을 요구한다.

용기: 우리가 전문적 활동과 평생학습을 하면서 보다 신뢰할 수 있는 증거 또는 보다 완전하고 정교한 분석에 기초하여 우리의 신념과 의견을 변경할 때 용기있다고 한다. 우리의 증거기반 관점이 권력과 권위가 있는 사람들이나 집단에게 인기 없을 때 용기가 특히 필요하다. 타당한 연구결과에 의해 구성되고 지지되는 아이디어를 공개적으로 주장하고, 증거가 부족하고 편향된 사상, 미신, 의심스러운 가정, 그릇된 결론과 관련 있는 아이디어에 반대하는 주장을 펼 때 우리는 용기를 나타낸다.

정직과 진실: 우리가 전문적 활동과 평생학습을 하면서 엄격한 사고와 행동 기준을 채택하고, 신뢰할 만한 정보를 성실하게 찾고, 발견하고, 공유하며, 개인적 관점과 전문적 판단을 구별할 뿐 아니라 사실과 의견을 구별하며, 더 나은 증거나 더 정교한 추론에 기초하여 우리의 생각을 바꾸고, 다른 사람들의 기여와 우리의 정보 출처를 인정하고 신뢰하며, 우리 자신의 실수에 대한 책임을 인정하고 받아들일 때 정직하고 진실하다고 한다.

명료, 정교, 정확: 다른 사람들이 우리가 하는 말의 진정한 의미를 이해할 수 있도록 우리 자신을 표현할 때 지적으로 명료하고 정교하며 정확하다고 한다. 이해를 증가시키고 오해를 줄이려는 노력을 기울이면서 의사소통을 할 때 청중을 염두에 두어야 한다. 우리는 의사소통할 때 우리 스스로를 간결하고 직접적인 언어로 표현하고 타인을 혼돈스럽게 하거나 손상시킬 수 있는 전문적 용어 사용을 자제해야 한다. 우리는 타인의 이해를 도모하기 위해 우리의 메시지를 명료하고 정교하며 정확하게 전달하기 위해 예시를 제공하고, 뒷받침하는 증거를 논하고 제공하며, 그래프나 도표를 보여주며 은유나 유추를 사용한다.

관련성: 우리의 전문적 목표와 클라이언트의 목표에 직접적으로 관련 있는 활동에 관여할 때 관련성이 있다고 한다. 우리는 우리가 발견하고자 하는 것에 초점을 두고 친숙하거나 또는 마음을 산란하게 하고 관련이 없는 것에 주목하는 인간의 성향을 거부한다.

지적 소양: 우리가 전문적 주제와 이슈들의 상대적 복잡성을 적절하게 다루는 방식으로 그것들에 접근할 때 지적 소양이 있다고 한다. 우리는 명확한 주제를 매우 복잡하게 만들려는 성향과 복잡한 일을 지나치게 단순한 방식으로 접근하는 성향을 모두 거부한다.

논리: 우리가 전문적 활동과 평생학습을 하면서 우리의 주장과 결론을 뒷받침하는 증거나 신뢰할 만한 이유를 포함하는 완전한 논쟁의 형식으로 생각하고 표현할 때 논리적이라고 한다. 우리는 오류가 있고, 미신적이며, 불완전하고, 편향된 사고에 관여하려는 성향을 거부한다. 우리의 아이디어와 진술이 이치에 맞고 그렇게 되기 위해 논리적 오류를 피해야 한다.

여러분이 논리적 오류와 내적, 외적 타당도 저해요인들과 관련하여 이러한 보편적 지적 기준을 고려할 때, 많은 유사성과 공통 영역을 인식할 것이다(그림 3.3 참조). 과학적 증거 없는 논리는

그림 3.3 비판적 사고, 과학적 탐구, 지적 기준

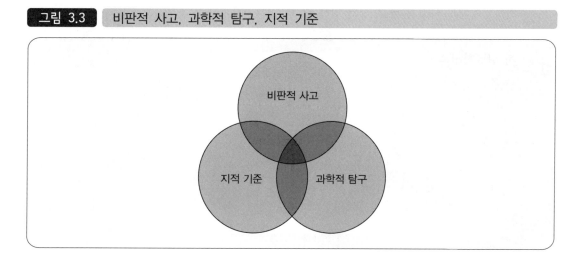

이치에 맞을 수 있으나 타당하지 못한 전제에 기초한 그릇된 결론이 된다. 비판적 사고 없는 과학적 증거는 부당한 함의와 일반화를 이끌어 결국 부적절한 적용으로 이어진다. 지적 기준이 없다면 우리는 관점을 쉽게 잃어버릴 수 있고 아마도 가장 중요한 것은 클라이언트의 우선성을 방임하게 된다.

연습 3-1 비판적 사고와 과학적 탐구

1. 인터넷 검색도구를 사용하여 통찰력 사정: 비판적 사고 측정하기 웹사이트를 찾아보시오. 그 사이트에서 피터 파치오네[Peter A. Facione(2009)]의 논문인 "Critical Thinking: What It Is and Why It Counts – 2009 Update"를 읽어보시오. 이 논문은 핵심적인 비판적 사고 기술과 성향에 대해 논하고 있다. 논문의 끝 부분에서(참고문헌 목록 다음) 파치오네는 "IDEALS"를 설명하였다. 이는 효과적인 사고와 문제해결을 위한 단계이다. 6가지 기술, 7가지 성향, 6단계를 숙고해보아라. 아래 공간에 여러분이 가장 강화해야 할 필요가 있다고 생각하는 바를 각 영역마다 1가지씩 밝히고 그것을 어떻게 할지를 논하시오.

2. 인터넷 검색도구를 사용하여 비판적 사고 공동체 웹사이트를 찾아보시오. 그 사이트에서 "Becoming a Critic of Your Thinking"(Elder & Paul, 2009)이라는 제목의 논문을 찾아 읽어보시오. 아래 공간에 여러분이 (a) 여러분의 사고를 명료하게 하고 (b) 타인의 사고를 명료하게 하기 위해 사용할 수 있는 형식을 간략히 설명하시오. 또한 (c) 폐쇄적 사고의 신호 3가지와 (d) 폐쇄적 사고를 바로 잡기 위해 할 수 있는 4가지를 밝혀보시오. 마지막으로 (e) 문제로 이어질 수 있는 2~3가지 사고 형태와 (f) 역기능적 삶에 기여하는 1~2가지 패턴을 간략히 설명하시오.

3. 부록 7로 가서 비판적 사고 설문지를 완성하시오. 이 도구는 비판적 사고의 측면들을 평가하는 데 유용할 것이다. 이 도구는 점수를 매기는 시험이 아니기 때문에 통과 또는 실패가 없다. 또한 이 도구는 여전히 개발 단계에 있기 때문에 이 도구의 신뢰도와 타당도에 대한 정보도 제공할 수 없다. 이 도구와 여러분의 결과를 여러분이 비판적 사고와 평생학습에 관해 생각하고 접근하는 방법을 고려하기 위한 촉매제로 고려하시오.

   설문지를 완성하고 점수를 계산한 다음, 다음 질문들을 다루면서 여러분의 응답이 갖는 함의에 대해 생각해 보시오. 아래 공간에 (a) 문항에 대한 여러분의 응답은 비판적 사고자로서의 여러분에 관해 무엇을 제안하는가? (b) 비판적 사고가 21세기의 사회복지사들에게 특히 중요한 이유는 무엇인가? (c) 보다 능숙한 비판적 사고자가 되기 위해 밟아야 할 단계들은 무엇인가?

4. 인터넷 검색도구를 사용하여 버클리 과학이해 사이트(Berkeley Understanding Science) 사이트에 있는 "How Science Works"(University of California Museum of Paleontology, 2009a)와 "The Real Process of Science"(University of California Museum of Paleontology, 2009b)를 찾고 읽어보시오. 그다음 아래 공간에 전통적인 과학적 방법과 과학적 과정의 현대적인 개념을 구분지어 보시오.

5. 인터넷 검색도구를 사용하여 Quackwatch 웹사이트를 찾아보시오. 그 사이트에서 "Distinguish Science and Pseudoscience"(Coker, 2001)라는 제목의 논문을 찾아 읽어보시오. 그 다음 주장의 신뢰성을 평가할 때 고려하는 10개의 과학지향적인 질문을 논하는 Michael Sherman의 동영상을 검색도구를 사용하여 찾아보시오. 그 동영상을 찾기 위해 "Shermer baloney detection"이라는 주제어를 사용하시오(Shermer, 2009). 10개 질문은 부분적으로는 The *Demon Haunted World*(악령이 출몰하는 세상) (Sagan, 1995)에 포함되어 있는 Carl Sagan의 유명한 "baloney detection kit(볼로냐 탐지 도구)"에 기초하고 있다. 아래 공간에 여러분이 사회복지서비스의 질을 향상시키기 위해 과학적 탐구에 관여할 때 이들 자료들이 제시한 아이디어와 원칙을 어떻게 사용할지에 대해 간략히 설명해보시오.

평생학습

지식이 지금처럼 빠르게 증가하고 변화한 때는 없었다. 우리가 10년 전에 참으로 알고 있었던 것의 일부를 지금은 거짓이라고 알고 있다. 연구자들이 연구를 지속하고 전문적 지식기반을 발전시키면서 "참으로 수용되었던 것들"이 쓸모없게 되었다. 연구기반 지식의 성장 속도를 고려할 때 여러분이 가장 최신 연구에 뒤떨어지지 않는 것은 쉽지 않다. 동시에 여러분은 타인을 더 잘 원조할 수 있도록 도와주는 지식을 갈망할 것이다. 타인을 원조하면서 여러분은 우리가 현재 알고 있는 것보다 훨씬 더 많은 것을 알 필요가 있다고 느낄 것이다.

정보와 기술 혁명의 질주로 인해 많은 북미 사회가 지식과 학습에 과도한 가치가 부여되는 "제3의 물결"에 진입하였다(Toffler, 1983). 정보와 기술은 부의 최고의 형태로서 아마도 불공평하게 분배될 것이다. 정보를 가진 자는 지식에의 접근 용이성과 접근 가능 정도, 그리고 적용 능력의 정도에 따라 정보를 가지지 못한 자와 구별될 것이다. 토플러^{Toffler}는 "21세기의 문맹자는 읽고 쓸 수 없는 사람이 아닌 배울 수 없고 배우려고 하지 않고 재교육받을 수 없는 사람들이 될 것"이라고 하였다.

스탠 데이비스^{Stan Davis}와 짐 보트킨^{Jim Botkin(1994)}에 따르면, 이 세계의 지식은 평균 약 7년마다 두 배로 증가하고 있고, 어떤 영역에서는 이보다 더 빠르게 지식이 증가하고 있다고 한다. 많은 사회복지사들이 그들이 사용하는 PC의 급격한 쇠퇴를 겪고 있는 바와 같이 기술과학의 변화는 놀랄 만큼 빠르다. 그러나 이러한 지식 폭발은 고도의 기술과학에 국한되지 않는다. 원조전문직도 그만큼 이의 영향을 받는다. 사회복지사로서 여러분은 현재 옳은 것이라고 믿었던 많은 것들이 실제에서 거짓이 되는 것에 놀라워 할 것이다. 여러분은 1년 혹은 2년 전에 배운 것이 어떻게 시대에 뒤떨어진 것이 되는지 의구심을 가질 것이다. 예상컨대 여러분이 현재 알고 있는 많은 것이 해가 가면서 관련되지도 타당하지도 적용될 수도 없는 것이 되어갈 것이다.

만일 여러분이 사회복지사로서 적극적으로 공부하지 않으면 여러분은 뒤쳐지게 될 것이다. 여러분이 사회복지사로 일하는 동안 계속적으로 배우지 않는다면 클라이언트는 여러분이 제공하는 서비스와 접근 때문에 고통받을 수도 있다. 여러분은 결코 끝나지 않는, 항상 확장일로에 있는 지식 폭발의 시대에서 추세에 뒤쳐지지 않기 위한 방법을 찾아야 한다. 최신의 타당하고 신뢰할 만한 지식과 전문성이야말로 여러분이 클라이언트를 효과적으로 돕는 데 중요한 것이다. "학습 공동체", "학습 사회", "학습 조직"의 맥락에서 "비판적으로 사고하고 배우는 사람"이 되도록 노력해라(Cantle, 2000). 졸업 후에도 그리고 경력 내내 학습을 지속하기 위해 평생학습 포트폴리오를 준비해라(Cournoyer & Stanley, 2002). 호퍼^{Hoffer}가 얘기하듯이, "엄청난 변화의 시대에는 배우는 자만이 미래를 탐지한다. 배우는 자는 더 이상 존재하지 않는 세계에서 살기 위해 자신을 준비한다"(p. 22).

평생학습을 통해 얻게 되는 많은 개인적 혜택에 더하여 사회복지사는 경력 내내 지식과 기술을 향상시켜야 하는 윤리적 의무를 갖는다. 미국사회복지사협회의 윤리강령(2008)에는 사회복지 분야의 지식과 기술을 향상시키기 위한 전문 사회복지사의 의무에 대한 여러 개의 윤리원칙이 언명되어 있다. 이들을 발췌하면 다음과 같다.

- 사회복지사는 교육, 훈련, 자격, 수료, 제공받은 자문, 슈퍼비전받은 경험, 또는 기타 관련 전문적 경험의 범위 내에서만 서비스를 제공하고 자격을 갖는다(Section 1.04.a).
- 사회복지사는 주요 영역들에서 서비스를 제공해야 하고 낯선 개입이나 기법을 사용하기 전에 적절한 연구, 훈련, 자문, 그리고 그 개입이나 기법에 유능한 사람들의 슈퍼비전에 관여해야 한다(Section 1.04.b).
- 새롭게 대두되는 실천 영역과 관련하여 일반적으로 인정되는 기준이 없을 경우 사회복지사는 자신의 개입의 역량을 보장하고 클라이언트들을 해로부터 보호하기 위해 신중하게 판단하고 책임 있는 단계들(적절한 교육, 연구, 훈련, 자문, 슈퍼비전을 포함)을 밟아야 한다(Section 1.04.c).
- 사회복지사는 현재의 역량 또는 필요한 역량을 갖추려는 의도에 기초하여 책임을 지고 일해야 한다(Section 4.01.a).
- 사회복지사는 전문적 실천과 전문적 기능을 능숙하게 수행할 수 있도록 노력해야 한다. 사회복지사는 사회복지와 관련해 대두되는 지식을 비판적으로 검토하고, 항상 전문 문헌을 검토해 보고, 사회복지실천 및 윤리와 관련한 계속 교육에 참여해야 한다(Section 4.01.b).
- 사회복지사는 사회복지실천 및 윤리와 관련된 경험적 지식을 포함한 인정된 지식에 근거해 실천을 해야 한다(Section 4.01.c).

계속되는 지식 폭발, 정보와 기술의 변화는 사회복지사와 클라이언트 모두에 엄청난 영향을 미친다. 끊임없는 평생학습이 과학적 탐구와 비판적 사고와 결합될 때 우리의 클라이언트들에게 효과적으로 반응하고 그들을 유능하게 원조할 수 있게 된다. 가장 효과적인 사회복지사는 원조 노력을 이끌어 주는 타당하고 관련 있는 지식을 지속적으로 찾는다. 사실상 우리는 공식적·비공식적, 전문적·비전문적, 계획적·비계획적 맥락에서 평생학습에 관여한다.

학습 목표 및 계획 준비하고 실행하기: 사회복지사는 졸업을 하고 자격증을 취득한 후에도 전문적 발달을 지속시키는 교육 활동에 정기적으로 참여한다. 실제로 사회복지 윤리는 사회복지사에게 자신의 지식과 기술을 유지하고 향상시키기 위한 전문적 발달에 관여할 의무를 강요한다. 사회복지사에게 자격증을 부여하는 곳에서는 정기적인 평생 전문교육이 법적으로 요구된다.

워크숍, 컨퍼런스, 강습, 세미나 등을 활용하여 평생학습을 할 수 있다. 일부 사회복지사들은 전문적 발달을 위해 대학원에 진학하기도 하고 다수의 사회복지사들은 자신의 목표와 계획에 맞추어 독학하고 있다.

여러분 자신의 목표를 구체화하는 것은 학습 계획을 개발하고 실행하는 과정에서 첫 번째 단계이다. 우리는 우리의 학습 욕구에 대한 사정에 기초하여 학습 목표를 세운다. 우리가 수행하거나 수행하길 원하는 전문적 역할과 기능이 공통적인 자극들 중 하나이다. 예를 들어, 슈퍼비전을 제공해야 하는 사회복지사가 있을 것이다. 슈퍼비전 경험이 없는 사회복지사는 최신 슈퍼비전 이론과 실제에 관해 학습할 목표를 세울 것이다. 실무 경험도 전형적인 동기가 된다. 예를 들어, 사회복지사는 성과나 클라이언트 만족도 조사 결과에 기초하여 특정 부류의 클라이언트들(예를 들어, 특정 연령대, 인종 집단 또는 특정 문제를 가진 사람들)을 효과적으로 원조하지 못한다는 것을 인식할 수 있다. 이들 클라이언트를 보다 잘 원조하기 위해 사회복지사는 특정 부류의 클라이언트들을 위한 증거기반 실천에 관해 배우길 원할 수도 있다.

특정 교육 기준에 맞추어 학습목표를 신중하게 세우게 되면 목표달성의 가능성이 증가될 뿐 아니라 학습 계획의 질도 향상된다. 우리가 학습목표를 세우고 목표에 명백한 행위동사와 구체적인 성과 지표를 포함하고 있을 때 목표를 수행하고 달성하는 확률이 증가한다. 더 나아가 우리가 목표를 달성했다는 것을 제시하거나 "증명"하기에 수월하다.

예를 들어, 내가 "나는 다르푸르 분쟁의 난민에 관해 학습하고자 한다"라고 말하면서 그것을 나의 학습목표로 세웠다고 가정해보자. 시의적절하고 중요한 주제이다. 이 주제에 대한 탐구의 결과로서 나는 자료를 찾아 읽어 보기로 하였다. 그러나 나는 다소 위험한 방식으로 자료를 찾았기 때문에 그 자료의 신뢰성이 의심스러웠다. 나는 내 학습의 명확한 증거를 만들어내지 못하게 되어 목표를 달성하지 못할 수 있다.

다른 한편으로 내가 다음을 나의 학습목표로 세웠다고 가정해보자: *나는 오늘부터 30일 이내에 다르푸르 난민이 직면하고 있는 욕구, 문제, 이슈에 관해 신뢰할 만한 연구논문들을 찾아 검토, 분석, 종합하고, 10쪽 분량의 보고서를 준비하여 배포할 것이다.*

위의 학습목표는 구체적이고 설명적이며 찾기, 검토, 분석, 종합, 준비, 배포와 같은 정교한 행위동사를 포함하고 있다. 또한 위의 학습목표는 10쪽 분량의 보고서에 시간 범위와 명확한 성과 지표를 포함하고 있다. 보고서는 학습의 내용, 범위, 수준을 제공하고 있다. 우리는 미래에 우리의 기억을 되살리거나 또는 추가적인 학습을 위한 기반으로 사용하기 위해 보고서를 사용할 것이다. 예를 들어 이러한 초기 학습목표의 달성에 기초하여 나는 다르푸르 난민에게 문화적으로 역량 있고 효과적인 사회복지 또는 상담 서비스를 제공하는 가장 좋은 방법을 배우길 원할 수도 있다.

표 3.1 블룸의 인지적 학습목표 분류

1. **기억**. 기억력은 학습의 기초 수준이며 사실, 이론적 용어 및 개념과 같은 내용을 기억하는 능력을 말한다.

2. **이해**. 이해력은 내용에 대한 이해를 말한다. 이 능력은 배운 내용을 설명하고, 요약하며, 해석함으로써 제시될 수 있다. 이해는 인식 또는 기억이다. 따라서 이해 수준의 학습을 추구할 때 기억 수준의 학습은 이 과정의 일부분이거나 이미 발생했다고 가정한다.

3. **적용**. 지식을 적용하는 능력은 특정 상황에서 배운 내용을 사용하는 능력을 말한다. 사회복지에서 적용은 클라이언트에게 서비스를 제공할 때 특정 기술의 적용과 관련된 규칙, 방법, 원리의 사용을 통해서 제시될 수 있다. 적용은 이해(그리고 기억)를 암시한다. 따라서 적용 수준의 학습을 추구할 때 이해 수준의 학습은 이 과정의 일부분이거나 이미 발생했다고 가정한다. 달리 표현하면, 기억할 수 없고 이해할 수 없는 것을 적용할 수 없다.

4. **분석**. 분석력은 배운 내용의 다양한 요소들을 신중하게 밝혀내고 조사하는 것을 포함한다. 요소들 간의 관계는 조직적인 구조와 내적 응집성과 관련하여 고려된다. 적용도 깊은 사고를 포함하지만, 블룸의 분류에서 분석이 첫 번째 실질적인 비판적 사고 차원이다. 적용처럼 분석도 기억과 이해 없이 가능하지 않다. 즉 기억하지 못하고 이해하지 못한 것을 분석할 수 없다는 의미이다. 이에 더하여 분석은 지식이 적용되는 방법에 대한 이해를 요구한다. 예를 들어, 정책, 프로그램, 서비스, 또는 실천이 개인, 가족, 집단, 조직, 지역사회를 대상으로 어떻게 실행되는지를 분석할 수 있다.

5. **종합**. 종합력은 혁신적인 구조를 형성하기 위해 요소들은 새로운 방식으로 통합하는 것을 포함한다. 새로운 개념적 모델의 창안은 종합의 한 형식이다. 종합은 블룸의 분류에서 두 번째 비판적 사고 차원이다. 종합은 분석을 포함한다. 인지적 의미에서 종합은 분석이 완성된 다음 시작된다. 따라서 분석 수준 학습은 종합 과정의 일부분이거나 이미 발생했다고 가정한다. 예를 들어, 신중하고 체계적인 분석 없이 현행 정책, 프로그램, 서비스, 또는 실천에 대한 변화를 제안할 수 없다.

6. **평가**. 평가력은 특정 목적을 위해 지식의 상대적 가치를 결정하는 것을 포함한다. 평가는 적용 도구로서 평가 기준의 창안, 채택, 수정을 포함하며 그 도구는 현상을 측정하고 평가하는 데 사용된다. 평가는 블룸의 분류에서 세 번째 비판적 사고 차원이다. 평가는 분석과 종합을 포함한다. 인지적 의미에서 평가는 분석이 완성된 다음 시작된다. 종합이 없다면 새로운 또는 수정된 평가 도구가 창안될 수 없다. 따라서 평가 수준 학습을 추구할 때 분석과 종합은 이미 발생했다고 가정한다. 신중한 분석과 종합 없이 타당하고 일관적이며 관련 있는 평가 과정이 시작될 수 있는 상황을 상상하기 어렵다.

　　정교하고 설명적인 행위동사를 포함하는 학습목표를 세우는 것은 학습을 촉진시킨다. 블룸의 인지적 학습목표 분류(표 3.1 참조)는 학습목표 형성을 위한 지침으로서 널리 사용된다(Bloom & Krathwohl, 1956). 예를 들어, 만약 여러분이 학부 또는 대학원 과정의 강의 계획서에 포함된 학습목표를 검토하고자 한다면, 학업을 지속해나가면서 블룸 분류에서 상위 수준으로 진전이 있는지를 관찰할 수 있을 것이다. 초반기 과목들(예를 들어, 첫 번째 학기)은 기억, 이해, 그리고 약간의 적용을 강조하는 반면, 후반기 과목들은 적용과 비판적 사고 차원들인 분석, 종합, 평가를 강조한다.

　　이에 더하여 사회복지사협의회가 주관하는 사회복지사 국가자격시험에 포함된 시험문제들은 블룸의 분류에 따라 조직된다. 많은 문제들이 적용, 분석, 평가, 또는 종합 수준의 인지적 학습에 해당된다.

　　블룸의 분류는 학술적 또는 시험을 목적으로 사용되는 경우가 흔하지만, 우리 자신의 개인적 그리고 전문적 학습목표를 세우는 데도 유용하다. 여러분은 블룸의 분류 수준, 시간범위, 여러분의 학습을 기록한 결과물에 해당하는 행위동사를 포함하도록 여러분의 학습목표를 다시 세울 수

표 3.2 블룸의 분류에 상응하는 행위동사의 일부

기억	이해	적용	분석	종합	평가
되풀이하다	분류하다	변경하다	**분석하다**	배열하다	감정하다
강조하다	**이해하다**	채택하다	감정하다	조립하다	조정하다
가리키다	구성하다	**적용하다**	감사하다	기초를 두다	논쟁하다
확인하다	정의하다	선택하다	쪼개다	수집하다	판단하다
분류하다	기술하다	행하다	계산하다	결합하다	사정하다
열거하다	논의하다	제시하다	범주화하다	편집하다	비판하다
밝혀내다	설명하다	돋보이게하다	도표로 만들다	조직하다	방어하다
맞추다	표현하다	활용하다	비교하다	구성하다	결정하다
기억하다	해석하다	개발하다	대조하다	세우다	추정하다
명명하다	보고하다	예시하다	비판하다	창안하다	**평가하다**
순서정하다	바꿔 진술하다	실행하다	도해하다	설계하다	등급매기다
지적하다	진술하다	조작하다	구별하다	개발하다	심판하다
상기하다	번역하다	연습하다	식별하다	공식화하다	순위매기다
인식하다		계획하다	절개하다	일반화시키다	평정하다
회상하다		선별하다	구분하다	가설을 세우다	지지하다
기억하다		묘사하다	검사하다	조직하다	높이 평가하다
반복하다		해결하다	실험하다	고안하다	
재생산하다		사용하다	목록을 만들다	계획하다	
강조하다			질문하다	예측하다	
			연구하다	준비하다	
			시험하다	제안하다	
				종합하다	

도 있다. 표 3.2는 고려할 만한 행위동사 목록을 포함하고 있다.

행위동사, 시간범위, 명확한 결과를 포함하는 정교한 방식으로 학습목표를 설정하게 되면 목표달성을 위한 계획은 매우 분명해진다. 초기 단계는 여러분이 배우고자 하는 것을 배우고 여러분이 성과 지표로서 구체화한 것을 만들어내기 위해 필요한 정보의 수집과 관련 있는 업무를 밝히고 계획하는 일을 포함한다. 여러분이 필요한 모든 정보를 확보하게 되면 그 정보를 완전히 이해하고 정보를 목표에 적용하기 위해서 정보를 읽고, 검토하며, 분석하고 종합하는 일을 수행한다. 여러분이 읽고 검토한 것을 분석, 종합하고 자신의 표현으로 글로 작성해봄으로써 여러분은 그 정보를 오랫동안 기억할 수 있게 될 것이다. 만약 여러분의 학습목표가 적용—즉, 실천 관련 행동에 있어서 기술이나 역량의 개발—을 포함한다면, 정기적으로 연습하는 시간을 계획해야 할 것이다. 무엇에 관해 배우고 무엇을 하기 위해 배울 때 모두, 자기 평가를 포함하도록 하고 가능하다면 다른 사람들로부터 피드백을 제공받도록 해라. 예를 들어, 여러분이 목표의 초안을 작성한 다음, 동료에게 목표를 검토하고 보편적 지적 수준과 비교할 때 목표의 질에 관한 피드백을 제공해주도록 요청해라. 동료에게 논리적 오류나 이해하기 어려운 내용을 밝혀주도록 요청해라.

목표 초안의 장점을 강조해주고 여러분을 지지해 줄 것을 요청해라. 만약 여러분이 기술을 배우거나 실천 행동을 다듬고 있다면, 여러분이 그런 기술이나 행동을 나타내고 있는지를 관찰해주도록 요청해라. 여러분의 자가평가와 동료의 건설적인 피드백 제공을 쉽게 하기 위해 가능하면 여러분의 연습하는 모습을 녹화하도록 해라. 약점뿐 아니라 장점을 밝혀주도록 요청하고 여러분의 노력에 대해 긍정적인 지지를 보내줄 것을 요청해라.

피드백을 잘 숙고한 후 피드백이 정확하고 유용하다면 목표 초안을 수정하거나 기술이나 실천 행동을 연습하는 방식을 바꾸도록 해라. 수정을 한 다음 목표의 최종안을 완성하거나 기술 또는 실천행동을 실행하기 전에 다시 한 번 자가평가를 하도록 해라.

학습기록

계획을 실행하고 학습목표에 도달한 다음, 관련 내용, 특히 여러분의 최종 성과 지표를 평생학습 포트폴리오에 저장해라. 가능하다면, 여러분의 평생학습 프로젝트들 각각과 관련 있는 폴더를 유지하기 위해 전자 포트폴리오를 만들도록 해라. 만약 학습의 증거로 문서를 만들기 위해 워드프로세서를 사용한다면, 여러분의 전자 포트폴리오 내에 적절하게 명명된 폴더에 그 문서를 저장해라. 기술이나 실천행동을 녹화했을 경우에도 컴퓨터에 저장하도록 해라.

성과 지표들을 컴퓨터에 저장할 수 없을 경우엔 상자나 서류철에 보관해라. 보관된 성과지표들은 여러 용도로 사용될 것이다. 예를 들어, 여러분은 (1) 이전에 배웠던 것에 관한 여러분의 기억을 되살리기 위해 지표들을 검토할 것이고, (2) 보다 전문적인 학습을 위해 지표들을 사용할 것이며, (3) 동료의 학습을 발전시키기 위해 지표들을 동료에게 배포할 것이고, 또는 (4) 취업 면담에서 발표를 위해 지표들을 사용할 수도 있다. 실제로 일부 고용주들은 지원과정의 일부로 전문적 글쓰기의 표본을 제출할 것을 요구하기 시작했다. 일부 고용주들은 지원자들에게 녹화 테이프를 제출하거나 클라이언트와 면담하는 방법을 보여줄 것을 요구한다.

평생학습을 할 때 과학적인 마음가짐을 갖고 논리적인 비판적 사고를 하며 윤리강령과 보편적 지적 기준에 충실해야 한다. 우리가 학습할 때 이러한 원칙을 지킨다면, 우리의 지식과 전문적 기술에 의해서 영향받는 개인, 가족, 집단, 조직, 지역사회는 수준 높고 효과적인 서비스를 제공받을 것이다. 실제로 지속적인 평생학습은 현대 전문성의 핵심적인 측면이 되어왔다. 관련 연구물에 뒤처지거나 우리의 클라이언트를 평가과정에 관여시키지 못하는 것은 윤리적 위반이며 심지어 실천상의 과오가 될 수 있다. 비윤리적 행동과 실천상의 과오를 피하는 것이 중요한 만큼 우리가 비판적으로 생각하고, 과학적 탐구에 관여하며, 우리가 하는 일과 우리의 클라이언트에게 중요한 일들에 관해 지속적으로 학습할 때 우리에게 개인적으로 그리고 전문적으로 발생하는 실질적인 이득도 중요하다.

연습 3-2 평생학습

1. 부록 8로 가서 평생학습 설문지를 완성하시오. 이 도구는 평생학습의 측면들을 평가하는 데 유용할 것이다. 이 도구는 점수를 매기는 시험이 아니기 때문에 통과 또는 실패가 없

다. 또한 이 도구는 여전히 개발 단계에 있기 때문에 이 도구의 신뢰도와 타당도에 대한 정보도 제공할 수 없다. 이 도구와 여러분의 결과를 여러분이 비판적 사고와 평생학습에 관해 생각하고 접근하는 방법을 고려하기 위한 촉매제로 고려하시오.

설문지를 완성하고 점수를 계산한 다음, 다음 질문들을 다루면서 여러분의 응답이 갖는 함의에 대해 생각해 보시오. 아래 공간에 (a) 문항에 대한 여러분의 응답은 평생학습자로서의 여러분에 관해 무엇을 제안하는가? (b) 평생학습이 21세기의 사회복지사들에게 특히 중요한 이유는 무엇인가? (c) 보다 능숙한 평생학습자가 되기 위해 밟아야 할 단계들은 무엇인가?

2. 여러분이 사회복지 정규 교육과정을 마치고 자격을 갖춘 사회복지사로서 한 기관에서 근무하고 있다고 가정하자. 최근에 여러분은 여러분이 많이 알지 못하는 소수 민족 클라이언트 집단과 일해야 하는 업무를 맡게 되었다. 아래 공간에 이 집단과 관련 있는 구체적인 학습목표를 세워보고 그 목표를 달성하기 위한 계획을 간략히 적어 보시오. 학습목표 달성을 향한 진전과 달성정도를 기록하기 위한 명확한 수단을 제시해보시오.

요약

비판적 사고, 과학적 탐구, 평생학습은 21세기의 사회복지사들에게 매우 중요하다. 대중매체와 인터넷은 오도하고, 미신적이며, 사이비 과학적이며, 그릇된 정보를 퍼뜨리고 있다. 많은 사람들은 입증되지 않은 주장과 진술의 영향을 받는 것 같다. 미국에서만 효과성 없는 다이어트 약품과 계획, 장수 음료와 암 치료, 남녀의 성적 쾌감 증진 상품, "의사"나 "전문가"들이 추천한 "빠른 치료"에 수백만 달러가 사용되고 있다. 많은 사람들이 사이비 과학적 연구물과 일화적 보증을 인용하고 있어 그들의 광고와 영업 자료에는 명백한 논리적 오류를 담고 있다.

비록 일반 대중이 대중매체와 웹상에서 접하는 신뢰하기 어려운 주장, 일화적 이야기, 사이비 과학적 논문에 의해서 쉽게 속을지라도, 우리는 전문가로서 과학적인 마음가짐을 갖고, 비판적으로 사고하며, 논리적이고, 입증되지 않고 근거가 약한 주장들을 경계해야 한다. 우리는 대중매체나 인터넷보다는 신뢰할 만한 연구결과에 의지할 필요가 있다. 이에 더하여 우리는 우리의 클라이언트들과 우리의 공동체 회원들이 노련한 비판적 사고자와 적극적인 평생학습자가 될 수 있도록 지원해야 한다. 그렇지 않으면 그들은 기하급수적으로 증가하는 오도하고, 사이비 과학적이며, 현혹시키는 메시지에 쉽게 속을 것이다.

Chapter 3 요약 연습

이 장을 마친 다음, 아래의 연습문제에 대한 응답을 간략히 서술하시오.

1. 이 장의 내용과 함의를 곰곰이 생각한 다음 전문성의 주요 측면으로서 비판적 사고, 과학적 탐구, 평생학습과 관련된 기대와 도전에 대한 여러분의 반응을 설명하시오.

2. 페리의 지적 발달 모델에 기초하여 여러분의 사고패턴을 가장 잘 나타내는 단계를 밝혀보시오. 그러한 패턴이 (a) 자신의 개인적 가치와 삶의 철학을 어떻게 결정하는지, (b) 과학적 연구에 어떤 가치를 부여하는지, (c) 공식적(예를 들어, 대학) 그리고 비공식적(예를 들어, 스스로 학습)으로 학습을 어떻게 추구하는지, (d) 전문적인 사회복지사로서 클라이언트에게 어떻게 접근하는지에 영향을 미치는지를 논하시오.

3. 인터넷에 접속해서 "Systematic Reviews and Meta-Analyses: An Illustrated, Step-by-Step Guide"(Pai et al., 2004)를 찾아보시오. 이 논문을 읽고 생각한 다음 아래 공간에 전통적인 이야기체 검토와 체계적인 문헌검토 간의 차이를 설명하시오.

4. 구글 학술검색에서 캐서린 멕휴 엥스트롬Catherine McHugh Engstrom과 윌리엄 세들래섹William Sedlacek(1997)이 Journal of College Student Development에 발표한 "Attitudes of Heterosexual Students Toward Their Gay Male and Lesbian Peers"를 찾아라. 논문을 자세히 읽어보아라. 그 다음 연구설계, 분석방법, 결과와 결론을 비판적으로 그리고 과학적으로 평가해라. 아래 공간에 논리적 오류, 내적, 외적 타당도 저해요인, 보편적 지적 기준에 비추어 분석결과를 서술하시오.

5. 인터넷에서 미국사회복지교육협의회를 방문하여 2008 교육정책과 인증기준을 찾아라. Section 2: Explicit Curriculum을 검토하고 10가지 핵심 역량과 각 역량과 관련 있는 실천행동에 주의를 기울여라. 아래 공간에 비판적 사고, 과학적 탐구, 평생학습과 특히 관련 있는 역량과 실천행동에 관해 서술하시오.

6. 인터넷에서 미국사회복지사협회를 방문하여 윤리강령(2008)을 찾아라. 그 다음 국제사회복지사연맹을 방문하고 이 연맹의 윤리강령을 찾아라. 아래 공간에 비판적 사고, 과학적 탐구, 평생학습(예를 들어, 평생 전문교육, 평생학습)과 관련 있는 윤리강령에 대해 서술하시오.

7. 인터넷에서 사회복지이사회를 방문하고 "Continuing Education"(Association of Social Work Boards, 2006~2008)을 찾아 읽어보시오. 사회복지실천에 해당하는 주요 측면들에 대해 서술하시오.

8. 여러분이 배우고자 하는 사회문제를 선택하시오. 선택한 주제에 관한 지식을 찾기 위해 필요한 실천 관련 연구문제를 만들어 보고 그 사회문제의 발생과 영향을 줄일 수 있는 방법을 생각해 보시오. 예를 들어, "가정폭력"을 선택하였다면, "가정폭력 감소와 제거를 위한 가족 지향적 사회서비스의 효과성에 관한 경험적 증거는 무엇인가?"와 같은 연구문제를 만들 수 있다. 여러분의 연구문제의 핵심 요소를 다루는 주제어나 문구를 만들기 위해 표 3.3⁵에 제시된 예를 따르시오. 워드프로세서를 사용하여 동일한 표를 만들고 그 표에 여러분의 연구문제, 동의어, 주제어를 기록하시오. 완성한 다음 그 표를 여러분의 사회복지실천기술 학습 포트폴리오에 포함시키시오.

표 3.3 동의어와 주제어

	"가정폭력 감소와 제거를 위한 가족 지향적 사회서비스의 효과성에 관한 경험적 증거는 무엇인가?"			
	모집단	사회문제	사회서비스	효과성에 관한 연구-기반 증거
1	성인	구타	접근	최상의 실천
2	커플	가정폭력	상담	합의서
3	동거 파트너	친밀한 파트너 폭력	가족	영향, 효과적인, 효과성
4	친밀한 파트너	파트너 폭력	지침	효율성
5	결혼	관계 갈등	개입	경험적
6	파트너	배우자 학대	매뉴얼	평가
7	배우자		모델	증거
8			정책	메타분석
9			프로그램	성과
10			프로토콜	유망한
11			정신치료	조사
12			사회복지	기준
13			전략	연구
14			기법	시범
15			치료(Therapy)	
16			치료	

---

⁵ Cournoyer(2004), p. 34의 표 2.2에서 발췌.

아래의 자기 평가 연습을 통해서 현재의 이해수준을 점검해보시오.

자기 평가: 비판적 사고, 과학적 탐구, 평생학습 기술

아래의 문항들에 답하시오. 비판적 사고 기술의 숙련도를 평가하는 데 도움이 될 것이다. 각 문항을 잘 읽고 각 문항의 내용에 동의하는 정도를 기록하시오.

4＝전적으로 동의한다
3＝동의한다
2＝동의하지 않는다
1＝전혀 동의하지 않는다

4	3	2	1	문항
				이 시점에서 나는…
☐	☐	☐	☐	1. 비판적 사고, 과학적 탐구, 평생학습, 그리고 이들이 사회복지실천을 위해 갖는 함의를 설명한다.
☐	☐	☐	☐	2. 주장, 결론, 논쟁의 신뢰성을 평가하기 위해 비판적 사고 기술을 사용한다.
☐	☐	☐	☐	3. 연구문제를 만들기 위해 과학적 탐구 기술을 사용하고 실천이나 정책 관련 연구물을 찾고, 발견하고, 분석한다.
☐	☐	☐	☐	4. 평생학습 욕구를 평가하고 학습목표를 세우며 학습계획을 준비한다.
☐	☐	☐	☐	5. 비판적 사고, 과학적 탐구, 평생학습 기술의 숙련도를 평가한다.
				소계

주: 위의 문항들은 부록 3에 있는 사회복지실천기술 자기 평가 설문지의 비판적 사고, 과학적 탐구, 평생학습에 포함된 문항들과 동일하다. 만약 여러분이 연습 2-2를 완성했다면, 이미 위 문항들에 응답하였다. 여러분은 이전의 응답과 현재의 응답을 비교할 수 있다. 만약 여러분의 숙련도가 향상되었다고 생각하면, 현재의 소계가 이전의 소계보다 높을 것이다.

다양성 존중, 인권과 사회정의 증진,
정책 실천을 통한 사회적 안녕 촉진

사회복지사로서 우리는 믿을 수 없을 만큼 다양한 개인, 가족, 집단, 조직, 지역사회를 만나고 원조한다. 우리는 지속적으로 다양성과 차이에 관여하고 종종 용기, 결단, 유연, 관대, 희생, 용맹과 같은 비범한 행동을 접한다. 그러나 불행하게도 우리는 인간의 존엄성에 대한 심각한 공격, 인권 침해, 사회정의에 대한 모욕을 자주 보게 된다. 실제로 사회복지사로서 우리는 인권을 보장, 보호하고, 사회정의를 증진하며, 사회적 안녕을 촉진하기 위해 일한다. 다양한 사람들을 끌어들이고 존중하며 수용하고 우리와 다른 사람들을 옹호하는 우리의 능력은 효과적인 실천의 기초가 된다.

2장과 3장에서 시작한 과정을 이 장에서도 계속할 것인데 4장(박스 4.1 참조)에서 우리는 전문성의 추가적인 요인들인 (1) 다양성과 차이 존중, (2) 인권과 사회정의 증진, (3) 정책 실천을 통한 사회적 안녕 촉진을 탐색한다.

박스 4.1　4장의 목적

이 장의 목적은 다양성과 차이 존중, 인권과 사회정의 증진, 정책실천을 통한 사회적 안녕 촉진을 위해 필요한 지식과 기술을 습득하는 것이다.

목표

이 장을 학습함으로써 다음을 할 수 있어야 한다.

- 클라이언트에게 서비스를 제공할 때 다양성과 차이 존중하기
- 인권과 사회정의 증진하기
- 사회적 안녕을 촉진하는 정책 실천에 관여하기

- 다양성과 차이 존중, 인권과 사회정의 증진, 사회적 안녕을 촉진하는 정책 실천에 관여하는 것과 관련 있는 지식과 기술의 숙련도 사정하기

핵심 역량

이 장에서 제시된 기술들은 아래의 핵심적인 교육정책과 인증기준을 지지한다.

- 실천에 다양성과 차이를 끌어들이기(EP2.1.4).
- 인권과 사회정의 증진하기(EP2.1.5).
- 사회적, 경제적 안녕을 증진시키고 효과적인 사회복지서비스를 전달하는 정책 실천에 관여하기 (EP.2.1.8).
- 실천을 형성하는 맥락들에 반응하기(EP.2.1.9).

미국사회복지교육협의회(CSWE, 2008)는 사회복지전공 졸업생들이 "다양성과 차이를 실천에 관여시키고"(p. 4), "인권과 사회정의를 증진하고"(p. 5), "사회적, 경제적 안녕을 증진시키는 정책 실천에 관여"(p. 6)할 것을 요구한다. 그러나 "다양성", "인권", "사회정의", "사회적, 경제적 안녕" 의 개념들은 모호하고, 복잡하며 종종 상당히 논쟁적이다. 그럼에도 불구하고 이들 개념은 일반적으로 사회복지실천을 위한 주요 표적 영역들이고 구체적으로는 옹호와 정책 실천을 위한 영역이다(박스 4.2 참조).

다양성과 차이 존중하기

다양성이라는 용어는 "같지 않은 점; 차이, 구별; 다른 종류, 가지가지"로 알려져 있다(*Oxford English Dictionary*[OED][Online], 2009). 사회복지사전에서 다양성은 "가지가지 또는 동질성의 반대로 정의되어 있다. 사회조직에서 이 용어는 소수 모집단과 다양한 배경을 가진 사람들을 보다 정확하게 대표하는 직원들을 일컬을 때 사용된다"(Barker, 2003, p. 126). 사회복지교육협의회(2008)는 "다양성의 차원들은 연령, 계층, 피부색, 문화, 장애, 민족, 젠더, 성 정체성과 표현, 이민 지위, 정치적 이데올로기, 인종, 종교, 성, 성적 취향을 포함하는 다양한 요인의 교차성으로 이해되어야 한다"(p. 5)고 지적하고 있다.

교차성은 다양성이라는 주제를 정교하게 만든다. 교차성 관점은 다양성을 단일 차원의 현상 (예를 들어, 연령 또는 인종 또는 성)으로 고려하기보다는 여러 요인들이 상호작용한다는 점에서 다양성을 고려한다. 만약 우리가 교육정책과 인증기준에 포함되어 있는 15개 차원들만 고려해도(물론 더 많이 있음) 복잡해진다(표 4.1 참조). 개인은 15개 차원에서 다양성을 나타내고 다양한 방식으로 행동한다. 예를 들어, 후세인 알리는 신체적으로 남성적인 특징을 명확히 가지고 있는 50세 남성이다. 그는 스스로를 남성답고 이성애적이라고 생각한다. 우간다 출신인 그는 25년 전에 이민 왔고 현재는 귀화한 시민이다. 그는 어두운 갈색 피부를 가졌고 이슬람교의 신인 알라를 믿는다. 그는 5개 국어를 구사한다. 비록 일부 사람들이 그가 장애를 가졌다고 생각하지만, 후세인-8살 때 지뢰 위에 넘어지면서 왼쪽 다리를 절단했다는 사실에도 불구하고-은 그렇게 생각하지 않는다. 그는 최신 기법으로 제작된 의족을 끼고 있어 걷고, 뛰고, 자전거 타고, 스키도 탈 수 있다. 그는 정기적으로 테니스와 골프도 친다. 그는 하버드 대학에서 경제학 박사학위를 받았다. 그는 투자금

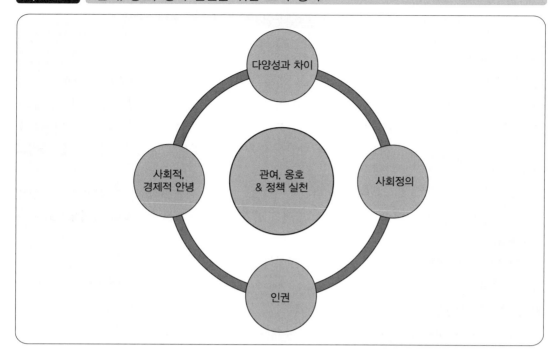

융 전문가로 활동하고 있으며 1년 연봉으로 약 575,000달러를 받는다. 그의 순자산은 1천 2백만 달러가 넘는다. 그는 아버지이자 남편이며 할아버지이다. 그는 사회적으로는 진보적이며 경제적으로는 보수적이다. 이것은 알리 박사가 "독특하고", "상이하며", 또는 "다르다"는 것을 보여주는 수백 가지 방식들 중 단지 몇 가지에 불과하다. 사람들이 집단으로 보이고 지역사회에서 살고 일할 때 다양성의 범위가 어느 정도인지 상상해 보아라.

많은 개인들이 어떤 방식으로 무리를 지을 때(예를 들어, 지역사회, 조직, 가구, 이익집단), 그들은 다양성의 교차 차원들에 있어서 서로 다르다(예를 들어, 피부색, 신장, 체중, 연령, 성, 정치적 관점, 종교, 언어, 신체적 또는 정신적 능력, 어떤 종류의 지위, 외모 또는 매력). 그들의 개별 특성이 이질적일 때 그 집단을 "다양한" 집단이라고 부른다. 집단 성원들 간 차이의 범위의 폭이 넓고 유형이 다양할수록 다양성의 정도나 범위가 커진다. 실질적인 다양성은 여러 맥락에서 매우 가치 있게 여겨지나 어떤 맥락에서는 그렇지 못하다.

알리 박사와 같은 투자 전문가들은 투자에서 다양성의 가치를 인식하고 있다. 실제로 한쪽이 하락하면 다른 쪽이 그것을 보상하기 위해 다양한 종류의 회사와 산업에 투자한 것을 두고 **잘 분산된**(다양화된) **증권 포트폴리오**라고 한다. 분산된 투자는 단일 사업 또는 동일 분야의 여러 회사들(예를 들어, 제너럴 모터스, 포드, 크라이슬러)에 투자하는 것보다 재정 안정성을 보장할 수 있다.

지방자치단체장들은 그들의 주민들을 위해 다양한 기반의 사업, 산업, 고용 기회를 갖길 원한다. 마찬가지로 고용주들도 그들의 회사와 조직의 직원 및 생산 욕구를 충족시킬 수 있는 다양한 모집단에 접근하고자 한다. 다양한 종업원과 폭넓은 고용 기회는 심지어 상황이 불확실하고 도전적일 때라도 사회적, 경제적 안정성을 유지하는 경향이 있다. 이것을 대부분의 사람들이 특정 회사에 고용되어 있는 "단일 회사 마을"과 대조해보면, 만약 그 회사가 망하거나 또는 다른 지역으로 이전한다면 그 지역사회와 주민들은 재난과 같은 결과를 입게 된다.

생물학과 생태학의 과학 원리는 다양성을 건강의 보증으로 본다. 일반적으로 다양한 식물과 동물을 포함하고 있는 생태체계가 종류가 다양하지 않은 체계보다 더 건강하고 도전과 위협에 더 잘 지탱하는 경향이 있다. 지구와 인간 미래를 위해 생물 다양성의 중요성에 대한 인식은 1992년 6월 리우데자네이루 지구정상회의에서 국제협정을 이끌어내었다. 생물학적 다양성에 대한 대회로 명명된 이 회의에서 체결된 조약은 3가지 목표－(1) 생물 다양성 보존, (2) 지속할 수 있는 방식으로 생물 다양성 사용, (3) 생물 다양성의 혜택을 공정하고 공평하게 공유－를 가지고 있다(1993).

비록 이 목표들이 생물 다양성의 일반적인 주제와 관련 있지만, 우리는 그 목표들을 인간의 사회 다양성에 적용할 수 있다. 다양하고 이질적인 인간의 사회체계는 동질적인 사회체계보다 더 건강하고, 활기차고, 유연하다.

다양성이 인류에게 혜택을 준다는 것을 인식하는 많은 사회복지사들은 개인적, 문화적 다양성을 귀중한 사회적 자본으로 삼는다(Coleman, 1988; Lin, 2001). 그러나 심지어 다양성이 상당히 존중되었을 때에도 우리와 다른 사람들을 끌어들이는 것은 상당한 민감성, 전문성, 그리고 특히 수용성을 요구한다. 우리는 이어지는 장들에서 다양성과 차이를 끌어들이기 위해 문화적으로 민감한 의사소통과 관련 있는 기술을 탐색할 것이다. 여기에서 우리는 사회복지실천에서 다양성과 차이를 존중하고 끌어들이기 위한 주요 요소로서 타인의 수용에 초점을 두고자 한다.

표 4.1 교차성: 15개 다양성 차원

	연령	계층	피부색	문화	장애	민족	젠더	성 정체성	성적 표현	이민 지위	정치적 이데올로기	인종	종교	성	성적 취향
연령	▨														
계층		▨													
피부색			▨												
문화				▨											
장애					▨										
민족						▨									
젠더							▨								
성 정체성								▨							
성적 표현									▨						
이민 지위										▨					
정치적 이데올로기											▨				
인종												▨			
종교													▨		
성														▨	
성적 취향															▨

타인의 수용과 자치 존중

　　타인의 수용은 자기인식, 문화 간 이해, 유사성이나 차이의 정도에 관계없이 사람들을 존중하고 그들과 합류하는 과정을 포함한다. 취약 계층과 다양한 지역사회에 필요한 서비스를 제공하는 사회복지사로서 우리는 선입견, 특권, 민족중심주의, 외국인 혐오증, 신분주의(Fuller, 2002), 차별의 패턴을 유지하는 강력한 심리적, 사회적 세력을 초월하고자 한다. 사회복지사는 우리와 외모, 배경, 태도, 능력, 행동 면에서 비슷한 사람들뿐 아니라 차이가 있는 사람들도 수용하는 능력을 필요로 한다. 모든 개인, 가족, 집단, 지역사회, 그리고 사회는 사회복지사의 진정한 수용을 받을 만하다. 진정한 수용은 우리가 만나는 사람들의 자치와 자기결정에 대한 존중을 포함하는데 이는 "다른 사람들"보다 "유사한 사람들"에게 적용하기 용이한 존중의 형태이다. 인간은 종종 우리와 같은 사람들은 그들 자신의 결정을 내릴 수 있는 권한과 능력이 있다고 믿는 경향이 있다. 또한 우리는 우리와 다른 사람들은 동등하지 않고, 능력이 부족하며 자치와 자기결정에 대한 권한도 덜 가지고 있다고 보는 경향이 있다.

　　다양성과 타인의 수용의 맥락에서 **경외**(reverence)는 특별한 의미를 갖는 것 같다(Woodruff, 2001). 경외는 깊은 존중 또는 두려움과 겸손의 태도를 포함한다. 비록 종교적 또는 영적 의미를 가지고 있다 할지라도 경외의 개념은 사회복지사들이 문화적 역량과 타인의 수용을 갖추어 나갈 때 그들이 명확히 나타내는 특별한 태도를 적절히 담고 있다.

　　매우 경쟁적이고 다원적인 사회에서 타인에 대한 진정한 경외를 개발하기란 매우 어렵다. 그럼에도 불구하고 사회복지실천을 위해 그러한 수용은 매우 중요하다(Berline, 2005). 그러나 선입견과 특권은 때때로 경외하려는 우리의 능력에 영향을 미친다. 선입견은 개인, 집단, 또는 현상에 대해 증거나 체계적 근거 없이 형성된 의견이다. 조급한 판단이 편리할 수도 있지만 그렇지 않을 경우가 더 빈번하며 사회의 법 또는 관습이라는 형식으로 관행화될 수도 있다(Barker, 2003, p. 336). 특권은

> 타인의 권리나 이점을 넘어선 개인, 집단 등에게 부여된 권리, 이점, 특전이다; (a) 정상적인 임무, 책임의 면제; (b) 평균 이상 또는 특정 집단을 위해 필요하다고 여겨지는 혜택(재산, 교육, 생활수준 등)의 사용 … 순위나 지위와 관련 있는 경제적, 사회적 특권의 존재; 사회 내에 그러한 특권이 존재하는 사실(*Oxford English Dictionary*[OED][Online], 2009).

　　편견과 특권은 차별과 밀접한 관련이 있다. 차별은 "인종, 성, 종교, 민족과 같은 식별 가능한 특징들에 기초하여 사람들을 취급하는 것"이다(Barker, 2003, p. 123). 편견처럼 차별도 긍정적일 수도 있고 부정적일 수도 있다(예를 들어, 특정 집단의 성원들에 호감을 갖거나 그렇지 않거나). 예상대로 과거나 현재에 권력과 특권이 부여된 위치에 있는 사람들은 두 가지 형태의 차별에 빠지기 쉽다. 실제로 특권이 있는 사람들은 그들 자신의 말과 행동에 차별적인 내용이 있다는 것을 인식하지 못할 수도 있다. 그러나 사회복지사로서 우리는 특권이 있고 편견적인 태도와 차별적인 행동을 유지시키는 강력한 심리적, 사회적 세력을 초월하는 방법을 배워야 한다. 우리는 다양성의 가치를 인식해야 하고 외모, 배경, 신념, 능력, 행동이 다른 사람들을 진정으로 수용해야 한다. 심오한 수준의 수용은 타인의 권력과 자치 – 원조 전문가들이 우리의 지위와 전문능력을 사용하여 의도적으로 혹

은 비의도적으로 원조관계를 지배할 때 어려울 수 있는 것 – 를 인식하고 존중해야 한다. 베를린 Berline(2005)은 "타인의 수용은 타인의 자치에 대한 인식과 승인을(그 사람의 관점, 목표, 감정, 경험, 행동 능력) 그 사람과의 유대감과 결합하는 것"(p. 484)이라고 하면서 수용의 현대적인 잠정 정의를 제안 하면서 이러한 차원을 인식하였다.

사람들의 권력, 지위, 경제적 자원, 인종과 민족, 종교, 문화, 교육, 기회가 다양한 이질적인 사회에서 자치에 대한 수용과 존중이 쉽게 일어나지는 않는다. 만약 여러분이 전문 사회복지사가 되려는 열망을 가진 북아메리카 사람과 유사하다면, 여러분은 편견적인 태도와 은밀하면서 명백 한 형태의 차별을 보아 왔을 것이다. 여러분은 편견적인 생각을 경험했고 다른 사람들을 위해서 또는 그 반대의 목적으로 차별했을 것이다. 여러분은 또한 다른 사람들의 편견적인 태도와 차별 적인 행동이 여러분에게 미치는 영향도 경험했을 것이다. 마지막으로 여러분은 스스로 결정을 내 리고 자신의 인생 경로를 결정하는 여러분의 권리를 다른 사람들이 제한하거나 부정하는 것을 경험했을 수도 있다. 여러분은 또한 다른 사람들에게 똑같이 – 친절, 관심 그리고 그들을 위험이 나 위기로부터 보호하려는 욕구 없이 – 했을 수도 있다. 실제로 정책 입안자, 프로그램 지도자, 사 회복지사 등이 사람들을 보호하는 노력은 조작, 달갑지 않은 보호, 타인에 대한 통제로 이어질 수 있다. 실제로 사회복지사들이 다양성과 차이를 고려할 때, 그들은 서비스를 제공받는 클라이언트 들이 서비스를 제공하는 원조전문가들과 다르다는 것을 인식하게 된다. 그러한 차이 때문에 우리 는 심지어 가장 좋은 의도를 가졌어도 그들 자신의 결정에 대한 클라이언트의 자치권을 존중하 거나 수용하지 못할 수 있다.

"외곽" 집단의 일부 성원들, 특히 오랫동안 억압을 경험한 사람들은 그들 자신에 대해 부정 적인 편견을 가지게 되어 다수의 기준에 기초하여 자신들을 비판적으로 판단한다. 실제로 그들은 그들 자신의 자치와 자유에 제한을 가한다. 대조적으로 "핵심" 집단의 성원들은 특권을 가진 태 도를 나타낸다. 그들은 그들 집단의 전통적인 지위와 권력 때문에 그것을 받을 만하다고 생각하 며 그들의 자유와 자치의 한계를 인식하지 못하기도 한다. "자신의 집단을 준거틀로 사용하여 타 집단을 판단하고 자신의 집단이 타 집단보다 우수하다고 고려하는 성향(Wolman, 1973, p. 129)을 민 족중심주의"라고 한다. 물론 그러한 편견이 반대로 일어날 수도 있다. 예를 들어, 일부 다수 집단 성원들은 자신에 대해 부정적으로 편향된 태도를 가지고 있고 일부 소수 집단 성원들이 스스로 를 특권과 권리가 있다고 생각한다. 편견과 차별의 형태와 표명은 무수히 많고 서서히 해를 끼친 다. 북아메리카 사회의 성원으로서 여러분은 여러분 자신의 삶에서 편견적인 태도와 차별적인 행 동을 가질 수도 있을 것이다. 사회복지사로서 우리는 타인, 특히 우리와 다른 사람들을 존중하고 소중히 하고 포용하기 위해서 이러한 패턴을 초월해야 한다.

연습 4-1 다양성과 차이 존중하기

가계도, 생태도, 주요 사건 타임라인, 5요인 성격검사는 타인의 수용, 다양성 및 차이의 평가, 특권적인 현상과 관련 있기 때문에 이것들을 준비하면서 배운 것을 사용하면서 여러분의 배경과 사회화 경험에 대해 생각해보시오. 여러분의 태도와 행동의 발달과 관련 있는 심리적, 사회적 요 인들을 탐색하시오. 여러분이 인종차별, 성차별, 신분주의, 외국인 혐오증, 동성애 공포, 에이블리

즘(신체적 또는 정신적 능력에 기초한 편견이나 차별), 루키즘(외모에 기초한 차별), 계급차별(사회경제적 지위에 기반한 편견이나 차별)을 어떻게 나타내는지를 생각해보시오. 또한, 이데올로기적 쇼비니즘(신념의 차이에 기초한 편견)이 여러분과 타인의 관계에서 나타날 수 있기 때문에 이에 대해서도 생각해 보시오.

이러한 이슈들에 관해 생각한 아래 질문에 응답해보시오.

1. 여러분이 누군가에 대해 편향적인 태도나 차별적인 행동을 보이는 동안 떠오른 생각이나 신념(예를 들어, 스스로에게 했던 말이나 여러분이 내렸던 판단)을 기록하시오: (a) 그 사람은 남성인가 여성인가 또는 불분명한가; (b) 어떤 인종 또는 민족 집단인가; (c) 다른 언어를 사용하는가; (d) 훨씬 나이가 많은가 아니면 훨씬 어린가; (e) 동성애, 이성애, 또는 양성애자인가; (f) 경제적으로 "상위" 집단인가 "하위" 집단인가; (g) 학력수준이 높은가 낮은가; (h) 여러분과 많이 다른가(예를 들어, 키, 체중, 피부색, 얼굴 특징, 매력); (i) 여러분보다 건강한가 아닌가; (j) 여러분보다 지적으로 보이는가 그렇지 않은가; (k) 불가지론자인가 무신론자인가 아니면 다른 종교적 신념을 가지고 있는가(예를 들어, 기독교인, 유대인, 이슬람교인, 힌두교인, 불자).

2. 부록 9로 가서 타인의 수용 척도를 완성하시오. 설문지를 완성하고 점수를 계산한 후 여러분의 응답이 갖는 함의에 대해 생각해 보시오. 아래 공간에 다음 질문에 대한 응답을 적어 보시오: (a) 여러분은 어떤 사람이 다른 사람들을 진정으로 수용하는 것을 어떻게 아는가? 만약 그 사람이 식별 가능한 특징(예를 들어, 인종, 성, 종교, 민족)에 있어서 다르다면 수용의 형태는 얼마나 다양한가? (b) 여러분은 여러분과 다른 사람(예를 들어, 인종, 성, 종교, 민족)에 의해서 수용되었던 적이 있는가? 그렇다면, 어떤 느낌이었는가? 그리고 그 수용이 여러분의 신념, 태도, 행동에 어떻게 영향을 끼쳤나? (c) 여러분은 여러분과 다른 사람을 수용한 적이 있는가? 그렇다면, 느낌은 어땠나? 그 경험은 여러분의 신념, 태도, 행동에 어떻게 영향을 끼쳤나? (d) 사람들은 다양성을 존중하고 여러분과 다른 사람들을 수용하기 위한 능력을 강화하기 위해서 편견, 편협, 차별을 범하는 강력한 내적, 외적 세력을 어떻게 초월한다고 생각하는가?

인권과 사회정의 증진

　인권과 사회정의의 개념은 다양성과 차이만큼 복잡하다. 우리의 관점, 입장, 지위, 역할, 그리고 책임은 인권과 정의에 대한 우리의 관점에 강하게 영향을 미친다. 예를 들어, 강간당한 후 살해된 딸을 둔 어머니는 가해자가 붙잡히고 처벌되어야 한다는 데 관심을 두고 가해자의 인권에는 관심을 두지 않을 것이다. 마찬가지로 국가안보위원은 공격자의 인권보다는 테러리스트 공격으로부터 국가를 보호하는 데 더 많은 관심을 둘 것이다. 참전중인 군인들은 그들을 향해 총과 미사일을 쏘는 적군의 인권보다 그들을 위협하는 요인들을 제거하는 데 더 관심을 둔다. 무장한 강도를 직면하고 있는 부모는 강도의 인권보다 가족을 보호하는 데 더 많은 관심을 둔다.

　다른 한편으로, 범죄로 고소된 사람의 어머니는 굶주린 자녀의 부모, 키스했기 때문에 투석 처형에 처해지는 십대 소녀의 어머니, 정치범의 부모처럼 피의자의 인권에 많은 관심을 가질 것이다. 민권 변호사는 학대당하고 고문당한 수감자, 매춘을 강요당한 14세 소녀, 살인 혐의를 받고 사형을 선고받은 지적장애 청소년, 동성애, 혼혈, 중동지역 출신, 고령, 장애, 또는 무신론자이어서 아파트에 입주하지 못한 가족의 사례에서 인권을 고려하는 것은 당연하다.

　사회복지사는 다양한 종류의 인권 ─ 아동이 적절한 수준의 음식, 영양, 안전을 제공받을 권리, 여성이 법적으로 동등한 보호를 받고 사회에서 동등한 기회를 가질 권리, 장애인이 동등한 교육 및 공공서비스를 제공받을 권리 ─ 에 관심을 둔다. 사회복지사는 또한 아동, 여성, 장애인, 노인, 학대, 착취, 억압을 받은 소수집단의 성원들의 보호와 관련하여 인권에 관심을 갖는다. 그러나 우리의 클라이언트에는 "희생자"인 사람들뿐 아니라 "가해자"인 사람들도 포함된다. 더욱이 사회복지사는 개인들뿐 아니라 사람들이 살고 있는 지역사회와 사회의 권리와 안녕을 강조한다. 어떤 의미에서 사회복지사는 상이한 클라이언트와 상이한 상황에서 상이한 시기에 상이한 관점을 채택하게 된다. 결과로써 개인의 권리는 때때로 지역사회의 권리와 충돌한다. 실제로 사익과 공익 사이의 긴장은 여러 맥락에서 피할 수 없으며 우리가 인권을 논할 때 특히 관련 있어 보인다. 이러한 긴장은 일부 문화가 둘 중 하나(예를 들어, 사적 이익 또는 공적인 선)에 더 많은 가치를 둘 때 명백해진다. 더 나아가 일부 문화는 권위에 대한 존중과 복종에 가치를 두는 반면, 다른 문화는 개인적이고 독립적인 사고와 행동에 가치를 둔다. 예를 들어, 많은 서양 문화는 개인의 권리와 책임을 중요시하고 형성된 권위를 상당히 의심스러운 눈으로 본다. 많은 동양 문화는 집단, 지역사회, 사회의 안녕을 매우 중요하게 고려하고 권위를 공경과 존경의 눈으로 본다. 마지막으로 일부 지역의 사람들은 부족한 식량, 가뭄, 전쟁으로부터 벗어나기 위해 지속적으로 투쟁하고 있다. 그러한 조건 아래에서 인권은 깨끗한 물, 빵, 피난처를 찾는 것보다 절박하지 않다. 인권이라는 주제는 매우 혼돈스럽고 상당히 복잡하다.

인　권

　"인권은 대단히 특별하면서 기본적인 관심사이며 인권은 권리, 심지어 도덕적 권리와 구별된다"(W. A. Edmundson, 2004, p. 191). 우리가 바벨로니아의 함무라비 법전에서부터 토마스 스펜스의 인간의 진정한 권리(*The Real Rights of Man*, 1775)와 토마스 페인의 인간의 권리(*The Rights of Man*,

1791)에 이르기까지 인권의 개념을 추적할 수 있지만, 이에 대한 왕성한 활동은 제2차 세계대전 이후에 일어났다. 대학살에 관한 정보의 확산과 유엔의 설립은 1948년 유엔의 정기총회에서 세계인권선언의 승인을 이끌어냈다.

세계인권선언은 30개 조항으로 구성되어 있다(General Assembly of the United Nations, 1948). 30개 조항들 중 일부는 개인의 인권과 관련하여 정부의 권력 제한을 요구한다. 예를 들어, 세계인권선언에서 정부는 개인의 의견, 표현, 이동의 자유; 사고, 양심, 종교의 자유; 고문으로부터의 자유; 노예 제도로부터의 자유; 공정한 심판을 받을 권리를 침해해서는 안 된다. 다른 조항들은 개인에게 특정 기회와 자원에 접근할 수 있도록 정부가 긍정적인 행동을 취할 것을 요구한다. 예를 들어, 세계인권선언에 따르면, 개인은 교육, 노동과 동등한 보상, 휴가, 그리고 의식주와 의료보호를 포함한 적절한 생활수준을 누릴 권리를 가지고 있다. 개인의 권리에 더하여 세계인권선언은 가족, 집단, 지역사회의 권리에 대해서도 언급하고 있다. 예를 들어, 가족은 불필요한 사생활 침입으로부터 보호받고 사생활을 누릴 권리가 있다. 더 나아가 사람들은 개별적으로나 집단적으로 문화활동에 참여하고 과학적 사업을 통해 얻어진 지식을 분배받을 수 있다.

세계인권선언에 기술된 권리는 "보편적이고 분할할 수 없는 것이다. 즉 모든 인간은 문화, 정치 제도, 민족, 또는 다른 특성에 상관없이 권리를 가지고 있고(보편적) 그리고 어떤 국가도 그 국가가 수여할 권리를 선택할 수 없으며 모든 인간은 모든 권리를 가지고 있다(분할할 수 없는)"(Mapp, 2008, p. 17). 1948년 이래로 여러 인권 관련 문서들이 국제 사회의 지지를 받았다. 세계인권선언과 함께 시민과 정치 권리에 관한 국제 협약(General Assembly of the United Nations, 1966a)과 경제·사회·문화적 권리에 관한 국제 협약(General Assembly of the United Nations, 1966b)은 "국제인권장전"(United Nations Office of the High Commissioner for Human Rights, 1996)이다. 우리는 이러한 핵심적인 문서들에 여성에 대한 차별철폐에 관한 협약(United Nations, 1979), 아동권리협약(United Nations, 1989), 장애인권리협약(United Nations, 2006, December 13)을 추가할 수 있다. 이러한 협약들은 "인권"의 본질과 의미를 이해할 수 있도록 도와준다. 국제사면위원회(1997)는 다음과 같이 진술하고 있다.

인권은 사람들이 인간으로서 품위 있는 생활을 누리기 위해 필요한 기본적인 기준으로 정의될 수 있다. 인권은 자유, 정의, 평화의 기반이다. 인권에 대한 존중은 개인과 지역사회가 완전히 발달할 수 있게끔 한다.

인권의 발달은 세계의 모든 곳에서 자유와 평등을 위한 투쟁에 그 뿌리를 두고 있다. 인간의 삶과 인간의 존엄성 같은 인권의 기초는 대부분의 종교와 철학에서 발견된다.

인권은 세계인권선언에 공포되어 있다. 또한 국제인권협약과 같은 문서는 국민의 인권 존중을 위해 정부가 해야 할 일과 해서는 안 될 일을 나열하고 있다.

인권의 특징

- 인권은 매매, 상속될 수 없으며 단순히 사람들이 인간이기 때문에 인권은 사람들에게 속한다 — **인권은 인간의 "타고난" 권리이다.**
- 인권은 인종, 성, 종교, 정치적 의견, 국적에 관계없이 모든 인간을 위해 동등하다. 우리는

자유롭고 동등한 존엄성과 권리를 가지고 태어났다 — **인권은 보편적이다.**

- 인권은 빼앗길 수 없다; 누구도 어떤 이유로 다른 사람의 인권을 박탈할 권리를 가지지 않는다. 심지어 국가의 법이 인권을 인정하지 않을 때 또는 인권을 침해할 때에도 사람들은 인권을 갖는다. 예를 들어 노예 제도가 있는 경우에도 노예를 여전히 권리를 갖는다 — **인권은 양도할 수 없다.**
- 사람들은 인간답게 생활하고, 모든 인권은 자유, 안전, 적절한 생활기준을 누릴 자격을 받는다 — **인권은 "분할할 수 없다"**("What Are Human Rights?", paras. 1-4).

국제인권장전은 폭 넓은 범위의 권리와 책임을 다루고 있다. 권리는 3가지 범주로 구분된다.

1. 시민·정치적 권리(또는 1세대 권리). 이 권리는 자유 지향적이며 다음에 대한 권리를 포함한다: 개인의 삶, 자유, 안전; 고문과 노예 제도로부터의 자유; 정치 참여, 의견, 표현, 사고, 양심, 종교의 자유; 결사와 집회의 자유.
2. 경제적·사회적 자유(또는 2세대 권리). 이 권리는 안전 지향적 권리이며 직업, 교육, 적절한 생활수준, 음식, 주거와 건강 보호에 대한 권리를 포함한다.
3. 환경·문화·개발 권리(또는 3세대 권리). 이 권리는 청결하고 파괴로부터 보호받을 수 있는 환경에서 살 권리 그리고 문화적, 정치적, 경제적 개발 관련 권리를 포함한다.

개개인이 인권을 가지고 있다고 말할 때 개개인은 다른 사람들의 인권을 존중할 책임을 갖는 것이다(Amnesty International, 1997, Categories of Rights, paras. 1~4).

많은 사회복지사들이 국제인권장전에 포함된 원칙에 동의할지라도 몇몇 국가는 모든 협약을 비준하지 않았다. 그럼에도 불구하고 사회복지사들은 사회정의의 중요한 차원을 대표하기 때문에 국제적으로 지지받는 인권과 친숙해야 한다.

사회정의

인권처럼 사회정의도 다양한 형태와 차원을 포함한다. 반 소에스트^{Van Soest}와 가르시아^{Garcia}(2003)가 관찰하였듯이 " '사회정의'라는 용어는 명확하고 공유된 정의나 이에 대한 이해 없이 사회복지에서 널리 사용되고 있다"(p. 44). 그들은 다음과 같은 질문을 할 것을 권하였다: "정의란 무엇인가? 공정이란 무엇인가? 인생은 공정, 공평한가? 어떤 종류의 정의를 기대하는가?"(p. 44).

출발점으로서 사회정의를 인권이 침범당하지 않고 분할할 수 없는 것으로서 소중히 다루어질 수 있는 조건으로 고려할 수 있다. 인간이 존재하는 곳 어디에서든지 인권은 개인과 사회체계에 의해서 존중된다. 물론 다른 종류 또는 다른 측면의 사회정의가 있다. 예를 들어, **배분적 정의**(distributive justice)는 사회체계 내에서 기회, 비용, 혜택의 배분 또는 할당을 말한다. 배분적 정의는 경제적 정의 — 집단, 지역사회, 사회 내에서 자원과 부가 어떻게 배분되는가 — 그리고 기본적 인권 보장을 위한 사회의 책임과 관련이 있다. **절차적 정의**(procedural or processual justice)는 개인들 간 또는 집단, 조직, 지역사회, 사회 내의 상호작용과 의사결정의 방법과 수단을 말한다. 절차적 정의는 계약의 협상, 권위적 인물(예를 들어, 판사)의 선택, 정책과 프로그램의 개발 및 실행과 관련 있는 과정의 공정성을 포함한다. **응보적 정의**(retributive justice)는 사회집단의 구성원들에게 또는 그들에 의해서 행해진 손상에 대한 처벌과 배상을 말한다. **회복적 정의**(restorative justice)는 피해를 입은 사람들이 피해를 회복시키려는 시도를 말한다. 응보는 가해자에 대한 보복과 처벌인 반면, 회복은 손상을 복구하고 피해 입은 사람들에게 보상하려는 노력이다. 때때로 가해자가 피해자에게 보상하려는 시도는 가해자와 피해자 모두에게 변화의 경험을 일으킨다. **세대 간 정의**(intergenerational justice)는 이전 세대가 다음 세대에 남긴 기회, 자원, 짐을 포함한다. 예를 들어, 이전 세대가 수백만 사람들을 붙잡고, 추방하고, 노예로 삼거나, 공적 채무를 늘리거나, 또는 유독한 생태계를 만들었다면 세대 간 정의의 문제가 발생한다. 후속 세대들은 이전 세대들의 영향을 받는다. **환경적 정의**(environmental justice)는 환경 조건과 관련 있는 위험과 혜택의 배분을 말한다. 예를 들어, 어떤 집단은 깨끗한 물, 공기, 토양을 가지고 있는데 다른 집단이 물, 공기, 토양의 오염에 노출되어 있다면 환경적 정의에 문제를 제기한다.

몇 세기에 걸쳐 많은 철학자들과 사회과학자들은 사회정의를 탐색하였다. 20세기 중반부터 21세기 초반까지 존 롤스John Rawls는 사회정의를 지적으로 탐색하는 데 있어서 영향력 있는 인물 중 한 명이다. 정의론(A Theory of Justice, 1971, 1999)와 공정으로서의 정의(Justice as Fairness, 1958; Rawls & Kelly, 2001)의 저자인 롤스의 아이디어는 논쟁적이다. 그럼에도 불구하고 그 아이디어는 사회정의의 주제에 대한 훌륭한 도입으로 고려된다. 사회정의에 대한 롤스의 접근방법은 몇 가지 주요 개념과 원리를 포함한다.

원초적 입장(original position)의 개념은 "무지의 베일"이라는 가정을 포함한다. 다른 말로 하면, 협상이나 토론에 참여하는 사람들은 마치 그들이 그들 자신과 타인의 성, 연령, 계층, 인종, 사회 구조에서 지위나 위치를 인식하지 못하는 것처럼 행동한다. 이와 같은 무지의 베일을 통해서 참가들은 편협하고 개인적인 이기심을 초월하고 다른 참가자들과 비참가자들뿐 아니라 그들 자신에게도 혜택을 주는 계약에 동의한다. 참가자가 본래 입장을 채택함으로써 내린 결정은 어떤 노력과 관련된 비용, 위험, 이익을 공정하고 합리적으로 배분하도록 한다.

일단 원초적 입장을 채택하면 정의와 공정의 개념을 보다 쉽게 이해할 수 있고, 기회나 성과와 관련하여 어떤 사람들을 차별하는 법과 원칙의 결과를 상상할 수 있게 된다. 원초적 입장이 결여되어 있다면, 사리사욕이 승리하게 된다. 예를 들어, 내가 남성이고 재산(예를 들어, 땅, 노예)을 소유하고 있으며 아내와 자녀를 유사 재산으로 고려한다면, 나처럼 남성 재산 소유자의 참여만을 허락하는 결정과정(예를 들어, 투표)을 제안하는 것은 당연하다. 나는 또한 노예, 여성, 자녀를 참여하지 못하도록 배제할 것이다. 그러나 만약 내가 원초적 입장을 채택한다면, "그러한 결정과정이 나에게 어떤 함의를 주는가? - 만약 내가 현재 또는 미래의 나의 지위에 대해 무지하다면? 나는 내 재산을 소유할 수도 있거나 소유하지 않을 수 있을 것인가? 나는 노예, 여성, 자녀일 수도 있거니 이닐 수도 있을까? 나는 무엇을 공정하다고 생각하고 정책이나 절차가 나에게 어떻게 영향을 미치는지를 미리 알지 몰랐다면?"과 같은 질문을 하는 것은 당연하다.

롤스의 원초적 입장은 "황금 규칙(golden-rule)" 사고의 형태이며 이를 통해서 마치 우리가 행동의 영향을 받는 누군가가 될 수 있고 모든 사람들이 될 수 있듯이 우리는 우리의 행동이 타인에게 주는 영향을 예상한다. 본질적으로 "황금 규칙"은 "다른 사람들에게 바라는 것을 네가 먼저 그들에게 베풀라"고 제안한다. 공자 사상에서 인(仁)의 개념은 선과 자비(예를 들어, 타인의 위치나 상황에 관계없이 타인을 위한 이익, 관심, 보호)의 미덕을 포함한다. 공자는 "다른 사람이 너에게 하지 않았으면 하는 것을 너도 다른 사람에게 하지 마라"라는 문구를 통해 인(仁)의 본질을 전달하였다. 이를 "실버 규칙(silver rule)"이라고도 하는데 이는 "황금 규칙"을 보완하고 완성해준다.

롤스의 원초적 입장을 채택하게 되면 행동이 – 우리 자신의 행동이건 타인의 행동이건 – 다양한 종류의 사람들에게 주는 의미를 고려하게 되고 우리 자신의 말과 행동이 보다 공정해진다. 실제로 우리의 행동과 사고의 자기중심적, 민족중심적, 외국인 혐오적, 그리고 지나치게 인간 중심적인 성향이 약화된다. 롤스가 제안하길 원초적 입장을 채택할 때 우리는 이성적인 아이디어를 제안하게 되고 타인의 아이디어를 신중하게 고려할 수 있게 된다. 만약 그렇게 한다면, 우리는 모든 사람들은 – 각자 원초적 입장을 채택 – 모든 사람들이 공정하다고 생각하는 결정에 도달할 때까지 논의할 수 있을 것이다.

이러한 관점과 접근을 오늘날의 경제적, 정치적, 산업적 사회에서 일반적으로 접하는 것들과 비교해보자. 현대의 삶에서 지위, 특권, 부, 권력 또는 권력에의 접근은 의사결정과정과 그 결과 모두를 지배하는 경향이 있다. 집단으로 조직되어 있지 않으면, 권력이 없는 사람, 소수 공동체의 성원, 이민자, 난민, 실업자와 그 가족, 학력이 낮거나 능력이 부족한 사람, 그리고 노숙인은 의사결정과정에 – 심지어 그들이 그 결과의 영향을 상당히 받을지라도 – 관여하지 못한다.

롤스는 본질적으로 정의는 공정이라고 제안한다. 만약 사람들이 공정과 사회정의를 추구할 때 원초적 입장을 취할 수 있다면 그들은 2가지 기본적인 원칙에 동의할 가능성이 있다. 각자 절대적이고 침해할 수 없는 자유권 – 언론의 자유와 자신, 타인, 지역사회, 그리고 사회 전체에 영향을 미치는 의사결정과정에 참여하는 권리를 포함 – 을 가지고 있다는 것이 첫 번째 원칙이다. 우리는 집합적으로는 동등한 지역사회 또는 사회 – 각자 기본적인 자유권을 소유하고 있음 – 로서 어떤 영역에서, 어떤 상황에서, 어떤 시기에 부, 권력, 기회의 불평등이 지역사회와 사회에 득이 될 수 있으며 동일한 조건 아래에서 부, 권력, 기회가 평등하게 배분되는 경우보다 더 나을 수 있다는 데 동의할 수도 있다는 것이 두 번째 원칙이다. 그러나 이렇게 정의되고 제한적인 불평등 배분에 대한 집합적 이익이 그런 배분의 부정적인 결과를 넘어서는지를 결정해야 한다. 마지막으로 정의를 공정으로 보장하기 위하여 우리가 수용하는 어떤 불평등도 우리들 사이에서 가장 힘 없고 가장 혜택을 덜 받은 사람들에게도 이익을 주어야 한다는 것을 인식해야 한다. 이것을 차등의 원칙(different principle)이라고 한다. 힘 없고 혜택받지 못한 사람들을 희생하면서 힘 있고 혜택받은 사람들에게 이익을 주는 그런 형태의 불평등은 정말로 공정하지 못하다.

예를 들어, 어떤 집단이 교도소에 수감된 비율이 유독 많다고 할 때, **응보적 정의 체계**의 공정성에 문제를 제기할 수 있다. 국제교도소연구센터의 세계 수감자 목록에 보고되었듯이 (Walmsley, 2009), 표 4.2는 20개국에서 10만 명당 수감자 수를 보여주고 있다. 정보를 제공한 국가들 중 미국이 가장 높은 비율을 가지고 있다. 미국에서 2007~2008년에 10만 명당 약 756명이 교도소에 수감되어 있었다. 중국(국제교도소연구센터 보고서에 포함되지 않았음), 러시아, 르완다가 그 다음 순서이다. 대조적으로 프랑스는 10만 명당 약 96명, 캐나다는 약 116명, 터키는 약 142명, 일본은 약 63명이다.

미국 법무부는 교도소와 구치소에 수감된 인구의 수와 구성을 보고하였다. 표 4.3(U.S. Department of Justice Bureau of Justice Statistics, 2008, June 30)이 보여주듯이 수감된 아프리카계 미국인 남성의 수

표 4.2 인구 10만 명당 수감자 수: 하위 10개국과 상위 10개국

인구 10만 명당 수감자(2006~08)	국가	인구 10만 명당 수감자(2006~08)	국가
22	콩고	329	보츠와나
23	버키나파소	330	푸에르토리코
24	네팔	335	남아프리카
26	마우리타니아	378	카자흐스탄
28	나이지리아	415	그루지아
29	라이베리아	468	벨라우스
29	중앙아프리카공화국	531	쿠바
30	아프카니스탄	604	르완다
32	감비아	629	러시아
33	인도	756	미국

주: 인구가 1백만 명 이상인 국가로 제한하였음. 국제교도소연구센터의 세계 수감자 목록(Walmsley, 2009)에서 발췌. 자료가 충분하지 않지만 중국이 세계에서 가장 높은 수감률을 가지고 있다.

표 4.3 미국의 성별, 인종별, 히스패닉계별 수감율

	백인	흑인	히스패닉	합계
남성	712,500	846,000	427,000	2,103,500
여성	94,500	67,800	33,400	207,700

주: 남성과 여성의 합계는 18세 미만인 사람들뿐만 아니라 미국 원주민, 알래스카 원주민, 아시안, 하와이 원주민, 태평양 섬 원주민, 2가지 이상의 인종에 해당되는 사람들을 포함한다. 자료는 U.S. Department of Justice Bureau of Justice Statistics(2008, June, 30)에서 발췌.

표 4.4 미국의 성별, 인종별, 히스패닉계별 수감율

	기타	백인	흑인	히스패닉	합계
남성	5.61%	33.87%	40.22%	20.30%	100.00%
여성	5.46%	45.65%	32.75%	16.14%	100.00%

주: 기타는 미국 원주민, 알래스카 원주민, 아시안, 하와이 원주민, 태평양 섬 원주민, 2가지 이상의 인종에 해당되는 사람들을 포함한다. 자료는 U.S. Department of Justice Bureau of Justice Statistics(2008, June, 30)에서 발췌.

는 백인 남성의 수를 넘어섰다. 미국에서 2008년 중반 현재 미국 인구의 약 13.51%와 15.35%는 아프리카계이고 히스패닉계이다. 65.68%는 비히스패닉계 백인이다. 표 4.4처럼 2008년에 교도소와 구치소에 수감된 아프리카계 남성과 여성 그리고 히스패닉계 남성의 비율은 일반 인구에서 이들이 차지하는 비율을 넘어섰다. 이와는 반대로 수감자 인구 중에서 백인 남성과 여성의 비율은 상당히 낮은 편이다.

마찬가지로 한 국가 내에서 지역마다 인구집단마다 빈곤의 정도에 있어서 차이가 있거나 국가들 사이에 차이가 있을 때 **배분적 정의**에 대해 문제를 제기한다. 예를 들어, 미국은 선진국과 개발도상국의 빈곤지수를 발표한다. 인간빈곤지수(HPI-1은 개발도상국의 지수이고 HPI-2는 선진국의 지수

표 4.5	인간빈곤지수(HPI-1): 상위 8개 개발도상국과 하위 8개 개발도상국		
HPI-1 순위	국가	HPI-1 순위	국가
1	바베이도스	101	모잠비크
2	우루과이	102	시에라리온
3	칠레	103	기니
4	아르헨티나	104	니제르
5	코스타리카	105	에티오피아
6	쿠바	106	버키나파소
7	싱가포르	107	말리
8	세인트루시아	108	차드

주: UNDP Human Development Report 2007/2008에서 발췌함. 순위가 낮은 국가들이 순위가 높은 국가들보다 빈곤함. 선진국은 HPI-1 순위에 포함되어 있지 않음. 일부 개발도상국은 충분한 자료를 제공하지 않아 제외되었음.

표 4.6	평균 1인당 연 수입(PPP): 상위 10개국과 하위 10개국				
순위	국가	평균 1인당 연 수입(PPP)	순위	국가	평균 1인당 연 수입(PPP)
1	룩셈부르크	64,320	166	토고	820
2	노르웨이	58,500	167	모잠비크	770
3	쿠웨이트	52,610	168	시에라리온	750
4	마카오	52,260	169	중앙아프리카공화국	730
5	브루나이	50,200	170	니제르	680
6	싱가포르	47,940	171	에리트리아	630
7	미국	46,970	172	기니	530
8	스위스	46,460	173	브루나이	380
9	홍콩	43,960	174	라이베리아	300
10	네덜란드	41,670	175	콩고	290

주: 세계은행자료(2009, October)에서 발췌.

임)라고 불리는 지수들은 "수입의 부족은 너무 편협하여 전반적인 빈곤지수로 사용하기 어렵다"(United Nations Development Programme, 2009, para. 4)는 이해에 기초한다. 따라서 HPI-1과 HPI-2는 빈곤을 다루기 위해 몇 가지 차원을 통합하였다. 예를 들어, 수입에 더하여 HPI는 건강, 수명, 깨끗한 물 공급; 교육과 문자해독; 사회포용과 고용을 포함한다. HPI-1 순위는 개발도상국만을 포함하며 HPI-2는 선진국만을 포함한다. 순위가 높은 개발도상국들은(표 4.5) 중 많은 국가들이 중남미, 카리브해 인접, 동남아시아에 있고 순위가 낮은 국가들은(가장 "빈곤한")은 아프리카에 있다.

HPI 순위는 부분적으로 평균 연수입에 기초하였으며 추가적인 정보는 순위가 갖는 의미를 이해하는 데 도움이 될 것이다. 1인당 소득을 추정하는 일반적인 방법은 국민총생산을 그 나라의 인구 수로 나누는 것이다. 그러나 이런 방법은 구매력의 변량을 설명하지 못한다. 즉 생활비는 국가마다 다르다. 따라서 연 수입을 추정하는 보다 현실적인 방법은 구매력 평가(Purchasing Power

표 4.7	인간빈곤지수(HPI-2): 선진국		
HPI-1 순위	국가	HPI-1 순위	국가
1	스웨덴	11	프랑스
2	노르웨이	12	일본
3	네덜란드	13	호주
4	핀란드	14	벨기에
5	덴마크	15	스페인
6	독일	16	영국
7	스위스	17	미국
8	캐나다	18	아일랜드
9	룩셈부르크	19	이탈리아
10	오스트리아		

주: UNDP Human Development Report 2007/2008에서 발췌. 순위가 낮은 국가들이 순위가 높은 국가들보다 빈곤함. 선진국은 HPI-1 순위에 포함되어 있지 않음. 일부 개발도상국은 충분한 자료를 제공하지 않아 제외되었음.

표 4.8	젠더 역량강화: 상위 10개국과 하위 10개국				
순위	국가	GEM 점수	순위	국가	GEM 점수
1	스웨덴	0.925	99	카타르	0.380
2	노르웨이	0.915	100	스리랑카	0.371
3	핀란드	0.892	101	터키	0.371
4	덴마크	0.887	102	통가	0.362
5	아이슬란드	0.881	103	이란	0.345
6	네덜란드	0.872	104	모로코	0.316
7	호주	0.866	105	알제리	0.312
8	독일	0.852	106	사우디아라비아	0.297
9	벨기에	0.841	107	이집트	0.283
10	스위스	0.829	108	예멘	0.136

주: UNDP에서 발췌(2008). 자료가 없거나 충분하지 않아 몇 개국의 GEM 순위는 없음.

Parity)에 기초하여 계산하는 것이다. 표 4.6은 구매력 평가에 기초한 평균 1인당 연소득의 상위 10개국과 하위 10개국을 보여주고 있다(World Bank, October 2009).

미국은 평균 1인당 연수입의 순위가 높음에도 불구하고 19개 선진국들 중 17위에 머물러 있다(표 4.7 참조). 이는 HPI-2 순위가 가리키듯이 빈곤은 내부분의 신진국들보다 미국에서 보다 명백하고 문제시된다. 실제로 2007년 미국 인구의 3천 7백 3십만 또는 12.5%는 빈곤층이다. 미시시피주와 워싱턴 DC의 빈곤율은 평균 빈곤율보다 훨씬 높아 각각 22.6%와 18.0%이다. 뉴햄프셔주의 빈곤율은 6% 이하이고 알래스카와 하와이의 빈곤율은 8% 이하이다(U.S. Census Bureau Current Population Survey, 2008). 더욱이 2007년에 인종별과 성별 빈곤수준과 수입은 상당히 다양하였다. 예를 들어, 비히스패닉계 백인의 빈곤율은 8.2%, 흑인은 24.5%, 아시안은 10.2%, 히스패닉은 21.5%였다. 1년 내내 종일제로 근무한 남성의 평균 수입은 45,113달러인 반면, 여성의 평균 수입은 35,102 달러였다. 달리 표현하면, 2007년 종일제 근무 여성의 평균 수입은 종일제 근무 남성의 평균 수입의 78% 정도였다(DeNavas-Walt, Proctor, Smith, & U.S. Census Bureau Current Population Survey, 2008). 이러한 데이터는 배분적 정의에 문제를 제기한다.

다양성과 차이의 측면에 따라 비용, 기회, 자원의 할당이 다양할 때 배분적 정의에 대한 논쟁이 일어난다. 예를 들어, 젠더를 고려해보자. UNDP는 젠더 관련 지수 2개 - (1) 젠더 관련 발달 지수(GDI)와 (2) 젠더 역량강화 척도(GEM) - 를 계산한다. 첫 번째 지수는 젠더 불평등을 통제했을 때 인간발달의 지수이다. 두 번째 지수는 "3가지 영역 - 여성의 정치참여와 의사결정의 범위, 경제적 참여와 의사결정력, 경제적 자원에 대해 여성이 발휘할 수 있는 힘 - 에서 젠더 불평등을 다루는 복합 지수이다"(United Nations Development Programme, 2009, para. 6). 표 4.8은 2007/2008년 현재 GEM의 상위 10개국과 하위 10개국을 보여주고 있다. 상위 순위의 국가들은 스웨덴, 노르웨이, 핀란드, 덴마크, 아일랜드이고 하위 순위의 국가들은 예멘, 이집트, 사우디아라비아, 알제리, 이란이다. 그 당시 미국은 93개국 중 15위였고 이웃 국가들인 캐나다와 멕시코는 각각 11위와 47위였다(United Nations Development Programme, 2008).

환경조건은 인권뿐 아니라 배분적 정의와 관련된 의미도 갖는다. 깨끗한 공기, 깨끗한 물 공급, 기후 상태는 인간 삶의 질과 지속성에 상당한 영향을 미치는 자원들이다. 25개의 지수에 기초하여 계산된 "2008년 환경성과지수(EPI)는 6가지 정책 범주 - 환경건강, 공기오염, 수자원, 종다양성 및 서식지, 자연자원, 기후변화 - 를 설정하고 149개국을 평가하였다"(Yale Center for Environmental Law and Policy & Center for International Earth Science Information Network, 2008, para. 1). 표 4.9는 2008년 현재 상위 10개국과 하위 10개국을 보여주고 있다.

그 당시 미국은 EPI 점수가 81점이었고 149개국 중 39위였다. 캐나다와 멕시코의 점수는 각각 86.6점과 79.8점이었고 두 나라의 순위는 각각 12위와 47위였다.

표 4.9 | 2008 환경성과지수: 상위 10개국과 하위 10개국

순위	국가	GEM 점수	순위	국가	GEM 점수
1	스위스	95.5	140	기니	49.7
2	스웨덴	93.1	141	예멘	49.7
3	노르웨이	93.1	142	콩고	47.3
4	핀란드	91.4	143	차드	45.9
5	코스타리카	90.5	144	버키나파소	44.3
6	오스트리아	89.4	145	말리	44.3
7	뉴질랜드	88.9	146	마우리타니아	44.2
8	라트비아	88.8	147	시에라리온	40
9	콜롬비아	88.3	148	앙골라	39.5
10	프랑스	87.8	149	니제르	39.1

주: Yale Center for Environmental Law and Policy & Center for International Earth Science Information Network의 2008 환경성과지수(EPI)에서 발췌.

연습 4-2 인권과 사회정의 증진

1. 재소자, 빈곤, 젠더 역량강화, 환경성과에 관해 생각해보시오. 인권과 사회정의와 관련하여 이러한 주제에 관한 여러분의 생각을 아래 공간에 적어 보시오.

2. 인터넷에서 (a) 유엔의 세계인권선언에 포함된 30개 조항과 (b) 27개 미국 수정헌법을 찾아 보시오. 아래 공간에 둘 간의 차이점을 적어 보시오.

3. 표 4.7 2007/2008 젠더 역량강화 척도로 돌아가시오. 상위 10개국과 하위 10개국의 젠더 역량강화를 차이 있게 만드는 데 기여한 요인들에 관한 가설을 세워보시오.

사회적 안녕 촉진을 위한 정책 실천

다양성과 차이의 존중과 타인의 수용은 인권과 사회정의 증진을 위해 취해야 할 기본적인 전문적 행위다. 사회복지사는 개인, 가족, 집단, 조직, 지역사회와 함께 일하면서 클라이언트의 인권을 옹호하고, 사회정의를 추구하며, 사회적 안녕을 촉진하고자 한다. 이러한 활동과 관련 있는 사회복지실천기술은 후속 장들에서 소개될 것이다. 사회복지사는 클라이언트의 개인적 문제와 이슈 그리고 조직, 지역사회, 사회의 사회정책, 프로그램, 실천과 관련 있다는 것을 인식한다. 거의 모든 사회복지사는 클라이언트가 문제를 다루고 목표를 달성할 수 있도록 돕기 위하여 정책, 프로그램, 실천을 분석, 개발, 촉진하는 데 관여한다. 실제로, 모든 사회복지사는 "사회정책 결정이 클라이언트에게 미치는 영향을 이해하고 분석해야 한다"고 주장하였다. 이아트리디스Iatridis(2008)는 결과적으로 사회복지사는 사회정책의 형성과 개정에 참여해야 하고, 다양한 수준ㅡ개인, 조직, 지역사회, 입법을 포함ㅡ의 사회정책에 적극적으로 참여해야 한다(para. 2). 우리는 이러한 측면의 사회복지를 정책실천이라고 한다. 일반적으로 사회복지사는 개인, 가족, 집단, 조직, 지역사회, 사회의 사회적 안녕을 촉진시키는 정책실천에 관여한다.

사회적 안녕

사회적 안녕의 개념은 개인, 가족, 집단, 조직, 지역사회, 사회의 잠재성 개발, 삶의 질, 생활만족, 행복 또는 만족을 포함하는 인간발달을 강조한다. 다양성, 인권, 사회정의는 사회적 안녕과 관련 있으며 중복된다. 실제로, 다양성과 차이의 존중, 인권의 존중, 그리고 사회체계 내에 사회정의의 반영 없이 어떻게 사회적 안녕이 나타날 수 있는지를 상상하기 어렵다. 그러나 삶의 질과 행복이 이러한 요인들에 의해서만 만들어지는 것은 아니고 확실히 부와 권력 획득의 결과로서 발생하는 것도 아니다. 실제로, 유엔개발계획(UNDP)은 사회적 안녕은 부분적으로만 경제적 보장의 결과로 인정한다.

이러한 요인들을 평가하기 위해 유엔개발계획은 인간개발지수(HDI)에 몇 가지 관련 지수를 포함시켰다. 인간개발지수는 인간개발의 3가지 척도ㅡ(1) "건강하고 오래 사는 삶(기대수명으로 측정)", (2) "지식에 대한 접근(오늘날 2가지 지표로 측정: 성인 문자해독률 그리고 교육기관등록률)", (3) "생활수준(1인당 평균 연수입[PPP])"ㅡ를 합친 지수이다(United Nations Development Porgramme, 2008, p. 3).

표 4.10은 2008년 유엔개발계획의 통계에서 발췌한 인간개발지수 순위이다(United Nations Development Programme, 2008). 2007년과 2008년에 미국은 15위였고 캐나다는 3위, 멕시코는 51위였다. 모든 하위 10개국은 아프리카 국가들이었다.

건강과 수명, 지식과 교육, 생활수준에 더하여 사회적 안녕 또한 몇 가지 차원을 포함한다. 예를 들어, 삶의 질, 생활만족, 주관적 안녕, 행동은 유전적, 생리적, 심리적, 사회적 측면을 포함한다. 이러한 상호관련 있는 주제에 대한 관심은 지난 반세기 동안 크게 증가하였는데 특히 경제학 분야에서 그렇다. 몇몇 학자들과 조직은 이러한 요인들에 관한 연구를 지속적으로 수행하고 있다. 현시점에서 몇 가지 점에서 합의를 이루고 있는 것 같다. 첫째, 유전학과 생물학은 개인과 가족의 행복에 중요한 역할을 담당한다. 뇌의 세로토닌과 도파민 수준은 주관적 안녕의 경험과

표 4.10			인간개발지수: 상위 10개국과 하위 10개국

순위	국가	순위	국가
1	아이슬란드	170	차드
2	노르웨이	171	기니
3	캐나다	172	브루나이
4	호주	173	버키나파소
5	아일랜드	174	니제르
6	네덜란드	175	모잠비크
7	스웨덴	176	리베리아
8	일본	177	콩고
9	룩셈부르크	178	중앙아프리카공화국
10	스위스	179	시에라리온

주: 유엔개발계획으로부터 발췌된 순위(2008).

관련이 있다(Canli *et al.*, 2005; Ebstein, Novick, Umansky, Priel, & Osher, 1996; Fox, Ridgewell, & Ashwin, 2009). 개인의 행복은 아마도 기질적 특성 또는 한 세대에서 다음 세대로 유전된다고 쌍생아 연구는 제안하고 있다(Lykken & Tellegren, 1996; Lyubomirsky, Sheldon, & Schkade, 2005). 실제로, 개인의 행복이 일정 기간 동안 상당히 안정적인 상태로 유지된다는 것에 대한 인식은 개개인이 일종의 "행복 기준점(happiness set-point)"을 가지고 있다는 가설로 이어졌다. 연구결과에 기초하여(Lyubomirsky, 2006; Lyubomirsky *et al.*, 2005) 류보머스키Lyubomirsky 외는 그림 4.1과 같은 파이 차트를 제시하였다.

그림 4.1		류보머스키의 행복 차트

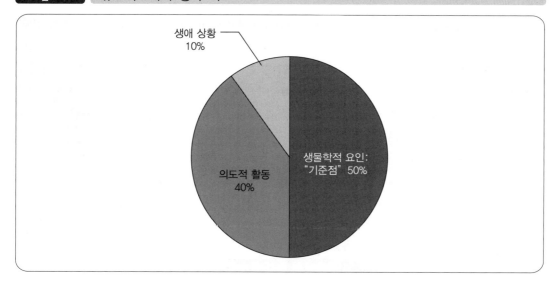

류보머스키(2006)는 "사람들의 행복수준의 차이의 절반은 지능 또는 콜레스테롤에 관여하는 유전자처럼 유전적으로 결정된 기준점에 의해서 설명된다 … 개인이 물려받은 기준점은 그 사람

이 얼마나 행복하게 사는지에 상당한 영향을 미친다."(p. 54). 즉, 전반적인 행복은 시간이 흐르면서 약간의 변화를 보일지라도 기준점 주위를 맴돌다 기준점으로 되돌아간다.

류보머스키에 따르면(2006; Lyubomirsky et al., 2005 참조), 생애상황은 약 10%의 역할을 한다(예를 들어, 건강, 부, 결혼, 사랑하는 이의 죽음, 상해와 장애, 자연재해와 인재, 전쟁, 시민사회 갈등). 그러나 류보머스키는 대부분의 사람들은 상당한 수준의 유연성을 가지고 있기 때문에 이전의 행복수준으로 돌아간다고 주장한다. 이러한 현상을 "안녕의 적응이론(adaptation theory of well-being)"이라고 한다(Brickman & Campbell, 1971). 즉, 사람들은 그들의 상황에 적응하여 균형감을 되찾는 경향이 있다. 이에 더하여 사람들은 그들의 열망을 현재의 조건에 맞추려는 성향이 있다. 예를 들어, 로또에서 횡재한 후 상금액을 다 써버리지 않은 대부분의 사람들은 몇 년 내에 새로운 생활방식에 적응하고 그들의 열망을 상향 조정하기 때문에 현재의 행복과 그들이 열망하는 행복 간의 "차이"는 거의 동일하다. 브릭맨Brickman과 캠벨Campbell은 이것을 "쾌락의 쳇바퀴(hedonic treadmill)"라고 하였다.

류보머스키의 행복차트의 나머지 부분은 우리의 의도적인 활동, 즉 사람들이 생각하고 행동하기 위해 선택하는 방법을 포함한다. 행복의 약 40%–생물학적 요인에 근접한 수준–는 인지와 행동에 의해서 발생한다. 삶의 여러 면들처럼 "행복 기준점"과 "쾌락의 쳇바퀴"의 개념들이 제안하는 것보다 훨씬 더 행복해지기 위한 행동을 취한다. 실제로, 사람들은 그들 자신의 행복과 안녕감에 영향을 끼칠 수 있다고 디에너Diener, 루칸Lucan, 스콜론Scollon(2006)은 제안하였다. 더 나아가 낙관주의와 유연성과 관련 있는 기술들은 학습될 수 있는 것 같다(American Psychological Association, 2009).

류보머스키의 행복차트에서 생물학적 부분과 의도적 활동 부분의 크기가 상대적으로 크지만, 경험적 자료는 사회적, 정치적 자유와 경제적 안정을 포함하는 생애상황이 결국 중요한 역할을 한다고 제시한다. 전반적으로 경제적으로 부유한 국가의 사람들이 빈곤한 국가의 사람들보다 행복하고 사회적, 정치적으로 개방된 국가의 사람들이 독재 국가의 사람들보다 더 행복해하는 경향이 있다.

이러한 추세는 82개 국가들을 대상으로 실시한 세계가치조사(Inglehart, 2004)의 결과를 보면 명백해진다. 표 4.11이 보여주듯이 주관적 안녕과 관련하여 상위 10개국 중 7개국의 1인당 소득이 높다. 주관적 안녕의 점수가 3.47점인 미국은 15위였다. 멕시코와 캐나다는 각각 2위와 10위였다. 하위 10개국 중 8개국은 과거 소련연방 국가들이었다. 이들 국가는 경제적, 정치적 도전에 직면해 있고 자기표현의 자유를 중요시하는 문화적 역사가 짧다. 흥미롭게도 아프리카 국가인 짐바브웨와 동남아시아에 위치한 인도네시아는 82개국 중 최하위 순위를 차지하였다. 그러나 두 나라는 세계의 최빈국은 아니었다. 2007년과 2008년 현재 177개국들 중 짐바브웨와 인도네시아의 인간개발지수 순위는 각각 151위와 107위였다(United Nations Development Programme, 2008).

세계가치조사가 인간경험의 다양한 측면들(예를 들어, 정치, 관용, 종교, 경제, 건강, 신뢰)을 평가할지라도, 인글레하트Inglehart와 웰젤Welzel(2005)은 "2가지 차원–(1) 전통적/세속적-합리적 가치 (2) 생존/자기표현 가치–이 지배한다고 제한하였다. 이 두 가지 차원은 10가지 지표에 대한 요인분석에서 범국가적 변량의 70% 이상을 설명하며 각 차원은 다른 주요 지향 점수들과 강한 상관관계를 보인다." (Inglehart, 2006, para. 2).

전통적 가치를 고수하는 사회는 종교를 포용하고 "절대적 기준과 전통적 가족 가치와 함께 부모-자녀 간 유대, 권위에 복종의 중요성을 강조하며 이혼, 낙태, 안락사, 자살을 거부한다. 이

표 4.11	주관적 안녕: 상위 10개국과 하위 10개국					
순위	국가	안녕 점수	순위	국가	안녕 점수
1	*푸에르토리코*	*4.67*	73	불가리아	-0.87
2	*멕시코*	*4.32*	74	벨라루스	-0.92
3	**덴마크**	**4.24**	75	그루지아	-1.11
4	**아일랜드**	**4.16**	76	루마니아	-1.3
5	**아이슬란드**	**4.15**	77	몰도바	-1.63
6	**스위스**	**4**	78	러시아	-1.75
7	**북아일랜드**	**3.97**	79	아르메니아	-1.8
8	*콜롬비아*	*3.94*	80	우크라이나	-1.81
9	**네덜란드**	**3.86**	81	*짐바브웨*	*-1.88*
10	**캐나다**	**3.76**	82	*인도네시아*	*-2.4*

주: 인글레하트(2004)가 발표한 세계가치조사에서 발췌. 주관적 안녕 점수는 행복 평가와 생활만족 평가를 합한 점수임. 소득이 높은 국가들은 두꺼운 글씨체로, 라틴아메리카 국가들은 이탤릭체로 하였고, 과거 소련연방 국가들에는 밑줄을 그었음. 자료의 부족으로 인해 일부 국가는 제외되었음.

런 사회는 높은 수준의 애국심과 민족주의적 시각을 갖는다"(Inglehart, 2006, para. 3). 세속적-합리적 가치를 갖는 사회는 덜 종교적이고 덜 민족주의적이며 권위에 덜 복종적이고 절대적 기준의 타당성에 의문을 갖고 있으며 대안적 생활방식에도 개방적이다.

강한 생존 가치를 갖는 사회는 생존해야 하기 때문에 그렇게 한다. 즉, 그런 사회는 자기표현과 관련된 생각과 행동을 환영할 만한 충분한 경제적 부를 가지고 있지 못하다. 그러나 사회가 경제적으로 개발하기 시작할 때 생존과 자기표현 가치 간에 긴장이 발생한다. "많은 사람들이 생존을 당연한 것으로 받아들일 때…[우선순위 이동]…경제적, 신체적 안전에 대한 강조에서 주관적 안녕, 자기표현, 삶의 질에 대한 강조로 이동한다"(Inglehart, 2006, para. 4). "사회가 산업화를 완성하고 지식사회로 나아갈 때, 사회는 생존 가치에서 자기표현 가치를 강조하는 방향으로 이동한다"(Inglehart, 2006, para. 4).

사회가 생존에서 자기표현으로 이동할 때, 사회는 물질주의적 관점에서 후기물질주의적 관점으로 이동하게 된다. 몇 세대가 기본적인 생리적 욕구와 안전 욕구에 관한 걱정 없이 성장한다면, 부와 재산의 추구와 축적에 대한 가치는 감소한다. 대신 그 자리에 다양한 종류의 자기표현—때때로 세속적-합리적 가치를 향한 추세와 동반된—이 점점 중요해진다.

자기표현 가치는 환경보호, 다양성의 포용, 경제적, 정치적 생활에서 의사결정의 참여에 우선순위를 둔다. 이러한 가치는 또한 외국인, 게이와 레즈비언, 성 평등을 포함하는 외곽 집단의 포용에 대한 일반 대중의 양극화를 반영한다. 또한 생존가치에서 자기표현 가치로의 변화는 사녀양육 가치의 변화도 포함한다. 자녀에게 가르치는 중요한 가치로서 근면을 강조하는 것에서부터 상상력과 포용을 강조하는 것으로 변화하였다. 이러한 변화는 포용, 신뢰, 정치적 중용에 도움이 되는 주관적 안녕감을 동반한다. 마지막으로 자기표현 가치를 강조하는 사회는 상호신뢰를 중요시한다.

이는 신뢰하고 포용하는 문화를 만들어내는데 그러한 문화권의 사람들은 개인의 자유와 자기표현에 상대적으로 높은 가치를 부여하고 적극적인 정치적 지향성을 갖는다. 이러한 지향성은 정치문화 문헌에서 민주주의의 핵심으로 정의되는 속성이다(Inglehart, 2006, para. 5~6).

그림 4.2에서 보듯이 각 차원을 축으로 고려해라. 전통적 가치를 강조하는 사회는 전통적/세속적-합리적 가치 축의 왼쪽에 위치한 반면, 세속적-합리적 가치를 강조하는 사회는 오른쪽에 위치해있다. 푸에르토리코, 멕시코, 콜롬비아, 짐바브웨는 강한 전통적 가치를 그리고 덴마크, 스위스, 네덜란드, 불가리아, 벨라루스는 강한 세속적-합리적 가치를 가지고 있다.

마찬가지로 강한 생존 가치를 가지고 있는 사회는 생존/자기표현 수직축의 아래면에 위치한 반면, 강한 자기표현 가치를 가지고 있는 사회는 윗면에 위치해있다. 그림 4.2에서 보듯이 루마니아, 러시아, 짐바브웨는 강한 생존 가치를 스위스, 덴마크, 캐나다는 강한 자기표현 가치를 가지고 있다. 또한 주관적 안녕에서 상위 10위에 포함된 국가들(표 4.11)은 그림 4.2에서 상자로 하위 10개국은 다이아몬드로 표시되어 있는 점에 주목해라. 주관적 안녕감이 높은 상위 10개국은 전통적 가치(예를 들어, 푸에르토리코, 멕시코, 콜롬비아, 아일랜드) 또는 세속적-합리적 가치(예를 들어, 덴마크, 스위스, 네덜란드)를 동시에 가지고 있든 아니든 간에 강한 자기표현 가치를 가지고 있다. 하위 10개국은 전통적 또는 세속적-합리적 가치의 선호도와 관련하여 다양하나 모두 강한 생존 가치를 가지고 있다.

사회복지사들이 자신의 나라와 다른 나라의 개인, 가족, 집단, 조직, 지역사회에게 서비스를 제공할 때 인글레하트와 웰젤의 2차원 틀을 사용하면 도움이 될 것이다. 에이브럼^{Abraham}과 매슬

그림 4.2 주관적 안녕: 2가지 가치 차원별 상위 10개국과 하위 10개국

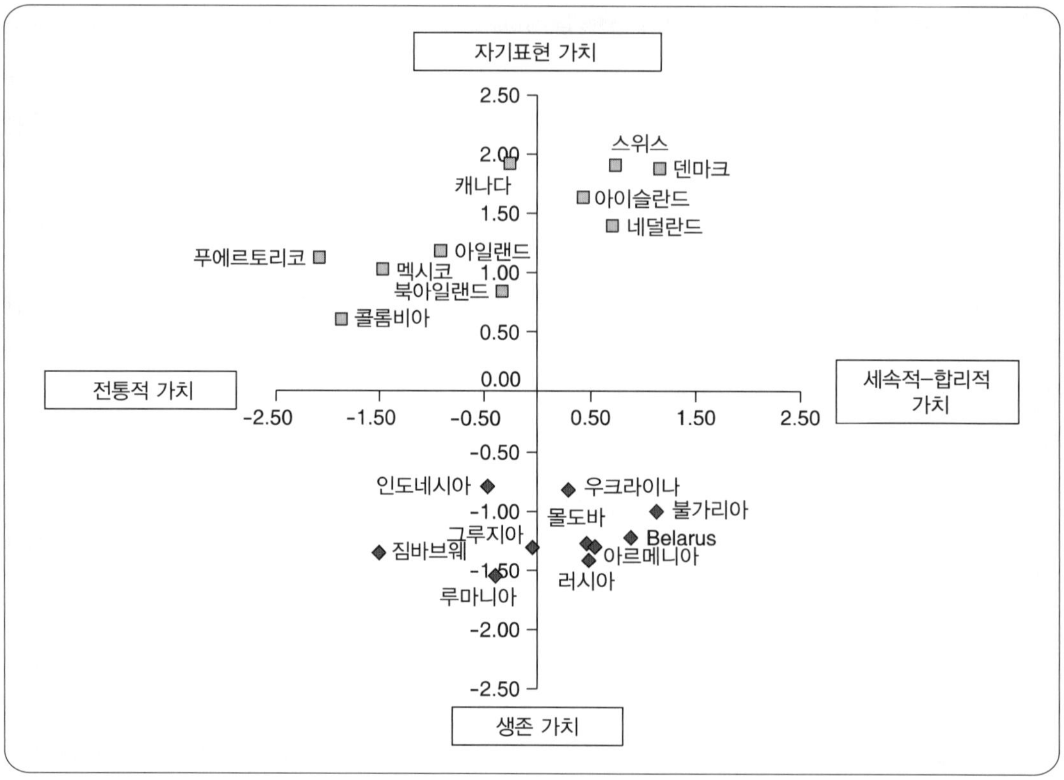

110 PART I 전문성

그림 4.3　매슬로의 욕구단계 피라미드

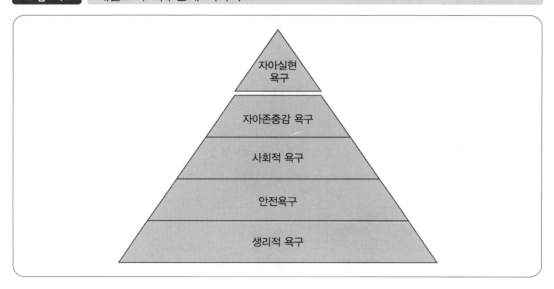

로Maslow(1943, 1968)가 "욕구단계"를 통해서 그러했듯이 기본적인 생존 욕구(즉, 생리적, 안전, 사회적)는 자아존중감과 자기실현과 같은 상위욕구(그림 4.3 참조)를 또는 인글레하트와 웰젤의 용어를 사용한다면 자기표현을 우선한다는 가설을 설정하는 것은 타당하다.

　인글레하트의 자료가 제시하듯이 생존 욕구의 우선성에 대한 가설이 타당하다면 경제적, 정치적, 사회적으로 안전하지 못한 사람들보다 안전한 사람들 사이에서 주관적 안녕 수준은 더 높을 것이다. 일반적으로 증거가 이 가설을 지지한다. 그러나 선진국에서 안녕의 수준은 상당히 다양하다. 더욱이 82개국의 주관적 안녕에 대한 인글레하트의 분석(표 4.11)에서 순위가 가장 높았던 두 국가는 푸에르토리코와 멕시코였는데 이들 국가는 세계에서 가장 부유하거나 가장 선진국은 아니다. 이에 더하여 미국은 생활만족과 행복을 합쳤을 때 15위였다. 국민총생산이 14조 달러 이상이고 세계사에서 가장 부유한 국가의 지위를 가지고 있다는 점을 고려할 때 만약 부가 우선적인 요인이라면 우리는 더 높은 순위를 기대할 수 있다. 더욱이 일부 빈곤국들(예를 들어, 나이지리아)은 높은 수준을 보이는 반면, 경제개발이 중간 수준인 일부 국가들의 주관적 안녕 수준은 가장 낮다(예를 들어, 과거의 동유럽 공산국가들인 우크라이나, 러시아, 아르메니아).

　실제로 "가난하고 우울하거나 자살할 가능성이 있는 사람들은 그들의 고통 경감보다 훨씬 많은 것에 대해 걱정한다. 이들은 미덕, 목적, 정직, 의미에 관해 때때로 필사적으로 걱정한다"(Seligman, 2002, pp. xi-xii). 생존 욕구에 대한 만족에 더하여 다른 요인들이 삶의 만족, 행복, 사회적 안녕에 기여한다. 긍정 심리학 운동의 리더인 셀리그만Seligman(그림 4.3 참조)은 행복은 3가지 차원 — (1) 부정적인 정서적 경험보다 긍정적인 정서적 경험을 월등히 많이 포함하는 즐거운 삶, (2) 일, 여가, 사랑과 같은 활동에 의해서 도전받고 또 그런 활동에 투자하는 관여적인 삶, (3) 자신보다 더 나은 어떤 것에 기여하는 목적이 있는 노력에 다른 사람들과 함께 자신의 자산, 재능, 강점을 사용하는 의미 있는 삶 — 을 포함한다고 제안하였다. 셀리그만에게 있어서 행복은 즐거운 경험 이상을 포함한다. 적극적 관여와 의미 있는 추구도 기여한다. 실제로, 매슬로가 오래전에 인식했듯이 쾌락적인 즐거움은 시간이 흐르면서 감소한다.

류보머스키 외(2005)는 그들이 제안한 지속가능한 행복의 구성에서 쾌락주의의 한계를 인식하였다. 그들은 행복을 지속시키는 데 기여하는 의도적인 활동들에 친절, 관용, 감사를 포함하였다. 셀리그만(2002)은 류보머스키의 구성을 인간의 "행복 공식(happiness formula)" $H = S + C + V$로 전환하였다. 이 공식에서 지속가능한 행복(H)은 유전적으로 정해진(S) 행복 범위, 생애상황(C), 통제 가능한 의도적 또는 자발적(V) 행동의 결합에 의해서 결정된다.

사회복지사들은 개인, 가족, 집단, 조직, 지역사회와 함께 일할 때 행복 공식이 유용하다는 것을 알게 될 것이다. 특히 행복 공식은 클라이언트를 목표설정과 개입 계획세우기, 프로그램 개발 활동, 사회적 안녕의 촉진을 위한 정책 실천에 관여시킬 때 적용할 수 있다.

정책 실천

정책 실천(policy practice)이라는 용어가 다양한 방식으로 사용되지만, 어떤 방식으로 사용되든 이 용어는 어떤 체계의 정책이나 실천을 변화시키기 위해 의도된 정치적 또는 지역사회 행동에 대한 개념을 포함한다. 예를 들어, 로차Rocha(2007)는 정책 실천을 "다양한 체계 수준, 표적이 되는 지역사회, 지방 및 중앙 정부, 기관, 법원에서 프로그램과 정책을 변화시키기 위해 옹호와 지역사회실천 기법을 사용하는 변화 접근방법"(p. 1)으로 정의하였다. 사회복지실천기술의 맥락에서 우리는 정책 실천을 개인, 가족, 집단, 조직, 지역사회를 위해 취하는 옹호노력의 연장으로 본다. 슈나이더Schneider와 레스터Lester(2001)는 "사회복지 옹호는 클라이언트를 대변하는 것으로 불공평하거나 둔감한 체계들의 의사결정에 영향을 끼치려는 시도이다"(p. 64).

옹호활동은 특정 클라이언트(예를 들어, 개인, 가족, 집단, 조직, 지역사회)를 위해 일하는 것을 포함한다. 이를 사례옹호라고 부르기도 한다. 우리는 또한 하나 이상의 체계들(예를 들어, 지방 또는 중앙의 프로그램이나 정책)과 관련하여 유사한 이슈를 직면하고 있는 지역사회나 집단을 옹호할 수도 있다. 이는 옹호활동의 초점과 표적에 따라 계층 옹호(class advocacy), 지역사회 행동(community action), 정치적 또는 입법적 옹호로 불린다. 마지막으로 우리는 특정 원인이나 목적 추구를 위해 옹호한다. 예를 들어, 우리는 차별과 싸울 수 있고, 평등한 접근과 기회를 촉진하며, 불의에 맞서며, 인권과 사회정의를 증진시키고, 사회개발을 장려하며, 사회적 안녕을 향상시킬 수 있다. 이러한 형태의 옹호는 지역사회 행동과 정치적 행동, 사법적 옹호뿐만 아니라 사례와 계층 옹호도 포함하며, 이 모든 것이 정책 실천의 요소들이다.

여러분이 기대했듯이 전문성의 몇몇 측면과 사회복지실천을 위해 필요한 대부분의 기술과 역량은 정책 실천에서도 요구된다. 모든 사회복지실천에서처럼 정책 실천에서도 진실, 지식, 역량, 자기이해, 자기통제가 필요하며 옹호활동을 할 때 사회적 지지를 활용해야 한다. 비판적 사고, 과학적 탐구, 평생학습은 정책 실천을 위해 특히 중요한데 그 이유는 관련 연구문헌의 검토와 종합적인 자료수집, 통합, 분석이 필수적이기 때문이다. 우리는 집단, 조직, 지역사회를 협력적 옹호 활동에 관여시키거나 자기옹호활동에 관여하도록 한다. 우리는 현행 또는 제안된 사회정책과 프로그램을 분석하고, 프로그램 계획을 세우며, 가능한 입법 활동을 위한 정책의 밑그림을 그린다. 이에 더하여 우리는 사법위원회나 법정에서 전문가 증언을 제공하기도 한다.

이러한 모든 기능은 준비, 시작, 탐색, 사정, 계약, 개입과 평가, 종결과 관련된 기술뿐만 아니라 문화적으로 민감한 말하기와 경청하기 기술의 사용을 요구한다. 정책 실천에서도 클라이언트가 아닌 개인, 집단, 조직, 지역사회, 다양한 의사결정자(예를 들어, 입법자, 행정가, 이사회)들과 일할 때에도 이러한 실천기술을 사용한다.

실제로, 정책에 초점을 두는 것은 이중 목적을 갖는다. 중앙 또는 지방의 정책과 프로그램은 수많은 사람들에게 영향을 끼친다. 신중하게 준비된다면 그 영향력은 클 것이다. 다른 한편, 정책과 프로그램은 일부에게는 긍정적이고 일부에게는 부정적일 수 있는 예기치 못한 부작용을 야기할 수도 있다. 더욱이 직접, 보통 선거에 의해서 결정되지 않는다면 영향받는 집단의 규모가 클수록 그 집단 구성원의 목소리는 점점 더 작아진다.

예를 들어, 유죄판결을 받은 모든 범인에게 여생 동안 전자발찌를 채우도록 하는 법안의 실행을 옹호한다고 가정해보자. 어떤 지역에서 이 법안은 과거 재소자, 재소자의 가족, 이미 형기를 마친 사람들에게 평생 처벌을 가하는 것의 공정성에 관심 있는 사람들의 반대에도 불구하고 법으로 확정된다.

다른 예를 고려해보자. 제법 규모가 큰 보험회사가 자신의 경제시장의 몫을 유지하고, 추가적인 경쟁을 막고, 감독으로부터 벗어나고자 한다고 가정하자. 이 회사는 국회의원들에게 영향을 끼치기 위해 협회를 만들고 로비스트를 고용할 수도 있다. 협회는 광고를 준비하고 배포하며, 협회 산하 회사 직원들은 국회의원들의 재선 캠페인에 기부를 할 수도 있다. 일부 회사들은 만약 특정 국회의원이 자신들의 입장을 지지한다면 그 국회의원의 지역구에 지사를 세울 수도 있다. 거대한 재정자원과 의사결정자들에게 접근이 가능해진다면, 수백만의 무보험자 및 저보험자들, 그들의 가족, 건강보험이 기본적인 인권이라고 믿는 사람들의 소망에도 불구하고 소수의 보험회사들은 그들이 원하는 법안을 확보할 가능성이 있다.

일반적으로 사회복지 옹호는 더 적은 자금과 자원이 들고 이익을 추구하는 동기가 차지하는 부분도 로비와 옹호는 많은 활동을 공유한다. 예를 들어, 여러분이 아프리카 지역에서 발생하는 폭력과 궁핍을 피해 북아메리카에서 피난처를 찾는 망명자들을 대상으로 일하는 사회복지사라고 가정해보자. 난민들의 언어, 종교, 민족, 문화, 의상, 관습은 매우 다양하다. 그러나 그들은 주거, 고용, 교육, 신체 및 정신건강 보호, 이민 절차, 다른 나라와 문화에 적응 등과 관련된 욕구들을 공유한다. 여러분은 10년 이상 아프리카 난민들을 원조하고 옹호하여 왔다. 이 시점에서 여러분은 추가적인 공적, 민간 자금을 확보하여 여러분의 프로그램을 확대하고자 한다. 여러분은 또한 난민들의 이민과 정착을 촉진하고 장해물을 제거하기 위해 정책과 실천의 변화를 이루고자 한다. 사실상 여러분은 현재와 미래의 난민들을 위해 계층 옹호와 정책 실천에 관여하는 것이다.

이러한 목표를 추구하는 데 있어서 여러분은 아래의 단계들을 포함하는 정책실천계획을 준비할 수 있다:

1. 피난처를 구하는 난민들과의 경험에 기초하여 (a) 난민들이 직면한 문제와 (b) 현행 정책, 프로그램 또는 실천의 문제를 문장으로 만들어 보시오. 다양성, 인권, 사회정의 사회적 안녕과 관련하여 현행 정책과 실천이 갖는 함의뿐만 아니라 정책과 실천이 인간에게 미치는 영향에 관한 정보를 포함하시오. 문제 정의문의 초안을 만들 때, 다른 서비스 제공자들뿐

만 아니라 난민들로부터 현행 정책의 문제점을 들어보시오.

2. 문제 진술문을 다듬을 때 (a) 난민들이 직면한 문제의 본질, 기원, 발달, 발생, 범위, (b) 문제를 다루기 위한 과거, 현재, 잠정적 정책, 프로그램, 실천, (c) 현행 정책의 긍정적, 부정적 영향 등과 관련 있는 문헌을 검토하시오. 마지막으로 문제 및 정책과 관련 있는 사법 처리와 결정을 검토하시오.

3. 가능하다면 현행 정책의 영향을 받는 난민들을 대상으로 설문조사, 초점집단, 기타 자료수집방법을 통해서 문헌검토와 사법기록을 보완해라. 또한 연구자, 정책입안자, 정책분석가들과 직접 소통해라.

4. 이전 과정에서 얻은 지식에 기초하여 문제 진술문을 완성하고 증거에 기반을 둔 문제해결 방법들을 만들어내라. 일반적으로 이것은 현행 정책, 프로그램, 실천에 대한 잠정적 변화의 범위를 마련하는 것을 포함한다. 그러나 때때로 새롭고 혁신적인 제안이 포함된다. 일단 가능한 해결방안들이 마련되면 난민, 타 서비스 제공자, 연구자와 정책 입안자들로부터 해결방안에 대한 피드백을 구해라.

5. 난민들과 기타 이해당사자들과 협력하여 해결방안 목록을 검토해라. 해결방안들의 긍정적, 부정적 결과와 함의를 고려하고, 비용과 편익을 예상하며, 해결방안의 영향을 받을 가능성이 있는 사람들뿐만 아니라 피난처를 구하는 난민들을 위한 잠정적 위험과 보상을 추정해라. 지지와 반대의 출처를 밝혀라. (a) 가능한 효과, (b) 상대적 장단점, (c) 채택과 실행의 확률의 측면에서 각 해결방안을 순위 매겨라. 최적의 해결방안을 선택해라.

6. 난민들과 이해당사자들과 협의하여 구체적인 전략을 마련하고 변화를 위해 선택된 해결방안을 채택하기 위한 계획을 세워라(예를 들어, 현행 정책, 프로그램, 실천, 또는 혁신적인 어떤 것의 개정). 과정 내내 이해당사자들을 관여시키는 방법을 찾도록 해라. 필요한 자원과 이해당사자들을 찾아내고, 장단기 목표와 실행단계를 마련하고, 시간 범위를 설정하며, 경과를 사정하고 성과를 평가하기 위한 수단과 척도를 선택해라.

7. 문제의 영향을 받는 사람들과 이해당사자들과 협력하여 지지자들을 모으고 동원하며 계획을 실행해라. 반대자들의 행동과 반응을 예상하고 대응방안을 세워라. 활동들을 조정하고 추진력을 유지하고 가속하기 위해 현대적인 의사소통 기술을 사용해라. 경과를 평가하고 사정 자료에 기초하여 계획을 수정해라. 여러분의 제안이 승인받고 실행될 때까지 노력을 지속해라.

8. 일단 실행되면 새로운 또는 개정된 정책, 프로그램 또는 실천의 성과를 평가해라. 긍정적 성과뿐 아니라 부정적 성과와 관련 있는 자료를 수집하고 분석하고 예기치 않은 결과에 주의를 기울여라. 사정과 평가 자료 그리고 소비자와 기타 이해당사자의 피드백에 기초하여 현행 정책, 프로그램, 실천의 개선을 위해 제안할 것을 준비해라. 이러한 제안이 승인받을 수 있는 계획을 수립해라.

여러분이 위의 8단계를 검토할 때 우리가 이미 탐색했던 과정을 떠올릴 수 있을 것이다. 이 단계들과 실천의 7단계, "과학적 방법"에 대한 전통적 개념에 포함된 과정, 증거기반실천의 단계, 평생학습 관련 활동 사이에 유사점들이 있다는 것에 주목해라. 전문성의 측면들 중 어떤 측면들이 이들 과정에 포함되는지를 고려해라. 진실, 지식과 자기효능감, 비판적 사고, 과학적 탐구, 평생학습 모두 옹호와 정책 실천의 필수 요소들이다. 마지막으로 정책 실천을 통한 사회적 안녕의 촉진을 위해 인권과 사회정의뿐만 아니라 다양성과 차이의 중요성을 인식해라.

연습 4-3 사회적 안녕 촉진을 위한 정책 실천

1. 부록 10으로 가서 사회적 안녕 척도를 완성하시오. 점수를 계산하고 점수가 갖는 의미를 이해하기 위해 지침을 참고하시오. 척도에서 관련 있는 문항들을 언급하고 아래 공간에 여러분 개인의 안녕감과 관련하여 여러분의 점수가 갖는 의미를 논하시오. 그 다음 여러분의 안녕이 사회복지사의 역할 수행과 어떻게 관련 있는지를 논하시오.

2. 인터넷에 접속해서 미국연방통계 포털 사이트를 찾아라. 그 사이트에서 "Income, Poverty, and Health Insurance Coverage in the United States: 2007"(DeNavas-Walt et al., 2008)이라는 제목의 보고서를 찾아보시오. 보고서를 읽고 2005-2007년 동안 건강보험이 없는 미국인의 수와 비율을 알아보아라. 아래 공간에 여러분이 찾은 결과를 기록해라. 인종별 저보험자의 비율을 보여주는 표를 찾아보시오. 아래 공간에 그 비율을 기록하시오. 마지막으로 민간건강보험 비율, 직장을 통한 민간보험 비율, 공적보험(예를 들어, 메디케어와 메디케이드) 비율을 기록해라.

3. 인터넷에 접속해서 "Mirror, Mirror on the Wall: An International Update on the Comparative Performance of American Health Care"(K. Davis et al., 2007)라는 제목의 보고서를 찾아보시오. 아래 공간에 보고서에 포함된 6개국의 의료보호체계의 순위를 요약하시오.

요약

이 장에서 전문성의 차원 – (1) 다양성과 차이 존중, (2) 인권과 사회정의 증진, (3) 정책실천을 통한 사회적 안녕 촉진을 탐색하였다. 이러한 측면은 이전 장들에서 다루었던 측면들을 보완한다. 실제로, 3가지 차원들은 진실, 지식과 자기효능감, 자기이해와 자기통제, 사회적 지지, 비판적 사고, 과학적 탐구, 평생학습의 요소들을 통합시킨다.

자치와 자기결정을 포함하는 타인에 대한 수용은 다양성과 차이를 끌어들이고 인권과 사회정의를 증진시킬 때 특히 필수적이다. 정책실천과 다른 형태의 계층 옹호는 다수에게 혜택을 주는 잠재력을 가지고 있으나 일부 사람들에 의해서 그리고 예기치 못한 결과로 인해 참여가 제한되는 위험도 동시에 가지고 있다.

Chapter 4 요약 연습

이 장을 마친 다음 아래의 연습문제에 대한 응답을 간략히 서술하시오.

1. 여러분과 다르면서 여러분이 알기를 원하는 집단을 밝히시오. 그 집단에 관한 지식을 찾는 데 도움이 될 수 있는 연구문제를 만들어 보시오. 예를 들어, 최근에 이라크에서 미국으로 이민 온 수니 가족에게 어떻게 하면 최상의 서비스를 제공할 수 있을지에 관해 알기를 원한다고 가정하자. 여러분은 다음과 같이 연구문제를 만들 수 있을 것이다. "(a) 이라크에서 북아메리카로 이민 온 수니 가족의 문화적 패턴, 종교적 신념, 가족 특징, 관심사, (b) 그런 관심사를 다루는 사회서비스의 효과성에 관해서 학술 논문들은 무엇을 제시하는가?" 연구문제를 만든 다음 아래 공간에 증거를 찾는 데 도움이 되는 동의어와 주제어를 적어 보시오.

2. 게재된 연구논문으로부터 얻은 지식에 더하여 사회복지사들은 지역사회와 사회서비스 자원에 대해 잘 알고 있어야 한다. 여러분이 현재 거주하고 있는 곳에서 사회복지사로서 활동하고 있다고 가정해보자. 여러분의 슈퍼바이저는 여러분에게 수단에서 이민 온 가족을 돕기 위한 자원을 찾아보라고 하였다. 이 가족은 전쟁 난민이고 고문, 기근, 친척들의 죽음을 경험하였다. 현재 그들은 굶주렸고, 돈과 거주할 곳이 없으며, 지역사회 내에 친구나 친척이 없다.

아래 공간에 (a) 이 가족에게 도움이 될 수 있고 (b) 수단 사람들과 수단에 대한 여러분의 이해에 도움이 될 수 있는 개인, 사회서비스 및 문화 조직, 지역사회 내 기타 자원들을 밝혀보시오.

3. 아래 공간에 여러분이 생각하기에 세계에서 가장 (a) 악명 높은 인권 침해 사례와 (b) 극악한 사회정의 사례를 적어 보시오. 그 이유를 간략히 설명하고 이러한 잘못을 바로 잡기 위해 취할 수 있는 행동 한 가지를 밝혀보시오.

4. 모유수유를 하는 산모들의 비율을 증가시키는 것은 수백만 신생아의 생명을 구할 수 있다는 것을 알고 있는 사회복지사라고 가정하자. 현재 전 세계적으로 35%가 안 되는 신생아들이 생후 첫 6개월 동안 모유를 먹고 있으며, "모유를 먹지 못한 신생아들은 모유를 먹고 자란 신생아들과 비교할 때 생후 첫 몇 개월 내에 사망할 가능성이 6~10배 정도 높다"(World Health Organization, 2009, p. 4). 모유수유는 신생아에게 성장, 발달하는 데 필요한 그리고 아동을 설사와 호흡기 및 기타 감염으로부터 보호하는 데 필요한 모든 영양소를 제공한다. "만약 모든 아기가 태어나서 6개월 동안 모유만을 먹는다면 매년 1백 50만 명의 생명을 구할 수 있다. 모유는 아기의 생후 첫 6개월 동안 완벽한 음식이기 때문에 생명을 구할 뿐만 아니라 삶을 향상시킨다. 어떤 조제유도 모유와 같을 수 없다"(UNICEF, 2009, Why Breastfeed? section, para. 1).

아래 공간에 여러분의 지역에서 모유수유를 하는 산모의 수와 비율을 증가시키기 위해 고안된 정책이나 프로그램의 요소들을 밝히시오.

5. 아래 공간에 여러분 자신의 삶의 만족과 행동을 개선시키기 위한 계획을 적어 보시오.

Chapter 4 자기 평가

아래의 자기 평가 연습을 통해서 현재의 이해수준을 점검해 보시오.

자기 평가: 다양성과 차이 존중, 인권과 사회정의 증진, 정책 실천을 통한 사회적 안녕 촉진

아래의 문항들에 답하시오. 여러분의 응답은 다양성 및 타인의 수용, 인권과 사회정의 증진, 정책실천을 통한 사회적 안녕 촉진과 관련된 실천 기술의 숙련도를 평가하는 데 도움이 될 것이다. 각 문항을 잘 읽고 각 문항의 내용에 동의하는 정도를 기록하시오.

4 = 전적으로 동의한다
3 = 동의한다
2 = 동의하지 않는다
1 = 전혀 동의하지 않는다

4	3	2	1	문항
				이 시점에서 나는…
☐	☐	☐	☐	1. 타인에게 서비스를 제공할 때 다양성과 차이를 존중할 수 있다.
☐	☐	☐	☐	2. 인권과 사회정의를 증진할 수 있다.
☐	☐	☐	☐	3. 사회적 안녕을 촉진하는 정책 실천에 관여할 수 있다.
☐	☐	☐	☐	4. 다양성 및 차이의 존중, 인권과 사회정의 증진, 정책실천을 통한 사회적 안녕 촉진과 관련된 실천 기술의 숙련도를 평가할 수 있다.
				소계

주: 위의 문항들은 부록 3에 있는 사회복지실천기술 자기 평가 설문지의 비판적 사고, 과학적 탐구, 평생학습에 포함된 문항들과 동일하다. 만약 여러분이 연습 2-2를 완성했다면, 이미 위 문항들에 응답하였다. 여러분은 이전의 응답과 현재의 응답을 비교할 수 있다. 만약 여러분의 숙련도가 향상되었다고 생각하면, 현재의 소계가 이전의 소계보다 높을 것이다.

이 장에서 다루었던 실천 기술과 자기 평가의 결과를 곰곰이 생각해보시오. 여러분의 분석에 기초하여 "다양성 존중; 인권과 사회정의 증진; 정책 – 실천 기술을 통한 사회적 안녕 촉진의 숙련도에 대한 자기 평가"라는 제목의 1쪽짜리 보고서를 작성하시오. 보고서에 여러분이 알고 있고 잘 할 수 있는(예를 들어, 3~4점) 실천 기술들을 포함시키시오. 또한 연습이 더 필요한 실천 기술들(예를 들어, 2점 이하)을 열거하고 숙련도를 높이기 위한 계획을 세워보시오. 완성한 다음 보고서를 사회복지실천기술 학습 포트폴리오에 포함시키시오.

CHAPTER 5

윤리적 결정

사회복지실천에서 법, 가치, 윤리와 같은 주제는 매우 복잡하다. 그럼에도 불구하고 사회복지 가치는 사회복지사 직업생활의 모든 측면에 스며든다. 더 나아가 사회복지사가 내리는 모든 결정과 사회복지사가 취하는 모든 행동은 법적으로, 윤리적으로 고려할 사항들을 포함한다. 사회복지 실천에서 윤리적 결정은 전문성의 중요한 요소이다.

이 장에서 우리는 윤리적 결정의 주제(박스 5.1 참조)를 가지고 전문성에 대한 탐색을 마무리 짓고자 한다. 여러분은 몇 개의 연습문제를 완성한 다음, 이 연습문제들을 이전에 완성했던 연습문제들과 통합할 것이다. 이는 사회복지 전문직에 대한 여러분의 준비 정도를 사정하는 데 사용될 것이다.

사회복지사는 여러 상황들의 법적, 윤리적, 도덕적 함의를 고려하고 자신의 책임과 관련하여 윤리적 결정을 내린다. 우리는 다른 사람들을 원조하면서 복잡한 윤리적 딜레마에 직면한다. 우리는 이러한 도전적인 이슈들을 다루기 위해 우리의 활동에 영향을 주는 법적 의무뿐만 아니라 사회복지 가치와 윤리를 철저하게 이해해야 한다(Reamer, 1997, 1998). 그러한 이해는 법규, 사례법, 윤리강령에 친숙해지는 것 이상을 포함한다. 사회복지사는 기초가 되는 가치를 파악하고 있어야 한다. 사회복지사는 사회복지 윤리강령과 특정 상황에서 적용할 수 있는 법적, 윤리적 원칙들을 알아야 한다. 원칙들 간에 갈등이 발생할 경우 딜레마를 다루고 해결하는 능력을 갖추어야 한다. 구체적으로 말해서 여러분은 몇 가지 책임들이 적용[1]되는 상황에서 우선적으로 고려해야 할 윤리원칙 또는 법적 의무가 무엇인지를 비판적으로 생각해야 한다.

---

[1] 미국사회복지사협회 윤리강령은 http://www.socialworkers.org에서 찾아볼 수 있다. 국제적인 관점에서 저술된 사회복지 윤리에 관한 출판물들은 국제사회복지연맹 사이트 http://www.ifse.org를 통해 구입할 수 있다. 캐나다 사회복지사협회의 윤리강령은 http://www.casw-acts.ca에서 찾아볼 수 있다. 영국 사회복지사협회의 윤리강령은 http://www.basw.co.uk에서 호주 사회복지사협회 윤리강령은 http://www.aasw.asn.au에서 찾아볼 수 있다.

이 장의 목적은 현대 사회복지실천의 맥락에서 윤리적 결정을 위해 필요한 지식을 이해하고 가치를 평가하며 기술을 실행하도록 원조함으로써 전문성을 탐색하는 것이다. 사회복지 전문직을 위한 준비 정도를 전반적으로 사정함으로써 2장부터 5장까지 다루었던 주제들을 통합한다.

목표

이 장을 학습함으로써 다음을 할 수 있어야 한다.

- 윤리적 결정의 목적과 기능 논의하기
- 원조전문가의 법적 의무 파악하고 논의하기
- 사회복지실천을 규정하는 법 평가하기
- 사회복지 전문직의 기본 가치 파악하고 논의하기
- 사회복지실천을 인도하는 윤리적 원칙과 기준 이해하기
- 전문적 맥락에 적용할 수 있는 법적 의무와 윤리 파악하고 분석하기
- 사례에 충실한 가치 서열을 통해 법적, 윤리적 의무의 상대적 우선순위 분석하고 결정하기
- 윤리적 결정을 내리고 적합한 행동을 계획하기 위해 비판적 사고 기술 사용하기
- 윤리적 결정 능력 평가하기
- 사회복지 전문직을 위한 준비 정도 평가하기

핵심 역량

- 이 장에서 제시된 기술들은 아래의 핵심적인 교육정책과 인증기준을 지지한다.
- 전문 사회복지사로 신분을 밝히고 그에 맞게 행동하기(EP2.1.1)
- 사회복지 윤리원칙을 실천에 적용하기 (EP2.1.2)
- 전문적 판단을 알리고 나누기 위해 비판적 사고 적용하기(EP2.1.3)
- 실천을 형성하는 맥락에 반응하기(EP2.1.9)

사회복지사는 클라이언트를 원조하면서 다양한 출처의 정보―이론적 지식, 연구결과로부터 얻은 지식, 인생경험과 클라이언트를 원조하면서 얻은 지혜, 동료와 슈퍼바이저의 전문지식, 기관의 정책과 절차―를 사용한다. 하지만 특정 출처가 다른 출처들의 스크린으로 작용하는데 전문직의 가치, 윤리, 의무가 바로 그것이다. 사회복지사는 실천의 모든 측면, 모든 결정, 모든 사정, 모든 개입 그리고 사실상 사회복지사로서 취하는 모든 행동을 전문직의 윤리와 의무의 관점에서 고려해야 한다. 이 차원은 다른 모든 차원을 우선한다. 윤리적 책임은 이론적 지식, 연구결과, 실천 지혜, 기관 정책은 물론 우리 자신의 개인적 가치관, 선호도, 신념보다 우선한다. 윤리적 결정은 전문성의 핵심 요소이며 2장부터 4장에서 다루었던 다른 차원들과 함께 고려되어야 한다. 이 장은 윤리적 결정에 초점을 두고 여러분에게 윤리적 의사결정 기술을 발달시키는 기회를 제공할 것이다.

전문 사회복지사의 서비스는 상당한 개인적 희생, 엄청난 지적 노력, 놀랄 만한 자제력을 수반한다. 사회복지사는 클라이언트의 삶에 영향을 끼치기 때문에 개인적, 전문적 책임감을 느낀다. 많은 의무들이 사회복지실천을 규제하는 윤리강령과 법규의 준수에서 비롯된다. 사회복지사는 자신의 책임을 수행하면서 복잡한 윤리적 이슈들에 직면한다. 전문가로서 효과적이고 책임성을

갖기 위해서 사회복지사는 윤리적 이슈와 딜레마를 밝혀내고, 다루고, 분석하며 해결해야 한다.

윤리적 결정은 다양한 차원과 신중한 사고를 포함한다. 첫째, 여러분은 모든 원조전문가에게 적용되는 법적 의무를 이해해야 한다. 둘째, 사회복지 전문직과 실천에 영향을 주는 법과 규정을 알아야 한다. 셋째, 여러분은 사회복지실천의 핵심 가치와 윤리강령을 철저히 이해해야 한다. 넷째, 여러분은 특정한 사회복지실천 상황과 관련 있는 윤리적 원칙과 법적 의무를 확인할 수 있어야 한다. 다섯째, 여러 개의 상충적인 의무가 적용될 때 여러분은 어떤 것을 우선할 것인지를 결정할 수 있어야 한다. 여섯째, 여러분은 클라이언트에게 제공되는 서비스의 다른 측면들뿐만 아니라 윤리적 결정에 관해 서로 전문가답게 기록해야 한다. 기록할 때 여러분의 결정을 기술하고 결정의 근거를 요약해라. 일곱째, 여러분의 결정을 수행해라. 때때로 결정은 행동으로 나타나지만 어떤 행동도 하지 않는 것이 가장 좋은 결정일 수도 있다. 여덟째, 수행한 바를 전문적으로 기록하고 보관해라. 아홉째, 결과와 성과를 모니터링하고 기록해라.

윤리적 의사결정에 포함된 모든 과정은 노력을 요한다. 하지만 상충되는 법적, 윤리적 의무들을 다루는 것은 가장 커다란 도전이며 고도의 비판적 사고 기술을 요구한다. 특정 상황과 관련하여 윤리적, 법적 책임 간에 갈등이 없을 경우 곧바로 의사결정을 하고 적절한 행동을 취해야 한다. 여러분은 적절한 윤리적 의무를 따르기만 하면 된다. 달리 표현하면, 여러분은 "올바른 일을 하기만 하면 된다" 그러나 많은 경우 적용될 수 있는 원칙과 의무가 서로 갈등을 일으키는데 이것이 문제이다. 어떤 의무를 우선할 것인가를 결정하는 일은 윤리적 결정의 가장 복잡하고 도전적인 측면이다.

법적 의무의 이해

정신의학자, 심리학자, 결혼 및 가족 상담사, 간호사 등과 함께 사회복지사도 사회에서 전문 원조직으로 인정되고 있다. 따라서 여러분은 사회복지사로서 법적으로 결정된 일련의 의무를 적용 받는다. 이들 의무는 법, 규정, 법원의 다양한 판례에서 비롯된다. 어떤 법적 의무는 사회복지의 가치 및 윤리강령에서 제시한 책임과 일치하지만 그렇지 않은 것들도 있다. 여러분은 모든 원조전문가들에게 적용될 수 있는 법적 의무와 사회복지사들에게만 적용될 수 있는 윤리적 의무 모두를 이해해야 할 책임이 있다. 특히 여러분은 사회복지 전문직과 실천에 영향을 주는 법과 규정에 관한 정보를 필요로 한다. 미국의 50개 주, 워싱턴 D.C., 푸에르토리코, 미국령 버진아일랜드는 사회복지실천을 규제하는 법을 시행해왔다. 자격증 관련 법과 규정을 찾아보아라. 많은 법과 규정은 인터넷을 통해서 찾을 수 있다. 예를 들어 인디애나 주 법전의 제25편 제23.6조는 사회복지의 자격과 실천과 관련된 내용을 포함하고 있으며(Indiana General Assembly, 2009) 인디애나 주 정부의 웹사이트에서 찾아볼 수 있다. 사회복지이사협의회(ASWB, 2008) 웹사이트는 미국 내 모든 주 그리고 캐나다의 앨버타 주, 온타리오 주, 사스캐치완 주의 법령과 규정 링크들을 담고 있다.

많은 법과 규정이 있음에도 불구하고 원조전문가의 법적 의무는 항상 명료한 것도 영구적인 것도 아니다. 새로운 법과 규정들이 전문직 단체와 정부에 의해 끊임없이 제정되고 있다. 매년 수많은 판례들이 처리된다. 새로운 법과 정책이 출현하면 사회복지사를 포함한 원조전문가의 법적 의무의 본질과 정도 또한 변한다. 전문 사회복지사로서 여러분은 이렇게 변해가는 책임을 받아들여야 한다.

부적절한 실천에 대한 주제를 예로 들어 보자. 부적절한 실천은 "실천가가 해당 전문직의 보호기준과 일치하지 않은 방식으로 행동할 때 일어나는 태만의 한 형태이다. 여기서 전문직의 보호기준이란 보통의 합리적이고 신중한 전문가가 동일한 혹은 유사한 환경에서 취하는 행동방식을 말한다"(Reamer, 1994, p. 9). 부적절한 실천은 다음과 같이 정의된다.

부적절한 실천이란 윤리강령과 전문적 보호기준을 어긴 전문가가 클라이언트에게 해가 되는 행위를 하는 것이다. 사회복지사의 행위 중에 부적절한 실천을 가져올 가능성이 큰 것들은 다음과 같다. 비밀로 해야 할 정보를 부적절하게 누설하는 것; 불필요하게 서비스를 연장하는 것; 자신의 지식이나 기술에 대한 그릇된 설명; 의료적 치료가 필요하나 사회복지서비스를 제공하는 것; 중상모략이나 비방을 일삼은 타인에게 정보를 제공하는 것; 클라이언트의 재정을 착취하는 것; 그리고 집단모임과 같은 치료과정 중에 클라이언트에게 신체적 상해를 입히는 것 등이다(Barker, 2003, p. 259).

전문 사회복지사의 '부적절한 실천'은 법적 용어로 말하자면 불법행위의 한 형태이다. 불법행위에는 법적으로 피해가 조사될 수 있는 나쁜 행위가 포함된다. 개인이든 집단이든 전문가의 "잘못된 조치나 아무런 조치를 취하지 않음"(Saltzman & Proch, 1990, p. 412)으로 인해 겪게 된 손상이나 고통에 대해 해당 전문가를 민사법원에 고소할 수 있다. 고소인은 흔히 클라이언트일 경우가 많으나 때로는 클라이언트 가족일 때도 있다. 이들은 자신들의 손해나 고통을 보상받기 위해 금전적 배상을 요구한다. 그러나 때로 부적절한 실천의 대가로 전문가를 벌주기 위해 처벌적 배상을 부가하기도 한다.

부적절한 실천은 해를 초래하는 기준 이하의 서비스를 포함한다. 수용할 만한 보호기준을 충족하지 못하고 클라이언트에게 피해를 주는 것은 부적절한 사례를 결정하기 위해 사용되는 기준이다. 부적절한 실천의 3가지 유형이 있다: (1) 불법행위(malfeasance) – 전문가가 해를 준다고 알려진 실천에 의도적으로 관여하는 것, (2) 과실(misfeasance) – 전문가가 수용 가능한 실천을 하면서 실수를 저지르는 것, (3) 의무 불이행(nonfeasance) – 전문가가 기준이 되고 수용 가능한 실천이 가능한 상황에서 그러한 실천을 하지 못한 것. 첫 번째 유형의 부적절한 실천은 해를 끼치는 의도나 악의를 포함하는 반면, 나머지 유형들은 태만과 부주의를 포함한다. 첫 번째와 두 번째 유형은 위반을 세 번째 유형은 태만을 포함한다.

원조전문가의 다양한 행동을 부적절한 실천으로 고소하는 경우가 많다. 캘리포니아 법정의 한 사례를 예로 들어보자. 아동 성학대로 자신의 딸에 의해 고소된 한 아버지가 딸을 치료했던 정신과 의사와 가족치료사로부터 손해배상을 받은 사례이다. 어렸을 때 아버지로부터 괴롭힘을 당했다는 딸의 주장 때문에 그는 고소득의 직장에서 해고되었고 부인과도 이혼하게 되었다. 이러한 딸의 주장이 있은 후 딸과 부인은 그와의 접촉을 거절해 왔다(Johnston, 1997).

이 사람은 원조전문가들이 부적절한 실천을 했다고 고소하였다. 전문가들이 딸의 억압된 기억을 회상시키는 것이 꼭 필요했고 타당하였다는 것을 제시하는 데 있어 전문적이지 못했다고 법원은 결론 내렸다. 회상된 기억에 대한 주제는 최근 들어 – 법원 안팎에서 – 상당한 논쟁거리가 되고 있다. 이와 관련된 연구결과들에 의하면, 전문가들이 유도성 질문을 하거나 클라이언트에게 자신의 의견을 넌지시 비칠 때 부정확한 회상이 일어날 수 있다고 지적한다. 여기서 흥미로운 것은, 법원은 이들 전문가의 지나친 암시적 말 때문에 딸이 회상한 기억이 타당하다고 결론을 내릴 수 없었을 뿐이지 딸의 기억이 거짓이라고 주장하지는 않았다는 점이다. 법원은 전문가들의 비전문적 행위로 인한 손해에 대한 보상으로 고소당한 아버지에게 수십만 달러를 지불하도록 판결하였다(Johnston, 1997).

억압된, 회복된, 그리고 거짓 기억에 대한 주제는 최근 들어 법정 안팎에서 상당한 논쟁거리가 되고 있다. 관련 연구에 따르면 인간의 기억은 오디오나 비디오 녹화와는 다르다. "기억은 사건에 대한 사람들의 경험의 기록이지 사건 자체에 대한 기록이 아니다"(The British Psychological Society, 2008, p. 2). 형사재판에서 목격자 증언의 낮은 신뢰도가 이 현상을 강조한다. 실제로, 애드윈 보차드 Edwin Borchard가 최초로 보고했고 그 이후 수많은 연구들에 의해서 확인되었듯이 "잘못된 유죄판결의 가장 흔한 원인은 목격자의 착각이다"(Gross, Jacoby, Matheson, Montgomery, & Patil, 2004, p. 18). 미국 형사사법제도에 대한 연구에서 그로스Gross 외는 유죄로 잘못 판결되었으나 이후 무죄로 판결된 사례들의 64%가 피고인에 대한 목격자의 착각과 관련 있다고 보고하였다.

몇몇 연구자들은 최소한 실험연구의 환경에서 잘못된 기억들이 쉽게 만들어질 수 있다고 하였다(Brainerd & Reyna, 2005; Lindsay, Hagen, Read, Wade, & Garry, 2004; Loftus, 1997, 2003). 설명적이고 맥락적인 감각을 만드는 기억의 생성은 여러 유용한 기능을 발휘하는 인간의 특성이 될 수 있다:

> 기억은 세상에 대한 개인의 지식과 직관 그리고 현재 환경 속의 실마리에 의해서 지배되는 적극적이고 추론적인 과정이다. 여러분이 이야기를 듣거나 어떤 사건을 경험할 때 여러분의 마음은 활용 가능한 정보 중 일부를 장기 기억으로 부호화한다. 이후 여러분이 그 이야기나 그 사건을 이야기하려고 할 때, 여러분은 부호화된 조각들을 끄집어내고 여러분의 논리와 지식을 가지고 틈을 채운다. 논리와 지식은 여러분이 그 이야기와 사건을 기억하지 못해도 어떤 일이 일어났음에 틀림없다고 여러분에게 말해준다. 반복적으로 말하면서 본래 발생했던 것과 나중에 추가된 것을 구분하는 것이 점점 어려워진다. 그래서 그 이야기나 사건에 대한 기억은 원래 정보의 해독이 아니라 다양한 출처를 가지고 만들고 다시 만들어진 것이다. 과거를 구성하는 우리의 능력은 적응적인데 왜냐하면 우리의 능력은 우리로 하여금 불완전하게 부호화된 경험을 논리적이고 유용하게 만들 수 있도록 하기 때문이다. 그러나 그 과정은 또한 왜곡으로 이끌 수도 있다(Gray, 2007, p. 329).

원조전문가들은 과거 사건에 대한 유도성 질문, 암시적 발언, 추측성 해석을 자제함으로써 부정확한 회상을 촉진하거나 강화시키는 것을 줄일 수는 있지만 완전히 제거할 수는 없다. 아동학대는 주요 사회문제이고 외상경험이 잊혀질 수 있거나 그에 대한 기억이 억압된다는 것을 인식하면서도 사회복지, 심리학, 정신의학 분야의 협회들은 억압된 기억의 회복을 위한 접근법에 관한 설명서를 출판하였다(Alpert et al., 1996; American Psychiatric Association, 2000d; National Association of Social Workers, 1998; The British Psychological Society, 2008). 이 설명서의 목적은 불필요한 고통으로부터 클라이언트를 보호하고 원조전문가를 상대로 하는 법석 행동의 위험을 다루는 데 있다. 1990년대에 억압된 기억의 회복을 시도한 실천가들을 부적절한 실천을 행하였다고 고소하는 경우가 매우 많았다(Wakefield & Underwager, 1992).

사회복지사를 상대로 접수된 고소들이 얼마나 많았는지를 결정하는 것은 어렵다. 학자들(Besharov & Besharov, 1987; Reamer, 1994)마다 각기 다른 추정을 하여 적게는 수백 건에서부터 많게는 수천 건에 이른다. 리머Reamer(1995b)는 미국사회복지사협회 보험신탁이 1969년부터 1990년 사이에 사회복지사들을 상대로 접수된 배상청구를 검토하였다. 리머는 "1970년에 단지 1건의 배상청구만이 있었다; 그러나 1980년에 40건이 있었고 1990년에 126건이 있었다"(p. 596)라고 보고하였다. 모두 합쳐 20년 동안 634건의 배상청구가 있었다. 이는 보험신탁에 가입한 70,000명 이상이 되는 사회복지사들에 비하면 상대적으로 적은 편이다(NASW Assurance services, 2009). 그러나 사회복지사에 대한 배상청구의 비율과 빈도는 실제로 증가하고 있다. 물론 여러분을 상대로 고소가 접수되었더라도 여러분이 부적절한 실천에 관여했다고 의미하는 것은 아니다. 일부 고소는 근거 없고 심지어 천박하기까지 하다. 여러분은 가장 훌륭한 사회복지사임에도 불구하고 고소당할 수 있다. 여러분이 하는 어떤 것도 법적 제재의 면제를 보장해 주지는 않는다. 하지만 누군가가 여러분을 고소한다면, 최선의 방어는 의심할 여지없이 최신의 실천 관련 연구에 기반을 둔 윤리적이고, 역량 있고, 문서에 의해서 충분히 입증된 서비스이다(Bogie & Coleman, 2002).

원조전문가를 상대로 하는 소송의 증가가 걱정일지라도 과도하게 놀랄 필요는 없다. 사회복지사를 상대로 하는 고소의 확률은 매우 낮다. 사회복지는 개인적으로나 전문적으로 만족을 주는 직업이다. 그러나 소송 가능성이 있다는 점은 모든 사회복지사와 타 분야의 원조전문가들 모두에게 적용되는 의무와 현행 법적 환경을 이해하는 것이 중요하다는 것이다.

사회복지사를 비롯한 서비스 전문가에게 공통적으로 있어 온 소송의 범주를 구분해 보면 다음과 같다(Besharov & Besharov, 1987; Corey, Corey, & Callanan, 2003; Kitchener, 2000; myers, 1992; Reamer, 1995b; Saltzman & Proch, 1990; VandeCreek & Knapp, 1993).

- **사전 동의 없이 치료**: 클라이언트는 전문적 치료 절차가 사전 동의 없이 이루어졌다고 주장할 수 있다. 또한 부모가 자기 자녀에 대한 치료가 사전 인지나 동의 없이 이루어졌다고 주장할 수도 있다.
- **전문성이 결여되거나 부정확한 치료 또는 치료 실패**: 클라이언트는 사회복지사가 부적절하고 관례적이지 않은 사정절차나 개입을 사용했다고 하면서 역량 있는 전문적 서비스를 제공하지 않았다고 주장할 수 있다.
- **진단의 실패 또는 부정확한 진단이나 사정**: 클라이언트는 사회복지사가 문제나 장애의 증상을 인식하지 못하거나 또는 부정확한 진단이나 사정을 하였다고 주장할 수 있다.
- **학대나 방임을 보고하지 않음**: 클라이언트, 클라이언트 가족, 국가기관은 학대나 방임에 처해 있는 아동에 관한 정보를 알고 있는 사회복지사가 이의 혐의자를 보고하지 않았다고 주장할 수 있다.
- **학대나 방임의 보고**: 클라이언트나 그 가족은 사회복지사가 적절한 근거도 없이 아동학대나 방임의 혐의가 있다고 국가기관에 보고함으로써 당사자에게 심각하고 돌이킬 수 없는 손해를 일으켰다고 주장할 수 있다.
- **다른 전문가에게 자문을 구하거나 의뢰하지 않음**: 클라이언트나 그 가족은 사회복지사가 클라이언트의 문제와 증상이 의료적 조건으로 인한 것이 명백할 때 의사의 자문을 구해야 한다고 주장할 수 있다.
- **아동의 자살을 예방하지 못함**: 자살한 클라이언트의 가족은 사회복지사가 아동의 자살의도를 알고 있었음이 틀림없는데도 자살충동 방지에 필요한 어떠한 조치도 취하지 않았다고

주장할 수 있다.

- **클라이언트 자살의 원인 제공**: 자살한 클라이언트의 가족은 사회복지사의 말과 행동이 클라이언트의 자살을 부추겼다고 주장할 수 있다.
- **제3자를 보호하지 못함**: 클라이언트로부터 상해를 입은 사람은 클라이언트가 제3자인 당사자를 해칠 가능성이 있고 그럴 의도를 가지고 있음을 사회복지사가 알고 있었음에도 불구하고 자신에게 이를 알리고 보호하기 위한 아무런 조치도 취하지 않았다고 주장할 수 있다.
- **준비되지 않은 클라이언트의 퇴소**: 클라이언트나 그 가족은 사회복지사를 비롯한 전문가들이 심각한 스트레스나 무능력 상태에 있는 클라이언트가 시설을 떠나도록 방치했다고 주장할 수 있다.
- **부당한 감금**: 클라이언트는 요양원이나 약물치료센터와 같은 시설에의 입소가 불법 체류나 감금으로 이루어졌다고 주장할 수 있다.
- **생활시설에 있는 클라이언트를 적절하게 보호하지 못함**: 클라이언트나 그 가족은 클라이언트가 병원이나 다른 시설에서 근무하는 사회복지사와 다른 직원들에게 방임적이고 부적절한 보호를 받았고 그로 인해 손해를 보았다고 주장할 수 있다.
- **폭행**: 클라이언트는 사회복지사가 협박을 했으며 혹은 부적절한 신체적 접촉을 했다고 주장할 수 있다.
- **고의로 정서적 디스트레스 가함**: 클라이언트는 상담절차나 혹은 아동을 친부모로부터 격리시키는 것과 같은 사회복지사의 행동이 클라이언트에게 상처를 주어 정신적, 정서적 디스트레스의 원인이 되었다고 주장할 수 있다.
- **성적 부당행위**: 클라이언트는 사회복지사가 성적 유혹과 착취를 목적으로 전문적 권위와 전문성을 이용했다고 주장할 수 있다.
- **비밀보장의 위반**: 클라이언트는 사회복지사가 비밀보장을 해주기로 한 정보를 관계없는 사람들에게 부적절하게 유통시켰다고 주장할 수 있다.
- **계약 위반 또는 치료 실패**: 클라이언트는 사회복지사가 결혼 상담을 하면서 클라이언트에게 자신의 결혼이 구원이 될 것이라고 장담을 했다고 생각할 수 있다. 그런데 결혼이 이혼으로 끝나자 클라이언트는 사회복지사가 계약 조건을 이행하지 않았다고 주장할 수 있다.
- **사생활 침해**: 클라이언트는 아동학대 조사로 인해 애를 먹었거나 무리가 있었다고 주장할 수 있다.
- **명예 훼손**: 클라이언트는 사회복지사가 클라이언트의 명예에 해가 될 정도로 거짓되고 품위를 떨어뜨리는 말을 하거나 글을 썼다고 생각할 수 있다.
- **클라이언트의 시민권 침해**: 생활시설의 클라이언트는 자신의 자신이 사회복지사에 의해 몰수된 경우 자신의 시민권이 침해되었다고 주장할 수 있다.
- **필요할 때 활용하지 못함**: 클라이언트는 자신이 절박하게 서비스를 필요로 할 때 사회복지사를 만나거나 활용할 수 없었다고 주장할 수 있다.
- **치료의 부적절한 종료**: 클라이언트는 사회복지사가 치료를 갑작스럽게 혹은 비전문적으로 종결했다고 주장할 수 있다.

- **악의적 기소 또는 과정의 남용:** 클라이언트는 사회복지사가 취한 조치가 법원에 의해 기각될 것을 알면서도 고의로 그렇게 했다고 주장할 수 있다.
- **부적절한 청구서 수금 방법:** 클라이언트는 사회복지사가 결제되지 않은 청구서를 수금하기 위해 부당하고 공격적인 수단을 사용했다고 주장할 수 있다.
- **법률 위반:** 법적으로 인정된 사회복지사 자격증을 가진 사회복지사는 국가법의 요구를 위반한 경우 고소당할 수 있다.
- **부적절한 아동 보호:** 클라이언트와 그 가족 혹은 국가기관은 아동이 사회복지사가 제공한 부적절하거나 방임적인 보호 때문에 손해를 보았다고 주장할 수 있다.
- **부모 권리의 침해:** 아동의 부모는 사전 동의 없이 그들의 자녀에게 전문적 서비스를 제공한 경우 자신들의 권리가 침해당했다고 주장할 수 있다.
- **부적절한 위탁보호 서비스:** 클라이언트, 아동의 부모 혹은 국가기관은 사회복지사가 아동에게 해가 되는 부적절한 위탁보호 세팅에 아동을 배치했다고 주장할 수 있다.

리머는 미국사회복지사협회 보험신탁의 책임보험에 가입된 사회복지사들을 상대로 접수된 634건의 배상청구를 검토하면서 불법행위와 과실의 예들을 발견하였으며 그 내용은 아래와 같다.

잘못된 치료, 성적 부당행위, 비밀보장 위반 또는 사생활 침해, 타 기관으로 부적절한 의뢰, 명예 훼손, 서비스 계약 위반, 클라이언트 시민권 침해, 클라이언트에 대한 부적절한 행동(감금 또는 체포), 아동을 가정으로부터 격리(양육권 상실), 폭행, 부적절한 서비스 종결, 직원의 자격 미달, 부적절한 동료 검토(p. 596).

의무불이행의 예들에는 "적절한 진단 실패, 제3자의 보호 실패, 클라이언트에 대한 치료 실패, 클라이언트 의뢰 실패"(p. 596) 등이 포함된다. 가장 흔한 협의는 부정확한 치료(18.6%), 성적 부당행위(18.45%), 비밀보장 위반 또는 사생활 침해(8.68%), 진단 실패 또는 오진(5.21%), 클라이언트 자살(4.42%)이다. 이러한 협의들 중 일부는 근거가 충분하지 않지만 사회복지사를 고소하는 경우가 증가하고 있다.

다른 세팅보다 고소의 위험이 더 큰 분야와 세팅이 있다. 예를 들어, 아동복지 분야에서는 비자발적 서비스를 제공하는 것이 흔하기 때문에 이 분야에서 일하는 사회복지사에게는 민법과 형사법상의 법적 조치를 경험할 가능성이 더 크다. 최근 들어 "억압된 기억"의 탐색을 포함하는 수많은 부적절한 실천이 소송의 원인이 되고 있다. 이러한 실천에 관여하는 원조전문가들을 상대로 수백만 달러의 판결을 내리기도 하였다. 1996년 6월 미국사회복지사협회는 "기억을 회상시키는 실천 활동을 하는 사회복지사들은 그들의 실천이 소송의 위험이 높은 실천 분야라는 점을 반드시 기억해야 한다."(Summary section, para. 1)는 내용의 최신 실천 정보물을 발행하였다.

대부분의 부적절한 실천으로 인한 고소가 민사법원에서 일어나긴 하나 사회복지사가 제공하는 전문적 서비스의 성격과 정도에 따라서는 가끔 형사적 조치를 받을 수도 있다.

예를 들어, 콜로라도의 한 사회복지사가 담당했던 아동이 부모에 의해 살해되었을 때 사회복지사와 슈퍼바이저가 기소된 일이 있었다. 부모가 아동을 학대한다고 신고되었으나 사회복지사는 아동을 집에 그대로 두었다. 그 결과 사회복지사와 슈퍼바이저는 유죄선고를 받았다(Saltzman & Proch, 1990, p. 428).

콜로라도 사례에서 유죄선고는 이후에 항소법원에서 기술적 이유로 뒤집혔다. 그럼에도 불구하고 이 사례는 전문적 사회복지실천과 관련하여 엄청난 책임이 뒤따른다는 점을 보여주었다.

여러분은 여러분의 사회복지실천에 영향을 끼치고 여러분의 서비스 영역과 관련 있는 법과 규정을 신중하게 검토해야 한다. 아동학대와 방임, 노인학대, 가정폭력, 시민권, 성희롱, 심리검사, 정신치료와 상담, 아동 양육권, 결혼과 이혼, 입양과 관련된 법은 거의 모든 사회복지사들에게 해당된다. 사회복지사들은 사회복지사와 클라이언트에게 직접적으로 영향을 미치는 기타 법과 규정들을 잘 알아야 한다. 의심할 여지없이 시간이 지나면서 사회복지사들에게 적용되는 법적 책임의 내용과 범위에도 변화가 있을 것이다. 그러나 박스 5.2에 제시한 법적 책임과 의무는 계속해서 효력을 발휘할 것이다(Everstine & Everstine, 1983, pp. 227~251).

법적 의무는 사회가 중요하다고 여기는 인간의 권리와 비슷하다. 미국에서는 많은 기본권들이 헌법, 권리장전, 그리고 연방법원 판례들에 분명히 나타나있다. 4장에서 탐색하였듯이 세계인권선언(General Assembly of the United Nations, 1948)은 세계 모든 나라의 사람들에게 제공되는 보호를 설명하고 있다. 세계인권선언의 제1조는 "모든 사람은 태어날 때부터 자유롭고, 존엄성과 권리에 있어서 평등하다"로 시작한다. 원조 전문가의 의무에 해당되는 대부분의 법적 책임은 기본적인 인권의 측면들을 반영한다.

박스 5.2   원조 전문직의 법적 의무

- 보호의 의무
- 사생활 존중의 의무
- 비밀보장 유지의 의무
- 고지의 의무
- 보고의 의무
- 경고의 의무

보호의 의무

전문 사회복지사로서 여러분은 사회복지서비스를 전달하는 데 있어 법적으로 합당한 보호기준을 제공할 의무가 있다. 클라이언트는 여러분이 전문적 책임을 이행할 충분한 능력을 가지고 있기를 기대할 권리가 있다. 서비스를 전달하는 것에는 이런 취지의 계약이 함축되어 있다. 클라이언트에게 제공되는 서비스는 적절한 보호기준, 즉 사회복지 전문직에서 결정된 보호기준과 기타 원조 전문직에서 공통으로 기대하는 보호기준을 충족시켜야 한다. 사회복지사는 다양한 세팅의 다양한 클라이언트들에게 서비스를 제공한다. 사회복지사는 사회복지실천의 기초뿐만 아니라 클라이언트가 구체적인 문제와 목표를 다루도록 원조하는 데 있어서도 유능해야 한다. 예를 들어 아동학대와 방임을 다루는 가족과 함께 일하는 사회복지사는 사회복지와 아동복지 실천 모두에서 유능해야 한다. 다양한 인구 집단에게 서비스를 제공하는 사회복지사는 문화적 민감성을 보여야 한다. 라오스 출신의 불교를 믿는 이민자들을 원조하는 사회복지사는 라오스 문화, 불교, 이민과 관련된 문제와 과정에 관해 많이 알아야 한다.

미국사회복지사협회는 다양한 분야의 사회복지실천 기준에 관한 수많은 팸플릿을 출간해 오고 있다. 몇몇 팸플릿은 지난 몇 년 동안 업데이트되었다: ① 약물남용 클라이언트대상 사회복지실천 기준(National Association of Social Workers, 2005e), ② 의료사회복지실천 기준(National Association of Social Workers, 2005d), ③ 임상사회복지실천 기준(National Association of Social Workers, 2005b), ④ 아동복지실천 기준(National Association of Social Workers, 2005c), ⑤ 호스피스실천 기준(National Association of Social Workers, 2004), ⑥ 과학기술과 사회복지실천 기준(National Association of Social Workers & Association of Social Work Boards, 2005), ⑦ 학교사회복지실천 기준(National Association of Social Workers, 2002a), ⑧ 보수교육 기준(National Association of Social Workers, 2003a), ⑨ 장기요양보호시설과 사회복지실천 기준(National Association of Social Workers, 2003b), ⑩ 사례관리 기준(National Association of Social Workers, 2002b), ⑪ 문화적 역량과 사회복지실천 기준(2001), ⑫ 청소년복지실천 기준(2003c).

물론 원조전문가들은 기본적인 기준과 지침 이상을 알아야 한다. 또한 여러분은 사회복지실천과 관련된 학술지와 전문 학술지에 제시된 정보에 대해서도 잘 알고 있어야 한다. 증가하는 책임성에 대한 요구와 높아진 기대에 자극받은 사회복지 저자들과 연구자들은 증거기반, 최상의 실천 접근에 관한 책, 안내서, 매뉴얼들을 출판하기 시작했다. 이들은 실천 효과성에 대한 강력한 경험적 지지를 반영하고 있다(Corcoran, 2000, 2002, 2003; Delgado, 1999; Edmundson, 2006; Pritchard, 2006; Roberts & Yeager, 2004, 2006; Thyer & Wodarski, 1998a, 1998b, 2006; Williams & Ell, 1998; Wodarski & Thyer, 1998). 전문 사회복지사는 여러분이 도움을 주는 인구층은 물론 여러분이 활동하는 장에서 만나게 되는 문제들과 관련된 저작이나 학술지를 통해 이들에 관한 유용한 지식을 습득할 수 있어야 한다. 여러분이 선택하는 사정, 진단, 치료, 개입은 이론적, 경험적으로 지지되는 것이어야 한다.

지난 10년 동안 미국정신의학협회는 특정 정신건강문제의 치료와 관련된 '실천 지침'을 승인하고 발행하였다(American Psychiatric Association, 1996, 1997, 1998, 2000a, 2000b, 2001, 2002, 2003, 2004a, 2004b, 2006a, 2006b, 2006c). 미국아동청소년정신의학학회(2006)는 25가지 실천요소를 개발하였다. 미국정신의학협회와 미국아동청소년정신의학학회는 관련 문헌에 대한 포괄적인 검토와 분석을 통해 이러한 지침을 개발하였다. 우리는 사회복지 전문직도 최상의 실천, 연구기반 증거 대한 포괄적인 분석에 기초한 사회복지실천 지침을 승인하고 출판하길 기대한다.

여러분의 사회복지활동이 일반적으로 받아들여지는 이론, 연구, 실천지침과 일치한다면 여러분은 기본적인 보호기대 수준을 충족시키는 것이다. 안정성과 효과성을 지지하는 전문적 근거와 증거가 없는 생소한 개입, 활동, 절차는 여러분을 큰 위험에 빠뜨릴 것이다.

이외에도 일반적인 보호 의무에는 여러 가지 책임이 포함될 수 있다. 예를 들어, 여러분은 전문 사회복지사로서 여러분이 도움을 주는 클라이언트에게 유용한 존재가 되어야 한다. 클라이언트가 위기상황에서 누구와 접촉하고 무엇을 해야 하는지에 대해 알고 있어야 한다. 휴가를 갈 경우, 미리 클라이언트에게 알려야 하며 대신할 수 있는 서비스를 준비해야 한다. 여러분은 또한 (1) 타인에게 해를 끼칠 위험이 있거나, (2) 자신을 자해할 위험이 있거나, (3) 최소한의 자기 보호조차 할 수 없을 정도로 장애가 심한 클라이언트들을 신체적으로 보호할 수 있는 조치를 취해야 한다. 그리고 때로 여러분은 이러한 클라이언트들을 지도하거나 입원시킬 준비를 해야 할 것이다.

전문적 기록 또한 '보호기준'의 의무와 관련되어 있다. 여러분의 전문적 서비스의 본질, 규모, 비용, 진행, 결과를 완벽하고 정확하며 적시적으로 기록하는 것은 합당하고 일반적이며 전문적인 행동이다. 전문적 기록에는 최소한 서비스를 제공받는 사람의 신원, 동의서, 서비스를 제공한 날짜와 서비스 종류, 사정과 계획, 진행기록, 사례종결요약이 포함되어야 한다. 물론 기록은 사회복지사인 여러분이 관련 정보를 기억하고 개입을 위해 동의한 목표에 초점을 유지할 수 있도록 도와준다는 점에서 일차적으로는 클라이언트를 위한 것이다. 여러분이 아프거나 다쳤을 경우 또는 갑작스럽게 사망했을 경우 여러분의 기록은 클라이언트가 지속적으로 서비스를 받을 수 있도록 해준다(Kagle & Kopels, 2008).

기록을 하는 것은 적어도 전문성의 작은 표현이다. 기록은 또한 여러분의 전문적 서비스의 질을 지지하게 해줄 수도 있다. 정확하고 기술적인 기록은 부적절한 실천으로 인한 고소가 있을 경우 가장 중요한 방어가 된다. 만일 전문적 기록이 없거나, 빈약하거나, 사후에 변조된 듯이 보이는 경우 많은 재판에서는 이를 부적절한 보호의 증거로 간주한다.

사생활 존중의 의무

전문 사회복지사로서 실천을 하면서, 여러분은 여러분과 상호작용하는 사람들의 사생활을 존중할 의무가 있다. 대개의 상황에서 여러분은 클라이언트의 사생활을 침해해서는 안 된다. 사생활은 개인의 물리적 공간(집이나 거주지, 사물함, 자동차, 지갑, 옷장 등)뿐만 아니라 상징적 영역을 구성하는 개인생활의 제반 측면을 포함한다. 여기서 상징적 영역이란 자신이 좋다고 여겨, 나누거나 드러내 놓으려는 개인 고유의 것을 의미한다. 예를 들어, 자신의 집으로 가기 위한 교통수단을 찾기 위해 여러분의 전문적 도움을 구하는 무일푼의 여성 여행자를 고려해보자. 만약 여러분이 그녀에게 그녀의 성적 이력―그녀가 언급한 관심사와 관계없는 주제―에 관한 정보를 요청하였다면, 여러분은 그녀의 사생활을 침해한 것이다.

마찬가지로 여러분이 강한 종교적 신념을 가지고 있다고 가정해보자. 여러분의 개인적 신념은 여러분 자신에게 영적 지원과 위안을 제공해준다. 하지만 여러분은 사회복지사로서 아동과 가족복지 기관에서 근무하고 있다. 만약 여러분이 여러분의 종교적 신념을 클라이언트에게 전도한다면 여러분은 클라이언트의 사생활을 침해하는 것이다. 어떤 의미에서 이것은 여러분의 집에 전화하는 전화판매상이나 여러분에게 상품을 팔려는 초대받지 않은 방문 판매상과 같다. 여러분은 그 정보를 요청하지 않았으나 갖게 되었다. 사회복지사들은 사적인 물리적 혹은 상징적 영역에 들어가기 위한 건전한 전문직업적 이유를 가져야 한다.

비록 사생활에 대한 권리가 미국 헌법에 명시되어 있기보다는 암시되어 있지만 이 권리의 중요성은 원조 전문식 안밖에서 점점 더 강조되어 왔다(Etzioni, 1999; McWhirter & Bible, 1992). 세계인권선언의 제12조는 "개인의 프라이버시, 가족, 주택, 통신에 대해 타인이 함부로 간섭해서는 안 되며, 어느 누구의 명예와 평판에 대해서도 타인이 침해해서는 안 된다. 모든 사람은 그러한 간섭과 공격을 반대하는 법에 의해 보호받을 권리를 갖는다"(General Assembly of the United Nations, 1948). 사생활에 대한 권리가 서서히 발전하듯이 그 권리에 대한 위협도 그렇다. 비디오와 오디오 녹음과 기타 감지장치와 같은 통신기술의 발전; 컴퓨터 소프트웨어와 하드웨어 기술, 휴대폰, 인터넷의 폭발적 증가; 물론 DNA, 소변, 혈액 검사기술의 발달이 사생활을 점점 더 위태롭게 한다.

그러나 사생활 권리의 존중은 심지어 원조 전문가들과 이용자들 사이에서도 보편적이지 않다. 예를 들어, 기관과 조직은 일반적으로 대기실, 복도, 주차장에 감시카메라를 설치한다. 사례기록은 인터넷과 와이파이 연결이 가능한 노트북에 연결된 컴퓨터에 저장된다. 일부 학교는 학급활동을 모니터하고 녹화하기도 하며 많은 학교들은 동의 없이 학생들의 사물함을 수색한다. 특히 일부 약물남용 프로그램에서는 서비스 수혜의 조건으로 개인들은 몸수색을 당하며 혈액검사와 소변검사를 받아야 한다. 언론매체의 기자들과 TV나 영화 프로듀서들은 클라이언트들의 이야기와 그들에게 제공된 여러분의 서비스에 관심을 갖는다. 교육자들은 사회복지사-클라이언트 면담을 녹음, 녹화하며 클라이언트의 이야기를 교재나 다른 인쇄물에서 사용한다. 심지어 클라이언트들이 정보공개 동의서에 서명했을 때에도 그들은 공개의 의미를 완전히 이해하지 못할 수도 있다. 이러한 행동과 상황은 클라이언트들의 사생활 권리뿐 아니라 그들의 친구, 이웃, 가족들의 사생활 권리를 위태롭게 한다.

비밀보장 유지의 의무

전문 사회복지사는 클라이언트가 말한 것에 대해 비밀을 보장할 의무가 있다. 이 의무는 일반적으로 모든 원조전문직에 적용된다. 사회복지사를 인증하는 법에는 클라이언트와 공유한 정보에 대해 비밀을 보장해야 한다고 요구하고 있다. 사실, 일부 법은 비밀보장의 의무를 묘사하는 데 있어 **특권적 의사소통**(privileged communication)이라는 용어를 사용하고 있다. "비밀보장이란 클라이언트에 의해 공유된 정보 혹은 클라이언트에 관한 정보는 제3자와 공유해서는 안 된다는 전문가의 규범을 말한다"(Reamer, 1994, p. 47). 법에서 클라이언트와의 의사소통이 특권임을 명시할 때 여러분은 아무리 높은 기준의 비밀보장이라 하더라도 이를 지켜야 한다. 특권으로 명시된 정보에 대해서는 재판할 때조차 사회복지사가 클라이언트의 동의 없이 비밀이 되는 정보를 공개하기가 어렵다.

1996년 미국 대법원은 제프Jaffe와 레드몬드Redmond 사건과 관련하여 정신치료중 공인 사회복지사에 제공된 기밀의 클라이언트 의사소통의 특권을 확대하는 항소법원 판결을 확정했다. 경찰관인 레드몬드는 사회복지사로부터 정신치료 상담을 받았다. 근무중 총격에 의한 사망 후, 원고의 변호사는 사회복지사의 사례 기록을 제출할 것을 요구하였다. 사회복지사와 레드몬드(클라이언트)는 요구된 정보를 제공하길 거부하였다. 부분적으로 그들의 거부에 근거하여 법원은 원고에게 피해보상금 지불하라는 판결을 내렸다. 항소법원은 그 판결을 뒤집었고 대법원은 뒤집혀진 판결을 확정하였다. 이 판결은 정신치료 클라이언트의 특권을 강화하고 정신치료를 제공하는 전문가에 정신과의사나 심리학자와 함께 공인 사회복지사를 포함시킨다는 점에 있어 주목할 만하다.

컴퓨터를 활용한 기록보관, 조직화된 네트워크, 정보관리 시스템, 기관, 정부, 보험회사의 데이터베이스, 인터넷, 사례관리 시스템의 출현은 비밀보장의 이슈를 상당히 복잡하게 한다. 컴퓨터와 통신기술의 발달은 생산성과 효율성을 증가시키며 사회복지 서비스의 질을 향상시키는 데 기여할 수도 있다. 그러나 클라이언트의 정보에 접근하고 이를 활용하거나 공유하기가 용이해짐에 따라 클라이언트와 관련된 정보를 보호하는 것이 점점 더 어려워지고 있다. 그러나 이러한 어려움에도 불구하고 기본적인 의무는 그대로 남아 있다. 실제로 일부 영역에서 클라이언트의 사생활과 비밀보장을 보호해야 하는 전문가의 책임이 증가하고 있다.

미국 의료정보보호법(U.S. Health Insurance Privacy Protection Act)과 식별 가능한 보건의료정보 보호 기준(Standards for Privacy of Individually Identifiable Health Information)(사생활 규칙)은 사회가 보건의료정보의 비밀보장의 중요성을 더욱 강조함을 반영한다.

사생활 원칙의 주요 목표는 양질의 건강보호를 제공, 촉진하고 공공의 건강과 안녕을 보호하기 위해 필요한 보건의료정보의 제공을 허용함과 동시에 개인의 보건의료정보의 보호를 보장하는 것이다. 이 규칙은 정보사용의 중요성을 허용하면서 치료와 보호를 요하는 사람들의 사생활을 보호하는 것 간에 균형을 이루려고 한다(Office for Civil Rights, 2003, p. 1).

모든 식별 가능한 보건의료정보는 사생활 원칙 아래에서 보호받는다. 이름, 주소, 전화번호, 주민번호, 생년월일 혹은 사망일, 진단, 치료, 은행 정보, 그리고 개인의 신원을 밝힐 수 있는 기타 정보와 같은 데이터가 포함된다.

"식별 가능한 보건의료정보"는 인구사회학적 데이터를 포함한 "개인의 과거, 현재, 미래의 신체적, 정신적 건강과 상태 … 개인에게 제공된 건강보호…(그리고)…개인에게 제공된 건강보호에 대한 과거, 현재, 또는 미래의 지불과 관련 있는 정보 그리고 개인을 밝힐 수 있거나 그렇게 믿을 만한 합당한 근거를 제공하는 정보이다"(Office for Civil Rights, 2003, p. 4).

일반적으로 클라이언트에 의해 공유된 자료는 그들의 자산이다. 그것은 여러분이 기억하거나 기록할 때조차 여러분의 것이 아니다. 단지 클라이언트를 돕기 위해 지식을 활용하고 있는 것이다. 그것은 여러분이 듣고 기록했다고 해서 여러분의 자산이 되는 것은 아니다. 대개의 경우에 있어 여러분은 법적 윤리적으로 타인 혹은 다른 조직과 정보를 공유하기 전에 클라이언트에게 동의를 구해야 한다. 심지어 클라이언트가 사전 동의했더라도 여러분은 제공할 정보의 내용, 양식, 범위를 신중하게 고려해야 한다. 예를 들어, 클라이언트가 이사를 해서 앞으로 서비스를 제공할 새로운 사회복지사에게 자신의 기록 사본을 보내 줄 것을 여러분에게 요청했다고 가정하자. 만약 사례 기록이 더 이상 정확하지 않은 정보, 제3자에 대한 설명, 혹은 기타 관련 없는 정보를 포함한다면, 여러분은 정보를 보내기 전에 이러한 정보를 기록에서 제외시키고자 한다는 것을 클라이언트에게 알릴 수도 있다. 비록 여러분이 추가적인 일을 하게 될지라도 사례 기록을 복사하는 것보다 사례를 요약하는 것이 클라이언트를 보호하고 다른 사회복지사에게 보다 유용할 것이다.

고지의 의무

전문 사회복지사로서 여러분은 현재의 클라이언트들 비롯한 잠재적 클라이언트에게 여러분과 기관이 제공하는 서비스의 내용과 범위에 대해 알려 줄 의무가 있다. 의료정보보호법에 따라 여러분은 클라이언트에게 사생활 보호 실천에 관해 알려주어야 한다. 여러분은 클라이언트에게 서비스에 드는 비용, 서비스 제공 기간, 성공의 가능성, 위험, 적절한 대안적 서비스 등에 관해 알려주어야 한다. 이는 증거기반실천, 최상의 실천, 실천지침, 지역사회자원이 요구된다는 것이다. 여러분은 또한 클라이언트들에게 서비스 제공 기간 동안 그들에게 영향을 미칠 수 있는 관련 정책과 법에 관한 정보를 제공해야 한다. 예를 들어, 사회복지실천 과정 초기에 사회복지사는 아동 학대 및 방임 혹은 노인학대의 징후가 있는 경우, 이를 보고해야 하는 법적 의무가 있음을 클라이언트에게 알려야 한다. 여러분은 또한 만약 어떤 사람의 생명이 위태로울 경우, 여러분은 그 사람을 보호하기 위한 행동을 취해야 하며 심지어 이런 행동으로 말미암아 비밀보장을 어길지라도 그렇게 해야 한다고 클라이언트에게 알려야 한다.

이러한 제한과 조건에 관해서 클라이언트에게 완전히 공개하는 것은 공정하고 정당한 과정의 근본적인 부분이다. 때때로 이는 자기부죄(self-incrimination, 스스로의 진술로써 자신을 유죄에 이르게 함)와 관련 있는 클라이언트의 권리이다. 제5차 미국 개정헌법에 따르면, 국민은 자기 스스로에 반하는 증언을 하도록 강요받아서는 안 된다. 이 조항은 관습법의 원칙인 '누구도 자신을 기소할 수 없다'(Nemo tenetur seipsum accusare)에서 유래한다. 이 원칙은 경찰관이 피의자에게 미란다 원칙을 알려야 하는 요건에 반영되어 있다(Miranda v. Arizona, 1966). 사회복지사와의 만남이 경찰 구속, 심문, 법정 소송과 동일하지 않지만, 그럼에도 불구하고 클라이언트는 여러분이 어떤 상황에서는 후속 민사 혹은 형사 소송에서 자기부죄가 되는 증거가 될 수 있는 정보를 공유할 수도 있다는 것을 알아야 할 권리를 갖는다.

또한 여러분의 자격과 전문분야 그리고 여러분이 제한된 지식과 경험을 가진 영역에 대해서도 알려주어야 한다. 마찬가지로 클라이언트는 유명한 전문가 혹은 보험회사에 정보제공처럼 클라이언트 보호를 위해 여러분이 취하는 행동에 관해서도 공지받아야 한다. 물론 여러분은 서비스를 중단하기 전이나 다른 원조 전문가에게 의뢰하기 전에 미리 이를 알려야 한다.

정당한 과정, 평등한 보호, 사생활, 존엄성을 포함한 몇 가지 기본적인 인권은 공지의 의무를 지지한다. 사회복지사와 클라이언트 사이에 고지된 이해는 클라이언트가 신뢰적인 관계의 맥락에서 전문적 서비스를 제공하기 위해 사회복지사를 고용한다는 동의를 만들어낸다(Kutchins, 1991, 1998). "신뢰적인 관계는 클라이언트가 전문가를 믿는 것에서 나온다 … 전문가의 의무는 상인의 의무보다 훨씬 크다"(Kutchins, 1991, p. 106). 실제로 이러한 특별한 관계에서 클라이언트는 고지된 동의를 제공할 권리를 갖는다(O'Neill, 1998).

고지된 동의는 다음과 같은 차원을 포함한다: (1) **공개**: 관련 정보는 원조 전문가에 의해 클라이언트에게 완전히 그리고 명확히 제공되어야 한다; (2) **능력**: 클라이언트는 이해하고, 합리적으로 평가하며 결정과 행동의 의미와 잠재적 결과를 예상할 수 있어야 한다; (3) **자발**: 클라이언트는 제안된 활동을 자유롭게 수용 혹은 거부할 수 있어야 한다 – 직접적 혹은 간접적 강요나 위협은 그러한 자유를 꺾는다. 만약 한 가지 이상의 차원이 결여되었거나 축소된다면 클라이언트는 완전히 고지된 동의를 제공했다고 할 수 없다(Koocher & Keith-Spiegel, 1990; R. G. Meyer & Weaver, 2006).

여러분이 자동차 정비공이나 집수리공의 서비스를 받을 때 여러분은 어떤 권리를 갖는다. 예를 들어, 여러분은 여러분의 질문에 솔직한 답을 제공받을 권리를 갖는다. 그러나 일반적으로 여러분은 서비스를 구입하기 전에 여러분이 할 수 있는 만큼 많이 알아야 할 책임을 갖는다. 매입자 위험부담 – 구매자는 조심해라 – 은 주요 원칙이다. 정비공과 수리공은 추가 정보를 제공할 필요 없고 여러분의 최상의 관심사가 무엇인지 고려할 필요도 없다. 클라이언트의 취약성과 착취 가능성 때문에 원조 전문가들은 추가적인 책임을 갖는다. 따라서 사회복지사는 클라이언트들로 하여금 그들이 요구하지 않았고 심지어 고려하지 않았던 서비스를 완전히 인식하도록 하기 위해

"요구되는 것보다 더 많은 정보를 고지할 적극적인 의무"를 갖는다(Kutchins, 1991, p. 106).

보고의 의무

전문 사회복지사는 '인권을 침해하는' 징후들에 대해서 해당 정부 당국에 이를 보고할 법적 의무가 있다(Everstine & Everstine, 1983, p. 240; 참조 R. G. Meyer & Weaver, 2006). 비록 보고의 구체적 과정이 적용되는 법에 따라 서로 다를지라도, 사회복지사인 여러분은 "아동학대, 아동방임, 아동에 대한 희롱, 근친상간" 등을 포함한 범죄적 행위를 알고 있음을 보고해야 한다(Everstine & Everstine, 1983, p. 240). 보고해야 할 행동의 종류가 점차 확대되는 방향으로 법이 제정되고 있는데, 이에는 노인이나 신체적 또는 정신적으로 거부당하거나 혹은 발달상 장애가 있는 사람들을 학대하고 방임하고 착취하는 행위들이 포함된다.

보고의 의무는 몇 가지 기본적인 인권과 관련이 있다. 세계인권선언의 제1조는 "모든 사람은 태어날 때부터 자유롭고, 존엄하며, 평등하다"이다. 제3조는 "모든 사람은 자기 생명을 지킬 권리, 자유를 누릴 권리, 그리고 자신의 안전을 지킬 권리가 있다"이다. 제4조는 "어느 누구도 노예가 되거나 타인에게 예속된 상태에 놓여서는 안 된다"이다. 제5조는 "어느 누구도 고문이나 잔인하고 비인도적인 모욕, 형벌을 받아서는 안 된다"이다(General Assembly of the United Nations, 1948).

아마도 보고의 의무는 아동학대와 방임의 사례에서 가장 명백하다. 미국 내 모든 주(州)에서는 원조 전문가는 아동학대와 방임으로 의심되는 사례들을 관련 정부 기관에 보고해야 한다. 의사, 심리학자, 간호사, 교사와 함께 사회복지사는 법령에 명시된 "의무신고자(mandated reporter)"이다. 학대와 방임으로 의심스러운 사례를 관련 기관에 보고하지 않은 의무신고자는 엄중한 법적 처벌을 받는다.

경고와 보호의 의무

사회복지사는 잠재적 피해자에게 경고해주고 클라이언트가 해칠 수 있는 사람들을 보호하기 위한 행동을 취할 책임을 갖는다. 이 의무는 원조 전문가는 위험에 처할 수 있는 사람들의 생명을 보호할 책임을 가진다는 것을 의미한다. 물론, 미래의 위험에 대한 정확한 예측이 과학은 아니다. 위양(어떤 이가 위험하지 않은데 위험하다고 결론내리는 것)의 위험에도 불구하고 공공의 안전이 클라이언트의 권리보다 중요할 때가 있다(VandeCreek & Knapp, 2001; Woody, 1997). 유명한 타라소프 대 캘리포니아 대학 판결(Tarasoff v. Regents of the University of California)로 인해 원조 전문가는 제3자의 생명을 보호하기 위한 행동을 취해야 하는 의무를 갖게 되었다(Kagle & Kopels, 1994). 예를 들어, 여러분과 면담하는 중에 클라이언트가 자신과 이혼한 배우자를 살해하려는 구체적인 의도를 나타냈다고 가정해보자. 여러분은 클라이언트가 이를 어떤 방식으로든 행동으로 옮길 수 있다고 결론을 내린 경우 여러분은 다음과 같은 조치를 취해야 한다. (1) 일시적 입원 등과 같이 클라이언트를 보호하고 감독하기 위한 준비를 해야 한다. (2) 클라이언트의 위협으로 희생될 소지가 있는 사람들에게 경고해야 한다. (3) 이러한 위험을 해당 당국에 공지해야 한다. 물론 이러한 조치가 클라이언트의 비밀보장과 사생활에 대한 권리를 침해하는 측면이 있기 때문에 여러분은 반드시 이러한 조치를 하게 된 이유를 기록해 두어야 한다. 기록을 할 때는 클라이언트가 타인을 해칠 가능성이 있다는 여러분의 결론을 지지해 줄 수 있는 말이나 몸짓 그리고 관련 증거들을 인용하는 것이 유용하다. 또한 여러분이 관련자들에게 언제 그리고 어떻게 통보했고 여러분이 접촉한 사람들을 기록해라.

다른 사람들에게 경고하고 그들을 보호하는 의무는 보고의 의무와 비슷하지만 동일하지는 않다. 예를 들어, 법률에 의해 사회복지사는 아동학대 혐의를 보고해야 한다. 현재 또는 과거의 아동학대 혐의는 보고서를 제출하기에 충분하며 보고서에는 일반적으로 피해자와 가해 혐의자의 신원이 포함된다. 사회복지사는 보고서를 제출하기 위해 아동학대가 실제로 발생했다는 것을 알 필요는 없다. 혐의 자체만으로도 충분하며 진실하게 보고하는 사회복지사는 일반적으로 책임을 지지 않는다. 그러나 타인에 대한 잠재적 폭력의 경우 혐의만으로는 충분하지 않다(*United States v. Hayes*, 2000). 사회복지사는 클라이언트가 타인에게 폭행하는 자세를 취했다고 결론을 내리기에 충분한 증거를 확보해야 한다("Recent Cases", 2001). 이 경우에는 아동학대 혐의를 보고하는 사례에서처럼 사회복지사의 책임이 면제되는 것은 아니다. 따라서 사회복지사는 클라이언트의 위험성에 대한 결정을 내리고 경고와 보호의 의무를 수행할 때 신중해야 한다.

▌연습 5-1 법적 의무

1. 여러분이 HIV에 감염되었다고 진단받은 35세 여성인 제인에게 사회복지 서비스를 제공하는 사회복지사라고 가정하시오. 여러분은 그녀의 오래된 남자친구가 신체적으로 정서적으로 그녀를 학대한다는 것을 알고 있다. 제인은 여러분에게 그녀의 남자친구는 HIV에 감염되지 않았고 자신이 HIV 감염자인 것을 그는 모르고 있다고 말하였다. 아래 공간에 이 상황과 관련 있는 법적 요인을 간단히 적어 보시오.

2. 인터넷에 접속해서 구글학술 웹사이트로 가시오. *Journal of American Medical Women's Association*(JAMWA)에 게제된 "Domestic Violence and Partner Notification: Implications for Treatment and Counseling of Women with HIV"(Rothenberg, Paskey, Reuland, Zimmerman, & North, 1995)라는 제목의 논문을 찾아보시오. 이 논문이 제인의 사례에 대한 여러분의 반응에 주는 함의에 대해 생각해 보시오. 논문을 읽은 다음 여러분의 반응이 어떻게 바뀌었는지를 논하고 논의한 결과를 아래 공간에 적어 보시오.

3. 미국에서 활동중인 사회복지사로서 여러분은 의료정보보호법의 보호를 받는 사람들에게 서비스를 제공할 것이다. 인터넷에 접속해서 U.S. Office of Civil Rights(OCR) 웹사이트를 방문해라. 이용자의 사생활 권리, 보건서비스 제공자의 의무를 포함한 HIPPA에 관한 정보를 찾아라. 아래 공간에 사회복지사로서 여러분에게 사생활 규칙이 갖는 의미를 요약하시오 (Office for Civil Rights, 2003; U.S. Department of Health and Human Services, 2003).

4. 사회복지사는 종종 학교 세팅에서 일하기도 하고 교사 혹은 학생이나 학생 가족과 함께 일한다. FERPA 규칙을 잘 아는 것은 미국에서 활동하는 사회복지사들에게 필수적이다. 인터넷에 접속해서 National Center for Education Statistics(NCES) 웹사이트를 찾아라. FERPA 에 관한 요약 정보나 기본 정보를 찾아보아라. 학생의 권리와 학생들의 사생활과 관련하여 학교사회복지사와 교육기관이 갖는 의무를 아래 공간에 간략히 요약해 보시오(U.S. Department of Education National Center for Education Statistics, 1997, 1998).

사회복지의 기본 가치와 윤리 이해하기

모든 원조전문직에 뒤따르는 법적 의무 외에도 사회복지사는 사회복지 전문직의 기본가치와 윤리를 따라야 한다. 사회복지사와 사회복지 교육자들은 20세기 초 사회복지 전문직이 출현한 이래 사회복지의 가치를 두고 열띤 논쟁을 벌여왔다. 세계는 세계화와 국제화를 통해 점차 서로 연결되고 의존하기 때문에 그 논쟁은 오늘날에도 계속되고 있으며 21세기에도 계속될 것이다.

가치를 논의하는 가운데 국제사회복지사연맹(2000)은 아래와 같이 언급하였다.

사회복지는 인도주의적이고 민주주의적인 사상에서 비롯되었고 사회복지의 가치는 모든 사람들의 평등, 중요성, 존엄에 대한 존중에 기초한다. 사회복지실천은 1세기 전에 시작된 이래로 계속해서 인간의 욕구를 충족시키고 인간의 잠재력을 개발하는 데 초점을 두어왔다. 인권과 사회정의는 사회복지 활동의 동기와 정당화로 작용한다. 사회복지 전문직은 불리한 조건을 가진 계층과 결속하면서 사회통합의 촉진을 위해 빈곤을 줄이고 취약하고 억압된 계층을 해방시키기 위해 노력한다. 사회복지 가치는 사회복지 전문직의 윤리강령에 구체적으로 표현되어 있다(Values section, para. 1).

비록 기본적인 사회복지 가치의 적용과 관련하여 다양한 의견이 존재할지라도 가치 자체에 대해서는 상당한 합의를 이루었다. 예를 들어, 미국사회복지사협회(2008)는 윤리강령의 전문에 사회복지의 핵심가치를 제시하였다:

사회복지 전문직의 사명은 일련의 핵심가치에서 유래한다. 사회복지 전문직의 역사를 통해서 사회복지사들이 채택한 핵심가치는 사회복지만의 독특한 목적 및 관점을 이루는 바탕이 된다.

- 서비스
- 사회정의
- 인간의 존엄성 및 가치
- 대인관계의 중요성
- 진실
- 역량

핵심가치는 사회복지 전문직의 독특성을 반영한다. 핵심가치와 그로부터 나온 원칙들은 인간 경험의 복잡성과 관계상황 안에서 균형을 이루어야 한다(Preamble section, paras. 3~4).

미국사회복지교육협의회(CSWE, 2008)는 미국사회복지사협회 윤리강령에 제시된 여섯 가지 핵심가치에 두 가지 가치를 추가하였다.

- 인권
- 과학적 탐구

이상과 같은 사회복지실천의 기본 가치들은 윤리적 의사결정의 과정에서 매우 유용한 근거로 작용한다. 이들은 사회복지사의 전문적 정체성을 규정하고 사회복지실천의 준거틀을 세우는 데 매우 중요하다. 그러나 기능을 하도록 하는 것은 사회복지실천의 기본 가치에 바탕을 두고 좀 더 구체적이고 규범적인 용어로 제시된 윤리강령이다. 윤리강령은 여러분이 윤리적이고 사회복지 기본 가치에 부합하는 실천을 하도록 도울 것이다.

사회복지실천을 윤리적으로 하기 위해서 여러분은 사회복지의 기본 가치는 물론 사회복지사들의 윤리적 결정에 지침이 되는 원칙들을 철저히 이해해야 한다. 앞에서 제시하였듯이 미국사회복지사협회의 윤리강령(2008)은 사회복지사들이 따라야 하는 일차적 지침으로 사용되고 있다. 미국사회복지사협회 윤리강령의 전문은 다음과 같다:

사회복지 전문직의 주요 임무는 취약하고 억압받으며 빈곤한 계층의 욕구 및 능력에 특별한 관심을 두면서, 인류의 복지를 증진하고 모든 사람들에 관한 인간의 기본적인 욕구를 충족시키는 데 도움을 주고자 하는 것이다. 사회복지에 대한 역사적이며 정의에 따른 특징은 사회복지 전문직의 초점이 사회환경에 따른 개인의 복지 및 사회복지에 있다는 데에 있다. 사회복지에 근본적인 것은 삶의 문제를 야기하는 환경의 원인에 관심을 두는 것이다.

사회복지사는 클라이언트를 위하여 그리고 클라이언트와 함께 사회정의와 사회변화를 촉진시킨다. "클라이언트"는 개인, 가족, 집단, 기관, 지역사회를 의미한다. 사회복지사는 문화적 다양성과 인종의 다양성에 민감하며, 차별, 억압, 빈곤, 및 기타 유형의 사회적 불공평을 없애기 위해 노력한다. 이러한 활동은 직접실천, 지역사회조직, 지도감독, 상담, 관리, 옹호, 사회적 및 정치적 활동 정책 개발 및 시행 교육 연구조사 및 평가 따위의 형식을 띤다. 사회복지사는 사람들이 자신의 욕구를 다룰 수 있게끔 그들의 역량을 강화시키기 위해 노력한다. 또한 사회복지사는 개인적 욕구와 사회 문제에 대한 조직, 지역사회, 그리고 기타 사회단체의 반응을 증진시키고자 한다(Preamble section, paras. 1~2).

윤리적으로 올바른 실천을 하기 위해서 여러분은 사회복지 윤리강령에 대해 아주 잘 알고 있어야 하고 복사본을 휴대하고 다녀야 한다. 여러분은 전문적 실천을 하는 동안 자주 윤리강령을 적용해 볼 필요가 있다.

윤리강령의 위반은 부적절 실천 소송 혹은 사회복지 자격관리 위원회나 전문가 협회에 제기되는 불만의 근거가 된다. 미국사회복지사협회의 전문가 검토 절차(*Procedures for Professional Review*)(National Association of Social Workers, 2005a)는 고충이 제기되고 판결을 내리는 과정에 관한 상세한 설명을 담고 있다.

1986년부터 1997년까지 미국사회복지사협회 회원들의 비윤리적 행위에 대한 901건의 배상청구들 중 894건에 대한 연구에서 스트롬-고드프리드Strom-Gottfried(1999, 2000a, 2000b, 2003)는 66가지의 전문가 비윤리적 행위를 밝혀냈고 이를 10개의 군으로 분류하였다. 판결받은 사례들 중 경계 침범(boundary violation)이 가장 흔한 형태의 비윤리적 행위였다(약 55%). 이들 중 대부분은 성적 부당행위를 포함하였고 많은 사례가 이중 관계를 포함하였다. 기본적 개입 적용의 실패나 전문적 기준과 원칙의 오용과 같은 불량한 실천(poor practice)이 두 번째 비윤리적 행위였다(약 38%). 무지 혹은 부적절한 지도감독 혹은 상해에 의해서 야기된 능력 저하, 부적절한 기록 관리, 부정직이나 사기, 비밀보장 유지나 사생활 보호의 실패, 클라이언트의 고지된 동의 제공에 필요한 정책 설명 실패, 동료와의 부적절한 행동, 청구서 작성과 변상 관련 문제, 사회복지사와 클라이언트 간의 이해 갈등이 기타 형태의 비윤리적 행위였다.

스트롬-고드프리드는 비윤리적 행위에 대한 배상청구의 약 52%가 클라이언트나 그 가족에 의해서, 약 19.5%는 피고용주나 슈퍼바이저에 의해서, 약 10.4%는 동료에 의해서, 약 4.5%는 슈퍼바이저나 고용주에 의해서 제기되었다고 보고하였다. 고소된 사례들 중 거의 50%는 청문회 단계까지 진행되었고 청문회를 거친 사례들 중 60% 이상은 피고인에게 불리한 윤리적 위반 판결을 받았다.

스트롬-고드프리드(1999, 2003)는 가장 흔한 윤리적 위반을 아래와 같이 제시하였다.
1. 성적 행동
2. 이중 관계
3. 기타 경계 침범
4. 슈퍼비전이나 자문 구하지 않음
5. 용인된 실천 기술의 미사용
6. 부정행위
7. 성급한 종결
8. 부적절한 의뢰
9. 적절한 기록 혹은 보고 유지의 실패
10. 고지된 동의의 일부로 정책 논의의 실패

1. 만약 여러분이 현행 미국사회복지사협회 윤리강령의 사본을 가지고 있지 않다면, 미국사회복지사협회 웹사이트(National Association of Social Workers, 2008)에서 사본을 얻을 수 있을 것이다. 윤리강령 전문과 "Purpose of the NASW Code of Ethics"라는 제목의 절을 읽어라. 아래 공간에 사회복지 전문직의 사명을 요약해라. 그 다음 윤리강령의 6가지 목적을 간결하게 설명하시오.

2. 미국사회복지사협회 사이트를 방문하시오. *NASW Procedures for Professional Review*(National Association of Social Workers, 2005a)라는 제목의 문서를 찾아보시오. 미국사회복지사협회가 사회복지사의 전문가 행위를 검토하기 위해 사용하는 과정과 절차에 친숙해지기 위해 그 문서를 스캔하시오. 아래 공간에 누가 행정처분 청문회에 참석하는지 적어 보시오.

3. 국제사회복지사연맹 사이트를 방문하시오. "Ethics in Social Work, Statement of Principles" (International Federation of Social Workers & International Association of Schools of Social Work, 2004)라는 제목의 웹페이지를 찾으시오. 원칙을 검토한 후 아래 공간에 그 원칙과 미국사회복지사 윤리강령 간의 차이점을 적어 보시오.

윤리적, 법적 함의 파악하기

모든 전문적 원조자들이 지켜야 하는 법적 의무와 윤리강령 외에도 여러분은 특정 실천상황에 적용될 수 있는 원칙과 의무들에 대해 알아야 한다. 여기에서는 사회복지실천의 구체적 상황을 고려해서 그와 관련된 원칙과 법적 의무를 결정해야 하기 때문에 비판적 사고 기술이 필요하다.

예를 들어, 여러분이 기관에서 위기개입 서비스를 제공하는 사회복지사라고 가정해보자. 문서 작업에 파묻혀 책상에 앉아 있던 어느 날, 약 8개월 전에 서비스를 제공했던 클라이언트가 전화를 걸어 다음과 같이 말할 수 있다. "저는 저희 집 지하실에 있습니다. 지금 총을 들고 있고 오늘 이 총으로 자살하려고 합니다. 나는 당신이 나를 전혀 돕지 못했음을 알려주고 싶었습니다. 그럼 안녕히."

이러한 상황에서 여러분은 여러분이 경험할 다양한 감정들을 관리해야 하는 것은 물론이고 다양한 법적 의무와 가치, 윤리원칙, 기준들을 고려해 보아야 한다. 박스 5.3 ~ 5.5에 제시된 미국 사회복지사협회의 윤리강령이 기술하고 있는 가치, 윤리원칙, 기준(National Association of Social Workers, 2008)이 적용될 수 있다.

박스 5.3　미국사회복지사협회 윤리강령: 적용 가능한 가치

- 가치: **서비스**; 윤리원칙: 사회복지사의 주요 목표는 욕구에 처한 사람들을 도우며 사회 문제를 해결하고자 하는 것이다.
- 가치: **개인의 존엄성 및 가치**; 윤리원칙; 사회복지사는 개인의 타고난 존엄성과 가치를 존중한다.
- 가치: **진실성**; 윤리원칙; 사회복지사는 신뢰성을 줄 수 있게끔 행동한다.
- 가치: **역량**; 윤리원칙; 사회복지사는 자신의 능력이 미치는 범위 안에서 실천을 하며, 자신의 전문 기술을 발전 및 강화시킨다(National Association of Social Workers, 2008).

박스 5.4　미국사회복지사협회 윤리강령: 적용 가능한 윤리원칙

- 사회복지사의 주요 책임은 클라이언트의 복지를 증진하는 것이다. 대개 클라이언트의 이해관계가 주요한 것이 된다. 그러나 몇몇의 경우, 더 넓은 사회에 대한 사회복지사의 책임 또는 특정 법적 책임이 클라이언트에 대한 성실성을 대신하며, 따라서 클라이언트는 상담을 받게 된다(예로서, 클라이언트가 아동을 학대하거나 자신 또는 다른 사람에게 해가 될 수 있는 위협을 한다는 것을 법률에 의해 사회복지사가 보고해야 하는 경우이다.) (Section 1.01)
- 사회복지사는 클라이언트의 자기결정권을 존중하고 증진하며, 클라이언트가 목표를 규정하고 명확화 하도록 지원한다. 사회복지사는 자신의 전문적 판단에 의해 클라이언트의 조치 또는 잠재적 조치가 그들 자신이나 다른 사람들에게 심각하고 예상 가능하며 임박한 위험을 야기할 때에는 클라이언트의 자기결정권을 제한할 수 있다. (Section 1.02)
- 클라이언트가 동의할 능력이 없는 경우, 사회복지사는 적절한 제3자로부터 허락을 구하는 것으로서, 클라이언트가 이해할 수 있는 적합한 수준에서 내용을 전달해줌으로써 클라이언트의 이익을 보호해야 한다. 이러한 경우, 사회복지사는 제3자가 클라이언트의 바람과 이익과 부합하는 행동을 하

는 것을 확실히 해야 한다. 사회복지사는 동의를 하는 클라이언트의 이러한 능력을 강화하기 위한 합리적인 단계를 가져야 한다. (Section 1.03.c)

- 클라이언트가 강제적으로 서비스를 받게 되는 경우, 사회복지사는 서비스의 본질과 한도, 그리고 서비스를 거부할 수 있는 클라이언트의 권리의 한도에 관한 정보를 제공해야 한다. (Section 1.03.d)
- 클라이언트나 클라이언트를 대신하여 동의를 표하는 법적으로 자격을 갖춘 요원으로부터 유효한 동의를 얻음으로써, 적절한 경우에는 사회복지사가 비밀정보를 공개할 수 있다. (Section 1.07.b)
- 사회복지사는 직업상의 이유로 강제된 경우를 제외하고는 전문직의 서비스 과정에서 얻게 된 모든 비밀정보를 보호해야 한다. 클라이언트나 클라이언트와 동일시되는 사람에 대하여 예상할 수 있는 심각하고 임박한 해를 방지하기 위해 정보의 공개가 불가피하거나, 클라이언트의 동의 없이 법이나 규제에 의해 공개가 요구되는 경우에는 사회복지사가 정보를 기밀로 유지할 것이라는 일반적인 기대가 적용되지 않는다. 항상 사회복지사는 바람직한 목적을 달성하는 데 필요한 최소한으로 비밀정보를 공개해야 한다. 즉, 공개되어야 달성 가능한 목적과 직접적인 관련이 있는 정보만이 공개되어야 한다. (Section 1.07.c)
- 가능한 경우 사회복지사는 정보가 공개되기 전에, 비밀정보의 공개 및 잠재적인 결과에 관해 최대한으로 클라이언트에게 통지해야 한다. 이것은 사회복지사가 법적 요건에 근거하거나 클라이언트의 동의에 근거하여 정보를 공개할 때 적용된다. (Section 1.07.d)
- 사회복지사는 비밀의 본질과 비밀보장에 대한 클라이언트의 권리 제한에 관하여 클라이언트 및 기타 이해 당사자와 논의해야 한다. 사회복지사는 비밀정보의 공개가 법적으로 요구되는 상황에 대하여 클라이언트와 논의하여야 한다. 이러한 논의는 사회복지사와 클라이언트의 관계에서 즉시, 그리고 관계의 과정을 통틀어 필요한 경우에 발생한다. (Section 1.07.e)
- 사회복지사는 클라이언트가 동의하지 않는 한 제3의 지불자에게 비밀정보를 공개할 수 없다. (Section 1.07.h)
- 사회복지사는 법에 의해 허용되는 한도 내에서 법적 절차가 진행되는 동안 클라이언트의 비밀을 보호해야 한다. 법원이나 기타 법적으로 자격을 가진 단체가 사회복지사로 하여금 클라이언트의 동의 없이 비밀 또는 특권적인 정보를 공개하도록 명령을 내리고 이러한 공개로 인하여 클라이언트에게 해가 가해졌을 경우, 사회복지사는 법원으로 하여금 그 명령을 철회하거나 가능한 한 최소한으로 이러한 명령에 제한을 가하도록 요청해야 하며, 공공이 접근할 수 없도록 봉인된 기록으로 이를 유지하도록 요청해야 한다. (Section 1.07.j)
- 사회복지사가 분별력 있는 의사결정을 내릴 능력이 없는 클라이언트를 대신할 때는 이러한 클라이언트의 권리와 이익을 보호할 수 있는 적절한 조치를 취해야 한다. (Section 1.14)
- 서비스 및 관계가 더 이상 필요하지 않거나 클라이언트의 욕구나 이익에 더 이상 효과가 없는 경우, 사회복지사는 클라이언트에 대한 서비스 및 클라이언트에 대한 직업적 관계를 종료해야 한다. (Section 1.16.a)
- 사회복지사는 서비스 욕구가 있는 클라이언트가 방치되지 않도록 적절한 조치를 취해야 한다. 다만, 사회복지사는 비정상적인 상황에서만은 즉시 서비스를 취소하고, 이 상황의 모든 요인에 대한 주의 깊은 고려를 하여, 이에 따른 역효과를 최소화하기 위한 노력을 기울여야 한다. 필요한 경우, 사회복지사는 서비스가 지속되도록 적절한 조치를 취하는 데 지원을 하여야 한다. (Section 1.16.b)
- 사회복지사는 동료의 자문이 클라이언트에게 최선의 이익이 되는 경우에는 언제든지 그 동료에게 충고나 소언을 구해야 한다. (Section 2.05.a)
- 사회복지사는 동료의 전문분야와 적임능력의 영역에 관해서 알고 있어야 한다. 또한 자문의 주제에 관한 지식과 전문성 및 적임능력이 입증된 동료에게서만 자문을 구해야 한다. (Section 2.05.b)
- 사회복지사가 클라이언트에 관해서 동료들과 논의할 때에는 자문의 목적달성에 필요한 최소한의 정보만을 공개해야 한다. (Section 2.05.c)
- 사회복지사는 클라이언트에게 충분한 서비스를 제공하기 위해서 다른 전문가의 특수한 지식과 전

문성이 필요할 때, 혹은 자신이 제공하는 서비스가 클라이언트에게 별로 효과적이지 못하거나 상당한 정도의 진전을 이루지 못하여 추가적인 서비스가 요구된다고 판단될 때, 클라이언트를 다른 전문가에게 의뢰해야 한다. (Section 2.06.a)

- 다른 전문가에게 클라이언트를 의뢰하고자 하는 사회복지사는 책임의 순조로운 전환을 촉진시키기 위해 적절한 조치를 취해야 한다. 클라이언트를 다른 전문가에게 의뢰하는 사회복지사는 클라이언트의 동의하에 모든 관련 있는 정보를 새로운 서비스 제공자에게 제공해야 한다. (Section 2.06.b)

- 사회복지사는 기록상의 기술이 정확하며 제공된 서비스가 그대로 반영되어 있다는 것을 보증하기 위해 합리적 수단을 강구해야 한다. (Section 3.04.a)

- 사회복지사는 서비스의 전달을 용이하게 하고 미래의 클라이언트에게 제공될 서비스의 연속성을 보장하기 위해 충분하고 적시적인 자료를 기록에 포함시켜야 한다. (Section 3.04.b)

- 사회복지사의 문서자료는 가능한 한 적절하게 클라이언트의 사생활을 보호해야 하며 서비스 전달에 직접적으로 관련되는 정보만을 포함해야 한다. (Section 3.04.c)

- 사회복지사는 서비스 종결 이후에도 미래의 적절한 접근을 보장하기 위해 기록을 보관해야 한다. 기록은 주(州) 법이나 관련 계약서에 명시된 기간 동안 보존해야 한다. (Section 3.04.d)

- 동료나 다른 기관으로부터 서비스를 받고 있는 개인이 사회복지사에게 서비스를 받기 위해 접촉하게 될 때 사회복지사는 서비스 제공에 합의하기 전에 클라이언트의 욕구를 신중하게 고려해야 한다. 야기될 수 있는 혼란이나 갈등을 최소화하기 위해서 사회복지사는 클라이언트와 다른 서비스 제공자와 관계의 성격에 대해서, 또한 새로운 서비스 제공자와 관계를 맺는 것의 의미와, 예상할 수 있는 이익과 위험에 대해서 충분히 논의할 필요가 있다. (Section 3.06.a)

- 만일 새로운 클라이언트가 다른 기관이나 동료에게서 서비스를 받아왔다면 사회복지사는 이전의 서비스 제공자와의 자문이 클라이언트에게 최선의 이익이 될지를 클라이언트와 의논해야 한다. (Section 3.06.b)

- 사회복지사는 자신의 현재 능력에 근거하여 또는 요구되는 능력을 획득할 의사가 있을 때에만 직업상의 책임 및 고용을 수용해야 한다. (Section 4.01.a)

- 사회복지사는 전문적 실천 및 전문 기능의 수행에 능숙해지고 그러한 상태를 유지하도록 힘써야 한다. 사회복지사는 사회복지실천과 관련된 최신의 지식을 갖추고 있어야 하며 이를 비판적으로 검토해야 한다. 사회복지사는 일상적으로 전문문헌을 검토하고 사회복지실천 및 사회복지실천윤리에 관한 계속 교육에 참가해야 한다. (Section 4.01.b)

- 사회복지사는 경험을 기반으로 한 지식을 포함하여 사회복지실천이나 사회복지실천윤리에 관련된 이미 인정받고 있는 지식에 기초하여 실천에 임해야 한다. (Section 4.01.c)

- 사회복지사는 부정직, 사기, 기만행위에 가담, 묵인하거나 연루되어서는 안 된다. (Section 4.04)

- 사회복지사는 사회복지실천에 관련되는 새로운 지식을 비판적으로 검토하며 평가와 조사연구에서 얻은 입증자료를 전문직 실천에 충분히 활용해야 한다. (Section 5.02.c)

박스 5.5 적용 가능한 법적 의무

이 상황에서 고려할만한 법적 의무는 다음과 같다
- 보호의 의무
- 고지의 의무
- 비밀보장의 의무
- 사생활 존중의 의무

앞의 자살하려는 사례에서 클라이언트가 여러분을 향해 분노를 표현했음에도 불구하고 윤리강령은 전문적 역할을 계속하고 온 마음을 다해 그를 도울 것을 제시한다. 여러분의 일차적 의무는 클라이언트에게 최상의 이익이 되도록 하는 것이다. 클라이언트가 여러분에게 실망하여 여러분과 접촉하기를 꺼려할 수 있기 때문에, 클라이언트의 최상의 이익을 위해 상사나 동료로부터 조언을 구해야 한다. 윤리강령에 따르면, 여러분은 클라이언트의 시민으로서의 권리와 법적인 권리를 존중해야 한다. 또한 클라이언트가 얘기한 정보에 대해 비밀을 지켜주어야 하고, 해당 정보가 클라이언트 자신이나 타인을 위해할 뚜렷한 이유가 있는 경우에 한해 다른 사람과 정보를 공유해야 한다. 마지막 세 가지 의무는 여러분이 클라이언트의 삶을 보호하려는 노력중에 만나는 가족이나 의사, 응급 서비스, 진료보조원, 경찰 등과 접촉할 경우에도 마찬가지로 적용되어야 한다.

전문 사회복지사로서 여러분은 클라이언트가 자살하지 않도록 모든 노력을 기울여야 한다. 이는 법상의 보호 의무와 일치하는 것으로서, 사회복지사인 여러분은 자살 행동 및 그 원인이 되는 것을 방지하고 자해하려는 클라이언트를 신체적으로 보호해야 할 의무가 있음을 말한다. 또한 여러분이 취하고자 하는 조치에 대해 클라이언트에게 알려야 할 의무가 있으며, 비밀을 보장하고 사생활을 존중해야 할 법적, 윤리적 의무가 있다.

여기서 한 가지 분명한 것은 앞서 언급한 다양한 윤리적 원칙, 기준, 법적 의무 모두를 충족시킬 수는 없다는 것이다. 만일 여러분이 클라이언트를 성심으로 돕고 그의 자살을 막아야 한다는 법적 의무를 다하기 위해 그 가족과 외과의사, 경찰에게 전화를 한다면 여러분은 클라이언트에 대한 비밀보장과 사생활 존중의 권리를 침해하게 되는 것이다. 경찰이나 응급 의료진이 그의 집에 들이닥치는 순간 클라이언트 사생활에 대한 권리는 상실되는 것이다. 만일 여러분이 클라이언트에 대한 비밀보장과 사생활 권리를 지켜주게 되면 여러분은 자살을 막아야 한다는 법적 의무를 저버리게 된다. 이것이 바로 윤리적 딜레마이다. 여러분은 어떻게 할 것인가?

연습 5-3 윤리적 기준 확인하기

1. 여러분이 노숙인에게 서비스를 제공하는 기관에서 근무하는 사회복지사라고 가정하자. 최근에 기관은 자녀가 있는 노숙가족에게 임시 거처를 제공할 수 있는 사업비를 제공받았다. 여러분이 노숙가족에게 임시 거처를 제공하고 있는데, 기관장은 자신이 세 가족을 위한 공간을 예약했다고 하면서 이들 가족을 위한 공간을 확보하라고 여러분에게 주문하였다. 이후 여러분은 이들 가족이 기관장의 친구들이고 그들은 노숙인이 아니라는 것을 알게 되었다. 아래 공간에 이 상황에서 적용될 수 있는 미국사회복지사협회 윤리강령의 윤리원칙을 니얼해리.

2. 여러분이 약물남용 클라이언트들을 위한 집단을 운영하고 있다. 첫 번째 모임 전에 그리고 첫 번째 모임에서 여러분은 집단 성원들에게 그들의 개별 목표를 추구하면서 사적인 정보가 공유될 수 있다는 점을 얘기하였다. 여러분은 각 집단 성원에게 집단 내에서 얘기하는 것을 비밀로 해 줄 것을 요청하였다. 각 성원은 그렇게 하기로 하고 비밀보장 동의서에 서명하였다. 몇 주 후에, 집단 성원 중 한 명이 집단 내에서 말했던 것을 누설했고 그 결과 다른 성원이 직장에서 해고되었다. 아래 공간에 이 상황에서 적용될 수 있는 미국사회복지사협회 윤리강령의 윤리원칙을 나열해라.

3. 여러분은 빈곤지역에서 다민족 공동체를 조직하는 사회복지사이다. 다수의 이민자들은 저렴한 주거비용과 소규모 공장에서 초과 근무의 기회 때문에 이 지역을 선호한다. 몇 주 후에 이들은 자신들의 관심사를 공유하기 시작하였다. 예를 들어, 일부 사람들은 은행이 유럽계나 아시아계 사람들보다 라틴계나 아프리카계 사람들에게 더 높은 대출 이자를 요구한다고 여러분에게 말한다. 다른 사람들은 경찰이 일부 지역에서는 마약판매나 매춘을 허용하고 일부 지역에서는 그런 활동을 허용하지 않는다고 여러분에게 말한다. 아래 공간에 이 상황에서 적용될 수 있는 미국사회복지사협회 윤리강령의 윤리원칙을 나열해라.

4. 여러분은 저소득 가족과 자녀에게 상담 및 기타 서비스를 제공하는 기관에서 근무하는 사회복지사이다. 지난 몇 주에 걸쳐 여러분은 6인 가족 – 부부와 자녀 4명 – 을 방문해 왔다. 이 가족은 많은 욕구를 가지고 있었으나 여러분은 수입이 좋고 안정적인 직장을 찾는 것을 목표로 하였다.
첫 번째 모임에서 여러분은 부부가 약물, 수술, 그리고 기타 현대의료치료를 거부하는 종교단체에 소속되어 있다는 것을 알게 되었다. 최근 방문에서 여러분은 8살짜리 루스와 얘기하면서 이 아이의 배에 혹이 나 있는 것을 보았다. 여러분은 루스의 어머니에게 이를 얘기했는데 그녀는 자신의 가족과 종교단체의 모든 사람들이 루스의 건강을 위해 매일 기도한다고 여러분에게 말한다. 그녀는 그들의 기도에 대한 답을 곧 듣게 될 것이라고 말한다. 여러분이 1주일 후에 이 가족을 다시 방문했을 때, 아이의 혹이 더 커졌고 더 짙어진 것을 관찰한다. 아래 공간에 이 상황에서 적용될 수 있는 미국사회복지사협회 윤리강령의 윤리원칙을 나열해라.

윤리적 딜레마 다루기

몇몇 저자들은 윤리적 의사결정 과정(Loewenberg, Dolgoff, & Harrington, 2009; Mattison, 2000; Reamer, 1995a; Rhodes, 1986, 1998) 또는 윤리적 문제해결(Reamer & Conrad, 1995)의 단계를 제안하였다. 예를 들어 콩그레스Congress(1999, 2000)는 사회복지사는 아래에 제시된 의사결정모델인 ETHIC을 채택할 것을 제안하였다:

E - 개인적, 사회적, 기관, 클라이언트, 전문직 가치를 검토해라.
T - 관련 있는 법과 판례뿐 아니라 사회복지사협회 윤리강령의 윤리적 기준이 적용되는 것에 관해 생각해라.
H - 상이한 결정들의 가능한 결과들에 관한 가설을 세워라.
I - 사회복지는 가장 취약한 사람들에게 전념한다는 관점에서 누가 혜택을 받고 누가 해를 입는지를 밝혀라.
C - 가장 좋은 윤리적 선택이 무엇인지를 슈퍼바이저나 동료와 상의해라. (Congress, 2000, p. 10)

리머(2000)는 윤리적 문제해결의 7단계를 제안하였다:

1. 상충하는 사회복지 가치와 의무를 포함한 윤리적 이슈들을 밝혀라.
2. 윤리적 결정에 의해 영향 받을 가능성이 있는 개인, 집단, 조직을 밝혀라.

3. 각 윤리적 결정의 이익과 위험과 더불어 가능한 모든 행동방침과 각 결정에 관여하게 되는 사람들을 밝혀라.

4. 각 행동방침에 찬성하고 반대하는 이유를 철저히 조사하고 관련 있는 윤리 이론, 원칙, 지침을 고려해라; 윤리강령과 법적 원칙; 사회복지실천 이론과 원리; 개인적 가치(종교적, 문화적, 민족적 가치와 정치적 사상을 포함), 특히 자신의 가치와 갈등을 일으키는 가치.

5. 동료 및 전문가(기관의 직원, 슈퍼바이저, 행정가, 변호사, 윤리 학자)와 상의해라.

6. 결정을 내리고 결정과정을 기록해라.

7. 결정을 모니터링하고, 평가하며, 기록해라.(p. 361; NASW Office of Ethics and Professional Review, 2003 참조; Reamer & Conrad, 1995)

콩그레스, 로웬버그 외Loewenberg et al.(2009), 리머(1995a, 2000; Reamer & Conrad, 1995)와 같은 사회복지 학자들이 제시한 순차적 단계들은 여러분이 적용가능한 모든 윤리적 원칙들을 준수할 경우 이치에 맞고 논리적인 과정이다. 하지만 안타깝게도 이 과정이 때때로 불가능할 때가 있다. 많은 원칙들과 법적 의무가 적용되고 일부가 서로 상충될 때 여러분은 윤리적 딜레마에 빠지게 된다. 다른 말로 하면, 여러분이 특정 기준(예를 들어, 보고의 의무)을 따르게 되면 필연적으로 다른 기준(클라이언트 비밀보장)을 어기게 된다. 윤리적, 법적 의무들이 상충적일 때 여러분은 어느 것을 무시하고 어느 것을 존중할 것인가? 어떻게 결정할 것인가?

도덕적, 윤리적 딜레마를 다루고 해결하는 방법은 몇 세기 동안 철학적 논의의 주제였다(Holmes, 2003). 오늘날 많은 사회복지사들은 윤리적 결정을 연역적, 의무론적, 절대론적 과정을 통한 고정된 가치와 원칙에 기초할 것인지 아니면 귀납적, 목적론적, 결과론적, 공리주의적, 상대주의적 추론에 의한 개별사례 분석에 기초할 것인지에 관해 의문을 갖는다. 공리주의적 관점을 채택하는 사회복지사는 윤리적 결정의 가능한 결과와 수반되는 행동의 옳고 그름을 고려할 것이다. 의무론적 관점을 채택하는 사회복지사는 잠정적 결과에 관계없이 선택된 원칙, 규칙, 법을 적용할 것이다.

전문직 윤리강령은 의무론적인 면을 강조한다. 그러한 규칙들이 준수될 수 있도록 성문화되어 있다. 실제로 "규칙이 위반되었을 때" 처벌이 가해질 수 있다. 다른 한편, 사회복지사는 환경 속 인간 관점을 강조하는데 이 관점은 상황이 윤리적 딜레마를 포함하는 모든 과정에서 일정 부분의 역할을 한다고 제안한다. 미국사회복지사협회 윤리강령은 사회복지사는 전문적인 방식으로 윤리적 이슈들을 다루기 위해 수준 높고 정교한 비판적 사고 과정을 채택해야 함을 함축하고 있다. 아래 내용을 참고해라.

윤리강령을 적용할 때 강령이 고려되는 맥락 그리고 강령의 가치, 원칙, 기준들 사이에서 나타날 수 있는 갈등의 가능성을 참작해야 한다.
더 나아가 미국사회복지사협회 윤리강령은 갈등이 일어날 때 어떤 가치, 원칙, 기준이 더 중요한지를 언급하지 않고 있다. 갈등이 일어날 때 가치, 윤리적 원칙, 윤리적 기준들의 순위 매기는 방식과 관련하여 사회복지사들 사이에서 합리적인 의견차이가 존재할 수 있고 실제로 존재한다(National Association of Social Workers, 2998, Purpose of the NASW Code of Ethics section, paras, 3~4).

미국사회복지사 윤리강령은 각 가치에 순위나 가중치를 부여하지 않는다. 따라서 여러분은 상황의 상세한 내용과 윤리적 결정과 행동의 잠재적 결과뿐 아니라 적용 가능한 윤리적 원칙들을 고려해야 한다. 물론 이것은 의사결정과정을 복잡하게 만든다. 각각의 독특한 상황과 관련 있는 요인들의 수는 위압적이다. 의무론적 관점에서 원칙들의 순위 또는 윤리 위계를 명확히 하면 원칙들을 적용하는 것이 확실히 쉽다. 그러나 서열화된 원칙들을 순서대로 적용하는 것은 상황의 독특한 측면들을 고려하는 기회를 줄인다.

물론 의무론적 접근과 목적론적 접근과 관련된 위험이 있으며 특히 극단적인 입장을 취할 때 더욱 그렇다. 사례별, 귀납적 추론은 사회복지사들이 상황의 요구에 기초하여 결정을 정당화하고 합리화하도록 이끈다(Jonsen & Toulmin, 1988). 이와는 대조적으로 우선순위가 매겨진 윤리적 원칙의 연역적 적용은 "규칙"의 예외를 두려는 욕구를 평가하지 못하는 관료주의적 사고로 이끈다(Toulmin, 1981). 페리Perry(1970, 1981, 1982)의 상대주의적 사고에 반영되어 있는 이러한 종류의 사고가 요구될 수도 있다.

도덕적이고 윤리적인 이슈들의 맥락적 혹은 상황적 측면을 고려할 때 여러분은 동기, 수단, 목적, 가능한 결과와 같은 차원들을 고려할 수도 있다(Fletcher, 1966). 여러분 자신의 동기를 탐색하고, 여러분이 이슈들을 다루고 결정한 바를 실행하기 위해 계획한 수단을 검토하며, 여러분이 마음 속에 그리는 목적을 사정하고, 여러분 행동의 가능한 결과를 밝히도록 해라. 이러한 숙고는 "목적이 수단을 정당화하는가?" "나의 동기는 순수한가?" "나는 나의 행동이 타인에게 미치는 영향을 고려하였는가?" "누가 의사결정과정에 참여해야 하나?" "누가 최종 선택을 해야 하나?"와 같은 지적으로 도전적인 질문들을 반영한다.

위의 질문들은 사회복지에 해당하는 이슈들로 이어질 수 있다: "사회복지사가 선한 목적을 추구하기 위해 나쁜 수단을 사용하는 것이 정당화될 수 있는가?" "사회복지사는 '나쁜' 성과를 얻을 가능성이 있을 경우에도 '선한 수단'에 집착해야 하는가?" "사회복지사는 타인의 지식과 참여 없이 그 사람에게 영향을 미칠 수 있는 결정을 만들어야만 하는가?" "사회복지사는 법적 의무보다 윤리적 의무를 우선시해야 하는가 아니면 윤리적 기준보다 법적 의무를 우선시해야 하는가?"

전문 사회복지의 특징 중 하나는 타인에게 서비스를 제공하면서 가치와 윤리적 이슈들을 지속적으로 고려한다는 것이다. 여러분은 원조하지만 해를 입힐 수도 있고, 역량을 강화하지만 착취할 수도 있고, 자유롭게 해 주지만 제약할 수도 있기 때문에 여러분은 자신의 사고, 감정, 행동을 도덕적이고 윤리적인 면에서 의식적으로 신중하게 그리고 사려 깊게 검토해야 한다(Goldstein, 1987; Schon, 1990).

동   기

동기를 탐색할 때 개인으로서 그리고 사회복지사로서 갖는 1차, 2차 목적을 고려해라. 여러분은 전문가 지위에 맞는 무거운 도덕적, 윤리적, 법적 책임을 지닌다. 이상적으로는 여러분의 일차적 동기와 여러분의 결정과 행동에 영향을 주는 동기는 전문직 가치 및 윤리와 일치해야 한다(예를 들어, 서비스, 사회정의, 인간존중, 진실, 과학적 탐구, 역량). 그러나 여러분은 또한 개인적 동기도 갖는다(예를 들어, 법적 행동에 대한 두려움, 여러분 자신의 계획이나 의지, 동정, 연민을 확신시키려는 욕구). 여러분이 사회복지 기능을 수행하면서 초점을 바꿔 전문직업적 동기를 강조할 때 여러분 자신의 개인적 동기를 인식할 수도 있고 실제로 그렇게 해야 한다.

추가로 "만약 내가 클라이언트이고 나의 사회복지사가 이러한 동기를 가지고 행동한다면, 나는 무엇을 경험할까?" "만약 세상의 모든 사회복지사들이 이러한 동기를 가지고 있다면 사회는 어떻게 될까?"라고 자신에게 질문해라.

수 단

"수단"을 탐색하면서 여러분이 행동하는 "방식"을 고려해라. 누가 결정에 참여하는지 그리고 여러분과 다른 참가자들이 행동 계획을 어떻게 수행하는지 결정해라. 수단은 행동 계획의 내용뿐 아니라 의사결정 과정도 포함한다. "수단은 나의 전문직 가치 및 윤리와 일치하는가?" "수단은 바라는 목적과 성과를 만들어 낼 가능성이 있는가?" "내가 이러한 수단을 사용함으로써 사람들과 상황은 어떤 영향을 받는가?"라고 자신에게 질문해라. 만약 수단이 사회복지 원칙과 일치하지 않거나 결과가 해로울 것 같다면, "나의 전문직 가치 및 윤리에 충실하게 하는 목적을 위한 모든 수단을 정말로 고려하고 있고 결과는 유익하다고 확신하는가?"와 같은 질문을 자신에게 해라. 만약 수용 가능한 수단이 없다면 "목적은 바람직하지 않은 수단과 결과를 정당화하는가?"라고 자신에게 질문해라.

마지막으로 "만약 내가 클라이언트이고 나의 사회복지사가 이러한 수단을 채택한다면 나의 반응은 어떨까?" "모든 사회복지사들이 이 수단을 적용한다면, 사회는 어떻게 반응할까?"라고 자신에게 질문해라.

목 적

마음에 그리는 "목적"(목표)의 본질을 고려하고 그 목적이 개인적인지 아니면 전문직업적인지를 결정해라. "목표를 어떻게 결정하였나?" "누가 목표를 밝히고 정의 내리는 데 참여하였나?" "목표는 누구 혹은 무엇을 겨냥하는가?" "목표의 추구와 달성에 의해서 영향 받는 사람들은 목표의 존재를 인식하는가?" "나는 이 목표를 달성한 것에 대해 전문직업적으로 흡족한가?" "이 목표는 개입을 위한 이슈에 대한 상호이해, 기관 또는 프로그램의 사명, 사회복지 전문직의 기능과 일치하는가?"라고 자신에게 질문해라.

또한 "만약 내가 유사한 상황에 처한 클라이언트라면 나는 이들 목표에 어떻게 반응할 것인가?" "만약 모든 사회복지사와 클라이언트들이 이 목표를 추구하고 달성한다면, 사회는 어떻게 반응할 것인가?"라고 자신에게 질문해라.

결 과

결과를 탐색할 때 선별된 수단의 사용과 목적 달성을 통해 얻어질 수 있는 추가적인 결과를 고려해라. 표적이 되었던 사람과 상황에 끼친 직접적 영향 이외에도 여러분의 결정과 행동은 여러분, 여러분의 클라이언트, 다른 사람들, 그리고 관련 있는 사회체계에 영향을 줄 수 있다. 이러한 "부수적 효과"는 그 결정과 행동의 내용, 강도, 지속, 또는 많은 다른 요인들에 따라 긍정적일 수도 부정적일 수도 있고 에너지를 증가시키거나 고갈시킬 수도 있다. 때때로 부수적 효과는 매우 해로워서 심지어 가장 바람직한 목적조차도 압박당할 수 있다. 예를 들어, 사회복지사가 아동을 학대한 성인남성을 선별하는 설문조사 도구를 알았다고 가정하자. 그러나 이 도구의 "거짓긍정(false positive)"의 비율이 매우 높다. 정확한 선별의 비율과 부정확한 선별의 비율이 비슷하였다. 목표(목적) – 아동을 학대로부터 보호하고 서비스를 필요로 하는 성인남성 가해자를 선별하는 것 – 는 확실히 바람직한 것이다. 그러나 부수적 효과는 매우 부담스럽기 때문에(무고한 사람을 잘못 선별) 그 수단은 추가적인 보호 수단 없이는 사용될 수 없을 것이다.

다른 예를 고려해보자. 도시에 거주하는 청소년들의 약물남용을 감소 또는 예방하기 위한 개입(수단)은 약물사용 경험이 있는 참가자들의 42%가 약물사용을 중단하도록 하였다고 가정하자. 얼마나 훌륭한 뉴스인가! 하지만 프로그램을 통해서 얻게 된 정보와 관계 때문에 약물사용 경험이 없는 참가자들의 33%가 약물사용을 시작하였다. 만약 이러한 숫자가 정확하다면, 부수적 효과 혹은 "부수적 피해"의 정도는 서비스를 보류 또는 변경하게 만들 것이다(예를 들어, 프로그램 대상을 약물남용 청소년으로 제한).

마지막으로 여러분은 "만약 내가 이러한 부작용을 경험하게 된다면 나는 어떻게 반응할까?" "나는 계획된 목표를 달성하기 위해 이러한 부작용을 기꺼이 받아들일 수 있는가?" "이러한 부작용이 전 세계적으로 널리 퍼진다면 사회는 어떻게 반응할까?"라고 자신에게 질문해라.

물론 우리는 통합적인 방식으로 동기, 수단, 목적, 결과를 고려한다. 우리는 이것들을 서로 간의 관계 속에서 그리고 개인적 관점, 법, 정책, 전문직 가치와 윤리의 맥락에서 탐색한다.

어린 아동을 신체적 상해로부터 보호(바람직한 동기)하려는 사회복지사를 고려해보자. 사회복지사는 아동에 대한 상해를 예방하기 위해 학대부모에게 거짓말하기로 하였다(바람직하지 않은 수단). 그러한 결정에 도달하고 행동을 취하면서 사회복지사는 바람직하지 않은 수단은 바람직한 목적에 의해 정당화되고 어떤 일이 발생하든지 그에 대한 책임을 질 용의가 있다고 결정하였다.

이는 행동(이 사례에서는 거짓말하는 것)의 결과에 대한 추정에 기초한 맥락적, 목적론적, 혹은 공리주의적 사고이다. 그러한 분석에서 위험한 점은 수단이 의도한 목적을 만들어 낼 수도 있고 그렇지 못할 수도 있다는 것이다. 즉, 거짓말은 아동을 상해로부터 보호하지 못할 수도 있다. 여러분이 미래를 보장할 수는 없다. 거짓말은 예상된 목적을 달성할 수도 있고, 어떤 결과도 가져오지 못할 수도 있으며, 혹은 예견치 못하거나 부정적인 결과를 낳아 문제를 악화시킬 수도 있다. 무엇이 일어나든지 사회복지사는 "나의 의도는 좋았어. 나는 아동을 상해로부터 보호하려고 했기 때문에 거짓말했어"라고 결론내릴 수 있다.

유사한 상황에 처한 다른 사회복지사는 의무론적 접근을 택하고 거짓말하는 것은 나쁜 일이라고 결론내릴 수 있다. 이 사회복지사는 "아동이 신체적 상처를 입을 가능성이 높을 것으로 예상하더라도(즉, 바람직하지 않은 목적) 나는 학대부모에게 거짓말할 수 없어(즉, 진실을 말하는 것이 바람직한 수단임). 나는 미래의 사건을 예견할 수 없고 성과를 보장할 수도 없어. 나는 최소한 진실하여야 해." 어떤 일이 발생하더라도 사회복지사는 "최소한 나는 거짓말하지 않았어"라고 결론내린다. 그러나 거짓말하지 않은 행위는 아동의 신체적 상처로 이어진다. 수단은 좋았으나 결과는 그렇지 못할 수 있다.

　관련 있는 윤리적 혹은 법적 기준에만 의존하거나 또는 상황이 갖는 특징에만 의존한다고 해서 반드시 명확한 결정을 내리고 실행계획을 세우는 것은 아니다. 목적론적 접근과 의무론적 접근 모두 장단점을 가지고 있다.

　도덕적 혹은 윤리적 가치를 서열화하는 것의 위험에도 불구하고 일부 학자들은 사회복지사들이 윤리적 딜레마를 다루는 데 도움을 주기 위해 위계를 만들었다. 예를 들어, 로웬버그 외는 인간 생명의 보호가 가장 중요한 도덕적, 윤리적 의무라고 하였다. 첫 번째 혹은 가장 높은 서열의 가치나 원칙은 모든 도덕적 가치 혹은 윤리적 원칙보다 우선한다. 따라서 클라이언트가 전 애인을 살해하려고 한다는 것을 알게 된 사회복지사는 비록 다른 윤리적 원칙들을 지키지 못하더라도 잠재적 희생자를 보호하기 위한 행동을 취해야 한다.

　로웬버그 외는 평등과 불평등을 두 번째 원칙으로 하였다. 이 원칙은 공정과 정의를 의미하는데 "동일한 상황에 있는 모든 사람들은 동일한 방식으로 취급받아야 한다－즉, 동등한 상황에 있는 사람들은 동등하게 취급받을 권리는 가진다. 동시에 만약 불평등이 고려중인 이슈와 관련 있다면, 다른 상황에 있는 사람들은 다르게 취급받을 권리를 갖는다. 선행(다른 사람을 해를 끼치지 않고 좋은 일을 하려는 임무)과 같은 것을 고려하는 것이 평등 원칙보다 중요할 때 또는 불평등한 취급이 더 나은 평등을 촉진할 때 불평등한 취급은 정당화될 수 있다"(p. 67). 예를 들어, 동등한 지위를 가진 유능한 성인들은 합의에 의한 성관계를 가질 권리를 갖는다. 하지만 성인은 아동과 성관계를 가질 권리를 가지고 있지 않다. 심지어 아동이 동의했을 경우에도 그 성인은 그런 권리를 가지지 못하는데 그 이유는 그들의 상대적 지위와 권력은 명백히 동등하지 않기 때문이다. 마찬가지로 전문직업적 지위와 기능에 따르는 권력 때문에 사회복지사는 심지어 클라이언트가 먼저 제안했거나 동의했을 때라도 원조 전문가라는 사회복지사의 특별한 지위 때문에 클라이언트와 성관계를 가질 수 없다.

　사회복지가 전통적으로 개인의 권리와 자기결정을 존중하고 다양성과 차이를 존중하고 수용하는 점과 일관되게 자율과 자유가 세 번째 원칙이다. 이 원칙은 사회복지사들로 하여금 "*개인의 자율, 독립, 자유를 촉진*"(Loewenberg et al., 2009, p. 67)하는 실천 결정을 내릴 수 있도록 한다. 물론 독립적인 행동에 대한 클라이언트의 권리는 제한이 없는 것은 아니다. 개인은 다른 사람을 죽이거나, 아동을 학대하고 착취하거나, 배우자를 때리거나, 사람들로 붐비는 극장에서 "불이야"라고 큰소리로 외칠 권리를 가지고 있지 않다.

　보호의 의무와 조화를 이루는 최소 손해의 원칙이 4번째 원칙인데 이는 "손해를 야기할 수 있는 딜레마에 직면했을 때 사회복지사는 그러한 손해를 피하거나 예방하도록 해야 한다"는 것을 의미한다. 손해를 피하기 어려울 경우 사회복지사는 최소한의 손해, 최소한의 영구적 손해, 가장 쉽게 원래 상태로 돌릴 수 있는 손해만을 일으키는 방안을 선택해야 한다. 만약 손해가 발생했다면 사회복지사는 그 손해를 처리하기 위해 가능한 모든 노력을 기울여야 한다(Loewenberg et al., 2009, pp. 67~68).

　인권과 사회정의를 증진하고 사회적 안녕을 촉진하는 우리의 전문직업적 의무와 일관되게 5번째 원칙은 "사회복지사는 지역사회는 물론이고 개인과 모든 사람의 삶의 질을 보다 증진시킬 수 있는 것을 선택해야 하는 것"을 포함한다(Loewenberg et al., 2009, p. 68).

전문 원조자로서의 법적 의무와 일관되게 사생활 보호와 비밀보장이 6번째 원칙이다. 이 원칙은 "사회복지사는 사생활 보호와 비밀보장에 대한 모든 사람의 권리를 강화하는 실천 결정을 내려야 한다. 기밀 정보를 외부에 누설되지 않도록 유지하는 것은 이러한 의무를 실천하는 것이다"(Loewenberg et al., 2009, p. 68).

진실성과 완전 개방이 7번째 원칙이다. 전문직업적 진실성과 일관되게 이 원칙은 사회복지사는 클라이언트를 비롯한 다른 사람들에게 정직하고 "진실하며 모든 관련정보를 완전히 개방해야 함"(Loewenberg et al., 2009, p. 68)을 말해준다. "사회적, 전문직업적 관계는 잘 기능하기 위해 신뢰를 요구하며 신뢰는 상호 기대가 충족될 수 있도록 예기치 않은 일을 최소화하는 솔직한 교제의 기초가 된다(Loewenberg et al., 2009, p. 68).

로웬버그 외는 윤리적 의무들이 서로 갈등적인 상황에서 어떤 원칙이나 법적 의무를 우선해야 되는지 여러분의 결정을 돕기 위해 윤리원칙 스크린(Ethical Principle Screen)을 제공하였다. 윤리적 딜레마를 직면할 때 사회복지사는 우선 기본적인 윤리원칙에 따라 상황을 분류한다. 상황을 분류한 다음 어떤 상황을 우선해야 하는지를 결정하기 위해 윤리원칙 스크린을 사용한다. 대부분의 경우 첫 번째 윤리원칙으로 분류된 윤리적 딜레마 요소들이 2순위 이하의 원칙들과 관련 있는 요소들을 우선한다. 두 번째 윤리원칙에 부합하는 상황의 측면들은 3순위 이하의 원칙들과 관련 있는 요소들을 우선한다. 물론 여러분이 윤리강령의 모든 차원들에 순응할 수 있다면 여러분은 윤리원칙 스크린을 필요로 하지 않는다. 여러분은 윤리적 방식으로 반응하면 된다. 여러 법적 의무와 윤리적 기준들 사이에 갈등이 존재할 때 윤리적 딜레마가 발생한다. 그러한 상황에서 여러분은 어떤 의무를 우선시해야 하는지에 대해 결정을 해야 한다.

로웬버그 외의 위계적 스크린은 우리들로 하여금 추상적인 원칙의 맥락에서 구체적인 딜레마에 관해 생각하도록 도와준다. 실제로 철학자들은 기본적인 도덕원칙이 존재하고 그 원칙들이 삶 속에서 의사결정을 인도할 수 있고 인도해야 한다고 주장하였다. 일부 원조 전문직, 특히 의료직은 기본적인 도덕적 가치를 아래와 같은 방식으로 채택하였다(Beauchamp & Childress, 1983; Koocher & Keith-Spiegel, 1990).

선행: 선행의 원칙은 클라이언트를 포함한 다른 사람들의 안녕과 복지를 원조하고, 보호하고, 촉진시키는 것이 가장 우선적인 도덕적 가치라는 것이다. 다른 말로 표현하면 전문가는 "선한 일"을 통해 "선한 행위"에 관여해야 하고 때로는 책임을 다하기 위해 개인적 위험이나 희생도 감수해야 한다. 선행은 인간의 생명 보호를 포함시킴으로써 로웬버그 외의 첫 번째 원칙을 포함하였다. 선행은 법적 보호의무, 고지, 보고, 경고, 보호의 의무들에 반영되어 있다.

악행금지: 악행금지 원칙은 전문가는 클라이언트를 포함한 다른 사람들에게 서비스를 제공할 때 그들에게 해를 입히는 것을 피하기 위해 노력해야 한다는 것이다. 이 가치는 "첫째, 해를 입히지 말아라"와 같은 충고에서 찾을 수 있다. 클라이언트를 포함한 다른 사람들이 그들이 제공받는 서비스 때문에 불필요한 해(害)를 겪지 않도록 하기 위해 이 가치는 보호의 질과 관련 있는 윤리적, 법적 강령에 반영되어 있다. 이 도덕적 가치는 로웬버그 외의 4번째 원칙, 최소 손해의 원칙을 포함한다. 전문가들은 "선한 행동"을 하면서 잠재적 손해의 내용과 범위를 고려하기 때문에 효용(utility)의 개념은 이 가치의 부분이다. 본질적으로 효용은 손해를 최소화하면서 최대의 선

을 이루기 위해 행동을 한다는 것을 제안하는 것이므로 선행과 악행금지 모두를 포함한다. 실제로 우리는 보호의 의무에 악행금지를 포함한다. 예를 들어, 어떤 사람을 도우려는 노력이 다수의 사람들에게 상처를 주게 된다면, 효용의 문제를 고려해야 한다. 마찬가지로 클라이언트와 사회복지사는 보다 자기주장적인 태도를 갖는 것이 원하는 목표인지를 결정할 수도 있다. 그러나 고용주에게 클라이언트의 주장을 확실히 표현하는 것이 자신의 직업을 잃게 한다면 손해가 선의를 능가해버리게 된다.

정의: 정의의 원칙은 권력이나 능력의 불균형이 차별적인 취급을 정당화하지 않는다면 사람들은 동등하게 취급받을 권리를 갖는다는 것이다. 동등한 접근과 동등한 기회가 정의의 구성요소들이다. 원조 전문가들은 모든 사람들을 공정하고 평등하게 취급할 의무를 갖는다. 사회복지에서 정의의 가치는 개인, 집단, 지역사회, 사회에 적용된다. 이 도덕적 가치는 로웬버그 외의 두 번째 원칙, 평등과 불평등 원칙과 5번째 원칙 – 삶의 질을 포함한다. 우리는 또한 정의를 보호 의무의 일부로 고려할 수 있다. 실제로 불공평한 실천은 최소한의 전문적 보호 기준을 충족시키지 못한다.

자율: 자율의 원칙은 사람들은 자유와 자기결정에 대한 권리를 갖는다는 것이다. 사람들은 그들 자신의 일거리를 관리하고 결정하며 자신과 자신의 안녕에 영향을 미치는 행동을 결정할 권리를 갖는다. 이 가치는 로웬버그 외의 3번째 원칙인 자율과 자유의 원칙을 반영하며 사생활을 존중하는 법적 의무에 내재되어 있다.

사생활: 사생활의 원칙은 부분적으로 자기결정의 권리로부터 비롯되었다. 사람들은 그들의 개인적 삶과 가정에 대한 공개 또는 침해의 내용과 범위를 통제할 권리를 갖는다. 심지어 클라이언트 이름의 공개가 사생활을 위협하기도 한다. 예를 들어, 사회복지사가 클라이언트들과 방문객들이 들을 수 있을 정도로 대기실에 있는 다음 순번 클라이언트의 성과 이름을 불렀을 때 이는 그 클라이언트의 권리를 빼앗는 것이며 사생활 존중의 법적 의무를 어기는 것이다.

비밀보장: 비밀보장의 원칙은 자율성 및 사생활과 관련이 있다. 클라이언트는 원조 전문가와 공유하는 정보에 대한 소유권을 가지고 있다. 따라서 사회복지사는 클라이언트의 허락없이는 클라이언트의 정보를 공유할 수 없다. 그렇게 하는 것은 비밀보장의 법적 의미를 어기는 것이다. 로웬버그 외의 6번째 원칙에서 설명하였듯이 클라이언트는 사생활과 비밀보장에 대한 기본권을 갖는다. 클라이언트의 역할 또는 서비스 수혜가 이 권리를 축소하지는 않는다.

충실: 충실 또는 "성실(good faith)"의 원칙은 클라이언트를 포함한 다른 사람들은 원조 전문가가 솔직하고 약속을 지킬 것으로 기대한다는 것이다. 이 도덕적 가치는 로웬버그 외의 7번째 원칙인 진실성과 완전 개방의 원칙을 포함하며 보호 의무에 내재되어 있다. 충실은 솔직, 정직, 진실을 포함한다. 우리는 원조 전문가들이 진실을 말하고, 어떤 형태의 부정직, 사기, 속임수를 삼가며, 클라이언트를 포함한 다른 사람들에게 한 약속을 지키길 기대한다.

여러분은 특정 윤리적 딜레마에 관한 구체적인 정보를 인식하기에 앞서 핵심이 되는 도덕적 가치를 서열화하는 시도와 관련된 위험과 한계를 인식할 수 있을 것이다. 그러나 일단 여러분이 특정 상황에 대한 사실을 이해하고 적용 가능한 임무와 의무를 밝히게 되면, 여러분은 관련 있는 책임의 중요성에 관한 여러분의 판단을 반영하고 여러분의 의사결정과정을 촉진하는 사례 특정적 가치 위계를 선택하려 할 수 있다. 예를 들어, 어떤 상황에서 여러분은 – 아마도 클라이언트와 함께 - 자율성이 선행보다 중요하다고 결정할 수 있다. 다른 상황에서는 손해의 위험(악행금지)이 잠재적 선(선행)보다 중요할 수 있다. 사례 특정적 가치 위계를 만드는 것은 로웬버그 외가 제안한 위계와 같은 보편적 분류표를 적용하는 것보다 더 많은 판단과 분석을 요구한다. 그러나 윤리적 딜레마는 가장 잘 개념화된 가치위계의 수정을 정당화하는 복잡성과 특징을 반영한다. 지적 융통성과 진실성은 환경 속 인간 관점 및 전문성과 일치한다. 물론 비판적 사고와 신중한 판단은 전문적 사회복지실천의 특징이며 특히 윤리적 의사결정의 맥락에서 더욱 그렇다.

이제 다시 지하실에서 자살한다고 위협하는 남자의 사례로 돌아가 보자. 여러분은 이미 이 상황에 적용될 수 있는 윤리원칙과 법적 의무를 확인했을 것이다. 여러분은 의심할 것 없이 이러한 갈등들 중 몇 가지 갈등을 발견했다. 여러 개의 상충되는 책임들 중 어느 것을 우선해야 하는지 결정하기 위해 사례 특정적 가치 위계를 개발한다.

만약 여러분이 도덕적 가치와 관련하여 그 상황의 특성을 검토한다면, 여러분은 선행의 중요성을 쉽사리 인식할 것이다. 이는 서비스 원칙, "필요로 하는 사람을 돕는" 윤리적 책임, 인간 생명을 보호하는 여러분의 의미와 일치한다. 이 도덕적 가치는 자살 방지의 책임을 포함하는 보호의 의무와 일치한다. 여러분의 이전 클라이언트가 자살을 시도한 경향이 있다는 증거에 기초하여 여러분은 클라이언트의 생명을 보호하기 위한 행동을 취할 것이다. 이 상황에서 선행은 다른 가치를 우선한다. 물론 여러분은 다른 가치와 인권을 침해하지 않는 방식으로 개입하도록 노력해야 한다. 예를 들어, 자살하려는 남자 상황의 경우 여러분 혹은 여러분의 슈퍼바이저(클라이언트가 불만의 근원으로 여러분을 지목했기 때문에)는 그와의 대화를 유도하고 자살 상황의 긴장을 완화하기 위해 전화를 다른 곳으로 돌릴 수도 있을 것이다.

전화로 클라이언트의 위기에 직접 개입하는 것은 자율성의 도덕적 가치와 일치한다. 그러나 자살하려는 그 남자는 전화에 응답을 안 할 수도 있고 혹은 여러분이나 여러분의 슈퍼바이저가 전화를 받으면 상황이 더 악화될 수도 있다. 만일 상황이 악화되는 경우 클라이언트의 사생활과 비밀보장에 대한 권리를 침해할 수 있다.

여러분은 그 남자의 생명을 구하기 위해 그의 친척에게 이러한 상황을 알리고 협조를 요청할 수 있다. 해당 지역의 경찰이나 보조 의료진에 전화하여 그 남자가 사는 집으로 가줄 것을 요청할 수도 있다. 그리고 어느 시점에서 입원할 수 있도록 판사나 시장 혹은 법원이 정한 의사에게 증거를 제공해야 할 때도 있을 것이다. 이러한 일련의 조치는 클라이언트의 기본적 시민권을 침해하는 것임은 물론 여러분 자신의 윤리원칙과 법적 의무에 위배되는 것이다. 그럼에도 불구하고 클라이언트가 자살을 하려는 경우 여러분은 높은 수준의 윤리원칙을 고수하여 그 사람의 생명을 구할 수 있도록 낮은 수준의 윤리원칙을 포함해야 한다.

요약

사회복지의 가치와 윤리 그리고 법적 의무는 사회복지사의 모든 전문적 실천의 길잡이다. 여러분은 이론적 지식이나 연구결과, 기관의 정책 그리고 여러분의 개인적 견해보다 윤리원칙을 더 중요한 것으로 여긴다.

사회복지실천에서 건전한 윤리적 결정을 내리기 위해서 여러분은 실천에 영향을 미치는 사회복지 전문직의 가치와 윤리강령, 법적 의무를 이해하고 알아야 한다. 또한 여러분은 특정 상황에 적용될 수 있는 윤리원칙과 법적 의무를 확인할 수 있어야 한다. 아울러 여러 의무가 서로 상충될 경우 여러분은 어떤 것이 다른 것에 우선하는지 결정할 수 있어야 한다.[2]

윤리적 결정의 기술은 전문 사회복지실천에 근본적인 것이다. 그러한 기술 없이는 여러분의 전문적 지위를 정당하게 주장할 수 없다. 윤리원칙을 고려하지 않고 사회복지 서비스를 제공하는 것은 문자 그대로 불합리한 것이 될 것이다.

Chapter 5 요약 연습

아래에 제시된 사례들 각각에 적용할 수 있는 미국사회복지사협회 윤리강령의 윤리적 원칙과 법적 의무는 무엇인지 밝히시오. 그런 다음 2가지 이상의 의무들 간에 갈등을 보이는 각 사례에 대해서 윤리적 딜레마를 분석하고 해결하는 데 유용한 사례 특정적 가치위계를 만들어보시오. 끝으로 각 상황에서 여러분이 사회복지사로서 취할 수 있는 행동을 설명하시오.

1. 여러분이 병원의 종양 부서에서 근무하는 사회복지사라고 하자. 여러분은 죽어가는 클라이언트들을 자주 접하게 될 것이다. 여러 달 동안 극심한 고통에 시달리고 있는 지적이면서 발음을 분명히 하는 T라는 88세 된 할머니가 자신은 강력한 진통제를 모아왔는데 밤에 자살할 것이라고 여러분에게 말한다. 그녀는 여러분에게 작별인사를 하고 싶고 그동안의 모든 도움에 감사한다고 말하면서 제발 자신의 계획을 방해하지 말아달라고 부탁한다.

---

[2] 어떤 지역에서는 의사가 주도한 자살이 불법적 혹은 범죄 행위가 아니다. 그러나 의사는 먼저 그러한 도움을 요청한 환자가 정신적으로 정서적으로 안정되어 있고 자율적인 결정을 내릴 수 있다는 것을 입증할 것이다. 이 상황에서 묘사된 클라이언트는 이러한 기준을 충족시키지 못한다.

2. 여러분이 초등학교에서 일하는 사회복지사라고 하자. 여러분은 초등학교 아동들을 소집단을 통해 자주 만나게 될 것이다. 8~10세 사이의 여러 명의 초등학교 여학생을 만나는 동안 한 아이로부터 거의 매일 밤 아버지가 자기 침실로 와서 잠옷 속으로 손을 넣고 다리 사이를 어루만진다는 얘기를 듣는다.

3. 1살과 3살짜리 두 아이를 둔 25세 남자가 가족상담기관에서 일하는 여러분과 첫 면담을 하러 왔다. 면담 내내 그는 자기와 자기 부인이 많이 싸운다고 얘기한다. 그는 자기 부인이 일단 싸움을 시작하면 그치지 않으며 그러면 자기는 집을 나오고 부인은 소리지르면서 자기를 쫓아온다고 말한다. 그는 이러한 상황에서 무척 화가 나며, 이럴 때 가끔 자기 부인을 밀치기도 하는데 한 번은 자기 부인의 얼굴을 때려 코가 부러진 경우도 있다고 말한다.

4. 여러분은 최근에 아프리카계 미국인과 라틴계 미국인이 주요 클라이언트인 기관에 취직하였다. 모든 전문직 직원들은 백인이며 일부 비서와 지원부서 직원들만이 아프리카계 미국인이다. 기관의 어떤 직원도 스페인어를 하지 못한다.

5. 여러분이 자신들의 관계를 향상시켜 보려는 어느 기혼 부부에 관여하고 있다고 하자. 직접적이고 개방적이며 정직한 의사소통을 관계의 목표로 하기로 했다. 그들 각자는 성적인 차원의 성실성 또한 자신들의 결혼생활에 중요하다고 말했다. 다섯 번째와 여섯 번째 모임에서 그 부부 중 한 사람이 여러분에게 전화해 다음과 같이 말한다. "당신이 알아야 할 것 같아 말씀드리는데 저는 지금 다른 사람과 사랑에 빠져 있습니다. 제 배우자는 이 사실을 모르며 당신도 이에 대해 얘기하지 않으리라 생각합니다. 당신도 아시다시피 그렇기 때문에 저는 당신의 전문성을 존경합니다. 당신을 일을 잘하고 있습니다. 감사합니다."

6. "아동 성학대로 기소되어 10년 동안 교도소에 수감되었던 사람이 대학 내 사회복지 프로그램을 제공받을 수 있는가?"라는 질문에 "찬성"하는지 "반대"하는지 자신의 입장을 밝히시오.

7. 여러분이 어느 종파에도 속하지 않은 사회복지 기관의 기관장이라고 가정하자. "나는 직장에서 여성용 옷을 선호하는 남성 사회복지사를 고용해야 하는가? 그는 여자 가발을 쓰고 여성용 옷(예를 들어, 드레스, 나일론 스타킹)과 화장을 한다"라는 질문에 "찬성"하는지 "반대"하는지 자신의 입장을 밝히시오.

8. 여러분이 사회복지학과 학생이라고 가정하자. 여러분 학우 중 한 명 – 인기가 있는 여러분의 친구 – 이 다양한 주제에 관한 보고서를 파는 인터넷 회사에서 보고서를 구입하였다. 그 친구는 자신이 구입한 보고서는 단지 50달러이고 그것을 과제물로 제출하였는데 A를 받았다고 여러분에게 자신 있게 얘기한다. (a) 이 상황에서 여러분은 무엇을 해야 하는가? 왜? (b) 여러분은 이 상황에서 실제로 무엇을 할 가능성이 가장 높은가? 왜? 라는 질문에 대한 반응을 아래 공간에 적어 보시오.

Chapter 5 자기 평가

아래의 자기 평가 연습을 통해서 윤리적 결정 기술의 숙련도를 평가해 보시오.

자기 평가: 윤리적 결정 기술

아래의 문항들에 답하시오. 여러분의 응답은 윤리적 결정 기술의 숙련도를 평가하는 데 도움이 될 것이다. 각 문항을 잘 읽고 각 문항의 내용에 동의하는 정도를 기록하시오.

4 = 전적으로 동의한다

3 = 동의한다

2 = 동의하지 않는다

1 = 전혀 동의하지 않는다

4	3	2	1	문항
				이 시점에서 나는…
☐	☐	☐	☐	1. 윤리적 결정의 목적과 기능을 논의할 수 있다.
☐	☐	☐	☐	2. 원조전문직에 적용되는 법적 의무를 밝히고 논의할 수 있다.
☐	☐	☐	☐	3. 내 지역에서 사회복지실천을 규제하는 법에 접근할 수 있다.
☐	☐	☐	☐	4. 사회복지 전문직의 기본 가치를 밝히고 논의할 수 있다.
☐	☐	☐	☐	5. 사회복지실천을 인도하는 윤리적 원칙과 기준을 논의할 수 있다.
☐	☐	☐	☐	6. 다양한 전문직업적 맥락에서 적용 가능한 윤리원칙과 법적 의무를 얘기할 수 있다.
☐	☐	☐	☐	7. 사례 특정적 가치위계의 개발과 사용을 통해서 경쟁적인 법적, 윤리적 의무들의 상대적 우선순위를 분석하고 결정할 수 있다.
☐	☐	☐	☐	8. 윤리적 결정을 내리고 적절한 실행계획을 세우기 위해 비판적 사고 기술을 사용할 수 있다.
☐	☐	☐	☐	9. 윤리적 결정 기술의 숙련도를 평가할 수 있다.
☐	☐	☐	☐	10. 사회복지 전문직을 위한 준비정도를 평가할 수 있다.
				소계

주: 위의 문항들은 부록 3에 있는 사회복지실천기술 자기 평가 설문지의 비판적 사고, 과학적 탐구, 평생학습에 포함된 문항들과 동일하다. 만약 여러분이 연습 2-2를 완성했다면, 이미 위 문항들에 응답하였다. 여러분은 이전의 응답과 현재의 응답을 비교할 수 있다. 만약 여러분의 숙련도가 향상되었다고 생각하면, 현재의 소계가 이전의 소계보다 높을 것이다.

이 장에서 다루었던 실천 기술과 자기 평가의 결과를 곰곰이 생각해보시오. 여러분의 분석에 기초하여 "윤리적 결정 기술의 숙련도에 대한 자기 평가"라는 제목의 1쪽짜리 보고서를 작성하시오. 보고서에 여러분이 알고 있고 잘 할 수 있는(예를 들어, 3~4점) 실천 기술들을 포함시키시오.

또한 연습이 더 필요한 실천기술들(예를 들어, 2점 이하)을 열거하고 숙련도를 높이기 위한 계획을 세워보시오. 완성한 다음 보고서를 사회복지실천기술 학습 포트폴리오에 포함시키시오.

Part I 요약 연습: 전문성

전문성에 속한 모든 이슈들 중에서 자신의 개인적 신념, 동기, 야망과 사회복지실천의 본질 사이의 "적합성(goodness of fit)"의 이슈보다 더 중요한 것은 없다. 어느 시점에서 여러분은 "나는 이 전문직에 적합한가? 나의 신념, 동기, 속성, 특성은 사회복지사에게 요구되는 것들과 어울리는가? 나의 개인적 신념이 전문직의 가치 및 윤리 그리고 사회복지사로서 나의 서비스 의무와 갈등을 일으킬 때 나의 신념을 포기할 수 있을까? 나는 사회복지가 수반하는 도전과 희생을 위한 준비가 되어 있는가?"와 같은 질문을 솔직하게 다루어야 한다. 이들 질문은 개인적, 전문직업적 진실성을 고려하는 데 기본이 된다. 이 질문들을 다루는 방법으로써 아래의 요약연습을 완성하시오. 이것은 여러분이 사회복지 전문직을 선택한 여러분의 동기를 탐색하고 직업으로써 사회복지 전문직을 위한 준비정도를 평가하는 데 도움이 될 것이다.

1. 사회복지 전문직을 위한 여러분의 준비정도에 대한 요약 분석과 평가를 통해 이전 연습들의 결과를 곰곰이 생각해보고 통합하시오. "사회복지 전문직을 위한 나의 동기, 준비, 적합성에 대한 요약 평가"라는 제목의 4~5쪽짜리 보고서(1,000~1,250자 내외)를 만드시오. 완성한 다음 여러분의 사회복지실천기술 학습 포트폴리오에 포함시키시오. 보고서에 아래 내용을 반드시 포함시키시오.

   a. 경력계획: 여러분이 졸업 후 열망하는 전문 사회복지직을 예상해 보시오. 여러분이 선호하는 세팅, 이슈, 사람들을 설명하시오. 사회복지를 윤리적으로 효과적으로 실천하기 위해 요구되는 개인적 자질과 속성을 밝히고 설명하시오.

   b. 선호하는 클라이언트와 세팅: 여러분이 선호하지 않는 세팅, 이슈, 사람들을 밝히고 그 이유를 설명하시오. 여러분의 개인적, 전문직업적 발달을 위해 이러한 이유가 갖는 함의는 무엇인가? 여러분은 전문적 서비스를 제공하기 위해 필요하다면 자신의 개인적 선호를 다룰 수 있고 포기할 수 있는가?

   c. 주요 사건: 직업으로 사회복지를 선택하는 데 기여했던 개인적, 가족적, 혹은 상황적 경험 속의 요인이나 사건을 밝히시오. 그것이 어떻게 전문 사회복지실천을 위한 준비와 동기에 영향을 끼쳤는지 논하시오.

   d. 만족스럽고 도전적인 측면: 사회복지사가 됨으로써 가장 만족스럽고 보람 있는 것은 무엇이라고 예상하는가? 가장 어렵고 도전적이며 불만족스러운 부분은 무엇일까?

   e. 특출한 질문: 여러분의 숙고와 반응에 기초하여 잘 알려져 있고 경험이 매우 많은 사회복지사에게 묻고 싶은 3가지 질문을 적어 보시오.

   f. 사회복지를 위한 준비: 여러분의 가족가계도, 생태도, 타임라인, 그리고 자기효능감, 성격검사, 자기통제, 사회적 지지 척도의 결과를 고려하시오. 다양성과 차이의 존중, 인권과 사회정의 증진, 사회적 안녕 촉진뿐 아니라 비판적 사고, 과학적 탐구, 평생학습 연

습들에 대한 여러분의 응답들을 곰곰이 생각해 보시오. 마지막으로 법적 의무와 사회복지 가치 및 윤리의 이해, 전문직업적 상황에 적용 가능한 법적, 윤리적 의무의 선별, 윤리적 딜레마 다루기를 포함한 연습문제들에 대한 여러분의 응답을 재검토하시오. 그 다음 자신에게 아래의 질문을 하시오.

ⅰ. "나는 전문 사회복지사로서 효과적으로 기능하기 위해 필요한 능력을 소유하고 있거나 개발할 수 있는가?"

ⅱ. "나는 사회복지가 수반하는 도전과 희생을 수용할 준비가 되어 있는가?"

ⅲ. "모든 것을 고려했을 때 나는 이 전문직에 적합한가?"

만약 여러분의 응답에 부정적인 응답이 있다면 교수나 직업상담가 등과 여러분의 결론을 상의해라. 만약 그들과의 상담을 통해 여러분의 결론이 확인된다면 여러분에게 더 적합한 경력을 찾도록 해라. 만약 여러분의 응답이 모두 긍정적이라면 더 많은 탐색이 필요한 영역을 기록하고 강화할 필요가 있는 능력을 밝히도록 해라. 그렇게 할 계획을 간략히 세우고 그것을 여러분의 보고서에 포함시켜라.

PART Ⅱ
사회복지실천기술

말하기와 경청하기: 인간관계 기술의 기본

이 장에서는 (박스 6.1 참조) 전문가적인 행동에 적용되는 말하기와 경청하기(즉, 메시지를 완전하고 정확하게 보내고 받기 위해서 사용되는 과정)라는 기본적인 인간관계에 대해 다루고 있다. 의사전달의 수단에 관계없이 여기서 "말하기"라는 용어는 메시지를 보내는 데 관여하는 과정, 그리고 "경청하기"라는 용어는 메시지를 받는 데 관여하는 과정을 의미한다.[1] 이러한 기술은 다양성과 차이점을 다루는 데 특히 중요하다. 만약 사회복지사들이 서비스를 제공하려는 사람들을 이해하지 못하거나 그들로부터 이해받지 못한다면, 사회복지사들의 지식이나 전문적인 식견의 가치는 제한될 것이다. 현시대에서 문화적으로 민감한 커뮤니케이션 기술은 윤리적이고 효과적인 사회복지실천의 핵심이다.

제대로 훈련된 의사소통의 기술은 사회복지실천의 모든 단계와 모든 형태의 사회복지실천에서 요구되는 것이다. 실로 이 기술은 인간의 사회적 관계의 모든 측면에 적용된다. 메시지를 보내고 받는 기술이 좋지 않으면 생산적인 전문적 관계를 맺지 못하며, 따라서 성공적인 결과를 가져올 수 없다. 부족한 의사소통 기술은 사회복지사와 다른 사람들과의 상호문화적이며 다문화적인 상황에서 특히 문제가 될 가능성이 있다. 말하기와 경청하기의 기본적인 인간관계 기술은 사회적 상호작용과 긍정적이고 생산적인 연대를 촉진시킨다. 능숙한 말하기와 경청의 기술은 다양한 배경과 견해를 가진 개인, 가족, 집단, 조직, 지역사회와의 상호작용에 있어서 명확하게 표현하고 정확하게 이해하는 데 도움을 준다.

---

[1] 사람들의 말하고, 듣고, 보고, 읽고, 쓰는 신체적 능력은 다양하다. 이 책에서 말하기와 경청하기는 그 수단에 관계없이 의사소통 메시지를 전달하거나 받는 것을 의미한다. 매우 탁월한 사회복지사들은 다른 수단(예: 수화, 마임, 통역을 통해서, 음성합성장치, TTD, 음성인식시스템, 기타 의사소통형태)을 소통방법으로 이용한다.

이 장의 목적은 말하기와 경청하기(예: 메시지를 보내고 받는 것)와 같은 기본적인 인간관계 기술을 숙달하도록 돕는 것이다.

목표

6장을 마친 후 다음과 같은 기술에 숙달되어야 한다.

- 말하기, 경청, 적극적인 경청에 대해 기술하고 논하기
- 문화적으로 민감한 소통을 통해 다양성과 차이점에 관계하기
- 비언어적 의사소통과 신체언어
- 말하기 기술
- 경청하기 기술
- 적극적으로 경청하기 기술
- 말하기와 경청하기 기술의 숙련도를 사정하기

핵심 역량

이 장에서 논의된 기술들은 다음의 핵심 EPAS 역량을 지지한다.

- 전문적인 사회복지사임을 확인하고, 그와 같이 행동하기(EP2.1.1)
- 사회복지윤리강령을 전문적인 실천 지침에 적용하기(EP2.1.2)
- 비판적인 사고를 전문적인 판단을 고지하고 소통하는 데 적용하기(EP2.1.3)
- 실천에 있어서 다양성과 차이점을 관여하기(EP2.1.4)
- 개인, 가족, 집단, 조직 및 지역사회와 관계하기(EP2.1.10[a])

문화적 역량: 차이점과 다양성 고려하기

"문화란 한 인구나 집단에 의해 공유된 학습된 세계관이나 패러다임이며 가치, 신념, 관습, 행동에 영향을 주고, 언어, 의복, 음식, 물건, 한 집단의 사회적 제도에 반영된다(Burchum, 2002)." 어떤 의미로는, 집단, 조직, 또는 지역사회의 문화는 한 개인의 성격과 비슷하다. 역량(competence)이란 업무나 활동을 완수하거나, 책임을 정확하고, 효과적이고, 능숙하게 수행하는 것을 의미한다. 전문적 사회복지 실천의 맥락에서, 문화적 역량(cultural competence)은 다양한 문화적 배경이나 관계를 가진 사람들과 함께 효과적으로 전문적 활동을 수행하고 완수하는 데 필요한 인식, 지식, 이해, 감성 및 기술을 의미한다. 그러나 문화적 역량의 개념은 누구든 완전하고 완벽하게 문화적으로 역량을 갖추게 된다는 것으로 잘못 이해되서는 안 된다. 문화적 역량이란 끊임없고 지속적인 진행형 발전 과정인 것이다(Burchum, 2002, p.14).

크로스Cross, 배즈론Bazron, 데니스Dennis와 아이작스Isaacs(1989)에 의하면, 문화적 역량이란 "체제, 기관 및 전문가들 사이에서 함께 나타나는 조화로운 행동, 태도 및 정책을 말하며, 이러한 것들로 인해 체제, 기관, 또는 전문가들은 상호문화적 상황에서 효과적으로 작동가능하게 된다." 수Sue와 토리노Torino(2005)는 "다원화된 민주사회에서 효과적으로 기능하는 능력"과 "모든 집단에 대해 좀 더 호의적인 새로운 이론, 실천, 정책 및 조직구조의 개발과 관련된 요소"를 강조한다. 문화

적 역량의 표준과 관련하여, 미국사회복지사협회(2001)는 다음과 같이 언급하고 있다.

문화적 역량이란 개인과 체제가 모든 문화, 언어, 계급, 인종, 민족적 배경 및 여타 다양성과 관련된 요인들에 대해 존중하고 실질적으로 받아들이는 과정을 뜻한다. 이와 같은 과정은 개인, 가족, 및 지역사회의 가치를 인정하고, 그들의 품위를 보호하고 유지하는 방식으로 이루어져야 한다.

미국사회복지사협회(2008)는 문화적 역량의 중요성을 인식하고, 윤리강령에 "클라이언트에 대한 윤리적 책임: 문화적 역량과 사회다양성"이라는 부분을 따로 포함시켰다. 이 부분은 다음과 같은 부분을 포함하고 있다.

1. 사회복지사는 인간의 행동과 사회의 문화와 그 기능을 이해하고, 모든 문화에 존재하는 장점을 인식해야 한다.
2. 사회복지사는 클라이언트의 문화에 대한 이해의 기반을 가져야 하며, 클라이언트의 문화와 인간과 문화집단 간의 차이점에 민감하게 대응하는 서비스를 제공함에 있어서 그 역량을 보여주어야 한다.
3. 사회복지사는 인종, 종족, 출신국가, 피부색, 성별, 성적지향, 나이, 혼인상태, 정치적 신념, 종교 및 정신적 육체적 장애에 대한 사회적 다양성과 억압의 성질을 학습하고 이해하려는 노력을 해야 한다.

느고－메츠거Ngo-Metzger와 그 동료들은(2006) 의료보호 분야에서 질 높은 서비스를 위한 문화적 역량의 준거틀을 제안하면서 소비자의 관점을 강조한다. 그들은 3개의 일반적인 요인들을 발견하였는데, 그것들은 다음과 같다. (1) 소비자 요인, (2) 공급자 요인, 그리고 (3) 체계적 요인. 소비자 요인에는 인종/민족, 연령, 성별, 수입과 교육을 포함한 사회경제적지위, 보건 교양(health literacy), 보험상태, 여가시간과 운송수단을 포함한 효용 측면, 언어(영어)숙달도, 기대, 종교/영성, 신념/가치, 그리고 설명 모형을 포함한다. 공급자 요인에는 인종/민족, 연령, 성별, 훈련/특기, 다양한 인종집단과의 경험, 언어숙련도, 의사소통방식, 종교/영성, 신념/가치, 그리고 설명 모형을 포함한다. 체계적 요인에는 예약의 수월성, 짧은 대기순서, 충분한 방문시간, 보호시설의 편리한 위치, 소비자 기호에 맞출 수 있는 다양한 직원들, 상이한 공급자와 의료보호 영역 사이의 서비스 조정, 지속적인 피드백을 통한 서비스질의 향상 환경을 포함한다(Ngo-Metzzger et al., 2006).

이러한 요인들을 서비스 경험 내내 상호작용하게 된다. 느고-메츠거Ngo-Metzger와 동료들은 문화적으로 역량있는 서비스에 영향을 미치는 5가지의 상호작용적인 측면을 밝혀내었다(그림 6.1 참조).

2001년에 미국사회복지사협회의 이사회는 사회복지실천의 문화역량을 위한 표준안을 승인하였다(박스 6.2 참조). 몇 년 후에, 미국사회복지사협회(2007)는 사회복지실천의 문화적 역량강화를 위한 표준안의 성취도를 사정하는 지표를 승인하였다. 이 지표들은 10개의 표준안과 관련이 있으며, 문화적 역량을 갖춘 사회복지사가 보여줄 수 있는 지식, 태도, 그리고 능력에 관련된 세부적인 지침을 제공한다. 이러한 역량의 강화는 그림 6.2에 나타난 것과 같이 진행되는 문회적 역량이 연속체와 함께 발생하는 경향이 있다(Cross et al., 1989).

그림 6.1 문화적으로 경쟁력있는 서비스의 5가지 측면

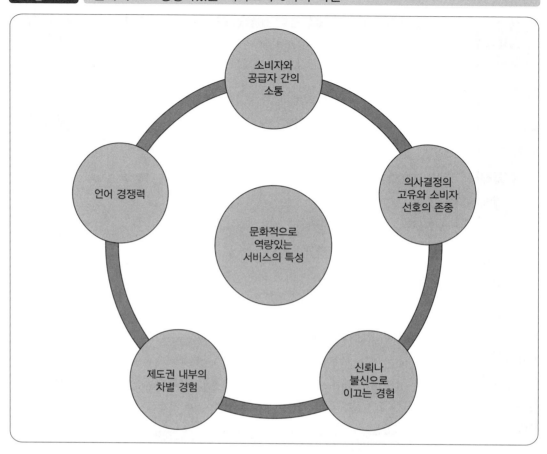

상자 6.2 사회복지실천의 문화적 역량을 위한 NASW 기준

기준1. 윤리와 가치

사회복지사들은 직업적 가치, 윤리, 그리고 기준과 일치되게 행동해야 하며, 개인적, 전문인인 가치가 다양한 클라이언트의 욕구와 상충하거나 조화를 이룰 수 있다는 것을 인지한다.

기준2. 자각

사회복지사들은 사람들의 일상생활 속에서 다문화적인 정체성의 중요성을 인정하는 방법의 하나로서 스스로의 개인적, 문화적 가치와 신념에 대한 이해력 제고를 도모해야 한다.

기준3. 교차문화적 지식

사회복지사들은 서비스를 제공하고 있는 주요 클라이언트 집단의 역사, 전통, 가치, 가족체계 및 예술적 표현에 대한 특별한 지식과 이해력 증진을 위해 지속적으로 노력해야 한다.

기준4. 교차문화적 기술

사회복지사는 조력과정에서 문화의 역할에 대한 이해를 반영한 적절한 방법적 접근, 기술(skill), 기법(technique)을 사용해야 한다.

기준5. 서비스 전달

사회복지사는 지역사회와 외부사회에서 사용가능한 서비스에 대한 지식과 숙련된 기술을 가지고 있어야 하며, 다양한 클라이언트에게 적절하게 소개해야 한다.

기준6. 역량강화와 옹호

사회복지사는 사회정책과 프로그램이 다양한 클라이언트 집단에 미치는 영향을 인식하고 있어야 하며, 가능할 때는 언제든지 클라이언트를 옹호해야 한다.

기준7. 다양한 노동력

사회복지사는 직업적 다양성을 확보하는 사회복지 프로그램과 기관의 모집, 고용 및 유지노력을 지지하고 옹호해야 한다.

기준8. 전문 교육

사회복지사는 전문직의 문화적 역량강화의 증진에 도움이 되는 교육 및 훈련 프로그램을 옹호하고 참여해야 한다.

기준9. 언어적 다양성

사회복지사는 클라이언트에게 알맞은 언어를 사용하며, 통역사가 동행된 정보 조항, 소개 및 서비스를 제공하고 옹호해야 한다.

기준10. 범문화적(cross cultural) 리더십

사회복지사는 다양한 클라이언트 집단의 정보에 대해 다른 전문 직업군과 의사소통이 가능해야 한다(NASW, 2001, pp. 4~5).

문화적 역량의 연속체 중에서, 1단계는 개인, 가족, 집단, 조직, 지역사회가 다양한 문화를 적극적으로 부정하는 단계이다. 2단계는 일상적이고 제도화된 편견과 차별의 형식을 통해 다양한 문화가 존중받지 못하거나 위축되는 단계이다. 3단계에서는 정책과 서비스가 문화적 다양성에 대한 고려없이 맹목적으로 적용되며, 그 결과로 소수문화 구성원들이 불이익을 감수하게 된다. 4단계는 다양한 문화에 대한 인식하고 익숙하게 되는 과정이다. 5단계에서는 4단계를 통해 알게 된 지식을 행동에 적용시키게 된다. 즉, 개인, 가족, 집단, 조직, 지역사회가 다양한 문화를 적극적으로 존중하는 단계이다. 6단계에서는 4, 5단계에서 반영된 지식과 행동이 더욱 다듬어지고 고양되면서, 문화적 다양성이 인간과 사회발전의 초점으로서 매우 높은 가치를 지니게 된다(Cross et al., 1989; National Center for Cultural Competence, 2004).

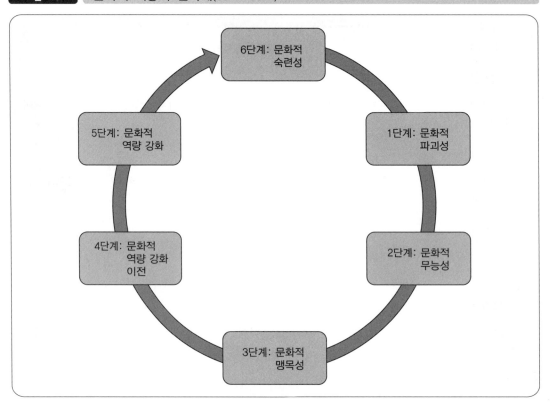

| 그림 6.2 | 문화적 역량의 연속체(continuum) |

6단계: 문화적 숙련성

5단계: 문화적 역량 강화

1단계: 문화적 파괴성

4단계: 문화적 역량 강화 이전

2단계: 문화적 무능성

3단계: 문화적 맹목성

문화적으로 민감한 의사소통

"모든 사람은 의사소통한다"라는 사실에도 불구하고, 효과적인 상호 의사소통은 인간이 수행하는 가장 힘든 활동들 중에 하나이다. 사회복지사와 클라이언트가 전문적인 관계에서 직면하는 도전은 종종 더 극단적이다. 사람들은 다양하고 때때로 예상치 못한 의미들을 그들이 주고받는 언어적/비언어적, 의식적/무의식적 메시지라고 여기는 경향이 있다. 문화는 효과적인 의사소통의 처리에 중요한 역할을 하기 때문에 문화적 역량은 중요하다.

더욱이, 다양한 집단과 지역사회를 대상으로 해서 문화적으로 민감하게 의사소통해야 한다는 것은 날이 갈수록 더욱 더 중요해지고 있다. 미국 인구조사국(2009)의 예상에 따르면, 2009년 7월 19일 현재 약 3억 7백만 명으로 추정되는 인구는 2050년에는 4억 4천만 명으로 늘어날 것이라고 한다. 인구가 5억 명에 근접한다는 의미는 미국과 같이 자원이 많은 나라에서조차 놀랄 만한 일이라고 할 수 있다. 그러나 인구 숫자의 증가는 미래에 대한 일부분만을 나타낼 뿐이다. 앞으로는 나라의 인종적, 민족적 구성 역시 극적으로 변하게 될 것이다(미국 인구조사국, 2008).

2050년에는, 소수 민족 집단이 미국 인구의 1/3에서 54%로 증가할 것이다. 실제로, 2042년에는 각각의 소수민족 집단을 합친다면, 아마도 다수집단을 구성하게 될 것이다. 히스패닉계 인구는 15%에서 30%로, 흑인 인구는 14%에서 15%로 증가하게 될 것이다. 아시아계 인구는 5.1%에서

9.2%로 증가하게 될 것이다. 특히, 자신을 2개 이상의 인종적 배경을 가진 존재라고 생각하는 사람의 수는 520만명에서 1천 620만명으로 3배 이상 증가할 것이라고 예상된다.

2장에서부터 5장에 걸쳐, 다양성과 차이를 존중하고, 인권과 사회정의를 증진하고, 사회복리를 촉진해야 할 의무를 포함한 전문성(professionalism)의 다양한 측면들을 고찰하였다. 문화적으로 민감한 소통기술은 이러한 전문적 활동에 지극히 중요하다. 우리가 다양한 사람들과 상호작용을 할 때, 도움을 찾고, 주고, 받는 역할과 사회적, 전문적인 교류의 시작과 끝에 대한 기대 등과 관련하여 개개인의 사람들은 문화에 기초한 관점이 있다는 것을 인식해야 한다.

언어와 의사소통은 문화의 가장 중요한 부분일지도 모른다. 예를 들면, 언어는 자신과 타인의 사고, 감정, 그리고 행동에 영향을 미친다. 몇 년 내로, 대다수 미국의 사회복지사들은 영어 이외에 적어도 한 가지 이상의 언어를 필요로 할 것이다. 사회복지대학들은 학생들에게 두 번째 언어를 배우라고 장려할 수도 있다. 히스패닉계 인구의 증가로 인해, 사회복지사는 영어뿐만 아니라 스페인어도 알아야 할 것이며, 미국으로 건너 온 이민 1세대나 2세대 및 난민들과 같은 다양한 인구집단에게 서비스를 제공하기 위하여 다른 언어의 능력도 역시 필요로 할 것이다.

물론 말의 의미를 이해한다는 것은 상호문화적(intercultural)인 의사소통과 관련된 다양한 도전과 기회의 일부분에 불과하다. 그러므로 공통적인 인간의 속성도 역시 이해해야 한다. 효과적인 상호문화적 의사소통의 목적은 기초적인 이해를 넘어서는 것이다. 그것은 "포괄적인 문화 공감(inclusive cultural empathy)"(Pedersen, Crethar, & Carlson, 2008)의 개념과 유사한 것이며, 그림 6.3에 묘사된 것과 같은 과정을 포함한다.

포괄적인 문화적 공감을 추구하는 과정에서, 우리는 (1) 다른 문화적 집단에 소속된 사람들을 수용하며 존중하고, (2) 다른 문화에 대해 무엇인가를 배우고, (3) 문화적 소속감을 존중하는 자세로 타인을 대한다(Pedersen, Crethar *et al.*, 2008). 페더슨Pedersen과 그 동료들은 확장된 문화적 관점을 채택하고 있다. 그것은 4장에서 알아보았던 상호교차성(intersectionality)의 개념과 매우 흡사한데, 각각의 개인은 여러 지역사회와 문화에 걸쳐서 소속되어 있다는 것이다. 이와 같은 의미에서, 개개인은 "다문화적"이다. 그러므로 사회복지사는 문화에 대한 포괄적인 개념을 갖고, 다양한 사람들에 대한 열린 자세와 관심으로 겸손하게 접근하는 것이 필요하다. 비록 우리는 타인이 속

그림 6.3 포괄적인 문화적 공감에 이르는 과정

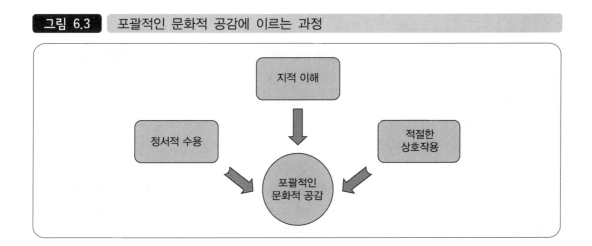

한 지역사회와 문화에 대한 모든 것을 공유할 수는 없다고 하더라도, 일부분은 함께할 수 있다. 더욱이, 우리는 인간이라는 같은 종(species)에 속하기 때문에 차이점보다는 많은 공통점을 서로 공유할 수 있다. 인간게놈프로젝트의 DNA연구에 의하면, 특이한 하위종(subspecies)이나 인종은 현대 인류에서 나타나지는 않는다고 한다.

> 피부와 머리 색깔과 같은 신체적 특징과 관련된 유전자는 사람들마다 다르게 나타나지만, 인종을 구분하는 일관된 인간게놈의 유전자 패턴은 없다. 인종을 구분하는 유전학적인 기반은 존재하지 않는 것이다. 같은 지역에서 오랜 세대를 걸쳐 살아온 사람들은 몇 개의 공통적인 대립형질을 가지고 있을 수 있다. 그러나 한 인구집단의 모든 구성원에게는 나타나지만 다른 인구집단의 어느 누구에게도 나타나지 않는 그런 대립형질은 존재하지 않는다. 실제로 인종 간 유전적인 차이점보다는 인종 내 유전적인 차이점이 더 크다고 증명되었다(Human Genome Project Information, 2008).

우리가 다양성과 차이점을 접하게 될 때, 특이성뿐만 아니라 공통성을 존중해야 한다. DNA 연구에 의하면 모든 현대 인류는 140,000년 전에 아프리카에서 살았던 공통의 한 여성 조상을 가지고 있다(Human Genome Project Information, 2008). 그러므로, 우리는 모두 높은 지적능력을 가진 한 가족의 "형제 자매"들이다. 우리는 다음과 같은 포괄적인 문화적 공감의 3가지 주요 특성을 발전시킬 수 있어야 한다.

정서적 수용(affective acceptance)은, 문화적으로 학습된 가정과, 문화적 유사점 및 차이점을 포함하는 문화적 경계를 넘나드는 구성원들 간의 네트워크를 인지하고 의식하고 인정하는 것을 말한다(Pedersen, Crethar et al., 2008). 이와 같은 정서적 수용은 다른 문화에 대해서 뿐만 아니라 자신의 문화에 대한 문화적인 기초 패턴, 기대 그리고 인식을 포함한다. 또한 다른 문화적 전통에 대한 우리의 자각과 지식은 한계가 있다는 것을 인정한다. 겸손한 태도는 우리로 하여금 문화에 대한 진지한 호기심과 타인에 대한 진솔한 관심을 유지하는 데 도움을 준다.

지적 이해(intellectual understanding)는 상호교류하는 사람들 사이에서 문화적 유사점과 차이점에 대한 사실적인 지식을 포함한다. 일반적으로 지적 이해는 사회복지사와 클라이언트를 포함하지만, 지역사회주민이나 다른 집단, 조직, 국가의 대표자를 포함하기도 한다. 이와 같은 인지적 이해는 전문가나 과학논문, 다른 문화의 사람들이나 집단과의 대화와 경험, 그리고 상호문화적 의사소통에 대한 다양한 지역사회연구와 문화적 요소를 결합한 정책, 프로그램, 실천의 결과물로부터 발전하게 된다. 또한 우리가 현재 가지고 있는 지식과 그 한계들을 인식해야 한다(Goode, Dunne, & Bronheim, 2006). 각각의 문화적 집단은 상당한 다양성을 가지고 있다. 때때로, 집단 내 차이점은 집단 간 차이점만큼 크거나 그것보다 더 크기도 한다. 더욱이, 어떤 문화적 집단이든, 개인은 집단의 평균이나 일반적 특성과도 크게 다를 수가 있다는 것을 기억해야 한다. 문화적 집단에 속해있는 한 개인은 그 집단의 다른 사람들과 당연히 비슷할 것이라고 가정해서는 결코 안된다. 이것은 포괄성과 교차성의 개념들을 통합할 때 특히 그러하다.

적절한 상호작용(appropriate interaction)은 건설적인 변화를 위해 문화적으로 학습된 가설과 정보를 재구성하여, 상호협력을 위해 개인상호 간 유사점과 차이점을 통합하는 데 필요한 기술과 능력을 포함한다(Pedersen, Crethar et al., 2008). 포괄적인 문화 공감 기술은 우리로 하여금 의사소통을 효과적으로 수행할 수 있게 해주고, 또한 문화적인 유사점과 차이점을 공유하려는 사람들에게 서비스를 제공할 수 있게 해준다.

사회복지사는 문화적 수용, 인식 및 지식뿐만 아니라 상호개인적인 역량을 필요로 한다. 우리가 매우 수용적이며, 많은 지식을 가지고 있다고 하더라도, 관련 기술이 없이는 다른 사람과 의미 있고 생산적인 관계를 가질 수 없다. 사회복지사는 다양한 지역사회와 문화권의 사람들과 언어적이고 비언어적인 의사소통을 할 수 있어야 하며, 필요하다면 적절하고 효과적인 방법으로 통역사를 사용해야 한다.

상호문화적 의사소통의 역량강화에 대한 교육은 최근에 많은 호응과 탄력을 받고 있다. 예를 들어, 미국의 소수자 보건국은 문화적 역량 교육프로그램을 온라인상에서 무료로 제공하고 있다. 여러 학술논문도 교육의 자료로 활용될 수 있다. 실제로 상호문화적 의사소통에 대한 학술자료는 매우 방대하다(Acevedo & Morales, 2001; Arredondo & Arciniega, 2001; Bird, 2001; Braithwaite, 2000; Brammer, 2004; Chung & Bemak, 2002; Daly, 2001; Davis, 2001; Devore, 2001; Fong, 2001, 2003; Fong & Furuto, 2001; Fontes, 2008; Furuto, San Nicolas, Kim, & Fiaui, 2001; Galan, 2001; Gibert & Franklin, 2001; Gudykunst & Kim, 2003; Hofstede & Hofstede, 2005; Hofstede, Pedersen, & Hofstede, 2002; Ivey & Ivey, 2003; Ivey, Simek-Morgan, D'Andrea, Ivey, & D'Andrea, 2001; Kanuha, 2001; Leung & Cheung, 2001; Lie & Lowery, 2003; Liu & Clay, 2002; McRoy, 2003; Mishne, 2002; Negroni-Rodriguez & Morales, 2001; Payne, 2001; Pedersen, 2000a, 2000b, 2003; Roysircar, 2003; Roysircar, Sandhu, & Bibbins, 2003; Sue, 2006; Villa, 2001; Walters, Longres, han, & Icard, 2003; Weaver, 2003; Westbrooks & Starks, 2001; yellow Horse Brave Heart, 2001; Zuniga, 2003).

가능하다면, 다양한 집단과 지역사회에 관련된 학술자료를 찾아보는 것이 좋다. 또한 개인적인 경험을 갖는 것도 좋다. 이웃지역을 방문하고, 종교활동에 참가하고, 관련 영화를 감상하고, 지역사회지도자와 대화하면, 학술자료를 통해서 얻지 못하는 것들을 얻을 수 있다. 다양한 배경의 사람들에게 진솔하고 겸손하게 다가간다면, 대부분의 사람들은 자신들의 지역사회와 문화에 대해 즐거운 마음으로 기꺼이 알려 줄 것이다.

인식과 지식은 서로 밀접한 관계가 있다. 다른 문화에 대한 여러분의 초기 생각, 감정, 태도, 행동은 규범, 가치, 역사, 종교적 신념, 예식, 복장, 관습에 대한 여러분의 지식이 늘어남에 따라 달라질 수 있다. 예를 들어, 여러분이 여성과 아동의 지위가 낮은 가부장적 가족구조를 가지고 있는 문화에 대해 부정적인 생각을 가지고 있다고 하자. 역사적으로 그와 같은 가족구조는 사회적 비행에 대한 일반적인 처벌이 죽음이었던 사회에서 살아남기 위한 방편이었다는 것을 알게 된다면, 여러분의 시각은 바뀌게 될 것이다. 또한, 그 문화의 종교적 전통에서는 아버지가 여성과 아동을 신이나 하늘나라와 연결시켜주는 고리의 역할을 하는 것으로 간주된다는 것을 발견할 수도 있다. 이와 같은 지식이 없다면, 여러분은 그 문화에 대해 단정적이고 거부적으로 될 것이다. 문화적인 지식이 있다면, 여러분은 상대방에 대해 좀 더 잘 이해할 수 있고 의사소통할 수 있을 것이다. 그런 문화에 대해 잘 모른다면, 여러분은 그런 가족이나 지역사회집단과의 첫 만남에서 아버지나 어른보다는 아동이나 청소년들과 먼저 대화하려고 할지도 모른다. 그렇게 된다면 결국 여러분은 자신도 모르는 사이에 그들 문화에 대해 무례함을 저지르게 되는 것이며 그 가족과 지역사회를 소외시키게 되는 것이다.

문화적 둔감성과 의사소통의 부족으로 인해서 어떤 집단이나 지역사회 구성원들은 사회서비스 기관을 전부 피하게 될지도 모른다. 어떤 인구집단은 심리적/사회적 서비스의 이용률이 다른 집단에 비해 낮다는 사실이 놀라운가? 어떤 인종/민족 집단은 조기 서비스탈락률이 다른 집단에 비해 높다는 것을 알고 있는가? 이와 같은 현상은 문화적으로 둔감한 의사소통에서 부분적으로 그 이유를 찾을 수 있다.

문화적 역량 강화를 위해서는, 먼저 여러분이 제공하는 서비스 및 전문적인 역할과 직접적으로 관련된 문화의 다양한 측면에 대해서 알아야 한다. 예를 들어, 만약 여러분이 아동복지분야의 사회복지사가 되고자 한다면, 대상이 되는 다양한 문화적 집단과 지역사회에 대해 알아야 하며, 다음과 같은 것들에 대해서 학습해야 한다.

(1) 형이상학적 조화에 대한 종교적/영성적 방향과 시각, (2) 아동에 대한 문화적 시각, (3) 의사소통의 문화적 스타일 – 정보가 말로써 전해지는가, 아니면 상황, 관계, 신체적 신호의 맥락을 통해 전해지는가의 여부, (4) 공식적 혹은 비공식적 관계에서 문화적으로 승인되거나 금지된 행동, (5) 가족구조와 역할, 양육방법, (6) 가족 및 친지들 사이에서 상호의존, 상호관계와 의무규범, (7) 보건과 치료방법, (8) 변화 및 개입에 대한 시각(Samantrai, 2004, p. 34).

물론 다른 많은 요인들이 타인과의 의사소통에 영향을 미친다. 예를 들어, 한 문화권에서는, 시계로 측정되는 것을 보면 알 수 있듯이, 시간의 개념은 매우 가치가 높게 평가된다. "제 시간에 맞춘다"라는 것은 책임, 의무, 존중, 열성, 그리고 때로는 재산을 나타내기도 한다. 이와 같은 문화에서는, "시간은 돈이다"라는 격언이 사용되기도 한다. 그러나 또 다른 문화권에서는 시계로 측정된 시간은 덜 중요하다고 여겨지기도 한다. 인간관계에 있어서, 태양과 달의 움직임, 계절의 변화, 밀물과 썰물과 같은 자연적인 리듬이 더 중요하다고 여겨진다. 이와 같은 곳에서는 "시기적절"이라는 개념은 사회적 관계나 개인상호적 의사소통에서 나타나게 된다.

의사소통에 있어서 또 다른 문화적인 관련요인은 대인관계에서 공간의 거리, 감정의 표현, 눈맞춤의 특성과 범위, 손이나 기타 신체적 움직임의 정도, 그리고 친밀하고 개인적인 주제를 쉽게 논의할 수 있는 정도 등이 있다.

우리는 과거의 역사를 통해서 문화의 중요한 측면을 바라볼 수 있지만, 문제해결과정에서 그것을 쉽게 간과한다. 예를 들어, 한 문화적 집단이 수세대에 걸쳐서 다른 집단으로부터 압제를 받아왔다고 가정해보자. 그들의 선조는 노예가 되거나 아니면 "인종 청소"나 민족학살에 시달렸을지도 모른다. 만일 여러분의 이름이나 외모가 클라이언트로 하여금 자신의 선조를 핍박하고, 고문하고, 살해한 사람들을 떠올리게 한다면 어떤 일이 일어날 것인가? 이와 같은 상황에서는, 과거의 문화적 역사가 이렇게 당면한 현재의 중요한 부분이 되는 것이다.

실제로, 권력이 있는 것과 없는 것은 그것을 경험한 개인이나 집단에게는 대단한 현상으로 남게 되는 경향이 있다. "대단한 사람(somebody)"이 된다거나, 혹은 "하찮은 사람(nobody)"이 된다는 것은 우리가 타인과 의사소통하는 방법에 심대한 영향을 미친다. 이와 관련하여, 시인인 에밀리 디킨슨Edmily Dickinson은 그녀의 시에서 다음과 같이 표현하였다. "나는 하찮은 사람이야! 너는 누구야? 너도 하찮은 사람이야?"

"대단한 사람"이 "하찮은 사람"을 다루는 것에 대해서 풀러Fuller(2002)는 서열주의(rankism)라는 용어를 사용하였는데, 서열주의란 높은 지위에 있는 사람이 낮은 지위에 있는 사람을 대상으로 하여 권력을 사용하거나 남용하는 것을 뜻한다. "하찮은 사람"이 느끼는 수치, 굴욕, 모욕, 열등감

등은 인종, 성별, 나이, 외모 등에 기반한 각종 차별주의에서 나타나는 것과 같다. 교수가 학생을 무시하고, 장교가 사병을 조롱하고, 고용주가 고용인을 모욕하고, 정치인이 국민을 묵살하고, 사회복지사가 클라이언트를 얕잡아보고, 한 문화권의 사람이 다른 문화권의 사람을 깔보게 된다면, 그 결과에 따른 비인간화는 오래 지속될 것이다.

사회복지사가 문화적인 역량을 표현하기 위해서는 다양한 형태의 서열주의를 인식하고 대응해나가야 한다. 사회복지사의 역할은 클라이언트와 관련된 자신의 지위나 서열을 나타낸다. 지위가 다르다는 것 자체는 부정적인 것을 의미하지 않는다. 실제로, 이 전에 언급한 바와 같이, 전문적인 지위가 암시하는 권위와 역량은 효과적인 서비스 결과에 기여하는 중요한 요인이다. 그러나 원조전문가가 자신을 "대단한 사람"으로, 클라이언트를 "하찮은 사람"으로 간주한다면, 상이한 지위에 대한 장점은 서열주의라는 부정적인 효과로 쉽게 변질될 수 있다.

다른 사람과 의사소통하는 과정에서 서열주의가 나타나는 경우는 바로 "우리"와 "그들"이라는 단정적인 용어를 은유적인 의미로 사용하는 경우이다. 클라이언트를 이해하고 지지하는 노력을 하는 와중에, 사회복지사는 실질적으로 전문적 노력을 방해하는 도덕적 은유를 부지불식간에 받아들일 수도 있다.

보편적으로 통용되는 도덕적 은유에 대해 가장 잘 묘사한 것은 바로 "연극적 삼각관계(dramatic triangle)"이다. 그리스의 비극이나 여러 소설, 그리고 연극, 영화, TV 드라마 등에서 잘 나타나는 삼각관계는 세 명의 사람, 집단, 주제, 또는 관점들 간의 긴장과 갈등을 반영한다. 전형적인 형식 중에 하나는, 피해자를 구하기 위해서 한 영웅이 악당과 맞서거나 역경을 헤쳐나간다는 것이다.

연극적 삼각관계는 문화적 신화(Campbelo, 1972; Campbell & Moyers, 1988)와 정치철학(Morone, 2003)에서도 쉽게 찾아볼 수 있다. 전시에는 도덕적 은유나 연극적 삼각관계를 강조하는 경향이 있는데, 자신은 "선"으로 타인은 "악"으로, 제3자는 "피해자"로 바라보게 된다. 적어도 미국인의 관점에서는, 제2차 세계대전의 유럽지역은 도덕에 기반한 삼각관계의 명확한 예를 제공한다. 영국, 미국, 연합군은 "선"의 연합을 나타내며, 히틀러와 나치는 "악"을 나타낸다. 죄없는 피해자는 히틀러의 침공을 받은 폴란드, 벨기에, 프랑스 등이다. 전쟁중 투옥되고 살해된 유태인, 집시, 동성애자 및 여타 문화적 집단 역시 피해자가 되는 것이다.

미대통령 조지부시는 2002년 1월의 국정연설에서 북한, 이란, 이라크를 언급하면서 악의 축이라는 용어를 사용하였다. 그는 다음과 같이 말했다.

이들과 같은 국가와 그들의 테러연합은 세계평화를 위협하는 악의 축입니다. 이들 정권은 대량살상무기를 확보함으로써 중대한 위협을 가하려고 합니다. 그들은 테러리스트에게 무기를 제공할 수 있습니다. 그들은 우리의 우방을 공격할 수 있으며, 미국을 협박할 수 있습니다. 그 어떠한 경우에도, 무관심의 대가는 파멸적일 것입니다.

그는 이 연설에서 도덕적 은유를 사용하였다. 사실, 그는 세 국가를 테러의 사악한 후원자로, 미국과 미동맹국의 국민들을 잠재적인 피해자로, 그리고 미국과 미동맹국을 영웅적인 보호자나 구원자로 규정하였다. 그러나 이와 같은 삼각관계에서 일반적으로 일어나듯이, 역할은 종종 바뀌게 되며, 때로는 매우 급격하게 바뀌기도 한다. 피해자의 관점에서는, 영웅은 가해자나 압제자로 쉽게 바뀔 수도 있다. 실제로, 구원이 이루어진 이후에, 피해자는 때때로 영웅에 의해서 희생양이 되었다고 느낄 수도 있다. 2003년에 미군을 해방자(즉, 영웅)로 여겼던 이라크인들이, 그 후에 그들을 점령자(즉, 가해자)로 간주하는 것을 보며 의아하게 생각할지도 모른다. 비슷한 경우로, 얼마나 많은 수의 미국 군인들이 자신들에 대한 생각을 영웅적 구원자에서 인정받지 못한 피해자로 바꾸었는지를 보면 알 수 있다.

삼각의사소통(triangular communication)의 유형은 가족체계 안에서, 그리고 사회복지사와 클라이언트의 관계맥락 안에서 나타난다. 사회복지적인 관점에서 볼 때, 전형적인 형태는 사회복지사를 영웅적인 구원자의 역할로, 클라이언트를 피해자로, 그리고 다른 사람이나 체계를 악당으로 바라보는 것이다. 사회복지사가 클라이언트를 악당으로(예를 들어, 약물남용자, 혹은 기타 범죄자), 다른 사람을 피해자로, 사회복지사 자신을 악당이 회개하기를 바라는 목사라고 간주할 때는 또 다른 양상이 나타날 수 있다. 도덕적인 삼각관계로부터 도출된 신념은 대단한 심리사회적, 종교적, 정치적, 그리고 마케팅적인 힘이 있다. 그러나 이러한 것들은 다른 사람을 수용하고 존중하는 사회복지 전문성과 능력을 방해할 수 있다.

카프만Karpman(1968, 1971)은 박해자, 피해자, 그리고 구원자의 역할을 포함하는 가족, 집단, 조직 내부의 공통적인 "연극적 삼각관계(dramatic triangle)"에 대해 언급하였다. 물론 이러한 용어는 단정적인 의미를 내포하고 서열주의를 나타내기도 한다. 박해자는 피해자를 무시하고 얕잡아 보며, 도덕적인 우위를 점유하고 있는 구원자는 취약한 개인이나 집단을 보호하고 해방하려고 한다. 때로는 피해자의 암묵적 혹은 명시적인 동의 없이도 구원이 일어나기도 하며, 이와 같은 과정에서 구원자는 박해자를 대상으로 투쟁하고, 승리하고, 통제하고, 예속시키려고 한다.

일반적으로, 다른 사람과 그들의 문화를 배우는 것, 여러 형태의 서열주의에 대해서 알게 되는 것, 그리고 다양한 은유와 개념의 속성과 의미를 고려하는 것은 개인적으로나 직업적으로 대단히 훌륭한 시도이다. 그러나 스테레오타입과 과잉일반화의 위험도 인식하고 있어야 한다. 대중매체, 대중교육, 그리고 주류사회의 힘은 때때로 소수문화를 다수문화에 동화시키기도 한다. 이민가족의 1세대와 3세대의 극적인 차이는 인간이 새로운 사회적 환경에 적응하는 속도를 전형적으로 나타내고 있다. 비슷한 경우로, 재산상태, 정규교육수준, 연령, 다른 집단과 교류의 여부는 적응이 일어나는 비율와 범위에 영향을 미친다. 문화적 집단의 구성원은 아주 다양하게 반응한다. 어떤 사람은 문화변용과 문화동화를 받아들이지만, 또 다른 사람들은 그것에 대해 저항하기도 한다.

자신이 갖고 있는 다양한 문화에 대한 지식과 "다양한 문화집단내부에서도 다양성이 존재한다"라는 것에 대한 균형을 맞추는 것이 필요하다. 예를 들자면, 여러분이 근무하고 있는 기관에서는 면담자가 습관적으로 클라이언트를 그들의 외형적 특성에 기반하여 인종적/민족적 집단으로 구분한다. 접수형식을 작성할 때, 어떤 사회복지사는 클라이언트가 단지 히스패닉계로 보인다는 이유로, 혹은 전화통화할 때 말투가 흑인처럼 들린다는 이유로 인종적, 민족적 분류를 마친다. 이와 같은 방법은 위험성이 대단히 높다. 히스패닉계로 분류된 남성은 자신을 푸에르토리코사람이나 라티노계로 생각할 수 있다. 아시아계로 분류된 여성은 타이사람이라고 생각할 수 있고, 백인으로 분류된 소년은 자신을 자부심을 가진 체로키로 생각할 수 있다.

인간은 자문화중심주의, 과잉일반화, 서열주의, 그리고 가정설정(assumption making)의 과정을 선호하는 경향이 있다는 것을 인식해야 하다. 그러므로, 가장 좋은 방법은 클라이언트에게 그들

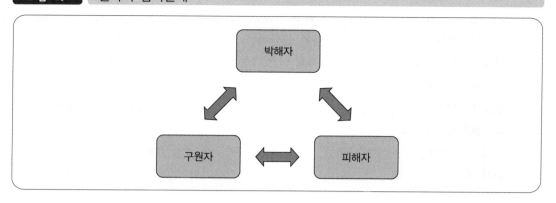

그림 6.4   연극적 삼각관계

박해자

구원자

피해자

의 의견을 물어보는 것이다. 만일 인종적/민족적 분류가 기관의 목적에 정말로 도움이 된다면, 여러분은 다음과 같이 질문할 수 있다. "인종과 민족에 관련해서, 당신은 어디에 속한다고 생각하십니까?" 만약 대답이 분류리스트에 없다면, 여러분은 새로운 항목을 리스트에 추가할 수도 있다. 또한, 많은 사람들이 자신을 다인종이나 혼혈로 인식하기도 하고, 어떤 사람들은 하나 이상의 인종 및 민족정체성을 갖고 있기도 하다. 여러분은 클라이언트가 인종적, 민족적 집단을 기준으로 자신을 정의하는 것을 거부할 수 있는 기회도 제공할 수도 있다. 더 나아가, 여러분 자신과 기관 직원들에게 다음과 같은 질문을 던질 수도 있다. "왜 이런 정보가 필요한가요?" "이런 정보들은 어떻게 사용되나요?" "클라이언트에게 도움이 되나요?" "이런 정보를 수집하는 것의 장점과 단점은 무엇인가요?" "장점이 단점을 상쇄하고도 남나요?"

다른 사람들과의 효과적인 의사소통은 말하기 기술과 경청하기 기술을 모두 필요로 한다. 즉, 다른 사람들로부터 전달된 메시지를 이해하는 것처럼 자신의 메시지를 이해가 가능하도록 전달해야 한다. 또한 적극적으로 경청하기 기술이 필요하다. 적극적으로 경청하기 기술은 의사소통의 한 형식이며, 그것을 통해 다른 사람이 말하는 바를 이해했다는 표시를 하게 되는 것이다.

다른 사람과 정확하게 의사소통한다는 것은 극히 어려운 일이다. 사회복지사도 예외는 아니다. 사회복지사들이 말하기와 경청하기에서 흔히 범하는 실수에는 다음과 같은 것들이 있다.

• 선심을 쓰는 체하거나 겸손한 체하는 방식으로 상호작용하는 것.
• 질문을 빠르고 끊어지는 듯한 방식으로 하여 면담을 한다기보다 심문하는 것처럼 하는 것.
• 사회복지사 자신에게 초점을 맞추는 경우(예를 들면 타인을 이해하기도 전에 질문을 구성하는 것, 내재된 경험을 의식적으로 모니터링하는 것, 자신의 성과를 평가하는 것).
• 클라이언트의 경험을 주로 일치원적으로만 응대하는 것(예를 들면, 사고나 감정의 한 측면에서만 응대한다든지 혹은 개인이나 상황의 한 측면에서만 응대하는 것).
• 코멘트나 질문을 해 이야기를 중단시키는 것.
• 경청하지 않는 것.
• 선별적인 '아젠다'나 '이론'에 근거하여 타인의 메시지를 자신의 신념과 의견에 일치시키고, 자신의 편견을 고착시키는 것.
• 클라이언트의 이름을 사용하지 않거나, 잘못 발음하거나, 바꿔 부르는 것(예: "캐서린"을 "캐

시"로, 조지프를 "조"로 부름), 또는 클라이언트의 의향과 다르게 격식/비격식 차리는 것(예: 클라이언트는 "빌"이라 불리길 원하지만 "존스 씨"로, "스미스 부인"이라고 불리길 원하지만 "제인"으로 부름)

- 클라이언트나 그 가족에 대한 면담의 문화적 의미를 고려하지 않는 것.
- 적극적 경청으로 클라이언트를 이해하고 있다는 점을 보여주지 못하는 것.
- 사람이나 집단을 판에 박힌 듯 고정시키는 용어를 사용하는 것.
- 원조과정에서 제안이나 해결책을 너무 빠르게 제시하는 것(이는 클라이언트와 그 문제 및 상황에 대한 불완전하거나 부정확한 이해 때문에 발생한다).
- 절대적인 의미를 시사하는 용어를 사용하여 말하는 것(예: 항상, 결코, 모든, 아무도 등과 같은 용어).
- 너무 일찍 자신의 개인적 느낌이나 의견을 이야기하거나 생활경험을 나누는 것.
- 정확히 이해하고 탄탄한 관계를 형성하기도 전에 클라이언트에 대항하거나 도전하는 것.
- 클라이언트 자체와 그가 가진 문제 및 상황을 탐색하기도 전에 문제의 원인을 추측하는 것.
- 너무 일찍 클라이언트의 행동이나 진전을 재촉하는 것.
- 진부한 표현이나 알아듣기 힘든 전문용어를 사용하는 것.
- 다른 사람이나 다른 집단(예: 다른 전문가나 기관, 다른 조직 등)을 경멸하는 등의 비판적이거나 판단적인 코멘트를 하는 것.
- 부적절하거나 어울리지 않는 감정을 보이는 것(예: 클라이언트를 처음 만나서 기쁘다는 것을 지나치게 표현하거나 클라이언트가 고통스런 감정을 표현할 때 억제하지 못하고 흐느껴 우는 경우).

여러분이 선택하는 말, 여러분이 내는 발음과 목소리의 어감, 높이, 속도와 말투는 여러분이 상호작용하는 클라이언트나 다른 사람들에게 많은 것을 전달한다. 첫 만남(그 만남이 대면적 만남이건 전화나 편지, 팩스 혹은 전자우편을 통한 만남이건 간에)에서 여러분은 대부분 사람들이 쉽게 이해할 수 있는 말과 언어를 사용해야 한다. 간단 명료한 말들을 사용하는 것이 좋다. 여러분이 전문가임을 보여주는 비밀스럽고 내밀한 언어는 가능한 사용하지 않는 것이 좋다. 또한 평가하는 듯한 용어도 사용하지 않는 것이 좋다. 지지와 격려를 주려고 사용한 좋은 말이나 옳은 말도 클라이언트에게는 자신을 평가하고 판단하는 듯한 말로 들릴 수 있다. 클라이언트는 다음과 같이 생각할 수도 있다. "나에 대해서 잘 알지도 못하면서 나를 긍정적으로 판단하는 데, 당신이 과연 객관적이라고 할 수 있습니까?", "지금 당신은 나를 인정하고 있습니다. 당신이 나를 부정하게 될지도 모를 그 어떤 말도 하지 않는 게 좋을 것 같습니다. 내 진짜 문제는 나만 알고 있겠습니다." 여러분이 다른 사람, 집단, 조직, 기관에 대해 성급한 판단을 내린다면 그 결과는 비슷할 것이다. 클라이언트는 "만일 당신이 다른 사람에 대해서 그렇게 빨리 판단을 내린다면, 나에 대해서도 마찬가지겠군요?"라고 말할 수도 있다.

특히 초기 단계에서 여러분은 의견이나 가설적 생각을 나누는 데 있어 조심스럽게 접근해야 한다. 진단적이거나 심리학적인 전문용어와 법적 용어를 사용하면 클라이언트에게는 여러분이 그들이 처한 복잡한 상황에 대한 충분한 이해도 없이 클라이언트와 그가 처한 상황에 대한 결론을 내리는 것으로 비춰질 수도 있다. 어떠한 명칭이든 그것이 긍정적인 것일지라도 클라이언트와 여러분과의 관계의 방향과 개입과정에 영향을 미칠 수 있다. "…이다"라는 단정적 표현은 종종 낙인 효과를 가져온다. 예를 들어, 여러분이 "그는 아동 학대자이다"라고 말했다고 하자. 여기서

"…이다"라는 표현은 그와 아동학대자가 같은 사람임을 암시하기 때문에 "아동 학대자"라는 개념적 스크린을 통해 그 사람을 바라보게 한다. 그는 아동을 학대한 한 인간이라기보다는 인간의 특성을 몇 가지 가지고 있는 아동학대자가 되는 것이다.

물론 아동학대는 용납되어서는 안 될 범죄이다. 특히 사회복지사들 사이에서 아동학대는 강한 감정적 반응을 일으킬 수 있는 문제이다. 그러나 감정적 반응을 일으키지 않는 용어라도 해로운 낙인의 결과를 가져올 수 있다. 여러분이 다음과 같이 말할 때, 당사자들의 경험에 근거해서가 아니라 여러분 자신의 경험에 근거해 어떤 결론을 내리는 것이다. "그 여자는 어리다", "그들은 바보이다", "그는 교묘했다", "그 여자는 유혹적이다", "그는 공격적이다", "그들은 가난하다", "그는 백인이다", "그 여자는 미혼이다" 등.

아동 학대범으로 유죄 선고를 받은 사람이 자신을 큰 죄책감에 시달리는 나약하고 충동적인 사람으로 생각할 수 있다. 여러분이 보기에 아무리 어려 보이는 사람도 자신을 실제보다 나이가 많게 보이는 사람이라고 생각할 수 있다. 또한 자신의 성 정체성에 의문을 갖고 자신이 과연 여성인지 의심할 수도 있다. 여러분이 보기에 바보같아 보이는 행동도 여러 가지 가능성을 알아보려는 처절한 시도의 결과일 수 있다. 여러분이 추측건대 교묘해 보이는 행동도 자신을 통제하려는 것이거나 굴욕적인 상황에서 자신의 존엄성을 지키려는 것일 수도 있다. 여러분이 유혹적이라고 인식한 것이 상대방의 가족과 문화에서는 따뜻함을 자연스럽게 표현한 것이거나 인간관계에서의 제스처를 우호적으로 표현한 것일 수 있다. 또한 여러분이 공격적이라고 생각한 것이 강한 두려움과 불안을 막아보려는 노력의 일환일 수 있다. 여러분에게 가난으로 보이는 것이 다른 사람에게는 돈과 물질의 추구에서 자유로워진 것으로 간주될 수 있다. 여러분이 백인 남성으로 본 사람이 자신을 히스패닉계 사람으로 여길 수 있고, 남성과 여성의 구분이 무의미한 양성적 철학을 가진 사람일 수 있다. 여러분이 장애인으로 생각한 사람이 정기적으로 휠체어 야구나 테니스를 하고, 빼어난 컴퓨터관련기술을 가지고 있을 수 있다. 그리고 여러분이 미혼자라고 생각한 사람이 이미 오래전에 결혼제도는 인생의 속박이라는 관점을 가진 사람일 수 있다.

여러분이 보고 가정하고 추론하고 생각하고 명칭을 붙이는 등의 추상적 개념화 작업은 개입의 모든 단계에서 위험성을 내포하는 데, 특히 초기에 관계를 맺는 단계에서 더 그러하다. 여러분이 다른 사람과 상호작용할 때는 의사소통하고 있는 그 사람의 준거틀을 수용하려고 노력해야 한다. "…이다"라는 단정적 표현을 사용할 때 조심해야 한다. 추론적인 말보다는 기술적이고 관찰적인 말을 사용하는 것이 좋다.

추론적 말을 사용하는 것은 사람을 스테레오타입화하는 심각한 위험을 내포하는 데, 이는 사람들이 인식한 멤버십을 특정 계급이나 집단(예: 남성, 여성, 가난한 자, 부자, 흑인, 백인, 이탈리아인, 이성애자, 동성애자, 양성애자, 카톨릭 신자, 불가지론자 등)에 넣어버리기 때문이다. 사회복지사로서 여러분은 서로 다른 집단과 관련된 사회학 이론과 연구결과들에 대해 알아야 한다. 특히 특정 공동체에서 일반적인 문화 집단과 억압과 착취, 차별의 위험에 있는 집단에 대해 알아야 한다. 예를 들어, 클라이언트와 말하고 그들의 이야기를 경청할 때 여러분은 남성과 여성의 대화 스타일이 다른 점(Basow & Rubenfeld, 2003; Clark, 1993; Gray, 1992; Leaper, 1991; Mulac, Bradac, & Gibbons, 2001; Mulac *et al.*, 1998; Nadler & Nadler, 2001; Tannen, 1990, 1994), 미국 원주민 클라이언트는 개인정체성과 관련된 질문을 참견하는 것으로 볼 수 있다는 점(Biegel, Tracy, & Corvo, 1994; Blount, Thyer, & Frye, 1992; Good

Tracks, 1973; Hobfoll, Jackson, Hobfoll, Pierce, & Young, 2002; LaFromboise, 1992; Lewis & Ho, 1975; Lewis, 1995; Mihesuah, 1996; nelson, McCoy, Stetter, & Vanderwagen, 1992; Shutiva, 1994; Sutton & Nose, 1996; Yellow Horse Brave Heart, 2001), 그리고 히스패닉이나 라틴계 클라이언트는 초기 단계에서 좀 더 오래되고 비공식적인 과정을 선호한다는 점(Aguilar, 1972; Bradford, Meyers, & Kane, 1999; Castex, 1996; Wodarski, 1992b; Zuniga, 2001, 2003) 등의 연구결과에 대해 알고 있어야 한다. 그러나 그러한 지식을 사용하는 데 있어 여러분은 스테레오타입화의 위험을 경계해야 한다. 많은 남성들이 여성과는 다른 대화 스타일을 사용하지만 일부 남성들은 많은 여성들이 사용하는 대화 스타일과 아주 유사한 대화 스타일을 가지고 있다. 또 어떤 미국 원주민은 사회복지사가 던지는 개인적 질문을 관심의 표현으로 경험하며, 어떤 라틴계 클라이언트는 사회복지사와 만날 때 직접적이고 비즈니스식의 접근을 선호한다. 여성이라고 모두 같지 않으며 남성이라고 모두 같은 것이 아니다. 피부색이 같은 사람, 모든 아동, 모든 동성애자, 심지어 모든 대학교수들이 다 똑같은 것이 아니다. 그러므로 상대방의 성별, 계급, 민족, 성적 지향, 종교, 문화적 관련성에 대해 민감하고 신중히 생각해야 한다. 그러나, 인간은 거의 동일한 DNA를 가지고 있긴 하지만, 각각의 개인은 고유성을 가지고 있다는 점 또한 알아야 한다. 개인은 그가 속한 계급이나 집단의 "평균적" 구성원들에게서 나타나는 일반적 특성과는 어느 정도 다르게 나타난다.

면담을 진행할 때 여러분은 클라이언트가 언어를 사용하는 방식과 어울릴 수 있도록 해야 한다. 사람에 따라 듣는 것(hearing)과 관련된 말을 선호하기도 하고, 보는 것(seeing)과 관련된 말을 선호하기도 하며, 또 만지는 것(touching)을 가리키는 말을 좋아하는 등 기호가 다를 수 있다. 예를 들어, 청각적 언어양식을 선호하는 사람에게 듣다, 소리나다, 수다떨다, 시끄러운, 조용한 등과 같은 말을 사용하면 여러분은 그들에게 자신들이 이해받고 있다는 느낌과 자신이 귀중한 존재라는 느낌을 더 갖게 할 수 있다. 마찬가지로 시각적 언어양식을 선호하는 사람에게 보다, 바라보다, 눈치채다 등과 같은 말을, 그리고 촉각적 언어양식을 선호하는 사람에게 느끼다, 감지하다, 만지다 등과 같은 말을 사용하면 우호적 반응을 가져올 수 있다(Bandler & Grinder, 1979).

일반적으로는 목소리의 색조나 강도, 전달 속도를 알맞게 하여 말하는 스타일을 갖도록 노력하는 것이 좋다. 여러분의 목소리, 말투, 언어를 통해 클라이언트가 말하려고 하는 것에 여러분이 진심으로 관심 있다는 것을 전달하는 것이 좋다(Ivey, 1988, p. 22). 그러나 때때로 클라이언트의 속도에 맞추기 위해 여러분의 말의 빠르기를 조절해도 된다. 경우에 따라서 빨리 말하는 클라이언트를 좀 더 천천히 말하도록 의도적으로 여러분의 말의 속도를 늦출 수 있다. 또 어떤 상황(예를 들면, 약간의 듣기 장애가 있는 경우)에서는 좀 더 쉽게 들을 수 있도록 목소리의 높이를 낮출 필요도 있다. 일반적으로 여러분이 말을 하거나 글을 쓸 때, 적극적인 목소리가 수동적 목소리보다 나으며, 말의 단위가 이해할 수 없을 정도로 너무 길거나 복잡해서는 안 된다.

연습 6-1 문화적으로 민감한 의사소통

다음의 연습을 마치게 되면, 여러분의 말하기와 언어 패턴의 특성을 알게 된다.

1. 여러분은 다양한 종류의 사회서비스를 제공하는 한 기관에서 일하고 있다. 여러분과는 아주 다른 클라이언트와 처음 대면을 하려고 한다. 여러분이 여성이라면, 클라이언트는 남

성이라고 가정한다. 여러분이 백인이라면 클라이언트는 유색인이라고 생각한다. 여러분이 키가 크다면 클라이언트는 키가 작다고 가정한다. 여러분이 고등 교육을 받은 사람이라면, 클라이언트는 제한된 정규 교육만을 받은 사람이라고 생각한다. 여러분이 중산층이라면, 클라이언트는 무일푼이라고 생각한다. 여러분이 주거권이 있으면, 클라이언트는 노숙자라고 생각한다. 여러분이 신이나 절대자를 믿는다면, 클라이언트는 무신론자라고 생각한다. 여러분이 기독교면 클라이언트는 이슬람교라고 생각한다. 여러분이 정상 청각을 가지고 있으면, 클라이언트는 청각 손상을 입었다고 생각한다. 여러분이 정상 시각을 가지고 있다면, 클라이언트는 시각 장애를 가지고 있다고 생각한다. 여러분이 정상 신체라면, 클라이언트는 휠체어를 이용한다고 생각한다.

이제 녹음이나 녹화 기구를 사용하여 그와 같은 클라이언트를 첫 대면할 때 여러분이 하고자 하는 말이나 몸짓을 녹음/녹화한다. 여러분을 소개하고, 기관이 제공하는 서비스 종류에 대해 설명하고, 이러한 가상의 클라이언트에게 물어보고자 하는 것을 질문한다. 이런 가상의 소개를 약 2분정도 지속한다.

녹음이나 녹화한 것을 통해 여러분의 언어사용을 검토해 본다. 이 연습을 위해서 가상으로 만들어낸 클라이언트의 입장에서 여러분이 말한 단어들을 검토해 본다. 여러분이 선택한 말과 언어를 가상의 클라이언트는 어떻게 생각할 것인가?

아래의 빈칸을 사용하여 전문적 사회복지사로서 여러분의 역할과 기능에 관련된 이 연습을 통하여 무엇을 배웠는지 요약한다. 특히 나이, 성별, 피부색, 성적지향성, 교육배경, 사회경제적 지위, 인종, 종교적 신념, 외모, 신체적·정신적 능력이 다른 타인이 여러분과 여러분의 말과 언어에 대해 어떻게 경험할지 고려해본다.

2. 인터넷 검색엔진을 사용하여 전 세계의 인종 목록을 살펴본다. 그리고 미국의 인종적, 민족적 집단의 목록을 검색해본다. 또한, 대학교나 도서관에 가서 그와 같은 목록이 포함된 책이나 간행물을 참조할 수도 있다(Levinson, 1998). 여러분이 검색한 자료들은 인종집단이나 인종언어집단에 대한 정의가 서로 다를 수 있다. 미국 인구조사통계국에서 사용한 인종, 민족, 조상집단에 대한 목록은 다른 리스트와는 어느 정도 다를 수가 있다.

전 세계와 국가에 걸쳐 수백 개의 인종적 집단에 대해 어느 정도 알게 되었다면 여러분에게 흥미롭게 보이지만 거의 알지 못하는 인종을 하나 선택한다. 선택한 후, 도서관이나 인터넷 검색을 통해 언어적 의사소통에 있어서 3개나 4개 정도의 "해야 할 것(do)과 하지 말아야 할 것(taboo)"을 찾아본다. 적어도 존중을 표현하는 한 가지 이상의 "해야 할 것"과 무례함을 암시하는 "하지 말아야 할 것"을 포함한다(Axtell, 1995, 2007). 아래 빈칸을 사용하여 해야 할 것과 하지 말아야 할 것의 목록을 만들고 정보의 출처를 표시한다.

비언어적인 의사소통과 신체 언어

상당히 많은 의사소통이 비언어적인 것에 의해 이루어지기 때문에 여러분은 신체언어의 위력을 인정해야 한다. 자세, 얼굴 표정, 눈맞춤, 걸음걸이를 비롯한 신체의 자세는 강력한 의사소통의 형태들이다(Ivey, 1988; Kadushin & Kadushin, 1997). 사회복지실천에서 여러분의 신체언어는 여러분이 말로 하는 언어와 일치해야 한다. 모든 사람들 중에서도 특히 클라이언트들은 여러분이 언어로 말하는 것과 비언어적으로 표현하는 것 사이의 불일치를 즉시 알아채야 한다. 일치하지 않는 방식으로 여러분 자신을 표현할 때 상대방은 여러분이 보내는 메시지에 대해 혼동을 일으킬 수 있다. 여러분 자신을 일치하는 방식으로 표현할 때 사람들은 여러분이 전달하고자 하는 것을 더 잘 이해할 수 있고, 여러분을 진실하고 성실한 사람으로 생각할 가능성이 높다.

언어적인 것과 비언어적인 것 사이의 일치 외에도 여러분의 신체언어는 배려, 관심, 존중, 진실성은 물론 상대방에 대한 관심을 전달해야 한다. 어떤 경우, 여러분은 권위를 전달하기 위해 단호하게 메시지를 표현할 필요가 있을 것이다. 여러 가지 요소를 강조하기 위해서는 신체언어상의 변화가 필요하다.

일반적으로 클라이언트와 초기 면담시 여러분은 개방적이거나 접근가능한 신체적 자세를 취해야 한다(Egan, 1982a, 1982b, 2010; Evans, Hearn, Uhlemann, & Ivey, 2008; Ivey, ivey, & Zalaquett, 2010). 서 있을 때라면 팔과 손을 옆구리 쪽을 따라 느슨하게 늘어뜨리는 자세, 앉아 있을 때라면 손을 무릎에 얹어 놓는 자세 등이 그것이다. 팔짱을 끼고 있거나 팔을 머리 뒤로 하거나 혹은 근처의 의자에 팔을 늘어뜨리고 있는 자세는 상대방에 대한 무관심이나 몰이해를 나타낸다. 두 손을 꽉 움켜쥐는 것, 다리나 발을 흔드는 것, 왔다갔다하는 것, 시계를 쳐다보는 것, 손가락을 통통 치는 것 등은 신경질적이거나 참을 수 없다는 의사를 전달한다. 의자에 축 늘어져 있는 것은 피곤함과 무관심을 암시할 수 있다. 그러나 이따금 여러분은 편안한 분위기를 조장하고 위협적 분위기를 감소시키기 위해 스스럼 없는 신체적 자세를 취해야 할 때도 있다. 예를 들어, 아동에 대한 개입시 마룻바닥에 앉아 게임을 하면서 이야기를 할 수 있다. 10대의 클라이언트를 대할 때는 약간의 음료수를 마시거나 당구를 치거나 벽에 비스듬히 기대는 것 등이 중요한 만남이 되게 할 수 있다. 여러분이 클라이언트를 병원이나 식품 저장실에 데려다 줄 때, 부모가 아기 기저귀를 갈도록 도와줄 때, 혹은 함께 가벼운 식사를 할 때 서로 간에 중요한 교감이 일어날 수 있다.

눈을 맞추는 빈도와 강도는 상대방이 누구인가, 만남의 목적이 무엇인가, 논의해야 할 주제가 무엇인가 등에 따라 다르게 나타난다. 여러분은 서로 간의 눈맞춤이 일어나도록 자리배치 등을 배려해야 하지만, 강제하지 않는 분위기를 조성해야 한다. 특히, 사회복지사가 클라이언트와 이야기할 때는 자주 눈을 맞추려고 하는 것이 일반적이기는 하나 그 정도와 강도는 상대방의 개인적, 문화적 특성, 문제의 성격, 만남의 맥락에 따라 다르게 해야 한다. 많은 문화권에서 눈맞춤은 긍정적인 것으로 간주된다. 그러나 어떤 문화권에서는 그렇지 않기도 하다. 예를 들면, 일부 문화권 집단(예: 일부 미국 원주민, 에스키모인, 혹은 호주 원주민)은 심각한 이야기를 할 때 눈맞춤을 피하는 것이 일반적이다(Ivey, 1988).

어떤 문화에서는 서 있을 때 직접적인 눈맞춤을 피하기 위해 시선을 떨구는 것이 존경을 의미하고, 직접적으로 눈을 맞추는 것이 불만을 나타내기도 한다. 어떤 집단에서는 눈맞춤은 경청할 때보다 말할 때 더 많이 일어나지민 다른 문화에서는 이와 정반대이기도 하다.

그러나 어떤 경우에든 여러분은 빤히 쳐다보는 듯 응시해서는 안 된다. 응시하는 것은 대부분의 경우에 다른 사람의 영역을 침해하는 것과 같아 도전으로 느껴질 수 있다. 그것은 또한 힘의 차이를 암시할 수도 있다. 즉, 다수집단의 힘있는 지위에 있는 사람들은 소수집단의 힘없는 지위에 있는 사람들을 주시하고, 마음을 읽고 심지어 빤히 쳐다보듯 응시한다. 예를 들어, 많은 남성들은 여성을 빤히 쳐다보는 것이 전혀 문제가 되지 않는다고 생각한다. 북미의 카프카즈인은 유색인을 쳐다볼 때 조심스럽게 바라본다. 이외에도 많은 예가 있다. 그러나 평등, 상호존중, 공동

참여를 관계적 특성으로 하는 사회복지사의 눈맞춤은 결코 강렬하거나 지속적이어서는 안 된다. 왜냐하면 그것은 침입이 될 수 있고, 지위나 힘이 크다는 것을 반영하는 것일 수 있으며, 협박의 한 형태로 보일 수 있기 때문이다.

주의집중 행동(attending)(Carkhuff & Anthony, 1979; Evans et al., 2008; Ivey et al., 2010) 또는 신체적인 동조(physically tuning-in)(Egan, 2010)는 여러분이 개방적이고 비심판적이며 수용적이라는 것을 다른 사람에게 비언어적으로 전달하는 과정을 묘사하는 데 사용되는 용어이다. 주의집중 행동의 목적은 다른 사람들이 자신을 가능한 충분하고 자유롭게 표현할 수 있도록 장려하는 것이다. 특히, 초기 단계에서 여러분의 비언어적 표현은 여러분에 대한 클라이언트의 반응에 영향을 미치는 다른 요인만큼 중요하다.

주의집중 행동의 기술에 관한 좋은 문헌이 있다. 예를 들어, 카카프와 안소니(1979, pp. 39~42)는 상담자가 클라이언트를 마주할 때는 참가자들 사이에 장애물이 없는 상태에서 3~4 피트 정도 거리를 둘 것을 제안한다. 그들은 더 나아가 규칙적으로 눈을 맞추고, 관심을 보여주는 얼굴 표정을 하며, 다른 사람 쪽에 약간 기대거나 기울일 것을 제안한다. 에건(2010)은 SOLER의 머리글자를 이용하여 다음과 같은 방법을 주창한다; 사람을 똑바로(Squarely) 마주하고, 열린(Open)자세를 취하고, 가끔은 클라이언트쪽으로 몸을 상대방에게 조금 기울이고(Lean), 눈(Eye)을 쳐다보고, 이런 것을 편안한(Relaxed) 방법으로 한다.

많은 경우 이들 지침이 유용할 수 있다. 그러나 이들 지침이 북미지역의 다수 집단에 속한 중간이나 상류층 계급의 성인들 사이에서 통용되는 비언어적 특성일 수도 있다. 아동이라든가 민족적 소수집단 그리고 사회경제적 지위가 낮은 사람들은 다른 사람과의 상호작용에서 이와는 다른 비언어적 특성을 보일 수 있다. 어떤 사람은 너무 직접적으로, 정면으로, 그리고 빈틈없이 마주하는 데, 이 또한 개인적 영역과 사생활을 침해할 수 있다. 그리고 어떤 사람의 경우에는 4피트 정도 거리를 두고 이야기하는 것이 오히려 친밀한 대화를 하기에 너무 먼 거리일 수 있다. 그러므로 여러분은 주의를 집중하고 신체적 자세를 잡는 데 있어 융통성을 발휘해야 한다. 다른 사람의 비언어적 표현을 면밀히 관찰하고 그들을 존중하라. 또한 앞에서 제시한 일반적 지침을 참조로 편안한 신체 자세를 취해 보라. 다른 사람을 이해하는 데는 에너지와 집중이 요구된다. 만일 여러분이 불편한 자세를 하고 있다면 주의집중하기 어려울 것이다. 그러나 관심을 잃을 만큼 편안해서는 안 된다. 면담중에 졸게 되면 주의와 관심을 전달하지 못한다.

사무실에서 성인을 면담할 때처럼, 앉아서 하는 것이 바람직할 때는 의자를 90~135도 각도가 되도록 배치한다. 이는 피면담자들에게 그들의 눈과 신체를 여러분 쪽으로 향하게 하거나 혹은 떨어지게 하며, 여러분에게도 마찬가지의 기회를 제공한다. 여러분의 의자와 클라이언트 의자 사이에 상징적 거리감을 피하고 융통성을 갖기 위해 이동할 수 있는 의자가 좋다. 클라이언트들이 정서적으로 긴장된 내용을 나누려고 할 때 클라이언트 쪽으로 몸을 약간 기울이는 것은 관심과 동정심을 보여준다. 그러나 그들의 반응을 조심스럽게 관찰하라. 어떤 클라이언트는 너무 친밀하게 느껴지면 마음의 문을 닫거나 심지어 침입했다는 느낌을 갖는데, 이는 특히 초기 단계의 관계 형성에서 그러하다.

물론 자리 배치나 면담 장소에 대한 결정은 항상 여러분 마음대로 할 수 있는 것은 아니다. 상호교감은 흔히 산책하거나 자동차 운전 중에, 식사중 부엌에서 일어나기도 하며, 어떤 사람에게는 아이를 돌볼 때나 TV를 볼 때 일어나기도 한다. 관계가 발전하고 클라이언트의 몸짓의 여러 의미를 이해하게 되면 여러분은 의자를 좀 더 가까이 움직이라든가 TV의 소리를 좀 더 낮추라는 등의 요청을 할 수 있게 된다. 이러한 요청은 클라이언트에게 매우 중요한 메시지가 될 수 있다. 왜냐하면 클라이언트는 여러분이 정말로 자신의 이야기를 듣고 싶어한다고 생각하기 때문이다.

연습 6-2 비언어적인 의사소통과 신체언어

1. 몇 개의 비언어적 실험에 동참할 친구나 동료를 모으시오. 실험이 끝난 후, 여러분의 관찰, 발견, 참조사항을 요약하시오. 여러분의 친구나 동료의 경험도 적으시오.
   a. 가만히 서 있는 여러분의 파트너와 눈을 맞추면서 천천히 그 앞으로 걸어가시오. 여러분이 불편할 때까지 그렇게 하고 불편하면 행동을 멈추시오. 여러분 사이의 대략적인 거리를 관측하시오. 여러분의 파트너에게 더 가까이 다가갔을 때 여러분의 머리 속에 떠오른 생각과 느낌은 무엇인가? 여러분이 다가갔을 때 파트너가 경험한 것은 무엇인가?
   b. 약 4피트 정도의 거리를 두고 여러분의 파트너와 얼굴을 마주하고 서시오. 여러분이 불편을 느낄 때까지 상대방을 정면으로 바라보시오. 불편하다고 느낄 때 여러분의 눈을 다른 곳으로 돌리시오. 이제 거리를 3피트, 2피트 정도로 움직이고, 불편함을 느낄 때까지 여러분 파트너의 눈을 정면으로 쳐다보시오. 불편하면 다시 눈을 돌리시오. 여러분의 반응들을 서로 나누시오. 2~4 피트 범위 내에서 눈맞춤의 종류와 정도를 다르게 해보시오. 예를 들면, 여러분 파트너의 눈을 정면으로 보지말고 광대뼈나 입을 쳐다보시오. 그런 다음 여러분의 반응을 나누시오. 더 나아가 몇 초 동안 여러분 파트너의 눈을 쳐다본 다음 시선을 약간 바꿔 광대뼈를 쳐다보시오. 그런 다음 여러분의 시선을 다시 눈으로 돌리시오. 다음은 몇 초 동안 여러분 파트너의 입을 쳐다보고 다시 눈으로 시선을 돌리시오. 이와 같은 눈맞춤의 방식에 대해 여러분의 반응을 나누시오.
   c. 의자 두 개를 약 2피트 정도 떨어져 서로 정면으로 마주보게끔 배치하시오. 얼굴과 얼굴, 무릎과 무릎을 맞대고 앉았을 때 여러분의 생각과 느낌을 나누시오. 두 경우 모두 편안했는가, 한 경우만 편안했는가, 아니면 두 경우 모두 불편했는가? 편안하지 못했다면 편안함을 느낄 때까지 거리를 조정하시오. 여러분 파트너에게도 똑같이 하도록 요청하시오. 마지막으로, 절충이 필요한 경우에는 양자가 모두 편안하게 느끼는 거리에 이를 때까지 의자를 움직이시오. 이번 연습을 통해 얻은 여러분의 경험과 여러분 파트너의 소견을 기록하시오. 의자를 정면으로 마주보게 하지 말고 약 6인치 정도 거리를 두고 옆으로 나란히 배치하시오. 여러분과 여러분의 파트너 각각 자리에 앉고 각자의 생각과 느낌을 나누시오. 의자가 90도 각도가 되도록 하시오. 이러한 배치에 대한 여러분의 반응을 서로 나누시오. 의자를 45도 각도가 되도록 조절하시오. 이 위치에서의 여러분의 반응을 묘사하시오. 여러분 파트너는 어떤 배치를 선호합니까? 당신은 어떤 배치를 선호합니까?
   d. 이상의 실험을 바탕으로 여러분과 여러분의 파트너가 편안하다고 느끼는 위치와 각도

에 의자를 배치하시오. 경우에 따라서는 약간 조절할 필요도 있을 것입니다. 자, 이제 다소 중립적인 얼굴 표정을 하고(표정은 바꾸지 않는다) 아무 말도 하지 않은 채 여러분이 파트너에 관심이 있으며 그의(그녀의) 생각과 느낌에 흥미가 있음을 여러분의 신체언어를 통해 보여주도록 하시오. 관심과 흥미가 있음을 보여주는 것을 3~4가지의 다른 신체 자세를 가지고 실험을 계속하시오(각 경우 당 1분 정도 소요되게 한다). 각 자세에 대해 여러분의 파트너로부터 언어적 피드백을 구하시오.

e. 파트너가 느끼기에 보살핌과 관심을 나타내는 자세를 취하시오. 이제 서로 다른 얼굴 표정에 대한 실험을 시작해 보기로 한다. 우선, 여러분의 얼굴을 평상시처럼 긴장을 푸시오. 그 얼굴 표정을 약 1분 정도 계속하고 파트너가 그것을 경험하게 하시오. 1분 후 파트너로부터 자신의 관찰과 반응에 대한 피드백을 받으시오. 여러분이 표현하고 싶은 얼굴 표정을 교대로 표현하시오. 애정, 동정, 기쁨, 슬픔, 실망, 불만, 두려움, 분노 등. 그리고 파트너가 여러분이 표현하려는 감정을 알아낼 수 있도록 표정을 1분 정도 그대로 유지하시오. 이 연습에 대한 여러분의 생각과 느낌을 나누시오.

경청하기

경청하기(listening)는 상대방이 표현한 언어적, 비언어적인 메시지를 받아들이는 감각기관의 능력을 사용하는 것을 말한다. 경청하기는 상대방의 말을 주의 깊게 듣고(hearing), 비언어적 제스처와 자세를 관찰하고(observing)(Carkhuff & Anthony, 1979; Ivey *et al.*, 2010), 상대방이 충분히 표현하도록 격려하고(encouraging)(Ivey, 1988; Ivey et al., 2010), 상대방이 전달하려는 것을 기억하는(remembering) 과정을 의미한다.

대부분의 사람은 잘 경청하지 못하는 데, 그들은 다른 사람이 전달하려는 메시지보다는 자신의 생각과 감정에 더 많은 주의를 기울인다. 유능한 경청자는 저절로 만들어지지 않는다. 경청은 다른 어떠한 기술보다도 효과적인 사회복지실천에 있어 중요하다. 경청에는 두 가지 행동이 요구된다. 하나는 여러분 자신의 경험(예를 들면, 여러분의 생각, 느낌, 감각 등)에 기울이는 관심을 최소화하는 것이고, 다른 하나는 클라이언트가 경험하고 표현하는 것을 명료하게 이해하기 위해(클라이언트를 평가하기 위해서가 아님) 클라이언트에 집중하는 것이다.

대부분의 사람들에게, 삶에 있어서 진실로 인간적인 순간은 바로 다른 사람이 자신을 진심으로 이해한다고 느낄 때이다. 정확하게 이해한다는 것은 바로 존중한다는 것을 뜻한다. 또한, 여러분이 그들을 가치 있게 여기고 그들이 말하는 것에 관심을 갖고 있다는 것을 나타낸다. 어떤 의미에서는, 사려 깊은 경청이야말로 사랑의 제스처이다. 그렇기 때문에 경청은 사회복지실천을 역동성있게 하는 한 요소이다. 경청의 목적은 다음의 5가지로 구분할 수 있다. 첫째, 효과적인 경청은 여러분이 사정과 계획에 필요한 정보를 모을 수 있게 해준다. 둘째, 경청은 클라이언트로 하여금 더 좋은 느낌을 갖도록 해주는데, 긴장과 불안을 감소시키고 안전감과 행복감을 고조시키고 희망과 낙천성을 촉진하는 것이 그것이다. 셋째, 주의 깊은 경청은 클라이언트로 하여금 자신을 자유롭고 온전히 표현하도록 장려한다. 넷째, 효과적인 경청은 클라이언트에게 여러분의 가치를 고양시켜 준다. 마지막으로, 주의 깊은 경청은 클라이언트의 자기 이해, 자존감, 문제해결 능력을 긍정적으로 변화시키는 데 기여한다.

경청을 잘하기 위해서는 여러분 자신의 충동성, 경향성 및 성질을 관리할 수 있어야 한다. 이것은 자기인식 및 자기 훈련과 관련이 있다. 여러분 자신의 반응, 생각, 의견을 온전히 경험하고 자유롭게 표현하는 것을 억제해야 한다. 자기 훈련은 다른 사람의 말을 더 잘 듣고 이해하기 위해 일시적으로 어떤 판단이나 행동을 유보하는 것을 말한다. 사회복지사로서 여러분은 어려움에 처한 사람을 돕고자 하는 동기가 매우 높은 상태여서 때로 성급하게 어떤 결론을 내리거나 해결책을 제시하려 할 수도 있다. 삶을 위협하는 상황에서 즉각적 개입이 정당화된다 하더라도, 성급한 사정이나 조언, 행동은 효과적인 경청을 방해한다. 그것은 예기치 못한 악영향을 가져올 수 있다. 슐만Shulman(1984)이 언급한 바와 같이, 쉬운 해결책을 찾으려는 사회복지사는 정말 그 해결책이 쉬운 것이라면 사회복지사의 도움 없이도 클라이언트 혼자서 해결책을 찾을 수 있다는 것을 종종 발견하게 된다.

자기 훈련된 경청기술은 "침묵하기"를 포함한다. 사회복지사는 종종 침묵을 면담과정의 방해물이나 위험으로 인식한다. 말하는 것이 더 좋은 것이라는 전문가들 사이의 암묵적 전제 때문이다(Kadushin, 1983). 그러나 말하는 것이 항상 좋은 것은 아니다. 상호간에 교환이 정지되는 침묵의 순간은 효과적인 의사소통에 매우 중요한 요소이다. 물론 여러분은 누가 먼저 말하는가를 테스트할 정도로 오랫동안 침묵이 계속되도록 해서는 안 된다. 그러나 어떤 클라이언트에게는 특정 순간에 침묵의 경험이 강력한 도움이 될 수 있음을 알아야 한다. 침묵은 위협이 아니라 기회로 여겨지고 활용되어야 한다(Kadushin, 1983).

듣기(hearing)는 다른 사람의 목소리, 어투, 언어에 관심을 기울이는 경청의 과정이다. 듣기는 여러 가지 요인에 의해 방해받을 수 있다. 방이 시끄럽다거나, 상대방이 조용하게 중얼거린다거나, 외국어나 알아듣지 못하는 사투리를 사용한다거나, 여러분이 알지 못하는 말을 사용한다거나, 혹은 여러분이 이해하는 방식과는 다른 방식으로 말하는 것 등을 들 수 있다. 듣기를 잘하기 위해서는 이러한 장애물을 줄이고 상대방의 말과 소리에 전적으로 집중해야 한다. 또한 상대방의 말과 소리를 판단하고 비교하고 비판하고 평가함으로써 선택적으로 듣는 경향을 줄여야 한다. 명확하게 듣기 위해 여러분은 상대방이 보내는 메시지를 이해하고 기억해야 한다. 경청에 있어서, 과정은 내용만큼이나 중요하다. 그러므로 상대방이 하는 말 이상의 것을 듣도록 노력해야 한다. 상대방의 말하는 방식과 목소리에도 귀를 기울여야 한다. 실제로 말하는 것 이상 혹은 말하는 것 밑에 숨겨진 의미와 느낌을 듣도록 노력해야 한다.

경청 과정에서 또 하나 중요한 요소는 관찰(observing)의 기술이다. 관찰은 여러분이 클라이언트의 신체적 특징, 제스처, 비언어적 행동 등에 관심을 기울일 때 일어난다(Carkhuff & Anthony, 1979; Ivey et al., 2010). 비언어적 의사소통은 적어도 언어적 표현만큼의 정보를 전달하며, 때로는 그 이상을 전달하기도 한다. 사회복지사로서 여러분은 말하는 사람의 에너지 수준, 분위기, 감정 및 정서 등에 대한 비언어적 표현을 관찰하도록 노력해야 한다. 많은 경우 클라이언트는 자신들의 감정을 말을 통해 직접적으로 표현하지 않는다. 비언어적 감정 표현을 이해하기 위해서는 빤히 쳐다보듯 응시하지 말고 주의 깊게 관찰해야 한다.

관찰은 클라이언트가 세계를 어떻게 경험하는지를 보다 잘 이해하려는 데 그 목적이 있다. 면담중에 일어나는 미묘하거나 간접적인 의사소통을 살펴보라. 이들은 힘이나 권위, 도움을 구하고 받는 것에 대한 양가감정, 낙인이나 금기시되는 주제에 대한 토론의 어려움, 강렬한 감정을 직접적으로 표현하는 것에 대한 억제 등과 관련되어 있다(Shulman, 2009). 여러분 또한 언어적 의사소통보다는 비언어적 의사소통을 하게 되는 경우가 자주 있기 때문에 더욱더 면밀히 관찰해야 한다. 그러나 성급한 결론에 이르지 않도록 조심한다. 여러분이 할 수 있는 것이라고는 클라이언트가 사용한 말과 비언어적 제스처를 바탕으로 잠정적인 가정을 해보는 것뿐이다. 이와 같은 잠정적인 가정은 어떠한 측면에서 봐도 아직 타당하거나 참인 것은 아니다. 그것은 그냥 임시적인 예감일 뿐이다.

관찰해야 하는 주요한 부분은 3가지인데 (1) 얼굴 표정, (2) 눈맞춤, (3) 신체언어, 자세, 움직임이다. 관찰할 때는 의사소통을 하는 동안 주로 나타나는 얼굴 표정, 머리와 몸의 자세, 신체적 제스처, 눈맞춤의 패턴이 어떠한지 살펴보라. 또한 이들 비언어적 지표들의 특성과 변하는 시기를 살펴보라. 이들은 만족감, 평온함, 수용, 기쁨, 슬픔, 두려움, 불안, 분노의 감정을 암시할 수 있다. 이들 관찰을 바탕으로, 클라이언트의 표현, 제스처, 행동이 클라이언트가 자신과 문제를 어떻게 경험하는지에 대한 시사점을 줄 수 있는지 여러분 스스로 물어보라. 아울러, 클라이언트가 여러분과 이 모임에 대해 어떻게 생각하고 느끼는지를 살펴보라.

격려하기(encouraging)는 말하기와 매우 유사한 경청의 한 요소이다(Ivey et al, 2010). 여러분은 다른 사람이 자신을 계속 표현하게끔 격려할 수 있는데, 이는 한마디의 말이나 짧은 문구 혹은 목소리나 제스처를 사용해 상대방에 간단히 반응함으로써 이루어질 수 있다. 예를 들어 그와 같은 짧은 말로는 "계속하세요… 그래서요?… 아…. 음…. 네…. 맞아요…계속하시지요" 등을 들 수 있다.

나아가 여러분은 비언어적 표현으로 의사소통을 할 수 있는데, 머리를 끄덕이든지, 눈을 맞추는 주의를 기울이든지, 특정의 손동작을 하든지, 클라이언트 쪽으로 약간 비스듬히 기울이든지 하는 것이 그것이다. 클라이언트가 사용하는 문구나 핵심적 단어를 반복하는 것 또한 격려가 될 수 있다. 이렇게 함으로써 여러분은 장황한 말을 하지 않고서도 더 많은 것을 듣고 싶어한다는 것을 클라이언트에게 보여줄 수 있다. 그러나 유의할 것은 똑같은 격려를 반복해서 사용해서는 안 된다는 점이다. 이러한 반복적 사용을 오랜 시간 지속하면 진실성이 결여된 것으로 보여질 수 있다. 또한 격려는 공감적 이해를 보여주는 그 자체만으로 충분치 않다는 것을 알아야 한다. 좀 더 완벽한 의사소통은 적극적 경청(active listening)이 필요하다.

경청의 마지막 차원은 클라이언트가 전달하는 것을 기억하는 것(remembering)이다. 듣기와 관찰하기는 여러분이 받아들인 정보를 보유하지 않고서도 사용할 수 있는 기술이다. '기억하기'는 나중에 사용할 수 있도록 정보를 일시적으로 저장하는 과정이다. 예를 들어 이해한 것을 의사소통하거나, 서로 다른 시점에서 표현된 메시지를 연결하거나, 문서기록을 준비하거나, 사정을 위한 틀을 개발하는 데 사용할 수 있도록 정보를 저장하는 것이다.

■ 연습 6-3 경청하기

경청에 대해 함께 연습할 친구나 동료를 구하시오. 그리고 연습의 목적이 상대방이 말한 것을 얼마나 잘 이해할 수 있으며 기억할 수 있는가를 파악하는 데 있음을 분명히 하시오. 여러분의 파트너에게 둘 사이의 대화를 녹음하고 기록할 것임을 이야기하시오. 여러분은 녹음된 것과 여러분이 기억하는 것을 비교하게 될 것입니다. 여러분과 파트너 두 사람이 약 10분간 토론할 주제와 관련하여 파트너에게 관심이 있는 주제가 무엇인지 물어보시오. 경청자로서 여러분이 해야 할 일은 파트너가 해당 주제를 토론할 수 있도록 격려하고, 그(혹은 그녀)가 전달하는 내용을 잘 듣고 관찰하고 이해하며, 대화내용을 기억하는 것입니다. 파트너의 시각이 가장 중요하다는 점을 명심하시오. 여러분의 의견을 가능한 억제하시오. 지금은 파트너의 시간입니다. 그것이 어떤 것이든 파트너가 원하는 방향대로 토론이 진행되도록 내버려두시오. 파트너가 자신의 의견을 자유롭고 충분하게 전달할 수 있도록 격려하고 표현의 흐름을 방해하지 않도록 노력하시오. 파트너가 말할 때는 주의 깊게 경청하고 관찰하시오. 10분이 다 되면 여러분 파트너에게 감사하다고 말하고 아래의 사항을 계속 진행하시오.

1. 여러분 파트너에게 질문을 하는 데, 여러분이 그동안 이야기된 것을 얼마나 잘 경청하였는지 0에서 10점 사이의 점수를 주도록 하시오(여기서 0은 전혀 경청하지 않은 경우이고 10은 아주 잘 경청한 경우를 말한다). 그리고 파트너가 그 점수를 준 이유를 생각해 보시오. 파트너에게 다시 한번 감사의 말과 함께 안녕히 가시라고 말하시오. 파트너가 준 점수와 기타 그에 관해 언급한 내용들을 기록하시오.

전혀 경청하지 않음   매우 잘 경청함

0   1   2   3   4   5   6   7   8   9   10

2. 녹음된 테이프를 듣기 전에 노트를 꺼내 아래의 사항들에 답하시오. (1) 토론을 하는 동안 여러분 파트너가 한 말들을 기억해 재구성해 보시오. (2) 파트너의 목소리, 말투, 억양, 크기, 속도, 높이, 공통된 패턴 등에 대해 묘사하시오. (3) 파트너의 옷차림, 머리와 눈의 색깔, 대강의 몸무게와 키, 체격, 겉으로 보이는 신체적 조건 등에 대해 묘사하시오. (4) 대화 동안 일어난 파트너의 중요한 변화나 제스처는 물론 주된 얼굴 표정, 신체적 자세에 대해 묘사하시오. (5) 이상의 사항을 바탕으로, 파트너가 대화중 경험했을 것이라고 생각되는 주요 감정과 전반적 분위기에 대해 가정해 보시오.

이제 녹음된 대화 테이프를 재현하시오. 테이프를 들으면서 여러분이 기억을 통해 재구성해서 작성한 내용과 녹음 테이프의 내용을 비교하시오. 여러분은 여러분 파트너에 대한 것 중 대강 몇 % 정도를 회상할 수 있었습니까? 그 점수를 아래에 체크하시오.

0	10%	20%	30%	40%	50%	60%	70%	80%	90%	100%

여러분의 기억을 촉진한 요인은 무엇이며 기억력을 방해한 요인은 무엇인지 생각해 보시오. 경청의 기술을 실천하기 위한 계획을 요약하시오. 요인들과 요약내용을 통합하여 워드프로세서를 이용하여 문서를 작성하시오. 작성이 끝나면, 그 문서를 사회복지 기술 학습 포트폴리오에 추가하시오.

적극적 경청

적극적 경청(active listening)은 클라이언트가 자기 표현을 더 할 수 있도록 자신이 이해와 격려를 받는다는 느낌을 갖게끔 말하고 경청하는 기술을 말한다. 이것은 피드백(feedback)의 한 형태이다. 여러분이 상대방의 메시지를 경청하고 상대방 메시지의 내용을 이해했음을 전달하는 방법은 메시지를 곰곰이 생각해 보고 반추해 보는 것이다. 본질적으로 여러분은 클라이언트의 메시지를 이해한다. 그러나 이상적으로 말하자면, 여러분의 말은 클라이언트의 말과 동일하거나 유사해야 한다. 만일 여러분이 적극적 경청을 하게 되면 사실에 입각한 정보가 표현된 경우 사실에 입각한 정보를 전달해야 하고, 감정을 의사소통한 경우 그와 동일한 강도의 감정을 생각해 보아야 한다.

적극적 경청은 여러분이 클라이언트가 표현한 것을 이해하고 있거나 혹은 이해하려고 노력하고 있다는 점을 분명히 보여주는 것이다. 그것은 여러분이 클라이언트와 소통한 메시지를 온전하고 명료하게 이해하고자 한다는 것을 보여준다. 적극적 경청은 또한 여러분이 클라이언트의 견해와 감정, 경험에 관심이 있음을 보여주는 것이기도 하다. 적극적 경청은 공감과 이해를 전달하기 때문에 이를 대체할 그 어떤 것도 없다. 적극적 경청은 여러분과 클라이언트 사이의 피드백 고리의 주요 요소이다. 만일 여러분이 적극적으로 경청하지 않으면, 여러분은 클라이언트가 보내는 메시지의 일부를 빠뜨리게 될 것이고 그 결과 메시지를 잘못 이해하거나 왜곡하거나 혹은 잘못 전하게 될 것이다. 더 나아가 적극적으로 경청하지 않는다면 여러분은 클라이언트로 하여금 자유롭고 충분한 표현을 못하게 할 수 있다. 여러분은 또한 클라이언트와의 관계에서 여러분 자신의 가치를 떨어뜨리게 될 것이다. 클라이언트는 이해받기를 원한다. 만일 여러분이 그러한 이해를 정확히 전달하지 못한다면, 클라이언트는 자신이 경청되지 않는다고 느끼고, 실망하고, 소외감을 느낄 수 있다. 많은 클라이언트가 경험하는 억압과 차별, 학대, 착취는 이들에게 자신들의 삶 전체를 통해 전혀 이해받지 못한다는 감정을 갖게 한다. 전문 사회복지사로서 여러분이 클라이언트를 진실하고 정확하게 이해하고 있음을 전달할 경우 그 효과는 정말로 긍정적이 될 수 있다. 그러나 클라이언트가 여러분도 이전의 다른 많은 사람들처럼 잘못 이해하고 있다고 느끼게 되면 그 역효과는 엄청날 것이다. 이처럼 소외를 반복해서 경험한다면 그러한 클라이언트는 그들이 바라는 도움이 될 만한 서비스를 찾지 못할 것이다.

적극적 경청은 말하기와 경청하기 기술을 통합해서 다음의 3단계로 구분된다.

- 1단계 : **주의를 끄는 단계**(Inviting): 여러분은 여러분의 신체적 자세, 얼굴표정, 목소리, 어투 등을 통해 여러분이 경청할 준비가 되어 있다는 것을 보여준다. 여러분은 클라이언트 스스로 자신을 표현하도록 하기 위해 다른 사람을 끌어들일 수 있는데, 이는 "무슨 일이 있었지요?"나 "이 모든 것이 어떻게 일어났죠?"와 같은 질문을 던짐으로써 가능하다. 그러나 이러한 질문을 던지는 것이 반드시 필요한 것은 아니다. 대부분의 클라이언트들은 여러분이 눈과 얼굴, 몸으로 그들에 대한 관심을 보이자마자 자기 자신과 자신들의 관심사에 대해 이야기하기 시작한다.
- 2단계 : **경청의 단계**(Listening): 클라이언트가 여러분의 주의 끌기에 반응하여 말을 하기 시작할 경우 여러분은 듣고, 관찰하고, 격려하고, 기억하는 등의 과정을 통해 주의 깊게 경청한다. 이 단계에서 여러분은 다른 사람이 보낸 메시지를 수용하고 보유하기 위해 반드시 여러분의 귀와 두뇌를 활용한다.
- 3단계 : **반영하는 단계**(Reflecting): 이것은 클라이언트가 메시지의 마지막 부분에서 잠시 멈출 때 주기적으로 진술을 끊고 해석해 주는 것이다. 예를 들면, 어떤 클라이언트가 "저는 주인 때문에 정말로 지쳐 있어요. 그는 오직 매상이 오르기만을 원한다고 해요. 그런데 제가 일하는 아래층으로 내려와서는 몇 시간을 흰소리하면서 보내요"라고 말한다. 여러분이 만약 이 상황에서 적극적 경청을 한다면 그 클라이언트에게 다음과 같이 말할 수 있다: "당신은 주인이 더 열심히 일하라고 해서 그렇게 하려고 하면 와서 방해하기 때문에 화가 나 있군요." 또 다른 예를 들어보자. 어떤 클라이언트가 "저는 7살 이후로 줄곧 제가 뚱뚱하고 추하다고 느꼈어요"라고 말한다고 하자. 이때 여러분이 적극적 경청을 한다면 다음과 같이 말할 것이다. "어린 시절 이후 지금까지 당신은 자신에 대해 몸무게가 너무 많이 나가서 매력이 없다고 생각했나 봐요." 이처럼 똑같은 메시지를 전달함으로써 여러분은 공감적 이해를 클라이언트에게 보여주게 된다.

적극적 경청은 물론 여러분이 클라이언트의 메시지를 정확히 듣고 이해할 때 가장 유용하지만 그렇지 않을 때도 도움이 될 수 있다. 때로 메시지가 잘못 이해되거나 메시지의 일부를 빠뜨릴 때가 있는데, 주로 여러분의 관심이 빗나가거나 클라이언트가 잘못 말해 혼란을 일으키는 메시지를 보낼 때가 그렇다. 이러한 경우에 여러분이 적극적 경청의 자세를 가지고 클라이언트를 진심으로 이해하려 하면 거의 항상 그들의 자기 표현을 촉진할 수 있다.

여러분이 클라이언트의 메시지에 정확히 반응하는 경우 클라이언트는 즉시 "예, 맞아요"와 같은 말을 던지고, 계속해서 자기 이야기를 한다. 여러분의 반응이 전적으로 정확하지는 않지만 메시지를 듣고 있으며 진지하게 이해하려고 하는 것을 충분히 보여주는 경우에 클라이언트는 "글쎄요. 제가 말하려는 것은… "이라고 말하고, 여러분이 알아듣도록 메시지를 다시 이야기하려 할 것이다. 그러나 여러분이 완전히 틀릴 경우 클라이언트는 "아닙니다!" 하고는 더 이상 자기 이야기를 하지 않게 될 것이다. 여러분이 적극적으로 경청하지 않을 경우 이와 유사한 상황은 자주 일어날 것이다. 그리고 만일 여러분이 적극적으로 경청하지 않고 말만 하거나 듣기만 하는 경우 클라이언트는 자유롭고 충분하게 자신을 표현하지 못할 것이다.

사회복지사들이 적극적으로 경청하려 할 때 경험하는 공통된 실수를 제시하면 다음과 같다.

- 클라이언트가 한 말을 너무 많이 사용해서, 그 결과 사회복지사가 되풀어서 하는 반영이 마치 흉내내는 것처럼 들릴 경우
- 똑같은 서두의 문구를 반복해서 사용하는 경우(예: "제가 듣기에 당신의 말은…", "마치 …처럼 들리는군요.")
- 똑똑한 척, 심오한 척을 하고, 추론에 입각하려는 경우. 유능한 정신분석가나 날카로운 형사의 흉내를 내어, 클라이언트의 메시지보다는 자신의 생각과 사고에 더 귀기울이는 경향이 있게 된다.
- 클라이언트가 표현하는 모든 것에 대해 적극적으로 경청하기보다는 사실이나 생각에만 반응하거나 혹은 느낌이나 감정에만 반응하는 경우
- 클라이언트 메시지를 반영하기 위해 대화에 자주 끼어드는 경우
- 모든 짧은 구절이나 진술마다 적극적 경청을 하려는 경우

연습 6-4 적극적 경청

다음의 진술에 대해 여러분이 적극적 경청을 한다고 할 때 여러분이 할 수 있는 말을 아래의 빈 공간에 적으시오.

1. 클라이언트: 제 남편은 저를 알코올 중독자라고 생각합니다. 남편이 저를 이곳으로 보냈습니다. 예, 물론 술을 마십니다. 많이 마셔요. 그러나 남편 때문에 마시게 되는 겁니다.

2. 학우: 나는 일전에 세 번이나 수업을 결석해서 수업진도가 어디까지 나갔는지 모르겠어. 오늘이 바로 중간고사 날인데 낙제점을 받을 것 같아. 나는 너무 긴장돼서 조리 있게 생각할 수가 없어.

3. 슈퍼바이저: 저는 당신이 산체스 사례에 대해 후속 조치를 하지 않아 당신에게 실망하고 있습니다. 그 아이들은 지금 위험에 처해 있습니다.

4. 교수: 저는 학생의 개인적 가치와 사회복지 전문직의 가치가 일치하는 것이 좋은 것이 아닐까 생각합니다. 제가 보기에 학생의 태도는 사회복지사에게 요구되는 가치와는 다른 것으로 보이는군요.

5. 동료: 저는 저를 미치도록 힘들게 만드는 어떤 가족과 일하고 있습니다. 그런데 문제가 하나 있어요. 저는 이 가족에 대해 무척 화가 난다는 것입니다. 이 가족은 자기들 스스로 전혀 도우려고 하지 않아요. 저는 죽을 힘을 다해 이들을 도우려고 하는 데 그들은 아무것도 하지 않아요.

6. 아동: 엄마의 남자친구는 가끔 엄마에게 비열한 짓을 해요. 그 사람이 엄마를 때리고, 엄마는 결국 많이 울어요. 저는 엄마의 남자 친구가 너무 싫어요.

7. 지역사회 지도자: 저는 당신이 우리의 지역사회 조직과 발전 노력을 돕고자 하는 것에 감사드립니다. 그러나 이전의 사회복지사와는 좋은 결과가 나오지 않았습니다.

요약

말하기와 경청하기(즉, 메시지를 보내기와 받기)라는 기본적인 인간관계 기술은 사회복지실천의 여러 측면과 과정을 포함한 모든 인간 상호작용에 있어 근본적인 것이다. 사회복지사로서 효과적으로 말하고 경청하기 위해서 당신은 메시지를 보낼 때와 받을 때 모든 감각기관을 사용한다. 더욱이 적극적인 경청이라는 틀 안에서 말하기와 경청하기 기술을 지속적으로 결합한다. 적극적인 경청은 공감을 전달해 주는데, 이는 당신이 클라이언트를 이해하기 위해 정말로 노력하고 있음을 보여줌으로써 가능하다.

Chapter 6   요약 연습

다음의 연습은 여러분의 말하기, 경청하기, 적극적으로 경청하기 기술을 좀 더 다듬을 수 있도록 하기 위한 것이다.

1. 다양한 지역사회나 혹은 다른 문화적 전통의 배경을 가진 친구나 동료의 동의를 얻어 15분 동안 대화 내용을 비디오 테이프에 녹화하시오.[2] 여러분의 파트너에게 여러분의 면담 기술을 실천해보기 위해 직업선택과 관련하여 면담을 하고 싶다고 밝히시오. 불편한 질문에 대해서는 대답하지 않아도 된다는 점을 파트너에게 알려주시오. 또한 면담 기술을 얼마나 잘 사용했는지 교수나 학우들에게 피드백을 받기 위해 이들과 함께 테이프를 같이 볼 수도 있음을 파트너에게 분명하게 말하시오. 면담 동안에는 파트너와 함께 그가 어떻게 직업을 선택하게 되었는가를 탐색하시오. 직업선택에 영향을 준 요인과 동기가 된 요인 또한 탐색하시오. 선택한 직업과 관련하여 제기되는 이슈와 관심사는 물론 희망과 기대에 대해서도 질문하시오.

   대화중에는 파트너가 자신의 직업 결정에 대해 가능한 많은 것을 이야기할 수 있도록 격려하시오. 말하기, 경청하기, 적극적으로 경청하기 등의 기술을 활용하시오. 면담 마지막 부분에서 여러분의 파트너에게 면담 경험에 대한 피드백을 물어보시오. 파트너의 반응을 기록하시오. 그리고 파트너에게 자신이 애기한 것을 여러분이 얼마나 잘 경청하고 이해했는지 아래 척도에 0(전혀 이해하지 못함)에서 10(매우 잘 이해함)점 사이의 점수를 주도록 하시오. 파트너에게 자신이 그러한 점수를 주게 한 요인이 무엇인지 물으시오. 파트너에게 다시 한 번 감사의 말과 함께 안녕히 가시라고 말하시오. 파트너가 준 점수를 기록하고 아래 빈칸에 기타 언급한 내용, 질문 및 제안을 적으시오.

전혀 이해하지 못함   매우 잘 이해함

0   1   2   3   4   5   6   7   8   9   10

---

[2] 면담이 기록된다는 사실을 고려하여 가능한 한 여러분의 파트너의 익명성을 보장하시오. 그리고 학습연습이 끝나면 기록물을 완전히 지우고 제거하시오.

2. 면담에 대한 자신의 반응을 곰곰이 생각해 보시오. 여러분의 파트너와 주고받는 것에 대해 어떻게 느꼈습니까? 대화중 여러분의 역할에 대해 무엇이 좋았고 무엇이 싫었습니까? 만약 다시 한번 대화를 시도한다면 여러분은 어떻게 다르게 했겠습니까? 아래 빈 공간에 여러분의 반응을 요약하시오.

3. 다음으로, 테이프를 재현하시오. 이름을 언급하지 않더라도 누가 무슨 말을 했는지를 정확하게 받아적은 녹취록을 준비하시오. 파트너가 말한 내용은 "피면담자"라고 표시하시오. 문서의 이름은 "초기면담 녹취록"이라고 붙이시오. 대화중 여러분이 사용한 말하기와 경청하기 기술은 무엇인지 확인하시오. 예를 들어 말할 때 여러분이 한 진술이나 질문이 여러분의 준거틀에 기인한 것인지 확인하시오. 적극적 경청을 할 때 파트너의 표현을 여러분이 이해하고 있음을 전달하기 위해 어떠한 시도를 했는지 확인하시오. 표 6.1에 요약된 포맷을 참고하여 워드프로세서를 사용하여 녹취록을 정리하시오. 그러나 면담한 파트너의 신원은 감추는 것을 잊지마시오.

표 6.1   면담에 사용된 기술 확인을 위한 형식

	녹취록	사용된 기술
면담자	여러분이 한 말을 기록하시오	사용된 말하기 경청하기 기술을 밝히시오
피면담자	여러분의 파트너가 한 말을 여기에 기록하시오	학습증진을 위해 관찰한 것이나 코멘트를 적으시오
면담자	여러분이 한 말을 기록하시오	사용된 말하기 경청하기 기술을 밝히시오
피면담자	여러분의 파트너가 한 말을 여기에 기록하시오	학습증진을 위해 관찰한 것이나 코멘트를 적으시오

4. 녹취록 준비를 마친 후, 여러분의 말하기 적극적으로 경청하기 기술을 평가하시오. 2~3페이지 분량(500~750자)의 보고서를 작성하고, "초기면담 평가"라고 이름붙이시오. 그 보고서에다가 여러분의 말하기와 언어적 특징을 기록하시오. 면담하는 사람들의 개인적 문화적 특징과 관련되어 여러분이 사용한 단어와 언어사용을 평가하시오.

Chapter 6 자기 평가

이 장을 끝내면서, 다음의 자기 평가 연습을 완성하고, 기본적인 말하기 경청하기 기술에 대한 자신의 숙련도를 평가하시오.

자기 평가: 말하기와 경청하기 기술

여러분의 인간관계기술이 숙련된 정도를 스스로 평가하기 위해 아래의 문항들에 응답하시오. 각 문항을 주의깊게 읽으시오. 그리고 다음의 4점 평가척도를 사용하여 각각의 문항에 동의 또는 동의하지 않는 정도를 표시하시오. 공간에 여러분이 응답한 숫자를 기록하시오.

4=아주 동의함
3=동의함
2=동의하지 않음
1=아주 동의하지 않음

4	3	2	1	문항
				이 시점에서 나는…
☐	☐	☐	☐	1. 나는 말하기, 경청하기, 적극적 경청하기 기술을 설명하고 논의 할 수 있다.
☐	☐	☐	☐	2. 나는 문화적으로 민감한 언어소통을 통해 다양성과 상이성을 접할 수 있다.
☐	☐	☐	☐	3. 나는 비언어적인 의사소통과 신체언어의 숙련도를 나타낼 수 있다.
☐	☐	☐	☐	4. 나는 말하기 기술의 숙련도를 나타낼 수 있다.
☐	☐	☐	☐	5. 나는 경청 기술의 숙련도를 나타낼 수 있다.
☐	☐	☐	☐	6. 나는 적극적 경청 기술의 숙련도를 나타낼 수 있다.
☐	☐	☐	☐	7. 나는 말하기 및 경청하기 기술의 숙련도를 사정할 수 있다.
				소계

참고: 위의 문항들은 부록 3의 사회복지실천기술 자기 평가도구의 기본적인 인간관계 기술 부분에 제시되어 있다. 만약 여러분이 2장의 연습문제 2-2를 끝마쳤다면 이러한 문항에 이미 응답을 했을 것이다. 여러분은 이전의 응답과 이번의 응답을 서로 비교할 수 있다. 또한 소계 점수 역시 비교해본다. 이전의 점수보다 이번의 점수가 높다면 여러분은 인간관계 기술과 관련하여 진전을 보인 것이다.

마지막으로 이 장에서 논의된 기술과 지기 평가의 결과를 분석해보시오. 그 분석에 근거하여 "말하기와 경청의 기본 기술의 숙련정도에 대한 자기 평가"라고 이름붙인 간단한 1페이지 요약 보고서를 작성하시오. 이 보고서에는 여러분이 잘 알고 있고 잘 수행할 수 있는(예: 3이나 4점) 기술을 밝히시오. 또한 보다 연습을 요하는(예: 2점 이하) 기술을 구체적으로 밝히고, 이러한 기술을 숙련하기 위한 계획을 세워보시오. 보고서를 완성한 후 사회복지실천기술 학습 포트폴리오에 포함시키시오.

CHAPTER 7

준비 기술

이 장은 사회복지실천의 준비 단계에 사용되는 기술을 배울 수 있도록 돕기 위해 구성되었다(박스 7.1 참조). 첫 만남은 분위기를 결정함은 물론 이후 계속되는 상호작용의 전반적 방향에 영향을 미칠 수 있다. 실제로 이 첫 접촉을 통해 여러분은 예비 클라이언트가 실제 클라이언트로 전환되는 결정적 단서를 제공한다. 준비 기술은 사회복지사에게 중요하다. 준비 기술 없이는 인지적, 정서적인 안정을 잃을 수 있다. 왜냐하면 종종 극도로 힘든 상황에서 매우 복잡하고 도전적인 문제를 경험하고 있는 개인, 가족, 집단, 단체 및 지역사회와 대면하기 때문이다(Gleeson & Philbin, 1996; Kovacs & Bronstein, 1999, Reeves, 1997; Sar, 2000).

워즈비키Werzbicki와 페카리크Pekarik(1993)는 약 125개의 연구물을 메타분석한 결과, 외래환자의 정신건강서비스의 평균 조기 탈락률은 약 47%에 이른다는 것을 발견했는데, 이는 아주 높은 발생률이다. 조기 탈락률과 관련된 클라이언트 요인으로는 제한된 정규교육, 낮은 사회경제적 지위, 그리고 소수 민족 지위를 포함한다. 17곳의 정신건강센터에 서비스를 제공받은 약 14,000명을 대상으로 한 연구에서, 수Sue(1977)는 백인 클라이언트와 비교해 볼 때 훨씬 더 많은 비율의 소수 민족 클라이언트가 첫 방문 이후에 나타나지 않았다는 사실을 발견했다. 클라이언트와 전문서비스 제공자 간의 개인적, 문화적 기대의 차이가 조기탈락이나 필요한 서비스 중단의 명백한 이유이다. 실제로, 전문적 서비스 제공자가 문제에 대한 클라이언트의 관점을 정확하게 이해하지 못할 경우(즉, 클라이언트가 문제를 개념화하는 방법), 탈락률은 세 배에 이른다(Epperson, Bushway, & Warman, 1983; Pekarik, 1991, 1993; Wierzbicki & Pekarik, 1993). 이와 유사하게, 실제 서비스 기간은 주로 예상 기간의 클라이언트의 기대에 의해 결정되는 것으로 보인다(Pekarik, 1991; Wierzbicki & Pekarik, 1993).

비록 여러 가지 요인이 의심할 여지없이 서비스의 조기 중단과 관련되어 있지만, 첫 만남을 충분히, 효과적으로 준비하지 못한 것이 하나의 요인이다. 효과적인 준비와 신중한 계획에 따라 결과가 달라질 수도 있다.

이번 장의 목적은 여러분이 준비 기술에 숙달되도록 돕는 것이다.

목표

이 장을 마친 후 여러분은 다음과 같은 기술에 숙달될 수 있어야 한다.

- 준비 기술의 목적과 기능을 논의함
- 사전 검토
- 사전 탐색
- 사전 협의
- 사전 정리
- 사전 공감
- 사전적 자기탐색
- 집중적 자기관리
- 사전 계획 및 기록
- 준비 기술의 숙달도를 사정하는 능력

핵심 역량

이 장에서 논의되는 기술은 다음의 핵심 EPAS를 지지한다.
- 전문적인 사회복지사임을 확인하고, 그와 같이 행동하기(EP2.1.1)
- 사회복지윤리강령을 전문적인 실천 지침에 적용하기(EP2.1.2)
- 비판적인 사고를 전문적인 판단을 고지하고 소통하는 데 적용하기(EP2.1.3)
- 실천에 있어서 다양성과 차이점에 관여하기(EP2.1.4)
- 개인, 가족, 집단, 단체 및 지역사회와 관계하기(EP2.1.10[a])

우리는 개인적으로나 직업적으로나 첫 대면의 순간부터 유능하게 일을 수행할 준비가 될 필요가 있다. 여러분의 전문적 책무성의 부분으로서 상호관계를 맺고자 하는 개인, 가족, 집단, 단체, 그리고 지역사회와 첫 만남 전에 준비 기술을 사용해야 한다. 그리고, 그러한 기술을 계속되는 이후 만남에 앞서 지속적으로 사용한다. 준비 기술은 다음을 포함한다. (1) 사전 검토, (2) 사전 탐색, (3) 사전 협의, (4) 사전 정리, (5) 사전 공감, (6) 사전 자기탐색, (7) 집중적 자기관리, (8) 사전 계획 및 기록

사전 검토

사전 검토(Preparatory reviewing)는 어떤 사람과 처음 접촉하기 전에 여러분과 여러분 기관에 유용한 정보를 검토하고 파악하는 기술이다(Kadushin, 1983). 만일 어떤 개인, 가족, 집단, 단체나 지역사회가 전에 기관에서 서비스를 받은 적이 있다면 여러분은 그와 관련된 파일 기록들을 검토해보아야 할 것이다. 만일 첫 만남 전에 이미 전화통화나 접수면담이 있었다면, 그것과 관련된 용건이나 내용의 기록을 점검하라. 그리고 기관행정가나 클라이언트의 의사 혹은 새로운 피감독자와 같은 사람과 첫 만남이 이루어지는 경우에는 그 만남의 일반적 목적과 예상되는 주제에 관한 관

련 자료들을 재검토하라. 가족체계나 하위체계, 집단, 조직, 혹은 지역사회와 만나는 경우에는 내부체계의 요인이나 역동성을 고려하기 때문에 사전 검토가 더욱더 중요해진다.

사전 검토는 여러분에게 중요한 사실적 정보를 파악할 수 있게 해준다. 이것은 클라이언트를 비롯한 다른 사람들이 전에 제공했던 정보를 반복하는 수고를 덜어준다. 사전 검토는 또한 시간을 효과적으로 활용하게 하고 사람들이 이야기한 것이 경청되고 기억된다는 느낌을 갖게 한다.

어떤 경우에는 이러한 사전 검토를 하지 않는 것은 전문적 태만이라고 할 수 있다. 예를 들어, 한 청소년이 기관을 찾아왔다고 하자. 그는 연인관계에서의 갈등이 있은 후 자살을 시도한 내력을 가지고 있다. 여러분의 기관은 지난 수년 동안 간헐적으로 그에게 서비스를 제공해 왔고, 따라서 그 자살시도 패턴이 파일에 기록되어 있다. 그는 도움이 필요하다고 말하면서 자신과 곧 만나줄 것을 요청했는데, 그 이유인즉 자신의 여자친구가 최근 자기와 헤어지고 다른 남자친구와 데이트하고자 하기 때문이다. 만일 여러분이 그의 사례기록을 검토해 보지 않는다면 여러분은 그가 자살할지도 모를 심각한 위험에 처해 있음을 알지 못하게 되어 해당 시점에서 며칠 후로 약속을 정하게 될 것이다.

또 다른 예로서, 여러분이 배우자와 자식학대의 전력이 있는 한 가족과 면담할 예정이라고 가정해보자. 그와 같은 행동패턴들은 기관의 파일에 잘 기록되어 있다. 모임 전에 그와 같은 기록을 검토하지 못했을 경우 일어날 수 있는 위험을 생각해보라.

집단, 조직, 그리고 지역사회는 만남과 준비의 목적과 관련된 파당이나 또는 이력이 있을 수도 있다. 예를 들자면, 지역사회조직과 관련된 일의 방향이나 목적을 설정하기 위해서 지도자집단과 곧 만난다고 생각해보자. 여러분의 기관은 그들의 조직과 지역사회와 일해본 적이 있다. 마지막 모임 이후 그 조직은 직무와 이사장의 자금유용에 대한 갈등으로 인해 둘로 갈라졌다는 것을 여러분은 모르고 있다고 가정해보자. 이제는 같은 지역사회에 서비스를 제공하는 조직이 두개 있다. 하나는 전 이사장이, 또 다른 하나는 전 이사진들이 이끌고 있다. 여러분이 이러한 사실을 계속 모르고 있는 상태라면 무슨 일이 일어날 수 있을 것인가?

방문 이전에 정보를 검토하는 것은 실제적인 측면에서도 이유가 있다. 예를 들자면, 여러분은 클라이언트가 기관에서 사용하는 언어를 잘 알아듣지 못하거나 혹은 말할 수 없는 경우 통역자가 필요함을 알게 될 것이다. 클라이언트가 휠체어를 타거나 맹도견을 데리고 다니는 경우 여러분 사무실의 의자를 다른 곳으로 옮겨 충분한 공간을 마련해야 할 것이다.

이처럼 자료를 검토하는 것이 도움이 되기도 하지만, 경우에 따라서는 해가 되기도 한다. 예를 들어, 어떤 기록은 소문에 의한 정보나 견해가 마치 당연한 사실인 것처럼 표현되어 있기도 하다. 여러분은 무심코 기관이 보유하고 있는 잘못되거나, 왜곡되거나, 편향적이거나 또는 불완전한 정보를 액면 그대로 받아들이게 될 것이다. 어떤 기록에는 성격에 관한 프로필이나 정신병적인 진단이 나타나 있는데, 이는 여러분으로 하여금 첫 만남 이전에 그 사람이나 집단에 대한 고정관념을 갖게 할 수 있다. 이러한 프로필은 처음 기록 당시에는 정확하지 않을 수 있으며 그 후에 그렇게 되었을 수도 있다. 개개인이나 여러 사람들, 문제점, 또는 상황은 바뀌었을 수도 있다. 여러분은 사전 검토 시 사례 기록에 담긴 정보나 다른 문서형태의 자료들이 불완전하고 착오가 있을 수 있음을 알아야 한다. 여러분이 사전 검토가 이루어지는 동안 열린 마음을 갖는 것이야말로 정말 중요하다.

연습 7-1 사전 검토

사례 상황: 1월 12일 오전 10시 13분에 기관의 접수 담당 사회복지사는 낸시 캐논이라고 자기를 밝힌 한 기혼 여성으로부터 전화를 받았다. 접수 담당 사회복지사는 '전화교신'(박스 7.2)이라는 양식에 전화의 내용을 기록하였다. 접수 담당 사회복지사는 나중에 그 보고서를 여러분께 넘겨주었고, 사회복지사는 여러분에게 첫 면담을 시행하고 필요하다고 판단되는 경우 전문적 서비스를 제공하라는 과제를 내주었다고 하자.

전화 접수 양식을 살펴보고 사전 검토기술을 어떻게 사용할 것인지 기술하시오. 사회복지사로서 여러분이 캐논 씨와의 첫 만남에서 기억하고 싶은 정보들을 펜이나 마커를 사용해서 표시하시오. 아래 빈 공간에 잠재적인 주제나 문제점을 적으시오.

상자 7.2   전화교신

1월 12일, 오전 10시 13분. 낸시 캐논 부인이 자신의 직장(캐피탈 보험회사 – 전화 234-6213)에서 전화를 했다. 그녀는 걱정스러운 목소리로 지난 토요일 밤에 그녀의 14살 된 딸 에이미가 귀가시간인 밤 9시를 지나 술냄새를 풍기며 들어왔다고 했다. 그녀는 딸의 외출을 금지시켰는데 이에 대해 사회복지사와 이야기 하고 싶다고 하였다. 캐논 부인은 혼자서 사회복지사와 만날 약속을 정하고 싶다고 했는데, 그 이유는 자신의 딸과 이야기하기 전에 누군가와 이 문제를 정리하고 싶기 때문이라고 하였다.

캐논 부인은 이런 일은 처음이며 전에 에이미와 아무런 문제도 없었다고 하였다. 그녀는 전에는 한번도 전문가의 도움을 구해본 적이 없으며 서비스 기관이나 정신보건기관과는 처음 접촉하는 것이라고 말하였다. 또한 에이미의 아버지인 자신의 남편이 이혼을 요구했고 약 6주 전에 집을 나갔다고 했다. 캐논 부인은 혹시 이 일이 지난 주말에 있었던 딸의 비행과 무슨 관련이 있는지 궁금했다.

처리: 기관사회복지사와 일정을 조정해 11월 30일 수요일 정오(12시)로 약속을 잡았다. 근무시간 이탈 시간을 줄이기 위해 가능한 점심시간으로 약속을 잡아달라는 캐논 부인의 요청이 있었다.

사전 탐색

사전 탐색(preparatory exploring) 기술이란 만남 전 클라이언트나 기타 사람들에게 문제나 사건 그리고 상황에 대해 질문하는 것을 말한다. 이 기술은 매우 중요함에도 종종 간과되는 경향이 있다. 기관의 접수원이나 접수 담당 사회복지사 혹은 직원들이 여러분이 클라이언트를 처음 만나기 전에 이야기를 나누었을 수 있다. 그들은 종종 첫 만남의 질을 높일 수도 있는 유용한 정보를 가지고 있을 수 있다. 비슷한 경우로, 다른 외부의 의뢰기관이 유용한 정보를 가지고 있을 수도 있다. 다른 개인이나 집단을 위한 의뢰를 하기 위해, 가족, 의사, 판사, 교사, 목사, 원조전문가, 그리고 공무원들은 사회서비스 기관과 자주 접촉한다. 그들은 그 개인이나 집단, 현 문제점과 상황 및 때로는 서비스요구의 특성에 관련된 중요한 정보를 가지고 있을 수 있다. 여러분은 이러한 예비적 탐색을 클라이언트로 의뢰된 사람, 그가 가진 문제, 그가 처한 상황을 알 수 있는 기회로 활용하도록 하되, 사생활과 비밀보장에 대한 권리 및 선호를 침해하지 않는 범위 내에서 이루어지도록 해야 한다. 또한 여러분이 여기서 알아야 할 것은 클라이언트가 아닌 다른 사람들로부터 듣는 이야기들은 그들이 가진 관점에서 나온 것이라는 점이다. 클라이언트는 사태를 전혀 다른 방식으로 볼 수 있고, 이는 여러분의 경우도 마찬가지이다.

사전 탐색은 또한 여러분이 일하는 기관의 동료 사회복지사로부터 전에 서비스를 받은 적이 있는 클라이언트인 경우에도 적용될 수 있다. 예를 들어, 기관에 소장된 파일을 검토해 보면 여러분은 클라이언트가 기관 내 다른 사회복지사인 카스틸로 부인으로부터 약 2년 전쯤 서비스를 받았다는 것을 알 수 있다. 그러면 여러분은 해당 사례에 대해 카스틸로 부인에게 물어보아야 한다.

사전 탐색 기술을 사용하면 첫 만남이 좀 더 긍정적이고 생산적이 될 수 있다. 그러나 사전 탐색 과정을 통해 얻는 정보로 인해 여러분이 사람을 고정화시키거나 문제의 본질에 대한 부정확한 가설을 세우도록 해서는 안 된다. 여러분이 이러한 유혹에 대항할 수 있는 방법은 사실과 견해를 구분하려고 노력하고 한 사람의 관점이 다른 사람의 관점과 다를 수 있음을 인식하는 것이다.

사전 탐색에 있어, 여러분이 보다 효과적인 서비스 제공자가 되는 데 도움을 주는 정보를 찾아야 한다. 이름, 전화번호, 주소, 특정 욕구와 상황과 같은 인구학적 자료 등을 기록해 두어야 한다. 이름을 어떻게 발음해야 할 것인지에 대해서도 알아야 한다. 문제의 특정과 심각성 및 긴급성에 대한 세부 사항은 매우 중요하며 클라이언트에게 유용한 강점과 자원의 지표가 될 수 있다.

연습 7-2   사전 탐색

사례 상황: 수요일 오후 3시 15분. 여러분은 멕시칸 교구의 담당 사제인 홀리오 산체스 신부로부터 한 통의 전화를 받는다. 그는 식구가 7명인 한 가족이 도움을 필요로 한다고 말한다. 그에 의하면, 그 가족은 부모와 자녀가 이주 노동자인데 새 일자리로 이동하는 중 자동차가 고장났다고 한다.

여러분이 산체스 신부에게 사전 탐색 기술을 사용한다고 할 때 여러분이 해야 할 질문과 알아보아야 할 정보를 아래의 공간에 써 보시오.

사전 협의

사전 협의(preparatory consulting) 기술은 클라이언트를 비롯한 여타 사람을 처음 접촉하는 것과 관련하여 슈퍼바이저나 동료들에게 조언을 구하는 것을 말한다. 여러분은 보통 면담의 임시 목표를 확인하거나 실천과 관련한 다른 사항들을 논의하기 위해 이러한 사전 협의를 구하게 될 것이다. 그러나 협의의 구체적 내용은 상황에 따라 다양하다. 어떤 경우에는, 여러분은 면담할 장소에 대해 논의할 수도 있다. 다른 경우에는 여러분이 잘 모르는 특정 종교나 민족집단의 문화적 관습에 대해 문의해 볼 수도 있다. 또 권위있는 위치의 사람에게 신체적 폭력을 행사했던 적이 있는 사람과 면담해야 할 경우, 여러분의 안전을 확보하는 방법에 대해 조언을 구하게 될지도 모른다. 그리고 어떤 경우에는 특정 사례에 적용될 수 있는 기관의 정책과 법적 의무에 초점을 두어 논의하게 될지도 모른다. 사전협의를 함으로써 여러분은 첫 만남의 질을 향상시킬 수 있다. 동료나 슈퍼바이저에게 적당한 시간을 내어 협의를 하는 것이야말로 상당한 효과를 가져다 줄 수 있다.

여러분이 사회복지실천의 실제 경험이 축적될수록, 준비 협의 기술을 덜 필요로 하게 될 수도 있다. 그럼에도 불구하고, 첫 만남 이후와 서비스 과정중에, 동료와 슈퍼바이저와의 지속적인 협의는 매우 도움이 되며, 때때로 필요하기도 하다. 비록 몇 년 동안의 경험이 있더라도 예상하지 못한 상황이나 복잡한 상황이 나타날 수 있으며, 사전적이고 지속적인 협의는 이러한 상황에서 성공적인 만남의 열쇠가 될 수도 있다.

■ 연습 7-3 사전 협의

사례 상황: 여러분이 지역사회의 노인복지 기관에서 일하고 있다고 가정한다. 화요일 아침에 한 여성이 기관에 전화를 해 그녀의 이웃인 앤더슨 부인에 대해 여러분에게 이야기를 했다. 그녀에 따르면, 앤더슨 부인은 82세로서 아파트에서 혼자 살고 있는데 지난 3일간 아파트를 나온 적이 없으며 문을 두드리거나 전화를 해도 대답이 없다는 것이다. 그러나 아파트 안에서 누군가가 움직이는 소리는 들을 수 있었다고 말하였다.

전화를 끊자마자 기관의 파일을 검토해 본 결과 여러분은 앤더슨 부인이 전에 기관에서 서비스를 받은 적이 없음을 발견하였다. 앤더슨 부인에 대한 조치를 취하기 전에 여러분은 여러분의 슈퍼바이저와 협의를 해야 하는 데, 이때 여러분이 파악해야 할 정보는 무엇이며 강조해야 할 이슈는 무엇인지 아래의 빈 공간에 기술하시오.

사전 정리

  사전 정리(preparatory arranging) 기술은 첫 만남을 위한 논리 정연한 준비를 말한다. 이 기술에는 약속 스케줄을 잡고, 적절한 시간과 사생활을 보장하고, 주변 환경을 정리하는 것 등이 포함된다. 면담할 방을 확보하고, 통역자를 배치하고, 가구를 재배치하는 것은 물론 여러분의 의복이나 외모, 심지어 위생에 대한 고려까지도 사전 정리 기술에 포함된다. 어떤 클라이언트들은 사회복지사에게서 나는 이상한 냄새 때문에 불쾌해 하며, 또 어떤 사람들은 특정 화장품 향기에 알레르기 반응을 일으키기도 하지만, 어떤 경우는 그 향기가 너무 좋다는 반응을 보이기도 한다. 어떤 문화에서는 우리가 쉽게 할 수 있는 방법으로 상대방에 대한 호감을 나타낼 수 있다. 만일 여러분이 그것에 대해 알고 있다면, 사전에 필요한 준비를 해두는 것이 좋다. 문화적 결례를 피하는 것이 그것을 교정하는 것보다 훨씬 쉽다.

  사전 정리에는 다양한 사항이 고려되어야 한다. 예를 들어, 클라이언트에게 필요한 교통편을 배치하는 것, 혹은 여러분이 부모와 단독으로 만날 수 있도록 자녀를 일시적으로 돌봐줄 수 있도록 조치를 취하는 것 등이 있다. 또한, 한 집단이나 근린조직과 모임을 갖기 위해서 여러분은 학교나 지역센터의 큰 방을 예약할 수 있다. 기관 밖에서 클라이언트를 만나는 경우는 클라이언트에게 의미 있는 환경이 어떤 것인지 고려해야 한다. 많은 사람의 경우 자신의 집에 특별한 의미를 부여하기 때문에 집에서 만나게 되는데 이때는 쉽게 불편함을 느낄 수 있다. 따라서 여러분은 준비가 완료되기 전에 클라이언트 집에 도착해 있어야 한다. 음식 또한 클라이언트에게 의미 있는 것으로 준비되며, 의자도 특정 사람을 위해 준비되기 마련이다. 따라서 클라이언트에게 특별히 친숙한 것과 문화적 의미가 있는 것에 존경을 표할 수 있도록 항상 깊은 관심을 기울여야 한다.

  기관에서 만나는 경우 사전 정리는 물리적 환경이 어떤 효과를 가져다주는지에 대해 고려하는 것을 말한다. 클라이언트가 기관에 도착해 편안하게 앉을 수 있는 장소는 있는가? 면담 방은 비밀이 보장될 수 있을 만큼 충분히 방음장치가 되어 있는가? 만일 여러분 단독으로 쓸 수 있는 사무공간이 있는 경우에 사전 정리는 그림이나 포스터, 학위기, 전문 자격증 중에서 어떤 것을 선택하고 걸어둘 것인가는 물론 페인트 색이나 벽지의 색을 선택하고 가구의 배치를 어떻게 할 것인가를 포함한다.

  사무실의 환경은 클라이언트에게 강력한 영향을 줄 수 있다. 예를 들어, 총기소유가 폭넓게 용인되는 지역에서 서비스를 제공한다고 가정해 보자. 이 경우 여러분의 사무실 벽에 "권총 금지"를 나타내는 포스터를 거는 것은 현명하지 못하다. 책장에 꽂힌 책들의 제목도 비슷한 효과가 있을 것이다. 그렇게 하면 여러분은 쓸데없이 많은 클라이언트들을 소외시키게 될 것이다. 개인적이거나 정치적인 메시지는 클라이언트가 여러분을 자신들을 진심으로 존중하는 객관적인 전문가로 경험하지 못하게 한다.

  요약하자면, 사전 정리는 클라이언트와 사회복지사 간의 의사소통을 촉진하고, 방해물과 산만함을 줄일 수 있도록 해야 한다. 그렇게 하려면 시간과 심사숙고하는 것이 필요하지만, 결국 그와 같은 사전 준비는 효율성을 향상시키고 성공적인 개입의 가능성을 증가시킬 것이다.

연습 7-4 사전 정리

사례 상황: 여러분이 철저한 보안상태의 남자 교도소에서 일하는 사회복지사라고 가정하자. 여러분에게는 다른 사회복지사와 같이 쓰는 사무실이 있다. 그 사무실에는 두 개의 책상과 각 책상 뒤와 옆에 의자가 있고, 두 개의 책꽂이와 두 개의 전화, 그리고 두 개의 캐비닛이 있다. 그 외에 사무실에는 한 개의 소파, 두 개의 안락의자, 한 개의 커피 탁자가 있는 작은 공간이 있다. 여러분은 이 교도소의 수감자인 솜즈 씨와 오전 10시에 만나기로 약속되어 있다. 대화의 주제는 23세인 그의 부인이 앓고 있는 심각한 질병에 관해서이다. 여러분이 의사에게 받은 보고서에 의하면, 솜즈 부인은 앞으로 며칠 내로 운명할 것이라고 하였다.

약속 시간이 가까워졌을 때 여러분은 사무실의 동료 사회복지사가 책상에 앉아 열심히 문서 작업을 하고 있음을 본다. 여러분은 그가 매일 이맘때 쯤이면 보통 그러하듯이 사무실 밖에 나가 있었을 것이라고 기대했었다.

아래의 공간에 솜즈 씨와의 만남을 준비하기 위해 여러분이 어떻게 정리 기술을 사용할 수 있는지에 대해 논의하시오.

사전 공감

사전 공감(preparatory empathy)은 "여러분 자신을 클라이언트의 입장에 맞추고 클라이언트의 눈으로 세상을 보는 것"이다. 여러분은 클라이언트가 만남에 가져올 수 있는 감정과 관심사를 이해하도록 노력해야 한다. 첫 대변 모임 이전에도 여러분은 클라이언트에게 있을 수 있는 아젠다, 생각, 자신에 대한 느낌, 현재의 문제, 상황에 민감할 수 있도록 준비를 위한 사전 공감에 관여해야 한다. 여러분은 또한 다음의 여러 경우와 관련하여 있을 수 있는 역동성을 이해해야 한다. 사회적 서비스를 찾고 제공받는 것, 사회복지기관에 접촉하려는 클라이언트의 동기, 미지의 권위적 인물과 관계를 맺어야 되는 점에 대한 클라이언트의 생각과 느낌, 그리고 클라이언트의 성(性), 생활주기 단계, 문화, 민족적 배경, 사회경제적 지위 등이다.

사전 공감은 문화적 측면과 관련하여 특히 중요하다. 어떤 문화집단에 속한 사람들은 사회복지사의 방문을 불편해 한다. 또 어떤 사람들은 초기 과정을 천천히, 비공식적으로 하는 것을 선호한다. 가족에 대한 정보를 나누기 어려워하는 사람들이 있는가 하면, 자기 문화 내의 전통적인 성역할과 가족 역할이 도전받을지 모른다고 걱정하는 사람도 있다. 많은 사람의 경우, 사회복지기관을 방문하는 것은 단순히 서비스를 요청하기 위한 것만은 아니다. 사회복지기관을 방문하는 것의 의미는 소속된 문화집단에 따라 의외로 복잡할 수 있다. 그래도 새로운 클라이언트가 올 때마다 사전 공감의 하나로 면담의 문화적 함의에 대해 민감해지도록 해야 한다.

사전 공감은 어떤 제한된 정보라도 여러분에게 유용할 수 있다는 근거하에 첫 면담시 클라이언트가 생각하거나 느낄 수 있을 법한 것들을 경험하도록 노력하는 것이다. 사전 공감은 첫 대면 접촉 이전에 이루어져야 하기 때문에 여러분은 많은 시간을 할애해야 할 것이다. 그러므로 사전 공감은 항상 잠정적이고 예비적이며 클라이언트와의 실제적 의사소통에 따라 즉각적으로 변화할 수 있는 특성을 가진다. 그러나 여러분의 사전 공감이 정확하지 못한 것으로 드러났다고 하더라도 생산적인 활동이라고 볼 수 있다. 그 이유는 클라이언트를 직접 만날 때 여러분이 그들을 주의 깊게 경청할 수 있도록 많은 도움을 주기 때문이다.

새로운 클라이언트인 낸시 캐논 부인의 사례로 돌아가 보자. 사전 공감을 시행하려는 사회복지사는 먼저 전화접수 보고서(박스 7.2 참조)를 검토하고 나서, 박스 7.3에 기술된 과정을 참고한다.

사전 공감의 기술을 사용해 보는 것은 여러분으로 하여금 첫 만남이 진행되는 동안 다른 사람이 경험할 수도 있는 것들에 대해 민감하도록 만든다. 이처럼 미리 공감을 해봄으로써 여러분은 클라이언트를 아주 복잡다단한 고유성을 가진 인간으로 보고 접근할 수 있다. 그러나 사전 공감은 사람에 대한 여러분의 관점을 좁혀서 개방성과 민감성보다는 오히려 고정된 관념(stereotype)에 이르게 될 수 있다. 여러분은 이러한 유혹에 저항해야 한다.

상자 7.3   사전 공감: 예시

> 내가 만일 캐논 부인의 입장이었다면 나는 딸에 대해 염려하고 걱정했음은 물론 딸에게 실망했을 것이다. 나는 또한 딸을 많이 사랑했을 것이다. 나는 나의 부모로서의 행동에 책임감을 느끼고 심지어 죄책감까지 느꼈을 것이다. 나는 어떻게 해야 할지 몰라 부모로서 부적절하다고 느꼈을 것이고 겁먹었을 것이다. 나는 캐논 부인의 딸인 에이미와 나의 미래가 어떻게 될지 걱정했을 것이다. 나는 남편의 이혼 신청과 헤어짐이 딸에게 악영향을 미쳤음을 알고 남편에게 화가 났을 것이다. 내가 만일 좀 더 좋은 배우자거나 남편의 가출에 조치를 취할 수 있었더라면 하고 생각했다면 나는 별거와 다가올 이혼 절차에 대해 죄책감을 느꼈을 것이다. 나는 내가 무엇인가 잘못해서 이혼을 하게 되었다고 인식했을 것이다. 나는 이혼과정이 시작되어서 이혼하기로 한 결정에 대해 상충된 느낌을 경험할 수도 있을 것이다.
>
> 별거와 이혼절차가 어떻게 시작되었든 간에, 나는 이 기간 내내 많은 스트레스를 느꼈을 것이다. 나는 현재에 대해서는 혼란을, 미래에 대해서는 두려움을 느꼈을 것이다. 나는 재정문제는 물론 에이미의 방과 후 교실지도 문제, 에이미를 지도하고 훈육할 수 있는 내 자신의 능력 문제, 남편의 삶에 또 다른 사람이 관여되어 있는지의 여부, 나 자신의 삶에 관여될 누군가와 관련된 문제, 한 부모로서 역할을 다할 수 있을지의 문제, 남편이 에이미에게 부모 역할을 다하도록 만들어 줄 수 있을지의 문제, 남편과의 헤어짐과 에이미의 최근의 행동으로 야기된 다른 많은 문제 등에 대해 걱정했을 것이다. 나는 아마도 엄청난 부담을 느꼈을 것이고 최근 몇 주간에 일어난 사건들에 압도되어 있었을 것이다. 만일 아직까지도 슬픔과 비통함을 느끼지 못했다면 곧 이들을 경험하기 시작할 것이다. 나는 또한 남

편만이 아니라 에이미마저도 집을 떠날지 모른다는 생각을 하기 시작했을 수도 있다. 에이미는 벌써 14살이다.

캐논 부인은 나와 다른 민족적 배경을 가지고 있고, 나이는 나보다 적어도 10살은 많다. 나는 미혼이고 아이도 없는데(캐논 부인은 나에게 결혼상태와 아이가 있는지를 물을지도 모른다), 이러한 차이로 인해 그녀는 그녀가 처한 상황에 대해 덜 이해받고 있다고 느낄 수 있을 것이다. 그녀는 심지어 내가 이러한 어려움을 겪어본 적이 없다는 이유로 나에 대해 자신을 도울 수 없는 사람이라고 느낄 수 있다.

로즈 헤르난데스, BSW, LSW
사회복지사

연습 7-5 사전 공감

사례 상황: 여러분이 일반 병원에서 일하는 사회복지사라고 가정하자. 오늘 아침에 의사가 여러분에게 요청하길, 자신이 어떤 부모에게 23세 된 아들이 AIDS에 걸렸음을 그 부모에게 알릴 때 동반해달라고 한다. 의사는 AIDS 진단과 예후에 대해 알려준 후 여러분이 그 가족에게 지지와 사회적 서비스를 제공해 줄 것을 원하고 있다.

여러분이 이러한 상황에서 AIDS 환자를 가진 부모를 만나기로 되어 있다고 가정하고, 사전 공감 기술을 어떻게 적용할지를 종이나 워드프로세서에 기록하시오.

사전적 자기 탐색

사전 공감 이외에도, 여러분은 클라이언트를 만나기 전에 사전적 자기 탐색(preparatory self-exploration)을 해보아야 한다. 사전적 자기 탐색이란 자기 분석의 한 형태로서, 사회복지사가 되려는 여러분과 같은 사람이 어떤 특정한 사람, 특정의 문제, 그리고 특정 상황과 상호작용할 때 어떻게 영향을 받는지 파악하는 것이다. 자기 탐색을 할 때 여러분은 여러분 스스로에게 여러 형태의 질문을 던질 수 있는데, "나는 이 사람 혹은 이 가족에 대해 어떻게 느끼는가? 클라이언트와의 문화적, 인구학적 유사점과 차이점은 나에게 어떻게 영향을 미치는가? 내가 아는 특정 문제와 상황에 대해 내가 경험할 반응은 어떤 것인가?" 등이다.

자기 탐색 기술의 목적은 여러분 자신의 개인력, 특정, 욕구, 편견, 정서적 약점, 행동 패턴 등이 클라이언트에 어떤 영향을 미칠 것인지 확인하는 데 있다. 자기 탐색은 특정 클라이언트에 제공되는 서비스의 특성과 질에 여러분의 개인적 자아가 영향을 미칠 수 있다는 점에 의식적으로 집중하게 한다.

또한 사전적 자기 탐색은 여러분이 서비스를 용이하게 제공하는 데 영향을 줄 수 있는 다른 개인적 요인들을 확인하는 것을 포함한다. 예를 들어, 해당 클라이언트와는 무관한 다른 요인들이 여러분에게 영향을 미칠 수 있다. 여러분이 두통이 심하거나, 중요한 사람과의 관계가 깨져 이를 처리하고 있거나, 난방기구를 수리 중이거나, 승진 기회를 놓쳐버렸거나, 지난 밤에 잠을 설쳤거나, 혹은 여러분 가족에 대해 걱정하고 있는 경우 여러분이 제공하는 서비스의 질은 이들에 의해 영향을 받을 수 있다. 이들 요인이 여러분에게 미치는 영향을 확인하는 것은 전문적 서비스를 방해하지 않도록 하기 위한 첫 번째 단계이다.

■ 연습 7-6 사전적 자기 탐색

사례 상황: 여러분이 성학대를 받은 아동에게 심리사회적 서비스를 제공하는 기관에서 일하는 사회복지사라고 가정하자. 여러분은 최근 케시라는 7세된 여자아이를 상대하고 있는데, 그 아이는 자기의 친아버지에게 4년여 동안 성적으로 괴롭힘을 받았다. 약 한 달 전 케시의 아버지는 케시에게 강제적으로 구강성교를 하도록 하였다. 이 사건으로 케시의 아버지는 체포되었고, 앞으로 있을 법적 조치를 기다리는 동안 가족과 격리되었다. 여러분은 케시의 아버지와 처음으로 면담하기로 되어 있다. 면담의 목적은 상담 프로그램이 그에게 얼마나 도움이 될는지 사정하기 위한 정보를 수집하는 데 있다.

여러분이 케시의 아버지를 만나기 전 여러분 자신에 대한 자기 탐색을 통해 발견한 것들을 아래의 공간에 기록하시오.

집중적 자기관리

사전적 자기 탐색을 통해 여러분은 클라이언트에 대한 서비스 제공에 영향을 미치는 요인을 발견할 수 있다. 이러한 요인들이 발견되면, 여러분은 집중적 자기관리(centering)를 통해 이들 요인을 관리하고 억제하게 된다. 이러한 집중적 자기관리 과정의 한 부분으로서 여러분 스스로에게 "첫 만남 전에 개인적 차원에서 내 스스로 준비할 수 있는 것은 무엇인가?"라고 물어보아야 한다. 집중적 자기관리란 여러분의 개인적 사정이 전문가로서의 의무와 서비스 전달에 방해가 되지 않도록 개인의 사고, 느낌, 신체적 감각 등을 조직화하는 것이다. 집중적 자기관리에는 개인이 처한 사정에 따라 다양한 활동이 포함될 수 있다. 보다 일반적인 방법으로는 간단한 스트레스 관리훈련을 들 수 있는데, 이는 정서적 반응을 경감시키고 실행에 대한 통제력을 가질 수 있게 한다. 스트레스를 감소시키는 활동 중에는 긍정적 독백, 가시화 해보기, 근육이완, 일지 쓰기, 간단한 명상 등을 들 수 있다.

예를 들어, 여러분이 10대였을 때 데이트 상대자에게 성폭력을 당했다고 가정해 보자. 그 당시 여러분은 그 문제를 묻어두었고 이후 한번도 떠올린 적이 없다. 그런데 최근 여러분은 그때 겪은 일에 대한 강한 감정, 즉 자신이 성적 희생자였다는 감정을 여전히 갖고 있음을 알게 되었고 그래서 사회복지사를 찾아가기로 했다. 여러분이 오늘 오후에 만나기로 한 새 클라이언트에 대한 접수내용을 검토하면서 여러분은 자신의 주된 관심이 클라이언트가 2년 전 만나던 남자에게 성폭력을 당했다는 데에 있음을 깨닫는다.

사전적 자기 탐색을 통해 여러분은 여러분의 성폭력 경험이 비록 몇 년 전에 일어난 일이긴 하나 아직 미해결로 남아 있음을 알게 될 것이다. 여러분은 또한 여러분이 과거의 경험에 사로잡혀 있으면 이번의 새 클라이언트를 돕기 어렵다는 점도 알게 된다. 그러므로 여러분야 클라이언트에 관심을 집중하기 위해서는 심호흡을 하거나 간단한 이완훈련을 하거나 여러분의 경험을 잠시 접어둠으로써 여러분 자신을 집중적으로 관리해야 할 것이다. 이러한 집중적 관리 과정의 일부로서 여러분은 스스로에게 다음과 같이 말한다. "나는 아직 성폭력당한 것을 안타까워하고는 있으나 분노, 죄의식, 두려움과 같은 감정을 관리할 수 있어. 이러한 감정들 때문에 내가 클라이언트에게 서비스를 하지 못하는 것은 아니야. 그렇기는 해도 나는 여전히 해결이 되지 않은 문제를 가지고 있는 것은 분명하기 때문에, 나는 이 분야에 전문적인 사회복지사와 만날 약속을 하려고 해. 나는 시간이 비는 11시쯤에 그녀의 사무실로 전화하겠다고 다짐하고 있어."

집중적 자기관리를 할 때는 여러분이 가진 개인적 문제와 강력한 감정들을 부인하거나 최소화해서는 안 된다. 그보다는 그들을 일시적으로는 관리하고 좀 더 적절한 다른 시점에서 이들을 제기할 구체적 계획을 세우는 것이 좋다.

▌연습 7-7 집중적 자기관리

사례 상황: 여러분이 약 10분 안에 어떤 클라이언트와 만나기로 되어있다고 가정하자. 동료와 간단한 커피 타임을 가지면서 여러분은 기관의 모든 직원의 봉급이 7% 올랐음을 알게 된다. 여러분은 우수한 평가를 받아 최근에 승진을 하였는데도 겨우 3%만 봉급이 인상되었음을 알게

된다.

여러분이 클라이언트와 만나기 전에 집중적 자기관리를 어떻게 할 것인지에 대해 아래 공간에 기술하시오.

사전 계획과 기록

사회복지사로서 여러분은 클라이언트를 비롯한 다른 사람들을 만나고 접촉하고 면담하기 전에 사전 계획(preliminary planning)의 기술을 사용해야 하는 데, 이는 여러분이 해야 하는 전문적 의무의 일부이다. 사전 계획을 세우는 과정은 다음과 같은 질문을 던지고 그에 답함으로써 시작할 수 있다. "이 만남은 왜 갖는가? 그 목적은 무엇인가? 이 만남을 통해 달성하고자 하는 것은 무엇인가? 나의 임시적 아젠다는 무엇인가? 다른 사람의 아젠다는 무엇일까? 바람직한 결과를 가져오기 위해 나는 무엇을 고려해야 할까? 이 모임에서 나의 기능과 역할은 무엇인가? 나는 어떻게 이 모임을 시작하고 싶은가? 내가 정말로 말하고 싶은 것은 무엇인가? 내가 정말로 묻고 싶은 질문은 무엇인가? 내가 보고 싶은 상호작용 과정은 어떤 종류인가? 나는 어떻게 이 모임을 끝내고 싶은가?"

모임을 위한 사전 계획의 세부사항은 어떤 사람들이 얼마나 많이 관련되어 있느냐에 따라 다소 다르다. 일반적으로 크기와 복잡성이 증가할수록 잠재적으로 고려해야 할 것이 많아지게 된다. 그것들은 또한 모임의 목적에 따라서도 달라진다.

카두신Kadushin(1983)에 의하면, 사회복지실천에서 대부분의 면담의 목적은 정보를 수집하는 것(사회조사를 하는 것), 진단하는 것(어떤 평가에 이르는 것), 치료하는 것(변화를 가져오는 것) 등으로 설명할 수 있다. 이들은 분석을 위해서만 구분되는 것일 뿐, 똑같은 면담이 하나 이상의 목적을 위해 사용될 수 있고 또 흔히 그렇게 사용되고 있다. 정보수집을 위한 면담(information-gathering interviews)을 할 때 여러분은 사람들에게 자신에 대한 그들의 견해, 감정, 취향과 강점, 문제와 목표, 그리고 처한 상황 등을 말할 수 있도록 장려한다. 정보수집을 위한 면담은 기본적으로 여러분과 여러분의 클라이언트가 환경을 보다 잘 이해할 수 있도록 하는 데 도움이 되는 자료를 제공한다. 반면 정보제공을 위한 면담(information-giving interviews)을 할 때 여러분은 필요하거나 유용한 지식을 나누도록 한다. 여러분은 요청이 있거나 욕구를 인식하면 프로그램이나 정책 혹은 자원에 관한 정보를 제공한다. 사정을 위한 면담(assessment-forming interviews)의 목적은 사정, 진단, 평가 혹은 결론에 이르는 데 있다. 변화를 위한 면담(change-making interviews)은 표적 체계의 어딘가에 변화를 가져오도록 하는 것이다. 변화는 개인 내부(예를 들면, 개인의 사고, 감정, 행동 등)에서 일어날 수도 있고, 그가 속한 집단(예를 들면, 가족이나 조직 혹은 지역공동체) 혹은 다른 사회체계와의 상호작용 과정(예를 들면, 의사소통이나 피드백 메커니즘)에서 일어날 수도 있다.

여러분이 면담을 하는 대부분의 경우에 잠정적이고 일반적인 면담의 목적을 확인할 수 있을 것이다. 물론 어떤 경우에는 만남의 목적이 하나 이상인 경우도 있다. 일단 면담의 목적이 확인되면 여러분은 만남을 위한 개략적인 예비 계획을 세울 수 있다.

대부분의 첫 만남은 정보를 수집하는 것이 목적인 경우가 많다. 이 경우에 여러분은 어떤 자료를 누구로부터 모을 것인지에 관한 포괄적이지만 융통성 있는 계획을 세워야 할 것이다. 예를 들어, 가족과의 첫 만남을 위한 계획을 할 때 여러분은 가족원들 모두를 같이 만나야 할지 아니면 일부만을 따로 만나야 할지를 결정해야 한다. 만일 여러분이 가족원들을 개별적으로나 혹은 하위체계별(예: 모녀 혹은 부모)로 만날 계획이면 여러분은 누구를 첫 번째로 면담할지 그리고 누구를 두 번째로 면담할지 등 그 순서에 대해 결정해야 한다.

전화로 자신의 가족문제 해결에 관심을 표명한 클라이언트가 있다고 하자. 이 사례에 대한 여러분의 사전 계획은 박스 7.4에 기술된 바와 같을 수 있다.

사전 계획은 여러분으로 하여금 일관성 있는 방식으로 면담을 할 수 있게 함은 물론 임시로 설정한 목적을 클라이언트와 함께 나눌 수 있게 해준다. 사전 계획 과정을 융통성 있는 구조로 하면 여러분은 첫 만남을 조직적이고 전문적이며 효과적으로 이루어지게 할 수 있다.

만남 이전에 준비해야 할 문서기록은 여러 형태이고 여기에는 다양한 요소가 포함되어 있다. 많은 기관에서 전화 접수양식을 사용하는 데(박스 7.2 참조), 여기에는 전화한 사람, 전화한 이유, 대화의 내용, 앞으로의 계획과 목표 등을 기록한다. 이보다 더 많은 내용을 파악하는 형태도 있는데, 이것에다가는 관련인물들의 특성(예: 성명, 성별, 연령, 직업, 가족 역할, 주소, 전화번호), 현재의 문제점(복지기관을 찾은 이유, 관심사나 문제에 대한 묘사, 원하는 목표와 결과의 기술), 그리고 상황 등을 기록하게 되어 있다. 전화로 이루어진 대화에 대한 기록은 예비적, 임시적인 것으로 간주해야 한다. 그럼에도 불구하고 전화를 통해 얻은 정보는 사회복지사에게 이후 그 당사자나 가족과의 대면적 만남을 갖는 데 귀중한 정보를 제공한다. 많은 사회복지사들은 만남을 위한 사전 계획을 요약적으로 보여줄 수 있는 양식을 만들어 쓰고 있다.

상자 7.4 사전 계획: 도움을 구하는 가족의 예

- 소개를 한다.
- 만남의 일반적 목적과 방향을 확인한다(정보 수집).
- 만남 과정에 대한 행동원칙을 세운다.
- 기관, 사회복지사(여러분), 목적, 과정, 행동원칙에 대한 의문점이나 불확실한 것들을 강조한다.
- 가족이나 가족 구성원들의 정체성과 특정을 사정한다.
- 전화를 하도록 촉발시킨 현재의 문제가 무엇인지 탐색한다.

- 문제의 결과뿐만 아니라 문제가 전개되어 온 과정과 양상을 탐색한다.
- 위험요인과 보호요인을 탐색한다(즉 문제/이슈의 발생가능성을 증가하거나 감소시키는 요인들).
- 가족이 어떻게 문제해결을 시도했는지 검토하고 그 노력의 효과를 사정한다.
- 가족체계가 가진 강점을 탐색하고 문제해결에 기여할 수 있는 가용 자원을 확인한다.
- 클라이언트의 삶의 질에 대해 탐색한다.
- 서비스를 위한 예비 목표를 세운다.
- 다음에 할 것에 대한 감을 잡고 면담을 마무리한다.

상자 7.5 사전 기록: 낸시 캐논 부인

캐논 부인의 현재의 관심사는 14세 된 딸 에이미가 통행금지 시간인 오후 9시가 넘어 술에 만취해서 집에 들어왔다는 사실이다. 이 사건은 우선 캐논 부인의 남편(에이미의 아버지)이 별거와 이혼을 신청한 것과 관련이 있을 수 있다. 그는 약 6주 전에 집을 나갔다. 그러나 그가 별거와 이혼과정을 주도했는지는 확실하지 않다. 캐논 부인은 근무시간을 피해 점심 때 약속하고 싶어한다. 그녀가 직장생활을 계속하는 데는 혹시 재정문제가 있는 것은 아닐까?

예를 들면, 캐논 부인과의 면담을 담당하는 사회복지사 로즈 헤르난데스는 첫 모임에 앞서 박스 7.5와 같은 기록을 할 수도 있다. 이러한 간단한 노트가 처음 만나는 바로 그 순간부터 클라이언트를 돕는 데 얼마나 유용한지 살펴본다.

헤르난데스는 또한 박스 7.6에 묘사된 것과 같은 사전 계획을 준비할 수도 있다. 헤르난데스는 캐논부인과 만날 준비가 되어 있다. 면담의 질, 효율성, 효과성의 측면에서 사전계획을 하지 않은 경우와 비교해볼 때 얼마나 다른지 예상해 본다.

상자 7.6 사전 계획: 캐논 부인

- 나와 내 직업, 기관과의 관계 등을 소개한다. 이때 "캐논 부인"이라고 부르되 그녀에게 어떻게 부르는 것이 좋은지 물어본다.
- 만남의 일반적 목적은 정보 수집에 둔다. 캐논 부인과 딸, 사이가 멀어진 남편, 문제 영역, 상황에 관련된 정보를 수집한다.
- 아동학대나 방임의 정후가 있는 경우 당국에 보고할 수 있으며 아동 보호의 문제가 제기되는 경우 곧바로 소환장이 발부될 수도 있다는 점 등, 캐논 부인에 대한 비밀보장에 한계가 있음을 이해시킨다. 또한 사회복지사와의 관계는 상호적이며 그녀가 적극적으로 참여해야 한다는 것을 주지시킨다.
- 별거나 이혼과 관련된 문제뿐만 아니라 현재 제기되는 문제(에이미의 음주문제)에 대해 탐색한다. 음주와 결혼갈등의 내력과 전개양상, 현재의 상태를 탐색한다.
- 캐논 부인과 에이미의 현재의 가구 상황을 명확히 한다. 캐논 부인의 상황에 대해 질문하고 이들 세 식구와 관련된 중요한 사람이 누구인지 확인한다.
- 캐논 부인, 에이미, 그리고 캐논 부인의 남편의 강점을 탐색하고, 문제해결에 도움이 될 수 있는 자원을 파악한다.
- 캐논 부인과 에이미, 캐논 부인의 남편이 별거와 이혼 그리고 에이미의 음주문제와 다른 비행행위에 대해 어떻게 대처해왔는지 상세하게 탐색한다. 도움이 되었던 접근은 무엇이며 효과적이지

못했던 접근은 무엇인지 확인한다.
- 캐논 부인이 문제에 대한 최적의 해결방안을 모색하는지 탐색한다.
- 다음 면담을 어떻게 할지 결론을 내린다. 두 번째 면담 약속에 대해 에이미와 캐논 부인을 함께 할지, 에이미만 따로 할지, 캐논 부인의 남편만 따로 할지, 혹은 캐논 부부를 같이 할지에 대해 고려한다.

로즈 헤르난데스, BSW, LSW
사회복지사

연습 7-8 사전 계획과 기록

사례 상황: 여러분이 법원과 협력하여 아동보호에 관한 분쟁을 다루는 사회복지사라고 가정하자. 여러분에게는 부모가 이혼절차를 밟고 있는 12살인 남자아이의 양육과 관련해서 자료를 수집하고 권고할 책임이 있다. 부모 양측 모두 아이를 보호하고 싶어한다.

1. 종이나 워드프로세서를 사용하여 이와 같은 상황과 관련된 모임에 대한 사전 계획을 기록할 준비를 하시오.

사례 상황: 여러분이 상이군인센터의 사회복지사라고 가정해본다. 프랜신 리베라 부인으로부터 그의 동생인 헥터와 관련된 전화 메시지를 받는다. 리베라 부인에 의하면 헥터는 32살이다. 그는 이라크에서 두 번, 그리고 아프가니스탄에서 한 번의 전투임무를 수행하였다. 군대에서 전역한 이래, 헥터는 매일 상당량의 술(맥주)을 마시고, 악몽을 꾸며, 때때로 폭력적인 행동을 한다. 직장생활은 몇 주 이상을 지속할 수가 없었으며, 대부분의 친구들은 그를 떠나갔다. 리베라 부인은 최근 동생이 자신의 비참한 인생을 끝내겠다는 말을 시작했기 때문에 특히 염려스러워졌다. 그는 기관에 방문하는 것을 거부했으나 상담자가 내방하면 기꺼이 이야기를 해보겠다고 했다. 여러분은 다음날 오후 5시 30분에 첫 방문을 하기로 동의했다.

2. 종이나 워드프로세서를 사용하여 이와 같은 상황과 관련된 모임에 대한 사전 계획을 기록할 준비를 하시오.

사례 상황: 여러분이 지역사회 개입기관의 사회복지사라고 가정해본다. 저소득 지역에 사는 5명의 어머니들이 폭력, 범죄, 마약 거래 및 복용을 줄이기 위한 노력의 한 일환으로 지역사회를 조직하고자 하는 데 여러분의 도움을 필요로 한다. 2명의 어머니들은 마약관련 폭력사건으로 인해 아이들을 잃었으며, 다른 3명의 어머니들은 자녀들이 위태롭지는 않을까 걱정하고 있다. 여러분은 인근 교회의 조용한 방에서 그들과 만남을 갖기로 동의하였다. 그들은 갱단으로부터의 협박이나 폭력적 대응에 맞설 준비를 하기도 전에 갱단들이 그들의 노력을 알게 된다면 어떤 일이 일어날까 염려를 하고 있다. 그들은 모든 것을 가능한 한 조용하고 은밀하게 진행하고 싶어한다. 모임은 다음날 저녁 오후 7시로 예정되어 있다.

요약

준비 기술들은 여러분이 초기의 대면 접촉에서부터 전문적 사회복지 서비스를 효과적으로 제공할 수 있게 해 준다. 준비 기술은 첫 면담에 앞서 폭넓게 사용되며 또한 이후의 만남들에서도 그 만남이 이루어지기 전에 사용된다.

준비 기술에는 다음과 같은 것들이 포함된다. (1) 사전 검토, (2) 사전 탐색, (3) 사전 협의, (4) 사전 정리, (5) 사전 공감, (6) 사전적 자기 탐색, (7) 집중적 자기관리, (8) 사전 계획 및 기록 등이다.

Chapter 7 요약 연습

1. **사례 상황**: 여러분이 어떤 기관에서 일하는 사회복지사라고 가정한다. 최근에 이 나라로 이민 온 한 가족과의 모임이 예약되어 있다. 그 가족은 여러분이 알지도 못하고 이해하지도 못하는 중국어 방언을 사용한다. 여러분은 아시아계가 아니라고 가정하자. 동료와 수퍼바이저와 상의해보니, 준비의 과정으로서 다음과 같은 것들을 알아야 된다는 것을 알았다. (1) 최근 이민자들, (2) 아시아계 및 중국계 사람과의 상호문화적인 의사소통, (3) 통역사의 사용. 동료들과 상의해보니, 기관에서는 일반적으로 통역사를 사용하지 않지만, 전세계 다양한 지역으로부터의 이민으로 인해, 통역사의 필요성은 증가하고 있다는 것을 알아내었다. 준비의 일부분으로서, 아시아인, 특히 중국인과의 상호문화적 의사소통을 다룬 하나이상의 책이나 기사를 찾아 검토해본다. 또한 통역사를 사용하는 것에 대해서도 알아야 할 것이 있다. 물론, 여러분이 실제로 그러한 상황에 있다면, 이민정책, 절차, 그리고 문제점에 대한 지식을 통합해야 할 것이다. 그 중국인 가족과의 첫 만남을 준비하시오. 사전 공감의 과정을 갖고, 서비스를 가족에게 제공할 때 여러분에게 영향을 미치는 개인적 요인들을 사전적 자기탐색 과정을 통해 밝혀내시오. 그리고 나서 잠재적으로 부정적인 대응을 감소시키기 위하여 여러분이 어떻게 집중적 자기관리를 할지 기술하시오. 마지막으로, 이 가족과 만나기 전에 여러분이 해야 할 준비활동의 결과를 보여주는 사전 계획을 요약 기록하시오.

2. **사례 상황**: 여러분은 미국 원주민 인디안 보호구역과 접경을 맞닿은 한 마을의 사회복지사라고 가정한다. 또한 여러분은 원주민 인디안계가 아니라고 가정한다. 부족위원회는 부족의 땅에 카지노 건립에 대한 장점과 단점을 고려하고 있다. 시장은 그 과정의 일부분으로서 여러분이 부족위원회와 함께 일하기를 요청하였다. 시장은 특히 여러분이 마을 자치단체와 부족위원회와 협업하고, 그 둘 사이를 조정해주기를 원한다. 여러분은 일주일 내로 보호구역에서 부족위원회와의 모임을 준비하고 있다. 준비의 일부분으로서, 원주민 인디안과의 상호문화적 의사소통을 다룬 책이나 기사를 하나 이상 찾아 검토해본다. 물론, 여러분이 실제로 그러한 상황에 있다면, 카지노 및 카지노가 미국 원주민과 주변 마을/도시에 미치는 영향에 대한 지식을 찾아 보아야 할 것이다. 그러나 우리의 목적에 맞게, 부족과의 첫 모임에 대한 일반적인 계획에 초점을 맞추기로 한다. 이 첫 모임에 대한 사전 계획을 요약 기록하시오.

3. **사례 상황**: 여러분은 아랍인이 상당히 많이 거주하는 한 도시의 가족서비스기관에서 일하는 사회복지사라고 가정해 본다. 대부분은 이슬람교를 믿는다. 여러분은 아랍계, 중동지역, 혹은 이슬람교도 출신이 아니라고 가정한다. 최근에, 카심 부인은 기관으로 전화를 걸어 음주를 시작한 10대 아이를 도와달라고 요청했다. 음주행위는 가족의 종교적 신념에 위배되기 때문에 그녀는 걱정이 크다. 그녀는 또한 아들의 행위를 남편이 발견한다면 어떻게 반응할지에 대해 염려하고 있다. 그녀의 남편은 이 나라에서 25년 넘게 살아왔지만, 매우 전통적인 시각을 가지고 있는 사람이라고 그녀가 말했다. 그녀는 그녀의 아들과 마찬가지로 이 나라에서 태어났고 자랐다고 한다. 카심 부인과 그의 아들은 여러분을 며칠 내로 만나기로 되어있다. 준비의 일부분으로서, 아랍계 미국인 이슬람가정과의 상호문화적 의사소통을 다룬 하나 이상의 책이나 기사를 찾아 검토해본다. 물론, 여러분이 실제로 그러한 상황에 있다면, 10대 음주, 세대 간 가족갈등, 가족실천 그리고 문화변용이나 문화동화에 대한 주제를 연구해야 할 것이다. 그러나 우리의 목적에 맞게, 카심 부인과 그녀의 아들과의 첫 모임에 대한 일반적인 계획에 초점을 맞추기로 한다. 서비스를 카심 부인과 아들에게 제공할 때 여러분에게 영향을 미치는 개인적 요인들을 사전적 자기탐색 과정을 통해 밝혀내시오. 그리고 나서 잠재적으로 부정적인 대응을 감소시키기 위하여 여러분이 어떻게 집중적 자기관리를 할지 기술하시오. 마지막으로, 이 모임 전에 여러분이 해야 할

준비활동의 결과를 보여주는 사전 계획을 요약 기록하시오.

4. **사례 상황**: 어떤 가족(부모와 아이 5명을 합쳐 7명이고, 아이들은 1살에서 7살까지 있다)이 고속도로 휴게소에 있으면서 낡은 자동차 안에서 잠을 잔다. 그들은 직업을 찾아 다른 도시로 가는 도중인데 돈과 자동차 연료가 다 떨어진 상태이다. 고속도로 경찰관이 이들을 여러분의 기관에 의뢰하였다. 서비스를 가족에게 제공할 때 여러분에게 영향을 미치는 개인적 요인들을 사전 공감과 사전적 자기탐색 과정을 통해 밝혀내시오. 그리고 나서 잠재적으로 부정적인 대응을 감소시키기 위하여 여러분이 어떻게 집중적 자기관리를 할지 기술하시오. 마지막으로, 이 모임 전에 여러분이 해야 할 준비활동의 결과를 보여주는 사전 계획을 요약 기록하시오.

5. **사례 상황**: 33세의 남자가 여자친구의 13살이 된 딸을 성희롱했다는 혐의로 고소되었다. 그는 판사가 그를 중죄 혐의로 기소할지의 여부를 고려하는 동안 구치소 밖에 머물면서 상담을 받도록 명령받았다. 해버스 씨는 자기 여자친구와 함께 살고 있었으나 지금은 여자친구의 집에서 나온 상태이다. 해버스 씨와의 첫 만남을 준비하시오. 서비스를 그 남자에게 제공할 때 여러분에게 영향을 미치는 개인적 요인들을 사전 공감과 사전적 자기탐색 과정을 통해 밝혀내시오. 그리고 나서 잠재적으로 부정적인 대응을 감소시키기 위하여 여러분이 어떻게 집중적 자기관리를 할지 기술하시오. 마지막으로, 이 모임 전에 여러분이 해야 할 준비활동의 결과를 보여주는 사전 계획을 요약 기록하시오.

6. **사례 상황**: 여러분이 아동학대나 방임의 여부를 조사하는 기관인 아동보호서비스국(Child Protection Services: CPS)에서 일하는 사회복지사라고 하자. 여러분은 스미스가족의 이웃으로부터 전화를 받는데, 그 내용인즉 스미스부부가 한 살과 세 살이 된 자녀를 방임하고 학대하고 있다는 것이었다. 그 이웃에 따르면 스미스 부인은 자녀들이 더러운 마당(동물의 분비물과 쓰레기를 비롯하여 유해한 물질이 있는)에서 노는 동안 잠만 자며, 그 남편은 술에 취해 자기 부인과 아이들을 구타한다는 것이다. 이 전화에 따라 여러분은 문제의 스미스가족을 방문할 준비를 하고 있다. 가족을 방문할 때 여러분에게 영향을 미치는 개인적 요인들을 사전 공감과 사전적 자기탐색 과정을 통해 밝혀내시오. 그리고 나서 잠재적으로 부정적인 대응을 감소시키기 위하여 여러분이 어떻게 집중적 자기관리를 할지 기술하시오. 마지막으로, 이 모임 전에 여러분이 해야 할 준비활동의 결과를 보여주는 사전 계획을 요약 기록하시오.

7. **사례 상황**: 여러분이 아동 병원의 암환자를 도와주는 의료사회복지사라고 하자. 여러분은 의사로부터 8세 된 딸이 백혈병에 걸렸다는 사실을 부모에게 알리는 자리에 동석해 달라는 요청을 받는다. 가족과 의사를 만날 준비를 하시오. 준비 과정에서, 가족과 의사를 만날 때 여러분에게 영향을 미치는 개인적 요인들을 사전 공감과 사전적 자기탐색 과정을 통해 밝혀내시오. 그리고 나서 잠재적으로 부정적인 대응을 감소시키기 위하여 여러분이 어떻게 집중적 자기관리를 할지 기술하시오. 마지막으로, 이 모임 전에 여러분이 해야 할 준비 활동의 결과를 보여주는 사전 계획을 요약 기록하시오.

8. 인터넷을 검색엔진을 사용하여 인터넷 공공 도서관(Internet Public Library)의 "세상과 인사하기(say hello to the world)" 프로젝트를 찾는다. 아래의 빈칸을 이용하여 "안녕하세요, 제 이름은 (여러분의 이름)입니다"를 다음의 언어로 써넣는다. (1) 아랍, (2) 체로키, (3) 힌두, (4) 스페인, 그리고 (5) 스와힐리. 또한 "안녕하세요 제 이름은…"을 점자나 수화로 어떻게 표현하는지 알아본다.

9. 여러분은 최근 타국에서 미국으로 입국한 한 가족과 만나려고 한다. 사전 전화통화로, 여러분은 그들이 이민법과 그린카드 취득 절차에 대해 관심이 있다는 것을 알고 있다. 인터넷을 사용하여 미국 시민과 이민 서비스 웹사이트의 "합법적 영주권"("그린카드") 부분을 검색하고, 중요한 자격요건에 대해 알아본다. 다음 공간을 이용하여, 무엇이 포함되는지 요약한다.

Chapter 7 자기 평가

이제 여러분은 이 장을 끝내고 연습문제를 완성하였다. 여러분의 준비 기술이 얼마나 숙달되었는지 평가해 보시오.

자기 평가: 준비 기술

준비 기술의 숙달도를 여러분 스스로 평가하기 위해 아래의 문항들에 응답하시오. 그리고 난 후, 평가척도를 사용하여 여러분이 각각의 문항에 동의하는지 정도, 또는 동의하지 않는 정도를 표시하시오.

4 = 전적으로 동의한다
3 = 동의한다
2 = 동의하지 않는다
1 = 전혀 동의하지 않는다

4	3	2	1	문항
☐	☐	☐	☐	1. 나는 준비의 목적과 기능을 논의할 수 있다.
☐	☐	☐	☐	2. 나는 사전 검토 기술을 설명하고 실행할 수 있다.
☐	☐	☐	☐	3. 나는 사전 탐색 기술을 설명하고 실행할 수 있다.
☐	☐	☐	☐	4. 나는 사전 협의 기술을 설명하고 실행할 수 있다.
☐	☐	☐	☐	5. 나는 사전 정리 기술을 설명하고 실행할 수 있다.
☐	☐	☐	☐	6. 나는 사전 공감 기술을 설명하고 실행할 수 있다.
☐	☐	☐	☐	7. 나는 사전적 자기탐색 기술을 설명하고 실행할 수 있다.
☐	☐	☐	☐	8. 나는 집중적 자기관리 기술을 설명하고 실행할 수 있다.
☐	☐	☐	☐	9. 나는 사전 계획 및 기록 기술을 설명하고 실행할 수 있다.
☐	☐	☐	☐	10. 나는 준비 기술의 숙련도를 사정할 수 있다.
				소계

참고: 위의 문항들은 부록 3의 사회복지실천기술 자기평가도구의 탐색 기술부분에 제시되어 있다. 여러분은 위의 문항들에 이전에 응답한 적이 있을 것이다. 여러분은 이전의 여러분의 응답과 이번에 여러분이 응답한 것을 비교할 수 있다. 이전의 점수보다 이번의 점수가 높다면 여러분이 준비 기술과 관련하여 진전을 보인 것이다.

마지막으로 이 장에서 다룬 사회복지실천기술과 자기 평가 결과를 분석한 후, 1페이지 분량의 보고서를 준비하시오. 보고서의 제목은 준비 기술의 숙련에 대한 자기 평가로 하시오. 보고서에는 여러분이 알고 있고 잘 수행할 수 있는(예: 3점이나 4점) 기술을 반드시 밝히시오. 또한 보다 연습을 요하는(예: 2점 이하) 기술을 구체적으로 밝히고 그러한 기술을 숙련하기 위한 계획을 세워보시오. 보고서를 완성한 후 보고서를 사회복지실천기술 학습 포트폴리오에 포함시키시오.

시작 기술

이 장(박스 8.1 참조)은 여러분들이 사회복지실천의 시작 단계에서 사용할 수 있는 기술을 배울 수 있도록 돕는 것이다. 사회복지실천에서 시작 단계는 사회복지사로서의 여러분과 클라이언트가 처음 만나게 되는 시점에서 공식적으로 시작된다. 첫 인상은 매우 중요하기 때문에 첫 대면접촉은 이후의 모든 만남에 영향을 미친다. 연속되는 모든 면담의 시작 부분 또한 이들 모임의 전 과정에 영향을 미치는 경향이 있다.

상자 8.1	8장의 목적

이 장의 목적은 시작 기술을 숙달하도록 돕는 것이다.

목표

이 장을 마친 후 여러분은 다음과 같은 기술을 갖출 수 있어야 한다.

- 시작 기술의 목적과 기능을 논의하는 기술
- 자기를 소개하는 기술
- 소개를 권유하는 기술
- 초기 목적을 설명하는 기술
- 오리엔테이션 기술
- 정책과 윤리적 요인들에 대해 논의하는 기술
- 피드백을 구하는 기술
- 시작 기술에의 숙달 정도를 사정하는 능력

핵심 역량

이 장에서 논의되는 기술은 다음의 핵심 EPAS를 지지한다.
- 전문적인 사회복지사임을 확인하고, 그와 같이 행동하기(EP2.1.1)

- 사회복지윤리강령을 전문적인 실천 지침에 적용하기(EP2.1.2)
- 비판적인 사고를 전문적인 판단을 고지하고 소통하는 데 적용하기(EP2.1.3)
- 실천에 있어서 다양성과 차이점에 관여하기(EP2.1.4)
- 개인, 가족, 집단, 단체 및 지역사회와 관계하기(EP2.1.10[a])

시작과 관련된 기술을 잘 활용하면 만남이 목적지향적이고 생산적으로 될 수 있다. 시작이 효과적으로 이루어지는 경우는 여러분과 클라이언트가 첫 만남의 목적(정보수집, 정보제공, 사정, 혹은 변화모색 등)을 달성하고, 다음 조치에 대해 상호 동의할 수 있는 결론(관계를 종결하기, 계속 같이 일하기, 다른 전문가나 기관으로부터의 서비스 준비 등)에 이르렀을 때이다.

여러분이 클라이언트와 접촉하는 전형적 방법은 다음과 같은 방법 중 하나이다:

- 개인이나 가족, 집단, 조직이나 지역사회가 스스로 해결할 수 없는 문제에 대한 도움을 찾아 나서는 경우.
- 초기에 도움을 요청하지 않는 사람에게 사회복지사가 직접 나서서 서비스를 제공하는 경우.
- 지역사회의 구성원이 특정 개인, 가족, 집단, 조직이나 지역사회가 그들의 복지를 위협하는 심각한 문제가 있음을 확인하고 사회복지사에게 그 문제의 해결을 위해 개입을 요청하는 경우(Compton, Galaway, & Counoyer, 2005).

이와는 다른 방법으로 클라이언트와 접촉할 수도 있다. 예를 들어, 수퍼바이저나 기관장이 여러분으로 하여금 대책위원회를 구성하고 이끌도록 지시할 수 있고, 판사가 피고인이나 선고받은 사람으로 하여금 여러분의 기관에서 서비스를 받도록 명령을 내릴 수 있다. 또한, 접촉의 성격은 관련자들의 수와, 그들 간의 관계에 따라 다소 다르게 나타날 수 있다. 개인과의 접촉은 가족이나 집단과의 접촉과 다르며, 가족이나 집단과의 접촉도 조직이나 집단과의 접촉과는 다르다. 전화, 이메일, 인스턴트 메시지, 트위터(Twitter), 웹캠(web-cam) 등을 통한 초기 접촉은 같은 물리적 공간 안에서의 면대면 접촉과는 다르다. 그러나 이러한 상황에 관계없이 첫 만남을 시작하는 동안 여러분은 서로 인사하고, 만남의 방향과 목적을 세우고, 클라이언트가 가진 기대를 개괄하고, 이번은 물론 앞으로의 만남에 영향을 미칠 수 있는 기관의 정책과 윤리원칙을 설명하고, 면담이 이루어지는 전체적 맥락을 이해하도록 돕고자 한다. 이것은 시작과정에서 중요한 부분인데, 왜냐하면 이것 자체가 동의에 관한 여러분의 법적, 윤리적 의무를 수행하는 것이기 때문이다. 이때 여러분은 클라이언트에게 관련법과 윤리원칙에 대한 정보는 물론 기관의 정책을 개괄적으로 설명해야 한다. 이렇게 할 때 클라이언트는 원조가 제공되는 맥락을 이해할 수 있게 된다. 시작 단계 전 과정에서 여러분은 자주 논의된 정보에 관한 피드백을 구해야 한다. 클라이언트는 종종 복잡하고 혼란스런 기관의 정책과 원칙을 명료하게 해주길 원한다.

시작 기술(beginning skills)은 클라이언트와의 첫 만남 동안 아주 광범위하게 사용되는 것이 일반적이다. 이들 기술은 또한 다른 사람들과 처음 만날 때도 아주 유용하게 사용될 수 있다. 만남이 여러분이 속한 기관이나 다른 기관의 동료나 정부 관료, 부모 혹은 여러분이 일을 하는 중에 다른 사람으로부터 의뢰를 받아 이루어지는 경우에는 그 만남의 목적과 역할을 분명히 하는 것이 중요하다. 이처럼 만남의 초기에 사용될 수 있는 시작 기술에는 다음과 같은 것들이 포함된다: (1) 사회복지사 소개하기, (2) 클라이언트에게 소개 권유하기, (3) 첫 모임의 목적을 설명하기, (4) 클라이언트의 역할을 설명하기, (5) 정책과 윤리적 요인들에 대해 논의하기, (6) 피드백 구하기 등이다.

사회복지사 소개하기

첫 면담을 시작할 때 여러분은 여러분의 이름과 직업, 소속기관과 부서에 대해 말해주어야 한다. 예를 들어, 기관에서 처음 만나는 사회복지사의 경우, 손을 내밀어 악수를 청하면서 다음과 같이 말할 수 있다. "안녕하세요. 아다부 씨 부부시죠. 저는 댄 메이어스입니다. 이곳 가족복지기관의 사회복지사입니다. 저의 전문 영역은 가족문제를 가진 사람들을 돕는 것입니다."

클라이언트의 가정을 처음 방문하는 사회복지사는 다음과 같이 말할 수 있다: "안녕하세요. 페레즈 씨(손을 내밀어 악수를 청한다). 저는 조앤나 카퍼입니다. 저는 학교와 관련하여 일하는 사회복지사입니다. 저의 전문 영역은 학교에 다니는 학생들의 가족에게 서비스를 제공하는 것입니다. 그냥 조앤나라고 불러주세요." 영어를 사용하는 사회복지사가 2개 국어를 사용하는 멕시칸계 미국인 가족을 처음 만날 때는, 자신이 스페인어에 익숙하지 못한 것에 대해 간략하게 유감을 표시하고, 스페인말로 몇 마디 인사말을 건넬 수도 있다. 아시아계 클라이언트와 만날 때 머리를 살짝 기울여 인사를 한다면 첫 대면은 한층 수월해질 것이다.

지역사회 집단모임을 시작할 때 사회복지사는 다음과 같이 말할 수 있다. "여러분 반갑습니다! 제 이름은 레슬리 느구엔입니다. 저는 시를 위해 일하는 사회복지사입니다. 지역사회를 발전시키고 안전과 안녕을 증진시키는 데 관심이 있는 주민들과 함께 일하고 있습니다. 그냥 레슬리라고 불러주세요."

대부분의 경우 친절한 얼굴 표정과 따뜻하면서도 확고한 의미가 담긴 악수는 서로 통하는 접촉이 일어나는 데 도움이 된다. 날씨에 대한 몇 마디의 코멘트 또한 클라이언트가 여러분을 편안함을 느끼게 하는 데 도움이 될 수 있다. 그러나 너무 지나치게 코멘트를 해서는 안 된다. 잡담을 너무 많이 하는 것 또한 심각한 걱정거리에 대해 빨리 이야기하고 싶어하는 클라이언트에게 좌절감을 줄 수도 있다. 여러분의 인사말이나 비공식적 이야기들은 항상 클라이언트의 맥락에서 고려되어야 한다. 특히 문화적 요인에 민감해야 한다. 클라이언트들은 여러분이 아직은 자기들을 개인으로 이해하지 못하고 있다는 것을 너무 잘 안다. 따라서, 클라이언트에게 비공식적 인사치레나 과장 섞인 말을 너무 많이 하는 것은 어떤 문화에서는 너무 서두르는 것으로 비춰질 수 있고 또 다른 문화권에서는 아주 무례한 것으로 보여질 수 있다. 클라이언트는 때로 과도한 인사치레나 과장된 인사발을 겉과 속이 다른 부지언스런 것으로 경험한다.

여러분의 이름, 직업, 및 기관과의 관계에 대해 말하는 것 외에도, 여러분은 자신의 신분을 공식적으로 밝히고 싶을 것이다. 예를 들어, 조앤나 카퍼가 자신을 클라이언트 가족에게 소개할 때 명함을 꺼내 주는 것이 그것이다.

조앤나 카퍼, BSW, MSW, LSW
전문 사회복지사
센터 타운쉽 학군
902 W. 뉴욕로
인디애나폴리스, IN 46202-5156
전화 317-274-6705

사무실에서 클라이언트를 만날 때는 벽에 걸려 있는 여러분의 학위와 전문 자격증이 소개과정에 도움이 될 수 있다. 이 경우 클라이언트들은 여러분이 사회복지학 학사나 석사 학위 소지자이며 정부가 인정하는 전문 사회복지사 자격증을 가지고 있음을 알게 될 것이다. 어떤 사회복지사들은 전문가로서의 자신들의 배경 훈련, 전문성에 대해 한쪽 분량으로 요약된 것을 클라이언트에게 제시하기도 한다.

연습 8-1 사회복지사 소개하기

아래의 연습문제는 여러분이 자신을 소개하는 기술을 연습할 기회를 제공한다. 아래에 기술하고 있는 상황에서 여러분 자신을 소개할 때 여러분이 할 것 같은 말과 행동들에 대해 아래의 공간에 기록하시오.

1. 여러분이 노인 요양시설에서 일하는 사회복지사라고 가정하자. 여러분은 85세 된 부모를 이 시설에 입소하는 문제와 관련해 가족들과 만나기로 되어 있다. 여러분을 소개할 때 무슨 말을 하고 어떻게 행동할 것인가?

2. 최근에 여러분이 발달 장애아동과 성인을 위한 훈련 센터의 사회복지사로 채용되었다고 하자. 사례 기록을 검토해보니, 그들은 다양한 재능과 지적능력을 나타낸다는 것을 알았다. IQ 측면에서 보자면, 그들은 대략 60~70정도 된다. 여러분이 도착했을 때 학생들은 이미 자리에 앉아 있는 상태이다. 그들 중 몇 명은 여러분이 캠퍼스 주변을 산책하는 것을 본 적이 있기는 하지만, 어느 누구도 여러분에 대해 잘 알지 못한다. 여러분을 소개할 때 무슨 말을 하고 어떻게 행동할 것인가?

클라이언트에게 소개 권유하기

사람의 자기에 대한 인식은 자신의 이름과 관련되어 있기 때문에 여러분은 첫 만남 초기에 새 클라이언트들로 하여금 각자 자기의 이름을 정확하게 말하도록 해야 한다. 그 후에도 면담이 진행되는 동안 주기적으로 클라이언트의 이름을 언급해 주어야 한다. 예를 들어, 여러분에 대한 소개가 끝난 후 여러분은 "당신의 이름은····?"이라고 말할 수 있다. 또는 여러분이 이미 그 사람의 이름을 알고 있는 경우에는 "네스빗 씨죠? 맞습니까? 제가 당신의 이름을 정확히 발음했습니까?"라고 말할 수 있다. 그런 다음 자신이 어떻게 불리는 것을 좋아하는가에 대해 묻는다. 억압을 경험한 문화집단의 사람들은 너무 일찍 격식을 차리지 않고 대하는 것에 대해서 민감하게 반응할 수 있다. 예를 들어, 미국에서는 백인 노예주인들이 노예들의 이름을 아무렇게 부르거나, 성인 노예에게조차도 "남자아이"나 "여자아이"라고 불렀다. 시간이 지남에 따라, 노예 주인의 성이 노예들의 원래 이름을 대체하게 되었다. 비슷한 경우로, 유럽계 백인들이 서열주의나 조롱의 의미로 미국원주민 남성을 "추장"이라고 불렀다. 대부분의 사회복지사들은 결코 의도적으로 상대방을 모욕하지는 않겠지만, 무지와 둔감함으로 인해 때때로 그와 같은 결과를 초래하게 된다.

클라이언트들은 흔히 서로 소개하는 동안 자신의 신분을 이야기할 수도 있다. 만약 어떤 클라이언트가 "저는 존스 부인입니다. 저는 이 아이들의 엄마입니다"라고 말하면서 자신을 소개한다면 여러분은 그 말을 통해 그녀가 "존스 부인"으로 불리고 싶어 하며 그녀의 정체성이 부모로서의 역할과 관계되어 있음을 추정할 수 있다. 어떤 조직에서는, 개인의 직위나 직함을 부르는 것이 선호되기도 한다. 예를 들어, 만약 여러분이 법정이나 입법위원회 모임에서 증언을 할 때, 판사에게는 "존경하는 판사님" 혹은 "산체스 판사님", 그리고 입법위원회 대표들에게는 "의장님", "융 주지사님" 혹은 "자바 위원님"이라고 불러야 할 것이다.

가족 및 집단과 관련해서는 그들 멤버들에게 돌아가면서 자신들을 소개하라고 요청하는 것이 좋다. 초기의 집단 모임은 불안을 불러일으키기 때문에 여러분은 소개 과정에 긴장을 감소시키고 마음을 터놓을 수 있는 내용을 집어넣을 수 있어야 한다. 예를 들어, 여러분은 집단 성원들에게 자신들을 소개하도록 하고 그들이 이 만남에 오려고 했을 때 그들에게 일어났던 생각들을 이야기하도록 하는 것이 그것이다.

연습 8-2 클라이언트에게 소개 권유하기

아래의 연습문제를 위해 여러분이 가족과 아동을 위한 상담센터에서 일하는 사회복지사라고 가정하자. 각 상황에서 여러분이 하게 될 말을 아래의 공간에 기록하시오.

1. 여러분은 최근에 이혼한 55세의 남자와 면담하기로 되어 있다. 그와 함께 여러분의 사무실로 걸어갈 때 여러분은 지독한 술냄새를 맡는다. 어떻게 여러분을 소개할 것이며 어떻게 그에게 자기소개를 하라고 할 것인가? 그 밖에 어떤 말을 할 것이며 어떻게 행동할 것인가? 여러분이 선택한 말과 여러분이 제안한 접근방법의 근거에 대해 토론하시오.

2. 여러분은 듣는 데 어려움이 있는 77세의 미망인과 면담하기로 되어 있다. 그녀는 분명하게 또박또박 저음으로 말하면 알아들을 수 있다고 한다. 어떻게 여러분을 소개할 것이며 어떻게 그녀에게 자기소개를 하라고 할 것인가? 그 밖에 어떤 말을 할 것이며 어떻게 행동할 것인가? 여러분이 선택한 말과 여러분이 제안한 접근방법의 근거에 대해 토론하시오.

3. 여러분은 식구가 7명인 어떤 가족과 첫 면담을 하기로 되어 있다. 여러분이 아는 바로 그 가족은 혼합가족이며 자녀들이 모두 한 아버지 태생이 아니다. 그리고 어떤 아이가 어떤 관계 태생인지 모른다. 어떻게 여러분을 소개할 것이며 어떻게 가족 성원들에게 소개하라고 할 것인가? 그 밖에 어떤 말을 할 것이며 어떻게 행동할 것인가? 여러분이 선택한 말과 여러분이 제안한 접근방법의 근거에 대해 토론하시오.

4. 여러분은 어떤 클라이언트와 면담하기로 되어 있다. 여러분 자신을 소개하고 그녀에게 자신을 소개하라고 할 때, 그녀가 여러분이 알아들을 수 없는 언어를 사용하고 있음을 알았다. 여러분은 어떻게 할 것인가? 여러분이 취한 접근방법의 근거에 대해 토론하시오.

초기 목적을 설명하기

모임을 준비하는 과정의 일부로서(7장 참조), 여러분은 잠정적이고 일반적인 목적을 밝혀내야 한다(Schwartz, 1976; Shulman, 1992). 그리고 난 후에, 그런 목적을 모임에서의 초점이 되도록 제안한다. 특히 첫 만남에서 클라이언트는 리더십을 찾고자 권위를 가진 전문가인 여러분에게 주목하는 경향이 있다. 여러분이 지역사회주민집단을 소집하거나 위원회 모임을 주재할 때도 그러하다. 따라서 여러분은 간단명료하게 모임의 목적을 설명해야 한다. 여러분이 초기에 방향설정을 해주지 못한다면, 사람들은 이미 스트레스를 주고 있는 일련의 과정에 대해 불확실한 감정을 느끼게 될 것이다. 반면, 여러분이 일반적 목적을 구성원들과 잠정적으로 공유할 수 있다면, 그들은 여러분이 일을 제대로 파악하고 있다고 생각하며 안도감을 느낄 것이다.

빈터(1963)와 하센필드(1985)의 연구를 기반으로 하여, 가빈(1997)은 사회복지기관, 프로그램, 서비스에 대한 다음과 같은 중요한 목적을 밝혀내었다.

- **사회화**란, '정상'으로 보이고, 하나의 상태에서 다른 상태로 변화중인 사람들을 돕는 것이다. 예를 들자면, 청소년들에게는 성인의 책임감을, 중년기 사람들에게는 은퇴계획을, 그리고 어린 학생들에게는 더 나은 교육환경을 갖도록 도와주는 것이다.
  - **주체성 개발**이란 사회화의 한 측면이며, 사람들이 자신의 목표와 역할을 밝혀내도록 사회복지사가 도와주는 것이다. 청소년들이 사회적 주체성문제를 탐색하거나 미래의 목표를 고려하도록 지지하고, 여성이 자의식을 고양하고, 동성애자/양성애자들이 커밍아웃의 여부를 결정하는 데 도움을 주는 것이 바로 주체성 개발목적의 예이다.
  - **기술 개발**이란 사람들이 자신이 수립한 목표를 성취하는 데 필요한 능력을 개발하도록 돕는 것을 말한다. 교육관련 상담, 훈련 및 지도활동(예: 자기주장훈련, 사회/의사소통 기술, 육아 기술, 재정관리 기술, 시간관리 기술, 학습 기술), 그리고 변화촉진활동(예: 은퇴준비, 성인과 자녀를 위한 이혼적응, 성인의 대학입학)이 기술 개발의 예에 포함된다. 이와 같은 사회화 활동은 사람들로 하여금 그들이 열망하는 역할과 목적에 관련된 지식과 기술을 획득하도록 도움을 준다.
- **재사회화**란 발전이나 역할변화의 '정상'적인 단계를 경험하지 못한다고 보이는 사람들을 돕는 것이다. 이런 사람들은 종종 '비정상인'이라고 낙인이 찍혀있으며, 다른 사람들과의 갈등을 경험한다.
  - **사회통제** 활동은 형사행정, 청소년범죄, 아동 및 성인 보호, 교육 및 의료체계 등과 관련이 있는 기관에서 일어나는 활동이다. 일반적으로, 사회통제 활동의 대상자들은 정상적이고 사회순응적인 역할을 아직 받아들이는 것은 아니다. 많은 사회복지사들은 자신들이 사회통제기관의 대리인이라고 받아들이는 것을 꺼려하지만, 그와 같은 활동의 목적과 그런 활동을 지원하는 기관의 목표는 결국 바람직하지 않은 행동을 통제하고 관리하는 것을 포함하고 있는 것이다. 교도소, 직업훈련학교, 알코올 및 약물치료센터, 여러 주민조직, 그리고 몇몇의 병원에서 수행되는 활동들은 종종 사회통제의 속성을 가지고 있다. 각종 범죄와 관련된 사람은 사회통제의 목적에 부합하는 여러 서비스들을 제공받

는다. 실제로 많은 교육, 정신보건, 그리고 사회서비스기관에서, 사회통제는 자주 언급되지는 않지만, 감추어진 아젠다의 강력한 요소이다.

- **재활 서비스**와 활동은 정신의료시설, 정신보건센터, 사회서비스기관, 그리고 교정치료프로그램 등과 같은 곳에서 일어난다. 일반적으로, 자발적으로 재활서비스를 찾는 사람들은 특정 행동패턴이 문제라고 인식하며, 좀 더 기능적이고, 건강하고, 사회적으로 용인되는 방법을 찾으려고 한다. 재활 서비스는 클라이언트가 기능적이고, 수용적이고 사회적으로 바람직한 역할을 수행하는 데 필요한 지식, 기술, 태도를 개발하는 데 도움을 준다. 사회, 정신의학, 교육, 약물남용과 관련된 여러 서비스가 이와 같은 범주에 포함되며, 구성원들이 자신의 과오, 실패, 중독(예: 성행위, 관계형성, 마약, 알코올 등)을 솔직하게 인정하고 그것을 극복하려는 개인적인 노력을 경주하는 여러 자력갱생 프로그램도 역시 포함된다.

이러한 사회복지의 중요한 목적은 클라이언트와의 첫 만남을 위한 이유의 맥락을 제공한다. 예를 들어, 사전접촉을 통해 재활이나 회복서비스가 필요하다는 것이 분명해지면, 여러분의 목적은 클라이언트가 사고, 감정, 행동의 새로운 방식을 개발하여 과거의 문제가 재발하는 것을 막도록 돕는 것이 된다.

그러나 어떤 경우에는 만남의 목적을 분명히 하는 것뿐만 아니라 그 목적과 관련하여 여러분이 생각하는 전문 사회복지사의 역할도 분명히 해야 한다. 이러한 점을 분명히 하고서야 여러분은 여러분의 역할을 설명하는 기술을 사용할 수 있다. 사회복지사의 역할을 설명하는 기술이란 여러분이 클라이언트와 함께 목적 달성을 위해 일할 때 여러분이 할 수 있을 것으로 기대되는 역할들에 대한 여러분의 견해를 표명하는 것이다(Schwartz, 1976; Shulman, 1992).

사회복지사는 옹호자, 중개자, 사례 관리자, 상담자, 교육자, 평가자, 촉진자, 조사자, 매개자, 치료자로서의 공통된 역할이 있다. 옹호자의 역할이란 여러분이 클라이언트나 위기에 처한 사람들의 권리를 표방하고, 방어하고, 보호하는 것을 말한다. 중개자의 역할이란 지역사회의 여러 자원을 발견하여 클라이언트와 연결시켜주는 것이다. 사례 관리자의 역할이란 한 개 이상의 기관이나 프로그램에서 제공된 다양한 서비스의 전달을 조정하는 것이다. 상담자의 역할이란 문제해결과 목표달성을 위해 노력하는 클라이언트에게 지지와 지침을 제공하는 것이다. 교육자의 역할이란 지식, 태도, 심리사회적 기능의 발달을 위한 정보, 학습, 훈련, 지도, 사회화 등을 제공하는 것이다. 평가자의 역할이란 관련정보에 대한 세심하고, 공정하고, 체계적인 수집과 분석을 바탕으로 하여 판단을 내리고 권고를 하는 것이다. 촉진자의 역할이란 사람들을 불러 모으고, 상호작용과 의사소통을 증진시키며, 서로가 협력하게끔 도와주는 것을 말한다. 조사자의 역할이란 잠재적으로 취약한 사람들의 안전이나 안녕과 관련된 감춰진 정보를 세심하고 체계적으로 발견해 내는 것이다. 매개자의 역할이란 여러분이 의사소통의 연결고리가 되어서, 다양한 집단들이 서로의 차이점이나 갈등을 해소하고 생산적으로 상호작용할 수 있도록 돕는 것이다. 치료자의 역할이란 여러분의 지식, 훈련, 전략 및 기술을 사용하여 사람들로 하여금 그들의 사회적, 물리적, 심리적 문제나 증상, 질병, 장애를 대처하고 극복하도록 돕는 것을 말한다.

자발적이든 비자발적이든, 혹은 마지못해서든, 여러분을 방문한 클라이언트에게 만남의 목적과 여러분의 역할을 분명히 말함으로써 보다 완벽하고 충분한 설명을 하게 되는 것이다. 이는 또한 여러분이 속한 기관에서 제공되는 특정 서비스를 필요로 하는 클라이언트에게도 마찬가지이다. 예를 들어, 여러분이 속한 기관은 결혼을 생각하고 있는 10대들을 위해 교육 중심의 6주간의 집단경험 프로그램을 후원할 수 있다. 물론 이 집단은 논의될 의제를 예측할 수 있는 구조화된 집단인데, 이 집단에서의 여러분의 역할은 분명하다: 즉, 교육자와 촉진자로서의 역할이다. 따라서, 여러분은 집단 성원들에게 첫 모임의 목적과 집단 경험 동안 수행할 수 있는 전문적 역할을 설명할 수 있다.

그러나 첫 만남에서는 여러분의 전문적 역할이 분명하지 못한 경우도 더러 있다. 이는 여러 가지 프로그램과 다양한 기능을 수행하는 조직으로부터 서비스를 받으려는 자발적 클라이언트인 경우에 발생한다. 자신의 전문적인 역할이 무엇인지 불확실할 때에는, 일반적인 목적을 잠정적으로 설명해 주는 것만으로도 충분하다.

아래는 사회복지사가 첫 만남에서 목적을 잠정적으로 설명해주는 것의 사례이다.

사례 상황: 클라이언트는 30세의 여성으로 며칠 전 기관에 전화를 해 결혼생활의 불화에 대해 도움을 요청하였다. 사회복지사와 클라이언트는 이미 서로 인사를 한 상태이다. 사회복지사는 첫 만남의 목적을 설명하기 시작한다.

사회복지사: 당신이 지난 번 저희 기관에 전화했을 때 말씀하시길, 결혼이 파경 지경에 있으며 남편과는 항상 싸운다고 하셨는데 정말 그렇습니까? 오늘 만남에서 저는 당신의 결혼생활의 본질과 그 과정, 그리고 어떻게 이 지점까지 오게 되었는가에 대해 구체적으로 탐색해 보려 합니다. 우리가 상황을 좀 더 잘 이해하게 되면 다음에 무엇을 할 것인지 함께 결정할 수 있을 것입니다.

사례 상황: 이혼한 부모가 9살 된 아들을 두고 아동보호 소송을 하고 있다. 사회복지사는 이 아동의 보호와 관련하여 판사에게 참고가 될 만한 정보를 제공하도록 청소년 법원에 고용되었다. 사회복지사는 아이의 아버지와 인사를 나누고 자신의 역할과 목적을 다음과 같이 설명한다.

사회복지사: 블룸판사가 제게 보호문제와 관련하여 당신과, 당신의 부인, 그리고 당신의 아들 케빈을 만나라고 했습니다. 제 일은 케빈을 위한 최선의 결정을 내리는 데 필요한 정보들을 모든 사람으로부터 알아내는 것입니다. 오늘 오후에는 브라운 부인(배우자)을, 그리고 내일 아침에는 케빈(아들)을 만날 예정입니다. 이렇게 모두를 만나야만 상황을 공정하게 이해할 수 있을 것입니다. 혹시 그 때에도 더 만나야 될 필요가 있다고 판단되면 당신에게 알려드리겠습니다.

지금은 당신은 물론 당신의 부인과 아들에게 어려운 시기라고 생각합니다. 당신은 마치 당신이 지금 여기서 재판을 받는 듯한 느낌을 가질 수도 있다고 생각됩니다. 저는 가능한 소송이 무리 없이 이루어질 수 있도록 최선을 다할 것입니다. 그러나 당신도 아시다시피 이 소송 과정에서 당신의 아들 케빈에 대해서만은 충분히 배려해야 합니다. 저는 케빈의 성장과 안녕에 무엇이 최선인가를 생각하여 일을 조정할 것입니다. 제 생각에 당신도 이혼과 소송절차가 케빈에 미칠 영향에 대해 걱정하실 것입니다. 저는 우리가 이 어려운 상황에 대해 최선의 해결책을 찾을 수 있도록 성실하게 면담에 임하고 함께 작업해 나가기를 바랍니다.

사례 상황: 음주운전으로 체포된 사람들을 교육하는 교육집단의 첫 모임이다. 참가자들은 16세에서 62세까지 분포되어 있으며, 남성과 여성, 여러 민족, 다양한 사회 경제적 계급에 속한 사람들이 섞여 있다. 집단은 매주 약 2시간씩 12주 동안 모임을 갖는다. 이 집단의 성원들은 실형선고의 가능성을 줄이기 위해 이 모임에 참가한다. 사회복지사와 집단성원들은 서로 인사를 나누고 몇 마디 이야기를 나눈다. 사회복지사는 첫 모임의 목적과 자신의 역할에 대해 설명한다.

사회복지사: 저는 검사로부터 앞으로 8주 동안 이 교육집단을 이끌어 달라는 요청을 받았습니다. 제가 아는 바로는 여러분은 음주 운전으로 체포되었기 때문에 수감가능성을 줄이기 위해 이 모임에 참여한 것으로 알고 있습니다. 여러분 모두는 지금 다른 곳에 있었으면 하고 바랄 것입니다. 또 여러분 중에는 여기에 있게 된 것에 대해 화가 나 있는 분들도 계실 것입니다. 만일 제가 여러분의 입장이라면 분노와 당황함을 느꼈을 것입니다. 그러나 이러한 감정에도 불구하고 제가 바라는 것은 앞으로 있을 집단 모임을 통해 음주와 운전에 대한 지식을 습득하여 이를 활용하셨으면 하는 것입니다.

사례 상황: 면담 장소는 프랭클 씨 자택의 현관문 앞이다. 프랭클 씨 집은 넓고 이웃에는 중상층의 사람들이 살고 있다. 사회복지사가 문을 노크하자 그 집에 사는 것으로 보이는 어떤 여성이 문을 열어준다. 아동보호서비스국(Child Protection Service: CPS)에서 일하는 사회복지사가 사전 공지 없이 그 집을 방문하고 있다. 왜냐하면 프랭클 부인이 4살 된 자기 아들을 마구 구타한다는 고소를 접수했기 때문이다. 사회복지사는 문을 열어준 여성과 인사를 나누고 그녀가 프랭클 부인이라는 것을 알았다. 그래서 사회복지사는 그녀에게 명함과 아동보호서비스에 관한 소책자를 건네주었다.

사회복지사: 아동보호 서비스국은 아동을 학대하거나 방임한다는 모든 주장들을 조사하는 곳입니다. 저희는 이 집의 4살 된 아들이 부당하게 대우받는다는 주장을 접수했습니다. 이 문제에 대해 당신과 의논하고 싶고 아드님도 만나보고 싶습니다. 들어가도 되겠습니까?

연습 8-3 초기 목적을 설명하기

아래의 사례들을 보고 첫 만남의 목적을 설명해 보고 적당한 지점에 여러분의 역할을 설명해 보시오. 각 사례에 대한 여러분의 반응을 아래의 공간에 기록하시오.

1. 여러분이 공공주택 담당 사회복지사라고 가정하자. 여러분은 공공주택의 모든 거주자들의 사회서비스에 대한 욕구를 파악하기 위해 이들 모두를 대상으로 면담하고 있다. 스트롱 부인의 집을 두드린 상태다. 스트롱 부인은 9살에서 6개월 사이의 다섯 자녀를 데리고 혼자 사는 여성이다. 스트롱 부인에게 첫 만남의 목적을 설명할 때 할 수 있는 말을 기록하시오. 만일 여러분이 사회복지사의 역할을 분명히 하고 싶다면 이에 대해서도 설명하시오.

2. 여러분은 병원 응급실에서 일하는 사회복지사이다. 방금 교통사고 피해자가 들어왔다. 의사와 간호사들이 생명을 구하기 위한 조치를 취하고 있다. 환자의 가족들은 병원에 도착해 있다. 가족들에게 대기 장소를 제공하고 환자의 상황을 이해하기 쉽게 알리는 것이 여러분의 역할이다. 가족에게 다가가서 여러분을 소개하고 좀 더 사적인 대기 장소로 그들을 안내한다. 이때 만남의 목적을 설명해야 하는 데 이에 대해 아래에 기록하시오. 또한 여러분의 역할을 분명히 해야 하는 데 이에 대해서도 묘사하시오.

3. 여러분은 노인 요양시설에서 일하는 사회복지사이다. 주말에 새 입소자가 들어와서 첫 방문차 그녀의 방으로 간다. 이때 여러분을 소개하고 안면을 익힐 계획이다. 그 주가 다 가기 전에 입소자의 그동안 내력을 파악하고 사정을 해야 한다고 생각한다. 여러분은 좀 더 긴 시간을 할애해 면담을 하고 싶어한다. 곧 있을 첫 만남의 목적을 무엇이라고 설명할지 그에 대해 기록하시오.

4. 다른 전문적 의무 외에도 여러분은 성학대를 받은 아동을 위한 상담집단을 이끌어가야 한다. 여러분은 7~10세 사이의 5명의 여자아이로 구성된 새 집단을 시작하기로 되어 있다. 5명 모두를 따로 개별적으로 만나서 긴 시간 이야기했다. 그러나 그들이 집단으로 모이기는 이번이 처음이고 전에 한번도 서로 만난 적이 없다. 여러분은 다른 친구들과 함께 자기의 성명을 이야기하자고 요청한다. 그들은 모두 그렇게 했지만 몇 명은 또렷하지 않은 조심스런 목소리로 자신들을 소개했다. 여러분은 따뜻하고 안전하고 안정감 있는 방식으로 집단을 시작하고 싶다. 여러분이 첫 모임의 목적을 설명할 때 무엇이라고 할 것인지 기록하시오. 또한 그러한 목적에 수반되는 전문적 역할에 대해서도 묘사하시오.

오리엔테이션 시키기

원조관계 과정의 시작 단계 동안, 클라이언트는 무엇을 기대할지에 대해 상당히 불확실한 상태이다. 불안함과 양가감정의 한 측면은 문화적 요인의 결과일 수도 있지만, 또 다른 측면은 잠재적 취약성과 관련이 있을 수도 있다. 클라이언트는 계약에 이르게 된 문제에 대해서는 당연히 염려를 하지만, 많은 클라이언트가 문제해결에 필요한 것을 자신들이 해낼 수 있을지에 대해서도 걱정한다(Garvin & Seaburry, 1997). 특히, 그들은 어떻게 하는 것이 사회복지사가 자신들을 도울 수 있게 하는 것인지에 대해 잘 모른다. 자신들에게 기대되는 것이 무엇인지 잘 모르는 것은 상대적으로 높은 서비스 중단율이나 탈락률과 관계가 있으며, 이는 특히 소수집단에 속한 사람의 경우 더 그러하다(Sue, 1997).

대중매체는 TV시리즈인 "명판사 에이미(Judging Amy)", 리얼리티 프로그램인 "중재개입(Invervention)", 티비 토크쇼인 "필박사(Dr. Phil)" 등을 통해서 대중들이 심리서비스와 사회서비스의 여러 부분을 친숙하게 받아들이는 데 기여했으나, 전문가들과 공식적으로 계약된 원조 관계의 실질적인 역사는 매우 짧다. 수세기 동안, 가족, 친구, 지역사회 지도자, 그리고 주술 및 종교지도자들이 다양한 심리사회적 문제들을 해결하는 데 기여해 왔다. 실제로, 가족과 지역사회가 모든 종류의 문제를 다루었다. 종교지도자를 방문하고 지역의 치료사를 방문하는 것을 제외하고는, 외부인이 서비스를 제공하는 경우는 거의 없었다.

비록 사회적 규범과 관습은 지난 수십년 동안 극적으로 변화하였으나, 아직도 대부분의 사람들은 자기가 모르는 사람에게 돈을 지불하여 그들로부터 심리적, 사회적 문제에 대한 도움을 받는다는 것을 매우 불안하게 생각한다. 이와 같은 생각은 때때로 수치심과 낙인과 관련되어 있다. 이러한 상황을 타개하기 위해서, 여러분은 클라이언트가 원조과정에서 적극적으로 참여하고 협조할 수 있는 방법에 대해 설명해 주어야 한다(Garvin, 1987). 클라이언트의 역할을 설명하는 것은 조기 탈락률을 감소시키고 서비스결과를 향상시킬 것이다(Atkins & Patenaude, 1987; Lambert & Lambert, 1984; Shuman & Shapiro, 2002; Yalom, Houts, Newell, & Rand, 1967).

예를 들어, 학교 문제를 가진 청소년 집단과의 첫 모임에서 여러분은 다음의 박스 8.2와 같이 집단성원으로서의 역할을 설명해 줄 수 있을 것이다.

상자 8.2 오리엔테이션 시키기(집단구성원)

우리는 모두 삶의 어느 지점에서 문제에 직면하기 마련입니다. 그것은 인간 삶의 한 부분이라고 봅니다. 이러한 문제들에 대해 비슷한 처지의 다른 사람들과 함께 이야기를 나누는 것은 문제해결에 도움이 됩니다. 우리는 여러분에게 여러분의 문제와 관심사는 물론 여러분의 꿈과 희망을 다른 사람들과 나눌 수 있는 기회를 제공하기 위해 이 집단을 구성했습니다. 물론 여러분이 간직하고자 하는 것들을 이야기하라는 것은 아니고, 집단성원들이 서로에 대해 자신들을 표현하고 다른 사람이 이야기하는 것을 주의 깊게 경청하고 어떻게 하는 것이 더 나은지에 대해 제안해주길 바라는 것입니다. 모든 집단성원들은 비밀보장의 원칙을 따라야 합니다. 이는 집단 안에서 이야기된 모든 것에 해당합니다. 집단안에서 우리가 논의한 것을 집단바깥의 사람들에게 이야기해서는 안 됩니다.

개인 클라이언트에게는 다음과 같이 개인으로서의 역할을 설명해 줄 수 있다.

오리엔테이션 시키기(개인)

> 여러분은 원조과정에서 여러분의 생각과 감정을 가능한 한 자유롭고 충분하게 나눔으로써 최상의 도움을 받을 수 있습니다. 이해가 잘 안 될 때는 질문해 주십시오. 그리고 더 나은 방안이 있으면 제안해 주시고, 도움이 되었던 것과 그렇지 않은 것에 대해 피드백을 주십시오. 마지막으로, 우리가 함께 계획한 단계들을 성취하기 위해 열심히 노력한다면, 여러분은 이와 같은 과정에 도움이 될 수가 있습니다. 우리가 한 팀으로서 함께 일한다면, 문제점을 해결할 수 있는 좋은 기회가 있을 것입니다.

클라이언트의 역할을 설명할 때 알아야 할 것은 클라이언트가 찾고 있거나 현재 받고 있는 서비스의 목적에 따라 역할에 대한 기대가 다양하다는 점이다. 이외에도 클라이언트에 대한 역할 기대는 여러분이 근무하는 기관과 기관의 프로그램, 클라이언트 체계의 구조(집단성원의 규모와 연령, 능력, 동기 등)에 따라 다소 차이가 있다. 예를 들어, 여성을 구타하여 3개월간의 집중적 심리교육 집단 경험을 시작한 성인 남자가 클라이언트인 경우, 그의 역할은 자기 아버지가 엄마를 총으로 살해하는 것을 목격한 8살 아동의 역할과는 전혀 다르다.

연습 8-4 오리엔테이션 시키기

다음의 사례를 대상으로 오리엔테이션 시키기 기술을 직접 실천해 보시오. 각 상황에 대한 여러분의 반응을 공간에 기록하시오.

1. 여러분이 결혼생활의 불화 때문에 도움을 청한 어떤 부부를 처음으로 만나는 사회복지사라고 가정하자. 코슬로우 부부는 10년 전 결혼해서 두 자녀(8살과 10살)를 두고 있다. 그들은 경제적으로 어려움이 없다. 여러분은 자신을 소개하고 코슬로우 부부로부터 인사를 받는다. 첫 만남의 목적은 이들 부부가 기관을 찾게 된 문제를 탐색해 보는 것임을 확인한다. 여러분은 이 과정에서 그들 부부의 역할을 설명해 주고 싶다. 무엇이라고 말할 것인가?

2. 여러분이 식구가 4명(엄마와 11살, 13살, 16살인 세 자녀로 구성됨)인 어떤 가족을 처음으로 만나는 사회복지사라고 가정하자. 큰 딸은 마리화나를 피우기 시작했고 맥주와 포도주를 마시기 시작했다. 엄마는 매우 걱정이 되어서 가족 전체를 여러분에게 데리고 왔다. 자신을 소개하고 가족원 각자로부터 인사를 받았다. 그리고 첫 만남의 목적이 문제를 탐색해보는 것임을 설명했다. 이 과정에서 클라이언트로서의 이들 가족원의 역할을 설명하고 싶다. 무엇이라고 말할 것인가?

3. 여러분이 난방비의 지속적인 인상을 염려하는 한 지역사회 집단구성원과 처음으로 만나는 사회복지사라고 가정을 하자. 가을이 끝나가고 겨울이 다가옴에 따라, 그들과 지역주민들은 집안 난방 문제에 대해 걱정하고 있다. 여러분은 자신을 소개하고 집단의 각 구성원들로부터 인사를 받는다. 그리고 첫 번째 모임의 잠정적인 목적은 정보를 수집하는 것과 문제해결에 필요한 행동 단계를 고려하기 시작하는 것으로 제안한다. 그들은 제안된 목적에 동의한다. 여러분은 집단 구성원의 역할을 설명하고 싶다. 무엇이라고 말할 것인가?

기관의 정책과 윤리적 요인에 대해 논의하기

법적, 정책적, 윤리적 차원의 요인에 대해 논의하는 것은 시작 단계에 적용할 수 있는 매우 중요한 기술이다. 행동의 원칙을 이해하는 것이야말로 진실하고 정직하며 신뢰성 있는 관계를 발전시키는 데 매우 중요하다. 이는 클라이언트가 알아야 할 고지된 동의 과정의 일부이며, 전문적인 서비스의 핵심적인 요소이다. 관련된 정책과 윤리적 요인들에 대해 클라이언트와 함께 논의하는 데 실패하면, 잘못된 개입으로 이르게 될 수도 있다.

아직 공식적으로 클라이언트가 아닌 사람과 만날 때에는, 클라이언트의 지위와 관련된 법적 윤리적 요인들에 대해 자세히 설명할 필요가 없을 수도 있다. 그러나, 기관 정책과 통상적인 운영에 대해서는 논의를 해야 한다. 일반적으로 사람들과 만날 때는, 적용되거나 적용될 수도 있는 한계범위와 기본적인 규칙에 대한 설명을 해주어야 한다. 이렇게 함으로써 일은 좀 더 명확해지고 덜 애매하게 되며, 클라이언트에 대해서는 존중을 표시하는 것이 된다. 어떤 의미로, 이렇게 하는 것은 전문직업의 진실함, 성실함, 공정함과 관련되어 있다.

전문 사회복지사로서 여러분은 여러분의 의무 수행에 필요한 지침을 가지고 있어야 한다(3장 참조). 지침 중 어떤 것은 여러분이 일하는 기관에서 비롯되고, 또 어떤 것은 사회복지전문직(예를 들어, 윤리강령)에 의해 공표되며, 또 다른 것은 법이나 규정과 같이 정부단체에 의해 만들어진다. 클라이언트는 그들에게 적용될 수 있는 정책과 윤리원칙을 알 권리가 있다. 많은 기관들이 클라이언트에게 정책과 관련한 소책자나 출판물을 제공한다. 박스 8.4는 정책과 윤리적 문제를 논의할 때 사회복지사가 클라이언트에게 제공할 수 있고 사용할 수 있는 기록의 예이다. 그러나 어떤 클라이언트는 이러한 문서로 기록된 것의 의미를 충분히 이해하지도 이해할 수도 없는 경우가 있다. 그러므로 여러분은 거의 모든 클라이언트와 주요 정책에 대해 논의해야 한다.

상자 8.4 　기관 정책

일반적인 지침으로서, 클라이언트가 회기중에 어떤 이야기를 하든 기관의 직원은 비밀을 보장합니다. 그러나 예외도 있습니다. 만약 클라이언트가 다른 사람이나 기관(예를 들면, 의사에게)에 우리가 정보를 제공해 주기 원하면 정보를 누군가에게 이전한다고 명시하는 정보공개서(Release of Information)에 사인할 수 있습니다. 또한 법이 요구하는 바에 따라, 아동학대나 방임의 가능성을 아동보호당국에 보고할 수도 있습니다. 어떤 사람이 자해하거나 타인을 해할 것이라는 증거가 있는 경우도 비밀보장을 유지할 수 없습니다. 이 경우 관여된 사람의 생명을 보호하기 위한 조치를 취해야 합니다. 생명을 위협하는 상황에서 인간생명의 가치는 비밀보장의 가치보다 우선합니다.

저희 기관은 차등요금(sliding fee)을 내는 것을 원칙으로 합니다. 이것은 클라이언트 개인이나 가족이 내는 비용이 지불 능력에 따라 다름을 의미합니다. 소득이 많은 가족은 더 많은 비용(회기당 최고 55 달러까지)을 내고, 집단 회기는 일반적으로 이보다 다소 적은 비용을 받습니다. 보험회사로부터의 보상이 적용되는 경우 클라이언트가 알아서 보상적용을 진행하기는 하지만 기관의 직원이 필요한 지불 요구를 할 수 있게 도와주기도 합니다.

여러분이 예정된 만남을 취소해야 할 경우에는 적어도 약속한 날 하루 전에 기관에 이를 알려야 합니다.

저희 기관에서는 클라이언트가 받는 서비스의 내용과 질에 대한 관심을 표명할 수 있는 절차가 있습니다. 어떤 이유에서든지, 여러분이 받은 서비스가 불만족스러울 때에는 이에 대해 사회복지사와 의

논해 주십시오. 만일 여러분이 적절한 설명을 듣지 못하거나, 서비스가 불만족스럽거나, 사회복지사와 문제에 대해 직접적으로 이야기하는 것에 불편함을 느낀다면, 저희 기관의 클라이언트 담당관인 21호실의 쉴라 코듈라 씨를 만나 보십시오(전화번호 789-5432). 그녀는 여러분의 관심사를 해결하려 노력할 것입니다.

예를 들어, 자기가 말하는 모든 것에 대해 절대 비밀을 지켜달라는 성인 남성 클라이언트가 있다고 하자. 여러분과 만나는 중에 그는 2살 된 아들을 "훈육"하기 위해 철사로 된 옷걸이로 아이를 때린다고 말한다. "절대 비밀을 보장한다"는 것을 전제로 말하는 그에게 여러분이 이 사실을 지역아동보호국에 보고하는 경우 그는 심한 배신감을 느낄 수 있다.

사회복지사는 아동을 학대로부터 보호하는 것에 매우 많은 관심을 갖는 경향이 있으며, 때때로는 정책과 윤리적 요인들에 대한 논의 때문에 사람들이 정보를 잘 드러내지 않는다고 생각할 수도 있다. 비록 그런 요인들에 대한 논의가 의사소통에 미치는 역효과는 거의 없지만, 어떤 사회복지사는 역효과가 미친다고 생각하며, 그 결과 클라이언트를 불안하게 만드는 정책은 그저 대충 훑어보고 만다. 결국, 정책과 윤리적 요인에 대한 논의가 실패하게 되면, 아동학대와도 같이 보고할 만한 행위를 알게 될 가능성마저도 줄어들 것이다. 만일 사회복지사가 진실을 말하고 약속을 지킬 것이라는 믿음이 없다면, 클라이언트는 당연히 전문적인 원조를 구하려 하지 않을 것이다.

물론 관련 정책과 윤리적 요인에 대해 논의하기 전에, 여러분은 상황의 긴급성, 시의성, 맥락 등을 포함한 사람-문제-상황의 다양한 측면을 고려해야 한다. 예를 들어, 여러분이 병원의 응급실에서 사회복지사로 일한다고 하자. 교통사고로 심하게 다친 어린이가 구급차로 방금 들어왔다. 아동의 부모는 대기실에 있는데 무척 괴로워 보인다. 여러분이 이들에게 정보를 제공하고 위로를 해 주는 동안 여러분은 정책과 윤리적 요인에 대해서는 나중에 이야기할 것임을 분명히 해야 한다. 이러한 경우, 클라이언트들의 욕구는 정책을 논의해야 하는 여러분의 의무보다 우선한다. 사실, 모든 사회복지기술은 사람-문제-상황의 맥락 안에서 고려되어야 한다. 특정 상황에 적용될 수 있는 기술을 다른 상황에 적용하는 것은 적절치 못하다. 사회복지실천은 기술적인 것이라기보다 전문적인 것이기 때문에 여러분은 사회복지실천기술과 지식을 언제 어떻게 가장 잘 활용할 것인지에 대해 끊임없이 판단해야 한다.

연습 8-5 기관의 정책과 윤리적 요인에 대해 논의하기

다음의 사례에 기관의 정책과 윤리적 요인을 논의하는 기술을 실천해 보시오. 각 상황에 대한 여러분의 반응을 공간에 기록하시오.

1. 여러분이 공공주택 기관에서 일하는 사회복지사라고 하자. 모든 거주자들의 서비스욕구를 파악하기 위해 면담을 하고 있다. 인사를 하고 6~9세의 다섯 자녀와 사는 S부인에게 면담의 목적과 역할을 설명했다. 기관의 정책과 윤리적 요인에 대해 뭐라고 말할 것인지 기록하시오.

2. 여러분은 노인 요양시설에서 일하는 사회복지사이다. 지난 주말에 새 입소자가 들어왔다. 주초에 여러분을 소개했고 지금은 입소자의 그동안의 내력을 파악하고 사정을 하려고 한다. 여러분은 다시 인사를 하고 만남의 목적과 여러분의 역할을 설명한 후, 관계를 위한 행동원칙을 설명하고 싶다. 이 새 입소자와 관련한 기관의 정책과 윤리적 요인을 논의하는 데 있어 무엇을 말할 것인지 아래에 기록하시오.

3. 여러분은 성적학대를 받은 아동에게 서비스를 제공해 주는 기관에서 일하는 사회복지사이다. 여러분은 7~10세 사이의 5명의 여자아이로 구성된 새 집단을 시작하기로 되어 있다. 서로 인사를 주고받고 여러분이 첫 만남의 목적을 설명하고 집단과정에서의 역할을 설명했다. 집단성원들의 불안을 줄이고 집단을 '안전한 장소'로 경험할 수 있도록 격려하기 위해 예정에 없던 시간을 할애했다. 5명의 여자아이로 구성된 이 집단과 관련될 수 있는 기관의 정책과 윤리적 요인을 논의할 때 여러분이 할 수 있는 말들을 아래에 기록하시오.

피드백 구하기

피드백을 구하는 기술을 사용할 때 여러분은 클라이언트로 하여금 초기 목적, 여러분의 역할, 클라이언트의 역할, 기관의 정책과 윤리적 요인을 비롯한 여러 측면에 대한 언급을 하도록 장려해야 한다. 의사소통이 효과적이었는지 검토할 때 중요한 것은 상대방이 전달하려는 것을 정확히 듣고 이해했는가 하는 점이다. 피드백을 구한다는 것은 이러한 기능을 수행하는 것이다. 사회복지사로서 여러분은 클라이언트와 일하는 전 과정을 통해 주기적으로 피드백을 받아야 하는 데, 이것이 시작 단계에서 특히 중요함을 알아야 한다. 초기의 목적과 역할을 설명하고 기관의 정책과 윤리적 요인들에 대해 논의한 것에 대한 피드백을 요청함으로써, 여러분은 클라이언트와의 동의 과정을 시작하게 되는 것이다. 여러분은 또한 클라이언트에게 분명하지 않은 영역을 확인하고, 그들에게 일어난 것을 정교화하고, 새로운 토픽을 소개하고, 여러분이 한 코멘트에 동의하지 않는 점을 표현하게 해야 한다. 피드백을 구함으로써 여러분은 상호적 과정을 통해 효과적으로 메시지를 보낼 수 있다. 여러분이 클라이언트가 이야기하고 싶어하는 것에 진심으로 관심이 있으며, 과정에 적극적으로 참여하기를 바란다는 점을 전달해야 한다.

목적, 역할, 정책요인에 대한 피드백을 구하는 일반적 방법은 다음과 같은 질문을 하는 것이다: "어떻게 생각하십니까? 지금까지 우리가 이야기한 것에 대해 어떻게 생각하십니까? 질문이나 코멘트 없습니까?" "우리가 행동원칙에 대해 이야기했는데, 어떤 생각이 드십니까?" 여러분이 좀 더 명료화하도록 요청할 때 클라이언트는 여러분의 피드백에 반응한다. 이는 또한 모임의 초기 목적, 역할, 정책과 윤리적 요인에 대한 여러분의 견해를 좀 더 구체적으로 설명하는 기회를 주기도 한다. 일반적으로 이들 행동원칙을 명확히 이해하고 여러분이 피드백을 진심으로 원한다고 생각하는 클라이언트들은 자신들이 제대로 알려져 있고 존중받는다고 느낄 가능성이 있다.

연습 8-6 피드백 구하기

다음의 사례에 피드백을 구하는 기술을 실천해 보시오. 각 상황에 대한 여러분의 반응을 아래 빈칸에 기록하시오.

1. 여러분이 아동과 그 가족에게 서비스를 제공하는 기관에서 일하는 사회복지사라고 하자. 32세의 엄마와 그녀의 8세 된 딸과 처음으로 만나고 있다. 그들은 딸의 학교문제로 자발적으로 도움을 구한 사람들이다. 오늘 여러분은 그 가족의 상황이나 학교문제에 대해 아무것도 모르는 상태이다. 여러분을 소개하고 그들도 자신을 소개하도록 한다. 엄마인 P부인은 '조안'으로, 딸은 '에밀리'로 불리기를 원한다. 여러분은 "오늘 만남을 통해 저희 기관을 찾아오시게 된 문제에 대해 같이 이해해 보지요. 일단 문제의 원인이 무엇인지 알게 되면 이들을 해결하기 위한 방안에 대해 계획을 세우도록 하지요"라고 말함으로써 첫 모임의 목적을 설명했다. 조안과 에밀리로부터 목적 설명에 대한 피드백을 구하려 할 때 어떻게 말할 것인지 기록하시오.

2. 여러분이 조안, 에밀리와 계속 이야기하면서 설명하기를 "당신과 딸 에밀리가 우리의 만남 중에 말하는 모든 것에 대해서는 비밀이 보장됩니다. 기관 밖의 누구도 당신이 나눈 정보에 접근하지 못할 것입니다. 단지 비밀보장에 예외가 있다면, 당신이 특별히 누군가에게 정보를 제공한다는 문서 의뢰를 하는 경우이거나 아동이 학대받거나 방임되는 경우입니다. 이 경우는 법에 의해 아동을 보호할 책임이 있는 당국에 보고하게 되어 있습니다. 그리고 만약 법정 출두 요청을 받는 경우에도 법정에 정보를 제공할 수 있습니다." 정책과 윤리적 요인에 관해 조안으로부터 피드백을 구할 때 여러분은 어떤 말을 할 것인지 기록하시오.

3. 여러분이 아동학대와 관련된 성인 및 아동에게 서비스를 제공하는 기관의 사회복지사라고 가정하자. 여러분은 4살 된 아들을 심하게 구타한 혐의가 있는 22세의 남자와 처음 만나고 있다. 그는 강제로 첫 만남에 왔다. 그는 법원 판결의 일부분으로서 상담받을 것을 요구받았는데, 상담의 결과에 따라서는 수감을 면할 수도 있다. 여러분은 여러분 자신을 소개했고 그에게도 자신을 소개하도록 했다. 그의 신체자세를 보아하니, 여러분은 그를 격식차린 방법으로 대해야 한다는 것을 직감한다. 여러분은 그를 "B씨"로 부르고, 원한다면 여러분의 이름을 불러도 좋다고 이야기한다. 여러분은 첫 만남의 목적에 대해 설명하면서, "오늘 만남에서는 당신의 현재 상황을 이해할 수 있기를 바라고 앞으로 함께 일해 나가는 데 있어 사전 목표를 밝혀낼 수 있었으면 합니다. 제가 아는 바로는 쿠퍼 판사가 당신에게 적어도 일주일에 한번 최소 6개월간 상담을 받으라고 요구한 것으로 알고 있습니다"라고 말하였다. 지금까지 한 말에 대해 B씨로부터 피드백을 구할 때 여러분은 어떤 말을 할 것인지 기록하시오.

4. 여러분이 B씨와 이야기하면서 설명하길 "저는 우리가 아동학대라는 폭력을 발생시킨 요인들을 파악할 수 있기를 바라고, 앞으로의 폭력적 행동을 없애기 위해 함께 일할 수 있기를 바랍니다. 당신이 알아야 할 것은 저는 법정이 관여된 이러한 상황과 관련하여 판사에게 정기적으로 보고서를 제출할 것이라는 점입니다. 저는 당신이 참석하는 세션의 수, 상담과정에서 당신의 협력 정도, 상담 진전에 대한 저의 평가 그리고 추후의 폭력 위험 가능성에 대한 사정 결과를 판사에게 보고할 것입니다" 이에 대해 B씨로부터 피드백을 구할 때 여러분은 어떤 말을 할 것인지 기록하시오.

요약

시작 단계 동안 여러분은 여러분을 소개하고 클라이언트로부터 소개를 받는다. 서로 인사를 나눈 후 여러분은 만남의 목적을 설명하고, 여러분이 할 전문적 역할을 설명하고, 만남 과정에 적극적으로 참여해야 한다는 클라이언트의 역할을 설명하고, 적용될 수 있는 관련 정책과 윤리적 요인들을 확인한다. 이러한 시작 단계 전 과정을 통해 여러분은 클라이언트로부터 정규적으로 피드백을 구하는 데, 클라이언트가 이해의 정도와 여러분이 한 말에 반응하고 있는지를 살펴본다. 시작 단계의 기술들을 사용함으로써 여러분은 원조과정의 행동원칙들을 명확히 할 수 있고, 클라이언트가 흔히 경험하는 초기의 양가감정을 완화할 수 있으며, 일의 방향을 잡는 데 도움이 된다.

■ Chapter 8 요약 연습

여러분이 여러 가지 다양한 사회적 서비스를 제공하는 인간서비스 기관에서 일하는 사회복지사라고 하자. 아래의 각 사례와 첫 만남을 준비한다고 생각하라. 아래의 공간에 여러분이 이들을 처음 만났을 때 할 것으로 예상되는 말과 행동에 대해 기록하시오. 이러한 일련의 연습을 위해 유용한 기술들은 다음과 같다: 자기 소개하기, 소개를 요청하기, 초기 목적과 전문 사회복지사의 역할을 설명하기, 클라이언트의 역할을 설명하기, 기관의 정책과 윤리적 요인들에 대해 논의하기, 피드백 구하기 등이다. 아래의 각 사례에서 여러분이 사용하는 시작 단계의 기술들을 명명하시오.

1. 아침에 어떤 여성이 기관에 전화를 해서 자기는 약 한 주 전에 일어난 사고에 대해 누군가와 이야기하고 싶다고 하였다. 그녀는 술집에서 어떤 남자를 만났는데 그 남자가 자기를 집에 데려다 주고는 성폭력을 했다는 것이다. 그녀는 자신은 범죄에 대한 감정을 조절할 수 있을 것으로 생각했다고 한다. 그러나 지금은 그 일을 극복해 나갈 도움이 필요하다는 것을 깨달았다. 그녀는 "마음이 불안하고 초조해 어찌할 바를 모르겠다"라고 말했다. 당장 약속이 이루어졌다. 여러분이라면 처음에 무엇이라고 말할 것인가?

2. 기관의 접수담당자가 여러분에게 대기실에 55세의 남자가 "나는 죽어야 해. 나는 죽어야 해"라고 말하면서 몹시 흥분한 상태에서 이리저리 왔다갔다하고 있다고 알려 준다. 여러분은 사전 약속을 정하지 않고 기관에 찾아오는 모든 사람들을 면담한 사회복지사이다. 여러분은 응접실로 가서 그 남자에게 여러분 사무실로 따라 오라고 요청한다. 처음에 여러분은 어떻게 할 것이며 무엇이라고 말할 것인가?

3. 최근 14세의 아프리카계 미국인 여학생이 자기 선생님에게 백인 남자친구의 아이를 가졌다고 말했다. 그녀는 선생님에게 빨리 낙태했으면 좋겠다고 말하면서 이 사실을 부모가 알면 자기를 죽이려 할 것이라고 말하였다. 선생님은 이 여학생에게 학교 사회복지사인 여러분과 이야기해 보라고 권했고, 여학생으로부터 이 상황에 대해 여러분에게 말해도 좋다는 허락을 받았다. 선생님은 오늘 중으로 약속을 정했다. 처음에 여러분은 무엇을 할 것이며 무엇을 말할 것인가?

4. 성희롱의 피해자인 8살 된 여자아이가 정서적 충격 상태에 있는 것으로 보인다. 이 여자아이는 사고가 일어난 후 단 한마디의 말도 하지 않고 감정을 표현하지 않는다. 아동보호담당 사회복지사는 아이에게 어떤 일이 일어났는지 이야기하도록 설득해 보지만 소용이 없다. 피해 아동을 전문적으로 도와주는 여러분에게 이 아이가 의뢰되었다. 가정방문을 하기로 되어 있다. 이 아이의 집을 찾아갔는데, 이 집에서 엄마와 같이 살고 있다. 법원의 심문을 기다리는 동안 범인으로 의심되는 이웃에 사는 19살의 청소년이 청소년센터에 유치되었다. 여자아이의 엄마는 손님을 맞으러 나간다. 여러분은 엄마와 8살 된 여자아이에게 처음에 뭐라고 말할 것인가?

5. 42세의 어떤 여성이 도움을 원하고 있는데, 그 이유는 지난 10여 년간 여러 차례 남편으로부터 거의 죽을 지경까지 구타당해 왔다는 것이다. 가장 최근에도 이런 일이 있은 후 그녀는 구타당하는 여성들을 위한 피난처인 쉼터를 찾았다. 여러분은 이 장에서 사회복지사로 일한다. 처음으로 그녀를 만나기로 되어 있다. 처음에 무슨 말을 할 것인가?

6. 최근, 14세의 소년이 자살하였다. 가족과 지역사회의 여러 구성원들, 그리고 학교 선생님과 학교행정가들은 학교에서의 집단 괴롭힘 때문에 그렇다고 생각한다. 약 10명의 부모들과 선생님들이 집단 괴롭힘 문제를 논의하기 위해 학교에서 모임을 갖기로 했다. 그들은 여러분이 이 모임을 이끌기를 요청했다. 처음에 무슨 말을 할 것인가?

7. 아래 빈칸에, 정책이나 윤리요인들에 대한 논의를 나중으로 연기해야하는 경우를 밝히시오. 논리적인 근거를 제공하고, 위험요소를 밝히시오.

Chapter 8 자기 평가

이제 여러분은 8장을 끝내고 연습문제를 완성하였다. 여러분이 시작 기술에 숙달된 정도를 평가해 보시오.

자기 평가: 시작 기술

여러분의 시작 기술에 대한 숙달 정도를 스스로 평가하기 위해 아래의 문항들에 응답하시오. 그리고 난 후, 평가척도를 사용하여 각각의 문항에 동의 또는 동의하지 않는 정도를 표시하시오.

4 = 전적으로 동의한다
3 = 동의한다
2 = 동의하지 않는다
1 = 전혀 동의하지 않는다

4	3	2	1	문항
☐	☐	☐	☐	1. 나는 시작 기술의 목적과 기능을 논의 할 수 있다.
☐	☐	☐	☐	2. 나는 사회복지사 소개하기 기술을 설명하고 실행할 수 있다.
☐	☐	☐	☐	3. 나는 클라이언트에게 소개 권유하기 기술을 설명하고 실행할 수 있다.
☐	☐	☐	☐	4. 나는 초기 목적을 설명하기 기술을 설명하고 실행할 수 있다.
☐	☐	☐	☐	5. 나는 클라이언트의 역할을 설명하기 기술을 설명하고 실행할 수 있다.
☐	☐	☐	☐	6. 나는 사전 공감 기술을 설명하고 실행할 수 있다.
☐	☐	☐	☐	7. 나는 기관의 정책과 윤리적 요인에 대해 논의하기 기술을 설명하고 실행할 수 있다.
☐	☐	☐	☐	8. 나는 피드백 구하기 기술을 설명하고 실행할 수 있다.
				소계

참고: 위의 문항들은 부록 3의 사회복지실천기술 자기 평가도구의 탐색 기술부분에 제시되어있다. 여러분은 이전에 위의 문항들에 응답한 적이 있을 것이다. 여러분은 이전의 여러분의 응답과 이번에 여러분이 응답한 것을 비교할 수 있다. 이전의 점수보다 이번의 점수가 높다면 여러분이 탐색 기술과 관련하여 진전을 보인 것이다.

마지막으로 이 장에서 다룬 사회복지실천기술과 자기 평가 결과를 분석한 후, 1페이지 분량의 보고서를 준비하시오. 보고서의 제목은 시작 기술의 숙련에 대한 자기 평가로 하시오. 보고서에는 여러분이 알고 있고 잘 수행할 수 있는(예: 3점이나 4점) 기술을 반드시 밝히시오. 또한 보다 연습을 요하는(예: 2점 이하) 기술을 구체적으로 밝히고 그러한 기술을 숙련하기 위한 계획을 세워 보시오. 보고서를 완성한 후 보고서를 사회복지실천기술 학습 포트폴리오에 포함하시오.

CHAPTER 9

탐색 기술

　　시작 단계 다음으로 여러분은 사람-문제-상황에 대한 탐색을 해야 한다. 이 장은(박스 9.1 참조) 여러분이 클라이언트로 하여금 자신에 대해 가지는 생각과 느낌, 그리고 사회복지사를 만나도록 이끈 어려움과 상황(사회적인 주변상황과 환경)을 함께 나눌 수 있는 탐색 기술을 익힐 수 있도록 도와줄 것이다. 탐색과정을 통하여 여러분과 클라이언트는 정보를 수집하며, 사람-문제-상황에 대한 좀 더 정확하고 현실적인 지식을 얻게 된다. 또한 클라이언트는 탐색과정을 통해 그들 자신에 대한 이해를 높이기도 한다. 타인과의 솔직한 대화는 대개 자기 자신에 대한 경청을 수반하기 때문에 자신에 대한 더 깊은 이해는 자신을 개방하여 표현하는 결과를 가져온다. 클라이언트는 사실뿐만 아니라 그들의 생각, 의견, 그리고 감정을 공유하면서, 여러분의 반응을 지각할 뿐 아니라 그들 스스로의 반응을 더욱 깊이 체험하게 된다. 탐색과정을 통하여 여러분과 클라이언트는 사람, 문제, 상황에 대한 정보를 함께 고려하는 데, 이는 여러분과 클라이언트가 문제의 근원, 문제의 전개 그리고 문제를 유지시키는 요인들뿐만 아니라 문제해결에 유용하게 사용될 수 있는 장점, 속성, 자원들을 이해하도록 돕는다. 이들 정보는 여러분의 전문적인 지식과 함께 개입, 계획 및 사정을 개발하는 데 도움을 줄 것이다.

　　탐색 과정에 가장 적절한 기술들은 (1) 질문하기(asking questions), (2) 명확히 하기(seeking clarification), (3) 내용 반영하기(reflecting content), (4) 감정 반영하기(reflecting feelings), (5) 감정과 의미 반영하기(reflecting feeling and meaning), (6) 세분화하기(partializing), (7) 대화 내용을 넘어선 부분을 이해하기(going beyond what is said)이며, 이러한 기술들은 사람, 문제, 상황을 탐색하는 데 사용된다.

9장의 목적은 여러분이 탐색 기술들에 숙달하도록 돕는 것이다.

목표

9장을 마친 후 여러분은 다음과 같은 기술들에 숙달되어야 한다:

- 탐색 기술의 목적과 기능을 논의하기
- 사람-문제-상황과 관련된 측면을 탐색하고 강점을 찾아내기
- 질문하기
- 명확화 하기
- 내용 반영하기
- 감정 반영하기
- 감정과 의미 반영하기
- 세분화화기
- 대화내용을 넘어선 부분을 이해하기
- 탐색 기술을 사정하는 능력

핵심 역량

이 장에서 논의되는 기술은 다음의 핵심 EPAS를 지지한다.

- 전문적인 사회복지사임을 확인하고, 그와 같이 행동하기(EP2.1.1)
- 사회복지윤리강령을 전문적인 실천 지침에 적용하기(EP2.1.2)
- 비판적인 사고를 전문적인 판단을 고지하고 소통하는 데 적용하기(EP2.1.3)
- 실천에 있어서 다양성과 차이점을 관여하기(EP2.1.4)
- 인간행동과 사회환경에 대한 지식을 적용하기(EP2.1.7)
- 실천에 영향을 미치는 관계맥락에 대응하기(EP2.1.9)
- 개인, 가족, 집단, 단체 및 지역사회와 관계하기(EP2.1.10[a-b])

클라이언트나 다른 사람들을 탐색하는 과정에서, 우리는 문제점들에 대한 근원이나 역사뿐만 아니라 현재 상태에 대한 공동 조사를 위해서 그들을 참여시킨다. 우리는 또한 문제 해결을 위한 과거의 시도와 그 결과를 검토하게 된다. 욕구, 문제, 이슈뿐만 아니라 요구, 열망, 목표를 공동으로 참작하기 위해 클라이언트를 참여시킨다. 목표에 관련해서, 우리는 클라이언트의 두 가지 개념에 대해서 살펴본다. (1) 이루어진다면, 현재의 문제는 자연적으로 없어지거나 줄어드는 목표, (2) 이루어진다면, 삶의 질이 향상되거나 복지감이 고양되는 목표.

사회복지사로서, 우리는 각각의 클라이언트가 사회적, 물리적인 환경의 맥락 안에서 유일무이 하며, 중요한 개인, 가족, 집단, 조직, 또는 지역사회라고 생각한다. 클라이언트와 환경의 특성과 성향이 현재의 문제점과 목표에 영향을 준다. 그러므로 환경 속의 개인(혹은 환경 속의 클라이언트)이라는 관점을 받아들이게 되며(그림 9.1 참조), 클라이언트 및 상황 모두에 대해서 알고자 한다. 환경속의 클라이언트에 대한 탐색에서, 개인과 환경에 대한 도전이나 장애물뿐만 아니라 장점 및 자질에 대한 정보를 얻고자 한다. 이러한 과정에서, 클라이언트의 생물심리사회적 삶의 원형(Life Spheres)(그림 9.2 참조)과 물리적 환경에서 나타나게 되는 두 가지 종류의 목표(즉, 문제 해결과 삶의 질

그림 9.1 환경 속의 개인/환경 속의 클라이언트

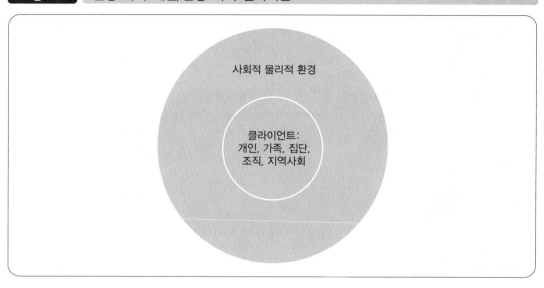

그림 9.2 생물심리사회적 삶의 원형(Life Spheres)

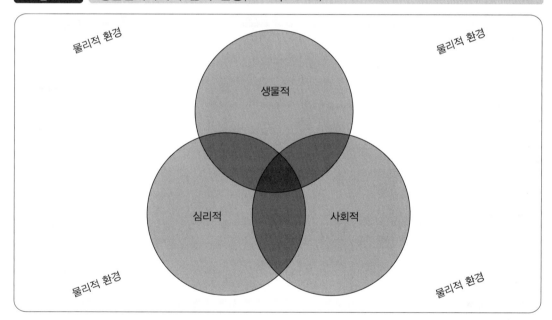

향상)뿐만 아니라 문제점에 대한 정보를 수집하게 된다.

문제와 목표는 부분적으로 혹은 전체적으로 관련된 개인에게 있으며, 부분적 혹은 전체적으로 사회적 혹은 물리적 환경에도 있다. 비슷하게도, 클라이언트와 사회복지사는 문제와 목표를 부분적 혹은 전체적으로 사회적, 심리적, 혹은 생물학적인 것으로 개념화할 수도 있다. 물론, 문제와 목표에 관한 특정한 생물심리학적인 측면과 차원이나, 생태적 환경적 맥락에서의 삶의 원형과 영역은 클라이언트마다 다르다. 그러나 사회복지사는 클라이언트로 하여금 생물적인 차원(예:

상자 9.2   선택된 생물심리사회적 차원의 요약

생물적	심리적	사회적	환경적(물리적)
• 유전적 성향 • 보건 및 신체적 능력 • 질병, 상해 • 화학 물질 • 생물-생태적 상태	• 개인적 행동 • 감성 및 정서 • 인지신념 및 기대 • 이미지 및 시각화 • 지각 • 감각	• 우정체계 • 가족체계 • 고용체계 • 근린체계 • 문화체계 • 종교 및 영적체계 • 보건체계 • 조직체계 • 지역체계 • 법률체계 • 사회체계	• 안전/위험 • 공기 • 물 • 음식 • 쉼터/주거 • 의복 • 프라이버시 • 소음/고요함 • 운송 • 자극: 지적, 정서적, 사회적, 물리적

그림 9.3   개념지도 - 선택된 생물심리사회적 및 환경적 차원

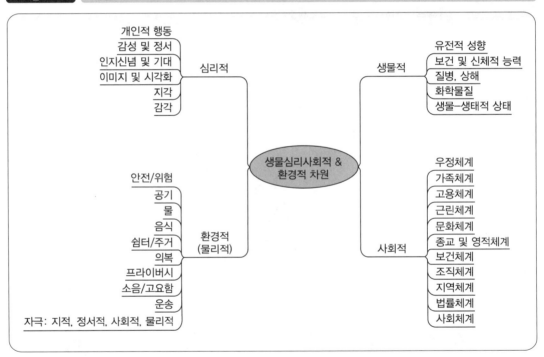

유전적 요인, 보건, 질병, 약물, 환경화학물질 등), 심리적 차원(지각, 인지, 태도, 기대, 신념 등), 사회적 차원(예: 가족, 집단, 조직, 이웃, 지역사회, 문화, 사회 등)을 고려하게끔 해야 한다. 물론 물리적 환경(예: 주거, 수질, 소음, 의복, 사생활 등)에서의 문제와 목표 역시 공통점이 있다. 사회복지사로서 우리는 사회적 맥락뿐만 아니라 물리적인 측면까지도 항상 고려해야 한다. 또한 관련체계의 정책과 실천 역시 긍정적이든 부정적이든 삶의 생물적, 심리적, 사회적, 그리고 환경적인 측면에 영향을 미친다는 것을

그림 9.4 　개념 지도 - "노숙자 페이서"

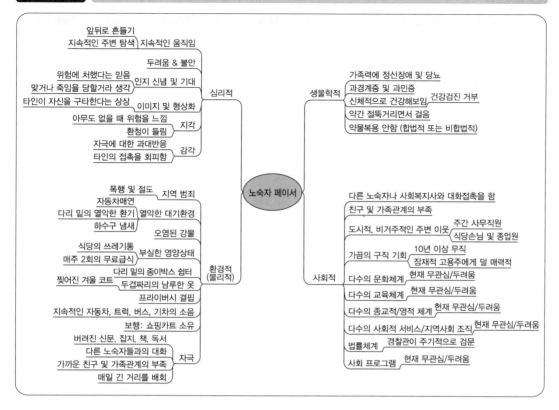

인식해야 한다.

여러분과 여러분의 클라이언트가 환경 속의 개인이라는 관점에서 문제와 목표를 탐색하려면, 여러분은 박스 9.2에 요약된 것과 같은 생물심리사회적 그리고 환경적인 차원들을 고려하는 것이 좋다.

이와 같은 조직적인 요약에 대한 대안이나 추가요소로서, 여러분은 잠재적으로 관련있는 생물심리사회적 그리고 환경적 차원을 묘사하기 위해 개념지도를 만들 수도 있다(Mueller & others, 2005). 그림 9.3은 개념지도의 선택된 차원을 포함하고 있으며, 이것은 사회복지사와 클라이언트가 환경 속의 클라이언트라는 관점에 입각하여 문제와 목표에 관한 핵심적인 생물심리사회적 환경적인 차원을 탐색하는 과정에 안내역할을 한다.

여러분이 실제로 개념지도를 준비할 때, 차원은 클라이언트의 세부적 정보로 대체될 수 있다. 그림 9.4는 도시중심부 외곽의 작은 강가의 다리 밑에서 살고 있는 한 남성 노숙자에 대해 부분적으로 완성된 개념 지도를 묘사한다. 그가 자신의 이름을 알려주지 않았기 때문에, 끊임없이 움직이고 걸어 다니는 그의 특징에 착안하여 "노숙자 페이서(pacer)"라고 지칭하였다.

클라이언트와 탐색과정을 시작하면서, 표 9.1의 모형을 참고할 수 있다. 클라이언트와 함께 문제의 현재 상태를 탐색하고(칸 1), 문제가 과거에는 어떠했고, 어떻게 현재 상태로 발전되었는지를 추적한다(칸 2). 이러한 절차를 수행함으로써 많은 클라이언트들은 자신들에 대한 개인적인 사실들뿐만 아니라 상황에 대한 여러 가지 요소들을 자연스럽게 설명하기 시작할 것이다. 필요하다

표 9.1　탐색표

	현재	과거	미래
문제/이슈 및 목표	1	2	7
개인/클라이언트(생물심리사회적)	3	4	8
상황(사회적 물리적 환경)	5	6	9

면 클라이언트가 현재 자신에 대해 가지고 있는 관점(칸 3)을 조사하고, 다음으로 그들의 과거 경험(칸 4)을 돌아보게 한다. 그리고 사회적 맥락과 물리적 환경을 포함한 현재 상황(칸 5)과 과거에는 상황이 어떠했는지에 대해 클라이언트들이 설명하게 한다(칸 6). 마지막으로 만약 문제와 상황이 과거와 같이 계속된다면 미래가 어떠할 것인지 상상해 보게 한다(칸 7, 8, 9). 클라이언트 자신, 그들이 가진 문제, 혹은 그들이 처한 상황이 바뀐다면, 그로 인해 발생 가능한 결과도 고려해 본다.

물론 이 아홉 가지의 차원은 서로 중복되며, 자연스럽게 관련된 생물심리사회적, 환경적 요인들을 고려하게 된다. 문제가 논의되면서 클라이언트는 자신이나 자신이 처한 상황에 대해 이야기할 수도 있다. 현재 상황을 탐색하면서 클라이언트는 과거나 미래에 대한 희망과 두려움을 나타낼 수도 있다. 어떤 차례나 순서를 유지하기 위해 클라이언트와의 대화를 중단할 필요는 없으며, 그들의 방식으로 말할 수 있도록 해야 한다. 위의 탐색표를 정해진 면담 스케줄로 생각하지 말고, 사람-문제-상황에 대한 적절한 요소들을 클라이언트와 함께 탐색하기 위한 길잡이로 생각하는 것이 좋다.

문제에 대한 탐색은 문제의 현재 상태(문제의 심각성, 반복되는 정도, 문제의 지속 기간)와 문제가 발생한 맥락에 대해 조사하는 것을 말한다(표 9.2 참조). 사회복지사로서 여러분은 문제 발생 전과 발생 도중, 그리고 문제 발생 후에 일어나는 일에 관심을 기울여야 한다. 아울러 문제의 과거상황에 대해서도 탐색해야 한다. 즉 문제 발생 초기부터 현재 상태까지의 발달 과정을 추적한다. 클라이언트의 문제를 탐색하면서 여러분은 문제를 해결하거나, 대처하거나, 혹은 회피하려 했던 클라이언트의 시도를 조사해야 한다. 여러분은 성공적이거나, 대체로 성공적이었던, 그리고 성공적이지 못했던 클라이언트의 시도에 대한 정보를 얻으려고 해야 한다. 문제를 해결하기 위해 사용했던 강점들과 자원들을 밝히는 것도 잊어서는 안 된다. 탐색 과정의 일부분으로 여러분은 클라이언트가 문제와 관련 있는 사고, 감정, 행동 등을 공유할 수 있도록 격려해 주어야 한다.

탐색과정은 문제가 발생할 가능을 증가 혹은 감소시키는 요인들을 밝혀내고 검토하는 것을

표 9.2　문제/이슈 탐색

발생	문제의 근원을 탐색한다. 문제가 처음 일어난 상황
진행	문제/이슈가 전개되는 것을 탐색한다. 언제 어떻게 좋아지거나 나빠졌으며, 언제 어떻게 클라이언트가 대응하였나를 탐색한다.
빈도	얼마나 자주 문제/이슈가 일어나는가 탐색한다.
상황맥락	언제 어디서 어떻게 문제/이슈가 일어났는가를 탐색한다.
심각성/강도	문제의 심각성이나 세기를 탐색한다.
기간	얼마나 오랫동안 문제/이슈가 지속되었는지 탐색한다.

포함한다. 예를 들어, 제서[Jessor(1991)]는 청소년들의 위험 행동에 대한 개념도식(conceptual scheme)을 개발하였다. 그는 5개의 영역(생물학/유전학, 사회적 환경, 지각된 환경, 성격, 행동)에서 위험요인과 보호요인의 관계성을 가정하였다(Astatke, Black, & Serpell, 2000).

위험요인이란 "부정적인 결과를 초래할 가능성이 높은 개인적 또는 환경적 표식(marker)"으로 정의내릴 수 있다(Small, 2000). 위험요소의 개념은 질병, 부상, 위험행동과 관련된 역학 연구 및 공공보건 연구분야에서는 흔히 볼 수 있는 개념이다. 실례로 미국 질병통제 및 예방센터에서는 위험요인을 밝혀내고 조정하기 위하여 행동적 위험요인 감시체계(Behavioral Risk Factor Surveillance System: BRFSS)를 지원하기도 하였다(Centers for Disease Control and Prevention: CDC, 2006).

위험요인 이외에도, 보호적, 회복적 요인들을 밝혀내야 한다. 보호적/회복적 요인들이란 다음과 같다.

스트레스성 사건이나 위험을 견뎌내는 개인의 능력을 고양하고, 적응 및 경쟁력을 제고하는 개인적 또는 환경적인 안전장치이다. 중요하지만 자주 간과되는 보호과정의 한 측면은 바로 보호적/회복적 요인들은 위험요인이 존재할 때만 그 기능이 작동한다는 것이다.
위험요인과 보호요인은 개인 내부와 개인이 살고 있는 다양한 환경에 걸쳐서 나타날 수 있다. 다양한 문제들은 공통적인 위험요인을 가지고 있을 수 있다.
위험요인은 종종 다발적으로 일어나며, 추가적 위험이나 때로는 기하급수적 위험을 동반하기도 한다. 부정적 결과를 초래하는 단 하나의 위험요인이 존재하는 것이 아니라 다수의 위험들이 축적된 상태이다(Small, 2000).

다양한 사회문제와 관련된 위험 및 보호요인에 대한 연구는 지난 수십년 동안에 걸쳐서 광범위하게 축적되어 있다. 초기에는 심리병리학적 발달과 관련된 요인들이 주목을 받았다(Garmezy, 1985; Garmezy & Masten, 1986; Rutter, 1979, 1987; Wenner, 1986, 1989). HIV/AIDS 감염과 관련된 요인들에 대한 관심은 비교적 최근의 일이다(Amaro, Raj, Vega, Mangione, & Perez, 2001; Langer, Warheit, & McDonald, 2001). 약물남용 연구도 풍부한 편이다(Botivin, 1998; Catalano, 2002; Center for Substance Abuse Prevention, 2001). 강점, 경쟁력, 회복성, 삶의 질에 대한 개념은 보호요인의 개념과 관련이 있다는 것을 쉽게 알 수 있다. 여러분이 클라이언트와 더불어 문제를 탐색하고자 할 때, 위험 및 보호요인들은 표 9.3(CDC, 2006)에 나타난 바와 같은 형식으로 정리를 할 수가 있다. 클라이언트는 종종 자신들의 경험에 근거하여 특정 위험 및 보호요인들을 밝혀낼 수 있다. 추가적으로, 사회복지사는 병리역학적 연구를 기반으로 해서 특정 위험 및 보호요인을 고찰할 수 있다.

문제에 대한 탐색과정중에, 사람들은 종종 원인과 해결책에 대한 자신들의 가설이나 이론을 서로 공유한다. 관련된 사람들, 문제, 그리고 상황에 대해서 명확하게 알고 있다면, 클라이언트로 하여금 문제에 대한 자신의 생각, 가설, 및 이론을 공유하도록 권유한다. 많은 클라이언트들은 "왜" 문제가 일어났는가, 혹은 "어떻게" 문제가 해결될 수 있는가에 대한 자신들의 생각이나 설명을 기꺼이 공유하려고 한다. 전자는 "설명가설", 후자는 "변화지향가설"이라고 하자. 물론 사회복지사 역시 인간행동과 사회환경에 대한 이론지식, 실천 경험, 그리고 관련된 연구에 기반하여 가설들을 설정한다. 그러나 그림 9.4가 묘사하는 바와 같이 사회복지사는 자신의 가설뿐만 아니라 클라이언트의 가설도 밝혀내려고 해야 한다.

표 9.3	위험 및 보호/회복 요인표 –HIV/AIDS
위험 요인	보호/회복 요인
보호받지 못한 성관계(예: 구강, 항문, 질)	금욕
	HIV음성인 한명의 파트너와 성관계, 일부일처제
	보호된 성관계(예: 콘돔 사용)
혈액이나 체액이 묻을 수 있는 바늘, 주사기 및 약물투여도구를 서로 공유함	주사바늘, 주사기의 일회사용(약물, 스테로이드, 비타민, 피어싱, 문신)
	혈액이나 체액이 묻을 수 있는 약물투여도구를 혼자만 사용
HIV양성환자로부터의 수혈	검증되고 안전한 수혈

클라이언트의 설명가설과 변화지향가설은 종종 대단히 유용하며, 클라이언트가 문제, 목표, 자기자신 및 상황을 바라보는 방식을 이해하고, 위험 및 보호요인을 이해하는 데 많은 기여를 한다. 그러나, 가끔씩 가설들이 실제 사건이나 잠재적 해결책과는 무관한 것처럼 나타날 수도 있다. 관련성의 여부와 관계없이 클라이언트의 설명가설과 변화지향가설을 기억하고 있는 것이 좋다. 왜냐하면, 그것들이 문제해결에 대해 기여할 수도 있고 방해할 수도 있기 때문이다. 실제로 어떤 클라이언트는 원인이나 변화에 관련하여, 문제해결에 방해물이 되는 고정된 시각을 가지고 있다. 예를 들어, 한 십대 소년은 엄마의 잔소리가 문제의 원인이라고 생각할 수 있다. 또한 소년은 엄마의 행동적 측면에서 해결책을 찾고 있다. "만일 엄마가 달라진다면 상황은 좋아질 거예요." 만약 그 소년이 이런 고정된 시각을 고수한다면, 또는 여러분이 소년의 가설에 대한 타당성을 의심 없이 받아들인다면, 책임과 통제의 위치는 그 소년으로부터 엄마에게로 뒤바뀌게 된다. 소년의 관점에 의하면, 엄마는 "박해자"가 되고, 소년은 "피해자"가 되는 것이며, 사회복지사인 여러분은 "구원자"가 될 처지에 놓이게 된다. 만일 실제 문제에 대한 정확한 이해가 소년의 심각한 약물남용 문제와 연관되어 있다면, 일은 힘들어지게 된다. 소년이 말한 "엄마의 잔소리"가 실제로는 자식의 약물남용에 대한 엄마의 염려일 수도 있다. 만약 사회복지사가 소년의 가설을 잘못 승인한다면, 사회복지사는 소년이 약물남용을 계속하도록 자신도 모르게 도와주는 셈이 된다.

이상적으로는, 클라이언트와 사회복지사의 설명가설과 변화지향가설이 서로 비슷하거나 적어도 모순되지 않아야 한다. 두 사람의 가설이 서로 많이 일치할수록(그림 9.5 참조), 클라이언트는 사회복지사와 긍정적이고 생산적인 관계를 형성할 가능성이 높아질 것이다. 가설이 서로 많이 다를수록, 클라이언트는 사회복지사와 부정적이고 비생산적인 관계를 형성할 가능성이 높으며, 결국 서비스 중단에 이르게 될 것이다.

그러나 가설을 탐색하는 데 있어, 문제의 원인에 대한 지나친 집중은 탐색과정을 제한할 수도 있다. 어떤 클라이언트와 사회복지사는 사건과 상황에 대한 사실적 기술과 감정적 표현보다는 지식적 분석을 선호하기도 한다. 불행하게도 이와 같은 선호는 문제에 대한 자세한 탐색이나 감정표현을 저해하기도 한다. 사람들은 종종 지식화(intellectualization)라고 불리는 과정을 통해서 추상적 인식적 사고에 예속되며, 그렇게 함으로써 지각된 강렬한 감정으로부터 자신을 보호하거나 방

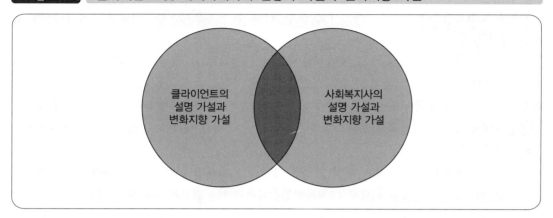

| 그림 9.5 | 클라이언트 및 사회복지사의 설명적 가설과 변화지향 가설 |

어하려고 한다. 대부분의 경우에, 클라이언트와 사회복지사는 기술적인 정보를 탐색한 후 현상의 합당한 이유에 대해 점검한다. 사실 및 상황에 대한 명확한 이해를 바탕으로 할 때, 분석의 질은 향상되는 경향이 있다. 클라이언트와 사회복지사가 사람-문제-상황에 대한 충분한 탐색을 하기 전에는 "왜 그런 일이 일어났다고 생각하는가?" 혹은 "무엇 때문에 그런 일이 일어났다고 생각하는가?"라는 질문은 잠시 미루는 것이 좋다.

사람에 대한 탐색은 클라이언트가 인격체로서 자신에 대해 이야기하도록 도와주는 것을 말한다. 특히 이 차원에서 여러분은 클라이언트의 경험에 대한 클라이언트의 사고, 감정, 행동에 관심을 기울인다. 클라이언트가 가진 개인적인 강점과 능력뿐만 아니라 약점이나 결점에 대한 정보도 파악하도록 한다. 사고와 관련해서는 클라이언트의 사고와 — 그것이 믿음으로 나타나는가(클라이언트가 자신에게 하는 말), 아니면 이미지로(클라이언트가 그리는 마음의 그림) 나타나는가 — 사고의 과정에 대한 내용(클라이언트가 한 생각에서 다른 생각으로 옮겨갈 때 취하는 인지적 절차)을 탐색한다. 감정과 관련해서는 클라이언트의 감정(분노, 두려움, 슬픔)과 신체적 지각(에너지, 피로, 근육의 긴장, 구역질) 등을 고려하고, 행동과 관련해서는 명백히 나타나는 행동(걷기, 말하기, 치기, 보기)과 보이지 않는 행동(예를 들어 단정적 요청과 같은 행동으로, 클라이언트가 어떠한 상황에서 취할 수 있었으나 어떠한 이유로 취하지 않은 행동)을 탐색한다.

때때로, 문제의 성격에 따라 개인적 스타일이나 성격적 특성을 탐색할 필요가 있다. 클라이언트는 자신을 이해하는 데 도움이 되는 특성이나 특질에 대해 언급할 수 있다. 예를 들어, 한 중년의 여성이 "자신은 비판에 굉장히 민감하다"거나 혹은 "자신의 감정은 쉽게 상처받는다"라고 말할 수 있다. 한 노년의 남성은 "감정적으로 무딘 상태"라거나 "감정이 메말랐다"라고 말할 수 있다. 이와 같은 특성들을 이해하는 것은 개인-문제-상황을 이해하고 목표 달성을 위한 계획을 세우는 데 도움이 된다.

또한, 클라이언트의 생물적, 의학적인 상태를 점검하는 것도 탐색과정에서 필요할 수 있다. 예를 들어, 당뇨, 간질, 심장질환 및 중독 등과 같은 보건관련 요인들은 개인-문제-상황을 이해하는 데 종종 도움을 준다. 문제를 좀 더 깊이 이해하기 위해서는 클라이언트의 영적이거나 종교적인 신념들에 대해서도 알아볼 필요가 있다. 실제로, 어떤 종교에서는 특정한 의학적 절차의 적용을 거부한다. 또 다른 종교에서는 불행은 악행의 결과라고 간주한다. 인생의 의미와 목적에 대한 핵심적인 신념은 클라이언트가 자기 자신, 타인, 환경, 및 직면한 문제를 어떻게 이해하는가에 영향을 미친다.

대부분의 문제들은 여러 가지 사회적인 측면을 가지고 있기 때문에, 일반적으로 사회복지사는 클라이언트로 하여금 그들의 주요한 인간관계나 관계형성의 방법을 탐색하게끔 도움을 준다. 예를 들어, 클라이언트는 자신의 관계형성 스타일(예: 공격적, 단정적, 수동적)이라든지, 혹은 갈등이나 긴장상태에서 자신이 어떻게 사회적으로 반응하는지에 대해 탐색해볼 수 있다(예: 맞대항, 꼼짝 못함, 위축).

종종 클라이언트가 선호하는 대처 과정과 그들의 문제해결 전략은 서로 관련이 있다. "스트레스, 실망감, 혹은 좌절감을 어떻게 대처하시겠습니까?"라는 질문은 이해를 심화하고, 개입의 잠재적인 방향이나 해결방법을 드러내는 데 기여할 수 있다. 비슷한 경우로, "당신이 이와 같은 문제를 직면했을 때, 일반적으로 어떤 방법으로 문제를 해결하려고 하나요?"라는 질문 역시 문제해결의 패턴이나 방법을 이해하는 데 도움을 준다.

상황에 대한 탐색에는, 현재의 상황과 관련 있다면 과거의 배경을 조사하는 것이 포함된다. 사람, 표출 문제, 그리고 문제해결에 유용하다면, 상황에 대한 사회적, 경제적, 문화적 요소에 대한 정보를 수집한다. 주요 타인, 가족 체계, 지역사회, 인종 그룹, 종교활동, 주택, 교육, 고용과 재정 등에 관한 정보도 수집한다.

미래에 대한 탐색은 문제, 사람, 상황이 미래에 어떠할 것인지를 탐색하는 것이다. 여러분은 특별히 세 가지의 시나리오를 탐색하는 데 주력해야 할 것이다. (1) 만약 현재의 문제가 지속된다면 문제, 사람, 상황이 어떻게 될 것인지, (2) "가능한 최악의 상황"의 시나리오는 무엇인지, (3) 문제와 그 문제가 사람이나 상황에 미치는 부정적인 영향이 완전히 해결되면 "나타날 수 있는 가능한 최선의 상황"에 대해 생각해 본다. 후자의 과정은 여러분과 클라이언트에게 개입을 위해 가능한 방향을 밝히도록 도와주기 때문에 때로는 상당히 의미가 있다.

여러분이 클라이언트와 함께 사람-문제-상황을 탐색할 때, 여러분은 여러분 자신이 클라이언트가 처한 문제와 어려움에 주목하는 것과, 강점 및 자원에 주목하는 것 사이에 균형을 이루지 못하고 있음을 인식할 때도 있을 것이다. 어떤 경우 클라이언트는 문제를 부인하거나 최소화하면서 모든 것이 "좋다"라고 강조하기도 한다. 어떤 비자발적 클라이언트는 "장미빛" 불균형을 ─ 적어도 처음에─ 나타내기도 한다. 그러나 다른 클라이언트들은 탐색 과정 동안 그들이 처한 문제나 딜레마, 고통스러운 사건에 집중하기도 한다. 이러한 모든 현상을 이해 못할 것은 아니다. 많은 클라이언트들은 매우 혼란스러워 하기 때문에 가장 고통스럽다고 느끼는 것에 관심을 집중하는 것은 당연하다. 이와 마찬가지로 원조 전문가들 또한 클라이언트가 가진 증상이나 문제, 질병, 고통, 또는 장애에 우선적으로 주의를 기울이도록 교육받아 왔다. 여러 가지 요인들이 문제로 기우는 원인이 된다. 그러나 사회복지사로서 여러분은 문제와 욕구뿐만 아니라 강점과 자원도 적절히 탐색해야 한다. 그렇지 않으면 여러분과 클라이언트는 탐색과정을 완전하게 이해하지 못한 채 끝낼 수도 있다.

강점을 찾음으로써 여러분은 ─ 클라이언트의 현실을 부인하거나 경시하지 않으면서 ─ 환경 속의 인간의 강점을 서서히 탐색하는 것이다. 강점을 찾는 것은 "보호요인"을 밝히는 과정과 부분적으로 일치한다(Fraser, Richman, & Galinsky, 1999, Gilgun, 1998, 2004a, 2004b). 여러분은 질문하기, "미완성" 또는 "빈칸 채우기" 문장에 대한 반응 알아보기 및 적극적 경청하기를 통해서 강점을 찾아낼 수 있다. 클라이언트는 힘든 문제와 상황을 대처해 나가면서 종종 믿기 힘들 정도로 대단한 강점과 탄력성을 보여주기도 한다. 실제로, "영웅적"이라는 말은 그와 같은 클라이언트에게 적용되는 것이다.

다른 개념 모형과 마찬가지로, 강점 찾기 식의 접근법은 여러 가지 위험요소들을 내포하고 있다. 그 중에서도 가장 위험한 것은 사회복지사가 문제나 상황에 대한 충분한 탐색을 하기도 전에 클라이언트에게 긍정적인 특성을 찾아보라고 강권하는 것이다. 5장에서 언급되었던 것처럼, 높은 서비스 탈락률은 원조전문가가 문제에 대한 클라이언트의 관점이나 경험을 정확하게 이해하지 못했을 때 나타난다(Epperson et al., 1983; Pekarik, 1988; Wierzbicki & Pekarik, 1993). 사회복지사가 강점 찾기에 집착하다보면, 클라이언트가 자신의 방식대로 문제를 설명하고 논의하는 것을 방해하게 되며, 결국 클라이언트는 자신의 의견이 무시당하고 이해받지 못한다고 느끼며 좌절하게 될 것이다. 많은 클라이언트가 최초 방문 이후에 발길을 끊을 수도 있다. 역설적으로, 성급한 강점찾기는 클라이언트를 지원하는 것이 아니라 위축되게 만든다. 이러한 것의 예로서, 이제 방금 무릎을 다친 한 소녀의 경우를 생각해 볼 수 있다. 소녀는 아파서 울음을 터뜨리려고 한다. 한 어른(예: 부모나 선생님)이 말하기를 "너는 이제 다 컸단 말이야! 네 무릎이 까져서 아프다는 것은 알아. 하지만 너처럼 다 큰 소녀는 울음을 참을 수 있어!"

이렇게 말하는 것은 소녀가 울음을 멈추도록 동기를 부여하고, 그 결과 소녀는 자기가 다 큰 사람처럼 느끼게 될 수 있다. 그러나 그 소녀는 자기가 이해받았다고 생각하지는 않을 수도 있다. 실제로, "나는 당신이 생각하고 느끼는 것보다도 더 잘 생각하고 느낀다"라는 자세는 공감적 이해를 위해 결코 바람직하지 않다. 그 소녀는 어른들의 질책을 피하거나, 혹은 "다 큰 소녀"의 이미지를 유지하기 위해서, 자신이 정말로 경험한 것에 대한 감정의 표출을 억제했을 것이다.

이와 같은 패턴이 나이와는 상관없이 사회복지사와 클라이언트의 관계에서 어떻게 나타나게 될지 생각해보라. 상대방의 감정이나 경험을 축소하고 부정하는 것은 그것이 비록 강점찾기를 위한 것이라고 해도 클라이언트에게 부정적인 영향을 미친다. 경험, 사건 및 상황에 대한 불완전한 탐색은 건설적인 관계와 긍정적인 결과를 방해하게 된다.

그러므로 강점을 찾는 과정에서 여러분은 클라이언트의 견해와 탐색의 적절한 시점을 염두해두어야 한다. 일반적으로 강점찾기는 사회복지사가 문제에 대한 클라이언트의 관점을 충분히 이해하고, 관련된 개인과 상황을 탐색하고 난 후에 이루어진다.

강점은 사람, 상황, 또는 문제에 대한 대응에서 나타날 수 있다. 여러분은 능력, 사회적 지지, 성공, 삶의 교훈의 영역에서 강점을 찾아보아야 할 것이다(표 9.5 참조).

이떤 클라이언트든지 자신만의 능력과 재능을 가지고 있다. 또한 자신에 대한 다양한 신념도 가지고 있다. 그렇기 때문에 여러분은 이 두 가지 – 신념과 현실 – 차원에서 클라이언트의 강점을 파악하고 탐색하도록 해야 한다. 능력을 찾는 것을 통해서 여러분과 클라이언트는 클라이언트의 숙련과 효능감과 관련해서 믿을 수 없을 만큼 유용한 특성과 속성을 발견할 수 있을지도 모른다. 여러분이 의식적으로 이러한 특성과 속성을 구하지 않는다면 그것들을 결코 알 수 없을 것이다.

여러분은 클라이언트에게 다음과 같은 질문을 던짐으로써 그들의 능력을 파악할 수 있다:

표 9.4	강점찾기		
	사람	상황	문제
능력			
사회적 지지			
성공			
삶의 교훈			

"사람들이 당신의 재능과 능력에 대해서 당신을 칭찬할 때, 그들이 주로 무엇을 언급하던가요?" "사람들이 당신의 특별한 재능과 성격을 칭찬한다면, 그들이 무엇을 말할까요?" "어떤 사람들은 다른 사람들이 가지고 있지 않는 특별한 재능과 능력이 있습니다. 당신은 어떤 재능과 능력을 가지고 있습니까?" 여러분은 "미완성" 문장을 사용하면서 클라이언트가 능력을 찾을 수 있도록 도와줄 수도 있다. 예를 들어, 여러분은 "나는 …에 소질이 있다", "나는 … 상황에서 특히 재주가 있다"로 시작하는 문구를 클라이언트에게 완성하도록 요청하는 것이 그것이다. 여러분은 또한 클라이언트의 능력과 재능이 그가 처한 사회적 상황(예: 가족, 직장, 기타 사회체계)에서 명료해질 수 있도록 다음과 같은 질문을 던질 수 있다: "당신이 당신의 가족과 함께 하는 일들 중에서 당신에게 가장 많은 칭찬과 신뢰를 주는 것은 무엇인가요?" "당신의 상사가 알아주길 원하는 당신의 재능과 능력은 무엇인가요?" "타인과의 관계에서 당신의 어떤 특성이 당신에게 가장 많은 도움이 되던가요?" 또한 능력은 클라이언트의 현재 관심사 혹은 문제와 관련이 있어야 한다. "당신이 이러한 문제를 다루어 오면서 당신의 어떤 재능과 능력이 당신에게 가장 많은 도움이 되었습니까?"

사회복지사는 인간의 삶의 모든 측면에서 사회적 지지의 중요성을 인식하는 경향이 있다. 여러분은 클라이언트로 하여금 사회적 지지를 찾도록 도와야 한다. 이를 통해 여러분은 클라이언트가 자신에게 자원이 되어 왔고 앞으로 자원이 될 수 있는 환경 내의 여러 요소들을 파악할 수 있도록 도와야 한다. 이는 다음과 같은 지문을 통해 가능하다: "지금까지 살아오는 동안 누가 당신에게 가장 많은 지지를 해 주었습니까?" "당신은 누구로부터 가장 많은 지지를 느끼십니까?" 물론 여러분은 이러한 사회적 지지가 클라이언트에게 긍정적 영향을 주었는지, 문제해결에 어떻게 기여했는지도 고려해야 한다.

어떤 것을 완성하거나 성취한 경험을 한 사람은 자신감을 갖게 되고 낙관적으로 사물을 보는 경향이 있다. 성취감을 경험한다는 것은 이와 관련된 사건을 구체적으로 인식하는 것을 말하는 데, 이는 "성공 시간표(success timeline)"를 만들어 봄으로써 가능하기도 하다. 이를 위해 다음과 같은 질문을 던질 수 있다: "당신의 인생을 돌이켜볼 때, 무엇을 당신의 최대 성공 혹은 성취로 생각하십니까?" "당신이 어린 아이였을 때, 당신이 이룬 가장 큰 성취는 무엇이었습니까?" "당신이 사춘기 청소년이었을 때는? 성인이었을 때는?"

인간은 세월이 지나면서 자신의 중요한 삶의 경험에 의미를 부여하는 경향이 있다. 성공과 실패, 좋은 시절과 좋지 못했던 시절, 즐거움과 고통, 이 모든 것이 그 개인의 삶의 철학의 일부분이 되는 것이다. 여러분은 클라이언트가 그의 삶에서 교훈을 찾을 수 있도록 클라이언트를 격려할 수 있는데, 이는 여러분이 클라이언트로 하여금 스스로를 현명하다고 인정하도록 도와주는 것을 의미한다. 어떤 때는 전에 다른 상황에서 터득한 교훈을 클라이언트의 현재의 관심사와 문제에 적용할 수도 있다. 여러분은 클라이언트에게 "당신은 많은 것을 겪어왔고 어쨌든 살아남았습니다. 이러한 경험들을 통해서 인생에 관해 배운 점은 무엇입니까? 당신 자신에 관해서는 무엇을 배웠습니까? 다른 사람들에 관해서는 무엇을 배웠습니까?"와 같은 질문을 함으로써 인생 교훈을 찾도록 도울 수 있다. 이 외에도 여러분은 클라이언트의 현재 관심사에 적용할 수 있는 인생 교훈을 찾아낼 수도 있다.

일반적으로 첫 번째나 두 번째 만남에서 여러분과 클라이언트는 긴박한 문제에 대해 이야기한다. 이때 여러분은 여러분 자신과 여러분이 속한 기관이 클라이언트의 문제를 해결할 수 있는 권한이나 자원 그리고 전문성을 어느 정도 가지고 있는지에 대해 결정하게 된다. 대개의 경우 클라이언트들은 사회복지 업무와 정신건강 네트워크에 대해 잘 알지 못하기 때문에 그들을 도와줄 전문 기관을 찾는다. 여러분은 문제를 탐색하면서 지역사회 내의 다른 기관이 클라이언트의 특정 문제를 전문적으로 다루는지, 또한 더 나은 서비스를 제공할 수 있는지 파악해 보아야 한다. 더 나은 서비스를 제공할 수 있는 기관이 있으면 여러분은 클라이언트의 동의 하에 지역사회 내 다른 기관들과 접촉한다. 물론 클라이언트가 여러분이나 여러분이 소속된 기관으로부터 거절당한 느낌을 갖지 않도록 의뢰 절차를 조심스럽게 수행해야 한다. 의뢰받은 기관의 사회복지사도 전문성과 예의를 갖춰 클라이언트를 대해야 한다. 여러분과 지역사회의 전문인들과의 관계는 미래의 클라이언트들이 환대를 받을 것인지 아니면 차갑게 받아들여질 것인지를 결정할 수도 있다. 따라서 여러분은 클라이언트들을 대하는 경우와 마찬가지로 다른 기관에 있는 동료들과도 원만한 관계를 유지해야 한다.

클라이언트의 현재 문제가 여러분이 속한 기관의 역할과 서비스 범위와 일치하고, 여러분의 전문적 영역에 속하는 경우, 여러분과 클라이언트는 사람-문제-상황에 대한 탐색을 계속하게 된다. 이와 같은 일련의 과정은 여러분과 클라이언트가 함께 할 업무의 방향을 제시하게 된다.

질문하기

질문은 개인, 문제, 환경, 문제해결의 수단이나 과정과 관련된 사실, 의견, 느낌을 이끌어 낸다. 또한 질문은 강점, 능력, 자산 및 자원을 파악하는 데 유용하다. 질문은 종종 상호이해나 사정, 계약, 문제해결, 목표달성, 평가, 종결을 위해 필요한 정보를 끌어내 주기도 한다. 우리는 개입의 전과정에 걸쳐 질문하기 기술을 사용한다.

질문하기 기술은 흔히 여러분과 클라이언트가 시작 단계를 끝낸 후 처음에 사용한다. 질문하기 기술을 사용할 때는, 이미 여러분은 자신을 클라이언트에게 소개하고, 만남의 목적과 여러분의 역할을 잠정적으로 이해하고, 관련 규정과 윤리적 원칙에 대해 논의하고, 피드백이 이루어진 시점일 것이다. 초기의 탐색적인 질문은 클라이언트의 문제에 대한 실질적인 첫 번째 접근을 의미한다(Perlman, 1957, p. 88). 질문하기 기술은 클라이언트가 자신에 대하여 완전하고 자유롭게 최대한으로 표현할 수 있도록 하는 것이다. 예를 들어, 여러분은 다음과 같은 질문을 할 수 있다. "당신이 전에 전화했을 때는 가족 문제에 대해 이야기했습니다. 당신이 염려하는 어떤 일이 가족에게 일어나고 있나요?" 또한 현재 문제와 관련된 사건에 대해 질문하는 것도 도움이 될 수 있다.

"이번에는 가족문제와 관련된 어떤 일 때문에 저희를 찾아오셨습니까?"

원조전문가들을 때때로 요구하거나 지시하는 것처럼 질문을 하는 경우도 있다. 예를 들어, "당신이 겪고 있는 어려움에 대해서 말씀해 주십시오"라고 말할 수 있다. 비자발적인 클라이언트의 경우, 여러분은 "당신이 판사의 지시로 상담을 위해 이 자리에 온 것을 알고 있습니다. 저는 당신의 상황에 대해 상당 부분을 알고 있지만 당신으로부터 모든 이야기를 듣고 싶습니다. 이 모든 일이 어떻게 일어났습니까?" 라고 질문할 수 있다. 일반적으로, 지시문은 사회복지사와 클라이언트 간의 불균형적인 권력관계를 암시할 수 있으므로, 지시문보다는 물어보는 형식의 질문이 더 바람직하다.

여러분이 예상하듯 질문하기 기술은 탐색 과정 내내 사용된다. 물론 질문하기 기술은 다른 과정에서도 사용된다. 질문은 문제의 근원이나 발달, 문제의 현재 상태를 둘러싼 상황을 포함하여 사람-문제-상황의 관련 측면을 탐색하는 데 사용된다. 흔히 사용되는 질문의 예로는, "이러한 어려움들은 어떻게 시작되었습니까?", "당신이 성장할 때 가족은 누가 있었습니까?", "당신의 부모는 어떻습니까?", "지금 당신은 누구와 살고 계십니까?", "그녀가 떠났을 때 당신은 무엇을 느끼셨습니까?", "그 일이 발생했을 때 당신은 무슨 생각을 했습니까?", "어떠한 것이 달라지길 원했습니까?", "그때 무엇을 했습니까?" 등이다.

여러분의 질문은 여러분이 사람-문제-상황에 관한 정보를 적극적으로 찾는 것으로부터 비롯된다. 질문은 보통 두 가지 유형으로 나누어지는데 폐쇄형(closed-ended)과 개방형(open-ended)이 그것이다(Goodman & Esterly, 1988). 폐쇄형 질문은 짧은 답이나 간단히 예, 아니오의 답을 끌어내는 것이고 짧은 시간에 많은 양의 정보를 얻기 위해 사용된다. 특히 폐쇄형 질문은 중요한 정보를 재빨리 얻어야 하는 위기 상황에 유용하게 쓰인다.

여러분이 사용할 수 있는 폐쇄형 질문의 예로는, "전화번호가 무엇입니까?", "당신의 주소는 무엇입니까?", "자동차를 소유하고 있습니까?", "집에 거주하고 있습니까?", "언제 태어나셨습니까?", "나이가 어떻게 되십니까?", "어디서 일을 합니까?", "가족 주치의는 누구입니까?", "마지막으로 건강검진을 받은 때는 언제입니까?", "당신과 함께 사는 사람이 있습니까?", "지금 집에 누가 당신과 함께 살고 있습니까?", "당신은 어떠한 것을 좋아합니까?", "약을 복용한 적이 있습니까?", "약을 몇 알을 복용했습니까?" 등이다.

선택형(either-or)과 객관식(multiple-choice) 질문은 일반적으로 폐쇄형 질문이다. "엄마나 아빠 중에 누가 더 호의적이니?" "존슨 씨와 하비어 부인 중에 누구를 더 선호하십니까?" 완수하는 데 얼마나 힘듭니까?: (1) 매우 힘들다, (2) 힘들다, (3) 약간 힘들다, (4) 전혀 힘들지 않다. 보통 이러한 질문에 대한 대답은 아주 간단하나, 이것은 만남의 목적과 상황이 요구하는 정도에 따라 장점이 될 수도 있고, 아닐 수도 있다. 때로는 특정 정보를 신속하게 수집하는 것이 중요하기 때문에 사람-문제-상황의 다른 측면을 자유롭고 완전하게 탐색하는 것을 지연할 수도 있다. 하지만 너무 많이 이어지는 폐쇄형 질문은 클라이언트를 범죄수사의 용의자처럼 느끼게 할 수 있다. 클라이언트는 면담을 한다기보다는 심문을 받는다고 느낄 수 있으며, 그 결과 여러분과의 전문적인 관계는 악화될 수 있다. 따라서 생명을 위협하거나 급박한 상황이 아니라면 폐쇄형 질문과 적극적 경청을 함께 사용하는 것이 현명하다.

어떤 폐쇄형 질문은 유도적이다. 유도성 질문은 질문자가 듣고자 하는 특별한 대답을 유도하는 것이다. 예를 들어, 여러분이 다음의 질문을 한다고 생각해 보자. "골반 부분에 많은 고통을 느낀 적이 있습니까? 그렇습니까? 당신은 어린 아이였을 때부터 고통을 느껴오지 않았습니까? 이러한 증상은 어린이로서 성적 학대를 받고 자란 사람들 사이에 나타나는 공통된 증상이 아닙니까? 그렇습니까? 그러면, 당신이 어린이로서 성적 학대를 받았다고 생각할 수 있지 않습니까?" 이렇게 계속되는 질문은 여러분이 내린 특정한 결론이 옳고 타당하다는 것을 클라이언트에게 분명하게 시사한다. 탐색 과정에서 이러한 유도성 질문은 개방적이고 포괄적이어야 하는 과정을 제한하는 경향이 있기 때문에 탐색 단계 동안 유도성 질문을 사용하는 것은 바람직하지 않다. 특히, 여러분이 조사자의 역할을 수행할 때는 질문에 사용되는 단어와 문구의 선택에 주의해야 한다. 만약 법정에서 여러분이 유도성 질문을 자주 한다면, 법정 증언은 쉽게 이의가 제기될 것이며 허용되지 않을 수도 있다. 이러한 유도성 질문은 다른 상황과 배경에서도 문제가 될 수 있으며, 특히 탐색 과정에서는 유도성 질문의 사용을 피하도록 한다.

개방형 질문은 사람들이 그들 자신들에 대해 더욱 많은 것을 표현하도록 한다(Goodman & Esterly, 1988). 개방형 질문은 더욱 깊고 포괄적으로 탐색하기 위해 사용한다. 개방형 질문은 클라이언트가 다양한 방법으로 대답할 수 있도록 하기 때문에 유도성 질문은 아니다. 이러한 질문을 "어떻게 질문(how questions)"이라고 하며, 거의 항상 클라이언트들로부터 개방적인 반응을 얻어낸다. 예를 들어, "그 일은 어떻게 일어났습니까?", "그가 어떻게 반응했습니까?", "지금 어떻게 느낍니까?", "그가 그러한 상황에서 어떻게 반응했습니까?"와 같은 질문이 있다.

또한, 클라이언트로부터 포괄적인 표현들을 이끌어내기 위해 "무엇 질문(what questions)"을 사용할 수도 있다. "당신이 가진 근심은 무엇입니까?", "그녀는 어떻습니까?", "그리고 무슨 일이 일어났습니까?", "어떠한 방법으로 당신은…?", "그래서 당신은 무엇을 말했습니까?" 등이 있다. 그러나 어떠한 "무엇 질문"은 폐쇄형 질문일 수도 있다. 예를 들어, "당신의 전화번호는 무엇입니까?" "당신의 생년월일은 무엇입니까?" 등이 있다.

특별히 감정적 반응이 요청되는 때가 아니면, "무엇 질문"들은 매우 필요한 정보를 이끌어낸다. 감정적 반응을 원한다면, 여러분은 그것에 대해 질문해야 한다. 한 예로, "그가 떠났을 때 무엇을 느꼈습니까?"라는 질문은 클라이언트들이 그들의 감정을 함께 나눌 수 있도록 한다.

지시문은 개방적 또는 폐쇄적 질문의 기능을 수행한다. 예를 들어, "그것에 대해 더 말해 주십시오", "더욱 상세하게 말해 주십시오", "계속하십시오", "당신 인생 중 그 부분에 대해 더 말해 주십시오" 등의 질문은 모두 개방적인 반응을 이끌어낸다. "당신 이름의 철자는 무엇입니까", "정확한 주소를 말해 주십시오" 등의 질문은 폐쇄적 질문인 것이다. 그러나 클라이언트와의 관계에서 지시문이 미치는 영향에 대해서 주의를 기울이는 것이 좋다. 대부분의 경우, 여러분은 "전문적인 책임자"의 위치에 있는 위계적 관계가 아니라 상호협력하는 파트너십을 발전시켜 나가야 한다. 지시문은 조금만 사용하는 것이 좋고, 여러분이 우월한 지위에 있다는 느낌을 주는 것은 피하도록 한다.

'왜' 질문(why question)은 방어를 이끌어낸다. 클라이언트는 여러분이 그들 자신을 비판적으로 평가하고 있다고 생각할 수 있고 그들 자신을 방어하거나 그들의 행동이나 배경에 대한 요소들을 정당화해야 한다고 느낄 수도 있다. 따라서 '왜' 질문은 신중하게 사용해야 한다. 만약 여러분이 부드러운 목소리와 함께 개방적이고 수용하는 얼굴 표정을 보인다면 '왜' 질문을 군이 피할 필요는 없다. 또한 여러분이 질문하는 방식도 도움이 될 수 있다. 예를 들어, '왜' 질문이 이끌어내는 클라이언트의 방어는 때때로 "저는 왜 그것이 그러한지 궁금합니다"나 "당신은 왜 그런 일이 일어났다고 생각하십니까?"와 같은 표현으로 완화될 수 있다. '왜' 질문을 할 때는 따뜻하고 수용하는 태도를 비언어적으로 전달해야 한다.

탐색 과정 동안 이루어지는 질문에 대해서는 적극적 경청이 수반되어야 한다. 질문은 비난과 평가 그리고 조언을 암시할 수 있다. 질문이 항상 정보를 얻기 위한 단순한 중립적인 요청은 아니다. 예를 들어, "어머니와 이야기해 보았습니까?"라는 질문은 클라이언트가 그의/그녀의 어머니와 이야기했을 것으로 여러분이 기대했다는 것을 암시할 수 있다. "그 양식을 완성했습니까?"라는 질문도 비슷한 메시지를 전달할 수 있다. 의견이나 선호하는 바를 질문으로 표현하는 것이 때때로 유용하기도 하지만, 자신이 그렇게 하고 있다는 것을 알아야 한다. 질문을 하면서, 여러분 자신의 개인적 또는 전문적인 의견을 공유함으로써 여러분은 메시지 내용에 대한 책임을 져야 할 수도 있다. 또한, '혹은'이나 '또는'을 사용한 질문, 복합적인 대답을 요하는 질문, 한꺼번에 연속적으로 질문하는 것을 피해야 한다. 예를 들어, "아직도 그녀와 사귀고 있습니까, 아니면 그녀를 포기하고 오직 J씨와 데이트를 하고 있습니까? 그리고 L씨와는 어떻습니까?" 라는 질문은 대부분의 클라이언트들을 혼란스럽게 할 것이다. 클라이언트는 첫 번째, 두 번째, 세 번째, 아니면 네 번째 질문에 대답해야 할지 모를 수 있으므로, 한 번에 하나의 질문을 해야 한다.

탐색 단계 동안의 질문은 면담을 일관성 있게 연결하는 데 아주 유용하다. 종종 클라이언트들은 그들 자신과 문제, 그리고 그들이 처한 상황에 대해 이야기할 때 중요한 정보를 완전히 무시하거나 간략하게 이야기하면서 한 가지 주제에 초점을 두는 경향이 있다. 이때 여러분이 사람-문제-상황의 다른 측면을 탐색하기 위해 질문할 수 있다. 예를 들어, 가족과 사회환경을 등한시한 클라이언트에게 이와 관련된 정보를 얻기 위해 "당신이 성장하면서 큰언니와의 관계는 어땠습니까?"라는 질문을 할 수 있다. 하지만 클라이언트의 심리적 방어는 존중되어야 함을 기억해야 한다. 이 점은 특히 탐색 단계 동안 중요하다. 클라이언트가 특히 어떠한 주제에 대해 많은 근심과 걱정을 보인다면 클라이언트와의 관계가 더 성립될 때까지 그 주제에 대해 질문하는 것을 미루는 것이 현명하다. 그리고 나서 클라이언트가 편안하게 느끼게 되면 더 많은 탐색이 필요한 부분에 대해 질문할 수 있다. 생명을 위협하는 위기상황이 발생하거나 약물남용 치료 기관에서 일할 때는 예외가 있을 수도 있다.

질문하기 기술은 사람-문제-상황에 관한 정보를 수집하고 강점과 자원을 찾는 데 매우 유용하다. 그러나 여러분이 예상하듯, 질문하기 기술은 모든 원조과정에서 전반적으로 필요한 기술이다.

연습 9-1 질문하기

연습을 위해 여러분이 아동상담소의 사회복지사라고 가정하고, 아래의 공간에 각각의 상황에서 여러분이 해야 할 말을 적어 보시오.

1. 최근에 이혼한 55세의 남성, K씨와의 첫 번째 면담중에 있다. 자신에 대한 소개를 했고 시

작 단계의 다른 절차들에 대해 이야기했다. 이제 처음으로 탐색적 검증을 할 준비가 된 것이다. 이 시점에서 여러분은 K씨의 근심이 어떠한 면에서 이혼과 관련되어 있다는 것밖에 알지 못한다. 따라서 K씨가 이혼에 대해 더욱 깊이 탐색할 수 있도록 돕고 싶다. 첫 번째 질문을 위해 여러분이 할 말을 적어 보시오. 내용을 적은 후에 여러분의 질문이 개방적, 아니면 폐쇄적 형식인지 지적하고 특정한 질문을 선택한 이유에 대해 이야기해 보시오. K씨의 반응은 어떠할 것인지 생각해 보시오.

2. 여러분은 작은 아파트에 혼자 살고 있는 77살의 미망인, ○할머니와의 면담을 시작했다. 이미 자신에 대한 소개를 했으며, ○할머니가 관심을 가질 만한 서비스(교통편, 집에서 받을 수 있는 의료서비스)를 설명하였고 시작 단계의 다른 절차들에 대해서도 이야기했다. 이제 첫 번째 탐색적 질문을 하기 위해 여러분이 할 말을 적어 보시오. 준비한 질문을 적은 후에 그것이 개방형인지 아니면 폐쇄형인지 알아보시오. 특정 질문을 택한 이유를 토론해 보고, ○할머니가 어떻게 반응할 것인지 추측해 보시오.

3. 가족 간의 긴장과 충돌로 여러분의 도움을 받고자 하는 식구가 7명인 S가족과 첫 번째 면담을 시작했다. 자신에 대한 소개를 했고 시작 단계의 다른 절차들에 대해 이야기하였다. 여러분은 "가족의 가장 큰 문제가 무엇이라고 생각합니까?"라고 질문하기 시작했다. 가족의 아버지가 이 질문에 첫 번째로 답을 했으며 다음으로 어머니, 그리고 다른 가족들의 답이 이어졌다. 답에 대한 특징적인 부분들은 각기 달랐으나 가장 큰 문제점은 두 명의 10대 형제(아버지의 친아들들)와 아버지의 부인(그들의 양어머니)에게 있었다. 그들의 관계는 많은 긴장과 충돌, 그리고 분노를 가져왔다. 여러분은 사회복지사로서 이러한 관계에서 생기는 문제의 발생원인과 발생과정을 질문하고자 한다. 여러분이 계획한 질문을 적은 다음, 그것이 개방형인지 아니면 폐쇄형인지 알아보시오. 누구에게 이러한 질문은 할 것인가? 형제, 다른 자녀들, S부인, S씨, 아니면 전체 가족? 이러한 질문하기 방법과 그 사람/사람들을 택한 이유를 토론하시오. 질문에 대한 형제의 반응을 어떻게 예상하는가? S부인은 어떤 반응을 보이겠는가?

가족과 그들이 지닌 문제점, 그리고 이러한 상황의 탐색을 계속한다고 가정하자. 다섯 개의 추가적인 질문을 하면서 여러분이 할 말을 적어 보시오. 각각에 대해 그것이 개방형인지 폐쇄형인지 알아보고, 각각의 질문이 사람, 가족, 문제, 혹은 상황에 대해 말하고 있는지 확인하시오. 마지막으로 각각의 질문에 대해 가족 성원들이 어떻게 반응할 것인지에 대해 생각해 보시오.

4. 스페인어와 영어를 자유로이 구사하는 라틴계 클라이언트와 면담을 시작했다. 여러분은 소개를 마쳤으며 정책 및 윤리적 요소들에 대해 설명을 했고, F부인의 7살, 9살난 두 딸들에 대한 걱정을 탐색하고자 하는 면담의 잠정적인 목적을 세웠다. F부인에 따르면, 두 딸들이 학교에서 유일한 라틴계이며, 몇몇 10대 소년들이 주기적으로 괴롭히고 있었다. F부인은 그녀의 딸들이 신체적으로 위험하지는 않을까 걱정하고 있다. 그녀는 또한 이러한 경험들이 학교에 대한 긍정적 태도를 손상시키지 않을까 염려하고 있다.

사회복지사로서 여러분은 이 문제를 좀 더 탐색할 준비가 되어 있다. 초기 탐색 질문 과정에서 하고자 하는 말들을 적어 보시오. 그 문제점, 아이들, F부인, 가족체계나 학교의 상황에 대해서 추가적으로 세 가지 질문을 한다면 무엇이겠는가? 각 질문이 폐쇄형인지 개방형인지 밝혀보시오. 여러분이 생각해낸 질문의 논리적 근거는 무엇인가? 마지막으로 각각의 질문에 대해 F부인이 어떻게 반응할 것인지에 대해 생각해 보시오.

5. 지역사회서비스기관에서 온 한 집단과 첫 면담을 시작했다. 참여자는 그 기관의 이사회 위원들, 기관장, 세 명의 프로그램 책임자, 네 명의 사회복지사, 두 명의 행정관리직원이다. 그 기관은 기관 내의 여러분을 기관 자문가로 고용하여 기관 내 여러 문제점들을 해결하고자 한다. 명백하게도, 갈등과 긴장, 부족한 의사소통, 그리고 낮은 직원사기와 관련된 점이 있다. 때때로, 그 기관의 클라이언트는 이러한 문제점들로 인해서 부정적인 영향을 받는다. 몇몇은 면담약속이 통보되지 않은 사회복지사와 일정이 잡혀지기도 한다. 클라이언트의 기록이 분실되기도 한다. 임상적인 수퍼비전은 간헐적으로 이루어지고 있으며 사례 기록에 대한 체계적인 감사는 일 년 넘게 이루어지지 않고 있다.

여러분은 소개를 마쳤으며 정책 및 윤리적 요소들에 대해 설명을 했고, 참여자가 밝힌 기관의 문제점을 탐색하고자 하는 면담의 잠정적인 목적을 세웠다. 자문역할의 사회복지사로서, 여러분은 문제점을 좀 더 탐색할 준비가 되어 있다. 초기 탐색 질문 과정에서 하고자 하는 말들을 적어 보시오. 그 기관, 문제점 혹은 상황에 대해서 추가적으로 세 가지 질문을 한다면 무엇이겠는가? 각 질문이 폐쇄형인지 개방형인지 밝혀보시오. 여러분이 생각해낸 질문의 논리적 근거는 무엇인가?

명확히 하기

　　면담중 클라이언트는 가끔 이해하기 힘든 이야기를 하기도 한다. 클라이언트는 모순된 방법으로 의사를 전달할 수도 있고, 관계되는 일에 대해 대충 이야기할 수도 있으며 또한 그들 자신, 문제, 상황의 중요한 측면을 완전히 무시할 수도 있다. 이러한 간접적이고, 명확하지 않은 메시지는 클라이언트가 경험한 바의 중요한 측면을 포함할 수 있기 때문에 여러분이 클라이언트에 반응하는 방식은 여러분과 클라이언트 간의 관계, 개입의 방향, 원조 결과에 중요한 영향을 미칠 수 있다. 이 경우 여러분은 명확히 하기의 방법으로 클라이언트에게 반응하는 것이 좋다. 이것은 언급된 단어나 행동의 의미에 대해 더욱 정확한 표현을 이끌어 내기 위한 시도를 말한다. 실질적으로 여러분은 클라이언트에게 그/그녀가 언급한 것에 대해 더 자세하게 말해 달라고 요청한다. 면담 초기에 여러분은 사람-문제-상황의 특정 측면에 대한 정보를 얻기 위해 명확히 하기 기술을 사용할 수 있다.

　　물론 여러분은 클라이언트가 말한 것을 항상 완벽하게 이해하는 것은 아니다. 그러나 이는 여러분이 클라이언트의 말에 귀를 기울이지 않기 때문인 경우가 대부분이다. 어떤 경우 클라이언트들은 자신들이 실제적으로 행동하고 생각하며 느끼는 것에 대해 불확실하게 느끼기 때문에 자신들을 분명하게 표현하지 못하기도 한다. 탐색의 목적 중의 하나는 클라이언트가 자신을 더욱 잘 이해할 수 있도록 돕는 것이다. 클라이언트가 사람-문제-상황의 모든 측면에 대해 항상 완전하고 일관성 있게 이해할 수는 없지만, 그들은 간혹 여러분이 인식하기를 기대하면서 미묘하거나 간접적인 메시지를 전달하기도 한다. 대개의 사람들은 자신이 직접 도움을 요청하는 것을 꺼려한다. 이러한 망설임은 어느 문화권이든 공통적 현상이다. 또한 클라이언트의 문제가 난처한 것이거나 감정적인 것일 때, 그들은 문제에 대해 직접적으로 이야기를 어려워한다. 이처럼 미묘한 의사 전달은 흔히 있는 일이다. 여러분은 힌트나 비언어적 행동, 그리고 불완전하거나 혼합된 메시지 형태로 나타나는 간접적 표현에 민감해야 한다. 주의를 기울여야 하는 클라이언트의 근심이 이러한 메시지와 연관되어 있을 수 있음을 알아야 한다. 클라이언트는 자신의 생각이나 감정 상태를 완전히 이해하지 못하고, 그것을 기분 나쁘게 생각하며 혹은 여러분이 찬성하지 않을 수도 있다는 점을 두려워하기 때문에 아주 중요한 메시지를 간접적인 방법으로 전달할 수도 있는 것이다.

　　이러한 클라이언트의 의사소통에 반응할 때, 여러분은 불분명하거나 간접적인 메시지와 관련된 정보를 물어 메시지를 구체화하고 명확히 해야 한다. 예를 들어, 첫 번째 만남에서, "나는 젊은 사회복지사와 일해서 잘 된 적이 없어요. 당신들은 순진해서 아직 아무 것도 몰라요"라고 50세의 클라이언트가 25세의 사회복지사에게 말했다고 가정하자. 이때 여러분은 "젊은 사회복지사와 일해서 잘 된 적이 없다는 당신의 말은 그 당시 어떤 문제가 있었다는 것 같은데, 젊은 사회복지사와 일하면서 과거에 어떤 어려움이 있었습니까?"와 같은 질문으로 클라이언트에게 반응할 수 있는 것이다.

　　명확히 하기 기술은 클라이언트가 사고, 감정, 행동, 상황의 중요한 측면에 대해 자세히 말하거나 설명할 수 있도록 한다. 사람들은 간혹 애매하거나 일반적인 방법으로 의사소통을 한다. 경험의 세세한 측면이나 단어의 구체적인 뜻을 명확히 하는 것은 여러분과 클라이언트가 더욱 완전하고 현실적으로 이해할 수 있도록 할 것이다.

명확히 하기는 여러분과 클라이언트가 각기 다른 문화적 배경을 가지고 있을 경우 적절하다. 한 문화에서 쓰이는 단어, 문구, 동작은 다른 문화에서 쓰이지 않을 수도 있으며 의미가 전혀 다를 수도 있다. 클라이언트가 자신이 의미하는 바를 정확히 알고 있다고 할지라도 그것이 처음 언급되었을 때 여러분이 항상 그것을 알 수 있는 것은 아니다. 클라이언트가 표준어를 구사한다 할지라도 클라이언트에게 그 단어는 특별한 의미를 가질 수 있다. 또한 많은 클라이언트들은 여러분과 다른 문화적 배경을 가지고 있다. 그들은 여러분이 이전에 들어보지 못한 단어를 구사하거나 여러분이 알고 있는 단어를 다른 방식으로 사용할 수도 있다. 명확히 하기 기술은 이러한 상황에서 큰 도움이 된다. 명확히 하기 기술을 사용하면서 여러분은 특정한 단어나 문구, 혹은 클라이언트의 언어적 혹은 비언어적 의사소통의 또 다른 측면들에 대한 추가적인 정보를 구하는 것이다.

명확히 하기는 구분된 질문을 하는 형식이다. 그 목적은 클라이언트로 하여금 현재나 새로운 주제에 관한 일반적인 정보를 제공하도록 권하는 것이 아니라, 과거에 언급했던 메시지의 구체적인 측면을 심도 있게 이해하는 것이다. 명확히 하기는 개방형/폐쇄형 혹은 지시형으로 나타날 수 있다. 명확히 하기 기술을 연습하기 위해서 다음 형식을 사용한다.

명확히 하기를 위한 형식

_____라고 말할 때 구체적으로 무엇을 의미합니까?
또는,
_____에 대해 더욱 자세하게 이야기해주시겠습니까?
또는,
_____에 부연 설명을 해주시겠습니까?
또는,
_____라는 의미는 무엇인지 설명해 주시겠습니까?

〈사례〉

클라이언트: 내 아내와 나는 사이가 좋지 않습니다. 오랫동안 그래왔습니다. 나는 이러한 관계가 정말 싫습니다.

사회복지사: '이러한 관계가 정말 싫다고' 할 때 구체적으로 무엇을 의미합니까?

탐색 기술이 쓰이는 대부분의 상황과 같이 명확히 하기는 원조 과정 전반에서 사용될 수 있으며, 특히 문제를 명확히 하는 단계, 목표 설정 단계, 개입과 평가 단계, 그리고 종결 단계에 적합하다. 종종 여러분이 적극적 경청이나 반영 기술을 함께 사용할 때 명확히 하기 기술을 더욱 효과적으로 사용할 수 있게 된다.

연습 9-2 명확히 하기

아래의 연습을 위해 여러분이 아동상담소에서 근무하는 사회복지사라고 가정하시오. 주어진 빈 칸에 각각의 상황에서 명확히 하기 기술을 사용하기 위해 자신이 할 말을 적어 보시오.

1. 최근에 이혼한 55세의 남자, K씨와의 첫 번째 면담중에 있다. 자신에 대한 소개를 했으며 초기단계의 다른 절차들에 대해서도 언급했다. 그리고 현재의 사람-문제-상황을 탐색하는 과정에 있다. K씨는, "나는 너무 고통스럽습니다. 그녀가 너무나 그립습니다. 내가 계속해서 살아갈 수 있을지 잘 모르겠습니다"라고 말한다. 그가 바로 말한 것을 명확히 하기 위해 자신이 할 말을 적어 보시오. 자신의 반응을 적은 후 그 이유를 이야기해 보시오. 클라이언트는 이러한 질문에 어떻게 반응할 것이라고 생각하는가? 이제 적극적 경청 기술과 함께 명확히 하기 기술을 사용해 보시오. 어떤 효과를 가지는가?

2. 여러분은 혼자 살고 있는 77세의 미망인 ○할머니와 면담중에 있다. ○할머니가 갑자기 이야기를 멈추고 멍하니 다른 곳을 쳐다본다. 약 45초간 할머니는 질문에 아무런 대답도 하지 않는다. 그리고 갑자기 고개를 약하게 흔들며 여러분에게 다시 주의를 둔다. 이러한 상황에서 여러분이 명확히 하기 위해 할 말을 적어 보시오. 적은 후에, 그러한 단어를 선택한 이유에 대해 말해 보시오. ○할머니는 이 질문에 어떻게 반응하리라 생각되는가?

3. 가족 간의 긴장과 충돌로 여러분의 도움을 받고자 하는 일곱 식구로 이루어진 S가족과 첫 번째 면담을 시작했다. 가족이 가진 문제의 본질과 발달 단계를 탐색하는 중에 한 10대 아들이(아버지의 친아들) 아버지의 아내(아이들의 계모)를 '가정 파탄자'라고 화내며 부른다. 이에 S 부인은 아래를 쳐다보며 아주 조용해진다. 명확히 하기를 위해 이 10대 아이에게 할 말들을 적어 보시오. 그렇게 말한 아이는 여러분의 질문에 어떻게 반응할 것이라고 생각하는 가? S부인, S씨, 그리고 다른 식구들은 어떠한가? 이제 S부인이 '가정 파탄자'라는 말에 보일 비언어적 반응을 명확히 하기 위해 할 말을 적어 보시오. S부인과 다른 식구들은 여러분이 S부인에게 한 질문에 어떠한 반응을 보일 것인가?

4. 스페인어와 영어 모두 능숙한 라틴계 F부인의 문제점을 탐색한다고 가정해보자. F부인은 학교에서 자녀들의 안전을 염려하고 있다. 탐색 과정중에, F부인은 화를 내며 말했다. "백인 남성들이 이 나라 전체를 지배하고 있습니다. 자기 자신들 말고는 아무런 관심도 없어요!" 명확히 하기 과정에서 여러분이 말하고자 하는 것을 적으시오. 여러분이 말하려는 것에 대한 논리적 근거는 무엇인가? 여러분의 질문에 F부인은 어떠한 반응을 보일 것인가? 이러한 상황에서 명확히 하기를 위해 여러분이 찾고자 하는 다른 방법은 무엇인가?

5. 여러분은 여러 조직관련 문제들(예를 들면, 갈등, 긴장, 낮은 의사소통, 낮은 사기)을 가지고 있는 지역 사회서비스 기관의 자문역할을 맡은 사회복지사다. 첫 모임에서 14명의 사람들이 참가하였다(4명의 기관이사, 1명의 기관장, 3명의 프로그램 책임자, 4명의 사회복지사, 2명의 행정관리 직원). 모임 시작 초기에 기관장이 말했다. "아마 알다시피, 이런 문제점은 새로운 것이 아닙니다. 3개월 전에 제가 기관장이 되었을 때 갑자기 등장한 게 아닙니다. 이런 문제들의 대부분은 전임자 시절에 오래전부터 있었습니다." 아래 빈 칸을 이용하여 명확히 하기 과정에서 여러분이 말하고자 하는 것을 적으시오. 여러분이 말하려는 것에 대한 논리적 근거는 무엇인가? 이러한 상황에서 명확히 하기를 위해 여러분이 찾고자 하는 다른 방법은 무엇인가?

내용 반영하기

내용 반영하기 기술은 메시지의 사실적이거나 정보적인 부분에 대한 여러분의 이해를 전달하기 위한 감정이입 기술이다(Carkhuff, 1987, pp. 95~97). 다른 반영 기술보다 내용 반영하기 기술은 보다 정교한 적극적 경청의 한 형태이다. 반영 기술은 클라이언트가 말한 내용을 부연하고 이를 다시 클라이언트에게 표현하는 것을 포함한다. 내용을 정확하게 반영함으로써 여러분은 클라이언트가 전하고자 하는 내용을 경청하였으며 이해했다는 것을 표현할 수 있게 된다.

여러분은 "당신은 …을 말하고 있는 것이군요. 내가 정확하게 이해를 하고 있다면, 당신은 …을 의미하는 것인가요? 당신이 …라고 말하는 것을 들었습니다" 등의 도입 문구를 사용할 수 있다. 가능하다면 클라이언트가 전달한 내용을 반영하기 위해 여러분 자신이 택한 단어를 사용하도록 한다. 만약 여러분이 정확하게 클라이언트의 메시지를 반영한다면 이러한 도입 어구는 보통 필요하지 않다. 다음은 여러분이 내용을 반영하는 방법으로 클라이언트의 메시지에 반응하는 대화의 예이다.

연습형식: 내용 반영하기

당신은 _____을 말하고 있는 것이군요?

사례: 내용 반영하기

클라이언트(C씨): 저는 전업남편입니다. 매일 음식하고 청소하고 빨래를 해요. 그게 제 일이죠.
사회복지사: 당신의 현재 의무는 가족을 보살피고 집안일을 하는 것이라고 말하고 있는 것이군요?

연습형식을 사용하면서, 똑같은 도입 문구를 반복하는 것은 작위적이고 기계적인 느낌을 준다는 것을 알아야 한다. 만약 어떤 사람이 "당신은 …을 말하고 있는 것이군요?"라는 말로써 연속적으로 6개나 7개의 문장을 시작한다고 생각해 보라. 실제로, 이러한 문구는 상투적인 문구가 되는 것이다. 그러므로 도입 어구를 다양하게 하거나, 그런 문구를 피하는 것이 좋다. 만약 여러분이 메시지의 내용을 정확하게 반영한다면, 그런 도입 문구는 일반적으로 필요하지 않다.

클라이언트가 전하려는 정보를 반영하고, 재진술하고, 나타내기 위해서는 여러분 자신의 단어를 사용하도록 한다. 만일 여러분이 클라이언트의 단어를 지나치게 반복한다면, 그들은 자신을 경청한다기보다는 따라하거나 흉내낸다고 느끼게 될지도 모른다. 이런 경우, 여러분은 염려하는 사람이라기보다는 테이프 녹음기가 되는 것이다.

사례: 내용 반영하기

클라이언트(C 씨): 저는 몇 년 전 실직했습니다. 제가 오랫동안 일해 온 회사는 문을 닫았습니다. 대량 해고였습니다. 저와 대부분의 동료들은 직장을 떠났습니다. 그 후 제 아내는 시간제 근무로 일하면서 생활을 꾸려왔습니다. 저의 실업 수당도 오래전 바닥이 났고 지난 6개월간 집세도 못 내고 있습니다. 곧 집이 은행에 저당 잡힐 것입니다.
사회복지사: 당신은 오랫동안 적당한 수입도 없었고, 곧 집을 잃을 것 같이 보이는군요.

여기서 C씨는 자신의 생각을 표현하는 동안 감정에 많이 흔들리는 것 같이 보이지만 사실상 그는 그의 감정을 언급하지 않았다. 내용을 반영하는 기술을 사용할 때 여러분은 메시지의 사실적 내용에 중점을 두어야 한다. 클라이언트가 사실이나 의견과 함께 감정을 표현할 때에도, 여러분은 메시지가 전하는 정보를 강조하기 위해 내용을 반영하는 기술을 사용할 수 있다. 이 기술은 긴박한 상황으로 인해 사실이나 의견, 혹은 클라이언트가 선호하는 바를 재빨리 이끌어내야 할 때, 클라이언트의 메시지가 가지는 의미가 감정보다 특정한 시점에서 적합하다고 생각할 때, 클라이언트가 감정조절을 유지하도록 여러분이 도와주려고 할 때 사용할 수 있다. 탐색 과정의 시작부분에서는 클라이언트의 방어기제를 존중하는 것이 좋다. 즉, 클라이언트가 이끄는 대로 따라가는 것이 좋다. 클라이언트가 주로 사실이나 의견을 감정이 배제된 태도나 분석하는 태도로 이야기하는 경우 내용을 반영하는 기술을 사용하도록 한다. 이 단계에서 클라이언트가 직접적으로 표현하지 않은 감정을 반드시 반영해야 할 필요는 없다. 예를 들어 C씨는 사무적인 태도로 자신을 표현함으로써 자신의 감정 조절을 하려고 노력할 수도 있다. C씨는 자신의 솔직한 감정을 자유롭게 표현할 정도로 여러분을 신뢰하지 못할 수 있는 것이다. 여러분은 C씨가 언급한 메시지의 내용을 정확하게 반영함으로써 클라이언트와의 관계를 더욱 진전시킨 후 C씨가 느끼는 감정을 탐색하고 반영할 수 있다.

연습 9-3 내용 반영하기

연습을 위해 여러분이 아동상담소의 사회복지사라고 가정하시오. 주어진 빈칸에 각각의 상황에서 내용을 반영하기 위해 자신이 할 말을 적어 보시오.

1. 여러분은 최근에 이혼한 55세의 남자, K씨와 문제를 탐색하는 과정에 있다. K씨는, "약 3주 전에 이혼하기로 하였습니다. 아내는 나의 계속되는 비난과 비꼬는 듯한 말에 질려서 나를 떠났다고 말했습니다"라고 말했다. K씨가 말한 내용을 반영하기 위해 여러분이 할 말을 적어 보시오. 여러분의 반응을 적은 후 자신이 적은 단어를 선택한 이유를 이야기해 보시오. K씨는 여러분의 행동에 어떻게 반응할 것이라고 생각하는가?

2. 여러분은 혼자 사는 77세의 미망인, ○할머니와 면담중이다. ○할머니가 의식을 잃은 사건 후 할머니는 "저는 가끔 이러한 발작을 일으킵니다. 기절하거나 넘어지거나 그런 것은 아닙니다. 그저 잠시 후에 깨어나는 정도입니다"라고 말한다. 여러분의 반응을 적은 후 자신이 적은 단어를 선택한 이유를 이야기해 보시오. ○할머니는 여러분의 행동에 어떻게 반응할 것이라고 생각하는가?

3. 가족 간의 긴장과 충돌로 여러분의 도움을 받고자 하는 일곱 식구로 이루어진 S가족과 첫 번째 면담중이다. S부인은, "저는 S씨와 사랑에 빠졌고, 우리가 결혼했을 때 그의 아이들과 저의 아이들이 형제 자매처럼 서로를 사랑할 줄 알았어요. 그리고 저는 그의 아이들이 내가 내 아이들처럼 그들을 사랑할 것이라는 것을 알아주길 원했어요"라고 말한다. 내용 반영하기 과정에서 여러분이 말하려고자 하는 것을 적으시오. 여러분이 말하려는 것에 대한 논리적 근거는 무엇인가? 여러분의 질문에 S부인은 어떠한 반응을 보일 것인가? 이러한 상황에서 S부인이 말한 내용을 반영하기 위해 여러분이 찾고자 하는 다른 방법은 무엇인가?

4. 여러 소년들로부터 괴롭힘당하고 있는 두 아이의 어머니인 라틴계 F부인과 면담중이다. 탐색 과정중, F부인은 말했다. "저는 선생님들과 지도 상담사들에게 이야기했습니다. 그들은 정중하게 들었지만 내 아이들에게 무슨 영향을 주는지에 대해 관심이 없습니다. 그일과 관련하여 아무 일도 안 합니다." 내용 반영하기 과정에서 여러분이 말하고자 하는 것을 적으시오. 여러분이 말하려는 것에 대한 논리적 근거는 무엇인가? 여러분의 질문에 F부인은 어떠한 반응을 보일 것인가? 이러한 상황에서 F부인이 말한 내용을 반영하기 위해 여러분이 찾고자 하는 다른 방법은 무엇인가?

5. 여러분은 여러 조직관련 문제들(예를 들면, 갈등, 긴장, 낮은 의사소통, 낮은 사기)을 가지고 있는 지역 사회서비스 기관의 자문역할을 맡은 사회복지사다. 첫 모임에서 14명의 사람들이 참가하였다(4명의 기관이사, 1명의 기관장, 3명의 프로그램 책임자, 4명의 사회복지사, 2명의 행정관리 직원). 모임이 시작된지 얼마 지나지 않아서 한 사회복지사가 말했다. "저는 임상 수퍼비전 모임을 일 년이 넘도록 갖지 못했습니다. 프로그램 책임자가 아니었다면, 누가 제 임상 수퍼바이저인지도 몰랐을 겁니다." 내용 반영하기 과정에서 여러분이 말하고자 하는 것을 적으시오. 여러분이 말하려는 것에 대한 논리적 근거는 무엇인가? 여러분의 질문에 사회복지사는 어떠한 반응을 보일 것인가? 이러한 상황에서 사회복지사가 말한 내용을 반영하기 위해 여러분이 찾고자 하는 다른 방법은 무엇인가?

감정 반영하기

감정 반영하기 기술은 감정이입적이고 적극적 경청 기술의 하나이다. 이것은 클라이언트가 표현한 감정을 이해하고 클라이언트에게 간단하게 반응하는 기술이다. 감정을 표현하는 단어를 사용하여 간단한 문장으로 구성하는 것이 더욱 효과적이다. 예를 들어, "당신은 정말 고통받고 있군요" 혹은 "당신은 너무나 겁에 질려 있습니다!"와 같은 표현은 감정을 반영하는 효과적인 표현이다. 간결함과 간단함에도 불구하고, 감정 반영하기 기술을 사용하기는 쉽지 않다. 감정의 반영은 여러분이 어떠한 부분까지는 클라이언트와 같은 감정을 느끼는 것이다. 감정이입을 하는 것은 쉽지 않을 수도 있고 때로는 괴로울 수도 있다. 이러한 불편함 때문에 여러분은 감정을 전달하는 단어를 쓰지 않고 감정의 반영을 내용의 반영으로 전환하려 할 수도 있다. 예를 들어 클라이언트가, "나는 망연자실한 상태입니다"라고 말한다고 가정하자. 여러분은 "당신은 좌절한 상태이군요"라고 말함으로써 감정을 반영할 수 있다. 만약 여러분이 "당신은 마치 거대한 기차에 치인 것 같군요"라고 말한다면, 여러분은 감정을 암시만 할 뿐 실제로 클라이언트의 감정을 반영하지는 않는 것이다. 이러한 메시지는 감정보다는 의견을 전달하는 것이다. "기차에 치이다"라는 문구가 파괴의 감정을 상세히 설명하긴 하지만, 감정을 표현하는 단어와 함께 사용될 때 더욱 효과적이다. 예를 들어, "당신은 좌절한 상태이군요. 거대한 기차에 치인 것 같군요"라는 표현은 감정을 내포하는 단어와 감정을 상세히 설명하는 의견을 포함하고 있다. "_____하게 느끼시는군요"라는 문구에서 _____안에 감정을 내포하는 말보다는 의견이나 유추, 혹은 은유의 의미를 가진 말을 사용하는 경향이 있다. 그러므로 훈련하는 목적으로라도 다음의 형식을 사용할 것을 제안한다.

연습형식: 감정을 반영하기

당신은 (적당한 감정 표현 단어를 삽입)게 느끼시는군요.

감정 반영하기 기술의 가장 중요한 요소는 클라이언트가 경험한 실제적인 감정을 정확하게 이해하고, 그것을 여러분이 공감하며 이해했다는 것을 클라이언트가 알 수 있도록 있는 그대로 이야기해 주는 것이다. 두 가지 감정이 함께 나타날 때 여러분은 두 가지 감정에 함께 반응할 수 있다. 예를 들어: 당신은 _____ 그리고 _____게 느끼시는군요"라는 것이다. 하지만 두 가지 감정을 한꺼번에 표현하는 하나의 단어를 사용하는 것도 가능하다. 예를 들어 "부담이 된다"와 "낙심하다"라는 것은 "난처하다"로 표현될 수 있다. 다음은 감정 반영하기 기술의 예이다.

사례: 감정 반영하기

클라이언트: (그의 전 아내는 약 일 년 전에 재혼을 했다. 지난 달 아내와 그녀의 현 남편은 클라이언트의 5살난 아들을 데리고 떠났다. 그들은 2,000마일이나 먼 곳으로 이사했다. 클라이언트는 그들이 이사를 하지 못하도록 법원에 소송을 제기하였으나, 그의 전 아내는 그녀의 아들과 이사할 권리를 얻었다) 도저히 참을 수가 없습니다. 제 아들이 너무나 보고 싶습니다. 그 아이는 저에 대한 기억을 차차 잊어버릴 것인데 저는 아무 것도 할 수가 없습니다.

사회복지사: 당신은 깊은 슬픔과 무능력함을 느끼고 있군요.

사례: 감정 반영하기

클라이언트: (16세 소녀는 학교 응원단에 선발되기를 간절하게 원했으나 선발되지 않았다) 너무나 화가 납니다. 학교에 다시 갈 수가 없어요. 친구들을 볼 수가 없어요. 저는 응원단에 너무나 들어가고 싶었습니다. 저는 상처받았고 너무나 슬픕니다.

사회복지사: 거절당한 느낌으로 너무나 실망하고 있군요.

초기 단계에서 여러분은 언어적으로 표현된 감정만 고려하게 된다. 그러나 클라이언트의 감정을 반영한 후나 비언어적으로 감정을 표현한 메시지가 확실할 때 여러분은 언급되지 않은 감정을 표현한 메시지에 대해 생각해 보아야 한다. 얼굴 표정, 신체언어, 목소리의 톤 등과 같은 비언어적 메시지는 감정을 전달하는 중요한 수단들이며 그것들을 무시하면 안 된다. 하지만 비언어적인 행동으로 암시된 감정을 반영할 때는 위험을 감수해야 함을 알아야 한다. 비언어적으로 표현된 감정을 반영하는 기술은 클라이언트가 직접적으로 감정을 표현하는 단어를 사용한 것이 아니기 때문에 단정적으로가 아닌 시험적으로 이루어져야 한다. 이는 클라이언트가 자신이 가진 감정을 인정할 준비가 되어 있지 않을 수도 있기 때문이다. 따라서 언급되지 않은 감정을 반영할 때에는, 특히 초기 단계에서는, 주의를 기울여야 하며 부드럽고 시험적인 목소리를 사용해야 한다. 만일 여러분의 감정 반영하기 기술이 너무 이르거나 목적에 빗나간다고 생각하면 내용 반영하기나 명확히 하기 기술로 돌아올 준비를 해야 한다.

감정 반영하기 기술을 효과적으로 사용하기 위해서, 여러분은 감정을 암시하는 많은 단어를 알아야 한다. 그렇지 않으면, 클라이언트가 경험하고 표현하는 감정, 정서, 느낌을 반영하는 데 어려움을 겪을 것이다. 물론, 감정소통에 사용되는 단어들은 수백 가지나 있다. 여러 학자들이 체계화된 도표를 제안하였으며, 몇몇 학자들은 모든 문화권이나 사회에서 보편적으로 통용되는 근원적인 감정을 밝혀내려고 하였다. 예를 들면 에크만Ekman은 인간의 얼굴에 표현되는 6가지의 보편적인 감정을 다음과 같이 제시하였다; (1) 행복, (2) 분노, (3) 놀람, (4) 슬픔, (5) 혐오, 그리고 (6) 두려움(Ekman, 1982; Ekman & Friesen, 1975).

다양한 감정을 다양한 강도의 수준으로 전달하기 위해서 여러분은 지역사회의 다양한 문화 집단이 일반적으로 사용하는 많은 종류의 감정표현 단어를 알 필요가 있다. 그렇지 않으면 표현된 감정을 그대로 정확히 반영하는 데 어려움을 느낄 수 있다. 예를 들어, 화는 모든 사람이 어떠한 정도까지는 경험하는 감정이다. 다소 불쾌함을 느끼거나 신경질이 난 클라이언트는 만약 여러분이, "당신은 분노하고 있군요"라고 말한다면 자신의 감정이 잘 이해되지 않았다고 생각할 수 있다. 여러분이 사용하는 단어는 클라이언트가 표현하는 감정의 종류나 강도와 일치해야 한다.

연습 9-4 감정 반영하기

감정 반영하기 기술을 올바르게 사용하기 위해서 여러분은 매우 복잡한 감정을 표현하는 어휘의 사용이 요구된다. 이러한 어휘의 사용 없이는 클라이언트가 경험하고 표현하는 감정과 감각, 그리고 기분을 바꾸어 말하기가 상당히 힘들다. 감정표현의 어휘력을 발전시키기 위해 표 9.5에 제시되어 있는 감정의 여섯 가지 범주를 참고할 수 있을 것이다. 여섯 종류의 감정을 표현하는 단어를 적어도 10개 정도 찾아보시오. 예를 들어 행복의 분류에, 만족을 포함시킬 수 있고, 분노와 두려움 분류에는 단어와 연관시켜 스트레스라는 단어를 찾을 수 있다. 만약 찾을 수가 없을 경우 국어사전을 참고하면, 각 분류에 맞는 단어를 쉽게 찾을 수 있을 것이다. 각 분류에 맞는 열 단어의 목록을 만든 후에, 표현강도에 따라 점수를 매겨보시오(1 = 온화한 표현; 2 = 중간 정도의 표현; 3 = 강한 표현). 예를 들어, 분노 부분에는, '분노한'과 '성내어 날뛰는'이라는 단어를 '3'(강한 표현)이라고 점수 매길 수 있을 것이다. 비슷한 방법으로, '불쾌함을 느끼는'이나 '신경질이 난'이라는 단어는 '2'(중간 정도 표현)라 할 수 있는 것이다.

| 표 9.5 | 감정표현 단어 |

행복	분노	놀람	슬픔	혐오	두려움

이제 많은 감정표현의 단어들과 어느 정도 익숙해졌으므로, 감정 반영하기 기술을 연습하도록 하자. 연습을 위해, 여러분이 아동상담소의 사회복지사라고 가정하고, 주어진 빈칸에 각각의 상황에서 감정을 반영하기 위해 자신이 할 말을 적어 보시오.

1. 최근에 이혼한 55세의 남자, K씨와의 첫 번째 면담중에 있다. K씨는, "나는 모든 것을 잃었습니다. 더 이상 계속해서 나아갈 이유가 없습니다. 마치 이떤 사람이 나의 속에 들어가서 모든 것을 끄집어 낸 것 같습니다"라고 말한다. K씨가 표현한 감정을 반영하기 위해 할 말을 적어 보시오. K씨가 이러한 질문에 어떻게 반응할 것이라고 생각하는가? 이 상황에 알맞게 감정을 반영하는 기술을 두 가지 더 이야기해 보시오.

2. 77세의 미망인인 ○할머니와의 면담중, 할머니는, "저는 정말 괜찮습니다. 물론 안 좋은 부분도 있지만, 그건 모든 사람이 마찬가지지요. 저는 아직도 요리를 하고 제 자신을 돌봅니다. 저는 그것이 자랑스럽지요, 하지만 이러한 의식불명이 계속된다면 더 이상 독립적인 생활을 할 수 없을 것 같아 두렵습니다"라고 말한다. ○할머니의 메시지에 포함된 감정을 반영하기 위해 할 말을 적어 보시오. 자신의 반응을 적은 후에 그와 같이 반응한 이유에 대해 논의해 보시오. ○할머니는 어떻게 반응할 것이라고 생각되는가? 이 상황에 알맞게 감정 반영하는 기술을 두 가지 더 이야기해 보시오.

3. 일곱 식구로 이루어진 S가족과 면담하는 중이다. S부인은, "저는 S씨와 사랑에 빠졌고, 우리가 결혼했을 때 그의 아이들과 저의 아이들이 형제자매처럼 서로를 사랑할 줄 알았어요. 그리고 저는 그의 아이들이 내가 내 아이들처럼 그들을 사랑할 것이라는 것을 알아주길 원했어요"라고 말한다. 그녀는 말을 마친 후 눈물을 흘리면서 고개를 숙인다. S부인의 눈이 눈물로 가득하다. 특정한 감정표현의 단어가 나오진 않았지만, S부인의 비언어적 메시지로 나타난 감정을 반영하기 위해 사용할 단어를 적어 보시오. 각각의 감정반영을 위해 택한 단어를 선택한 이유에 대해 토론해 보시오. S부인이 이러한 반응에 어떻게 반응할 것이라고 생각하는가? S씨는 어떠한가? 이 상황에 알맞은 감정을 반영하는 기술을 두 가지 더 이야기해 보시오.

4. 학교에서 두 자녀의 안전을 염려하는 라틴계 어머니 F부인과 면담하는 중이다. 한 시점에서, F부인은 말했다. "저는 아주 화가 납니다. 선생님이나 지도 상담사와 이야기하는 것은 전혀 도움이 안 돼요. 정당한 대우를 받기 위해 싸워야만 한다는 사실에 좌절감이 느껴집니다. 제 아이들은 보호받을 권리가 있어요." 그녀의 감정을 반영하는 과정에서 여러분이 말하고자 하는 것을 적으시오. 여러분이 말하려는 것에 대한 논리적 근거는 무엇인가? 여러분의 질문에 F부인은 어떠한 반응을 보일 것인가? 이러한 상황에서 F부인의 감정을 반영하기 위해 여러분이 찾고자 하는 다른 방법은 무엇인가?

5. 여러분은 여러 조직관련 문제들(예: 갈등, 긴장, 낮은 의사소통, 낮은 사기)을 가지고 있는 지역 사회서비스 기관의 자문역할을 맡은 사회복지사다. 첫 모임에서 14명의 사람들이 참가하였다(4명의 기관이사, 1명의 기관장, 3명의 프로그램 책임자, 4명의 사회복지사, 2명의 행정관리 직원). 모임이 시작된지 얼마 지나지 않아서 한 행정관리 직원이 말했다. "저와 다른 비서들은 여기서 잘 못되는 모든 것에 대한 비난을 받고 있습니다. 소위 말하는 전문가들이 저희를 낮게 취급하고 있습니다. 저의 책임이 아닌데도 얼마나 많은 고함소리를 들어야 했는지 셀 수조차 없습니다. 저는 클라이언트들을 좋아합니다만 매일 아침 일하러 오는 것이 두렵습니다. 감정 반영하기 과정에서 여러분이 말하려고자 하는 것을 적으시오. 여러분이 말하려는 것에 대한 논리적 근거는 무엇인가? 여러분의 질문에 행정관리 직원은 어떠한 반응을 보일 것인가? 이러한 상황에서 그 직원의 감정을 반영하기 위해 여러분이 찾고자 하는 다른 방법은 무엇인가?

감정과 의미 반영하기

감정과 의미 반영하기 기술은 아마도 적극적 경청과 감정이입적 의사소통의 가장 완전한 형태일 것이다(Carkhuff & Anthony, 1979, pp. 78~82). 이 기술은 메시지의 감정적 측면뿐만 아니라 사실적 부분도 전달하는 것이다. 그러므로 감정과 의미의 반영은 반영하기 기술의 가장 복잡한 형태라고 할 수 있다. 연습을 하기 위한 목적으로 다음의 형태를 사용하여 본다.

감정과 의미 반영하기를 위한 형식

당신은 ____ 때문에 ____ 느끼고 계시는군요.
혹은
당신은 ____ 그리고 ____ 느끼고 계시는군요.
혹은
당신은 ____ 느끼지만, ____ 생각하시는군요.

감정과 의미 반영하기 기술은 클라이언트와 관련된 그들의 감정과 사실, 혹은 생각을 반영하는 것이다. 다른 형태의 반영하기 기술과 같이, 여러분은 클라이언트가 표현한 메시지를 정확하게 반영해야 한다. 추측하거나 해석하기보다는 클라이언트가 경험한 감정과 의미를 부연하거나 그대로 이야기해야 한다. 클라이언트가 그들이 경험한 감정의 원인에 대한 그들의 의견을 말할 때는 개인적으로 그것이 불완전하거나 정확하지 않다고 생각되더라도 그들의 관점을 반영해야 한다. 클라이언트가 전달하는 의미는 그들이 갖는 감정의 외적, 상황적인 원인을 제안하기도 한다(예를 들어, "나의 어머니는 내가 죄를 진 것 같이 생각하게 만듭니다"). 어떤 경우에는, 클라이언트가 느끼는 감정의 원인을 그들 자신 탓으로(태도, 습관, 성격, 심리적인 패턴, 무서움, 혹은 심리적 상태) 돌릴 수도 있다. 감정과 관계된 의미가 외적이건 내적이건, 감정과 의미를 반영할 때는 클라이언트의 경험과 일치시켜야 하며 메시지의 의미를 수정하고 싶은 욕구를 참아야 한다. 다른 반영 기술들과 마찬가지로 여러분의 응답은 클라이언트가 전달한 메시지와 본질적으로 같아야 한다. 아래는 감정과 의미를 반영하는 두 가지 사례이다.

사례: 감정과 의미 반영하기

클라이언트: (35년간 일한 후 실직을 한 60세 남자)저는 이제 직업도 수입도 아무 것도 없습니다. 회사를 위해 35년간 고통을 겪고 노력을 했지만 그들은 저를 해고했습니다. 저는 겁이 나고 화가 납니다.

사회복지사: (감정과 의미 반영하기)당신은 수년간 회사를 위해 열심히 일해왔는데 회사에서 해고당했기 때문에 절망감을 느끼고 계시는군요. 그리고 다른 일자리를 찾을 수 있을 것 같지도 않다고 생각하시는군요.

사례: 감정과 의미 반영하기

클라이언트: 저는 정신이 몽롱한 상태입니다. 잘 수도, 먹을 수도 없습니다. 어떤 일에 집중할 수도 없습니다. 제 머리가 완전히 뒤죽박죽된 것을 알고 있습니다.

사회복지사: (감정과 의미 반영하기)당신은 불안하고 혼란스럽고, 지금 바른 생각을 할 수 없다고 생각하시는군요.

연습 9-5 감정과 의미 반영하기

연습을 위해 여러분이 사회서비스기관에서 근무하는 사회복지사라고 가정한다, 아래의 공간에, 각각의 상황에서 감정과 의미를 반영하기 위해 자신이 할 말을 적어 보시오.

1. 최근에 이혼한 55세의 남자, K씨와의 첫 번째 면담중에 여러분은 그가 처한 상황에 대한 그의 감정을 탐색하고 있다. K씨는, "나는 아내와 지내는 것에 너무나 익숙해졌습니다. 저는 아내를 원하지만 그것을 아내에게 한 번도 말하지 않았습니다. 이제 아내는 떠났고, 저는 아내가 제게 얼마나 많은 것을 의미하는지 깨달았습니다"라고 말한다. K씨가 말한 내용에 포함된 감정과 의미를 반영하기 위해 할 말을 적어 보시오. 자신의 반응을 적은 후에 그와 같이 반응한 이유에 대해 논의해 보시오. K씨가 이러한 질문에 어떻게 반응할 것이라고 생각하는가?

2. 77세의 미망인이며 가끔 일시적으로 의식불명 증세가 있는 O할머니와 면담 중에 있다. 면담을 하는 동안 O할머니는, "다른 사람에게 짐이 된다는 것이 두렵습니다. 자신을 돌볼 수 없는 어린아이처럼 보살핌을 받느니 차라리 죽는 것이 나아요"라고 말한다. O할머니가 말한 내용에 포함된 감정과 의미를 반영하기 위해 할 말을 적어 보시오. 자신의 반응을 적은 후에 그와 같이 반응한 이유에 대해 논의해 보시오. O할머니가 여러분의 말에 어떻게 반응하리라고 생각하는가?

3. 일곱 식구로 이루어진 S가족을 면담하고 있다. S씨와 S부인이 울기 시작하고, S씨의 십대 친아들은, "저 여자는 엄마가 되길 바라고 집에 온 것 같아요. 하지만 절대 나의 엄마가 될 수 없어요. 그리고 엄마가 되기 위해 노력하는 것도 불쾌해요"라고 말한다. 아들이 한 말에 포함된 감정과 의미를 반영하기 위해 할 말을 적어보고 그 이유에 대해 토론해 보시오. S부인이 어떻게 반응할 것이라고 생각하는가? S씨는 어떠한 반응을 할 것이라고 생각하는가?

4. F부인과 면담중이다. 문제를 탐색하던 중, F부인은 말했다. "이 모든 체계들이 좌절감을 줍니다! 이 사회는 뼛 속까지 인종차별주의자들이에요! 돈과 권력만 존중받아요." 그녀가 한 말에 포함된 감정과 의미를 반영하기 위해 할 말을 적어보고 그 이유에 대해 토론해 보시오. F부인이 어떻게 반응할 것이라고 생각하는가? 이러한 상황에서 F부인의 감정과 의미를 반영하기 위해 여러분이 찾고자 하는 다른 방법은 무엇인가?

5. 여러분은 여러 조직관련 문제들(예: 갈등, 긴장, 낮은 의사소통, 낮은 사기)을 가지고 있는 지역 사회서비스 기관의 자문역할을 맡은 사회복지사다. 첫 모임에서 14명의 사람들이 참가하였다(4명의 기관이사, 1명의 기관장, 3명의 프로그램 책임자, 4명의 사회복지사, 2명의 행정관리 직원). 첫 모임 중에 한 사회복지사가 말했다. "저는 이곳에서 5년을 일했습니다. 제가 처음 왔을 때 저는 많은 사회복지사들이 기록보관을 소홀히 한다는 것을 발견했습니다. 저는 프로그램 책임자와 기관장에게 기록보관에 대한 정책에 대해 물었고, 모든 전문가들은 자신의 사례기록을 관리유지할 책임이 있으며 그래야 한다고 들었습니다. 첫 해에 기록 유지에 관한 문제를 논의하기 위해 직원모임을 여러 번 가졌습니다. 저는 양식과 견본을 만들어서 보여주기까지 했습니다. 아무런 변화가 없었죠. 저는 양질의 사례기록을 유지 보관하려 했으나 모든 사람이 그렇지 못하다는 것을 알고 좌절하고 놀랐습니다." 아래 빈칸을 이용하여 감정과 의미를 반영하기 위해 할 말을 적어 보시오. 여러분이 말하려는 것에 대한 논리적 근거는 무엇인가? 사회복지사가 어떻게 반응할 것이라고 생각하는가? 이러한 상황에서 사회복지사의 감정과 의미를 반영하기 위해 여러분이 찾고자 하는 다른 방법은 무엇인가?

세분화하기

세분화하기 기술은 클라이언트가 어떠한 문제나 주제 혹은 근심 등의 복잡한 현상을 쉽게 다루기 위해 처리가 용이한 단위로 나누는 기술이다(Perlman, 1957; Shulman, 1992). 이 기술은 보통 탐색 과정 동안 아주 유용하다. 여러분과 클라이언트가 많은 문제를 한꺼번에 다루려고 한다면 클라이언트나 여러분, 혹은 둘 다 상당히 혼란스러워 할 수 있다. 어떤 때는 한번에 다루어야 할 사항이 너무나 많을 때가 있다. 세분화하기 기술은 전체적인 것을 한번에 하나씩 탐색하면서 전체를 부분적으로 나누고 정리하는 데 도움을 준다. 연습목적을 위해, 다음과 같은 형식을 사용한다.

연습형식: 세분화하기

당신은 여기서 여러 가지 주제들을 설명했다. 당신은 _____와 _____에 대해 이야기를 했다. 당신이 이야기한 것은 다양한 측면들이 아주 많기 때문에 한 번에 모두를 고려한다면 우리는 길을 잃을지도 모른다. 한 번에 하나씩 탐색해 볼까요?
(예, 그렇게 하지요) 무엇을 가장 먼저 고려하고 싶은가요? (혹은) _____으로 시작하면 괜찮겠습니까? 그것은 지금 아주 중요한 것처럼 보입니다.

사례: 세분화하기

클라이언트: (40세의 여성 클라이언트)제 인생은 엉망진창입니다. 제 남편은 하룻밤에 상당량의 술을 마시며 주말엔 더 많이 마십니다. 그는 알코올 중독자 같습니다. 그는 또다시 직업도 잃었습니다! 제 십대 아들은 본드를 흡입하고 있습니다. 아들의 방에서 본드를 발견하였고, 다른 학생의 사물함에서 돈을 훔친 일로 퇴학당했습니다. 그래서 남편과 아들은 지금 모두 집에 있습니다. 저만 일을 하고 있으며 너무나 지쳐가고 있습니다. 제 인생을 망친 것 같고, 정말 너무나 화가 납니다.
사회복지사: 한꺼번에 많은 일들이 당신에게 일어나고 있군요. 가족의 모든 식구들이 문제를 가지고 있으며 당신은 그 모든 것들에 영향을 받았습니다. 살펴보아야 할 문제들(남편의 행동, 아들, 그리고 이 모든 것들에 대한 당신의 감정)이 너무나 많기 때문에 한 번에 한 가지씩 살펴보는 게 어떻겠습니까? 무슨 뜻인지 알겠습니까? 괜찮습니까? 어떠한 부분의 문제가 당신을 가장 걱정스럽게 합니까? 그것으로부터 시작합시다.

연습 9-6 세분화하기

여러분이 사회복지기관에서 근무하는 사회복지사라고 가정한다. 아래의 공간에 각각의 상황에서 세분화하기를 위해 자신이 할 말을 적어 보시오.

1. 최근에 이혼한 55세의 남자, K씨와 첫 번째 면담을 하고 있다. K씨는, "저는 신경쇠약을 겪을 것만 같습니다. 제 일을 할 수가 없고 밤에 잠을 잘 수도 없습니다. 먹을 수도 없습니다. 제가 하는 일은 오로지 아내에 대해 생각하는 것입니다. 아내가 무엇을 하고 있는지, 또 나에 대해 어떻게 생각하는지 궁금합니다. 이 모든 것들이 제 직장 생활에도 영향을 주고 있습니다. 제 상사는 제가 저지르는 실수에 싫증이 난 것 같습니다. 벌써 몇몇의 청구

서를 납부하는 것도 잊었습니다. 채권자들은 매일 전화를 걸어오고 있습니다. 제 생활은 엉망진창입니다"라고 말한다. 우선 클라이언트가 말한 내용을 구분하고 나열해 보시오. 어떠한 것이 가장 중요하다고 생각되는가? K씨가 말한 것을 세분화한 후 토론해 보시오. K씨가 이러한 질문에 어떻게 반응할 것이라고 생각하는가?

2. 혼자 사는 77세의 미망인, ○할머니와 면담중이다. 대화 중에 ○할머니는, "가끔 저는 너무나 외롭습니다. 나의 친구들은 모두 멀리 이사를 갔거나 이미 세상을 떠났습니다. 나의 아이들은 저를 더 이상 찾아오지 않습니다. 자식 중 한 명은 가까운 곳에 살지만 전화도 하지 않으며 제 생일에 연락도 하지 않습니다. 저는 이미 죽은 것 같습니다. 의식불명도 정말 걱정이 됩니다. 저에게 어떠한 일이 일어날지 알 수 없습니다." 우선 클라이언트가 말한 내용을 구분하고 나열해 보시오. 어떠한 것이 가장 중요하다고 생각되는가? K씨가 말한 것을 세분화하고 자신의 반응을 적은 후에 토론해 보시오. ○할머니가 이러한 질문에 어떻게 반응할 것이라고 생각하는가?

3. 일곱 식구로 이루어진 S가족과의 면담중이다. 탐색과정 중 S씨는, "저희가 결혼을 한 이후부터 제 아이들과 아내의 아이들 사이에 문제가 있었습니다. 기본적으로 아이들은 서로를 싫어하고, 아내와 저도 미워하는 것 같습니다. 저와 아내는 근래에 싸우기 시작하였습니다. 생활 형편은 좋지 않고 아무 것도 할 시간이 없습니다. 지난 6개월 동안 제 자신을 위해 단 일 분이라도 할애한 적이 없는 것 같습니다. 제 아내와 저는 결혼식 이후로 주말을 집 밖에서 보낸 적이 한 번도 없습니다"라고 말한다. 우선 클라이언트가 말한 내용을 구분하고 나열해 보시오. 어떠한 것이 가장 중요하다고 생각되는가? S씨가 말한 것을 세분화한 후 토론해 보시오. S부인이 이러한 질문에 어떻게 반응할 것이라고 생각하는가?

4. F부인과 면담중이다. 대화 도중 그녀는 말했다. "저는 이 지역사회로 이사 온 이래 힘든 일만 생깁니다. 학교는 라틴계 사람들에 대해 완전히 무관심해요. 아이들은 제게 무례해지기 시작했고 라틴전통을 좋아하지 않아요. 모든 이웃은 다 백인들이고, 자기들을 소개조차 안해요. 제 어머니는 페루에서 병을 앓고 있습니다. 하지만 자녀들이 위험해질 것 같아서 감히 떠날 수가 없어요." 우선 클라이언트의 말에서 각각의 요소를 분리하고 밝혀내시오. 그것들을 요약문형식으로 나열하시오. 무엇이 가장 중요하다고 생각하는가? F부인이 말한 것을 세분화한 후 토론해 보시오. 여러분이 말하려는 것에 대한 논리적 근거는 무엇인가? F부인이 어떻게 반응할 것이라고 생각하는가?

5. 여러분은 여러 조직관련 문제들(예를 들면, 갈등, 긴장, 낮은 의사소통, 낮은 사기)을 가지고 있는 지역 사회서비스 기관의 자문역할을 맡은 사회복지사다. 첫 모임에서 14명의 사람들이 참가하였다(4명의 기관이사, 1명의 기관장, 3명의 프로그램 책임자, 4명의 사회복지사, 2명의 행정관리 직원). 모임중 한 기관이사가 말했다. "제가 관찰한 바와 같이 우리 기관은 자유방임적인 리더십, 모든 조직분야에서의 비전문성, 무능함, 그리고 목적지향적이고 일치된 노력의 부재 등의 오랜 역사가 있습니다." 아래 빈 칸을 이용하여 이 메시지의 각 요소를 분리하고 밝혀내시오. 그것들을 요약문형식으로 나열하시오. 무엇이 가장 중요하다고 생각하는가? 그가 말한 것을 세분화한 후 토론해 보시오. 여러분의 질문에 기관이사는 어떠한 반응을 보일 것인가? 다른 사람들은 어떻게 반응할 것인가?

대화 내용을 넘어선 부분을 이해하기

　　대화 내용을 넘어선 부분을 이해하는 것은 여러분이 클라이언트를 감정이입적으로 이해하려고 할 때, 클라이언트가 실제로 언급한 내용을 약간 확대하기 위해 사용하는 기술이다(Hammond et al., 1997, pp.137~169). 이는 클라이언트가 말한 내용을 그대로 반영하기보다는, 실제로 감정과 의미에 추가하기 위해 여러분의 지식, 경험, 직관을 사용하는 것이다. 즉 추가적인 감정이입(additive empathy) 과정을 통해, 클라이언트가 이미 알고 있는 내용을 조금 더 이해하거나 명확히 하기 위해 클라이언트가 언급한 내용을 약간 뛰어넘는 것이다. 여러분의 반응은 "클라이언트가 인식하지 못하고 단지 클라이언트의 진술 속에 암시되어 있는 감정과 의미에 대해서 클라이언트가 표현한 바를 뛰어 넘어야 한다"(Hammond et al., 1977, p. 137).

　　대화 내용을 넘어선 부분의 이해는 때로 클라이언트가 언어적으로 표현한 부분과 비언어적으로 표현한 부분을 혼합하기도 한다. 하지만 대화 내용을 넘어선 부분을 이해할 때는 클라이언트가 제시하는 전체적인 방향이나 관점과 동일하게 머물도록 노력해야 한다. 클라이언트가 직접 언급한 바를 벗어나더라도, 클라이언트가 제시한 준거틀을 유지하도록 해야 하는 것이다. 완전히 다른 방향으로 이동하기 위해 주제를 새로 만드는 것보다 클라이언트가 이미 세워놓은 주제를 유지하도록 하는 것이 좋다.

　　예를 들어, 첫 모임의 앞부분에서, 아이티에서 미국으로 최근에 이민온 클라이언트는 백인 사회복지사에게 다음과 같이 말할 수 있다. "당신의 기관에는 흑인 사회복지사는 없습니까?" 이것은 백인 사회복지사가 과연 자신을 이해하고 자신의 문화를 존중할 능력이 있는지에 대한 의구심을 갖고 있는 클라이언트에 의한 간접적인 의사소통(Shulman, 1999)이다. 그는 흑인 사회복지사를 선호할지도 모른다. 아마도, 그는 과거에 백인 사회복지사와의 부정적인 경험이 있을 수도 있다. 이와 같은 질문에 백인 사회복지사는 다음과 같이 응답할 수 있다. "저희 기관에는 흑인 사회복지사가 여러 명 있습니다(정보의 공유). 그러나 필요한 만큼 많지는 않습니다(의견의 공유). 문의를 하셨기에 말씀드립니다만, 가능하면 흑인 사회복지사와 만나는 것을 원하십니까?(대화 내용을 넘어선 부분을 이해하기)"

사례: 대화 내용을 넘어선 부분을 이해하기

클라이언트: (우울증에 걸린 41세의 어머니) 지난 몇 달간 기분이 가라앉았습니다. 제 아들이 무시무시한 자전거 사고로 죽은 후 저는 계속 우울했습니다. 너무나 부끄럽습니다. 아들이 사고 당일 나가기 전에 저는 아들이 방을 청소하지 않아 아들을 꾸짖었습니다. 제가 왜 그런 말을 했을까요? 아들에 대한 마지막 기억은 아들을 성가시게 만든 것입니다.

사회복지사: (대화 내용을 넘어선 부분의 이해) 아들이 죽기 전에 마지막으로 아들에게 한 말 때문에 당신은 죄의식에 사로잡혀 있군요. 당신이 아들을 꾸짖지 않았다면 아들이 아직 살아있을 수도 있다고 생각하십니까?

　　대화 내용을 넘어선 부분을 이해하는 것은 정신 분석적 해석이나 단순한 추측이 아니라 클라이언트가 생각하거나 느끼고 있지만, 아직 언어적으로 표현하지 않은 생각이나 감정을 표현하

는 것이라고 할 수 있다.

사례: 대화내용을 넘어선 부분을 이해하기

클라이언트: (어머니의 남자 친구로부터 성적으로 괴롭힘을 당한 12세 소녀) 제 엄마는 그를 너무나 사랑하지만 그는 떠났습니다.

사회복지사: (대화 내용을 넘어선 부분의 이해) 너는 어떤 말이라도 했어야 하는지에 대해 궁금해하고 있구나. 그가 네게 한 일에 대해 아무 말도 안 했다면, 어머니가 더욱 행복하고 그 남자친구도 떠나지 않았을 것이라고 생각하니?

연습 9-7 대화 내용을 넘어선 부분을 이해하기

연습을 위해 여러분이 아동상담소의 사회복지사라고 가정하고 아래의 공간에, 각각의 상황에서 언급된 내용을 넘어선 부분을 이해하기 위해 자신이 할 말을 적어 보시오.

1. 최근에 이혼 한 55세의 남자, K씨와 첫 번째 면담을 하고 있다. 문제 탐색과정중 그는, "저는 무기력하게 느껴집니다! 아내가 집에 돌아오기를 너무나 바랍니다. 그러나 제가 할 수 있는 모든 것은 그녀를 돌아오게 하는 방법을 생각하는 것입니다. 아내를 만나기 위한 방법과 아내를 설득해서 마음을 바꾸게 할 수 있는 방법을 계획하고 있습니다. 아내가 무엇을 하고 있는지, 아내가 나를 생각을 하는지에 대해 계속 궁금합니다"라고 말한다. K씨가 말한 내용 이상의 것을 이해하기 위해 자신이 할 말을 적어보고 자신의 반응을 적은 후에 토론해 보시오. K씨가 어떻게 반응할 것이라고 생각하나? 클라이언트가 말한 내용을 넘어선 부분을 이해하기 위해 사용할 수 있는 방법을 두 가지 적어 보시오.

2. 혼자 살고 있는 77세의 미망인, ○할머니와의 방문 상담중이다. ○할머니는, "내 모든 아이들은 자라서 부모에 대해 잊어버렸나봅니다. 아이들은 직업과 자식들 때문에 할 일이 너무나 많습니다. 아이들은 너무나 바쁘지요. 저도 압니다. 제가 가진 것에 대해 감사해야 할 것 같군요"라고 말한다. ○할머니가 말한 내용 이상의 것을 이해하기 위해 자신이 할 말을 적고 그 이유에 대해 토론해 보시오. ○할머니가 어떻게 반응할 것이라고 생각하나? 클라이언트가 말한 내용을 넘어선 부분을 이해하기 위해 사용할 수 있는 방법을 두 가지 적어 보시오.

3. 일곱 식구로 이루어진 S가족과의 면담중이다. 탐색과정중에, S부인은, "제 아이들과 남편의 아이들 사이가 너무나 안 좋아서 저는 이렇게 계속 참고 살아가는 것이 소용이 있을지 생각해 보기 시작했습니다. 내 아이들과 제가 떠나야 할지 모르겠습니다. 저와 아이들은 그렇게 살았고, 다시 할 수 있습니다"라고 말한다. S부인이 말한 내용 이상의 것을 이해하기 위해 자신이 할 말을 적고 그 이유에 대해 토론해 보시오. S부인이 어떻게 반응할 것이라고 생각하는가? 클라이언트가 말한 내용을 넘어선 부분을 이해하기 위해 사용할 수 있는 방법을 두 가지 적어 보시오.

4. F부인과 면담중이다. 한 시점에서 F부인이 말했다. "아마도 이런 인종차별적인 체계와 투쟁할 만한 가치는 없는 것 같아요. 아마도 그냥 있는 그대로 받아들여야 할 것 같아요. 저는 단지 한 인간, 한 여자일 뿐입니다. 무엇을 할 수 있나요?" F부인이 말한 내용 이상의 것을 이해하기 위해 자신이 할 말을 적고 그 이유에 대해 토론해 보시오. F부인이 어떻게 반응할 것이라고 생각하는가? 클라이언트가 말한 내용을 넘어선 부분을 이해하기 위해 사용할 수 있는 방법을 적어 보시오.

5. 여러분은 여러 조직관련 문제들(예: 갈등, 긴장, 낮은 의사소통, 낮은 사기)을 가지고 있는 지역 사회서비스 기관의 자문역할을 맡은 사회복지사다. 첫 모임에서 14명의 사람들이 참가하였다(4명의 기관이사, 1명의 기관장, 3명의 프로그램 책임자, 4명의 사회복지사, 2명의 행정관리 직원). 한 시점에서 기관장이 말했다. "보세요, 저는 기관장이고, 결국, 일어나는 일에 대한 책임이 있습니다. 오랫동안 상황은 안 좋았으며 3개월의 재직기간 동안 문제 해결을 위해 충분히 활동적이지 못했습니다. 제가 문제의 일부분이라는건 확실하며, 또한 해결의 일부분이 되고자 합니다. 그러나 기관에 도움이 된다면 사퇴할 의사도 있습니다. 아래 빈칸을 이용하여 기관장이 말한 내용 이상의 것을 이해하기 위해 자신이 할 말을 적고 그 이유에 대해 토론해 보시오. 기관장이 어떻게 반응할 것이라고 생각하는가? 기관장이 말한 내용을 넘어선 부분을 이해하기 위해 사용할 수 있는 방법을 적어 보시오.

요약

사회복지실천의 탐색 단계에서, 여러분은 클라이언트로 하여금 계약에 이르게 된 문제나 우려점에 대한 생각, 느낌, 경험을 공유하도록 격려한다. 탐색의 과정을 통해서 여러분과 클라이언트는 사람-문제-상황에 관련된 정보를 생물심리사회적 관점이나 현재-미래-과거의 시간적 관점으로부터 얻어내고자 한다. 사회복지사와 클라이언트는 문제나 이슈의 발전, 지속, 상태를 이해하고자 하는 데 참여한다. 여러분은 문제발생 확률을 높이거나 줄이는 위기요인과 보호요인뿐만 아니라 문제의 빈도, 강도, 기간을 결정해야 한다. 강점을 관찰함으로써, 여러분과 클라이언트는 문제해결 노력을 위한 자산, 재능, 능력, 및 자원을 밝혀낸다. 특히, 능력, 사회적 지지, 성공, 삶의 교훈 관련 분야의 장점을 찾는다. 여러분의 전문적 지식과 클라이언트의 참여가 합쳐질 때, 수집된 정보는 사정과 계획의 발전에 기여한다.

(1) 질문하기, (2) 명확히 하기, (3) 내용 반영하기, (4) 감정 반영하기, (5) 감정과 의미 반영하기, (6) 세분화하기, (7) 대화내용을 넘어선 부분을 이해하기를 포함하는 탐색하기 기술은 개인, 문제, 상황, 강점에 대한 정보를 서로 고려하는 데 매우 유용하지만, 전체적인 원조과정을 통해 기능적이기도 하다. 피드백 구하기와 같은 시작 기술과 더불어, 탐색 기술은 여러분과 클라이언트가 문제해결을 위해 함께 일해 나가는 과정에서 반복적으로 사용될 것이다.

■ Chapter 9 요약 연습

자신이 다양한 사회복지 서비스를 제공하는 기관에서 일하는 사회복지사라고 가정해 보자. 여러분은 사람-문제-상황의 다양한 요인에 대해 탐색하고 있다. 아래의 각 상황에 요구되는 기술을 사용하면서 자신이 할 말과 취할 행동을 적어 보시오.

1. 사례 상황: 결혼에 앞서 상담을 원하는 10대 커플과 첫 번째 면담중이다. 그녀는 "앞으로 많은 어려움이 있을 거라는 것을 압니다. 그것이 저희가 여기에 온 이유입니다. 이러한 문제가 서로에 대한 감정에 영향을 미치게 하고 싶지 않습니다"라고 말한다.

   a. 그녀가 말한 내용을 반영하면서 자신이 할 말을 적어 보시오.

   b. 그녀의 말에 이은 개방형 질문을 작성하시오.

   c. 그녀의 표현을 명확히 하기 위해 자신이 할 말을 적어 보시오.

2. 여러분의 반응 후, 그녀는, "가장 큰 문제 중 하나는 제 부모님입니다. 저희 엄마는 화가
   나 있고 제 아버지는 더 합니다. 아버지는 내 남자친구에게 죽일 듯한 태도를 보이지만,
   그에 대해 아무 것도 몰라요. 부모님들이 결혼식에조차 오지 않을 것 같아 걱정이 됩니다.
   그건 정말 슬플 거예요"라고 말한다.
   a. 그녀의 말에 담겨있는 감정과 의미를 반영하기 위해 여러분이 할 말을 적어 보시오.

   b. 그녀의 말에 언급된 것 이상의 내용을 이해하기 위해 자신이 어떻게 할 것인지 제시하
      시오.

3. 사례 상황: 고속도로 휴게소에서 허름한 자동차에 기거해 온 일곱 식구(두 명의 부모와 1세부
   터 7세까지 다섯 명의 아이들)로 이루어진 가족과 면담중이다. 직장을 찾을 거라는 희망에 다른
   도시로 옮겨가는 길에 그들은 음식과 기름도 거의 바닥난 상태이다. 경찰이 그들을 사회
   복지관으로 데리고 온다.
      면담 동안 Z부인은, "우리는 자선을 원하지 않아요. 이사하기 위한 충분한 돈과 음식이
   필요할 뿐이지요"라고 말한다.
   a. 그녀의 말을 명확히 하기 위해 자신이 할 말을 적어 보시오.

   b. 가족을 이해하고 돕기 위해 유용한 정보를 이끌어낼 수 있는 세 가지 검증방법을 적어
      보시오.

4. 여러분의 검증에 이어 Z부인은, "아기가 아무 것도 먹지 못했습니다. 계속 잠만 자고 열이
   있습니다. 어제 세 번이나 토했습니다"라고 말한다.
   a. 그녀의 말을 명확히 하기 위해 자신이 할 말을 적어 보시오.

b. 아기의 건강과 관련하여 세 가지 추가적인 검증을 하기 위해 자신이 할 말을 적어 보시오.

5. 사례 상황: 13세 된 여자친구의 딸을 성적으로 희롱한 것으로 고소된 T씨와 첫 번째 면담 중이다. T씨는 판사가 그의 중죄를 인정할 것인지 고려하는 동안 구치소에서 나와 상담을 받도록 되었다. 그는 소녀의 어머니와 살아 왔다. 면담중 T씨는, "내가 그러한 일을 했다고 왜 그 아이가 말했는지 모르겠어요. 저에게 상처가 되었습니다. 그 아이와 그 아이 엄마에게 잘 해주었습니다. 그 아이는 거짓말하고 있어요. 이유는 저도 모르겠습니다. 질투심을 느끼는지도 모르지요"라고 말한다.
   a. 그의 말을 명확히 하기 위해 자신이 할 말을 적어 보시오.

   b. 그의 말에 대해 적당한 세 가지 질문을 적어 보시오.

   c. 그가 말한 내용을 반영하여 보시오

   d. 그의 말에 포함된 감정과 의미를 반영하여 보시오.

   e. 그의 말에 대해 자신이 어떻게 감정 반영 기술을 사용할 수 있는지 제시하여 보시오.

   f. 그가 말한 내용 이상의 것을 어떻게 할지 적어 보시오.

6. 사례 상황: 여러분은 아동 보호기관의 사회복지사로 근무하고 있다. 최근에 D씨와 D부인이 그들의 아이들(1세, 3세)을 방임하고 학대했다는 전화를 받았다. 제보자에 의하면, 아이들이 동물 시체와 쓰레기, 그리고 위험물(유리조각과 날카롭고 녹슨 금속 물질)이 있는 더러운 정원에서 노는 동안 엄마는 자고 있었다고 한다. 또한 D씨는 술을 많이 마시며 엄마와 아이들을 때린다고 했다.

　　D부인은 여러분이 그녀의 집에 출입하는 것을 허용했으며 여러분과 D부인은 대화를 시작했다. D부인은, "누가 제보를 했는지 압니다. 길 아래에 사는 고약한 이웃입니다. 그녀는 자기 일이 아닌 일에 언제나 참견하지요"라고 말한다.

a. D부인의 메시지에 대해 어떠한 탐색 기술을 사용할 것인가?

b. D부인과의 면담중에 여러분이 사용할 다섯 가지 질문을 적어 보시오.

7. 사례 상황: 여러분은 범죄율이 높고 저소득층이 사는 지역에서 활동하는 지역사회 조직가이다. 실업률이 높고, 갱들이 출몰하며, 마약거래와 사용이 빈번하고, 길거리에서 노골적으로 성매매가 이루어진다. 여러분은 주민들이 이와 같은 문제를 해결하기 위해서 스스로 조직하는 것을 돕고자 한다. 지금까지 여러 명의 학부모, 종교인, 학교 선생님과 교장, 사회복지사, 복지기관장, 경찰, 의원 및 시의원회 위원들과 개별적인 접촉을 하였다. 대부분의 사람들이 이 문제를 해결하기 위해 함께 만나길 동의했다.

　　첫 모임의 시간이 왔다. 한 학교의 커다란 방에서 만나고 있다. 서로 소개를 나눴으며, 다음과 같은 잠정적인 예비목적을 설명했다. (a) 지역사회의 상태를 사정하기, (b) 문제와 욕구를 파악하기, (c) 지역사회 전반적으로 문제를 해결하고 욕구를 충족시키며 사회경제적 상황을 개선하기.

a. 모인 사람들에게 하고자 하는 초기 탐색적 질문을 적으시오.

b. 이 첫 모임 중 어느 시점에 하고 싶은 개방형 질문 두 개를 적으시오.

탐색 기술을 연습하기 시작하였고 이제 실제적인 면담을 시도할 시간이다. 사회복지학과 친구 한 명을 구한 다음, 자신이 사회복지실천기술을 연습하고 있다고 알리고, 여러분이 사회복지사의 역할을 수행하는 동안 친구는 클라이언트의 역할을 수행할 것을 부탁한다. 같은 수업을 듣고 있거나 전에 들은 적이 있는 학생은 부탁에 더 쉽게 응할 것이다. 친구에게 다음 몇 주에 걸쳐 몇 시간을 할애해야 할 것이고, 그 기간 동안 자발적으로 사회복지사를 찾아온 클라이언트의 역할을 수행할 것이라고 말한다. 탐색절차를 위한 문제나 걱정거리를 적어도 하나 이상 찾아야 할 것이라고 부탁한다. 하지만 이 만남은 단 몇 번만 지속될 것이라고 친구에게 알린다.

사회복지사와 사회복지를 공부하는 학생들이 클라이언트 역할을 해보는 것이 유용하다고 언급해도 괜찮다. 클라이언트의 역할을 수행함으로써, 사회복지사는 도움을 찾는 상황에 더욱 관심을 가질 수 있게 되기 때문이다. 도움을 구하고 받는 것이 항상 쉬운 일이 아니다. 또한 클라이언트가 되어 보는 것은 사회복지실천에서 사회복지사들이 해야 할 일 혹은 하지 말아야 할 일들에 대한 여러분의 인식을 높인다. 이러한 경험은 어떻게 효과적인 사회복지사로서 일할 수 있는지에 대한 이해를 도와준다.

면담의 내용은 오디오테이프나 가능하다면 비디오테이프에 녹음될 것이며, 교수님에게 보여드리기 위해 면담 내용을 기록하겠다는 점도 알려준다. 면담 내용을 교수님과 논의할 수도 있지만 친구의 이름이나 다른 사항들은 말하지 않을 것이라고 말해 준다. 친구는 작성된 기록을 읽어볼 수 있다. 면담 기록에서 친구의 신원을 밝히지 않을 것이라고 친구에게 알려준다. 또한 면담을 녹음하는 동안 오직 친구의 별명을 사용할 것을 부탁한다. 교수님을 포함한 그 누구에게도 친구의 동의 없이는 친구의 신원을 알리지 않을 것이며, 자신의 사생활에 대한 부분에 대해서는 이야기하지 않아도 된다고 친구에게 말해 준다. 만약 친구가 이야기하고 싶지 않은 부분들이 언급되었을 때는 간단하게, "이 문제에 대해서는 이야기하고 싶지가 않아"라고 말하면 된다고 알려 준다. 이 활동은 전적으로 자발적인 연습이라는 것을 알려주고 원하지 않는다면 부탁을 거절해도 되는 것이다. 마지막으로 자신이 아직 사회복지학을 배우고 있고 아직 사회복지실천기술을 완벽하게 배우지 못했다고 친구에게 말한다. 면담에서 실수할 수도 있기 때문에 자신이 친구에게 실질적으로 아무런 도움이 되지 못할 수도 있다는 것을 친구가 알게 한다. 이 연습의 실질적인 목표는 자신이 사회복지실천기술을 연습하는 것이다. 목표가 실제로 사회복지 서비스를 제공하는 것도 자신의 친구를 돕기 위한 것도 아니다.

친구에게 면담에서 이야기할 문제나 걱정거리가 사회복지사로부터 도움을 요청할 만한 것이어야 한다고 부탁한다. 문제가 이전에 언급된 적이 있으며 다룰 수 있어야 한다는 것을 친구에게 이야기한다 문제가 극단적인 위기 상황이면 안 되며, 친구의 대처 능력을 당황하게 하는 잠재성을 가져도 안 된다. 어려운 문제나 위기 상황을 맞고 있는 학생들은 이러한 문제들을 이 연습에서 사용하는 것을 피하거나 연습에 참가하는 것을 거절해야 한다. 결국 자신은 이 연습에서 실제로 사회복지 서비스를 제공하는 것이 아니라 기술을 연습하고 있는 것이다.

만약 친구가 면담의 모든 사항에 동의한다면 다음 주에 약 30분 동안 단 둘이서 만날 시간과 장소를 정한다. 자신이 면담 동안 사회복지사의 역할을 수행할 것이라고 친구에게 이야기한다.

사회복지 서비스가 필요할 수 있는 문제나 걱정거리에 대해 자신이 질문을 할 것이라는 것을 다시 알려준다. 정해진 시간에 만나는 순간부터 친구는 클라이언트의 역할을 수행해야 한다고 알려준다.

친구가 동의한다면 면담내용을 녹음한다. 면담의 목적은 친구가 가진 문제나 걱정거리뿐만 아니라 이 문제에 관련될 수 있는 사람과 상황의 측면에 대해 탐색하는 것이다. 면담을 준비, 시작, 그리고 탐색 단계만으로 제한한다. 사정이나 계약 혹은 문제를 해결하는 방향으로 면담을 이끌어가서는 안 된다. 문제의 원인을 추측하거나 이론적인 해석을 하려는 유혹을 참고 조언도 삼간다. 면담이 끝날 때 약 1주 후에 30분 정도의 두 번째 면담을 약속한다.

1. 30분 정도의 면담을 끝냈을 때, 사회복지사와 클라이언트의 역할을 중단한다. 친구에게 면담에 대한 생각이나 느낌에 대해 물어본다. 다음의 질문에 대해 완전하고 솔직한 답을 부탁한다. (a) 나와 편안하고 안전하게 느꼈습니까?, (b) 내가 당신과 당신이 말하는 내용에 진정으로 관심이 있었다고 느꼈습니까?, (c) 당신이 말하고자 하는 것을 내가 이해했다고 생각했습니까? 만약 그랬다면 내가 이해했다는 것을 어떻게 알았습니까? 만약 그렇지 않았다면 내가 이해하지 못했다는 것을 어떻게 알았습니까?, (d) 우리가 탐색해야 했던 친구, 문제, 상황의 측면이 있었습니까? 만약 있었다면 무엇이었습니까?, (e) 내가 물어보지 않은 어떠한 정보를 이야기하고 싶었습니까? (f) 전체적으로 면담은 도움이 되었습니까? 그랬다면 무엇 때문이었습니까? 만약 그렇지 않았다면 무엇 때문이었습니까?, (g) 면담이 당신에게 더욱 생산적이기 위해 당신은 어떠한 제안을 하겠습니까? 워드프로세서를 사용하여 파트너의 피드백을 요약하시오.

2. 그 다음, 면담에 대한 여러분 자신의 반응을 기술하고 논의하시오. 면담에 대해 자신은 어떻게 느꼈나? 면담에 대해 어떠한 것이 좋았으며 어떠한 것이 좋지 않았나? 사회복지실천 기술을 수행하는 자신의 능력에 대해 이야기해 보시오. 면담을 다시 할 수 있다면 어떠한 것을 다르게 하겠는가? 여러분의 반응과 생각을 요약하시오.

3. 오디오테이프나 비디오테이프를 작동시킨다. 워드프로세서를 사용하여 누가 무엇을 말했는지를 정확하게 나타내는 녹취록을 만든다. 기록지의 일부로 자신이 특정기술을 어디서 사용했는지 적는다. 예를 들어 친구의 현재 상황에 대해 질문함으로써 친구의 대답에 반응했다면 그 반응을 검증 기술로 밝혀 본다. 만약 친구가 말한 내용에 관한 더 많은 정보를 요구했다면 명확히 하기로써 그것을 밝혀 본다. 표 9.6에 나와 있는 형식을 사용하여 여러분의 기록을 정리한다(표 9.7 참조).

표 9.6 형식: 녹취기록하기

	내 용	사용 기술	반응	분석
사회복지사	여러분이 말한 내용을 기록한다.	여러분이 사용한 사회복지실천기술을 밝힌다.	여러분이 말한 내용에 대한 여러분 자신의 주관적인 반응(예 : 사고, 감정, 기분)을 기술한다.	여러분이 사용한 말, 기술 및 의사소통 능력을 분석하고 평가한다.
클라이언트	클라이언트가 말한 내용을 기록한다.		클라이언트의 언어적, 비언어적 의사소통에 대한 여러분의 주관적인 반응을 기술한다.	클라이언트의 말과 행동에 관련된 명시적, 암시적 의미를 간략하게 반영한다.

표 9.7 기록하기의 한 가지 사례

	내 용	사용 기술	반응	반영
사회복지사	이와 같이 어려운 시기 동안 당신의 감정은 어떠합니까?	개방형 질문	클라이언트가 자신의 감정에 대해 이야기하길 원하는 것 같았다. 그러나 클라이언트뿐만 아니라 나 역시 다루기에는 너무 버거울지도 모른다는 예감이 들었다.	이 시점에서 사용하기에 적합한 기술이라고 생각한다. 또한 나는 검증을 잘 수행했다고 믿으며 이 경우 개방형 검증은 폐쇄형 검증보다 유용하다.
클라이언트	나는 언제나 너무 피곤합니다.		저는 그것을 믿을 수 있습니다! 저도 너무 지쳤습니다. 만약 제가 당신 위치에 있었다면 저는 세상과 맞서기 위해 일어설 수 있었을지 모르겠습니다.	클라이언트는 자신의 말을 정확하게 표현한 것 같다. 클라이언트는 의사에게 상담을 받아야 할 정도로 우울한가?
사회복지사	당신은 지쳐있군요.	감정 반영하기	클라이언트는 매우 피곤해 보였다. 그녀의 감정을 느끼려 해보지만 나도 지쳐있었다.	나는 클라이언트의 감정을 잘 반영하였다. 사용하기에 적합한 기술인 것으로 생각한다.

4. 아래의 표 9.8의 탐색 모형을 사용하여 자신이 사람-문제-상황의 다양한 요소를 탐색한 정도를 표시한다. 각 항목의 칸에 탐색의 정도를 백분율로 표시한다. 예를 들어 만약 현재의 문제에 대해 완전하게 이야기했다고 생각되면 칸에 100%라고 적는다. 만약 과거 문제의 근원과 발달에 대해 전혀 이야기하지 않았다면 0%로 한다.

표 9.8 딤색표

	현 재	과 거	미 래
문제			
개인			
상황			

5. 워드프로세서를 사용하여 후속 면담에서 자신이 탐색하고자 하는 사람-문제-상황의 측면들을 밝히시오. 추가적인 탐색이 필요한 각각의 범주에 적어도 세 개의 개방형 질문을 쓰시오.

6. 워드프로세서를 사용하여 표 9.9와 같은 표를 만드시오. 그런 후 여러분과 동료들이 시작, 진행, 빈도, 상황적 관계, 정도/심각도, 그리고 발견된 문제점에 대해 논의한 정도를 표시하시오. 탐색표에다 한 것과 같이 각각의 분야에서 탐색한 정도를 대략의 비율로 나타내시오.

표 9.9   문제 탐색하기

		탐색된 비율
발생	문제의 근원을 탐색한다. 문제가 처음 일어난 상황.	
진행	문제/이슈가 진행되는 상황을 탐색한다. 문제/이슈가 언제 어떻게 좋아졌는지 혹은 나빠졌는지. 클라이언트가 언제 어떻게 대응했는지.	
빈도	문제가 얼마나 자주 일어나는가를 탐색한다.	
상황 맥락	문제가 언제 어디서 어떻게 일어났는지 탐색한다.	
심각성/강도	문제의 심각성이나 정도를 탐색한다.	
기간	문제/이슈가 얼마나 지속됐는지 탐색한다.	

7. 워드프로세서를 사용하여 후속 면담에서 추가적인 탐색이 필요한 문제/이슈 측면을 밝히시오. 추가적인 탐색이 필요한 각각의 범주에 적어도 세 개의 개방형 질문을 쓰시오.

8. 워드프로세서를 사용하여 표9.10와 같은 위기 및 보호요인 작업표를 만드시오. 그리고 주요한 위기 및 보호요인을 요약하시오. 만약 이 작업표를 만들기에는 충분한 정보가 부족하다면 추가정보를 얻기 위한 여러 개의 질문들을 적으시오.

표 9.10 위기 및 보호 요인 작업표

위기 요인	보호 요인

9. 워드프로세서를 사용하여 표 9.11의 강점찾기모형을 만드시오. 그런 후에 능력, 사회적 지지, 성공, 인생 교훈 영역에서 여러분이 강점을 찾은 정도를 표시하시오. 추가적인 탐색이 필요한 각 강점 분야에 대해 적어도 하나의 개방형 질문을 적으시오.

표 9.11 강점찾기

	개인	상황	문제
능력			
사회적 지지			
성공			
삶의 교훈			

Chapter 9 자기 평가

이제 여러분은 이 장을 끝내고 연습문제를 완성하였다. 여러분의 탐색 기술의 숙련정도를 평가해 보시오.

자기 평가: 탐색 기술

여러분의 탐색 기술이 숙련된 정도를 스스로 평가하기 위해 아래의 문항들에 응답하시오. 그리고 난 후, 평가척도를 사용하여 여러분이 각각의 문항에 동의 또는 동의하지 않는 정도를 표시하시오.

4 = 전적으로 동의한다
3 = 동의한다
2 = 동의하지 않는다
1 = 전혀 동의하지 않는다

4	3	2	1	문항
☐	☐	☐	☐	1. 나는 질문하기 기술을 효과적으로 사용할 수 있다.
☐	☐	☐	☐	2. 나는 명확히 하기 기술을 효과적으로 사용할 수 있다.
☐	☐	☐	☐	3. 나는 내용반영 기술을 효과적으로 사용할 수 있다.
☐	☐	☐	☐	4. 나는 감정반영 기술을 효과적으로 사용할 수 있다.
☐	☐	☐	☐	5. 나는 감정과 의미반영 기술을 효과적으로 사용할 수 있다.
☐	☐	☐	☐	6. 나는 세분화하기 기술을 효과적으로 사용할 수 있다.
☐	☐	☐	☐	7. 나는 대화내용을 넘어선 부분을 이해하기 기술을 효과적으로 사용할 수 있다.
☐	☐	☐	☐	8. 나는 논의된 것 이상을 할 수 있다.
☐	☐	☐	☐	9. 나는 탐색 기술을 숙련도를 사정할 수 있다.
				소계

참고: 위의 문항들은 부록 3의 사회복지실천기술 자기 평가도구의 탐색 기술 부분에 제시되어 있다. 여러분은 위의 문항들을 이전에 응답한 적이 있을 것이다. 여러분은 이전의 여러분의 응답과 이번에 여러분이 응답한 것을 비교할 수 있다. 이전의 점수보다 이번의 점수가 높다면 여러분이 탐색 기술과 관련하여 진전을 보인 것이다.

마지막으로 이 장에서 다룬 사회복지실천기술과 자기 평가 결과를 분석한 후, 1페이지 분량의 보고서를 준비하시오. 보고서의 제목을 탐색 기술의 숙련성에 대한 자기 평가로 하시오. 보고서에는 여러분이 알고 있고 잘 수행할 수 있는(예: 3점이나 4점) 기술을 반드시 밝히시오. 또한 보다 연습을 요하는(예: 2점 이하) 기술을 구체적으로 밝히고 그러한 기술을 숙련하기 위한 계획을 세워보시오. 보고서를 완성한 후 보고서를 사회복지실천기술 학습 포트폴리오에 포함하시오.

사정 기술

사정은 사회복지실천의 근본적인 과정이다(Acevedo & Morales, 2001; Alvelo, Collazo, & Rosario, 2001; Bullock, 2005; Chow, 2001; Corcoran & Walsh, 2006; Cowger, 1994, 1996; Garrett, 2005 Gilgun, 1999a, 1999b, 2004a, 2004b; Hodge, 2005a, 2005c; Hudson & McMurtry, 1997a, 1997b; Jordan, 2008; King & Bordnick, 2002, Manning, 2001; Matsuoka, 2001; Meyer, 1992, 1993, 1995; Morelli, 2001; Mulroy, 2008; Negroni-Rodriguez & Morales, 2001; Nugent, 2004; Perlman, 1957; Richmond, 1917/1944; Ripple, 1955; Ripple & Alexander, 1956; Repple, Alexander, & Polemis, 1964; Ruch, 2005; Sheppard, Newstead, DiCaccavo, & Ryan, 2001; Weaver, 2001; Westbrooks & Starks, 2001). 탐색 단계가 순조롭게 진행되었다면 여러분과 클라이언트는 개인, 관련된 사람들, 이슈/문제, 그리고 상황에 대한 상당량의 관련 정보를 얻었을 것이다. 여러분은 클라이언트 문제의 근원과 발달을 추적하였고 문제와 관련 있는 요인들을 파악해 냈다. 여러분은 과거와 현재에 있어 클라이언트 체계와 상황의 다양한 측면들에 대해서 알게 되었고 미래에 있을 수 있는 다양한 시나리오를 고려해 보았다. 여러분은 문제를 다루고 목표를 성취하는 데 유용한 다양한 강점과 자원(예: 능력, 사회적 지지, 성공, 인생 교훈)도 파악해 내었다. 사정 단계에서 여러분은 클라이언트의 문제와 관련된 이러한 정보를 의미 있게 만들도록 노력해야 한다. 여러분은 사람과 상황이 문제에 어떻게 영향을 미치는지 또는 그 역의 관계에 대해 이해하려고 노력해야 한다. 또한 여러분은 사람과 환경 내의 강점과 자원을 이용하여 클라이언트의 문제가 어떻게 다루어질 수 있는지도 고려해야 한다. 그리고, 클라이언트 체계 내부와 사회적 물리적 환경 내부의 강점과 자원을 끌어내는 것을 통해서, 문제점들이 어떻게 해결되어야 할 것인가에 대한 가설을 설정해야 한다.

반영적이고 분석적인 과정을 통해서 얻어진 클라이언트에 대한 이해는 앞으로의 초점과 방향을 제시해 준다. 이상적으로 사정은 여러 가지 탐색적 가설을 협력적으로 발전시키는 것을 포함한다. 사례 개념화(case formulation)는 다수의 변화 지향적인 사설을 포함하며, 개입을 위한 명확하고 자세한 합의나 "계약"이 성립되는 기초이기도 하다(Nezu Nezu, & Bombardo, 2004; White, 2003; White & Stancombe, 2003). 계약은 개입과 평가의 단계에서 사회복지사와 클라이언트를 이끌어 준다. 이상적으로, 이러한 과정은 내적 일치성을 반영한다(그림 10.1 참조). 실제로, 여러분은 탐색 단계에서 수집된 정보가 어떤 식으로 잠정적인 사정과 사례 개념화를 뒷받침하며, 사정과 사례 개념화가 어떤 식으로 계약을 뒷받침하는지에 대해 논의할 수 있어야 한다. 사회복지사와 클라이언트가 공동으로 목표를 추구하고 성과의 추이를 평가하고자 할 때, 그러한 절차를 재순환할 필요가 있을 수도 있다. 예를 들면, 만일 목표 달성에 대한 진척이 확실하지 않거나, 현재의 문제가 악화되거나, 혹은 더 긴급한 문제가 나타난다면, 사회복지사와 클라이언트는 탐색, 사정, 계약 절차를 재시작 하고, 재검토된 행동계획이 의도하는 결과를 나타내고자 하는 가능성을 높이려고 한다.

10장은(박스 10.1 참조) 일반적으로 사정과정에 포함되는 사회복지실천기술인 (1) 기술적 정보(descriptive information) 정리하기와 (2) 임시 사정(tentative assessment)과 사례 개념화(case formulation)하기 기술에 여러분이 숙달되도록 도와줄 것이다.

그림 10.1 탐색, 사정, 계약, 그리고 개입 및 평가 기술의 순환

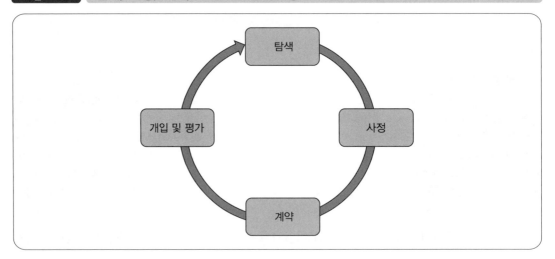

상자 10.1 10장의 목적

10장의 목적은 여러분이 사정 기술을 숙달하도록 돕는 것이다.

목표

10장을 완성한 후 여러분은 다음과 같은 기술을 갖추어야 한다:

- 사정의 기능에 대한 이해
- 기술적 정보정리 기술
- 임시 사정하기 기술
- 사정 기술의 숙달도를 사정하는 능력

핵심 역량

이 장에서 논의되는 기술은 다음의 핵심 EPAS를 지지한다.

- 전문적인 사회복지사임을 확인하고, 그와 같이 행동하기(EP2.1.1)

- 사회복지윤리강령을 전문적인 실천 지침에 적용하기(EP2.1.2)
- 비판적인 사고를 전문적인 판단을 고지하고 소통하는 데 적용하기(EP2.1.3)
- 실천에 있어서 다양성과 차이점에 관여하기(EP2.1.4)
- 인간행동과 사회환경에 대한 지식을 적용하기(EP2.1.7)
- 실천에 영향을 미치는 관계맥락에 대응하기(EP2.1.9)
- 개인, 가족, 집단, 조직 및 지역사회와 관계하고 사정하기(EP2.1.10[a-b])

사정은 평생 학습과 비판적 사고를 포함하며 여러분은 여러분의 전문 지식과 클라이언트의 경험을 반영(reflection), 분석(analysis), 통합(synthesis)의 협업 과정에 동원하게 된다. 여러분은 생물심리사회적이고 환경 속의 개인적 관점의 맥락에서 이론적이고 경험적인 지식을 사용하면서 개인, 한 쌍(dyad), 가족, 집단, 조직, 지역사회, 또는 사회를 병합적으로 사정한다. 여러분과 클라이언트는 경우에 따라 사정시 여러 종류의 도구를 사용할 수 있다. 예를 들면, 가족가계도, 생태도, 또는 시간표(timeline)(2장 참조)와 같은 도식적 도구가 그것이다. 여러분은 사회적 지지 평가 척도(2장 참조), 자아 효능감 척도, "빅 파이브(Big Five)" 성격검사나(2장 참조) 혹은 수백여 종의 타당도와 신뢰도가 검증된 관련 척도 중에서 어느 것이든 사용을 고려해 볼 수도 있다(Fischer & Corcoran, 2007a, 2007b; Rush, First, & Blacker, 2008; Schutte & Malouff, 1995).

여러분은 또한 특정 현상을 연구결과나 입증된 프로토콜이 제시하는 기준 또는 지침에 의거하여 검토해 볼 수도 있다. 예를 들어, 아동 성적학대의 위험을 사정하는 경우, 여러분은 "아동 성적학대 평가"(Kellogg & The American Academy of Pediatrics Committee on Child Abuse and Neglect, 2005)를 참조할 수 있다. 소아과 의사들을 대상으로 작성된 것이기는 하나, 사회복지사들도 심리사회적 위협 요인뿐만 아니라 생물/물리적 위협 요인들을 이해하는 데 도움을 받을 수 있다. 아동 성적학대의 심리사회적인 위험 요소에 대해서는, 레빈슨Levenson과 모린Morin의 논문을 읽어보면 좋다. 일반적인 아동학대의 사정에 대해서는 헤링Herring(1996)이 요약한 바와 같은 경험적 요인들을 고려해 볼 수 있다. 여러분은 어떤 특정 요인들이 아동학대의 위험을 증가시킨다고 생각할 수 있다. 예를 들어, 학대나 방임으로 신고된 경력, 부모가 학대의 경험이 있는 것, 젊은 부모, 편부모 또는 확대가족, 가정폭력, 부모와 자녀의 오랜 별거, 부모나 보호자의 약물남용, 아동의 장애(예를 들어, 신체적, 지적, 심리적), 부모나 보호자의 장애 등이 그것이다(Brissett-Chapman, 1995, pp. 361~362). 이러한 요인들을 하나의 지침으로 활용하면서 사회복지사는 아동이 위기에 처해 있는지를 파악하기 위해 탐색 과정 동안 수집한 정보를 철저하게 검토한다. 사정의 결과는 어떤 형태로든 아동과 가족의 안녕에 강력한 영향을 미치게 된다. 위양(false positive: 예를 들면, 사회복지사가 아동학대의 위험이 상당히 높다고 결론을 내렸으나 실제 위험은 낮은 경우)과 위음(false negative: 예를 들면, 사회복지사가 아동학대의 위험이 낮은 것으로 결론을 내렸으나 실제 위험이 높은 경우)의 결과는 심각할 수 있다.

물론 사회복지사는 개인뿐만 아니라 커플, 가족, 집단, 조직, 지역사회를 대상으로 서비스를 제공한다. 사정 지침과 도구는 규모가 큰 클라이언트 체계를 대상으로 서비스를 제공할 때도 유용하게 사용된다. 예를 들어, 가족보호요인 일람(Inventory of Family Protective Factors)(Gardner, Huber, Steiner, Vazquez, & Savage, 2008)은 가족의 탄력성을 고양하는 주요한 보호요인을 발견하는 데 도움을 준다. 무스와 무스Moos & Moos(2009)의 가족환경척도(Family Environment Scale)는 가족 및 환경 관련된 연구에서 오랫동안 사용되었다. 집단을 대상으로 서비스를 제공할 때는, 집단태도척도(Group Attitude Scale)(Evans & Jarvis, 1986)나 지각된 집단응집력척도(Perceived Group Cohesion Scale)(Chin, Salibury, Pearson, & Stollak, 1999)가 매우 유용할 것이다. 조직문화와 관련해서는, 쿠크Cooke와 라퍼티 Lafferty의 조직문화일람(Organizational Culture Inventory)(Szumal, 2003), 조직문화조사(Organizational Culture Survey)(Glaser, Zamanou, & Hacker, 1987), 카메론Cameron과 퀸Quinn의 조직문화사정도구(Organziational Culture Assusment Instrument)(1999)가 개인 및 소집단 면접을 보완해 줄 수 있다.

세계 가치 조사(World Values Survey)(2009)와 UN에서 인용한 여러 지표들은 커다란 지역사회를 사정하는 데 도움을 준다. 사회적 자본, 사회적 응집력, 그리고 웰빙(well-being)의 개념과 관련된 관점들은 크거나 작은 지역사회의 맥락에서 유용하게 사용될 수 있다. 로버트 푸트남Robert Putnam 의 연구에 기반하여, 하버드 대학 케네디 스쿨의 '미국 시민참여를 위한 새구아로 세미나(Seguaro Seminar)'에서는 사회적 자본 지역사회 벤치마크 조사(2000, 2002)를 실시하였다. 새구아로 세미나 는 두 번에 걸친 전국적인 대단위 연구를 수행하였다(2000, 2006). 그 밖에 다른 도구들로는 사회 적 자본 목록(Social Capital Inventory)(Narayan & Cassidy, 2001), 사회적 자본 통합 조사(Social Capital Integrated Questionnaire), 그리고 사회적 자본 사정도구(Social Capital Assessment Tool)가 있다. 마지막 두 개는 세계은행 사회적 자본 주제그룹(World Bank Social Capital Thematic Group)(2009)에 의해 개발 된 것이다.

사회복지 사정은 유사한 점이 매우 많지만, 실천상황, 기관이나 프로그램의 목적, 현재의 문 제뿐만 아니라 클라이언트 체계의 크기와 특성에 따라 그 형식은 상당히 다양하게 나타날 수 있 다. 예를 들면, 노인 클라이언트를 대상으로 서비스를 제공하는 노인학 전공의 사회복지사는 요 양원이 노인 클라이언트의 기본적인 욕구를 충족시키는가의 여부에 대해서 정부의 가이드라인을 참고할 수 있다. 정신보건 사회복지사는 미국 정신의학회에서 발간한 정신장애의 진단 및 통계편 람(Diagnostic and Statistical Manual, DSM-IV-TR)의 기준을 참고하여 클라이언트가 우울증인지, 그리고 얼마나 심각한 우울증인지의 여부를 판단할 수 있다(Williams, 1995). 위험 및 자살방지 프로그램을 진행하고 있는 사회복지사는 클라이언트의 자살행동 위험상태의 정도를 상, 중, 하로 구분하는 가이드라인을 사용할 수 있다(Berman, Jobes, & Silverman, 2006; Ivanoff & Riedel, 1995; Kulkin, Chauvin, & Percle, 2000; McIntosh, 1985; Rutter & Behrendt, 2004). 지역사회를 개선하고자 하는 주민들과 일하는 사회복지사는 욕구사정을 수행할 수 있다. 두 갱단의 대표들과 일하는 경우에는 (1) 갱단들 사이 에서의 안전하고 비폭력적인 대응 및 (2) 생산적인 대화를 보장하는 상태를 결정하기 위하여, 갱 단의 두목들과 몇 주에 걸친 모임을 가질 수 있다. 이와 같은 경우에는, 외부인들이 선의를 갖고 있더라도 문제를 악화시킬 수 있다. 갱단들 간의 불안전하고 비생산적인 회합은 폭력적인 반응을 촉발할 수도 있으며, 그 결과 일반 시민들까지도 부상이나 사망에 이르게 될 수 있다.

어떤 문제들은 거의 모든 사회복지 실천현장에서 공통적으로 나타난다. 그중에서 자신과 타 인에 대한 폭력, 아동의 신체적/성적 학대, 그리고 정신보건이나 약물남용은 여러분이 어디서 근 무하든지 간에 주요 이슈로 떠오를 가능성이 높다. 따라서 모든 사회복지사는 이러한 문제들에 주의를 기울일 필요가 있다. 실제로 어떤 기관은 약물남용, 아동학대 및 가정폭력, 자살위험이나 타인에 대한 폭력을 사정하기 위한 표준화된 운영절차를 가지고 있다. 약물남용을 사정하는 사회복지사로서 여러분은 다양한 자료를 고려할 수 있다. 예를 들면, DSM Ⅳ-TR은 약물의존과 약물 남용을 구분하는 진단기준을 포함하고 있다. 약물 의존과 약물남용은 둘 다 심리적 그리고 사회적 기능에서의 문제점을 야기하는 기능장애적 사용 패턴을 포함하지만, 전자는 약물에 대한 신체적인 내성의 발달을 포함하고, 후자는 포함하지 않는다.

DSM-Ⅳ-TR은 정신 장애에 대한 다축적 분류 매뉴얼이다. 임상적 장애와 "주의를 필요로 하는 기타 상태"가 축Ⅰ에 기록되며, 성격장애와 "지적 장애"의 형태가 축Ⅱ에 기록된다. 일반적 의학 상태가 축Ⅲ에 기록된다. 실제로, 다수의 건강 상태가 다양한 심리적 그리고 사회적 문제와 연관되어 있다. 예를 들면, 특히 아동들 사이에서 의학적 문제가 납중독과 연관이 있다고 가정해 보자. 다수의 오래된 집이나 아파트는 납성분의 페인트를 함유하고 있다. 그리고 어떤 캔디와 그 포장지에도 역시 납성분을 포함하고 있다. 납성분이 포함된 제품을 소비하는 아동들은 "감소된 지적능력, 손상된 신경행동 발달, 신체적 발육저하, 청각손상 및 콩팥 장애"와 같은 심각한 건강 문제와 심리사회적 문제로 고통을 받을 수 있다(Medlin, 2004, p.A803).

전술된 "심리사회적 그리고 환경적 문제"(예를 들면, 납성분의 페인트, 오염된 공기나 물)는 축 Ⅳ에 기록될 수 있으며, 다음과 같은 하위범주에 따라 정리된다.

- 주요지지 집단과의 문제
- 사회적 환경과 관련된 문제
- 교육 문제
- 직업 문제
- 주거 문제
- 경제 문제
- 의료보호서비스에 대한 접근성 문제
- 기타 심리사회적 그리고 환경적 문제(American Psychiatric Association, 2000c, p. 32)

DSM-Ⅳ-TR의 축 Ⅴ는 전반적인 기능평가(Global Assessment of Functioning: GAF) 척도를 포함하며, 이것을 통해서 클라이언트의 "심리적, 사회적, 그리고 직업적 기능"이 "정신 건강/장애의 가설적인 지속성"을 근거로 평가된다. 축 Ⅴ는 다른 기능적 측면을 기록하는 데 사용될 수도 있다. 예를 들면, DSM-Ⅳ-TR의 부록은 방어적 기능 척도(Defensive Functioning Scale), 전반적인 관계 기능 평가 척도(Global Assessment of Relational Functioning: GARF), 사회적 직업적 기능 평가 척도(Social and Occupational Functioning Assessment Scale: SOFAS), 및 문화적 형성의 요약과 문화관련 증후군 용어사전과 같은 다수의 잠정적인 도구를 포함하고 있다.

문화적 형성은 개인의 문화적 배경, 증상과 기능장애를 표현하고 평가함에 있어서 문화적 맥락이 역할, 그리고 문화적인 차이점이 개인과 치료자의 관계에 미치는 영향에 대한 체계적인 재검토를 제공한다(American Psychiatric Association, 2000c, p. 897).

DSM-Ⅳ-TR이 매우 잘 알려지고 널리 사용되기는 하지만, 사회복지사들은 사정절차에서 환경 속의 개인(person in environment, PIE) 분류 체계를 고려할 수도 있다. PIE의 접근방식을 사용하면, 사회복지사는 클라이언트의 참여를 통해서 문제들을 다음과 같은 차원 혹은 요인으로 분류할 수 있게 된다(Karls & O'Keefe, 2008a, p. 1).

- 요인 I: 사회적 기능 문제: 종류, 강도, 기간, 대응 능력 및 강점
- 요인 II: 환경적 문제: 강도, 기간 및 자원 혹은 강점
- 요인 III: 정신 건강 문제 및 강점
- 요인 IV: 신체 건강 문제 및 강점

요인 I의 문제점 - 사회적 역할 및 관계 기능(예를 들면, 가족 역할, 다른 상호개인적 역할, 직업적 역할, 특정한 생활 상황 역할)은 종류(예를 들면 권력갈등, 양가감정, 책임, 의존성, 상실, 고립, 억압, 혼재성, 기타), 강도(예를 들면, 1 또는 L=낮음, 2 또는 M=보통, 3 또는 H=높음, 4 또는 H+=매우 높음, 5 또는 C=참사(Catastrophic)), 기간 (예를 들면, 1 또는 Y:5+=5년 이상, 2 또는 Y:1-5=1-5년, 3 또는 M:6-12=6-12월, 4 또는 M:1-6=1-6개월, 5 또는 W:1-4=1-4주), 대응 능력(예를 들면, 1 또는 A=훌륭함, 2 또는 B:평균 이상, 3 또는 C=보통, 4 또는 D=다소 부족함, 5 또는 F=부족함, 6 또는 I=현재판단 불가), 그리고 강점(예를 들면, 1 또는 N=현저한 강점, 2 또는 P=가능성 있는 강점) (Karls & O'Keefe, 2008a).

그리고 나서, 사회복지사는 요인 II(환경적 차원에서의 문제)의 분류를 이용하여 사회적 역할기능 (요인 I)에서 밝혀진 문제점과 영향을 주고 받는 상황적 조건을 밝혀낼 수 있다. 환경적 문제들은 다음과 같은 체계로 분류될 수 있다(Karls & O'Keefe, 2008a, p. 17).

1. 기본적 욕구 체계
2. 교육 훈련 체계
3. 법률 체계
4. 보건, 안전, 사회서비스 체계
5. 자발적 연관 체계
6. 정서적 지지 체계

이러한 각각의 주요 체계들(예를 들면 기본적 욕구 체계)은 문제 영역을 포함하고 있다(예를 들면, 음식/영양, 쉼터, 고용, 경제적 자원, 운송, 차별). 그리고 각각의 문제 영역은 특정 문제들의 목록을 포함한다. 예를 들면, 차별 문제 영역은 나이, 인종, 피부색, 언어, 종교, 성별, 성적성향, 삶의 형태, 시민권상태, 병역상태, 의존성, 장애, 혼인상태, 신체크기, 정치적 성향 등에 기반한 차별이 있다. 환경적 조건이나 문제가 밝혀졌다면, 그것의 강도, 기간, 및 강점 색인이 결정되고 코딩된다.

예를 들면, 사회복지사와 클라이언트는 PIE 분류 매뉴얼을 사용하여 다음과 같은 분류작업을 할 수가 있다.

- 요인 I: 부모 역할 문제, 양가감정 타입, 매우 높게 심각함(5), 6개월~1년 정도의 기간(3), 다소 부족한 대응능력(4), 그리고 현저한 강점(1) [1120.5341].
- 요인 II: 정서적 지지의 결여, 높은 강도(4), 6개월에서 1년 정도의 기간(3), 그리고 가능성 있는 장점(2)[10101.432](Karls & O'Keefe, 2008a).

PIE 분류 체계는 사회복지학자나 연구자들 사이에서 대단한 관심을 불러일으켰다(Karls & Lowery, 1997; Williams, 1994). 그러나 사회복지 실천가들은 덜 흥미를 느끼는 것처럼 보인다. 그와 같은 체계를 모를 수도 있으며, 특히 보건이나 정신보건영역에서 일하는 경우에는 DSM-IV-TR

이나 ICD-10 이외의 다른 분류법에 대한 가치를 간과할 수도 있다. 사회적 역할 기능과 환경적 조건에 관련된 각종 문제의 유병률이나 발병률에 대한 병리학적 인구학적 연구가 확립된다면, PIE 분류 체계의 잠재적인 활용도는 몇 년 이내로 명백해질 것이다. DSM-Ⅳ-TR과 마찬가지로, PIE 분류 체계도 그 특성상 문제에 초점을 맞추고 있다. 사회복지사와 클라이언트에게 실제로 도움이 되기 위해서는, 각 문제 분류나 진단에 대한 효과적인 개입 전략이 필요하다. DSM-Ⅳ-TR에 포함된 여러 정신 장애가 바로 그런 사례이다. 정신분열증과 같은 증상을 위한 안전하고 효과적인 의약품 개발이나, 광장공포증이 있는 공황장애와 그렇지 않은 공황장애와 같은 정신장애에 대한 심리사회적 치료 프로토콜의 개발에는 수년간의 임상적 연구기간을 필요로 한다. PIE 분류 매뉴얼에 포함되어 있는 사회적 역할 기능과 환경적 조건에 관련된 많은 문제들에 대한 효과적인 예방이나 치료 서비스가 확립되기 위해서는 오랜 시간이 필요할 것이다(Karls & O'Keefe, 2008a, 2008b; Karls & Wandrei, 1994a).

DSM-Ⅳ-TR과 PIE 체계와 같은 분류매뉴얼 이외에, 다양한 종류의 신속한 사정 도구(rapid assessment instruments: RAI)는 사정 과정을 보완해 줄 수 있으며, 때때로 목표 성취의 잠재적인 지표나 측정도구로 사용될 수도 있다. 약물남용문제와 같은 경우, 클라이언트가 신체적으로 중독되어 해독 프로그램이 필요한지의 여부를 결정하기 위해 다른 정보와 함께 CAGE Michigan Alcoholism Screening Test, Drug Abuse Screening Test(MAST), 혹은 Drug Abuse Screening Test와 같은 측정도구를 사용할 수 있다. 이런 특성과 범위에 대한 판단력은 관점, 객관성, 그리고 잘 훈련된 비판적 사고기술을 필요로 한다. 사정 기준의 기본이 되는 과학적 지식의 계속적인 발달로 말미암아, 여러분의 그러한 판단력은 심대한 평생학습을 필요로 한다.

지난 10~20년 동안, 많은 원조 전문가(helping professionals)는 문제에 대해 배타적이고 지나친 초점을 맞추는 것은 클라이언트의 동기를 방해하고, 해결의 진행을 막을 수 있다는 것에 대한 염려를 표시해왔다. 더욱이 몇몇의 학자들(De Jong & Berg, 2002; de Shazer, 1988; Saleebey, 2002)은 클라이언트의 개인력, 사회력에 대한 세부적인 탐색과, 심리사회적 문제에 기인하는 원인들을 심도 깊게 이해하는 것이 효과적인 문제해결을 위해서 필요하다는 가정에 의문을 표시하고 있다. 부분적으로 이와 같은 염려 때문에, 전문적 원조자들은 강점, 능력, 보호 요인, 자산, 회복성 그리고 해결에 관계있는 개념과 관점에 대해 심대한 관심을 갖고 있다.

강점기반 실천, 강점의 관점, 또는 사회복지의 강점 모형을 주제로 한 많은 수의 책과 논문이 발행되고 있다(Benard, 1997; Blundo, 2001; Browne & Mills, 2001; Clark, 1997; Corcoran, 2004; Cowger, 1994, 1996; Daly, 2001; Daly, Jennings, Beckett, & Leashore, 1996; De Jong & Miller, 1995; Fast & Chapin, 1997; Gilgun, 1999a, 2004a, 2004b; Graybeal, 2001; Kisthardt, 1997; Norman, 2000; Rapp, 1998; Rapp & Goscha, 2006; Rapp, 1997; Russo, 1999; Saleebey, 1997, 1999, 2001a, 2001b, 2002). 실제로, 샐리베이 Saleebey(2001)는 DSM-Ⅳ-TR에 반영된 증상관점에 대항하기 위해 진단적 강점 매뉴얼의 개발을 제안하고 있다. 회복성과 강인함의 발견, 증진 및 장려는 마치 해결중심이나 해결지향적인 실천이 그랬던 것과 같이 많은 관심을 받고 있다.

긍정 심리학의 등장은 유사한 경향을 나타낸다. 마틴 셀리그만Martin Seligman(2002)의 영향을 받아, 덕목과 강점이 연구와 실천의 중심으로 심리학에서 나타나고 있다. 다수의 책과 논문들이 이런 현상을 반영하고 있다. 더욱이, 피터슨Peterson과 셀리그만(2004)은 특성 덕목과 강점의 분류 소책자를 발간하였다. 그들은 다음과 같은 여섯 가지 중요한 덕목을 지지하는 24개의 장점을 나열하였다.

- 지혜와 지식: 지식을 습득하고 사용하는 인식적 강점
- 용기: 외부나 내부의 반대에 맞서 목표를 이루고자 하는 의지의 실행을 포함하는 정서적 강점
- 박애(humanity): 타인을 배려하고 도와주는 것을 포함하는 상호개인적인 강점
- 정의: 건강한 지역사회 생활에 기초가 되는 시민적 강점
- 자제: 과잉에 대처하는 강점
- 초월성: 더 큰 세상과 연계하고 의미를 부여하는 강점

원조전문가들이 사용하는 DSM-Ⅳ-TR과 거의 충돌하지 않으면서도, 행동가치(VIA: values in action) 강점을 분류하려는 노력은 인간행동과 경험에 긍정적인 측면을 이해하는 데 심대한 기회를 제공한다. 실제로, 이러한 덕목에 반영된 장점들은 여러 사람, 문제점, 열망과 관련된 보호적, 회복적 요인들을 나타내고 있다.

현대 사회심리 서비스의 또 다른 주제나 경향은 동기 평가(assessment of motivation)를 포함한다. 이것은 전이이론모형(transtheoretical model, TTM) 혹은 "변화의 단계(stage of change)"와 밀접한 관계가 있다. 전이이론의 관점에 따르면 장기간 변화는 순차적으로 5단계의 절차를 밟는다(Prochaska, 1999).

- 사전숙고(precontemplation)
- 숙고(contemplation)
- 준비(preparation)
- 행동(action)
- 유지(maintenance)

프로차스카와 그의 동료들은 자신의 행동에 커다란 변화를 주는 사람들은 이러한 단계를 모두 거친다고 주장한다. 그러나 그러한 절차는 성질상 직선형이라기보다는 나선형이다. 그들은 지속적인 변화를 일으키는 사람들은 결국 각 단계를 다루게 된다고 결론을 내렸다.

사전숙고는 첫 번째 TTM 변화 단계이다. 이 단계에 있는 사람들은 양가감정이나, 불확실성, 무관심, 혹은 부정을 나타내는 경향이 있다. 예를 들자면, 여러분이 하반신마비의 한 실업자 클라이언트에게 취업에 도움을 주고자 한다. 휠체어를 사용하는 사람을 고용한 적이 없는 한 고용주와의 첫 대면시, 여러분은 사전숙고적인 대응을 예상해볼 수 있다. 장애인 고용법에도 불구하고, 고용주는 장애인을 고용하는 데 매우 소극적이다. 사회복지사로서, 변화에 대한 여러분의 첫 번째 단계는 고용주를 숙고 단계로 이끄는 것이다.

숙고는 변화 과정의 두 번째 단계이다. 이번 단계에서 사람들은 자료 수집, 반영, 그리고 분석 과정에 관여하게 된다. 변화의 가능성이 고려된다. 나아갈 방향이나 어렴풋한 계획에 대한 느낌도 있다. 하반신 마비의 클라이언트와 소극적인 고용주의 상황을 고려해보자. 여러분은 다양한 노동력에 대한 장점을 요약하고, 장애인 고용 후 성공적인 비즈니스 사례를 기술한 자료를 제공한다. 사전숙고적인 고용주가 이러한 자료를 읽고, 척추부상을 입은 한 사람의 고용에 대해 생각하고 있을 때 여러분은 숙고와 반영의 징조를 목도하기 시작하는 것이다. 불행하게도, 변화에 대한 막연한 생각은 아무것도 이루질 못한다. 여러분의 클라이언트를 돕고자, 여러분은 고용주를

준비 단계로 이끌게 된다.

준비는 변화의 세 번째 단계이다. 숙고에서 준비로의 전환은 적어도 두 가지의 현저한 사고 전환과 연관이 있다. 첫째로, 해법이나 해결에 대한 생각은 비약적으로 증가하게 되며, 문제, 이슈나 욕구에 대한 숙고는 줄어들게 된다. 둘째, 미래에 대한 생각은 과거나 현재에 대한 생각을 대체하게 된다. 계획을 세우는 것은 준비 단계의 시작을 특징짓는다. 사람들은 특정한 단계를 요약하고 단기간 일정을 세운다. 타인과 변화의 의지를 공유하고 공식적으로 공표하게 된다. 숙고적인 고용주가 동료에게 "우리는 이번 달에 적어도 한 명의 장애인을 고용할 것이고, 향후 6개월 동안 한달에 한 명씩 고용할 예정이다"라고 말한다면, 그것은 준비 단계의 증후이다. 그러나, 아주 잘 짜여진 계획이라도 변화를 자동적으로 이끌지는 못한다. 변화는 행동을 필요로 한다.

행동은 네 번째 단계로서, 동기, 목적성, 활동 그리고 낙관성을 특징으로 한다. 여러분은 개인이나 상황이 각기 다르다는 것을 유의한다. 장기적이고 지속적인 변화는 행동이 환경 속 개인의 여러 측면에 관여할 때 나타나는 경향이 있다. 그러나, 이번 단계의 활동은 지속적인 변화를 이끌지 못할 수도 있다. 열의는 사라지고, 변화관련 활동들은 계속되지 못할 수도 있다. 행동 단계는 단명하거나 실망스러울 수도 있다. 공식적인 공표, 계획, 초기 활동의 열풍에도 불구하고, 여러분의 클라이언트는 고용이 안 될 수도 있고, 고용이 되더라도 다른 장애노동자가 직장을 잃을 수도 있다. "많은 사람들이 행동은 곧 변화라고 생각합니다. 성공적인 행동준비를 위한 중요한 작업뿐만 아니라 행동 후의 변화를 유지시키고자 하는 중요한 노력도 간과합니다"(Prochaska 1994. p. 44).

유지는 변화 과정의 다섯 번째 단계이다. 어떤 의미에서는, 이것은 가장 커다란 도전이다. 진행중인 동기, 헌신, 끈기, 지속, 그리고 추적을 필요로 하기 때문에, 유지 단계는 준비 단계의 흥분이나, 행동 단계의 강렬함은 부족하다. 지속적인 변화를 유지하기 위해서는 주기적으로 매일 혹은 매주마다 작은 단계에 주의를 기울여야 한다. 인간 체계는 예전의 행동으로 되돌아 가려는 거대한 타성의 힘이 나타나는 경향이 있다. 변화를 유지시키려는 지속적인 관심과 일상적인 과정이 없다면, 이전의 패턴으로 되돌아간다는 것을 예상할 수 있다. 동기부여가 되고 노동력을 다양화시킬 준비가 된 그 고용주는 관계가 없는 문제와 도전으로 인해 쉽게 혼란스러워질 수가 있고, 진행 상태를 매일 검토하지 못 할 수가 있다. 장애자를 고용하고자 하는 노력을 이끌었던 사람이 회사를 떠나거나 혹은 다른 지역으로 전근갔을 수도 있다. 불경기가 닥쳐올 수도 있다. 입사지원자가 많게 되면, 노동력의 다양화는 믿을 만한 노동자가 부족할 때만큼 중요하지 않거나 매력적이지 않을 수 있다. 유지 단계에 끈질긴 주의를 기울이지 않는다면, 변화가 지속될 가능성은 낮다. 그러나 유지 활동이 계속된다면, 오래된 타성의 힘은 줄어들게 되고, 새로운 변화가 일상의 일부분이 되며, 자체적인 타성의 힘을 반영하게 된다.

웨스트West(2005)를 비롯한 여러 학자들은 이론적이고 경험적인 근거를 바탕으로 하여 변화의 전이론 단계에 도전해왔다. 모든 사람들이 다섯 단계를 모두 거쳐 가느냐의 여부는 확실하지 않다. 그리고 단계에 대한 기술은 정확하지 않다. 이와 같은 이유로, 추가적인 연구나 심도있는 발전이 요구된다고 할 수 있다. 그럼에도 불구하고 TTM은 어떻게 변화가 일어나는지를 이해하고 이러한 이해를 계획에 통합하려고 노력하는 사회복지사와 클라이언트에게 잠재적으로 유용한 또 하나의 모형이 될 수 있다.

전이이론모형 이외에도, 여러분과 클라이언트가 변화과정의 여러 측면을 고려하는 데 도움이 되는 건강신념모형(Health Belief Model), 이성적 행동이론(Theory of Reasoned Action: TRA), 계획적 행동이론(Theory of Reasoned Behavior: TRB), 자기효능감을 이용할 수 있다. 왜냐하면, 이 이론들은 행동을 취하려는 준비나 동기, 그리고 노력의 결과에 대한 기대에 영향을 미치는 개인적, 심리적 요인들과 관련이 있기 때문이다.

동기적인 차원을 고려하는 데 실패하는 경우, 사회복지사는 클라이언트가 문제를 일단 밝혀내기만 하면 그들이 그 문제개선을 위한 행동을 당연하게 준비할 것이라고 생각하게 된다. "클라이언트의 입장에서 시작하라"라는 오래된 믿음을 감안하여, 사회복지사는 클라이언트가 종종 복잡하고 양가적인 사고, 그리고 문제 및 문제해결행동에 대한 갈등적 감정을 가지고 있다는 것을 인식해야 한다. 특히 클라이언트가 여러 가지의 문제점을 동시에 직면해 있을 경우, 한 문제 해결의 동기수준은 다른 문제 해결의 동기수준과는 아주 다를 수가 있다. 변화를 위한 클라이언트의 준비, 동기, 신념 및 기대를 통합해내지 못하게 되면, 우리도 모르는 사이에 문제해결을 오히려 방해하게 된다. 확실한 것은, 많은 클라이언트들이 사회복지사와 그들의 문제점을 공유한다고 해서 문제해결을 위한 행동의 준비가 되어 있거나 동기를 부여받는 것은 아니다. 이와 같은 경우, 사회복지사는 클라이언트를 존중하며, 사회복지사의 입장이 아니라 그들의 입장에서 시작하는 것이다.

사회복지 사정은 종결된 최종 생산물이라기보다는 진행중인 과정이라고 할 수 있지만, 일반적으로 공식적인 기록은 필요하다. 이 기록은 손으로 쓰거나, 녹음하거나, 타이프 치거나, 혹은 워드프로세서를 사용할 수 있다. 그러나 사정은 클라이언트 체계와 더불어 일할 때나 혹은 클라이언트체계를 위해 일할 때 변할 수 있다는 것을 명심한다. 또한 명칭 용어를 사용할 때 주의해야 한다는 것을 기억한다(6장의 문화적으로 역량있는 의사소통 참조).

사회복지 사정은 다차원적인 과정이며 여러 가지 목적을 수행한다. 이러한 사회복지실천의 사정을 구조화하고 그 결과를 기록하는 데는 여러 가지 방법이 있다. 박스 10.2에 제시된 기술(description), 사정(assessment), 계약(contract)(DAC)은 전문적 사회복지 역할과 기능을 수행하기 위해 사회복지사가 고려해야 하는 많은 형식 중의 하나이다. 아마도 그중에 어떤 부분은 특정 클라이언트나 특정 기관의 상황과는 무관한 것일 수도 있다. 그 밖의 여러 실천모형들은 전문적인 자료를 통해 쉽게 접근할 수 있다. 여러분이 특정한 대상 집단에게 서비스를 제공하거나 특정한 문제들을 사정할 때, 여러분의 역할과 기능에 알맞게 적용될 수가 있다.

사정은 다른 여타의 전문적 활동과 같이 일관된 방식으로 기록되어야 한다. DAC는 탐색, 사정, 그리고 계약절차의 결과를 정리하는 유일한 접근방식이다. 제목이 암시하듯이, DAC는 주요한 세 가지 중요한 부분을 포함하고 있다. 첫째, 탐색을 통해 얻는 정보는 기술 부분에 정리된다. 둘째, 여러분과 클라이언트가 만들어낸 원인과 해결책에 관한 의견과 가설은 임시 사정으로 형성된다. 셋째, 클라이언트와 여러분이 협의한 개입을 위한 계약이 요약된다. 이 장에서는 DAC의 기술과 사정에 대해 다루고, 계약 부분은 11장에서 다루게 된다.

DAC의 기술 부분을 완성하는 것은 클라이언트 체계, 상황적 맥락, 주요 문제에 대한 많은 정보를 정리하도록 도와준다. 사정은 가공처리된 정보를 만들어내는 데 이런 정보는 여러분과 클라이언트가 기술적 자료와 관련하여 질문 또는 가설들을 분석하고 통합하여 형성하는 결과로써 만들어진 정보이다. 처음 보게 되면, DAC가 모든 것을 포함하는 것처럼 보일 수 있다. DAC는 상당히 많은 부분에 적용되지만 몇몇 부분들은 적용 가능성이 그리 높지 않다. 따라서 여러분이 맡은 업무와 기능에 맞도록 DAC 형식을 바꾸는 것이 필요하며 여러분에게 활용 가능한 많은 대안이 있다는 것을 인식해야 한다. 궁극적으로 여러분은 수퍼바이저와 동료들과의 협의를 통해 자신의 사회복지실천 상황에서 활용할 수 있는 사정 형식을 결정해야 한다.

기술적 정보의 관리

대부분의 사회복지 면담은, 마치 사회복지사와 클라이언트 간의 상호작용을 있는 그대로 기술하기만 하면 정보를 체계적으로 기술하는 것처럼 되는 논리적인 방식으로 이루어지지 않는다. 따라서 사정 과정의 첫 번째 단계는 탐색 과정을 통해서 얻은 정보를 효율적으로 끄집어내고 검토할 수 있는 형태로 정리하는 것이다. 일반적으로 이것은 여러분과 기관 내의 전문가들이 중요하다고 생각하는 항목에 따라 자료를 배열하는 것이다.

정보를 기록하기 위해 사용한 형식에 관계없이 여러분은 항상 보고된 정보와 관찰된 정보를 분명히 구분해야 한다. 또한 추측이나 추리, 연역 또는 귀납의 결과로 얻어진 정보는 의견이나 가설로 기술되어야 하며 기술적 자료와는 구분되어야 한다. 주장이나 의견은 사실이 아니므로, 사실인 것처럼 기록해서는 안 된다.

기술적 정보를 정리함으로써 여러분은 여러분이 읽고 직접 관찰하고 혹은 들은 정보를 보다 조리 있게 제시할 수 있게 된다. 이때 자료의 출처는 반드시 기록되어야 한다. 한 특정한 개인이 정식 클라이언트로 확인되는 과정에서, 여러분은 박스 10.2에 포함된 지침에 따라 DAC의 기술 부분에 정보를 포함한다. 그러나 양식 중 많은 부분이 여러분이 일하고자 하는 어떤 개인이나 한 쌍(dyad), 가족, 집단, 조직이나 지역사회에 적용되지 않을 수도 있다. 기술 부분에서의 목적은 궁극적으로 탐색 단계에서 얻어진 자료를 통일성 있고 이해하기 쉬운 클라이언트 체계로 정리하는 것이다. 기술적 자료들을 정리하는 데 사용된 양식의 구조는 중요한 것이 아니다. 중요한 것은 자료가 통일적이고 접근이 용이한 방식으로 나타나는가이다.

상자 10.2   DAC 기술 완성의 지침: 개인

Ⅰ. 기술

A. 클라이언트의 신원확인

1. 이 부분에는 클라이언트와 그와 관련된 사람들과 상황적 체계를 밝히는 정보를 포함한다. 가족 성원들의 이름과 연령, 생년월일, 보험증번호, 집 주소, 직장, 전화 번호, 이메일 주소, 가족 주치의, 그리고 응급사태에 연락할 사람들과 같은 자료가 포함될 수 있다. 면담날짜와 시간을 적어 놓는다. 면담자인 여러분의 이름을 기록해 넣는다.

B. 개인, 가족/가구와 지역사회 체계

1. 개인 체계

a. 이 부분에는 클라이언트를 설명하는 생물심리사회적 정보를 포함한다. 가능하다면 추측보다는 클라이언트, 의뢰 기관, 그리고 여러분의 직접적인 관찰로부터 나온 정보를 포함한다(예를 들어, "M씨는 자기가 어렸을 때부터 지역 연합교회에 다녔으며, 교회이사회의 위원으로 봉직하고 있다고 말했다." 또는 "나는 클라이언트가 절뚝거리면서 걸어가는 것을 보았다. 그녀의

왼쪽다리에 문제가 있는 것처럼 보인다." 또는 "지멘스 여사는 심장질환이 있다고 말한다.").
가능하다면, 클라이언트가 자신을 표현하는 데 사용한 중요한 단어나 어구를 인용한다. 판에
박힌 정형화된 생각보다는 클라이언트에 대한 설명을 도와주는 언어를 사용해야 한다. 예를
들어, "메리는 45세의 백인 이혼녀이다"라는 문구는 쓸데없이 주제를 제한시키는 형식으로
나이와 인종, 그리고 결혼 상태 등을 강조하는 듯 보인다. 위의 예를 다음의 기술과 비교하여
보자. "메리는 그녀 자신을 '활동력 넘치고 삶에 대한 열정'을 많이 가진 사람이라고 설명한
다. 그녀는 자신을 '미혼이고 이 상태에 대해 만족한다'"라고 말했다. 그녀는 "45세가 되었지
만 자신은 마치 30세처럼 느낀다"고 말했다.

클라이언트의 키와 몸무게, 신체적 외모, 두드러지거나 특징적인 생김새, 말투, 그리고 복장
등과 같은 여러분의 관찰이 이 부분에 포함될 수 있다. 하지만 이러한 정보는 실질적으로 사
정과 관계되어야 하며, 여러분 자신의 관찰에 기초한다는 것을 언급해야 한다.

2. 가족과 가구체계
a. 이 부분에는 클라이언트의 가족과 가구, 혹은 일차적 사회체계를 기술한다. 다른 곳에 포함하
지 않았다면, 중요하게 관련 있는 사람의 이름, 나이, 전화번호와 집 주소 등을 포함한다. 가
족 가계도와 생태도는 이러한 정보를 정리하는 유용한 도구이다. 정보의 출처를 밝히고 중요
한 단어와 문구를 인용한다.

3. 지역사회 체계
이 부분에서는 클라이언트가 살아가는 지역사회를 기술한다. 정보의 출처를 밝히고 학교, 직장, 의
료, 여가, 종교, 이웃 사회, 문화, 친구, 친척 등과 같은 적절한 부분을 포함한다. 생태도는 이러한 정보
를 설명하기에 좋은 도구이며, 이 부분에 포함할 수도 있다. 생태도는 문장사이에 삽입하는 것보다는
문서에 첨부하는 것이 좋다.

C. 표출문제와 초기목표
이 부분에서는 클라이언트나 주변인(예를 들어 부모, 선생님 혹은 의료진)들이 밝힌 문제나 주제에
대해 기술한다. 정보의 출처를 밝히고 문제의 발생원인, 발달, 그리고 현 상태에 대해 요약한다. 문제
나 목표를 기술하는 중요한 단어나 문구를 인용한다. 이 부분에서는 사회복지서비스가 왜 필요하게
되었는지, 현재 어떠한 도움을 필요로 하는지에 대해 정리한다. 또한 가능하다면, 클라이언트가 바라
는 사회복지서비스의 결과를 기록한다. 문제 상황이 긴박하거나 목숨을 위협하는 상황이 아니면, 문제
에 대해서 여러분의 관점과 목표의 설정 시기를 진행할 수 있을 때까지 미루는 것이 좋다.

D. 자산, 자원, 강점
이 부분에는 클라이언트와 상황체계 내에서 활용 가능한 강점, 자산, 그리고 자원에 대한 정보를
기록한다. 이에 대한 자료의 종류로는 도움이 될 만한 친척, 충분한 경제적 자산, 긍정적인 태도, 혹은
높은 활동력 등이 포함될 수 있다. 강점과 자원(클라이언트, 가족 혹은 여러분 자신의 관찰이나 추측)
에 관한 정보를 밝히고, 가능하다면 중요한 기술적인 단어와 문구를 인용한다.
사회복지사로서 여러분은 클라이언트들의 문제, 근심, 결함뿐만 아니라 그들의 장점과 자원도 밝
혀내어 균형 있는 그림을 제공하도록 해야 한다. 그들의 장점과 자산은 계획을 세우고 개입을 하는 후
속 단계에서 매우 유용하게 활용될 것이다.

E. 의뢰출처와 과정: 부수적 정보
의뢰(누가 여러분과 상담할 것을 제안 또는 요구하였는가)와 의뢰가 일어난 과정에 대한 정보를
요약한다. 클라이언트나 클라이언트의 체계(예를 들어 가족 식구나 친한 친구) 외에 다른 출처에서 얻
어진 자료도 여기에 포함될 수 있다. 이름과 직위, 그리고 전화번호의 자료를 기록하고, 사람-문제-상
황과 의뢰를 하게 한 사건을 설명하는 중요한 단어나 문구를 인용하도록 노력한다(예: 무하마드박사
가 말비여사를 의뢰하기 위해 전화했을 때, 박사는 그녀의 우울증이 심각하다고 말했다).

F. 사회력
이 부분에는 클라이언트의 사회력과 현재 사회적 환경에 대한 정보를 요약한다. 여기에는 여러분

이 속한 기관이 클라이언트에 관여하게 된 목적과 관련된 자료를 포함시키고, 사람-문제-상황과 관계되지 않는 정보는 포함시키지 않도록 한다. 정보의 출처(예를 들어 클라이언트나 가족 혹은 여러분 자신의 관찰이나 추측)를 기록하고 가능하면 중요한 단어나 문구를 인용한다. 프로그램과 사례의 상황에 따라 이 부분에는 다음과 같은 내용의 일부 혹은 모두를 포함시킬 수 있다.

1. 발달

클라이언트의 발달력을 기술한다. 클라이언트의 출생, 유아기, 아동기, 청년기, 그리고 성인기로의 성장과정에 대한 정보를 포함할 수 있고, 사건이나 경험에 대한 특별한 정보가 여기에 포함될 수 있다.

2. 개인, 가족 및 문화

중요한 과거와 현재의 개인적, 가족적, 문화적 관계에 관한 정보를 요약할 수 있다. 클라이언트의 신체적, 심리적, 사회적 발달과 행동에 영향을 미친 중요한 과정이나 사건을 여기에 기록한다.

3. 중요한 사건

어떠한 면에서 중요할지도 모르는 사건이나 상황을 요약한다. 폭력, 학대, 성폭력이나 성희롱, 자살이나 자살 시도, 희생, 억압, 차별, 혹은 다른 중요한 사건들의 경험을 밝힌다. 이러한 부정적인 경험이 클라이언트에게 어떠한 영향을 미쳤는지 기술한다. 또한 긍정적인 영향을 미치거나, 성장을 촉진시켰거나, 클라이언트의 역량을 강화시킨 사건을 요약하고, 이러한 사건들이 클라이언트에게 어떠한 영향을 미쳤는지 기술한다.

4. 성(性)

사회복지 목적에 적합하다면, 클라이언트의 성적 발달과정을 포함할 수 있다. 이러한 탐색이 사람-문제-상황과 관계되지 않는다면 포함시킬 필요가 없다.

5. 알코올 및 약물남용

알코올 및 약물의 남용이 우리 사회에서 만연하고 있기 때문에, 이러한 정보가 사회복지 목적과 명백하게 관련이 없지 않다면 클라이언트의 과거를 탐색하고 요약하는 데 유용하게 사용된다.

6. 의료 및 신체건강

클라이언트의 의료적, 신체적 기록을 여기에 요약한다. 질병, 부상, 장애, 그리고 현재의 신체적 건강과 안녕 등이 여기에 포함될 수 있다. 클라이언트가 최근에 받은 신체검사 날짜를 포함하고, 클라이언트의 가족 주치의나 의료보호 출처를 밝히고 기록되어야 .한다.

7. 법적 기록

형사, 민사상의 문제와 관련된 기록을 포함한다.

8. 교육

클라이언트의 교육력을 요약한다. 정규 교육과 비정규 교육을 모두 기록한다. 교육력은 때때로 장점이나 자원이 될 수 있다.

9. 고용

군복무 경력, 자원봉사 경험 등을 포함하는 클라이언트의 고용력을 여기에 포함한다. 이러한 정보는 장점이나 자원이 될 수 있다.

10. 취미

클라이언트가 오랜 시간 동안 즐겨온 취미 활동을 요약한다. 이러한 정보도 장점이나 자원이 될 수 있다.

11. 종교

현재나 과거의 종교 활동, 클라이언트가 종교활동에 대해 가지는 의미를 요약한다. 종종 이러한 정보는 장점이나 자원이 될 수 있다.

12. 과거 심리사회적 서비스

이전의 심리사회적 서비스에 대한 기록을 이 곳에서 요약한다. 관계된다면 서비스를 제공한 기관의 이름, 주소, 그리고 전화번호를 밝힌다.

13. 기타

이곳에 그 밖의 추가적인 정보를 포함한다.

부록 12는 완성된 DAC의 예를 포함하고 있다. 린 체이스 부인의 사례에 관한 정보를 여러분이 어떤 방법으로 정리하고 기록할 것인지 검토해 본다. 그러나 대부분의 개인이나 가족에 대한 기술은 성격상 체이스 부인 경우와 같이 포괄적이지 않다. 양식을 자료수집을 위한 지침으로 간주해서는 안 된다. 양식은 관련있는 정보의 정리를 위한 한 가지 방법일 뿐이다. 다른 많은 양식들이 존재한다. 실제로, 이런 특정 양식이 포함하고 있는 다수의 하위부분은 하나나 둘로 손쉽게 합쳐질 수 있다. 또한, 자료 정리의 주요한 초점은 문제, 이슈나 목표를 클라이언트가 표현한 그대로 두는 것이다. 클라이언트의 열의가 중심이다. 결과적으로, 가능한 하위부분으로써 박스 10.2에서 제한된 많은 차원들은 다른 이슈와 관련된 클라이언트들에게는 무관한 것일 수도 있다.

더 큰 체계(예를 들면, 자연적으로 형성된 집단, 조직과 지역사회)와 일을 하다보면, 관련있는 정보를 정리하기 위해서는 다른 양식이 도움이 될 수도 있다. 박스 10.3은 그와 같은 한 가지 구조를 보여준다.

상자 10.3 DAC 기술 완성의 지침: 자연집단, 조직, 또는 지역사회

Ⅰ. 기술

A. 신원확인 및 접촉 정보

이 부분에는, 여러분이 최초로 접촉한 사람이나 같이 일하고자 하는 사람에 대한 정보를 포함한다. 지역사회 집단이나 조직의 경우, 접촉을 시도하거나 혹은 여러분의 요구에 응한 정식지도자나 하위집단이 포함될 것이다. 이름, 집 주소, 직장, 전화번호, 이메일주소 등이 포함될 수 있다. 길거리의 성매매자 집단이나 젊은 갱단의 멤버들과 일하게 된 경우에는 참여자가 부분적으로나 전반적으로 익명을 요구할 수도 있다. 날짜나, 도움이 된다면, 면담장소를 적어놓는다. 면담자로서 여러분의 이름을 기록한다.

B. 클라이언트 체계

이 부분에는, 여러분이 일하고자 하는 자연집단, 조직, 또는 지역사회에 대한 추가적인 심리사회적 정보를 포함한다. 여러분의 직접적인 관찰뿐만 아니라 다른 사람으로부터 나온 정보를 포함한다. 기술 부분에는 여러분 자신의 추론에 의한 의견, 결론, 혹은 가설을 피한다. 또한 정보의 출처를 확인한다 (예를 들면, "P씨는 그녀와 11번가의 성매매자들이 행인들이 던진 돌에 맞았다고 진술했다. 그녀는 지난 달에 일주일에 3~4번 정도 그런 일이 일어났다고 말했다." 혹은, "한 조직의 이사장인 존슨 부인은 추가 자금지원이 없다면 6개월 내에 기관이 문을 닫을 것이라고 진술했다." 혹은, "저는 우리끼리 돌 던지는 것에 대해 말할 때, 그 여자가 일상적으로 거리나 보도를 살피고 있는 것을 목격했어요. 때때로 성매수자에게 접근하려고 한두 사람이 떨어져나가곤 해요." 클라이언트가 자기 기술에 사용한 중요한 단어나 문장은 인용을 한다.

클라이언트의 키와 몸무게, 신체적 외모, 두드러지거나 특징적인 생김새, 말투, 그리고 복장 등과 같은 여러분의 관찰이 이 부분에 포함될 수 있다. 하지만 이러한 정보는 사정을 위한 것이고 여러분 자신의 관찰에 기초한다는 것을 기억해야 한다. 편파적인 언어보다는 사람이나 집단을 기술하는 데 도움이 되는 언어를 사용한다.

사회망지도나 조직도를 포함할 수도 있다. 정보의 출처를 인용한다. 시각적인 자료는 기술 본문에 삽입하는 것보다는 따로 첨부하는 것이 좋다. 첨부하는 경우, "첨부된 10월 24일자 조직도를 참고하시오"라고 적어놓는다.

이 부분에는 대상자들에 대한 여러분의 관찰이 포함될 수도 있다. 그러나 그와 같은 정보는 실질적으로 사정의 목적과 관련이 있어야 하며, 여러분 자신의 관찰이라는 것을 언급해야 한다.

C. 사회적 물리적 환경

이 부분에는, 자연집단, 조직, 또는 지역사회가 존재하고 기능하는 사회적 물리적 환경을 기술한다.

정보의 출처를 표시하고, 클라이언트체계가 상호작용하거나 상호작용할 수 있는 경쟁하거나 협력하는 집단, 조직, 지역사회와 같은 체계를 포함한다. 생태지도는 이와 같은 정보를 제공하는 데 유용한 도구이며 이 부분에 포함될 수 있다. 시각적인 지도도 포함될 수 있다(예를 들면, 특정 갱단의 영역이나 지역사회의 경계를 밝히는 것). 생태지도는 문서에 삽입하는 것보다는 따로 첨부하는 것이 좋다. 첨부하는 경우, "첨부된 1월 13일자 지도를 참고하시오"라고 적어놓는다.

D. 표출 문제/주요 이슈

이 부분에서는 클라이언트체계의 멤버들이 밝힌 문제나 주제에 대해 기술한다. 정보의 출처를 밝히고 문제의 발생원인, 발달, 그리고 현 상태에 대해 요약한다. 문제나 이슈를 기술하는 중요한 단어나 문구를 인용한다. 이 부분에서는 사회복지서비스가 왜 필요하게 되었는지, 현재 어떠한 도움을 필요로 하는지에 대해 정리한다. 또한 가능하다면, 클라이언트가 바라는 사회복지서비스의 결과를 기록한다. 문제 상황이 긴박하거나 목숨을 위협하는 상황이 아니면, 문제에 대해서 여러분의 관점과 목표의 설정 시기를 진행할 수 있을 때까지 미루는 것이 좋다.

E. 행동, 자원 및 장점

이 부분에는 클라이언트체계와 사회적 물리적 환경상황에서 활용 가능한 강점, 자산, 그리고 자원에 대한 정보를 기록한다. 이에 대한 자료의 종류로는 도움이 될 만한 타인의 참여, 충분한 경제적 자산, 긍정적인 태도, 혹은 높은 활동력 등이 포함될 수 있다. 현 문제나 이슈에 영향을 미칠 만한 측면도 포함한다. 자산, 강점 및 자원에 관한 정보의 출처를 밝힌다. 그 출처는 클라이언트시스템에 속한 사람일 수도 있으며, 다른 사람일 수도 있다. 이전 사회복지사나 자문가, 또는 여러분의 관찰이 될 수도 있다. 가능하다면 중요한 기술적인 단어와 문구를 인용한다.

사회복지사로서 여러분은 클라이언트들의 문제, 근심, 결함뿐만 아니라 그들의 장점과 자원도 밝혀내어 균형 있는 그림을 제공하도록 해야 한다. 그들의 장점과 자산은 계획을 세우고 개입을 하는 후속 단계에서 매우 유용하게 활용될 것이다.

F. 의뢰출처와 과정: 부수적 정보

때때로 자연집단, 조직, 지역사회를 대신해서 다른 사람들이 여러분이나 여러분의 기관과 처음 접촉을 하기도 한다. 이러한 경우, 의뢰출처와 그러한 일이 일어난 절차에 대한 정보를 요약한다. 여러분은 의뢰출처로부터 제공된 정보를 제출할 수도 있다. 이름, 역할, 직함, 전화번호를 사용해 출처를 인용한다. 의뢰에 이르게 된 문제, 상황, 사건을 기술할 때 특정 단어나 문구를 인용하도록 노력한다. (예를 들자면, 랍비 코헨이 헤브루 아카데미 근처에 모여있는 젊은이들 집단에 대한 염려를 나타내는 전화를 했다. 그는 몇 명의 소년들이 나치 십자가문양을 입고 있었다고 말했다.)

G. 사회력

이 부분에는 자연집단, 조직, 지역사회의 사회력과 현재 사회적 환경에 대한 정보를 요약한다. 하나 이상의 연표를 포함하거나 첨부할 수 있다. 여러분의 참여 목적과 관계있는 자료들을 포함한다. 단지 흥미롭다는 이유만으로 무관한 정보를 포함시키지는 않도록 한다. 정보는 클라이언트 시스템, 확인된 이슈나 목적과 관련이 있어야 한다. 가능하다면 정보의 출처를 기록하고, 중요한 기술적인 단어와 문구를 인용한다. 사회력 정보를 기술할 때는, 사회력 경험이 다양한 현재상태 혹은 잠재적인 결과를 포함할 수 있다는 것을 자각해야 하며, 강점과 성공을 나타내는 측면을 포함시키도록 한다. 이러한 맥락에서 "성공 시간표(success timeline)"를 사용할 수도 있다. 관련된 사회력 정보를 요약하기 위해서 다른 종류의 언표가 사용될 수도 있다(예를 들면, 발전, 중요사건, 또는 시기).

여러분의 기관 프로그램, 사회복지 기능, 클라이언트 체계의 특정한 상황에 따라 이 부분은 다음과 같은 하위부분을 일부 혹은 전부 포함할 수 있다.

1. 발달

집단, 조직, 지역사회의 기원이나 발달에 대한 기술을 포함한다. 집단의 최초 구성형태, 조직의 설립, 혹은 지역사회의 창설에 대한 정보를 포함할 수 있다.

2. 사회 및 문화

이곳에는 클라이언트 체계의 문화적 측면과 관련된 정보를 요약할 수 있다. 예를 들면, 자그마한 인근 상점 근처에서 몰려다니는 젊은이들의 자연적 집단은 노동자계층의 배경을 가지고 있을 수 있다. 그들의 부모는 최근의 공장폐쇄로 인해서 실직을 하였다. 11번가의 성매매 집단은 아마도 특정 국가에서 건너온 이민 1세대나 2세대일 수도 있다. 조직의 이사진들은 한 인종집단일 수도 있고, 사무총장은 다른 인종집단일 수도 있는 반면, 직원들은 다양한 인종적 배경을 나타낼 수도 있다. 한 지역사회는 대략 세 개 정도 부류의 특징적인 이웃을 포함할 수도 있다. 한 집단은 유럽계 미국인, 천주교도, 노동자 계층, 두 번째 집단은 인종적이나 종교적으로 다양하며 노동자나 전문가 계층, 세 번째는 유럽계 미국인, 개신교, 중산층 계층으로 구성될 수 있다.

3. 중요한 사건

만일 이전에 기술해놓지 않았다면, 어떠한 면에서 중요할지도 모르는 사건이나 상황을 요약한다. 성공, 업적, 성취나 사회기능을 촉진하는 경험 등과 같이 해방적, 권한위임적, 성장촉진적인 과정과 사건을 밝힌다. 또한 체계에 부정적인 영향을 미치는 사건도 밝힌다. 예를 들면, 젊은 갱단과 일할 때, 존경받는 두목의 죽음은 그것과 관련 있다고 여겨지는 경쟁 갱단들과의 전쟁을 촉발했을 수도 있다. 한 조직은 파산을 막기 위해서 직원의 25%를 해고했을 수도 있다.

한 이웃은 폭풍, 허리케인이나 화재로 피해를 받은 곳일 수도 있다. 한 지역사회는 악성 유행병이 창궐한 곳일 수 있다. 이와 같은 것들이 집단, 조직, 지역사회에 영향을 미칠 수 있다. 이 부분에서는 이와 같은 위기 사건에 대한 정보를 기술한다.

4. 법적기록

다른 부분에서 포함시키지 않았다면, 클라이언트 체계 멤버들의 시민권이나 주거상태와 관련된 정보나 사법기관이나 법률체계의 접촉을 기술한다. 예를 들면, 조직의 전임 사무총장이 공금유용을 했으며 그로 인한 재판이 곧 시작된다. 갱단의 주요 멤버가 수감상태이거나, 혹은 경찰전담조직이 특별한 주의나, 체포나 처벌을 하려고 갱단을 목표로 삼고 있다. 인근 두 가구가 은행에 의해 강제철거를 당하고 다른 가구는 도둑의 침입을 받았다. 한 지역사회연합체는 이웃주민을 둘로 나누게 될 고속도로 건설을 막기 위해 시 당국을 대상으로 소송중이다.

5. 재정

만약 여러분의 참여목적에 부합한다면, 이곳에다 클라이언트체계의 수입의 출처, 금액, 그리고 지출에 대한 것을 포함한다. 때때로 금전적인 요인은 문제의 시작이나 지속과 관련이 있거나 목표 달성에 포함될 수 있다. 예를 들면, 젊은 갱단은 마약판매, 절도 혹은 사업이나 이웃보호의 명목으로 금전을 취득할 수 있다. 한 조직은 보조금, 수수료, 상품이나 서비스 판매를 통해 자금을 확보할 수 있다.

6. 과거의 사회적 서비스

클라이언트 시스템, 현재의 이슈, 목표와 관련된 이전의 사회적 서비스나 자문 서비스에 대한 기록을 이곳에서 요약한다. 관계된다면 서비스를 제공한 기관의 이름, 주소, 그리고 전화번호를 밝힌다.

7. 기 타

이곳에 그 밖의 추가적인 정보를 포함한다.

연습 10-1   기술적 정보 정리하기

연습을 위해 여러분이 클라이언트라고 가정하고 자신과 자신의 상황에 대한 기술 부분의 초 안을 작성해 보시오. 사회복지사와 의논할 문제, 주제, 혹은 목표를 한두 가지 적어 보시오. 모든 사람이 그러하듯 사회복지사도 역시 인생을 살아가며 장애물, 어려움, 그리고 딜레마를 겪으며 이러한 것은 피할 수 없다. 따라서 제2장에서 실행한 자기인식 연습을 토대로 하여 자신과 자신 이 처한 상황에 대한 정보를 기술적 기록으로 정리하여 보시오. 자신에 대한 기술적 기록을 준비 하기 위해 DAC 형식을 이용하고, 자신의 가계도와 생태도를 포함하시오.

임시사정 및 사례개념화 준비하기

활용 가능한 정보를 정리된 형식으로 기록한 후에, 여러분은 클라이언트와 함께 인지적 기술 인 분석(analysis)과 통합(synthesis)을 활용하여 임시 사정 및 사례개념화를 해야 한다. 여기서 분석이 란 사람-문제-상황에 대한 아주 자세하고 다양한 부분을 조사하는 것이다. 예를 들어, '남성 앞에 서 불안감을 느끼는' 30세 여성을 생각해보자. 보통 여러분과 클라이언트는 불안감의 각기 다른 차원들이 어떻게 상호작용 하는지를 분석할 것이다. 여러분은 불안할 때 클라이언트가 무엇을 생 각하고 느끼며 상상하고 행동하는지에 대한 정보를 수집한 다음, 그것들을 통합하거나, 불안감을 일으킨 사건들과 불안감을 느낀 후에 나타나는 사건들을 정교하게 추적할 수 있다. 이러한 분석 과정은 클라이언트가 자신의 나이 또래나 그녀보다 나이 많은 사람, 자신감 있는 사람이나 성공 적으로 보이는 사람, 그리고 로맨틱한 감정을 갖게 하는 남성 앞에서 불안해한다는 것을 밝혀내 는 데 도움이 된다. 또한 클라이언트가 사무적이거나 직업상 만나는 남자, 기혼자 혹은 동성애자, 나이가 어린 남자나 클라이언트보다 사회적으로 덜 성공해 보이는 사람 앞에서는 불안한 감정을 느끼지 않는다는 것을 밝혀낼 수도 있다. 그리고 클라이언트가 불안감을 느꼈을 때는 "지금 불안 해져서는 안 된다, 내가 불안해지면 내가 하고 싶은 말을 못할 것이고 내 자신을 창피하게 만드 는 것이다"라는 말을 자신에게 한다는 사실을 발견할 수도 있다.

이처럼 분석은 여러분과 클라이언트로 하여금 다양한 종류의 정보로부터 중요한 요소나 주제를 가려낼 수 있도록 해준다. 이들은 바로 설명적 가설과 변화지향적 가설 설정의 초석이 된다. 통합은 분석을 통해 나온 것에 기초해 이루어진다. 통합은 중요한 정보들을 서로 연결시키고 여러분의 이론, 지식, 경험과 연결시키면서 하나의 전체로 조립하는 것이다. 예를 들어, 여러분은 남성자 앞에서 클라이언트가 느끼는 불안감의 이유에 대해, 그녀가 외동딸로 자라났고 여자고등학교와 여자대학교를 다녔기 때문이라는 설명 가설을 설정할 수 있다. 이와 같이 설명 가설은 "왜"라는 질문에 대한 답을 구하는 데 도움을 준다. 그리고 나서 이러한 설명 가설을 바탕으로 해서 문제해결과 목표달성에 지침이 되는 변화지향 가설을 설정할 수 있다.

사회복지사는 분석과 통합기술을 사용하여 설명 가설과 변화지향 가설을 설정한다. 통합 과정이란 다양한 정보 중에서 일부를 선택하고 그것들을 관계의 형태로 배열하는 것을 말한다. 사회복지사는 일반적으로 어떤 특정 정보가 다른 정보와 맞아떨어지는지, 혹은 정보들이 일관된 주제로 통합될 수 있는지 등 정보들 간의 관계를 파악하기 위해 이론적인 개념을 적용한다. 사회복지사의 전문적인 지식과 경험은 적절하고 가능한 가설을 설정하는 데 이바지하게 된다. 그러나 이와 같은 과정에서 클라이언트의 지식, 경험, 지혜를 간과해서는 안 된다. 클라이언트나 다른 주요 관련인물들은 종종 그들 자신의 생각, 의견, 이론체계를 가지고 있다. 그들의 가설은 직접적인 경험을 바탕으로 하기 때문에 사회복지사의 가설에 현실감, 실용성, 그리고 깊이를 더해준다.

사정은 사회복지사와 클라이언트로 하여금 좀 더 심도있는 이해를 가능하게 한다. 어떻게 그리고 왜 문제들이 일어나게 되었는가에 대한 설명은 동기를 부여하고 낙관적인 자세를 갖게끔 해준다. 그러나 사정의 주요 목표는 고양된 이해, 희망, 준비상태 이상의 것이다. 사회복지사로서의 근본적인 목적은 클라이언트로 하여금 문제를 해결하고 목표를 달성하도록 도와주는 것이다. 그렇기 때문에 클라이언트와 협력적으로 도출해낸 문제점이나 욕구를 어떻게 해결할 것인가에 대한 변화지향 가설을 설정하게 된다.

어떤 남성 앞에서 불안감을 느끼는 그 여성 클라이언트의 경우, 여러분은 다음과 같은 하나의 설명 가설을 고려할 수도 있다. 예를 들어, 그녀의 "왜곡된 사고와 신념"이 불안감을 촉발시키며, 불안증상에 대한 그녀의 지나친 집중이 그와 같은 증상을 지속시키고 악화시키고 있다. 다른 말로 설명하자면, 그녀가 마음에 드는 남성과 함께 있을 때, 다음과 같은 사고를 경험하게 된다.

1. 남성과 로맨틱한 관계 혹은 남성과의 결혼에 대한 중요성을 필요 이상으로 부풀린다.
2. 낭만적인 파트너와 매번 만날 때마다 매 순간의 중요성을 과장한다.
3. 자신에게 지나치게 집중을 하기 때문에(어떻게 보이는지, 무엇을 말하는지, 무엇을 하는지), 남의 시선을 많이 의식한다.
4. 생리적 증세와 불안증상에 주의를 더 많이 기울이게 된다.

이와 같은 설명적 가설은 과거의 요인보다는 현재의 요인을 포함하며, 문제를 어떻게 해결할 것인가에 대한 가설로 자연스럽게 이르게 된다. 즉, 설명적 가설은 사례개념화에 포함되는 변화지향적 가설로 이르게 된다. 여러분은 다음과 같은 가설을 설정할 수 있다 – 만일 그녀가 마음에 드는 남성 앞에서 좀 더 다르게 생각하고 집중하는 방법을 배운다면, 아마도 불안 증세와 증상을 덜 경험하게 될 것이다. 그러므로, 여러분과 클라이언트는 불안감의 증세와 증상에 지나치게 집중하는 양상과 그녀 자신, 남자, 관계, 미래에 대한 사고의 성질을 변화시키는 개입전략을 고려해

볼 수 있다.

　이와 같은 경우, 그 여성의 불안감에 대한 변화지향적 가설들을 설정하기 위해서 인지적이고 행동적인 개념을 사용한다. 이 가설들은 여러분의 사례 이론을 반영하며, 다음과 같은 예상을 할 수 있게끔 해준다.

1. 만일 그녀가 남성과의 로맨틱한 관계나 남성과의 결혼에 대해 덜 집착한다면, 그녀는 마음에 드는 남성 앞에서 덜 긴장하게 될 것이다.
2. 만일 그녀가 로맨틱한 파트너와의 만남과 매 순간에 대해 덜 중요하게 생각한다면, 그녀는 마음에 드는 남성 앞에서 덜 긴장하게 될 것이다.
3. 만일 그녀가 자신에 대해 덜 집중하고(어떻게 보이는지, 무엇을 말하는지, 무엇을 하는지), 함께 있는 사람들한테 더 집중한다면, 그녀는 남의 시선을 덜 의식할 것이다.
4. 만일 그녀가 생리적 증세와 불안증상에 대해 주의를 덜 기울인다면, 그녀는 그러한 것들을 덜 경험하게 될 것이다.
5. 만일 그녀가 마음에 드는 남성과 함께 더 많은 시간을 보낸다면, 그녀는 시간이 지남에 따라 불안감을 덜 느낄 것이다.

　그러나 인지행동적인 관점 말고도, 특정한 사람, 문제, 상황에 따라 적용될 수 있는 수십 가지의 이론적 관점과 수천여 개의 연구결과가 존재한다. 그러므로, 학술적인 자세를 견지하려는 사회복지사는 관련성과 효과성에 대한 연구기반 증거를 반영하는 이론적 접근을 고려해야 한다. 즉, 클라이언트의 문제해결에 그 안전성과 효과성이 연구를 통해 어느 정도 검증된 이론적, 개념적 모형들을 가지고 시작한다. 만일 그러한 모형들이 불안감과 공포감을 대상으로 한 인지행동서비스와 같이 연구기반의 증거가 아주 확실하다면, 이와 같은 접근방법은 증거기반실천(evidence-based practice: EBP)이라고 불리게 된다. 그러나 증거기반실천은 특정한 사람, 문제, 상황에 국한되는 경향이 있다. 모든 사람, 모든 문제, 모든 상황에 적용될 수 있는 신묘한 실천이론이나 정책적 접근방법은 존재하지 않는다. 원조전문가들은 다양한 상황에서 다양한 인구집단이 가지고 있는 다양한 문제를 해결하기 위해서는 결코 단 하나의 이론적 관점에만 의존해서는 안 된다. 결론적으로, 사회복지사는 자신이 서비스를 제공하는 클라이언트 및 해결해야 할 문제점과 관련이 있는 연구들을 지속적으로 검토해야 하며, 클라이언트에게 가장 잘 적용될 수 있는 이론적 관점과 개념적 모형이 무엇인가에 대해 비판적으로 사고해야 한다.

　그러나 때때로 특정 심리사회적 문제에 대한 서비스가 그 효과성에 대해서 강력한 연구기반 증거가 부족할 때가 있다. 이와 같은 경우에는 기존의 이론으로부터 가설을 도출해내어 특정 클라이언트체계, 문제 및 상황에 맞게 적용할 수 있다. 예를 들어, 상호개인적인 문제가 관건이라면, 여러분은 사회적 학습이론의 개념을 적용해 볼 수 있다. 집단/조직 간, 혹은 집단/조직 내부의 긴장과 갈등이 문제일 경우, 사회체제론이나 생태이론을 적용해 볼 수 있다. 사회적역할이론의 근본적인 개념(역할모호성, 역할변화, 역할갈등)은 절망이나 좌절의 상황에서 고려해 볼 수 있다. 위기이론은 자연재해, 폭력경험 및 급격히 변화하는 긴급한 상황에서 도움이 된다. 가족체계의 개념은 가족구성원 간의 경계심이나 피드백과정의 부재에 대한 영향력을 고려하게끔 해준다. 생태학적 관점은 특정 현상이 사회적 환경에 적응하고 있다는 것을 평가할 수 있게 해준다. 여러분과 클라이언트가 사람-문제-상황에 관한 중요한 정보를 이해하고 통합하는 과정에서 이러한 다양한 이론은 매우 유용하다.

초기단계에서의 분석과 통합과정은 임시적인 것으로 보아야 한다. 그 이유는 이 단계에서는 여러분과 클라이언트가 여러분의 의견을 결론적으로 지지하거나 확정하는 것이 아니기 때문이다. 분석과 통합 과정은 추가적인 정보를 수집하고 다양한 개입행동을 안내해 주는 가설 및 질문을 산출해 내기도 한다. 그러나 여러분은 이 과정을 통해 여러분 자신이 사람-문제-상황을 이해하기 위한 열쇠를 가지고 있다고 결론을 내려서는 안 된다. 어떤 상황을 해결할 수 있는 열쇠가 하나뿐인 경우는 극히 드물다. 대부분의 경우 많은 가설이 있을 수 있으며, 여러분은 각각의 특정 상황에 가장 유용한 가설을 선택하기 위해 전문적인 노력을 기울여야 한다. 분석과 통합은 여러분이 적절한 가설과 질문을 만들 수 있도록 도와줌은 물론 중요한 사건이나 주제, 패턴, 문제 등을 강조하도록 도와준다.

이와 같은 사정 절차 전반에 걸쳐서, 여러분이 "유일한 해결책"이나 "유일한 정답"을 가지고 있다고 단정지어서는 안 된다. 하나의 해결책이나 정답을 가지고 있는 경우는 거의 없다. 대부분의 경우에는 다수의 가능한 가설이나 다양한 잠재적 해법이 존재한다. 여러분의 전문적인 도전은 각각의 문제, 클라이언트 체계 및 상황에 가장 관련 있고 유용한 가설과 해법을 밝혀내는 것이다.

여러분은 기술적 정보를 다루었던 것과 마찬가지로 여러분의 분석과 통합의 결과를 일관된 체계로 정리해야 한다. 이 경우 정리의 형태는 사회복지기관, 프로그램, 그리고 업무에 따라 다양하다. 그럼에도 불구하고, 모든 사회복지 사정 계획은 다양한 이론과 관계가 있으며 사람, 문제, 상황을 고려해야 한다. 분석과 통합 결과를 정리하는 구조는 특정 이론적 관점으로부터 나올 수 있고 또는 여러 가지 이론적 관점들을 절충해서 나오기도 한다. 경우에 따라, 사정은 비이론적일 수 있다. 때때로, 여러분과 클라이언트는 상식을 적용해서 (1) 특정한 대상, 문제, 상황을 이해하는 설명적 가설과 (2) 목표나 행동 및 평가계획에 이르는 변화지향 가설을 설정할 수 있다.

기능적 분석(즉, 기능적 사정 혹은 기능적 행동사정)은 사회복지사나 클라이언트로 하여금 특정한 문제나 이슈, 그리고 그 해결과 기능적으로 관련되어 있는 요인을 발견하고 강조하는 데 도움을 준다. 이러한 관계를 언급할 때 "인과"나 "인과적"이란 말을 쓰지 않는다는 것에 주의한다. 탐색단계에서 수집된 자료를 기반으로 하여 특정한 요인이 어떤 문제나 이슈의 "원인"이 된다는 주장을 뒷받침할 수는 없다. 그러나 이러한 요인들이 문제적 현상과 공변하거나 관련이 있다고 확인할 수는 있다. 이러한 기능적인 관계에 기반하여, 클라이언트와 사회복지사는 변화지향적인 가설을 수립할 수 있다. 즉, 하나나 그 이상의 관련 요인들에 대한 변화는 문제나 이슈의 변화에 이르게 될 것이다라는 가설을 수립하는 것이다. 물론, 검증되지 않는다면, 변화 지향적인 가설은 가설로 남게 된다. 행동을 시작하기 전에는 성과물을 확신할 수 없다. 보편적인 연구의 증거는 특정 개입이나 행동이 특정한 결과에 이르게 된다는 상대적인 가능성에 대한 정보를 제공해준다. 그러나 변화지향적 가설을 검증하기 위해서는 개별적인 증거가 필요하다.

기능적 분석은 다양한 생물심리사회학적/환경적 요인과 밝혀진 문제/이슈와의 관계를 이해하거나 잠정적으로 설명하는 데 기여를 한다. 또한 기능적 분석은 동의된 목표를 어떻게 가장 잘 추구할 것인가에 대한 변화지향적 가설에 이르게 한다. 기능적 분석은 사회복지사와 클라이언트가 다음과 같은 질문에 대답함에 따라 탐색 단계에서 수집된 자료를 기반으로 하여 이루어지게 된다.

- 어떻게 문제/이슈가 시작되었는가? 언제? 어떤 상황에서?
- 시작된 이후 문제/이슈가 어떻게 변했는가? 언제 호전되었는가? 언제 악화되었는가?
- 현재 문제/이슈는 얼마나 자주 일어나는가?
- 언제 어디서 문제/이슈가 일어나는가?
- 문제/이슈의 정도나 심각성은 어느 정도인가?
- 문제/이슈는 얼마나 길게 일어나는가?

표 10.1에서 제안되는 바와 같이, 탐색 단계를 마치게 되면 문제/이슈의 시작, 발전, 진척 및 빈도, 강도, 기간 및 문제가 발생하는 상황적 맥락을 알게 된다.

표 10.1	문제/이슈: 과도한 음주 – 존 C씨
발생	아내가 이혼수속을 시작한 16개월 전에 발생
진행	조금씩 악화됨; 그와 아내가 화해를 모색할 당시 약 일주일간 호전됨
빈도	매일 나타남
상황 맥락	저녁에 거실에서 혼자 술만 마심; 그리고 잠에 빠져듦
심각성/강도	매번 7-8온스의 보드카
기간	매번 약 3-4시간 지속함

생물심리사회적/환경적 관점을 채택하는 경우, 문제에 선행하고, 동반하고, 따라가는 현상들에 대한 정보를 정리할 수 있다. 기능적 분석은 탐색단계에 수집된 자료에 기반하고 있다. 개인과 일을 할 경우, 문제적 에피소드와 관련있는 신념, 행동, 정서와 감각(생물학적 현상)에 관심을 둔다. 또한 개인과 관련된 요인 이외에, 문제발생 전, 문제발생 도중, 문제발생 후에 일어나는 여러 상황 관계적 요인을 밝혀내고자 한다. 여러분은 여러분과 클라이언트가 다음과 같은 질문에 대답하는 탐색적 단계 동안 이러한 정보들을 수집하게 될 것이다.

- 문제/이슈 삽화 직전에 어떤 생각이나 이미지가 당신의 머리에서 스쳐갔습니까?
- 문제/이슈 삽화 발생중에 어떤 생각이나 이미지가 당신의 머리에서 스쳐갔습니까?
- 문제/이슈 삽화 직후에 어떤 생각이나 이미지가 당신의 머리에서 스쳐갔습니까?
- 문제/이슈 발생 직전에 무엇을 하고 있었습니까?
- 문제/이슈 발생 도중에 무엇을 하고 있었습니까?
- 문제/이슈 발생 직후에 무엇을 하고 있었습니까?
- 문제/이슈 발생 직전에 기분이나 정서상태는 어떠하였습니까?
- 문제/이슈 발생 도중에 기분이나 정서상태는 어떠하였습니까?
- 문제/이슈 발생 직후에 기분이나 정서상태는 어떠하였습니까?
- 문제/이슈 발생 직전에 감각생태는 어떠하였습니까?
- 문제/이슈 발생 도중에 감각생태는 어떠하였습니까?
- 문제/이슈 발생 직후에 감각생태는 어떠하였습니까?

표 10.2　기능 분석: 문제/이슈: 과도한 음주 - 존 C씨

	오랜 선발 요소	최근 선발 요소	병발 요소	후발 요소
자기 진술, 신념, 혹은 이미지	그의 부모가 이혼한 어린시절에 무슨 일이 있었는지 기억한다.	"나는 또 혼자야" "항상 혼자일 것이야" "아내 없는 인생은 참을 수 없어" "언제 술마실 수 있지? 술 마시면 기분이 좋아져." 아버지의 아픔과 불행이 떠오른다.	"아, 기분이 좋아진다." "그녀의 잘못이야." "언젠가는 그녀가 뭘 했는지 깨달을 거야."	"나는 알코올중독자가 아냐." "나는 아버지처럼 되지 않을거야. 이것은 단지 일시적인 것일 뿐이야."
행동	매일 저녁 TV 앞에서 술마시던 아버지를 진정시키지 못했던 것을 기억한다.	거실로 들어간다.	주중에 오후 6시부터 계속적으로 보드카와 토닉워터를 마시며 11시 정도에 잠에 든다.	정신을 잃고 잠에 든다.
정서	아버지에 대한 연민과 이혼한 어머니에 대한 분노를 기억한다.	분노, 고독, 스트레스, 슬픔	분노와 스트레스는 덜하다. 슬픔은 남아 있지만 강도는 덜하다.	깨어났을 때 죄책감과 후회
감각	어린시절 두통, 위통, 긴장을 기억한다.	동요, 긴장, 눈물나는 슬픔	둔감해지고 있다고 느낀다. 신체긴장은 약화된 것 같다. 눈물이 멈춘다.	다음 날 아침 숙취를 느끼며 깨어나고, 술 생각이 강하게 난다.
상황적 맥락	John C.의 아내는 18개월 전에 이혼소송을 제기하였다.	초저녁에 직장으로부터 돌아온다. 주말에는 집에 머문다.	커다란 안락 의자에 기대어 TV를 본다.	잠에 든다.

여러분은 문제/이슈가 문제가 아닐 때, 덜 문제였을 때, 혹은 문제에 적응할 때의 시간상황을 정리한 표를 준비할 수도 있다. 그림 10.2는 존 C씨가 밝힌 문제와 이슈의 측면들을 사회복지사와 클라이언트가 탐지해가는 방법에 대한 예비 개념지도를 나타내고 있다. 이 사례에서, 존 C씨는 인간관계나 직장 일에 불만족스러운 감정을 보고하고 있다. 그는 스트레스, 분노, 슬픔, 우울감과 같은 생각과 느낌을 자주 경험하며, 그럴 때 과음을 하게 된다. 사회복지사와 클라이언트는 과음이 문제해결의 우선순위이며, 부정적인 생각이나 감정이 그 다음 순위라고 결정을 내렸다. 또한 직장과 관계불만족에 관련된 일은 다른 것의 상태가 진전될 때까지 미루기로 결정하였다.

그림 10.2   예비 개념 지도 – 존 C씨의 밝혀진 문제/이슈

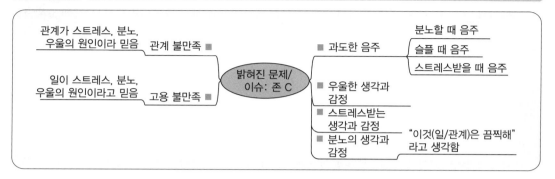

상자 10.4는 DAC 사정과 사례개념화의 완성을 위한 지침을 포함하고 있다. 사정은 DAC의 기술 부분에 포함된 정보로부터 도출된다. 그러나 기술적 정보를 단순히 반복하면 안 된다. 여러분과 클라이언트가 수립한 탐색적이고 변화지향적인 가설을 지지하는 기술적 정보로써 참조한다. 어떠한 의미로는, DAC의 사정과 사례개념화 부분은 기술적 증거가 지지하는 "주장"을 포함하는 논의이다.

상자 10.4   DAC 사정과 사례 개념화의 완성을 위한 지침

Ⅱ. 임시 사정

A. 문제 혹은 이슈

1. 성격, 기간, 빈도, 강도, 그리고 긴급성

탐색 단계에서 획득하고, 문제나 이슈의 성격과 본질을 파악하기 위해서 기술 부분에 보고된 정보를 분석한다. 초기 기술을 넘어서는 이해를 통해 왜 그것이 관심사이며 어떻게 그렇게 되었는지에 대한 탐색적 가설을 제공한다. 문제나 이슈에 대한 여러분의 탐색적 가설뿐만 아니라 클라이언트의 가설도 포함한다. 밝혀진 문제나 이슈에 대한 이해증진을 위해서 전문적이고 과학적인 지식을 통합한다.

가능하다면, 질문지, 서베이, 다른 사정도구들의 결과 및 사전조사나 기저선 평가 자료(예를 들면 초기접촉과 면대면 만남 기간 사이에 일어난 문제발생의 빈도나 강도) 및 문제와 이슈의 사정에서 표(표 7.2와 10.1)와 기간 빈도, 강도, 긴급성에 대한 서술적 논의를 통합하거나 참조한다.

2. 위험과 보호 요인; 예외들

이 부분에서는, 위험요인과 문제/이슈의 시작, 발전, 지속에 기여하는 조건들에 대한 탐색적 가설을 제안한다. 문제나 이슈의 발생을 자극하고 동반하며 뒤따르는 요인들을 자세히 나열한다. 요약으로는 기능적 분석표(표 10.2 참조)를 통합해도 된다.

만일 관계가 있다면 자살, 살해, 폭력, 학대, 유기, 약물남용의 위험을 사정한다. 문제가 지속적일 때, 클라이언트 체계, 타인, 사회체계에 미치는 위험에 대한 가설을 만들어본다. 즉, 만일 문제가 해결되지 않는다면 어떤 일이 일어날까? 또한, 성공적인 해결에 대한 잠정적인 결과를 기대해본다. 문제가 해결된다면 클라이언트 체계는 어떻게 바뀔 것인가? 이러한 변화에 다른 사람들과 사회체계는 어떻게 반응할 것인가? 어떤 부정적인 효과가 긍정적인 변화에 수반될 수 있다는 것을 인식한다.

문제/이슈의 재발을 방해하는 상황과 조건들에 대한 가설을 세운다. 보호요인, 장점이나 문제/이슈가 일어나지 않은 예외상황을 참조한다. 그리고 이러한 예외상황들에 대한 설명적 가설을 제공한다. 표들(표 7.3, 7.9, 10.2)이나 기술 부분의 서술적 정보를 통합하거나 참조하여 여러분의 설명적 가설을 뒷받침한다. 그러나 기술적 내용의 불필요한 반복은 피한다.

문제/이슈의 해결에 방해가 되는 클라이언트 체계와 상황에 대한 가설을 세운다. 금전, 쉼터, 음식, 의복, 사회적/지적 자극과 같은 기본적 욕구의 결핍, 그리고 억압과 차별같은 사회적, 정치적, 문화적 장해물들을 참조한다. 필요하다면, 과밀집상태, 부족하거나 과잉된 자극, 유해물질과 같은 환경적 조건들의 영향에 대한 가설도 설정한다.

B. 기여 요인
1. 클라이언트 체계 요인
만약 문제나 이슈가 특정 인물을 포함한다면(예를 들면 미취업자, 가족구성원 중 알코올이나 약물자, 및 희생자나 정신적 외상자), 문제나 이슈와 관련된 개인적인 요인이 있을 수 있다. 이와 같은 경우라면, 여러분과 클라이언트는 관련된 개인 요소와 문제적 이슈 간의 관계에 대한 탐색적 사설을 적절하게 세워야 할 것이다.

클라이언트 체계가 한 명 이상의 사람을 포함할 때(예를 들면, 가족, 집단, 자연집단, 조직, 혹은 지역사회), 여러분과 클라이언트는 클라이언트 체계 요인과 문제나 이슈 간의 관계에 대한 탐색적 가설을 세워야 할 것이다. 문제/이슈와 관련된 클라이언트 체계의 측면에 대해서 가설을 세워본다. 이론적이고 연구에 기반한 지식으로 구성된 개념을 통합한다. 여러분 자신의 가설뿐만 아니라 클라이언트의 가설도 포함한다. 전문적인 지식의 성격은 문제의 특성, 클라이언트 체계, 상황에 따라 다르다. 때때로 개인의 성격과 특성이나 문제에 대한 클라이언트 체계의 접근에 대한 가설은 유용할 수가 있다. 또한 자신, 가족, 집단, 조직, 지역사회 효능감에 관련된 가설이 이해를 증진시킬 수도 있다. 어떤 때에는, 개인상호적, 관계적 방식이나 사회적 기술의 결여를 적용할 수 있다. 종종, 가족적, 문화적, 사회적, 직업적 역할 주체에 대한 가설과 그것들 간의 조화나 갈등의 정도가 함께 기록될 수 있다. 개인이나 집단이 가지고 있는 자신, 타인, 세상, 미래에 대한 신념과 관련된 가설은 특정 문제가 어떻게 그리고 왜 나타났는지 설명을 해줄 수 있으며, 무엇을 어떻게 할 것인가에 대한 암시를 제공하기도 한다.

클라이언트 체계 요인들이 어떻게 문제/이슈에 대해 영향을 미쳤으며, 반대로, 문제/이슈들이 어떻게 클라이언트 체계의 사고, 정서, 그리고 행위에 영향을 미쳤는지에 대한 가설을 세운다. 관련이 있다면, 가능한 생화학적, 물리적 요인과 영향에 대한 가설을 세워본다. 개인이나 집단의 자산, 강점, 경쟁력을 문제/이슈와 예비 목표와 관련하여 고려한다. 문제/이슈에 대응하기 위해 클라이언트 체계가 적용하는 전략의 영향과 효과성에 대한 가설을 세운다. 문제/이슈가 해결되거나 미해결 됐을 때의 잠재적인 영향을 예상한다. 가능하다면, 클라이언트 체계의 영적, 종교적, 문화적 신념과 관련된 문제/이슈를 고려한다.

때때로, 클라이언트 체계의 범위와 결정 전략의 융통성이나 경직성은 성격, 강점, 방어적 적응적 절차의 기능성과 함께 더불어 고려될 수 있다. 어떤 때에는, 욕구나 충동을 통제하고 유혹을 제어하는 클라이언트 체계의 상대적 능력이 적용 될 수 있다. 인생전반의 발달과 성숙함의 국면에 대한 가설이 유용하듯, 클라이언트 체계의 정서적인 상태와 특성에 대한 탐색적 가설이 유용하기도 한다.

2. 상황적 그리고 체계적 요인
문제/이슈와 상황적, 체계적 요인들 간의 관계에 대한 설명적 가설을 제안한다. 문제/이슈가 클라이언트 체계, 타인 및 사회체계, 환경에 미칠 잠재적 영향에 대한 가설을 세워본다. 문제/이슈의 강화와 유지와 관련된 체계적 패턴, 구조, 사회적 체계의 과정에 대한 분석을 한다. 문제에 대응하기 위해 사용된 전략을 평가한다. 에너지, 응집력, 주요 사회체계의 적응력의 정도를 사정한다. 관련이 있는 인생전반의 발전 이슈와 관련된 사회체계의 성숙도를 분석한다. 타인과 사회체계의 욕구와 열망이 어떻게 문제/이슈 및 타인들과 관계되어 있는지를 고려한다.

사회체계의 현저한 정서적 상황, 작동 절차, 의사소통양식과 과정, 애정과 지지 패턴, 권력과 가용 자원의 분배, 역할 할당, 멤버나 하위체계 및 타체계들 간의 경계, 결정 과정에 대한 설명적 가설을 제안한다. 체계적, 구조, 패턴 및 절차, 발달적 인생전반의 이슈, 외부의 스트레스, 다른 상황적 요인들에 대한 가설이 관련이 있을 수 있다.

기술 부분에 제시된 가계도, 생태지도, 개념지도, 연표를 참조할 수도 있다. 왜냐하면 그것들은 종종 탐색적 가설에 대한 증거적인 뒷받침을 제공하기 때문이다. 위험 및 보호 요인과 장점에 제시된 표와 기능분석표는 특별히 관련이 있을 수 있다. 적용가능하다면, 이런 사례에서의 서비스와 관련이 있는 법적 윤리적 관계성을 고려한다.

사회적 환경적 맥락 안의 능력, 재능, 강점, 권한 및 자원에 대한 가설은 사정을 심화시킬 수가 있다. 영적, 종교적, 문화적 신념과 배우자, 집단, 조직 및 지역사회의 실천에 대한 가설 역시 마찬가지이다. 문제나 이슈가 (1) 원래 상태로 있거나 (2) 해결된다고 가정할 때, 클라이언트 체계나 배우자에 미칠 잠재적인 영향에 대한 가설을 포함한다.

3. 동기와 준비성: 변화의 단계

문제/이슈를 해결하고 변화를 이끌어낼 협업을 위한 클라이언트 체계의 동기에 대한 가설을 설정한다. 사정 시, 자산, 강점, 권한을 참조하고, 각각의 밝혀진 문제/이슈와 관련하여 변화를 위한 클라이언트 체계의 현재 준비성을 가장 잘 반영할 만한 전이 이론적 단계를 결정한다. 준비성 수준과 동기를 증진시키는 데 관련이 있는 요인들에 대한 가설을 세운다. 문제/이슈의 해결에 기여할 배우자와 사회체계의 동기에 대한 가설을 세운다. 동기의 다양한 측면을 평가하기 위해서 10점 평가척도(1=낮음, 10=높음)를 사용해 볼 수 있다. 문제를 해결하기 위한 개인과 집단의 동기수준은 문제에 따라 극적으로 달라질 수 있다. 이와 같은 정보는 어떠한 문제를 먼저 해결해야 하는지에 대해 공동으로 결정할 때 많은 도움이 된다.

C. 사례 개념화

사정 부분의 첫 부분은 주로 분석을 포함한다. 그러나 사례 개념화는 통합을 필요로 한다. 변화를 위한 하나나 그 이상의 전략을 밝히거나 수립하기 위해서 분석에서 추출된 여러 요소들을 하나로 맞춘다. 밝혀진 문제를 해결하는 데 도움이 될 수 있는 클라이언트 체계 및 사회적/물리적 환경 안에 있는 이러한 요인들을 밝혀내고자 한다. 다른 말로 하자면, 변화지향적인 가설을 제안하는 것이다.

사례 개념화는 일반적으로 문제/이슈의 분석, 클라이언트 체계, 그리고 사회/물리적 환경으로부터 나오게 된다. 사회복지사로서, 우리는 클라이언트 체계 내부(예를 들면, 개인 가족, 집단, 조직, 또는 지역사회)와 클라이언트 체계 외부(예를 들면, 사회적 물리적 환경) 모두에게 관심을 집중한다. 그러나 때때로 그러한 집중은 클라이언트 체계에 주로 맞춰지거나, 혹은 상황에 주로 맞춰지기도 한다.

사례 개념화는 변화 지향적인 가설이나 전략적 예상이라고 생각할 수 있다. 분석적 사정에 기반하여, 사회복지사와 클라이언트는 클라이언트 체계나 주변환경의 변화를 통해서 문제를 함께 해결할 것이라고 예측한다. 우리의 예측이 맞으며 정확할 것이라는 가능성에 대한 추정을 포함한다. 즉, 전략적 행동을 통해서 문제가 성공적으로 해결될 것이라는 관측을 제공한다.

연습 10-2 임시사정 및 사례 개념화 준비하기

이번 연습을 위해, 여러분이 연습 10-1에서 정리하여 기록한 정보들을 검토하시오. 자신에 대해 알고 있는 것과 기술 부분에 자신이 포함시킨 내용을 토대로 하여, 임시사정 및 사례 개념회를 실행해보시오. 그것을 여러분의 사례기록지에 기록하시오. 임시사정 및 사례형성을 실행할 때 여러분이 기록하는 것은 잠정적이고 임시적인 것이라고 생각하시오. 사실들은 나중에 검증받고 확증받는 것입니다. DAC의 임시사정 및 사례 개념을 준비하기에 나타난 형식과 일치하도록 여러분의 생각을 정리하여 작성하시오.

요약

사회복지 실천의 사정 단계 동안 여러분과 클라이언트는 탐색 단계를 통해서 수집한 정보를 의미있게 만들려고 노력한다. 사정은 여러분과 클라이언트에게 계약과정을 시작하는 관점을 제공한다. 다음의 두 가지 기술이 특히 사정 단계에 적합하다. (1) 정보의 정리와 (2) 임시 사정 및 사례 형식의 준비

Chapter 10 요약 연습

여러분은 다양한 사회서비스를 제공하는 한 기관에서 일하는 사회복지사라고 가정한다. 여러분은 관련 문제/이슈, 클라이언트 체계, 그리고 사회적 물리적 상황의 다양한 측면을 적극적으로 탐색하고 있는 중이다. 다음 각각의 사례상황에 대해, 여러분이 하고자 하는 말을 적고, 채택하고자 하는 활동을 기술하시오.

1. 사례 상황: 여러분은 임박한 결혼을 앞두고서 상담을 원하는 한 10대 커플(아프리카계 미국남자와 유럽계 미국여자)과 일을 하고 있다. 각 파트너는 타인종 간의 결혼에 수반될지도 모르는 잠재적인 문제점에 대해 염려하고 있다.

    a. 아래 빈칸을 이용하여, 타인종 간의 관계에서 유발되는 한 가지 문제점을 밝히시오. 여러분은 관련 연구자료의 검토를 통해 일반적인 문제점을 찾아낼 수도 있다. 다른 대안으로는, 여러분의 지식과 경험을 통해 발생가능한 문제점을 예상해 볼 수도 있다. 여러분이 이슈를 밝혀냈다면, 그것이 어떻게 또는 왜 일어나게 될 것인지에 대한 설명적 가설을 수립한다(예를 들면, 아파트 입주 신청서의 거절은 타인종 간 커플에게는 잠재적인 문제점이 될 수도 있다 라고 예상한다. 그렇다면 여러분은 다음과 같은 설명적 가설을 수립할 수 있다. "어떤 집주인들이 생각하기에, 타인종 간 커플은 (1) 신뢰할 수 없는 입주자이며, (2) 그들로 인해 다른 입주자들이 떠나게 될 것이다. 그러므로, 예상되는 부정적 결과를 피하기 위하여 타인종 간 커플은 거절한다.").

    b. 이제, 밝혀진 문제와 설명적 가설을 생각하면서, 어떻게 하면 그 문제가 해결될 것인가에 대한 변화 지향적 가설을 형성한다. 여러분은 그러한 문제를 다룬 프로그램, 실천, 또는 개입의 효과성에 대한 연구논문을 검색할 수도 있다. 다른 대안으로는 관련 실천 이론의 개념들을 적용할 수도 있다. 만일 후자를 선택한다면, 논리적인 근거를 반드시 포함한다. 마지막으로, 법률, 조례, 판례, 규정과 정책이 그러한 문제와 때때로 관련이 있을 수 있으며, 변화지향적 가설을 수립하는 데 도움을 준다.

    한 예시로서, 다음과 같은 설명적 가설을 수립해보자. "어떤 집주인들이 생각하기에, 타인종 간 커플은 (1) 신뢰할 수 없는 입주자이며, (2) 그들로 인해 다른 입주자들이 떠

나게 될 것이다. 그러므로, 그들은 입주신청서를 거절한다." 변화 지향적 가설은 아마도 다음과 같이 될 것이다. "만약 그 커플의 아파트 입주가 거절된다면, 그리고 그러한 거절의 이유가 타인종적 커플이기 때문이라면, 그리고 만약 그들이 그런 상황에서도 아파트입주를 계속 원한다면, 그들의 좋은 성품, 훌륭한 평가, 안정적인 예치금, 그리고 충분한 수입을 근거로 하여 집주인에게 호소하면 입주허가를 받을 수도 있다. 만일 그 호소가 실패하고, 그들이 여전히 그 아파트를 원한다면, 인종을 이유로 한 주거 차별을 금지하는 시 조례사항의 사본을 집주인에게 전달함으로써, 집주인으로 하여금 재고려하게 할 수도 있다. 이러한 호소에도 집주인이 거주신청서를 거절하거나, 혹은 그 커플이 더 이상 그 아파트를 원하지 않는 경우에는, 관련 정부 기관에 신고하여 그들이 아파트를 구할 수 있게 하거나, 혹은 앞으로의 차별을 방지하는 데 기여할 수 있다."

2. 사례 상황: 여러분은 고속도로 휴게소 근처의 허름한 자동차에서 기거해 온 7인 가족(부모2명, 1~7살의 자식 5명)과 일하고 있다. 그들은 새로운 직장을 찾기 위해 다른 도시로 이동중이었는데 그만 돈이 다 떨어지고 말았다. 여러분이 부모와 함께 그 상황을 탐색해보니, 엄마는 심한 당뇨병을 앓고 있으며, 아빠는 경기침체로 실직인 상태이다. 그는 지난 수개월 동안 직장을 구했으나 성공적이지 못하였다. 실직수당의 지급기간은 만료되었으며 집주인으로부터 퇴거통지서를 받았다. 또한 직장을 구할 수 있을 것이란 소문을 믿고 그들이 가고자 하는 그곳에는 아무런 친구나 친척이 없다.

a. 아래 빈칸에 이 사례에 나타난 여러 문제점 중에서 하나를 밝히시오. 문제를 명시한 후, 어떻게 또는 왜 그런 일이 일어났는가에 대한 최소한 하나의 설명적 가설을 수립하시오.

b. 이제, 그 문제와 설명적 가설을 생각하면서, 어떻게 하면 그 문제가 해결될 것인가에 대한 변화 지향적 가설을 설정한다.

3. 사례 상황: 여러분은 T씨와 일을 하고 있다. 그는 13세 된 여자친구의 딸을 성적으로 희롱한 것으로 고소되었으며, 12개월 동안 상담서비스를 받아야 한다. 그렇지 않으면 중죄로 인해 감옥으로 되돌아 가야 한다. T씨는 이 기간 동안 그녀와 그녀의 딸을 절대로 만나서는 안 된다. 초기 몇 개월 동안에, T씨는 그 소녀가 그 성희롱에 대해 거짓말을 하고 있다고 지속적으로 주장한다. 그는 절대로 그녀를 만지지 않았다고 말한다.

   a. 아동 학대 혐의는 사실이라고 가정하자. T씨는 성희롱에 대해 거짓말을 하고 있는 듯 보인다. 아니면, 그 사건에 대해 정말로 기억하지 못할 수도 있다. 아래 빈칸을 이용하여, 어떻게 또는 왜 T씨가 그 성희롱에 대해 (1) 거짓말을 하고, (2) 억압 또는 망각하는가에 대한 최소한 하나의 설명적 가설을 수립하시오.

   b. 이제, 그 문제와 설명적 가설을 생각하면서, 어떻게 하면 그 거짓말의 문제와 억압의 문제가 해결될 것인가에 대한 변화 지향적 가설을 설정한다.

4. 사례 상황: D씨와 D부인이 그들의 아이들(1세, 3세)을 방임하고 학대했다는 혐의에 따라, 여러분은 그 부부와 일하기 시작했다. 아동보호국의 수집한 확실한 증거에 의하면, 두 아이들은 종종 동물 쓰레기와 위험물(유리조각과 날카롭고 녹슨 금속 물질)이 있는 더러운 정원에 홀로 남겨졌으며, 감독받지 못하였다. 또한 조사결과 D씨는 음주문제가 있으며 D부인에게 1번 이상 폭력을 행사한 적이 있다는 것이 밝혀졌다.

   a. 아래 빈칸을 이용하여, 다음의 문제에 대해 최소한 하나의 설명적 가설을 수립하시오. (1) D부인은 때때로 아이들을 감독하지 않은 상태에서 위험한 정원에서 놀게 한다. (2) D부인은 과음을 하고 때때로 자신을 폭행하는 한 남자와 관계를 지속하고 있다. (3) D씨는 과음한다. 혹은 (4) D씨는 때때로 D부인을 폭행한다.

   b. 이제, 그 문제와 설명적 가설을 생각하면서, 어떻게 하면 그 거짓말의 문제와 억압의 문제가 해결될 것인가에 대한 변화 지향적 가설을 설정한다.

5. 사례 상황: 여러분은 범죄율이 높은 한 저소득층 지역에서 지역 조직가로 일하고 있다. 많은 비율의 주민들이 실업상태이며, 주변지역 갱들이 활개치고 돌아다니며, 마약거래와 사용이 난무하며, 포주와 창녀들이 거리에서 공공연하게 일한다. 이러한 문제를 해결하고 지역사회를 발전시키기 위해서 지역사회를 스스로 조직하려는 주민들을 돕고자 한다. 이 시점에서, 여러분은 지역사회를 염려하는 부모, 여러 종교계 지도자, 교장과 교사, 사회복지사와 사회서비스 기관장, 경찰, 지역의원과 시위원회의 의원들과 주로 일하고 있다.

   이 거대한 집단은 대상으로 삼은 사회문제에 따라 여러 하위집단으로 나누어져 있다. 첫 번째 하위집단은 실업문제, 두 번째 하위집단은 갱단, 세 번째 하위집단은 마약판매, 네 번째 하위집단은 마약사용, 그리고 다섯 번째 하위집단은 성매매문제에 초점을 맞춘다. 문제들이 서로 중복되기 때문에, 정기적으로 만나서 하위집단들의 활동을 모든 성원이 알게끔 하기로 한다.

   a. 아래 빈칸을 이용하여, 다음의 각 문제에 대해 최소한 하나의 설명적 가설을 수립하시오. (1) 지역사회의 많은 아동들과 청소년들이 주변지역 갱단에 가입한다. (2) 많은 청년들이 불법 마약을 판매한다. (3) 일부 젊은 남자와 여자들이 돈을 대가로 성행위를 한다.

   b. 이제, 어떻게 하면 이 세 가지 문제가 해결될 것인가에 대한 변화 지향적 가설을 설정해 본다.

Chapter 10 보충 연습

   자신의 친구와 가졌던 첫 번째 면담에 기초하여(7장의 보충연습을 참고) 두 번째 면담을 수행한다. 면담 장소가 둘만의 장소이며 면담을 비디오 녹화나 녹음하도록 한다. 탐색 기술과 지금까지 다루었던 관련 기술을 사용하여 사정을 위한 면담이라는 생각을 가지고 친구를 면담한다. 면담을 끝내면서 약 일주일 후에 또 다른 면담을 하기로 약속한다.

1. 면담을 끝내면시 면담 경험에 대한 친구의 피드백을 구하고, 친구에게 다음의 질문에 대한 솔직한 답변을 부탁하시오. (a) 내가 사회복지사로서 면담을 해 나갈 때 뭔인하고 안전하게 느꼈습니까? (b) 내가 당신과 당신의 이야기에 정말 관심이 있는 것으로 느꼈습니까? (c) 당신이 하고자 하는 말을 내가 이해했다고 생각했습니까? (d) 우리가 이야기한 어떠한 내용 중 어떤 점이 당신이 가지고 있는 문제를 해결하는 데 가장 도움을 주었다고 생각합니까? (e) 더 완전하고 정확한 사정을 하기 위해서 필요한 어떠한 과정이나 사실이 다루어

지지 않았습니까? (f) 이 경험은 전체적으로 만족스러웠습니까? (g) 앞으로 나의 면담 기술을 발전시키기 위해 어떠한 것을 제안하겠습니까? 친구의 피드백을 요약하시오.

2. 다음의 공간에 면담에 대한 자신의 반응을 기록하시오. 면담에 대해 어떻게 느꼈는가? 면담에 대해 어떠한 것이 좋았고, 어떠한 것이 마음에 들지 않았는가? 면담중 적절한 모든 기술을 사용했다고 생각하는가? 어떤 기술을 성공적으로 사용했는가? 어떤 기술의 연습이 더 필요한가? 사정을 수립하기 위해 어떠한 정보를 얻었는가? 어떠한 추가적인 정보가 유용하겠는가? 면담을 다시 한다면 어떠한 점을 다르게 하겠는가?

3. 노트에 첫 번째와 두 번째 면담 모두와 두 번째 면담에서 얻은 적절한 정보를 DAC의 기술 부분에 제공된 형식에 맞게 정리하시오.

　기술 부분에 정리한 정보를 사용해서 분석과 통합을 통해 임시사정을 수립하고 그것을 다른 노트에 기록하시오. 친구의 신원을 밝히지 않고 자신이 결정한 것이 임시적이라는 것을 기억하시오. 이것들은 설명과 확인이 필요한 의견이나 가설인 것이다. 자신의 관찰결과와 의견을 DAC의 사정 부분에 제공된 형식에 맞게 기록하시오.

　사례의 기술과 사정 부분을 완성하고 나서 녹음기나 비디오를 작동시키시오. 두 가지 목적을 생각하며 공부하시오. 첫째, 설명과 사정 부분에 자신이 포함하지 못한 중요한 정보를 기록하고 그 내용을 DAC의 적절한 부분에 추가하시오. 여러분의 피면담자의 신분이 겉으로 드러나지 않게 하고 여러분이 완성한 기술과 사정을 사회복지실천기술 학습 포트폴리오에 포함시키고 제목을 "실천사례기록"으로 하시오.

이 장을 끝내면서, 다음의 자기 평가 연습을 완성하고, 사정 기술에 대한 자신의 숙련도를 평가하시오.

자기 평가: 사정 기술

여러분의 사정 기술이 숙련된 정도를 스스로 평가하기 위해 아래의 문항들에 응답하시오. 여러분이 각각의 문항에 동의 또는 동의하지 않는 정도를 아래에 제시된 4점 척도를 활용하여 표시하시오.

4 = 전적으로 동의한다
3 = 동의한다
2 = 동의하지 않는다
1 = 전혀 동의하지 않는다

4	3	2	1	문항
☐	☐	☐	☐	1. 나는 사정의 목적과 기능을 논의할 수 있다.
☐	☐	☐	☐	2. 나는 기술적 정보를 정리하는 기술을 설명하고 실행할 수 있다.
☐	☐	☐	☐	3. 나는 임시적 사정과 사례 조직을 준비하는 기술을 설명하고 실행할 수 있다.
☐	☐	☐	☐	4. 나는 사정 기술의 숙련정도를 사정할 수 있다.
☐	☐	☐	☐	소계

참고: 위의 문항들은 부록 3의 사회복지실천기술 자기 평가도구의 사정 기술 부분에 제시되어 있다. 여러분이 2장의 연습 2-2를 완료했다면, 위의 문항들을 이미 응답했을 것이다. 여러분은 이전의 여러분의 응답과 이번에 여러분이 응답한 것을 비교할 수 있다. 또한 소계 점수 역시 비교할 수 있다. 만일 여러분이 이러한 기술에 대해서 훌륭하게 숙련도를 발전시켰다면, 이번의 점수가 이전의 점수보다 더 높을 것이다.

　　마지막으로 이 장에서 논의된 기술과 자기 평가의 결과를 생각해 보시오. 그 분석에 근거하여 "사정 기술의 숙련도에 대한 자기 평가"라고 이름붙인 간단한 1페이지 요약 보고서를 작성하시오. 이 보고서에는 여러분이 잘 알고 있고 잘 수행할 수 있는(예: 3~4점) 기술을 밝히시오. 또한 보다 연습을 요하는(예: 2점 이하) 기술을 구체적으로 밝히고, 이러한 기술을 숙련하기 위한 계획을 세워보시오. 보고서를 완성한 후 사회복지실천기술 학습 포트폴리오에 포함하시오.

CHAPTER 11

계약 기술

    탐색 과정과 사정 과정을 마친 후에는 반드시 계약 과정[1]이 뒤따르게 되며, 사회복지사와 클라이언트 간 서비스 동의 또는 계약 과정에 이르게 된다. 이 장(박스 11.1 참조)의 목적은 여러분이 계약 기술을 숙달할 수 있도록 돕는 데 있다. 이러한 기술을 통해 사회복지사와 클라이언트는 목표를 설정하며, (1) 설정된 목표의 추진과 달성계획 및 (2) 목표달성 정도를 평가하기 위한 계획을 만들어낼 수 있다.

    일반적으로 계약 과정의 방향은 탐색기간 동안 시작되며 사정 과정 내내 지속된다. 이러한 방향은 서비스 동의나 서비스 계약에 이르게 된다. 계약 단계에 특별히 적용되는 기술은: (1) 문제 반영하기, (2) 가설 반영하기, (3) 문제 확인하기, (4) 개입을 위한 문제 구체화하기, (5) 목표 설정하기, (6) 행동 계획 개발하기, (7) 행동 단계 확인하기, (8) 평가 계획 수립하기, 그리고 (9) 계약 요약하기이다.

상자 11.1   11장 목적

이 장의 목적은 여러분이 계약 기술을 숙달하도록 돕는 것이다.

목표

이 장을 완성한 후 여러분은 다음과 같은 기술에 숙달되어야 한다:

- 계약의 목적과 기능을 논하기
- 문제 반영
- 가설 반영
- 문제 확인

---

[1] 여기서 사용된 '계약'이라는 용어는 제공되는 서비스의 성질, 범위 및 초점에 대해 사회복지사와 클라이언트가 상호작용 과정을 거쳐 어느 정도 공식적인 동의에 이르게 되는 과정을 말한다. 이러한 과정을 통해 서면 혹은 구두로 나타나는 성과를 서비스 동의 혹은 서비스 계약이라 칭한다.

- 개입을 위한 문제 명확히 하기
- 목표 설정
- 실행 계획 개발
- 실행 단계 확인
- 평가 계획 세우기
- 계약 요약
- 계약 기술의 숙련도 평가

핵심 역량

이 장에서 논의된 기술들은 다음의 핵심 EPAS 역량을 지지한다.

- 전문적인 사회복지사임을 확인하고, 그와 같이 행동하기(EP2.1.1)
- 사회복지윤리강령을 전문적인 실천 지침에 적용하기(EP2.1.2).
- 비판적인 사고를 전문적인 판단을 고지하고 소통하는 데 적용하기(EP2.1.3)
- 실천에 있어서 다양성과 상이성을 고려하기(EP2.1.4)
- 인간행동과 사회환경에 대한 지식을 적용하기(EP2.1.7)
- 실천을 규정하는 상황에 반응하기(EP2.1.9)
- 개인, 가족, 집단, 단체 및 지역사회와 관여하고 사정하기(EP2.1.10[a-b])

문제 반영하기

여러분은 문제 반영하기 기술을 사용하여 문제에 대해서 클라이언트가 가지고 있는 관점을 이해하고 있다는 것을 보여주게 된다. 문제를 반영하는 것은 적극적이고 감정이입적인 경청의 형태이며, 계약 과정의 시작 단계를 구성한다. 여러분이 클라이언트의 직면한 문제에 대한 입장을 이해한다는 것을 감정적으로 전달할 때, 개입의 관계와 여러분과 함께 하겠다는 클라이언트의 의지는 증가하는 경향이 있다. 클라이언트가 문제를 이해하는 것처럼 여러분이 문제의 본질을 이해하고 있다는 것을 클라이언트에게 전달함으로써, 동시에 여러분이 클라이언트를 인격체로서 존중하고 그들의 자기결정권을 존중한다는 것을 클라이언트에게 전달해야 하는 것이다.

물론, 문제의 반영은 문제해결에 있어 도덕적인 승인이나 전문적인 동의를 반드시 수반하는 것은 아니다. 때때로 클라이언트는 사회복지사가 도덕적, 윤리적, 혹은 법적으로 해결하지 못하는 종류의 문제나 목표를 밝혀내기도 한다. 예를 들면, 여러분이 고등학교에서 일하는 학교사회복지사라고 가정하자. 한 16세의 여학생이 여러분의 조언을 얻고 싶어 다음과 같이 말했다.

> 학교 댄스파티에서 모든 사람이 술을 마셔요. 기분이 좋아지고 더 재미있어지잖아요. 하지만 새로운 교칙은 댄스파티중에 자기 차가 있는 곳으로 가는 것을 금지해요. 좋은 교칙이에요. 모두다 술을 마시기 위해서는 주차장에 가야만 하고, 그런 다음 체육관으로 다시 돌아와서 춤을 춰요. 밤새도록 그냥 왔다 갔다 하는 거예요. 과일음료에 위스키를 넣으면 더 좋을 것 같아요. 그렇게 하면 더 안전하고 또 건물을 나갈 필요가 없잖아요.

학교사회복지사로서, 여러분은 당연히 이러한 행위를 용인할 수가 없다. 그 학생의 말을 생각해본다면, 여러분은 혹시나 학생들이 자신들의 의견에 동의할 정도로 물러터진 상대인지 아니면 화를 내거나 비판하는지 알아보기 위한 일종의 테스트일지도 모른다고 생각할 수 있다. 그 학생의 말은 감정적이거나 비이성적인 반응을 불러일으킬 만한 요소가 있다. 그러나 학생의 동기가 무엇이건 간에 문제에 대한 학생의 개진된 의견에 대한 이해심 전달함으로써 그 학생의 입장을 들어주고 이해한다는 느낌을 줄 수가 있다. 감정이입을 보여주기 위해 학생의 의견을 승인할 필요는 없다. 이와 같은 이해심은 심도 깊은 탐색과정이나 혹은 문제의 재접근을 위한 기본바탕을 형성할 수 있다. 더욱이 만약 여러분이 비활동적이고 비심판적인 태도를 보였다면, 여러분은 학생의 '테스트'에 통과할 수도 있다.

자발적으로 사회복지 서비스를 원하는 대부분의 성인 클라이언트는 문제에 대한 자신의 관점을 공유할 준비가 되어있지만, 일부 클라이언트는 문제에 대한 자신의 관점을 공유하기 위해 도움과 안내, 격려를 필요로 한다. 어떠한 상황에서는 여러분이 문제를 세분화하고 목표를 결정하는 책임을 맡아야 하는 경우도 있다.

클라이언트가 처음에 이야기한 문제가 반드시 개입의 초점이 되어야 한다고 생각해서는 안 된다. 클라이언트 중에는 여러분과의 탐색 과정을 거친 후 처음에 이야기했던 것보다 더 실제적이거나 긴박하거나 중요한 문제들을 이야기하는 경우도 있다. 어떤 클라이언트는 가벼운 문제들을 먼저 이야기함으로써 사회복지사를 시험하기도 한다. 문제에 대처하는 여러분의 능력 여하에 따라 클라이언트는 중요한 실제적인 문제를 이야기하는 단계로 옮겨가게 된다.

문제 반영하기 기술을 연습하기 위해서, 아래에 요약되어 있는 포맷을 사용하시오. 기술이 좀더 숙달되면 다른 포맷을 가지고 연습하시오.

연습 형식 : 문제 반영하기

당신도 아시다시피, 당신이 다루고 싶어하는 이슈 중의 하나는 _____입니다.

〈사례〉

클라이언트: 맞아요, 내 아내는 합당한 이유로 나를 떠났어요. 하지만 저는 그것에 대해 너무나 슬픕니다. 전에도 아내는 날 떠났지만 언제나 다시 돌아왔지요. 하지만 이번엔 돌아오지 않을 거라는 것을 압니다. 영원히 떠난 것이고 저는 무엇을 해야 할지 모르겠습니다. 저는 이렇게 살 수 없어요. 너무나 슬프고 아내 없이는 아무 것도 할 수가 없습니다.

사회복지사: (문제 반영하기) 당신도 보시다시피, 당신이 다루고 싶어하는 두 가지 중요한 문제가 있습니다. 첫째로, 당신은 기분이 매우 좋지 않습니다. 외롭고 우울하며, 당신은 이러한 상황에서 제대로 기능하는 것조차 어렵다는 것을 알았습니다. 두 번째로 당신은 아내 없이 어떻게 인생을 살아갈 것인지에 대해 막막해 하고 있습니다.

문제 반영하기 기술은 적극적 경청의 한 형태이다. 여러분이 문제를 클라이언트가 경험한 것처럼 정확하게 부연하면, 클라이언트늘은, "네, 맞아요," 혹은 "비슷해요"라고 대답할 것이다. 그럼에도 불구하고 여러분이 클라이언트가 경험한 바를 이해하고 있다는 것을 보여주기 위해 감정, 내용, 감정과 의미를 반영한 후 문제에 대한 반영을 해 나가는 것이 유용하다. 또한 피드백 구하기 기술을 문제 반영하기 기술 후에 사용하는 것도 도움이 될 수 있다. 예를 들어, 위에 보인 예에서 여러분의 반응 다음에, 클라이언트에게, "이것이 당신이 해결하고 싶은 중요한 문제들입니까?"라고 물을 수 있다.

연습 11-1 문제 반영하기

이 연습을 위해 자신이 가족 상담 센터에서 일하는 사회복지사라 가정하고 클라이언트가 인식하고 있는 문제를 반영하기 위해 자신이 할 말을 아래의 공간에 적어 보시오.

1. 작은 아파트에 혼자 살고 있는 77세의 미망인, ○할머니와 면담중이다. ○할머니는, "대체로 나는 괜찮습니다. 하지만 의식불명이 심각한 질병의 표시가 아닌지 걱정하기 시작했습니다." ○할머니가 문제를 바라보는 것과 같이 문제에 대한 자신의 의견을 반영하여 적어 보시오.

2. S씨 가족과의 면담중에 있다. S씨는, "아이들 앞에서 이렇게 말할 수 있을 것 같네요. 아이들은 이미 많은 것을 알고 있습니다. 곧 직장에서 대량 해고가 있을 것이라는 것을 알았습니다. 저는 3~4주 안에 직장을 잃을 것입니다. 우리의 나머지 문제를 해결하기 위해 우리가 가장 필요로 하는 직장을 잃을 것입니다." S씨가 문제를 바라보는 것과 같이 문제에 대한 자신의 의견을 반영하여 적어 보시오.

3. 자신의 자녀들이 잘못 다뤄지지 않을까 근심하고 있는 한 라틴계 F부인과 면담을 하고 있다. 그녀는, "제가 이 동네에 속하고 있다는 느낌이 안 들어요. 아무도 우리를 좋아하거나 원하는 것 같지 않아요. 우리는 잘 적응하고 있는 것 같지 않아요" F부인이 문제를 바라보는 것과 같이 문제에 대한 자신의 의견을 반영하여 적어 보시오.

4. 지역사회서비스 기관의 한 집단을 대상으로 조직 자문역할을 하고 있다. 이사진, 운영진, 그리고 기관장이 여러분과 함께 여러 문제해결을 위해 참가하고 있다. 회의중 한 직원이 말했다, "나는 거의 60세에 이르렀고, 32년 전 사회복지사 자격증을 취득한 이래 8개의 기관에서 일했었다. 솔직히 나의 사기가 지금처럼 낮은 적은 없으며, 이곳은 위험한 곳이다. 어떤 직원은 업무상 필요한데도 다른 직원과 대화를 하지 않는다. 타인에 대한 안좋은 소문이 들불같이 번져나가고 있으며, 어떤 행정직 간부는 특정 직원을 편애하여 호의를 베풀고 있다. 작년에 다른 직원들의 임금이 동결된 데 반해 몇몇 편애받는 직원은 아주 많은 봉급인상을 받기도 하였다." 아래 빈칸에 그 직원이 문제를 바라보는 것과 같이 문제에 대한 자신의 의견을 반영하여 적어 보시오.

가설 반영하기

마치 사회복지사가 문제가 '왜' 일어나고 문제 해결을 위해 '무엇을 해야 하는지'에 대한 생각이나 '이론'을 가지고 있듯이, 클라이언트도 그와 같은 생각을 가지고 있다. 실제로, 클라이언트의 가설은 특정 문제나 관심사의 원인, 전개, 지속에 관련된 요소뿐만 아니라 그것이 기능하는 것을 함께 이해하는 데 종종 기여를 한다. 이러한 것을 '설명적 가설'이라고 하는 데, 이것은 문제가 존재하고 문제를 지속시키는 요인들에 대한 이유를 설명하거나 이해하는 데 사용된다. 여러분이 클라이언트의 설명가설을 이해하고 있다는 것을 공감할 수 있고 정확하게 전달할 수 있다면, 클라이언트는 자신이 이해받고 경청받는다는 것뿐만 아니라 도움의 과정에서 진정한 동지가 있다는 것을 느낄 것이다.

여러분이 클라이언트의 설명가설을 반영할 때, 클라이언트가 문제점을 인식하는 방식을 존중하다는 것을 나타내는 것이다. 물론 다른 형태의 적극적 경청과 마찬가지로, 설명가설에 대한 반영은 클라이언트의 생각을 항상 지지한다는 것을 의미하지는 않는다. 때때로 클라이언트의 설명가설은 생물사회심리와 환경적 현상의 원인에 대한 타당하지 않은 가정이나 통속적이고 근거 없는 시각에 기반할 때가 있다. 사람들은 어떤 문제나 관심사를 이해하기 위해서 불가능하거나 미신적인 믿음을 받아들이기도 한다. 예를 들면, 클라이언트는 때때로 자신의 통제 밖에 있는 것들에 대한 책임이 자신들에게 있다고 비이성적으로 여긴다. 이와 같은 견해에 대한 이해를 반영할지라도 타당하지 않은 것을 타당하게 할 필요는 없다. 그러나 클라이언트의 견해가 연구결과나 경험적으로 검증된 이론과 일치하는 선에서, 클라이언트의 가설을 적합한 전문적인 가설을 통해 보완해줄 수 있다.

설명가설뿐만 아니라, 많은 클라이언트들은 문제해결을 위해서 무엇을 해야 할 것인지에 대한 많은 생각을 가지고 있다. 그들은 '변화지향가설'을 수용하는 데, 변화지향가설이란 문제해결이나 목표달성에 대한 가능성이나 확신에 대한 예측을 뜻한다. 예를 들면, 어떤 클라이언트는 자신이 복잡하고 지속적인 문제를 자신의 의지나 자기훈련을 통해 해결할 수 있다고 믿는다. 그들의 믿음과는 상관없이, 이해와 존중을 표현하려는 일환으로 클라이언트의 변화지향가설을 공감적으로 반영한다.

비록 많은 클라이언트들이 설명가설이나 변화지향가설을 잘 개념화하지만, 어떤 클라이언트는 그렇지 못하다. 그와 같은 경우, 문제가 왜 일어나고 문제해결을 위해 무엇을 해야 하는지에 대해 생각해보도록 권장할 수 있다. 어떤 경우에는(예: 가설설정 능력이 부족한 아주 어린 아동이나 그와 같은 사람들과 일할 때), 여러분이 이끌어 줄 수 있다.

상황이 어떠하건 간에, 클라이언트의 가설이 고정되고 불변이라고 생각하지는 말라. 사회복지사들이 그러하듯이, 클라이언트는 정보를 수집하고, 사실관계를 고려하고, 변화에 초점을 맞추고, 결과를 모니터링할 때 종종 더 세련되고, 더 정학하고 더 관련 있는 설명가설과 변화지향가설을 발전시킬 수 있다.

가설 반영의 기술을 연습하려할 때, 여기에 요약된 포맷을 사용하시오. 능숙해진 후에는 대안 형식을 시도하시오.

당신이 문제를 인식하는 것과 같이, 이 문제에 대한 이유는 다음을 포함한다. _____

사례: 설명가설 반영하기

클라이언트: 내 아내는 다른 남자한테 가버렸어요. 물론, 나는 술을 많이 먹고, 집에서 자주 나가있었으며 아내가 필요로 하는 것을 방치했어요. 기본적으로 나는 변변치 못한 남편이에요. 나는 확실히 그녀를 탓할 수 없어요. 그것은 제 잘못이고 죄책감을 가지고 있어요. 나는 내가 왜 우울한지 잘 알고 있어요. 내가 왜 그렇게 이기적이었을까요?

사회복지사: (설명가설을 반영하며) 당신이 보는 것처럼, 우울증은 당신의 이기심의 결과입니다. 당신이 과음하고 아내를 방치했기 때문에 아내가 떠난 것은 지극히 타당해요.

연습형식: 변화지향가설 반영하기

당신이 문제를 인식하는 것과 같이, 문제는 다음과 같은 방법으로 해결할 수 있다.

_____

사례: 변화지향가설 반영하기

클라이언트: 그녀가 떠난 것은 당연해요. 내가 잘못했고 죄책감을 느끼고 부끄럽습니다. 이런 일이 일어나지는 말았어야 해요. 지금까지 화해에 대한 희망을 포기하지는 않았고, 제 자신의 이기적인 행동을 용서하지는 않았어요. 우울증을 극복하면 이 두 가지를 해야 한다고 생각해요.

사회복지사: (변화지향가설을 반영하며) 그래서, 당신의 결혼생활이 완전히 끝났고 당신 자신을 용서하려는 사실을 받아들인다면, 우울증이 호전되고 인생을 되찾을거라 생각하는군요.

클라이언트의 설명가설과 변화지향가설을 반영한다는 것은, 다른 형태의 반영과 마찬가지로, 적극적인 경청의 형태이다. 만약 클라이언트의 가설을 정확하게 풀어서 설명한다면, 클라이언트는 "맞아요, 그게 내 생각이에요" 혹은 "맞아요, 그거에요"라고 반응하면서 반영의 정확성을 확인해준다.

연습 11-2 가설 반영하기

연습을 위해, 가족복지서비스기관의 사회복지사라고 가정해보자. 제공된 빈칸에 클라이언트가 인식하는 것과 같이 가설(설명 혹은 변화지향) 반영에 있어서 여러분이 말하고자 하는 것을 쓰시오.

1. 여러분은 작은 아파트에 혼자 살고 있는 77세 미망인 ○부인과 일하고 있다. 그녀가 말하길, "나는 심하게 앓고 있는 것 같고, 이러한 증상으로 나타나고 있어요. 만약 제 병을 정확하게 진단할 의사를 발견한다면, 이러한 증상을 멈출 약을 처방받을 수 있을텐데요." 아래 빈칸에 (1) ○부인의 설명가설과 (2) 그녀의 변화지향가설을 반영하고자 하는 데 사용할 말들을 쓰시오.

2. 여러분은 S씨의 혼합가족과 일하고 있다. S씨가 말하기를, "나는 정말로 걱정되고 스트레스를 받아요. 몇 주 안에 해고될 것만 같아요. 먹지도 자지도 못해요. 계속 짜증나고 아내와 애들한테 화가 나요. 이 지경을 벗어나는 유일한 길은 다른 직장을 구하는 것이라고 말할 수 있어요. 적어도 현 직장만큼 봉급을 주는 곳이요." 아래 빈칸에 (1) S씨의 설명가설과 (2) 그의 변화지향가설을 반영하고자 하는 데 사용할 말들을 쓰시오.

3. 여러분은 F부인과 일하고 있다. 그녀는 라틴계 미국인이며, 그녀의 아이가 학교나 방과 후에 학대당하고 있다고 염려한다. 그녀가 말하길, "이 도시와 학교에는 심한 편견과 차별이 있다고 생각해요. 그게 바로 제 아이가 학대받는 이유에요. 학교당국이 이 상황을 타계하기 위해서 뭔가를 하려고 한다고 생각하지 않아요. 그러므로 제 유일한 선택은 이곳을 떠나는 것이라고 생각해요." 아래 빈칸에 (1) F부인의 설명가설과 (2) 그의 변화지향가설을 반영하고자 하는 데 사용할 말들을 쓰시오.

4. 여러분은 지역사회서비스 기관의 한 집단을 대상으로 조직 자문역할을 하고 있다. 이사진, 운영진, 그리고 기관장이 여러분과 함께 여러 문제해결을 위해 참가하고 있다(예를 들면, 기관 내 각종 어려움. 열악한 소통. 그리고 낮은 사기). 회의중 한 직원이 말했다, "나는 이곳의 피고용인입다. 그러므로 내가 말하고자 하는 것에 대한 위험을 무릅쓰고라도 말하려고 합니다. 이 모든 문제들은 전현직 기관장과 이사진과 소극적이고, 우유부단하고, 무능한 리더십의 결과입니다. 제 견해로는, 이러한 지속적인 문제들을 해결하기 위해서는 적극적이고, 참여적이며 유능한 리더십이 필요합니다." 아래 빈칸에 (1) 직원의 설명가설과 (2) 그의 변화지향가설을 반영하고자 하는 데 사용할 말들을 쓰시오.

문제 밝히기

어떤 경우에는 탐색절차 중에 클라이언트가 언급하지 않은 문제점을 밝혀내기도 한다. 새로 나타난 사람-문제-상황(person-issue-situation)의 사정을 기반으로 해서, 여러분은 클라이언트가 언급하거나 인식하지 못했지만, 현 이슈와 관련 있는 문제영역을 알아낼 수가 있다. 또 다른 경우에는, 클라이언트가 언급한 문제점에 대해 다른 관점을 가질 수도 있다. 예를 들면, 클라이언트는 아내의 '잔소리'가 주요 문제점이라고 한다. 클라이언트가 '잔소리'에 대해 어떻게 생각하는지를 이해한 후, 여러분은 다음과 같이 말할 수도 있다. "당신이 잔소리라고 여기는 것이 어쩌면 기본적인 소통의 문제에 대한 징후는 아닐까요? 당신과 아내는 서로 대화하는 데 어떤 문제가 있을 수도 있지 않을까요?"

때때로, 여러분은 문제확인이나 목표정의에 대한 주된 책임을 져야만 한다. 예를 들면, 상황이 생명을 위협할 정도로 급박하거나(예: 클라이언트 개인의 자살적, 정신병적, 혹은 약물에 심하게 취한 상황) 클라이언트와의 비자발적인 만남일 때(예: 상담을 받지 않으면 아동학대 중범죄로 기소되는 경우), 클라이언트를 대신해서 문제를 확인해야 한다. 그러면, 클라이언트가 그 과정에 참여할지의 여부를 결정한다.

생명에 위협을 가하거나, 비자발적인 상황이 아니더라도, 가능한 문제점에 대한 여러분의 견해를 정당하게 공유해야 한다. 잠정적인 사정을 기반으로 해서, 여러분은 클라이언트가 또 다른 문제점이나 다른 시각을 고려해야 한다고 제안할 수 있다. 여러분은 전문직 지식과 과거의 경험을 바탕으로 사전에 논의되지 않은 문제를 지적할 수 있다. 예를 들면, 클라이언트가 만성피로, 불면증 식욕부진, 즐거운 일에 대한 흥미감소, 사회활동의 감소를 호소한다고 가정해보자. 여러분은 이것이 사별이나 결별에 의한 것인지, 신체적 문제인지(예: 당뇨나 기타 감염상태), 혹은 심각한 우울증 삽화 때문인지 알 수 없을 때가 있다.

우리는 일반적으로 클라이언트의 현상황에 어떤 요소가 관련되어 있을까에 대한 견해를 수립한다. 때때로 이러한 견해를 클라이언트와 공유하는 것이 좋다. 그러나 그렇게 한다면, 여러분의 전문적인 견해를 공유하는 것처럼 해라. 즉, 논박의 여지가 없는 사실이나 지시적 사항이 아니라 일종의 견해나 생각처럼 소통해라. 더욱이, 클라이언트가 자유롭게 동의나 반대, 혹은 대안을 제시하게끔 배려하라. 이와 같은 과정의 일환으로, 새롭게 확인되고 재정의된 문제에 관련하여 클라이언트로부터 정기적으로 피드백을 받아라.

이러한 기술을 연습하기 위해서, 아래에 요약되어 있는 포맷을 사용하시오. 말미에 피드백받는 기술을 어떻게 통합했는지 살펴보시오.

연습 양식: 문제 밝히기

여러분과 여러분의 상황에 대해 이야기할 때, 저는 _____ 에 대한 것이 궁금했습니다.

어떻게 생각하는가? 그것을 우리가 고려해야 할 문제인가? (피드백을 받는가?)

예: 이슈 밝히기(확인하기)

클라이언트 : (리자, 레즈비언 관계의 파트너) 우리는 늘 싸웁니다. 말 그대로 매일 끝장이 날 때까지 싸웁니다. 2개월 전 우리가 같이 살기로 한 이후로 우리는 미친듯이 싸웠습니다. 아파트에 동거하기 전까지 우리는 정말 좋았습니다. 서로 때리지는 않습니다만 고함지르고 비명지르는건 확실합니다.

사회복지사 : (문제를 밝히고 피드백을 얻으며) 당신의 관계와 동거생활이 영향을 준 것에 대해서 말했는데, 기대에 대한 질문들이 궁금합니다. 데이트에서 동거로 바뀌는 것은 아주 커다란 변화입니다. 그와 같은 새로운 관계에 있어서 서로가 뭘 원하고 필요로 하는지 각자 불확실할 수가 있어요. 어떻게 생각하세요? 이제 서로 같이 살게 되었는데, 불확실한 기대에 대한 문제가 우리가 해결해야 할 문제점인가요?

연습 11-3 문제 밝히기

연습을 위해, 자신을 가족 상담 센터에서 일하는 사회복지사라고 가정한다. 아래의 공간에 문제를 밝히기 위해 자신이 할 말을 적어 보시오.

1. 작은 아파트에 혼자 사는 77세의 미망인 O할머니와 한 시간 가량 면담을 했다. 할머니는 자녀들이 자신을 더 이상 찾아오지 않는 것에 대해 실망감을 표시했다. O할머니는 의식 불명과 심한 질병의 가능성에 대해 걱정을 한다. O할머니는 자신이 더 이상 독립적인 생활을 할 수 없을지도 모른다고 걱정하고 있다. 이러한 근심의 내용과 전에 클라이언트와 주고받은 대화 내용들(연습 9-1에서 9-7까지, 11-1, 11-2)을 고려하여 O할머니에게 적용될 한 두 가지의 문제를 밝히기 위해 여러분이 말할 내용을 쓰시오.

2. 식구가 7명인 S씨의 혼합가족과 약 75분간 면담을 했다. S씨의 아이들과 S부인의 아이들 사이의 갈등, 경제적 어려움, 부부갈등, 그리고 S씨의 직장에 대한 위협 등을 포함한 몇몇의 문제 영역이 나타났다. 이러한 근심의 내용과 전에 클라이언트와 주고받은 대화 내용을(연습 9-1에서 9-7까지, 11-1, 11-2) 고려하여 S가족에 적용될 한두 가지의 문제를 밝히기 위해 여러분이 말할 내용을 쓰시오.

3. 이제 F부인과 45분 정도 면담을 하였다. 여러 가지 문제점들을 탐색했는데, 그녀와 그녀 가족이 이 지역사회에 적응을 잘 못한다는 그녀의 느낌, 그녀의 자녀들이 그녀와 라틴계 전통에 대해서 갈수록 존중하지 않는다는 것, 그리고 가장 중요한 것은 학교에서 자녀들의 안전에 관한 문제이다. 이러한 근심의 내용과 전에 클라이언트와 주고받은 대화 내용을(연습 9-1에서 9-7까지, 11-1, 11-2) 고려하여 F부인과 그녀의 가족에게 적용될 한두 가지의 문제를 밝히기 위해 여러분이 말할 내용을 쓰시오.

4. 지역사회서비스 기관의 한 집단을 대상으로 조직 자문역할을 하고 있다. 이사진, 운영진, 그리고 기관장이 여러분과 함께 여러 문제해결을 위해 참가하고 있다. 회의중 한 직원이 말했다. "나는 거의 60세에 이르렀고, 32년 전 사회복지사 자격증을 취득한 이래 8개의 기관에서 일했었다. 솔직히 나의 사기가 지금처럼 낮은 적은 없으며, 이곳은 위험한 곳이다. 어떤 직원은 업무상 필요한데도 다른 직원과 대화를 하지 않는다. 타인에 대한 안좋은 소문이 들불같이 번져나가고 있으며, 어떤 행정직 간부는 특정 직원을 편애하여 호의를 베풀고 있다. 작년에 다른 직원들의 임금이 동결된 데 반해 몇몇 편애받는 직원은 아주 많은 봉급인상을 받기도 하였다." 이러한 대화 내용과 전에 클라이언트와 주고받은 대화 내용(연습 9-1에서 9-7까지, 11-1, 11-2)을 고려하여 이와 같은 상황에 적용될 한 가지 이상의 문제를 밝히기 위해 여러분이 말할 내용을 쓰시오.

개입을 위한 문제 구체화하기

개입을 위한 문제를 구체화한다는 것은 여러분과 클라이언트가 특정 문제를 해결하기 위해 함께 일하기로 동의한다는 것을 최초로 표시하는 것이다. 구체화나 동의는 사회복지 계약의 기본적인 구성요소이며, 기술, 사정, 그리고 계약(DAC) 중 계약의 한 부분으로서 중요한 위치를 차지한다. 일반적으로 개입을 위해 구체화된 문제는 클라이언트가 밝힌 문제, 여러분이 밝혀낸 문제, 혹은 클라이언트와 여러분과의 협의된 합체나 협상을 통해서 나타나게 된다. 그 출처가 무엇이든지, 구체화된 문제는 이후의 전문적 활동을 위한 지침을 제공한다. 가능한 한 개입을 위한 문제를 명확하고 구체적으로 기술해야 하며, 이를 DAC의 계약 부분에 기록한다.

개입을 위한 문제의 구체화는 탐색과 사정 과정 후에 자연스럽게 나타나게 된다. 일반적으로 여러분은 해결해야 할 특정한 문제점에 대해 서로 합의하기 전에 문제 반영하기와 문제 구체화 기술을 사용한다. 문제를 구체화할 때, 여러분의 개입협력이 이와 같은 특정분야에 초점을 맞출 것이라는 다짐을 하는 것이다. 이 기술의 연습을 위해 아래에 제시된 형식을 고려한다.

연습 양식: 문제 구체화하기

우리가 앞으로 다룰 문제에 대해 서로 동의하는 것 같습니다. 문제들을 다시 한번 정리합시다. 우리가 함께 일해가면서 참고할 수 있도록 문제를 기록하겠습니다. 첫째, _____라는 문제가 있습니다. 둘째, _____라는 문제, 셋째, _____라는 문제가 있습니다. 어떻게 생각하십니까? 제가 당신의 문제를 정확히 기록했다고 생각하십니까?

사례: 개입을 위한 문제 구체화하기

클라이언트: (여러분 기관으로부터 도움을 받고자 하는 두 가지 중요한 문제를 밝히고 탐색하였다. 클라이언트의 동의 하에 사회복지사가 세 번째 문제를 밝혀내었다.) 자, 이것이 내 이야기입니다. 선생님께서 이런 안좋은 상황에 처한 저를 도와줄 수 있길 바랍니다.

사회복지사: (개입을 위한 문제를 구체화하기) 저도 그렇게 되기를 바랍니다. 우리가 함께 일하는 동안 고려할 세 개의 중요한 문제 영역이 밝혀진 것 같습니다. 문제들을 다시 한 번 살펴보고 앞으로 우리가 참고할 수 있도록 적어놓도록 하겠습니다. 첫째, 주택에 관한 문제가 있습니다. 당신은 3주 동안 길거리에서 지냈으며 이제 날씨가 추워지고 있습니다. 둘째, 당뇨병 문제입니다. 당신은 일주일 동안 약을 복용하지 않았으며 약을 사고 지불할 보험이나 돈이 없습니다. 셋째, 당신은 두 달 전에 직장을 잃었으며 돈을 벌기 위해 직장을 구해야 합니다. 어떻게 생각하십니까? 제가 당신의 문제를 정확히 기록했다고 생각하십니까?

여러분과 클라이언트가 개입을 위한 문제를 구체화할 때, 문제점들을 손쉽게 참고할 수 있도록 일관된 방법으로 기록하십시오. 간단한 요약이나(박스 11.2에서처럼) 또는 개념지도(그림 11.1)를 준비할 수도 있다.

1. 현재 노숙자
    a. 거리에서 지냄
    b. 겨울이 다가옴
2. 당뇨
    a. 1주일 동안 치료약 없이 지냄
    b. 의료서비스를 못 받음
3. 현재 실직 상태
    a. 수입이 없음
    b. 의료보험이 없음

그림 11.1   개입을 위한 문제의 개념지도 샘플

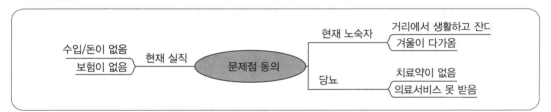

연습 11-4   개입을 위한 문제 구체화하기

이 연습을 위해 자신이 가족 상담 센터에서 일하는 사회복지사라고 가정한다. 연습 11-1과 11-3에 대한 여러분의 답을 다시 검토해보고, 각각의 클라이언트와 함께 해결해야 할 문제를 명료화하여 보시오. 위에서 제안된 형식을 사용하시오. 그러나 자신의 답을 준비하기 위해 다소 창의적으로 답을 해도 좋다. 클라이언트들과 직접 의견을 교환할 수는 없으므로, 개입을 위한 문제 구체화를 위해 어느 정도의 유연성을 두는 것이 필요하다.

1. 연습 11-1부터 11-3을 참고하고 77세 ○할머니에게 적용될 수 있도록 문제를 구체화하기 위한 내용을 적어 보시오.

2. 연습 11-1부터 11-3까지 참고하고 일곱 식구로 이루어진 S가족에게 적용될 수 있도록 문제를 구체화하기 위한 내용을 적어 보시오.

3. 연습 11-1부터 11-3까지 참고하고 F부인에게 적용될 수 있도록 문제를 구체화하기 위한 내용을 적어 보시오.

4. 연습 11-1부터 11-3까지 참고하고 여러분이 사회복지 자문역으로 고용된 사회서비스기관에 적용될 수 있도록 문제를 구체화하기 위한 내용을 적어 보시오.

목표 설정

　문제를 구체적으로 기술한 다음, 여러분은 클라이언트로 하여금 문제해결을 위한 목표 설정 과정에 참여하도록 한다. 효과적인 목표를 세우는 것은 계약 절차의 중요한 요소이다. 첫째, 해결할 문제에 대한 동의를 한다. 그리고 이러한 문제를 해결할 목표를 개발한다. 목표설정은 변화를 위한 중요한 단계이다. 목표란 사회복지사와 클라이언트가 인지적, 감성적 행동적, 그리고 상황적 행동을 조정하는 방향이다. 목표는 필수 불가결한 것이다. 데이빗 캠벨의 저서 If You Don't Know Where You're Going, You'll End Up Somewhere Else(1974)의 제목을 고려해 볼 만하다. 분명한 목표가 없다면, 여러분과 클라이언트는 처음에 의도했던 곳이 아닌 곳으로 가게 될 것이다.

　클라이언트와 함께 목표를 설정할 때 SMART 형식을 사용할 수 있는데 SMART가 의미하는 바는 다음과 같다.

- 구체성(Specific)
- 측정가능성(Measurable)
- 성취가능성(Achievable)
- 현실성(Realistic)
- 시기적절성(Timely)

　일반적으로 SMART 방식으로 정의된 목표들은 이해하고, 착수하며, 성취하고, 사정하는 데 용이하다. 에건(1982:212~218)이 제안하길 효과적인 목표는 다음과 같다.

- 성취로서 기술되어야 한다.
- 명확하고 구체적인 용어로 기술되어야 한다.
- 측정 가능하거나 검증할 수 있는 용어로 기술되어야 한다.
- 현실적이어야 한다(예를 들면, 적절한 수준의 성공 가능성).
- 만약 성취된다면 상황을 호전시킬 만큼 충분해야 한다.
- 클라이언트의 가치와 문화적 체계와 일치해야 한다.
- 기간이 구체적이어야 한다(즉, 성취를 위한 시간계획을 포함한다).

　에건에 의하면, 효과적인 목표는 위에서 제시된 기준을 만족시켜야 한다. 첫째, 잘 설정된 목표는 과정보다는 성취로 기술된다. "체중 줄이기"는 과정이다. "몸무게를 60kg으로 줄이고 6개월간 그 몸무게를 유지하기"는 성취라고 할 수 있다. 둘째, 효과적인 목표는 명확하며 구체적이다. 효과적인 목표는 애매모호한 결심이나 일반적인 사명을 기술하는 것이 아니다. "직장 구하기"는 명확하지 않다. "오늘부터 6개월 안에 요리사로 취직하기"는 더욱 명확하고 구체적인 목표이다. 셋째, 목표는 측정가능하고 검증 가능한 형태로 기술되어야 한다. 여러분과 클라이언트는 목표를 성공적으로 달성하기 위한 기준을 이해해야 한다. "기분이 나아지는 것"은 측정 가능한 목표가 아니다. "밤에 잠을 잘 자고(일주일에 적어도 5일 이상 7시간 이상의 수면을 취하는 것), 매일 규칙적인 식사를 하며, 해밀턴 우울증평가척도(Hamilton Depression Rating Scale: HAM-D)의 점수를 적어도 15% 정도 올릴 만큼 기분이 나아지는 것"은 보다 측정 가능한 목표이다. 넷째, 목표는 현실성이 있어야 한다. 사람-문제-상황 체계의 동기, 기회, 장점, 자원, 능력 등을 고려할 때, 설정된 목표는 달성 가능성이 매우 높아야만 한다. "모든 과목에서 A학점을 받는 것"은 A학점을 한 번도 받아보지 못한 학생에게는 현실성이 없을 것이다. 다섯째, 효과적인 목표는 그 목표가 달성되었을 때 문제 상황이 호전될 수 있을 정도로 적절해야 한다. 따라서 문제 해결에 도움을 주지 못하는 목표는 적절한 목표가 아니다. 여섯째로 효과적인 목표는 클라이언트의 가치 및 문화적 체계와 일치해야 한다. 생명을 위협하는 상황이 아니라면 여러분은 클라이언트의 개인적 혹은 문화적 가치관을 저버리도록 요구해서도 안 되고, 그렇게 하도록 기대해서도 안 된다. 일곱 번째로, 효과적인 목표는 기간을 명시해야 한다. 여러분과 클라이언트 모두 목표가 언제 달성될지를 알아야 하는 것이다.

에건이 제시한 기준에 맞게 SMART 방식으로 목표를 명확하게 기술하는 것이 이상적일 수 있으나, 에건이 제안하는 대로 목표를 정확하게 설정하는 것이 항상 바람직하거나 가능하지는 않다. 정확하게 목표를 설정하려고 너무 집착한 나머지 클라이언트가 처한 상황을 잊어버려서는 안 된다. 일부 클라이언트는 불확실하고 혼동스러운 상태에 있기 때문에 목표를 구체적으로 설정하려고 클라이언트를 재촉하는 것은 그들의 고통을 더욱 악화시킬 수도 있다. 전이이론 모형과 변화의 단계에 대하여 앞서 언급했듯이(Prochaska, 1999; Prochaska et al.,1994; Prochaska & Velicera, 1998), 어떠한 일을 실행할 때 사람들은 각자 다른 수준의 준비자세와 동기를 가지고 있다. 문제가 존재한다는 것을 인식하기 시작한 클라이언트에게 SMART 목표를 밀어붙이는 것은 탐색과 문제 확인의 과정을 방해할 수도 있다. 따라서, 경우에 따라서는 목표를 명확히 설정하는 것을 잠시 보류하고, 그 대신 개입을 위한 일반적인 방향을 제시해야 한다. 때때로 일반적인 방향은 "협력적인 개입을 위한 목표를 명확하게 하는 것"을 포함한다. 혼동스럽고 애매모호한 상태가 가라앉은 후에 SMART 포맷이 제시한 기준에 맞게 명확하고 구체적으로 목표를 설정할 수 있다.

목표설정이 구체적이든 일반적이든, 효과적인 목표설정은 개입을 위한 동의된 문제점과 논리적이고 직접적으로 연결되어 있다. 일반적으로 여러분과 클라이언트는 각각의 확인된 문제에 대해 적어도 한 개 이상의 목표를 설정한다(그림 11.2 참조). 사회복지사와 클라이언트는 동의된 문제를 거꾸로 전환함으로써 새로운 목표설정의 과정을 시작할 수 있다. 많은 문제점들이 지식, 기술, 또는 자원의 과잉이나 부족으로 나타난다. 예를 들면, 사회복지사와 클라이언트는 가족계획에 대한 부족한 지식의 문제(지식의 부족)를 "가족계획에 대한 클라이언트의 지식증진"이라는 목표로 바꿔 설정할 수 있다. 클라이언트의 지나친 걱정(걱정의 과잉상태)은 "클라이언트의 지나친 걱정을 감소시킴"으로 전환할 수 있다. 클라이언트의 부족한 수입은 "클라이언트의 수입 증대"로 바꿀 수 있다.

때로는 특정목표의 달성은 하나 이상의 문제를 해결하기 때문에 모든 문제에 대한 목표를 항상 개별적으로 설정할 필요는 없다. 그렇지만 서비스 목표 달성이 모든 동의된, 즉 확인된 문제점을 해결해야 한다.

그림 11.2   서비스목표와 문제와의 관계

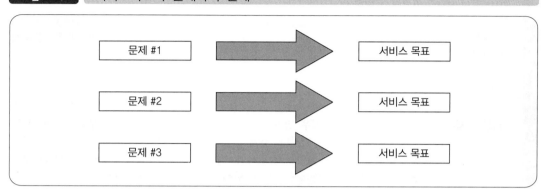

사회복지 전문직의 가치관과 부합될 수 있도록 하기 위해서는 클라이언트와 함께 목표를 세우고 그들의 동의를 구해야 한다. 여러분과 클라이언트가 최종목표를 설정하였을 때, 여러분은 목표를 달성하기 위해 일하는 것에 동의하는 것이다. 대부분의 클라이언트들은 목표를 설정하는 일에 적극적으로 참여할 수 있는 능력이 있다. 목표설정 과정의 일부로 여러분은 클라이언트가 하나 혹은 그 이상의 문제에 대한 목표를 세우도록 격려한다. 그러나 어떤 클라이언트는 오로지 문제점에만 너무 집중하는 바람에 "당신의 목표는 무엇인가요?" 혹은 "이 문제를 해결하기 위한 당신의 목표는 무엇입니까?"와 같은 직접적인 질문에 답변을 못하기도 한다. 그러므로 특정 문제가 해결되었을 때 클라이언트 자신이 그것을 어떻게 알 수 있는지에 대한 질문을 통해서 목표설정과정에 클라이언트를 참여시킨다(Berg, 1994; De Jong & Berg, 2002; Lipchik, 2002; O'Connell, 2005). 앞서 언급된 목표설정의 목적을 심화하는 것 이외에도, 이러한 질문들은 아주 중요한 기능을 수행한다. 클라이언트의 희망이 커지고 매우 낙관적으로 된다. 그와 같은 질문은 클라이언트로 하여금 문제가 해결될 미래를 상세하게 상상할 수 있도록 함으로써 안정을 찾고 열의를 갖게 할 수 있으며 목표 달성에 적극적 자세로 임할 수 있게 한다. 그러나 그와 같은 결과를 이루기 위해서 이러한 질문은 특정한 방법으로 표현되어야 한다. 클라이언트가 목표를 달성하고 문제없는 미래를 상상하도록 고무하기 위한 명확화의 탐색 기술을 사용한다. 다음 형식에 언급되어있는 명확화 탐색 질문은 다음과 같은 이중의 결과를 도출해낸다.

구체적으로 당신은 _____ 문제가 정말 해결되었다는 것은 어떻게 알 수 있겠습니까? 혹은 이 문제가 정말로 해결된 과거의 문제라는 것을 무엇을 통해서 알 수 있습니까?

사례: 목표 설정을 격려하기

사회복지사: 당신은 당신의 문제들을 매우 명확히 알고 있기 때문에 이제 각각의 문제에 대해서 구체적인 목표를 설정하도록 합시다. 첫째, 우리가 밝혀낸 문제는 14살인 당신 아들 J군이 매주 두세 번씩 학교를 결석하는 것입니다. 지금을 미래의 어느 시점으로 보고 그 문제가 완전히 해결되었다고 생각해 봅시다. 당신 아들의 무단결석 문제가 완전히 해결되었다는 것을 어떻게 알 수 있습니까?

클라이언트: 글쎄요, 아들이 매일 학교에 가고 성적이 좋아지는 것으로 알 수 있을 겁니다.

사회복지사: (목표를 반영하고 피드백을 모색) J군이 매일 학교에 가고 성적이 나아질 때 당신은 문제가 해결되었다고 생각할 것입니까? 그렇습니까?

클라이언트: 네.

사회복지사: (구체적인 내용 모색) 알겠습니다, 이제 좀 더 구체적으로 이야기해 봅시다. "아들이 매일 학교에 갈 것이다"라는 것은 J군이 학교에 있을 때 모든 수업에 참석하는 것을 뜻합니까?

클라이언트: 네.

사회복지사: (구체적인 내용 모색) 이러한 목표를 달성하기 위해 필요한 기간은 어느 정도라고 생각합니까?

클라이언트: 글쎄요, 잘 모르겠어요. 아들이 지금부터 시작했으면 좋겠어요.

사회복지사: (의견 나누기; 피드백 구하기) 그렇게 된다면 매우 좋겠지요! 하지만 너무 많은 것을 기대하는 것 같습니다. 이제 학교가 시작한 지 한 달이 지났습니다. 제가 알기로 J군은 작년에도 학교를 결석하였고 올해는 더 자주 결석하고 있습니다. 이 목표를 달성하기 위해 두 달에 걸친 계획을 세우는 것이 어떻습니까?

클라이언트: 그게 좋겠군요.

사회복지사: (목표 설정하기) 좋아요. 우리의 첫 번째 목표로 "오늘부터 두 달 안에 J군은 아파서 의사의 진찰이 필요한 경우를 제외하고 매일 학교에 가서 모든 수업에 참석한다"는 것으로 하는 것이 어떻습니까? 제가 이것을 기록할 수 있도록 잠깐 시간을 주십시오. 이제 성적에 대해서 생각해 보지요. 제가 알기로 J군은 현재 대부분의 수업에서 낙제를 하고 있습니다. 아들의 문제가 더 이상 문제가 아니라는 것을 어떻게 알 수 있겠습니까?

위의 사례가 분명히 보여주듯이 여러분은 클라이언트가 목표를 찾아낼 수 있도록 적극적으로 격려해야 한다. 이는 미래에 대한 낙관을 암시하는 데, 그 이유는 클라이언트가 문제가 모두 해결된 미래의 상황을 상상해 보도록 하기 때문이다. 따라서 목표를 설정하는 과정에서, "만약 문제가 해결된다면…"이라는 말은 쓰지 않도록 노력해야 한다. 여러분이 성공가능성에 대해 비관적이라는 것을 암시할 수도 있기 때문이다. 그러나 낙관적이라는 것을 나타내보이고자 지킬 수 없는 약속을 하는 것은 피하도록 주의한다.

때로는 클라이언트가 여러분의 테스트에 반응하면서 여러분이 즉시 동의할 수 있는 명확한 목표를 설정하기도 한다. 이럴 경우 여러분은 클라이언트가 한 말을 부연하면서 목표를 반영하면 된다. 이를 위해 다음과 같은 형식을 참조할 수 있다.

목표를 반영한다는 것은 클라이언트가 달성하고자 하는 목표에 대한 클라이언트의 관점을
여러분이 명확히 이해하고 있다는 것을 전달하는 것을 말한다. 모든 반영 기술이 그러하듯이 목
표 반영 기술 역시 적극적 경청의 형식을 취한다. 목표 반영은 클라이언트가 표현한 대로 여러분
이 목표를 경청하였고 이해했다는 것을 의미한다. 목표를 반영할 때 비록 클라이언트가 목표를
애매모호하게 표현할지라도 여러분은 클라이언트의 말을 부연하거나 그대로 되풀이해도 된다.
대안으로 여러분은 목표를 조금 더 명확하고 구체적으로 기술하면서 클라이언트가 언급한 것을
약간 뛰어넘어 이야기할 수 있다.

때때로, 여러분의 적극적인 노력에도 불구하고 목표를 세우지 못하는 클라이언트가 있을 수
있다. 이 경우에는 목표 설정 과정을 미루고 사람-문제-상황에 대한 추가적인 탐색을 하도록 한
다. 아니면 여러분이 클라이언트가 인정하거나, 거절하거나 혹은 수정할 수 있는 임시 목표를 제
안할 수 있다. 목표를 제안하는 과정중에, 다음과 같은 형식을 참조할 수 있다.

클라이언트: 그래요, 제 결혼은 저에게 많은 의미를 가졌습니다.

사회복지사: (목표를 설정하도록 권유하기) 이러한 슬픔과 허무함의 감정과 관련하여 목표를 설정하는 것이 가능할지 궁금하네요. 지금이 당신의 감정이 사라진 미래의 어느 때라고 상상해 보십시오. 우울한 감정이 당신에게 더 이상 문제가 되지 않을 때 당신은 무엇을 생각하고 느끼며 어떤 일을 하고 있겠습니까?

클라이언트: 정확하게 모르겠어요. 그녀를 극복한다면 저는 기분이 한층 좋아질 것입니다.

사회복지사: (내용 반영; 목표를 명확히 하도록 한다) 당신의 기분이 나아지기 시작하면 그것은 긍정적인 신호가 되겠군요, 그렇다면 당신의 기분이 나아진다는 것을 무엇을 통해 알 수 있나요?

클라이언트: 제가 이 모든 것을 극복한다면 잠을 잘 수 있고 다시 식사할 수 있고 아내에 대해 많이 생각하지 않을 것입니다. 그리고 다른 사람과 데이트도 할 수 있겠지요.

사회복지사: (내용 반영과 목표에 대한 여러분의 관점 공유; 피드백 구하기) 그래서 당신이 다시 식사하고 잘 수 있고, 아내에 대해 덜 생각하기 시작하면 우리는 모든 것이 긍정적인 방향으로 나아간다는 것을 알 수 있습니다. 더욱 구체적인 목표를 만들어서 언제 당신이 목표를 완전하게 달성했는지 알 수 있도록 합시다. 어떻습니까? "6개월 안에, (1) 최소한 일주일에 5일은 6~7시간 취침하기, (2) 줄었던 체중을 다시 늘리기, (3) 최소한 하루의 75% 정도는 아내 이외의 다른 것에 대해 생각하기, 그리고 (4) 최소한 한 번 이상의 데이트를 하기" 어떻게 생각합니까?

클라이언트: 아주 좋습니다. 현재 저는 아마 시간의 95% 정도를 아내를 생각하고 있을 겁니다. 그리고 다른 사람과 데이트를 한다는 것은 무시무시하게 들립니다. 제가 만약 다른 것에 대해 생각하고 다른 일을 하고 다른 사람과 데이트를 한다면 그녀를 마침내 잊었다는 것을 알게 될 것입니다.

사회복지사: (목표 설정) 좋습니다. 저희가 기억할 수 있도록 기록하겠습니다.

개입을 위해 서로 동의한 문제점을 기록했었던 것과 같은 방법으로 목표설정을 한다. 전형적으로, 목표는 문제점과 밀접한 관계를 갖는다. 표 11.1은 동의된(명확화된) 문제점과 동의된(설정된) 목표와의 관계를 보여준다.

만약 표 11.1에 나타는 일반적인 목표를 SMART 목표로 전환하고자 한다면, 표 11.2와 같이 나타날 것이다.

표 11.1	동의된 문제점과 관련된 서비스 목표의 샘플
개입을 위해 동의된 문제점	서비스 목표
현재 노숙자	영구 거처를 마련
거리에서 생활	노숙자 시설 사용
겨울이 다가옴	따뜻한 노숙자 시설 사용
당뇨	당뇨증상을 관리
일주일분 치료약 부족	치료약 획득
치료를 못 받음	치료를 받게 함
현재 직업이 없음	직업을 갖게 함
돈이 없음	안정적인 수입
의료보험 없음	의료보험 갖게 함

표 11.2	서비스 목표(SMART 형태)

1. 클라이언트는 오늘 저녁 7시까지 임시 노숙자쉼터에 입소한다.

2. 클라이언트는 오늘로부터 3개월 이내로 따뜻한 영구거처를 마련한다.

3. 클라이언트는 지금으로부터 4시간 이내로 1주일분의 당뇨치료약을 제공받는다.

4. 클라이언트는 오늘로부터 1주일 안으로 의사와 접견한다.

5. 클라이언트는 오늘로부터 3개월 이내로 의료기관과의 지속적인 관계를 확립한다.

6. 클라이언트는 오늘로부터 3개월 이내로 취업한다.

7. 클라이언트는 오늘로부터 5개월 이내로 의료보험을 획득한다.

8. 클라이언트는 오늘로부터 3.5개월 이내로 고용주로부터 수입을 얻는다.

연습 11-5   목표 설정하기

연습을 위해 여러분이 가족 상담 센터에서 일하는 사회복지사라고 가정한다. 아래에 제시된 각 상황과 관련해서 세 가지 연습을 해보시오. 첫째, 클라이언트가 목표를 설정하도록 격려하기 위해 여러분이 말하고자 하는 내용을 적어 보시오. 둘째, 연습 11-4에서 기술한 한 가지 혹은 그 이상의 문제로부터 나타나는 일반적인 목표를 기술하시오. 셋째, 한 가지 혹은 그 이상의 문제와 관련된 구체적인 목표를 기술하시오. 에건이 제시한 효과적인 목표기술의 기준을 만족시키기 위해 목표를 "SMART 형식"으로 기술하시오.

물론 이 연습은 목표를 설정하기 위해 여러분이 클라이언트와 상호작용할 수는 없다. 그러므로 적절한 질문들을 만들어보고, 문제에 알맞은 목표에 대한 여러분의 관점을 공유하시오. 여기서 주요 목적은 목표 설정을 위해 적절하게 질문하는 방법을 연습하는 것과, 목표 기술의 두 가지 형태를 준비하는 경험을 쌓는 것이다.

1. a. 77세의 미망인 ○할머니가 연습 11-4에서 나타난 하나 혹은 그 이상의 문제와 관련된 목표를 설정하도록 하는 권유를 하기 위해 자신이 할 말을 적어 보시오.

   b. ○할머니를 대신하여 연습 11-4에서 나타난 하나 혹은 그 이상의 문제에 관련된 일반적인 목표를 기술해 보시오.

c. 이제 연습 11-4에서 나타난 하나 혹은 그 이상의 문제와 관련된 SMART 목표를 기술해 보시오.

2. a. S가족이 연습 11-4에서 나타난 하나 혹은 그 이상의 문제와 관련된 목표를 설정하도록 하기 위해 자신이 할 말을 적어 보시오.

   b. S가족을 대신하여 연습 11-4에서 나타난 하나 혹은 그 이상의 문제와 관련된 일반적인 목표 서술을 기술해 보시오.

   c. 이제 연습 11-4에서 나타난 하나 혹은 그 이상의 문제와 관련된 SMART 목표를 기술해 보시오.

3. a. 자녀문제에 대해 걱정하는 라틴계 F부인이 연습 11-4에서 나타난 하나 혹은 그 이상의 문제와 관련된 목표를 설정하도록 하는 권유를 하기 위해 자신이 할 말을 적어 보시오.

   b. F부인을 대신하여 연습 11-4에서 나타난 하나 혹은 그 이상의 문제에 관련된 일반적인 목표를 기술해 보시오.

   c. 이제 연습 11-4에서 나타난 하나 혹은 그 이상의 문제와 관련된 SMART 목표를 기술해 보시오.

4. a. 자문역을 맡고 있는 사회서비스기관의 직원들이 연습 11-4에서 나타난 하나 혹은 그 이상의 문제와 관련된 목표를 설정하도록 하는 권유를 하기 위해 자신이 할 말을 적어 보시오.

   b. 사회서비스기관의 직원을 대신하여 연습 11-4에서 나타난 하나 혹은 그 이상의 문제에 관련된 일반적인 목표를 기술해 보시오.

   c. 이제 연습 11-4에서 나타난 하나 혹은 그 이상의 문제와 관련된 SMART 목표를 기술해 보시오.

5. 위의 연습을 완료한 후, 자신이 기술한 SMART 목표를 검토해 보고 다음의 질문을 자신에게 해보시오. 목표가 과정보다는 성취로 기술되었는가? 목표는 명확하고 구체적인가? 목표가 어느 정도 측정 가능하거나 검증 가능한가? 목표는 현상황에서 현실적인가? 목표는 충분한가? 설정된 목표는 클라이언트의 근본적인 가치 및 문화와 일치하는가? 마지막으로 목표는 연습 11-1에서 밝혀진 문제와 일치하는가? 이 질문에 대한 답이 한 가지라도 "아니오"라면 자신이 기술한 SMART 목표를 수정해서 에건이 제시한 이상적인 형태에 부합하도록 하시오.

실행 계획의 개발

여러분과 클라이언트가 목표를 설정한 후에는 목표를 달성하기 위한 실행 계획을 개발해야 한다. "서비스 계획", "치료 계획" 또는 "개입 계획"이라고도 불리는 행동 계획은 누가, 무엇을, 어디서, 언제, 그리고 어떠한 방법으로 동의된 목표를 달성하는가에 대한 문제를 다룬다. 실행 계획을 개발하면서 여러분과 클라이언트는 접촉해야 할 사람과 변화의 대상을 분명히 해야 한다. 또한 여러분과 클라이언트는 누구를 변화를 위한 노력에 참여시킬 것이고, 이런 노력이 다른 사람에게 미치는 영향에 대해서도 고려해야 한다. 예를 들어, 8살짜리 아들이 있는 어머니가 아들의 반항과 공격성에 대한 걱정을 이야기하는 상황을 생각해 보자. 여러분과 클라이언트는 누구를 만나고 그리고 어떠한 상황에서 만날 것인지를 결정할 것이다. 어머니와 아들을 함께 만날 것인가, 어머니를 따로 만날 것인가, 아들을 따로 만날 것인가?; 다른 아이들과 함께 아들을 만날 것인가, 아니면 다른 어머니들과 함께 어머니를 만날 것인가? 여러 가지 가능한 방법이 있기 때문에 이에 대한 결정이 필요하다. 클라이언트는 이러한 과정에 참여하고, 개입이나 행동을 하기 전에 고지된 동의를 해야만 한다.

지속적인 학습과 비판적인 사고능력은 이러한 과정과 관련이 있다. 때때로 여러분과 클라이언트가 확인한 문제점들에 대한 목표를 세우고 문제해결에 관련된 효과적인 서비스에 대한 보편적인 연구에 대해 높은 수준의 지식을 갖는 경우도 있다. 반면에, 잠재적인 실행 계획을 제대로 세우기 전에 최신의 연구를 찾아서 검토하고 분석해야하는 경우도 있다.

여러분과 클라이언트는 설정된 목표와 관련하여 여러분이 수행해야 할 사회복지사의 역할(예를 들어 대변자, 중개자, 사례관리자, 상담가, 교육자, 평가자, 촉진자, 조사자, 중재자, 치료사, 자문가, 정책분석가, 정책계획가, 혹은 연구자)과 이론적 접근방법 또는 전략을 결정해야 한다. 예를 들어 여러분이 상담가의 역할을 수행해야 한다고 하자. 만약에 그렇다면 여러분은 여러분의 행동을 안내해줄 이론적 모형이나 접근, 변화 전략, 또는 개입 프로토콜을 결정해야 한다(예: 과제 중심적, 가족 체계론적, 생태학적, 행동적, 문제해결적, 인지행동적, 혹은 통합적 접근). 또한 하나나 그 이상의 상담포맷을 선택한다(예: 개인, 한 쌍 (dyad) 가족, 소집단, 혹은 통합적 접근). 또한 여러분과 클라이언트는 변화를 위한 노력을 어떻게 수행할 것인지 결정해야 한다. 여러분이 얼마나 적극적인 자세를 보여야 하는가? 여러분이 얼마나 지시적이어야 하는가? 클라이언트가 개입행동을 주도해야 하는가, 아니면 여러분이 리더십에 대한 책임을 가져야 하는가? 여러분과 클라이언트는 변화를 위한 노력을 얼마나 빠른 속도로 진행시켜야 하며 변화를 위한 노력에 참여할 수 있거나 참여해야만 하는 사람에게 어떻게 접근해야 하는지를 결정해야 한다.

여러분과 클라이언트는 만남의 장소도 결정해야 하는데 때때로 여러분의 사무실보다는 클라이언트의 집에서 만나는 것이 클라이언트에게 편리하며 좀 더 긍정적인 결과를 가져오기도 한다. 어떤 경우에는 완전히 중립적인 장소가 가장 좋을 수 있다. 여러분과 클라이언트는 언제(오전, 오후, 저녁), 얼마나 자주(일주일에 한 번, 한 달에 한 번), 그리고 얼마나 오래(15분, 30분, 1시간, 2시간) 만날 것인지를 결정해야 한다. 일반적으로 여러분과 클라이언트는 개입행동을 위한 기간을 함께 결정한다. 설정된 목표를 위해 6주간, 9번 세션, 3개월간, 12번 모임, 6개월간 혹은 그보다 더 길게 일할 계획인가?

이 외에도 여러분과 클라이언트는 모임의 성격에 대해 논의하여 일반적인 기대에 대해 상호 이해를 해야 한다. 다음과 같이 말함으로써 논의를 시작할 수 있다. "정기적인 모임에서 우리가 해야 하는 것이 이것입니다" 모임 사이의 할 일에 대한 기대에 대해 논의하는 것도 좋다. 어떤 클라이언트들은 목표달성을 위한 대부분의 일들은 만남들 사이에서 일어난다는 것을 인식하지 못하고 있다. 이러한 주제에 대해 다음과 같이 이야기를 꺼낼 수 있다. "모임 사이에는요, 각자가 목표달성을 위해 다양한 일과 행동을 할 겁니다. 사실 모임 사이에 더 많은 일을 해요. 이러한 행동들을 '숙제'라고 하기도 해요."

계획의 여러 측면을 보강하면서, 계획의 결과에 영향을 미칠 수 있는 잠재적인 자원뿐만 아니라 나타날 수 있는 장애물도 밝혀내야 한다. 이러한 것들을 서비스계획의 위협 및 보호요인으로 생각할 수도 있다. 또한 성공적인 결과의 예상되는 이점을 검토하고 고려하는 것도 중요하다.

대부분의 사회복지 실행계획은 다양한 종류의 변화 - 문제를 해결하고 목표를 달성하는 데 도움을 주는 변화 -를 포함한다. 때로 단 한번의 결정 또는 행동으로 충분할 수도 있으나 지속적인 변화에 초점을 두는 것이 보다 일반적이다. 지속적인 변화 노력은 개인, 상황, 또는 흔히 있는 경우처럼 개인과 상황 모두의 요소에 초점을 둘 수 있다. 예를 들면, 개인의 사고의 변화(예; 자신에 대해 보다 긍정적으로 생각하는 것, 보다 낙천적인 태도를 개발하는 것, 또는 어떤 일은 아마도 이전처럼 지속될 것으로 받아들이는 것)가 초점이 될 수 있다. 또는 클라이언트의 감정의 변화(예: 분노의 빈도와 강도를 줄이는 것 또는 조금 더 편안해지는 것)가 표적이 될 수도 있다. 또는 행동의 변화(예: 집단에서 발표력을 늘리는 것 또는 양육기술을 숙련하는 것)가 초점이 될 수 있다. 사회복지사로서 여러분과 클라이언트는 의심의 여지없이 다양한 종류의 환경 변화에 비중을 두어야 한다. 예를 들어, 여러분은 노숙자를 위해 거주할 곳을 확보해야 하며 위탁 보호중에 있는 클라이언트를 위해 보호의 질을 개선시키려고 노력해야 한다. 여러분은 실직한 클라이언트를 위해 직장을 찾아보려 해야 하며, 식품권과 의료보험, 사회보장혜택을 받을 자격이 없는 사람들을 위해 이의를 신청해야 하는 것이다. 이때 여러분이 알아야 하는 것은 변화의 초점이 무엇이냐와 상관없이 개인이나 한 쌍(dyad), 가족, 집단, 조직, 지역사회, 혹은 사회전체가 변화를 위한 노력이나 계획된 변화를 한다는 것이 쉽지 않다는 점이다. 만약 여러분이 목표를 설정하고 행동을 계획하는 협동적 과정이 있으며 변화란 자연스럽고 쉽게 일어난다고 기대한다면, 여러분은 매우 실망할 것이다. 인간과 사회체계는 변화의 준비상태나 동기에 있어서 다르게 나타난다는 것을 알아야 한다(Prochaska, 1999; Prochaska et al., 1994; Prochaska & Velicera, 1998). 실제로, 개개인의 클라이언트는 하나의 어떤 문제를 해결하기 위한 행동에 적극적일 수 있다. 그러나 또 다른 문제에 대해서는 변화의 가능성을 고려하는 데 소극적일 수가 있다.

실행 계획을 개발하면서 여러분과 클라이언트는 변화의 단계와 같은 다양한 요인들을 고려하고 개입행동을 이끌어갈 계획이나 프로그램을 개발한다. DAC의 계약 부분의 일부로 실행 계획을 간결하게 기록하는 사례가 아래에 제시되어 있다(DAC의 계약부분에 대한 추가적인 설명을 위해 후반부에 있는 "계약 요약하기"를 참고하시오).

플로렌스 듀프리(클라이언트)와 나(수잔 홀더 - 사회복지사)는 8주에 걸쳐 일주일에 한 번 한 시간씩 만나기로 하였다. 만남의 목적은 위에서 밝혀진 목표를 달성하는 것이다. 특히 우리는 시간당 15달러 이상을 받을 수 있고 의료보험과 퇴직금을 제공하는 종일제 직장을 확보하는 것이다. 우리는 협동적이고 문제를 해결하려는 자세를 가지고 서로 의견을 제안하고 목표달성을 위한 단계를 수행할 것이다. 나는(수잔 홀더) 플로렌스 듀프리 씨가 개입을 위한 목표를 달성할 수 있도록 돕기 위해 상담가, 교육자, 옹호자의 역할을 수행할 것이다. 우리는 때로는 복지관에서 때로는 듀프리 씨의 아파트에서, 때로는 지역사회 내의 특정 장소에서 만날 것이다. 이 문제에 접근하기 위해 우리는 협동적인 과제중심적 접근법을 사용할 것이며, 다양한 행동과정과 관련된 잠재적인 장단점을 함께 분석하고, 합의된 목표를 추구하고자 하는 다양한 행동이나 단계를 함께 수행할 것이다. 8주 내내 우리는 해야 할 과업과 효과의 정도를 검토하고 목표달성 진행 속도와 정도를 검토할 것이다. 개입행동이 종결될 무렵 우리는 개입행동을 끝낼 것인지, 다른 기관에 의뢰할 것인지, 그 이상의 개입행동을 한 계약을 할 것인지를 결정할 것이다.

연습 11-6 실행 계획의 개발

연습을 위해 이전의 연습(O할머니, S가족, F부인, 문제가 있는 사회서비스기관)에서 언급된 클라이언트와 계속 일을 한다고 가정한다. 연습 11-4(개입행동을 위한 문제 구체화하기)와 11-5(목표 설정)에서 자신이 기록한 답을 검토해보고, 아래의 공간에 각각의 클라이언트와의 개입행동을 위한 계획을 개발하시오. 물론 실행 계획은 밝혀진 문제와 목표에 적합해야 하며 위에서 논의된 차원들과 일치해야 한다.

1. O할머니와의 실행 계획을 구상해 보시오.

2. S가족과의 실행 계획을 구상해 보시오.

3. F부인과의 실행 계획을 구상해 보시오.

4. 문제가 있는 사회서비스기관과의 실행 계획을 구상해 보시오.

5. 위의 연습을 마친 다음 자신이 작성한 실행 계획들을 검토해 보시오. 각각의 실행 계획이 면담에 참여해야 할 사람; 변화의 대상; 만남의 장소, 시기, 기간; 여러분이 얼마나 적극적이어야 하는지; 여러분이 어떠한 역할을 취해야 하는지; 어떤 전략이나 접근방법이 사용되어야 하는지; 그리고 어느 정도의 기간이 필요할지 등을 적절히 기술하고 있는지 스스로 검토해 보시오. 추가적으로, 실행 계획이 특정 클라이언트의 가치관과 문화를 침해하지 않는지 생각해 보시오. 마지막으로 실행 계획이 연습 11-4에서 밝혀진 문제와 연습 11-5에서 확인된 최종 목표에 논리적으로 일치하는지 결정하시오. 계획의 성공적인 실행이 목표 달성에 이를 가능성에 대해 예측해보시오. 아래의 공간에 재검토의 결과를 요약하고 강화해야 할 실행 계획 개발 과정의 부분을 구체적으로 설명하시오.

실행 단계 밝히기

때때로 여러분과 클라이언트가 세운 목표는 단 한 차례의 실행으로 달성하기에는 너무나 거대한 경우가 있다. 목표달성을 위해 한번에 모든 것을 하려는 것이 비현실적이고 비실용적인 경우 여러분은 접근방법과 일치하고 목표 달성에 기여할 수 있는 작은 실행 단계나 과제를 클라이언트가 찾아낼 수 있도록 해야 한다(Reid, 1992). 어떠한 의미에서는 과제나 실행 단계는 하위 목표의 형태이다. 그 형태가 어떠하건 간에 그것을 달성함으로 인해서 한 개나 그 이상의 합의된 서비스 목표달성에 다가갈 수 있게 되는 것이다. 여러분은 이를 DAC 계약 부분의 계획 부분에 기록할 수 있다.

실행 단계를 밝힐 때 여러분과 클라이언트는 기술과 사정 단계 동안 수정하고 만들어낸 정보와 가설을 사용한다. 여러분은 다양한 의견들을 밝히고 검토할 수 있도록 하기 위해서 융통성 있고 창의적이며 자유롭게 의견을 제안할 수 있는 분위기를 만들도록 노력해야 한다. 이러한 과정에서는 질문하기, 명확히 하기, 반영하기, 대화 내용 이상의 내용을 고려하기, 그리고 피드백 구하기의 기술이 적합하다. 협력적인 파트너로서 여러분이 가지고 있는 연구기반의 전문적 지식이나 기술을 이와 같은 과정에서 공유할 수도 있다. 사정과정중에 설정한 이론 및 연구기반 가설들은 한 가지나 그 이상의 증거기반 실천 접근과 관련된 구체적인 실행 단계를 밝히는 데 종종 도움을 준다. '도구적 목표(instrumental objectives)'라고 불리기도 하는 증거기반 실행단계의 완료는 목표와 원하는 결과를 성공적으로 달성할 가능성을 높인다. 다른 말로 하자면, 그와 같은 실행 단계의 완료는 서비스 목표달성의 도구가 되는 것이다. 예를 들어, 자신이 무능하고 무기력하다고 생각 하는 사람들은 일생의 어떤 상황에서 종종 수동적이고, 소극적이고, 고립적이고, 남을 피하게 된다. 심지어 스스로를 "우울증에 걸렸다"라고 생각하는 경우도 있을 수 있다. 여러 연구에 따르면, 우울증에 걸린 사람들이 활동량을 증가시키고, 의미있는 개인적 사회적 활동에 많이 참여하고, 자신과 인생에 대한 사고방식을 바꾸기 시작할 때, 우울증을 덜 느끼게 되고 만족감을 더 느낀다고 한다. 이와 같은 연구기반 증거를 바탕으로 해서, 사회복지사가 덜 우울하고 더 만족하고자 하는 목표를 가진 클라이언트와 일하는 경우에는 그 우울하게 된 클라이언트로 하여금 (1) 육체적 활동, (2) 의미있는 활동, (3) 사회 활동, 그리고 (4) 개인역량의 사고의 빈도 수와 기간을 증가시키는 도구적 목표나 실행 단계를 고려하게끔 할 수 있다.

물론 문제를 해결하고 목표를 달성하는 데는 다양한 방법들이 있다. 어떤 접근방법은 개인의 변화를 요구하고, 또 어떤 방법은 환경의 변화를 요구하며, 또 다른 많은 접근방법들은 개인과 환경 모두의 변화를 모두 요구한다. 양육에 대한 지식을 쌓거나 자기주장기술을 향상시키는 것은 개인의 변화에 초점을 두는(person-focused change) 예이다. 의·식·주를 보장하거나 부실한 건물의 상태를 향상시키려고 로비를 하기 위해 아파트 입주자 조합을 조직하는 것 등은 환경의 변화에 초점을 두는(situation-focused change) 예들이다. 사회복지실천에서 변화가 개인으로 제한되는 경우는 드물며 환경의 변화도 필요하다. 여러분이 대변자, 중개인, 중재자로서 일할 때마다 여러분은 환경의 변화를 위해 일하는 것이다. 예를 들어 미취업 상태에 있는 클라이언트의 환경은 클라이언트가 새로운 직장을 얻을 수 있도록 고용주와 중재할 때 극적으로 향상될 수 있다.

신체적 폭력을 가하는 남편과 사는 클라이언트의 예를 고려해 보자. 여러분의 도움으로 환경적 변화가 가능할 수 있다. 여러분은 클라이언트의 남편에게 의사소통 기술을 향상시키고 폭력의 재발을 예방하기 위해 상담받도록 권유할 수 있다. 또한 남편은 폭력남편을 위한 프로그램에 참가하도록 할 수 있다. 클라이언트가 경찰과 법원에 남편을 고소를 할 수도 있고 또는 가정을 떠나 보다 안전한 곳으로 옮길 수 있다. 이러한 모든 것이 환경의 변화를 포함하며 개인에게도 영향을 미친다. 모든 실행 단계가 개인 중심적 혹은 환경 중심적일 수 있지만, 여러분은 다음의 체계 원리를 인식해야 한다. 개인-환경 체계의 한 요소의 변화는 거의 언제나 다른 요소들의 변화를 이끌어 낸다. 다른 말로 표현하자면, 환경 중심적 변화가 개인에게 영향을 미치듯이, 개인 중심적 변화도 환경에 영향을 미치게 될 것이다.

과제나 실행 단계를 완성하는 것은 최종목표의 달성에 기여한다. 과제나 실행 단계는 상대적으로 작은 단계들을 포함하기 때문에, 단 한 차례의 실행으로 최종목표를 달성하려는 시도보다 과제나 실행 단계를 통해 최종목표를 달성하는 경우 성공가능성이 더 높다. 예를 들어, 여러분이 건강을 위해서 10kg 정도의 체중을 줄이기 원한다고 가정하자. 한번에 10kg을 줄이는 것은 수술을 받지 않고서는 신체적으로 불가능하나 1kg씩 줄이는 것은 가능하다. 그것은 AA(단주친목회)의 "하루에 하나씩(one day at a time)"이라는 원칙과 비슷하다. 남은 여생 동안 금주하는 것은 수년간 매일 많은 양의 술을 마신 사람에게 너무나 무리한 주문이다. 하루 동안, 한 시간 동안 혹은 일분 동안 금주하는 것이 훨씬 다루기 쉽고 더욱 가능한 것이다. 여러 가지 과제와 실행 단계(하위 목표)를 성취함으로써 달성하기 어려울 것처럼 보이는 거대한 목표가 성공적으로 성취될 수 있다.

그림 11.3 문제와 서비스 목표를 향한 실행 단계의 관계

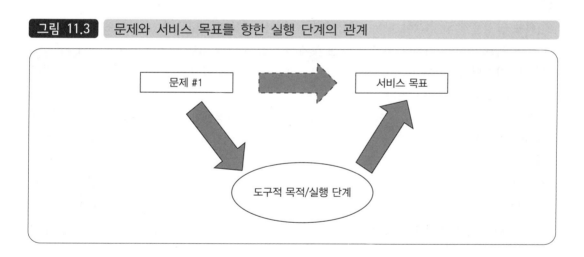

실행 단계를 밝히는 기술은 무엇이, 언제, 누구에 의해서 완수될 것인가를 결정하는 것이 포함된다. 이러한 실행들은 여러분과 클라이언트가 목표 달성을 위해 취할 단계, 과제, 활동 등으로 구성된다. 다양한 실행 단계들은 클라이언트의 과제, 사회복지사의 과제, 세션 내의 과제(Tolson, Reid, & Garvin, 1994), 또는 유지 과제로 구분될 수 있다. 클라이언트의 과제는 세션 기간 동안 클라이언트가 해야 할 실행 단계이다. 때때로 사회복지사는 클라이언트의 과제를 "숙제" 활동이나 할당 임무로 생각하기도 한다. 그러나 "과제"라는 용어의 의미는 사회복지와 클라이언트가 함께 활동을 결정해야 한다는 뜻이다. 일반적으로 사회복지사는 마치 선생님들이 학생한테 숙제를 내주

듯 과제를 할당하지는 않는다. 사회복지사와 클라이언트는 어떤 과제를 수행할 것인가에 대해 함께 결정하는 것이다.

사회복지사의 과제는 여러분이 클라이언트와 다시 만나기 전에 완성해야 하는 것이다. 세션 내의 과제는 여러분과 클라이언트가 만남에서 함께 취해야 하는 절차, 활동, 혹은 개입 기법을 말한다. 유지 과제는 장기적 변화의 촉진을 위해 세워진 일상적이고 관행적인 개인 또는 환경적 활동을 의미한다. 유지 과제는 세션 내에 일어나기도 하지만, 일반적으로 클라이언트는 유지 과제를 세션들 사이에 완수하거나 또는 자신의 임무를 사회복지사와 결정한 후에 수행한다.

과제와 실행 단계를 구체화하기 위해 여러분과 클라이언트는 먼저 최종 목표를 위한 첫 번째 작은 실행 단계를 결정하는 데 착수한다. 여러분은 "목표달성을 향한 첫 번째 단계는 무엇입니까?" 혹은 "당신이 목표 달성을 향한 조그만 진전을 보이기 위해 무엇이 변화되어야 한다고 생각하십니까?"와 같은 질문을 함으로써 이 과정을 시작할 수 있다.

다음과 같은 질문들을 함으로써 실행 단계를 밝히는 데 유용한 정보를 얻을 수 있다. "이 문제에 진전이 있다는 것을 나타내는 첫 번째 표시는 무엇이겠습니까?" "당신이 목표 달성을 향해 나아가고 있다는 첫 번째 표시는 무엇이겠습니까?" 이와 같은 질문들은 목표설정 때 사용되었던 것처럼 클라이언트의 낙관과 동기를 증가시키는 경향이 있는데 그 이유는 가까운 미래에 대해 생각할 수 있게끔 하기 때문이다. 여러분은 클라이언트가 더 발전된 상황을 그려보도록 하거나 상상해 보도록 하고 진전을 나타내는 표시를 찾아보도록 요청한다. 이러한 표시는 목표 달성을 위해 취해야 하는 구체적인 실행 단계를 의미하기도 한다.

목표 달성을 위해 취해야 하는 실행 단계를 밝히는 것을 강조하고 있는 것에 주목해야 한다. 여러분은 목표 달성을 위해 무언가를 하는 것에 초점을 두어야 하며 문제해결에 도움이 되는 클라이언트 자신의 변화(예를 들어, 사고, 감정, 행동)나 환경의 변화로 이끄는 실행 단계를 밝힐 수 있도록 클라이언트를 격려해야 한다.

동의된 목표가 장기적인 변화를 요구한다면(예를 들어, 1년 동안에 50파운드 감량하기, 혹은 6개월 동안 금주하기), 여러분은 클라이언트가 지속적인 변화를 유지하는 것과 직접적으로 관련이 있는 실행 단계를 밝히고자 하는 작업에 참여한다. 한 번의 결정이나 단기 행동이 목적인 상황에서는 이와 같은 유지 과제가 요구되지 않는다. 그러나 지속적인 변화는 지속적인 주의를 요구한다. 그러므로 사회복지사와 클라이언트는 장기간의 변화를 유지하기 위한 방법과 수단을 밝혀내야 한다. 지속적인 변화는 개인적, 환경적 정책, 실천, 또는 활동들이 일상적이고 관행적으로 이루어질 때 가능하다. 가장 효과적인 유지 과제는 규칙적으로 일어나게 되며(예를 들어, 매시간, 매일, 매주, 또는 2주마다), 관련된 개인, 가족, 집단, 조직, 또는 사회를 대상으로 일깨워주고, 동기를 부여하고, 보상을 해주는 역할을 수행한다.

유지 과제를 밝히는 과정에서, 여러분과 클라이언트는 긍정적인 변화가 일어나고, 서비스 목표가 달성될 것이라고 기대하게 된다. 클라이언트와 함께 다음과 같은 질문을 해본다. "장기간에 걸쳐서 이러한 변화를 어떻게 하면 지속시킬 수 있을까요?" 여러분 자신에게는 다음과 같은 질문을 해본다. "이러한 변화가 어떻게 하면 일상 생활의 자연스럽고 일상적인 부분이 될 수 있을 것인가?" 초기에 획득되었던 상호 이해를 바탕으로 하여, 여러분은 클라이언트와 함께 환경 내 개인의 관점과 관련된 각 분야별 달성 가능한 유지 과제를 만들어본다.

이 과정에서 여러분은 하나나 그 이상의 서비스 목표에 기여할 수 있는 작고 다루기 쉬운 과제나 행동을 이끌어낼 수 있는 질문을 한다. 여러분과 클라이언트가 실행 단계와 관련된 동의에 이르게 되면, 정확한 용어로 반영하고, 클라이언트의 피드백을 구하고, 사례 기록지에 기록해 놓는다.

실행 단계를 밝히기 위해 여러분은 다음과 같은 형식을 사용할 수 있다.

연습 형식: 실행 단계 밝히기

(당신, 나, 혹은 우리)가 취할 (첫 번째 혹은 그 다음) 단계는 _____입니다. (당신, 나, 혹은 우리)는 (날짜)까지 이 과제를 완료할 것이며 다음 만남 때 그것에 대해 이야기할 것입니다.

사례: 실행 단계 밝히기

클라이언트: (실행 단계 밝히기) 그녀가 공동 상담에 관심이 있는지 그녀와 이야기를 해보겠습니다.
사회복지사: (실행 단계 밝히기) 좋습니다. 당신이 취할 다음 단계는 파트너와 이야기를 하고 그녀가 면담에 몇 번 참가할 의향이 있는지에 대해 물어보는 것입니다. 당신과 함께 상담받는 것에 대해 생각할 수 있는 기회를 그녀에게 주고 그녀의 반응을 다음 면담 전까지 알기 위해 당신은 수일 내에 그녀와 대화할 것입니다. 어떻습니까? 좋습니다. 우리가 기억할 수 있도록 기록하도록 하지요.

실행 단계를 밝힘으로써 여러분은 클라이언트와 개입행동을 위한 계약을 보다 확고히 하는 것이다. 다음은 여러분이 클라이언트가 실행 단계를 밝히도록 하는 일반적인 절차의 예이다.

사례: 실행 단계를 수립하기

사회복지사: (목표 반영; 실행 단계의 모색) 당신의 첫 번째 목표는 수면 패턴을 향상시키는 것입니다. 현재 당신은 일주일에 하루 정도만 깨지 않고 잠을 자고 있으며, 일주일에 적어도 5일은 그렇게 잠을 자고 싶어합니다. 하룻밤에서 5일 밤으로 늘리는 것은 매우 큰 변화입니다. 약간 작은 것으로 시작하는 것이 도움이 될 수 있습니다. 목표 달성을 위한 좋은 첫 번째 단계는 무엇입니까?

사례: 실행 단계를 수립하기

사회복지사: (목표 반영; 실행 단계의 모색) 수면 패턴을 향상시키는 것을 당신의 첫 번째 목표로 정했습니다. 지금 현재 당신은 일주일에 하루 정도만 깨지 않고 잠을 자고 있으며, 일주일에 적어도 5일은 그렇게 잠을 자고 싶어합니다. 당신이 좀 더 잠을 잘 자기 시작했다는 첫 번째 표시는 무엇이겠습니까?

만일 클라이언트가 작은 실행 단계를 밝히지 못할 경우, 임시적으로 한 가지 실행 단계를 제안하여 클라이언트가 생각해 볼 수 있게 할 수 있다. 물론 여러분의 의견에 대한 클라이언트의 반응을 구하는 것을 잊어서는 안 된다. 과제를 제안할 때 여러분은 다음과 같은 형식을 사용할 수 있다.

연습 형식: 실행 단계를 제안하기

_____라는 목표를 위한 첫 번째 단계로서 _____ 에 대해서 어떻게 생각합니까(클라이언트의 과제, 여러분의 과제 혹은 세션 중의 과제를 넣으시오)?

사례: 실행 단계를 제안하기

사회복지사: (클라이언트의 과제를 제안) 우리는 12개월 안에 검정고시를 합격하여 고등학교를 졸업한다는 목표를 세웠습니다. 목표를 위한 첫 번째 단계로서 당신의 중학교 성적 기록부를 발급받기 위해 당신이 다닌 학교와 연락해 보는 것이 어떻습니까?

사례: 실행 단계를 제안하기

사회복지사: (사회복지사의 과제 제안) 우리는 12개월 안에 검정고시에 합격하여 고등학교를 졸업하는 목표를 밝혔습니다. 목표를 위한 첫 단계로 저는 관계 기관에 연락해서 검정고시에 대해 문의해보도록 하겠습니다. 어떻게 생각하십니까?

사례: 실행 단계를 제안하기

사회복지사: (세션 내의 과제 제안) 검정고시 지원 원서입니다. 오늘 만남에서 이 원서를 작성하려고 하는 데 어떻습니까?

사회복지사는 일반적으로 상호 합의된 과제나 실행 단계를 공식적으로 기록할 책임이 있다 (표 11.3 참조). 기록할 때에는, 각각의 과제를 수행할 책임이 있는 개인이나 사람들 및 최종 시간계획표를 밝힌다.

표 11.3 합의된 서비스 목표와 관련된 실행 단계

서비스 목표	활동 단계
클라이언트는 저녁까지 따뜻한 쉼터에 입소한다.	클라이언트 과제: 소지품을 함께 모은다. 사회복지사 과제: 임시쉼터와 접촉한다; 단계 쉼터와 시간을 조정한다.
클라이언트는 3개월 이내로 따뜻하고 상시적인 거주지를 구한다.	클라이언트 과제: 필수 지원서를 완성한다. 사회복지사 과제: 저렴한 거주지를 알아낸다.
클라이언트는 지금으로부터 4시간 이내로 최소 일주일치 분량의 당뇨치료약을 받는다.	클라이언트 과제: 건강상태를 설명한다. 사회복지사 과제: 진료소에 접촉해 임시 치료약을 확보한다.
클라이언트는 오늘부터 일주일 이내로 의사와 만난다.	클라이언트와 사회복지사 과제: 진료소에 예약을 하고 교통편을 준비한다.
클라이언트는 오늘부터 3개월 이내로 의료보호체계와 지속적인 관계를 갖는다.	클라이언트 과제: 진료소와 후속 방문을 준비한다. 사회복지사 과제: 필요하다면, 후속 방문의 준비를 돕는다.

클라이언트는 오늘부터 3개월 이내로 정식 직장을 구한다.	클라이언트 과제: 구직란을 찾아본다; 지원한다; 직장을 구한다(가능하다면 의료보험을 제공하는 회사로). 사회복지사 과제: 구직란을 찾아본다. 클라이언트의 지원서 작성 및 면담준비를 돕는다; 필요하다면 교통편을 준비한다.
클라이언트는 오늘부터 3개월 반 이내로 안정적인 수입을 얻는다.	클라이언트 과제: 사회복지사와 정보를 공유한다. 사회복지사 과제: 클라이언트로부터 정보를 얻는다.
클라이언트는 오늘로부터 5개월 이내로 의료보험에 가입한다.	클라이언트 과제: 만일 건강보험이 없는 직장이라면 저렴한 보험 회사에 신청서를 낸다. 사회복지사 과제: 만일 건강보험이 없는 직장이라면, 저렴한 보험 회사를 찾는다.

연습 11-7 실행 단계를 밝히기

연습 11-5(목표 설정)와 11-6(실행 계획의 개발)에서 여러분이 적은 답을 검토하고, 아래의 공간에 각각의 클라이언트가 시작 단계의 과제나 실행 단계를 밝히도록 하는 데 자신이 할 말을 제안된 형식을 사용하여 적어 보시오. 그리고 자신이 각각의 클라이언트에게 제안할 수 있는 세 가지 실행 단계(클라이언트의 과제, 여러분의 과제, 그리고 세션 중의 과제)를 적어 보시오. 물론 실행 단계는 표출문제와 목표와 일치해야 하며 달성된다면 목표 달성에 기여해야 한다.

1. a. ○할머니가 실행 단계를 밝힐 수 있도록 권유하기 위해 자신이 말할 내용을 적어 보시오.

   b. ○할머니에게 클라이언트의 과제, 사회복지사의 과제, 세션 중의 과제를 제안하기 위해 자신이 말할 내용을 적어 보시오.

2. a. S가족의 식구들이 실행 단계를 밝힐 수 있도록 도와주기 위해 자신이 말할 내용을 적어 보시오.

   b. S가족에게 클라이언트의 과제, 사회복지사의 과제, 회기 중의 과제를 제안하기 위해 자신이 말할 내용을 적어 보시오.

3. a. F부인이 실행 단계를 밝힐 수 있도록 권유하기 위해 자신이 말할 내용을 적어 보시오.

b. F부인에게 클라이언트의 과제, 사회복지사의 과제, 세션 중의 과제를 제안하기 위해 자신이 말할 내용을 적어 보시오.

4. a. 문제를 겪고 있는 그 사회서비스 기관의 집단에게 실행 단계를 밝힐 수 있도록 권유하기 위해 자신이 말할 내용을 적어 보시오.

b. 그 사회서비스 기관의 집단에게 클라이언트의 과제, 사회복지사의 과제, 세션 중의 과제를 제안하기 위해 자신이 말할 내용을 적어 보시오.

5. 위의 연습을 완성한 다음 밝혀진 과제와 실행 단계를 검토해 보고 다음의 질문을 자신에게 해 보시오. 단계가 실제적으로 무엇인가를 하는 것을 포함하도록 기술되었는가? 단계들은 구체적이고 명확한가? 단계들이 클라이언트의 가치와 문화가 일치하는가? 마지막으로 실행 단계들이 특정 문제, 최종 목표 그리고 연습 11-4, 11-5, 그리고 11-6에서 밝혀진 접근 방법과 일치하는가? 실행 단계가 수행된다면 목표를 달성하는 데 기여할 가능성은 어느 정도인가? 아래의 공간에 자신의 재검토의 결과를 요약하고 자신이 더 발전시킬 필요가 있는 실행 단계의 요소를 구체적으로 기술하시오.

평가 계획

전문 사회복지사는 문제 해결과 목표 달성의 정도를 평가할 책임이 있다. 기관, 현재의 문제 또는 클라이언트의 상황의 성격과는 별개로 목표 달성을 위한 과정을 평가하기 위한 방법들을 개발할 수 있다. 그렇게 할 때, 평가 도구와 클라이언트의 능력 및 자원 사이의 일치적합도 (goodness of fit)를 고려해야 한다. 예를 들면, 어떤 클라이언트는 빈도표를 작성하거나 혹은 필기형 문답지를 완성할 능력이 부족하다. 그런데도 불구하고, 여러분이 타당하고 적절한 평가도구를 발견하거나 개발할 수 있다는 억측으로 한번 시작해 보라. 다수의 실천 상황에서, 진행상황에 대한 평가의 실패는 책임방임과 잘못된 개입으로 이르게 될 것이다.

목표달성의 진행정도를 측정하는 데는 여러 가지 방법이 있다. 활용 가능한 방법 중 하나가 목표달성척도(Goal Attainment Scaling: GAS)이다(Kiresuk & Sherman, 1968; kiresuk, Smith, & Cardillo, 1994). 목표달성척도는 표준화된 척도처럼 측정을 위한 범주가 정해져 있지 않기 때문에 사회복지실천에 적합하다. 목표달성척도에서 평가를 위한 차원들은 여러분과 클라이언트가 동의한 목표부터 나오게 된다. 그러므로 차원은 각각의 사람-문제-상황에 따라 다르다. 케이글Kagle(1984, pp. 74~76)은 목표달성척도의 과정을 요약해서 제공하고 있으며, 마슨Marson과 드랜Dran(2006)은 해당 주제에 대해 유용한 웹사이트를 운용하고 있다.

목표달성척도를 작성할 때에(표 11.4 참조) 사회복지사와 클라이언트는 각각의 동의된 목표의 중요성을 밝혀내고 가중치를 주어야 한다. 1점부터 10점까지의 척도를 사용하되, 10은 "가장 중요하다"라는 뜻이다. 해당칸에 각각의 목표를 기록한다. 그리고 클라이언트와 함께 목표달성을 위한 성과와 관련된 5가지의 예상을 작성하여 해당 칸에다가 기록한다. 이러한 예상은 여러분과 클라이언트에게 진행 평가의 기준이 될 수 있는 표식을 제공하게 되는 것이다. 평가 결과의 범위는 최악의 것에서부터 최상의 것까지이며, 표 11.4에 제시되어 있다(Bausell *et al.*, 2000; Compton *et al.*, 2005; Cox & Amsters, 2002; Fleuridas, Leigh, Rosenthal, & Leigh, 1990; Kiresk & Sherman, 1968; Kiresuk *et al.*, 1994; Marson & Dran, 2006).

표 11.4 목표달성척도 형식

클라이언트:_____ 세션 넘버 혹은 날짜_____

결과	목표 1 가중치 ___	목표 2 가중치 ___	목표 3 가중치 ___	목표 4 가중치 ___	목표 5 가중치 ___
-2 최악의 결과					
-1 기대에 못 미치는 결과					
0 기대했던 것만큼의 결과					
+1 기대 이상의 결과					
+2 최상의 결과					

목표 달성 정도를 평가하는 다른 방법으로는 빈도와 주관적 평가가 있다. 빈도는 여러분, 클라이언트 또는 클라이언트의 주변 인물이 최종목표와 관련이 있는 특정 현상의 횟수를 기록하는

것이다(표 11.5 참조). 예를 들어 자존감에 대해 생각해 보자. 자존감이 낮은 사람은 자신에 대해 비관적인 생각을 한다. 여러분과 클라이언트는 최종목표를 클라이언트가 자신에 대해 긍정적으로 생각하는 횟수를 높이는 것으로 정할 것이다. 여러분은 클라이언트가 주어진 기간(예: 일주일간 매일) 동안 자신을 긍정적으로 생각하는 횟수를 세어 기록할 수 있도록 메모장을 제공할 수 있다. 그 다음 그동안 기록한 자료를 그래프에 옮긴다. 빈도는 개입이 시작되기 전 표적현상의 기초선 자료로 사용되며 기초선 자료는 여러분의 접근방법의 효과성을 측정하기 위한 수단으로 사용된다. 빈도는 다양한 현상에 적용될 수 있다.

표 11.5 빈도 계산 형식

클라이언트:_____

날짜	빈도
1	12
2	13
3	10
4	10
5	9
6	7
7	8

주관적 평가는 여러분, 클라이언트, 혹은 그 외의 다른 사람이 표적 현상의 정도, 지속기간, 빈도, 강도에 대해 평가하는 것이다. 예를 들어 여러분은 클라이언트에게 "가장 나쁨" 혹은 "가장 적음"(숫자 1)부터 "가장 좋음" 혹은 "가장 많음"(숫자 10)까지 올라가는 10점 척도를 그리도록 할 수 있다. 그리고 나서 그 척도를 가지고 현상을 평가하도록 한다. 예를 들어 클라이언트가 그녀의 파트너와의 관계에 대해 걱정하고 있다고 생각해 보자. 여러분은 "1부터 10으로 이루어진 척도를 상상할 수 있습니까? 1은 가능한 최하 점수이고 10이 가능한 최고의 점수입니다. 이제 당신의 평가에 기초해서 어제 일어났던 파트너와의 관계를 평가해 보십시오. 우리는 이 형식(표 11.6 참조)을 사용해서 당신의 평가를 기록할 겁니다"라고 할 수 있다. 클라이언트가 어제 그녀의 파트너와 네 가지의 상호관계를 가졌다고 가정해보자. 첫 번째 상호관계는 긍정적이었다(8점), 두 번째는 기분이 나빴다(3점), 세 번째는 보통이었다(5점), 그리고 마지막은 아주 긍정적이었다(9점). 여러분은 그녀나 그녀의 파트너에게 하루 동안 상호관계의 질을 탐색할 수 있게끔 상호주관적 평가형식(표 11.6 참조)을 사용하도록 권할 수 있다. 다음과 같은 말로써 권할 수 있다. "제가 주관적 평가형식을 몇 장 나눠드리겠습니다. 당신의 파트너와의 관계 후에 날짜와 시간을 표시하고 상호관계의 종류를 간략하게 기술하고, 관계의 질에 대한 평가를 기록하십시오. 우리가 다시 만날 때까지 당신이 평가한 결과를 파트너와 함께 보지 마십시오. 파트너와의 관계를 발전시키기 위해 우리가 노력하면서 당신의 관점이 어떻게 변했는지를 보기 위해 당신의 평가를 그래프로 그릴 것입니다. 어떻습니까?"라고 물을 수 있다.

주관적인 평가는 불쾌한 개인의 감정이나 감각의 강도와 관련되어 있는 문제에 대해서도 유용하다. 이런 것은 종종 고통 척도의 주관적 단위(Subjective Units of Distress Scale: SUDS)라고 불린다. 예를 들면, 여러분의 클라이언트가 10대 고등학교 학생이라고 가정해 보자. 그 10대 학생은 교실에서 급우들 앞에서 이야기할 때 강렬한 불안감을 호소한다. 이런 경우, 다양한 교실의 상황에서 그녀가 갖고 있는 불안감의 상대적인 강도를 주관적으로 평가하고 기록하게 함으로써, 진행상황을 파악할 수 있게끔 계획을 수립한다. 표 11.7은 여러분이 평가의 목적으로서 고통의 주관적인 평가를 어떻게 사용할 수 있는지 보여준다.

표 11.6 주관적 평가 양식 샘플

클라이언트:＿＿＿＿＿＿

날짜/시간	관계	주관적 평가 (0-10)
1일차: 오전 7:30	이른 아침 대화	8
1일차: 오전 11:30	전화 대화	3
1일차: 오후 6:16	이른 저녁 대화	5
1일차: 오후 10:30	저녁 시간 상호관계	9

표 11.7 고통 척도의 주관적 단위(Subjective Units of Distress Scale, SUDS) 예시

클라이언트:＿＿＿＿＿＿＿＿ 문제: 교실에서의 불안

날짜/시간	상황	SUDS 평가 (0-10)
1일차: 오전 9:15	영어 수업: 선생님이 질문에 대답하라고 나를 지명한다. 나는 답을 안다.	7
1일차: 오전 11:30	수학 수업: 선생님이 모든 학생들 앞에서 칠판에다가 문제를 풀라고 말한다.	9
1일차: 오후 1:12	말하기 수업: 다음 주로 예정된 10분 분량의 발표에 대한 1분짜리 예비 발표를 한다.	9
1일차: 오후 2:30	과학 수업: 선생님이 오늘 읽어야 할 부분에서 나오는 질문에 대한 대답을 하라고 나를 지명한다. 나는 답을 모른다.	10
2일차: …	…	…

주관적 평가는 사실상 모든 인간의 심리적 사회적 현상과 관련하여 사용할 수 있다. 물론 주관적이기 때문에 결과는 개인적인 오차와 다른 형태의 오류에 영향받기 쉽다. 그럼에도 불구하고 객관적인 방법이 적당하지 않거나 비실용적일 경우, 주관적 평가는 매우 유용하다.

빈도수 계산하기와 주관적인 평가표는 마이크로소프트사의 엑셀과 같은 프로그램을 이용하여 손쉽게 그래픽 양식으로 전환될 수 있다. 예를 들면, 그림 11.4는 표 11.5에 포함되어 있는 데이터를 시각적인 그림으로 반영한 것이다.

그림 11.4 빈도 계산 그래프 샘플

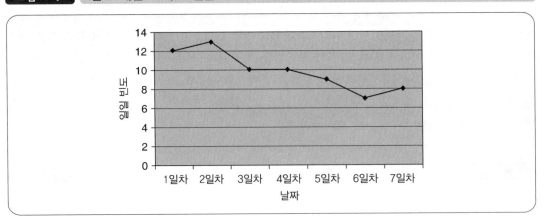

　　빈도 계산하기와 주관적인 평가 이외에도, 사회복지사로서 여러분은 구하기 쉽고, 타당도와 신뢰도가 높은 다양한 도구를 활용할 수 있는데, 이러한 것들은 신속사정도구(Rapid Assessment Instruments: RAI)라고도 불린다. 예를 들어, The Clinical Measurement Package(CMP): A Field Manual (Hudson, 1982)은 사회복지사들에게 유용한 아홉 가지 척도들을 포함하고 있다. 이 척도들은 클라이언트에게 영향을 미치는 현상을 평가한다. CMP 척도는 자존감, 일반적 만족감, 결혼 만족도, 생활 만족도, 양육 태도, 어머니에 대한 자녀 태도, 아버지에 대한 자녀 태도, 가족 관계와 친구 관계와 같은 다양한 차원들을 포함하고 있다. 각각의 척도는 매우 쉽게 작성되며 또한 짧은 시간에 점수화할 수 있다.

　　Measures for Clinical Practice: A Sourcebook(Corcoran & Fisher, 2007)은 또 하나의 훌륭한 자원이다. 최근 개정판은 사회복지실천의 다양한 요소를 평가하는 데 적합한 두 권의 사정 도구를 포함하고 있다. 제1권은 부부, 가족, 그리고 아동의 다양한 차원을 평가하기에 적합한 100가지 이상의 도구를 포함하고 있으며, 제2권은 성인에게 관계된 200가지가 넘는 도구를 소개하고 있다. 측정 도구들은 다음과 같은 종류와 관련된 것을 사정하기 위한 것들이다. 학대, 문화변용, 중독, 불안 및 두려움, 단호함, 신념, 아동행동, 클라이언트의 동기, 적응, 커플 및 결혼관계, 죽음에 대한 우려, 우울증 및 슬픔, 민족적 정체성, 가족 기능, 노인문제, 죄책감, 건강문제, 정체성, 충동성, 대인행동, 통제위치, 고독, 사랑, 기분, 자아도취, 고통, 부모-자녀 관계, 완벽주의, 공포증, 외상 후 스트레스, 문제해결, 미루기, 심리병리학 및 정신의학 증상, 성폭행, 삶에 대한 만족, 분열형 증상, 자아개념 및 자아존중감, 자기통제, 자아효능감, 성적 특질(Sexuality), 흡연, 사회적 기능, 사회적 지지, 스트레스, 자살, 치료 만족도, 그리고 약물남용. 이 두 권의 책은 손쉽게 사용하고 신속하게 채점할 수 있는 다양한 측정 도구들을 제공하는 값진 자원이다.

연습 11-8 평가 계획

연습 11-1에서 11-7까지 자신의 답을 검토하시오. 아래의 공간에 각각의 상황에 대한 목표달성의 진행 정도를 평가하기 위한 두 가지 방법을 적어 보시오. 첫째, 좀 더 객관적인 성격을 가진 평가 과정을 계획하시오. 그리고 난 후 진행정도를 측정할 주관적인 방법을 계획하시오. 주요 목적은 클라이언트와의 개입 행동에서 목표달성의 진행정도를 측정하기 위한 다양한 방법을 고려해 보도록 하는 것이다. 물론 어떠한 평가방법을 계획하든지 평가방법은 밝혀진 문제와 목표에 직접적인 관계가 있어 진행정도가 결정될 수 있도록 해야 한다.

1. O할머니의 사례와 관련하여, 목표달성의 진행정도를 주관적으로 평가할 방법을 적어 보시오. 그리고 목표달성의 진행정도를 객관적으로 평가할 방법을 간략하게 적어 보시오.

2. S가족의 사례와 관련하여, 목표달성의 진행정도를 주관적으로 평가할 방법을 적어 보시오. 그리고 목표달성의 진행정도를 객관적으로 평가할 방법을 간략하게 적어 보시오.

3. F부인의 사례와 관련하여, 목표달성의 진행정도를 주관적으로 평가할 방법을 적어 보시오. 그리고 목표달성의 진행정도를 객관적으로 평가할 방법을 간략하게 적어 보시오.

4. 문제가 있는 기관의 사례와 관련하여, 목표달성의 진행정도를 주관적으로 평가할 방법을 적어 보시오. 그리고 목표달성의 진행정도를 객관적으로 평가할 방법을 간략하게 적어 보시오.

5. 위의 연습을 끝마치고 나서 자신이 밝힌 평가 방법에 대해 생각해 보고 다음의 질문에 답해 보시오. 자신이 선택한 방법은 평가자의 편견과 오류에 얼마나 관계가 있는가? 자신이 선택한 평가 방법의 윤리적 함의는 무엇인가? 평가 방법들은 클라이언트의 가치와 문화를 존중하는가? 마지막으로, 평가 방법들은 연습 11-5에서 구체적으로 언급된 목표달성의 진행상황을 측정하는 데 정확한가? 아래 공간에 자신이 더 개발해야 할 필요가 있는 평가 계획의 요소들을 구체적으로 이야기해 보시오.

계약의 요약

계약을 요약하는 것은 여러분과 클라이언트가 승인한 서비스 협약의 중요한 요소들을 간결하게 재검토하는 것이다. 서비스 계약은 개입행동을 위한 문제, 목표, 실행 계획, 과제 혹은 실행 단계, 그리고 여러분과 클라이언트가 프로그램을 평가하는 수단을 포함한다.

협약은 서면화하는 것이 일반적으로 좋으며, 관계된 모든 사람들이 사본을 소지하며 필요할 때 참조할 수 있게끔 한다(Hanvey & Philpot, 1994). 계약은 아래에 제시된 형식으로 기록되고(박스 11.3 참조) DAC에 포함될 수 있다(부록 12 참조). 다른 방법으로는, 클라이언트와 여러분이 날인할 공간이 있는 정식 계약서로 따로 준비될 수도 있다. 두 가지 형식의 계약 모두 문제, 목표, 계획에 대해 기술한다. 계약서는 문제의 해결과 목표의 달성을 위해 클라이언트와 함께 일하기로 한 여러분의 기본적인 동의를 의미한다. 여러분은 이러한 계약서들이 사회복지실천에 매우 유용하다는 것을 알게 될 것이다. 물론 여기서 보여진 형식이 모든 기관, 모든 클라이언트, 모든 문제 혹은 모든 상황에 적합하다는 것은 아니다. 그러나 전문 사회복지사로서 여러분은 자신이 소속된 기관과 여러분 자신의 실천 욕구와 기능에 가장 잘 맞는 계약 지침을 채택해야 할 책임이 있다.

상자 11.3 **서비스 계약 완료를 위한 지침**

III. 계 약

A. 문제/이슈

1. 클라이언트가 규정한 문제
   이 부분에는 클라이언트가 밝힌 문제의 개요를 정확히 기록한다.

2. 사회복지사가 규정한 문제
   이 부분에는 여러분이 밝힌 문제의 개요를 기록한다.

3. 개입행동을 위한 문제
   클라이언트와 여러분이 다루기로 합의한 문제의 개요를 기록한다. 이것은 여러분과 클라이언트가 재협의하지 않는 이상 혹은 재협의할 때까지 초점으로 남는 문제들이다. 물론 둘 중 어느 한 쪽이 문제의 재고 또는 수정을 요청할 수 있다.

B. 서비스 목표
   이 부분에는 여러분과 클라이언트가 밝힌 최종목표의 개요를 기록한다. 이 목표는 물론 개입행동을 위한 문제와 관련 있어야 한다. 이상적으로 최종목표는 명확하고 구체적으로 기술되어야 하며 목표달성 정도가 측정될 수 있어야 한다. 때때로 일반적으로 목표를 기술하는 것만이 가능하거나 타당한 경우도 있다. 구체적이거나 일반적이건 간에 이 부분에 목표를 기술한다.

C. 계획
1. 실행 계획/서비스 접근방법
   이 부분에서 여러분과 클라이언트가 계획한 접근방법을 요약한다. 누가 참여할 것인가, 어디서, 언제, 그리고 얼마나 자주 만남이 이루어질 것인가, 그리고 얼마나 오랫동안 그리고 어떤 과정이 전개될 것인가와 같은 요소를 기록한다. 적절하다면 여러분은 이론적 관점 혹은 특정 클라이언트와의 개입행동을 위해 사용하기로 선택한 사회복지실천모형을 여기에 기록해도 된다.

        a. 클라이언트의 과제/실행 단계
            이 부분에서는 클라이언트가 목표 달성을 위해 취하기로 한 과제 혹은 실행 단계를 요약한다.
        b. 사회복지사의 과제 또는 실행 단계
            이 부분에는 합의된 목표의 달성을 돕기 위해 여러분이 취하기로 한 과제와 활동을 요약한다.
        c. 세션 내의 행동
            이 부분에서는 여러분과 클라이언트가 모임 중 실행하기로 동의한 초기 과제나 행동을 요약한다.
        d. 유지 단계
            만약 목표가 장기간 변화를 포함한다면, 이 부분에서는 여러분이 정기적으로 지속적인 변화를
        촉진하기 위해 동의한 과제나 행동을 요약한다.
        이 부분에는 여러분과 클라이언트의 만남 동안 착수하기로 합의한 과제 혹은 활동의 개요를 기록
    한다.

    2. 평가 진행 계획
        이 부분에는 목표의 평가 방법과 과정을 기록한다. 가능하면, 타당하고 신뢰가 높은 객관적인 평가
    도구를 주관적인 방법과 과정에 통합한다.

표 11.8 | 실행 계획표; 체이스 부인

문제/이슈	서비스 목표	실행 계획	평가 계획
이슈 1: 아들과 남편과의 언쟁	목표 1a: 4주 내로 언쟁의 빈도를 50% 줄인다.	서비스 계획 1a: 8번의 주간 인지행동 및 과제중심 서비스 세션	평가 계획 1a: 언쟁 기록(매일 작성)
	목표 1b: 4주 내로 만족스런 대화의 빈도를 50% 증가시킨다.	서비스 계획 1b: 8번의 주간 인지행동 및 과제중심 서비스 세션	평가 계획 1b: 만족스러운 대화 기록(매일 작성)
이슈 2: 아들과 남편에 대한 민감하고, 심각하고, 화난 감정	목표 2a: 4주 내로 아들과 남편에 대한 민감하고 화난 감정의 빈도와 강도를 50% 줄인다.	서비스 계획 2a: 8번의 주간 인지행동 및 과제중심 서비스 세션	평가 계획 1a: 언쟁 기록(매일 작성)
	목표 2b: 6주 내로 아들과 남편에 대한 편안하고 수용적인 긍정적 감정의 빈도와 강도를 50% 증가시킨다.	서비스 계획 2b: 8번의 주간 인지행동 및 과제중심 서비스 세션	평가 계획 1b: 만족스러운 대화 기록(매일 작성)

    사회복지사는 일반적으로 사례기록에 포함시키기 위해서 구술적인 형식의 서비스 계약(즉, 서
비스 동의나 치료 계획)을 준비한다. 그러나, 동의 계약서에 시각적 자료(예를 들면, 논리 모형, 개념 지도, 표)
를 추가한다면 여러 용도로 사용될 수가 있다(Alter & Egan, 1997; Alter & Evans, 1990; Alter & Murty,
1997; juian, 1997; Julian, Jones, & Deyo, 1995; Mattaini, 1993a, 1993b, 1995; Mulroy & Lauber, 2004). 실제로
실행 계획표(Action Planning Table; APT)를 준비한다면, 여러분과 클라이언트는 각각의 목표에 대한
실행 계획과 평가 계획뿐만 아니라 합의된 문제/이슈와 목표를 주기적으로 참고할 수 있게 된다.

특정한 실행 단계나 단계별 결과, 그리고 각종 결과지표(예를 들면, 주관적 평가점수, 척도 점수)를 포함시킬 수 있다. 어떠한 의미에서는, 이러한 계획표가 다른 형태의 개념 지도나 논리 지도이기도 하다. 그러나 일반적으로 각 구성요소는, 문제/이슈와 목적, 목적과 실행 계획 및 평가, 계획과 실행 단계, 그리고 실행 단계와 결과의 관계를 강조하기 위하여 직선적인 방법으로 배열된다.

예를 들면, 체이스 부인의 실행 계획표(APT)를 간단하게 작성한다면 표 11.8에 나타난 것과 같을 것이다.

연습 11-9 계약의 요약

이번 연습을 위해, 연습 10-1과 10-2에서 여러분이 DAC 기술과 사정 부분에 정리했던 내용을 검토하시오. 자신에 대해 알고 있는 것과 기술과 사정 부분에 자신이 포함시킨 내용을 토대로 자신을 사회복지사로 가정하고 계약을 하시오. 계약을 할 때, 여러분의 이해 정도가 높다고 하더라도 다른 전문복지사의 도움을 통해 밝혀질 수 있는 문제나 이슈들을 간과할 가능성이 있다는 것을 인식해야 하며, 따라서 자신이 만든 계약서는 임시적인 것으로 고려되어야 한다. 위의 DAC의 계약 부분에서 제공된 형식과 일치하도록 계약서를 작성하시오.

요약

사회복지실천의 계약 단계 동안, 여러분은 사정과 클라이언트와의 협조에 기초하여, 개입을 위한 문제와 목표를 명확하게 규정하고 문제를 해결하고 최종 목표를 달성할 수 있는 계획을 개발하도록 노력해야 한다. 이 단계에서 특히 적합한 기술은 (1) 문제의 반영, (2) 가설의 반영, (3) 문제 밝히기, (4) 개입을 위한 문제 구체화하기, (5) 목표 설정, (6) 실행 계획의 개발, (7) 실행 단계 밝히기, (8) 평가 계획, 그리고 (9) 계약의 요약이다.

Chapter 11 요약 연습

동료와 가졌던 두 번의 면담에 기초하여 개입행동을 위한 계약을 개발하기 위해 세 번째 면담을 실행하시오. 면담은 조용한 장소에서 하고 면담 내용을 녹음하시오. 탐색 기술과 계약 기술, 관련 있는 사회복지실천 기술을 사용하면서 계약을 목적으로 하는 면담을 실행하시오. 만남이 끝날 때 약 일주일 후에 다음 만남을 계획하시오.

1. 면담 후에 동료에게 그/그녀가 면담 경험에 대해 갖는 생각과 느낌에 관한 솔직한 피드백을 구하시오. 다음의 질문에 대한 아주 솔직한 대답을 요구하시오. (a) 나와 이야기하는 데 편안하고 안전하게 느꼈는가? 내가 믿을 만한 사람으로 보여졌나? (b) 내가 동료가 말하는 내용에 진정으로 관심이 있는 것으로 생각되었는가? (c) 동료가 전달하려고 하는 내용을 내가 이해한다고 생각되었는가? 만약 그렇다면 무엇이 그것을 가능하게 했는가? 만약 그렇지 않다면 내가 이해하지 못했다는 것을 어떠한 것을 통해 알 수 있었는가? (d) 내가 요약한 계약은 동료가 걱정하는 문제에 대한 동료의 관점과 맞는가? (e) 우리가 설정한 목표들은 동료의 욕구에 맞는가? (f) 우리가 계획한 첫 번째 실행 단계에 대한 동료의 의견은 어떠한가? (g) 목표 달성 정도를 평가하기 위한 우리의 계획에 대해 어떻게 생각하는가? (h) 면담 경험이 생산적이었다고 생각하는가? (i) 면담의 질을 높이기 위해 무엇을 더 잘 또는 다르게 할 수 있었을까? (j) 동료에게 면담이 어떻게 하면 더 좋을 수 있는지 또는 만족스러울 수 있었을까? 워드프로세서를 사용하여 동료의 피드백을 요약하시오.

2. 대화에 대한 자신의 반응을 검토하시오. 면담에 대해 어떻게 느꼈는가? 면담에 대해 어떠한 점이 좋았으며 어떠한 점이 좋지 않았는가? 대화를 하는 동안 적절한 기술을 사용했다고 생각하는가? 계약의 필수적인 요소를 개발시킬 수 있었는가? 만약 그렇다면, 그것은 무엇 때문이었는가? 만약 그렇지 않다면, 그 이유는 무엇인가? 그런 추가적인 정보가 유용하겠는가? 면담을 다시 한다면 어떠한 점을 다르게 하겠는가? 자신의 재검토 결과를 요약하시오.

3. 여러분의 경험에 근거하여 DAC 계약 부분의 형식에 맞추어 계약서를 작성하시오. 계약서를 작성한 후, 비디오테이프를 재생하시오. 자신이 사용한 특정한 사회복지실천기술을 밝혀 보시오. 자신이 계약을 작성하는 데 영향을 미친 중요한 대화를 기록하고 그에 맞춰 계약을 수정하시오. 계약을 여러분의 사회복지실천기술 학습 포트폴리오에 포함시키시오.

Chapter 11 자기 평가

이 장을 끝내면서, 다음의 자기 평가 연습을 완성하고, 계약 기술에 대한 자신의 숙련도를 평가하시오.

자기 평가: 계약 기술

여러분의 계약 기술이 숙련된 정도를 스스로 평가하기 위해 아래의 문항들에 응답하시오. 여러분이 각각의 문항에 동의 또는 동의하지 않는 정도를 아래에 제시된 4점 척도를 활용하여 표시하시오.

4 = 전적으로 동의한다
3 = 동의한다
2 = 동의하지 않는다
1 = 전혀 동의하지 않는다

4	3	2	1	문항
☐	☐	☐	☐	1. 나는 계약 기술의 목적과 기능을 논의할 수 있다.
☐	☐	☐	☐	2. 나는 문제를 반영할 수 있다.
☐	☐	☐	☐	3. 나는 가설을 반영할 수 있다.
☐	☐	☐	☐	4. 나는 문제를 밝혀낼 수 있다.
☐	☐	☐	☐	5. 나는 개입을 위해 문제를 명확화할 수 있다.
☐	☐	☐	☐	6. 나는 목표설정을 할 수 있다.
☐	☐	☐	☐	7. 나는 실행 계획을 개발할 수 있다.
☐	☐	☐	☐	8. 나는 실행 단계를 밝혀낼 수 있다.
☐	☐	☐	☐	9. 나는 평가를 위한 계획을 할 수 있다.
☐	☐	☐	☐	10. 나는 계약 기술을 요약할 수 있다.
☐	☐	☐	☐	11. 나는 계약 기술의 숙련도를 사정할 수 있다.
				소계

참고: 위의 문항들은 부록 3의 사회복지실천기술 자기 평가도구의 탐색 기술 부분에 제시되어 있다. 여러분은 위의 문항들에 이전에 응답한 적이 있을 것이다. 여러분은 이전의 여러분의 응답과 이번에 여러분이 응답한 것을 비교할 수 있다. 이전의 점수보다 이번의 점수가 높다면 여러분이 탐색 기술과 관련하여 진전을 보인 것이다.

마지막으로 제11장에서 다룬 사회복지실천기술과 자기 평가 결과를 분석한 후, 1페이지 분량의 보고서를 준비하시오. 보고서의 제목을 탐색 기술의 숙련성에 대한 자기 평가로 하시오. 보고서에는 여러분이 알고 있고 잘 수행할 수 있는(예: 3점 혹은 4점) 기술을 반드시 밝히시오. 또한 보다 연습을 요하는(예: 2점 이하) 기술을 구체적으로 밝히고 그러한 기술을 숙련하기 위한 계획을 세워보시오. 보고서를 완성한 후 보고서를 사회복지실천기술 학습 포트폴리오에 포함시키시오.

CHAPTER 12

개입 및 평가 기술

여러분은 자신이 동의한 목표 수행과정에서 클라이언트와 관계를 맺음으로써 전환점을 맞이한다. 지금까지는 주로 정보를 수집하고 클라이언트와의 관계를 발전시키며 사정을 하고 계약을 협의하는 등의 사회복지실천기술을 사용하였다. 그러나 계약에 동의한 후에는 인간-문제-상황의 변화를 촉진하기 위한 기술을 사용하게 된다. 제12장의 목적(박스 12.1)은 여러분이 개입 및 평가기술을 숙련할 수 있도록 돕는 것이다. 이러한 기술은 클라이언트의 경험과 준거틀에 기반하여 여러분의 지식과 전문성은 보다 능동적이고 표현적인 방식의 활용을 통해 고도화될 것이다.

앞의 장들에서 소개된 기술들은 주로 감정이입적, 탐색적, 그리고 계약상의 기술들이었다. 이러한 기술들은 여러분이 문제의 원인, 심화, 그리고 유지와 관련된 요인들을 탐색하고, 클라이언트의 관점에서 그들의 경험에 대해 배우고 이해하며, 협조적으로 사정하고, 진행 계획에 동의하며, 동의된 목표를 향한 과정 평가 시 사용하는 규칙을 명확히 하기 위해 사용된다. 이 과정에서 여러분은 감정이입적 이해를 전달하고 가설을 반영하며, 질문과 피드백을 통해 적극적으로 규칙적 경청을 하게 된다. 이는 클라이언트가 자신을 좀 더 표현하고 탐색하도록 도울 뿐 아니라, 클라이언트와의 관계를 강화시킨다. 때로는 클라이언트가 진술한 것의 범위를 넘어설 수 있다. 하지만 여러분은 클라이언트의 경험과 준거틀에 중점을 두어야 한다.

박스 12.1   12장의 목적

12장의 목적은 학습자들이 개입 및 평가 기술을 숙련하도록 돕는 것이다.

목표

이 장을 학습한 후 여러분은 다음과 같은 기술들을 숙련할 수 있다.

• 개입 및 평가 기술의 기능과 목표에 대해 논의

- 실행 단계 연습
- 실행 단계 검토
- 평가
- 초점화
- 교육
- 조언
- 대변
- 즉각적 반응
- 재구조화
- 직면
- 종결 예고
- 진행 기록
- 개입 및 평가 기술의 숙련도 사정

핵심 역할

이 장에서 언급되는 기술들은 다음의 제시되는 핵심 EPAS 역량을 지원한다.

- 사회복지전문가로서 정체성을 갖고 그에 맞게 수행하라(EP2.1.1).
- 사회복지 윤리적 원칙을 전문적인 개입을 이끄는 데 적용하라(EP2.1.2).
- 비판적 생각을 전문적 판단을 알리고 소통하는 데 사용하라(EP2.1.3).
- 다양성과 차이를 고려하라(EP2.1.4).
- 사회 환경과 인간 행동에 대한 지식을 적용하라(EP2.1.7).
- 실천에서 형성된 맥락에 대해 반응하라(EP2.1.9).
- 개인, 가족, 집단, 조직, 지역사회에 대해 개입 및 평가하라(EP2.1.10[c-d]).

개입과 평가 기술은 매우 다르다. 여기서 여러분은 자신의 사회복지 준거틀(여러분의 전문적인 지식, 경험, 전문성, 비판적이고 이성적으로 생각하는 능력, 편견과 미신으로부터 벗어남)을 적절히 사용하게 된다. 본질적으로 개입과 평가 기술은 감정이입적이라기보다는 능동적이고 표현적이다. 개입과 평가 기술을 통해서 여러분은 자신의 전문적 의도, 즉, 생각, 느낌, 신념, 의견, 가설, 추론, 결론 등을 표현한다. 여러분은 만남의 임시 목적을 제안하고 관련 규칙과 윤리적인 요인들을 설명하는 실천의 초기 단계에서 이와 같은 적극적 표현 기술을 처음으로 사용한 바 있다. 또한 여러분은 사정 및 계약 과정에서 문제를 찾고, 목표나 주요 목적 또는 행동 단계를 제안할 때 자신이 가진 지식과 경험을 표현한다.

표현 기술이 클라이언트의 말이나 행동과 뚜렷한 관계가 없을 때도 있다. 그러나 대부분 표현 기술의 사용은 클라이언트의 경험을 확대하고자 하는 시도를 반영한다. 연구 결과에 대한 지식과 증거에 기반을 둔 이론적 관점을 통해, 클라이언트로부터 배운 것을 활용할 수 있으며, 그 결과를 여러분이 타당하다고 생각하는 말과 행동에 적용하는 것은 클라이언트의 목표달성에 도움이 될 것이다.

개입 및 평가 기술은 감정이입적이기보다는 표현적이기 때문에, 특정 시점에 이 기술을 사용하는 것에 대한 명확하고 타당한 근거가 있어야만 한다. 이때 여러분의 동기는 개인적인 것이 아니라 전문적인 것이어야 한다. 여러분의 지식, 감정, 의견이 이 시점에 떠올랐다고 해도 그것들을 클라이언트와 나누고자 하는 마음을 자제해야 한다. 오히려 여러분이 선택하는 개입 기술은 지속적인 개입을 위한 계약과 관련이 있어야 한다. 즉, 여러분의 지식, 지능, 전문성은 클라이언트가 동의한 목표에 달성하도록 돕기 위해 사용되어야 한다. 만약 목표와의 명확한 관계를 증명할 수 없다면, 표현 기술 사용의 근거를 세우기가 매우 어려워진다. 개입 단계의 표현 기술이 적절하고 적용 가능한지를 결정하기 위해 여러분은 다음과 같은 질문을 비판적으로 고려해 볼 수 있다.

- 관련된 사람 또는 사람들, 문제, 상황을 적절하게 탐색했는가?
- 클라이언트의 경험에 대한 감정이입적 이해를 클라이언트에게 충분히 전달했는가? 그 결과, 특정 혹은 다양한 개입 단계 표현 기술을 사용하는 것에 대해 합리적으로 고려할 수 있는가?
- 명확한 서비스 동의나 계약을 했는가?
- 이 시점에서 하나 이상의 개입 단계 표현 기술을 사용하려는 목적은 무엇인가?
- 특정 혹은 다양한 개입 단계 표현 기술을 사용하는 것은 클라이언트가 동의된 문제나 이슈를 해결하고 목표를 달성하는 것에 도움이 되는가?
- 개입 단계 표현 기술을 사용하는 것이 클라이언트의 개인적 가치와 문화를 존중하는 것인가?
- 나의 개입 단계 표현 기술에 대해 클라이언트가 어떻게 반응할 것인가?
- 특정 혹은 다양한 개입 단계 표현 기술을 사용함으로써 클라이언트의 개인적 혹은 사회적 안녕에 위협이 되는 위험에는 무엇이 있는가?
- 특정 혹은 다양한 개입 단계 표현 기술을 사용함으로써 다른 사람들을 위태롭게 하는 위험에는 무엇이 있는가?
- 지금 이 순간 클라이언트에 대한 개인적 생각이나 느낌이 개입 단계 표현 기술을 선택하거나 적용하는 데 어떻게 영향을 미치는가?
- 개인적인 관점을 표현하고, 자신의 욕구를 만족시키거나 충동성을 충족시키기 위해 개입 단계 표현 기술을 사용하려는 유혹을 느낀 적이 있는가?

이러한 질문에 대한 비판적 사고는 여러분이 특정 표현적 개입-단계 기술을 적절하게 사용하고 적용할 수 있을지를 결정하는 데 도움을 줄 것이다. 그러나 만약 여전히 불확실한 점이 남아 있다면, 여러분과 클라이언트는 개입할 준비가 될 때까지 명확히 더 적절한 기술을 선택하거나 기술감정이입적 탐색 기술을 다시 사용해야 한다.

개입 및 평가 단계에서 사회복지사들은 이전에 소개된 다양한 공감 기술을 지속적으로 사용할 수 있나. 우리는 김징, 의미, 감정과 의미, 가설을 반영하는 것과 전반적 원조과정을 넘어서는 기술들을 사용한다. 또한 피드백 요청, 질문하기, 명확화하기는 일반적으로 사용되는 기술들이다. 그러나 개입 및 평가 단계에서는 연습(rehearsal), 검토, 초점화, 재구조화, 조언과 같은 개입 기술이 매우 많이 사용된다. 개입 단계 표현 기술을 사용할 때 여러분은 사정과 계약에 초점을 두어야 한다. 특히 여러분의 노력은 동의된 목표와 클라이언트와 함께 세운 서비스 접근방법을 통해 구체화 된다. 각 개입 기술 행동의 적용은 하나 이상의 목표와 주요 목적과 관련이 있어야 한다.

이 단계에 적용될 수 있는 기술들은 (1) 실행 단계의 연습, (2) 실행 단계의 검토, (3) 평가, (4) 초점화, (5) 교육, (6)조언, (7) 대변, (8) 즉각적인 반응, (9) 재구조화, (10) 직면하기, (11) 종결 예고, (12) 진행 기록이 있다.

실행 단계의 연습

클라이언트는 계약과정을 통해 과제나 실행 단계를 실행하기로 동의한다. 따라서 개입 단계에서 사회복지사들은 클라이언트가 동의된 과제를 수행할 수 있도록 클라이언트를 준비시키고 동기를 부여한다. 그러나 불행하게도 여러분이 상담 시 클라이언트의 좋은 의도가 항상 현실화될 수는 없다. 삶의 욕구와 도전들이 방해가 되어 어떤 실행 단계는 불완전하게 시도되거나 아예 시도되지 못 하는 경우도 발생한다. 이러한 경우, 여러분과 클라이언트는 과제완성을 방해하는 생물심리학적 및 환경적 방해물과 직면하게 된다. 다양한 것들이 면접 시에 이루어질 수 있는데, 역할극, 안내된 연습, 시각화와 같은 활동들은 사회복지 상담이라는 특별한 환경과 일상생활 환경 간의 간격을 좁혀주는 역할을 한다. 실행 단계 실천은 혼자 말하기뿐만 아니라 그 밖의 다른 기술들을 포함한 연습활동으로 구성된다. 클라이언트는 연습활동을 통해서 경험의 다양한 측면에 연루됨(사고, 감정, 행동)으로써 현실세계에서 필요로 하는 것들에 더 가까이 접근할 수 있게 된다.

실행 단계에 대한 연습은 행동을 수행해야 한다는 생각과 관련된 불안감을 감소시키고, 동기를 증가시키며 클라이언트가 그 과제를 수행할 가능성을 증가시킨다. 사회복지사들은 연습을 통해 클라이언트가 자신의 욕구를 확인하고, 미래에 발생할 일을 예측하며 가능한 시나리오를 만들게 하고 클라이언트가 과제를 완수하기 위한 다양한 수단과 방법들을 준비하도록 도와야 한다. 많은 클라이언트들이 대안적 시나리오나 행동의 경로를 창의적으로 만들 수 있는 충분한 능력을 가지고 있지만, 그렇지 못한 클라이언트들도 있다. 클라이언트가 이러한 도움을 필요로 할 때, 여러분은 가능한 상황을 예측하고 다양한 대안을 탐색하는 더욱 적극적인 역할을 수행할 수 있다. 여러분은 단계를 시작하는 몇몇 방법들을 제안할 수도 있고 다른 사람들이 어떻게 하는지 예를 들어 설명할 수도 있다. 여러분은 연습과정의 일환으로 다양한 상황에서 클라이언트가 할 수 있는 말이나 행동을 직접 보여줌으로써 클라이언트의 행동 모델이 될 수도 있다. 또한 여러분이 클라이언트를 역할극에 참여하게 할 수 있다. 예를 들어, 여러분이 실행 단계를 수행할 때 클라이언트와 관련된 사람의 역할을 할 수도 있다. 역할극을 진행하는 중이나 그 후에 여러분은 클라이언트에게 조언, 피드백, 지지, 격려 등을 제공할 수 있다.

또 다른 연습의 형태는 클라이언트가 동의된 실행 단계를 수행하는 자신의 모습을 시각화하도록 하는 것이다(Lazarus, 1984). 시각화를 하기 전에 먼저 클라이언트가 마음 속에 그림을 그릴 수 있는 능력이 있는지 파악해야 한다. 여러분은 클라이언트에게 "당신은 마음에 자신의 부엌을 그려보라고 한다면 그렇게 할 수 있겠습니까?"라고 질문을 할 수 있다. 만약 클라이언트가 "예"라고 대답하면 여러분은 "좋습니다. 몇몇 사람들은 당신이 하는 것처럼 상상을 할 수 없습니다. 당신의 정신적 능력은 우리가 함께 일하는 데 많은 도움을 줄 것입니다"라고 말할 수 있다. 그리고 여러분은 "편안한 자세로 숨을 깊게 그리고 천천히 쉬어 보십시오. 원한다면 눈을 감아도 좋지만 눈을 반드시 감을 필요는 없습니다. 눈을 뜬 채로 상상을 잘 하는 사람도 많습니다"라고 말한다. 그리고 "당신이 수행해야 할 실행 단계가 일어나는 상황을 볼 수 있는 영화 스크린을 상상해 보십시오. 이제 우리가 이야기한 행동을 실제로 수행하고 있는 자신을 그려 보십시오"라고 계속한다. 잠시 멈춘 후 모든 실행 단계의 측면을 알려주면서, 클라이언트에게 시각화된 장면을 자세히 설명하도록 요청한다.

시각화하기는 연습의 목적뿐 아니라 클라이언트가 느끼는 두려움을 밝히고 행동을 수행하면서 나타날지도 모르는 잠재적인 장애물을 예상하는 목적을 갖는다. 여러분과 클라이언트가 수행해야 할 행동을 명확히 이해한 후 클라이언트에게 실행 단계를 성공적으로 수행하는 모습을 상상하도록 요청한다. 그 다음 실행 단계를 완성하는 것을 상상했을 때 느낄 수 있는 긍정적인 생각과 느낌을 표현하도록 클라이언트에게 요청한다.

다음은 수잔 홀더Susan Holder가 역할극을 통해 린 체이스Lynn Chase 부인이 실행 단계를 연습하는 것을 돕는 상담의 인용문이다.

〈사례: 실행 단계의 연습〉

사회복지사: (실행 단계 밝히기; 피드백 구하기) 우리가 확인한 단계 중 하나는 아들과 남편에 대해 당신이 느끼는 애정을 적어도 하루에 한 번씩 표현하는 것입니다. 만약 제가 당신의 일반적인 패턴을 정확하게 이해하고 있다면, 이것은 당신이 남편과 아들을 대하는 방식의 변화를 의미합니다. 맞습니까?

클라이언트(체이스 부인): 네, 큰 변화일 것입니다.

사회복지사: 이러한 변화를 위해서는 어느 정도의 계획과 준비가 요구됩니다. 사전에 연습하지 않으면 상황은 변하지 않고 그대로 있는 경향이 있습니다. 그러므로 당신이 매일 로버트와 리차드와 함께 무엇을 말하고 어떻게 행동할 것인지를 저와 함께 계획하고 연습해 보는 것이 어떨까요?

클라이언트: 좋아요.

사회복지사: 감사합니다. 당신이 아들에게 처음으로 애정 어린 말을 건네는 장소와 때를 생각하면 무엇이 떠오릅니까?

클라이언트: 글쎄요, 좋은 기분으로 하루를 시작할 것 같은데요.

사회복지사: 좋은 생각입니다! 당신은 어디에서 처음으로 애정이 담긴 말을 할 것 같습니까?

클라이언트: 글쎄요, 아마 부엌일거예요.

사회복지사: 부엌에서… 제가 아들의 역할을 하도록 하겠습니다. 내일 아침, 우리가 부엌에 있다고 상상하세요. 당신은 아들에게 무엇을 말할 것입니까?

클라이언트: 글쎄요, 저는 "아들아, 요새 우리는 서로의 신경을 거슬리게 한 것 같다. 대부분이 나의 잘못이라는 것을 알고 있다. 그런데 너는 내가 생각한 것보다 스트레스를 많이 받고 있었던 것 같구나. 미안하다. 그리고 지금 이 순간보다 너를 더 사랑한 적은 없단다."

사회복지사(아들 로버트 역할): 고마워요 엄마. 저도 사랑해요.

사회복지사(사회복지사 역할): 체이스 부인, 고맙습니다. 아들에게 그 말을 했을 때 아들을 향한 당신의 사랑을 정말 느낄 수 있었습니다. 특히 당신이 온화하고 애정 어린 눈빛으로 아들의 눈을 보았을 때 그것을 느낄 수 있었습니다. 당신의 기분은 어땠습니까?

클라이언트: 정말 기분이 좋아요. 제 마음이 따뜻해진 것 같습니다. 아들에 대한 사랑을 느낄 수 있었고 제 자신도 기분이 좋습니다.

사회복지사: 아들이 어떻게 반응할 것 같습니까?

클라이언트: 잘 모르겠어요. 하지만 좋아할 것 같아요. 그리고 우리가 더욱 가까워질 수 있을 것 같아요.

사회복지사: 당신이 원하는 게 바로 그것이지요, 그렇지 않습니까?

클라이언트: 네, 그래요.

사회복지사: 아들이 당신의 말을 고맙게 생각하고 자신이 사랑받고 있다는 것을 알게 될 때 당신은 어떻습니까?

클라이언트: 아주 좋아요. 내일 아침이 빨리 왔으면 좋겠어요!

아래의 사례는 사회복지사인 홀더 씨가 시각화하기를 통해 체이스 부인의 실행 단계 연습을 돕는 것을 보여 주고 있다.

〈사례: 실행 단계의 연습〉

사회복지사: (실행 단계 밝히기; 행동의 가능성 탐색; 피드백 구하기) 스트레스를 줄이고 편안함을 증가시키기 위한 방법으로서 우리가 찾아낸 방법 중의 하나가 매일 15분씩 정원 가꾸기를 계획하거나 직접 정원을 가꾸는 것입니다. 당신은 실제로 이러한 것들을 할 수 있습니까? 당신은 매우 바쁩니다. 그렇게 바쁜 당신이 매일 15분씩 정원 가꾸기를 할 수 있을지 궁금합니다. 어떻게 생각하십니까?

클라이언트(체이스 부인): 글쎄요, 솔직히 저는 정원 가꾸기를 다시 시작해야겠다고 생각해 왔지만 하지 못했습니다. 제 자신에게 약속했지만 지키지 못한 거지요.

사회복지사: 솔직히 말해주어서 감사합니다. 문제를 해결하려면 솔직하고 개방적인 자세가 가장 중요합니다. 우리가 확인한 단계를 실제로 수행하지 못할 것이라고 생각된다면, 우리가 더 나은 계획을 세울 수 있도록 그 사실을 이야기해 주시기 바랍니다.

클라이언트: 좋습니다. 그렇게 하겠습니다.

사회복지사: 감사합니다, 체이스 부인. 변화를 이루기 위해서는 어느 정도의 계획과 준비가 필요합니다. 실행 단계가 사전에 연습되지 않으면 상황은 변하지 않고 그대로 있는 경향이 있죠. 이런 점을 생각할 때 당신이 실제로 정원 가꾸기를 좀 더 쉽게 하기 위해 작은 실험을 해 볼 의향이 있는지 궁금합니다.

클라이언트: 글쎄요, 그렇게 하지요. 어떠한 종류의 실험인가요?

사회복지사: "연습은 완벽을 만든다"라는 속담을 들어본 적이 있을 거라 생각합니다. 많은 사람들에게 상상 속에서 연습하는 것은 실제 삶에서 연습하는 것과 거의 같은 효과가 있습니다. 당신이 머릿속으로 그림을 그릴 수 있는 사람이라면, 우리는 계획하는 단계를 시각화하는 당신의 그 능력을 이용할 수 있습니다. 시각적 그림 그리기를 통해 실제로 현실을 위해 정원 가꾸기를 시작할 가능성을 높일 수 있습니다. 제 설명을 이해하셨습니까?

클라이언트: 예, 그런 것 같군요. 어떻게 하는 거지요?

사회복지사: 먼저 그림을 만들어내는 능력을 살펴보지요. 꽃이 만발했던 정원을 상상해 보십시오. 그림이 그려집니까?

클라이언트: 네, 볼 수 있습니다.

사회복지사: 컬러로 보입니까? 아니면 흑백으로 보입니까?

클라이언트: 컬러입니다.

사회복지사: 이제 꽃 주위의 땅을 갈고 있는 자신을 상상해 보십시오. 그것이 당신이 하고 있을 일입니까?

클라이언트: 네, 저는 무릎을 꿇은 상태로 땅을 갈고 있습니다.

사회복지사: 마음의 눈에서 그것을 상상할 수 있습니까?

클라이언트: 네.

사회복지사: 이제 당신이 정원에서 일하면서 무엇을 느끼고, 경험하는지 설명해 보십시오.

클라이언트: 글쎄요, 따뜻함과 편안함을 느낍니다. 만족스럽습니다. 행복합니다. 땅을 가는 것은 즐겁습니다.

사회복지사: 이제 저녁 시간에 정원에 있는 자신을 그려보십시오. 할 수 있습니까?

클라이언트: 네.

사회복지사: 다른 그림처럼 좋은 감정을 느낍니까?

클라이언트: 네.

사회복지사: 이제 다른 그림으로 옮겨갑시다. 비가 온다고 가정합시다. 편안하고 즐거운 상태로 정원 가꾸기를 계획하고 준비하는 것을 상상할 수 있습니까?

클라이언트: 네. 저는 제 정원 그림을 그릴 수 있습니다. 정원에 식물, 과일, 채소가 어디 있는지 그려봅니다. 또한 어떤 식물이 대략 언제 재배되는지 생각합니다.

사회복지사: 이 그림에서 무엇을 느낍니까?

클라이언트: 정원에 있었던 때처럼 편안하고 만족을 느낍니다.

사회복지사: 비가 와서 정원으로 나갈 수 없게 된 날, 당신이 실제로 그렇게 하고 있는 그림을 그려봅시다.

클라이언트: 좋아요.

역할극, 시각화하기 등과 같은 방법들을 결합해서 연습한 결과, 클라이언트는 스스로 자신의 자연스러운 환경에서 특정 행동을 수행할 가능성이 향상된다.

연습 12-1 실행 단계의 연습

연습을 위해 여러분이 가족 상담 센터의 사회복지사라고 가정하자. 연습 11-7의 일부로서 여러분이 확인한 실행 단계를 연습하는 기술을 사용할 때 어떤 말과 행동을 해야 하는지 주어진 공간에 적어 보시오.

1. 여러분은 혼자 사는 77세의 미망인 ○부인과 상담중이다. 여러분은 클라이언트와 개입행동을 위한 문제와 목표에 합의한 상태이고 실행 단계도 확인하였다. 아래의 빈 공간에 클라이언트와 실행 단계를 연습하는 기술을 사용하기 위해 자신이 무엇을 하고 어떠한 말을 할 것인지 설명하시오. 자신의 설명과 행동에 대해 클라이언트가 어떻게 말하며 무엇을 할 것인지를 예상해 보시오.

2. 여러분은 일곱 식구로 이루어진 S가족과 상담중이다. 여러분은 클라이언트와 개입행동을 위한 문제와 목표에 합의한 상태이고 실행 단계도 확인하였다. 아래 빈 공간에 클라이언트와 실행 단계를 연습하는 기술을 사용하여 자신이 무엇을 하고 어떤 말을 할 것인지 설명하시오. 자신의 설명과 행동에 대해 클라이언트가 어떻게 말하며 무엇을 할 것인지를 예상해 보시오.

3. 여러분은 기혼여성 F씨와 면담중이다. 여러분은 클라이언트와 개입행동을 위한 문제와 목표에 합의한 상태이고 실행 단계도 확인하였다. 아래 빈 공간에 클라이언트와 실행 단계를 연습하는 기술을 사용하여 자신이 무엇을 하고 어떤 말을 할 것인지 설명하시오. 자신의 설명과 행동에 대해 클라이언트가 어떻게 말하며 무엇을 할 것인지를 예상해 보시오.

4. 여러분은 기관관리자와 사회복지 상담서비스를 제공하는 것에 대하여 회의중이다. 여러분과 기관관리자는 개입실행을 위한 문제와 목표에 합의한 상태이고 실행 단계도 확인하였다. 문제가 있던 기관을 긍정적인 방향으로 돌리기 위한 초기 노력으로 기관관리자는 계획의 주요 요소들에 대해 간략하게 이사회에 보고하려고 한다. 아래 빈 공간에 실행 단계를 통해 연습하는 기술을 사용하여 기관관리자에게 어떻게 행동하고 말할 것인지 설명하시오. 여러분의 말과 행동에 대한 반응으로 기관관리자가 어떻게 말하고 행동할 것인지 예상해 보시오.

실행 단계의 검토

클라이언트가 실행 단계를 수행하기로 동의할 경우, 세 가지 가능한 결과들을 생각해 볼 수 있다: (1) 클라이언트가 실행 단계를 완수하는 경우, (2) 클라이언트가 부분적으로 완수하는 경우, (3) 클라이언트가 실행 단계를 전혀 수행하지 않는 경우이다. 첫 번째와 두 번째 결과는 상담에 진전이 있음을 의미하지만 세 번째 결과는 그렇지 않다. 그러나 세 번째 결과도 앞으로의 성공 가능성을 높이기 위해 그 과정을 신중하게 검토한다면 유용할 수 있다. 여러분은 클라이언트와 일하면서 그들이 동의한 실행 단계를 시도하고 완수할 가능성을 높이도록 노력해야 한다. 실제로 클라이언트가 행동을 시도하기 전에 실행 단계를 연습할 경우, 그들이 행동을 시도할 가능성은 더 높아진다. 또한 클라이언트가 실행 단계를 시도한 후 그것을 검토할 기회가 있다는 것을 알게 될 경우, 행동을 시도할 동기가 높아진다. 일반적으로 질문을 통해서 그들이 취한 실행 단계의 과정과 결과에 대한 여러분의 관심을 표현하는 것은 클라이언트가 보다 더 많은 실행 단계들을 시도할 수 있도록 도와준다. 또한 여러분은 실행 단계를 시도한 후 어떤 일이 일어났는지를 검토함으로써 목표 달성 정도를 평가하고 후속 실행 단계를 확인하기 위해 사용할 수 있는 유용한 정보를 수집할 수 있다.

실행 단계를 검토하면서 클라이언트에 대해 지지적이고 호기심 있는 자세를 가져야 한다. 클라이언트가 부분적으로 또는 완전하게 과제나 활동을 수행했다면 함께 기쁨을 나누도록 하고, 반면에 실행 단계를 시도하는 데 실패하였을 때는 그들의 행동을 지연시킬 수 있는 불만이나 비난을 클라이언트에게 표현하지 않아야 한다. 그보다 "무엇 때문에 당신은 시도하지 못했다고 생각하십니까?"와 같은 질문을 하는 것으로 여러분의 관심을 표현해야 한다. 그리고 실행 단계의 수행을 방해한 클라이언트의 생각과 감정을 함께 탐색하고 계획의 변화를 초래한 상황적 요소에 대해 질문한다. 종종 예상치 못한 장애물 때문에 클라이언트가 실행 단계를 완성하지 못할 때도 있다. 이러한 경우는 클라이언트와 함께 장애물을 다룰 수 있는 대안을 모색한 후, 수정된 실행 단계를 연습할 수 있다. 클라이언트가 실행 단계를 완전히 수행했을 때는 실행 단계를 완성하는 데 영향을 준 요인에 대해 질문하면서("이번에는 무엇 때문에 실행 단계를 완수할 수 있었습니까?") 기쁨과 호기심을 적절히 표현한다. 활동을 부분적으로 완수한 클라이언트에게는 기쁨과 관심을 표현하면서 실행 단계를 적절하게 수행할 수 있게 만든 차이점에 대해 질문을 하도록 한다. 이후에 여러분은 어떤 요인 때문에 보다 완전하게 수행할 수 없었는지를 파악하고 클라이언트와 계획을 수정할 수 있다. 클라이언트가 부분적으로 혹은 완전히 실행 단계를 수행했다면 여러분은 그와 관련된 기쁨과 만족스러움을 깨닫고 이를 표현할 수 있도록 클라이언트를 격려하여야 한다. 또한 여러분은 클라이언트가 보여준 노력에 대해서 여러분의 긍정적인 느낌을 클라이언트와 공유한 후에 여러분과 클라이언트는 추가적인 실행 단계를 확인하고 연습하게 된다.

〈사례: 완수된 실행 단계의 검토〉

사회복지사: (홀더 씨) 지난 번 만남에서 당신은 매일 15분씩 정원 가꾸기를 하기로 하였습니다. 기억하시겠지만, 우리는 당신이 마음의 눈으로 그 활동을 상상하는 과정을 연습했습니다. 어떠셨나요?

클라이언트: (체이스 부인) 아주 좋았어요! 정원을 매일 가꾸었고 가끔은 15분을 넘기기도 했어요. 그리고 너무나 즐거웠어요. 정원 가꾸기는 나의 다른 생활에도 영향을 주었지요. 저는 더욱 평온하고 만족스러운 생활을 했습니다.

사회복지사: 좋습니다! 그래서 정원 가꾸기가 당신의 만족감을 높이는 데 정말 효과적이었습니까?

클라이언트: 네. 정말 효과가 있었어요. 일주일 내내 두통은 한 번 밖에 없었고 기분도 훨씬 좋았어요.

사회복지사: 대단합니다! 더 나은 상황을 만들기 위해 정원 가꾸기 활동에 대해 우리가 수정해야 할 것이 있습니까?

클라이언트: 아니오. 이대로 좋습니다. 아무것도 바꾸지 않았으면 해요.

사회복지사: 좋습니다. 정원 가꾸기 활동을 그대로 합시다. 즉, 정원 가꾸기 활동을 매일 15분씩 하기로 합시다. 괜찮으시지요?

클라이언트: 네.

〈사례: 부분적으로 완수된 실행 단계의 검토〉

사회복지사: (홀더 씨) 지난 번 만남에서 당신은 매일 15분씩 정원 가꾸기를 하기로 하였습니다. 우리는 당신이 마음의 눈으로 그 활동을 상상하는 과정을 연습했습니다. 어떠셨어요?

클라이언트: (체이스 부인) 이번 주에 두 번 정원을 가꾸었지만 그 이상을 할 시간은 없었습니다. 제가 너무나 바빴어요.

사회복지사: 일주일 중 이틀 정도 정원을 가꿀 시간이 있었다는 것이군요. 그건 아주 좋은 시작입니다. 정원을 가꾼 이틀은 어떠셨나요?

클라이언트: 글쎄요, 주초에 저는 정원 가꾸기를 하기로 결심했습니다. 저는 정원 가꾸기를 하였고 정원을 가꾸어보니 좋습니다. 가꾸기를 오랫동안 중단한 후 다시 시작하니 할 일이 많았습니다. 하지만 정말 즐거웠고 그 이틀간 기분이 좋았습니다. 하지만 셋째 날에는 시간이 없었습니다.

사회복지사: 정원을 가꾼 이틀은 아주 좋았던 것 같군요. 당신은 그 이틀을 즐겼습니다. 셋째 날 정원 가꾸기를 하지 않았을 때는 그렇게 기분이 좋지 않았습니다. 그렇다면, 정원 가꾸기가 분명히 도움이 되는 활동이 맞습니까?

클라이언트: 오, 그럼요! 제가 그것을 하기만 한다면요!

사회복지사: 당신이 정원 가꾸기를 쉽게 할 수 있는 방법과 그 활동으로부터 이익을 얻는 방법이 있는지 알아봅시다. 정원을 가꾼 날은 하지 않은 날과 무엇이 달랐습니까?

클라이언트: 글쎄요, 처음 이틀 동안은 정말로 하고자 하는 마음이 많았습니다. 하지만 셋째 날 직장에서 힘든 일이 있었고 집에 왔을 때 지쳐있었습니다. 그대로 소파에 누웠고 잠이 들었습니다. 그 이후로 저는 매일 밤마다 피곤했던 것 같습니다.

사회복지사: 정원 가꾸기를 하는 것이 편안하고 만족스러운 느낌을 가져다주지만, 직장에서 매우 피곤한 상태로 집에 왔을 때는 비록 그것이 휴식과 편안함을 주더라도 정원 가꾸는 것이 너무 힘들지요. 직장에서 돌아와 소파에서 잠이 들 때, 당신은 정원을 가꿀 때 느끼는 것처럼 편안하고 안정됩니까?

클라이언트: 사실 소파에서 자고 나면 기분이 더 나빠집니다. 저녁 내내 신경이 예민해졌어요. 그리고 밤에 잠을 잘 자지 못해요. 정원 가꾸기를 할 때가 더 나아요.

사회복지사: 그렇다면 이제 일 때문에 피곤하고 지친 때에도 당신이 정원 가꾸기를 할 수 있도록 하

기 위해 우리가 할 수 있는 것을 생각해 봅시다. 당신이 지금 힘든 하루를 끝마치고 직
장에서 집으로 돌아왔다고 생각해 봅시다. 당신은 지쳐있습니다. 당신의 평소 버릇은 소
파에 눕는 것입니다. 하지만 이번엔 당신이 얼음물을 마시면서 정원으로 걸어간다고 상
상해 보십시오. 당신은 의자에 앉아서 얼음물을 마시는 동안 정원을 보고 있습니다. 당
신은 아무 것도 하지 않습니다. 그저 그곳에 앉아 있습니다. 10분 정도 후에 스트레스와
피로가 줄어드는 것을 느낍니다. 당신은 잠시 정원 가꾸기를 합니다. 15분 후 정원 가꾸
기를 멈춘 뒤, 당신은 자신이 편안함과 안락함을 느끼고 있는 것을 알게 됩니다. 당신은
더 이상 피곤하지 않습니다. 그리고 저녁 휴식을 위한 준비가 되었습니다 … 어떻습니
까? 체이스 부인, 분명하게 상상할 수 있겠습니까?

클라이언트: 네, 정원을 가꾸는 동안 정말 편안한 제 모습을 볼 수 있어요. 반면에 소파에서 잘 때는
편안치 않아요.

사회복지사: 다음 주에는 15분간 정원 가꾸기를 다시 해 보도록 하는 건 어떨까요? 대신 7일에서 4일
로 변경하도록 할까요?

클라이언트: 좋아요. 그렇게 하도록 해요.

〈사례: 시도되지 않은 실행 단계의 검토〉

사회복지사: (홀더 씨) 지난 번 만남에서 당신은 매일 15분씩 정원 가꾸기를 하기로 하였습니다. 우리
는 당신의 마음의 눈으로 그 활동을 상상하는 과정을 연습했습니다. 어떻게 되었습니까?

클라이언트: (체이스 부인) 글쎄요, 생각은 했는데 정원을 가꿀 시간이 전혀 없었어요. 너무나 바빴어요.

사회복지사: 지난 일주일 동안 당신은 정원 가꾸기를 할 시간을 전혀 낼 수가 없었습니다. 한 주 동
안 상태가 나아지고 있다는 어떤 표시가 있었는지 저에게 말씀해 주십시오.

클라이언트: 글쎄요, 없었어요. 모든 것이 똑같습니다. 지난 상담 후 기분이 많이 나아졌지만 하루 정
도 밖에 유지되지 않았어요.

사회복지사: 당신의 문제에 대해서 저와 이야기를 해서 일시적인 안정은 있었던 것 같지만 실제적인
발전은 아니지요. 맞습니까?

클라이언트: 네, 그런 것 같아요.

사회복지사: 정원 가꾸기 활동 그 자체에 대해서 이야기를 해 봅시다. 지난 상담에서 조금씩이라도
다시 정원을 가꾸기 시작한다면 기분이 나아질 것이라고 확신했습니다. 그것이 아직도
사실이라고 생각합니까, 아니면 정원 가꾸기가 실제로 당신에게 도움이 된다는 것에 대
해 다시 생각해 보았습니까?

클라이언트: 글쎄요, 저에게 도움이 된다는 것은 알아요. 하지만 지금은 시간이 없어요.

사회복지사: 정원 가꾸기가 도움이 된다고 아직 생각한다면 무엇이 그것을 가로막는지에 대해 생
각해 봅시다. 지난 주에 정원 가꾸기 대신 무엇을 하셨습니까?

클라이언트: 글쎄요, 첫째 날 저녁 정원을 가꾸기로 계획했지만 아들이 농구하다가 무릎을 다쳐서
응급실에 데려가야 했어요. 이번 주 내내 아들은 침대에 있었어요. 직장에서 돌아온 후
매일 저녁 저는 아들을 간호했습니다.

사회복지사: 당신의 아들의 사고가 문제였군요. 아들의 무릎은 어떻습니까?

클라이언트: 글쎄요, 많이 나았습니다. 다음 주 중이면 침대에서 일어날 수 있을 것입니다. 그 다음
주 초면 학교에 다시 갈 수 있을 것입니다.

사회복지사: 그렇다면 아들이 회복한 후에는 시간적 여유가 있겠군요. 당신은 아들이 다시 걷기 시
작한다면 정원 가꾸기를 할 수 있다고 생각합니까?

클라이언트: 그렇습니다. 아들이 도움을 얼마나 필요로 하는지에 달렸습니다.

사회복지사: 적어도 며칠간은 더 아들을 돌봐야 할 것 같군요. 저녁 시간에 그를 돌볼 때 무엇을 해

야 합니까?

클라이언트: 우선 저녁을 만들어주고 침실로 데려갑니다. 그리고 우리는 잠시 이야기를 나눕니다. 그런 다음 나는 부엌을 치우고 설거지를 합니다. 그리고 아들인 로버트를 다시 한 번 확인합니다. 일반적으로 우리는 이야기를 조금 더 나눕니다. 그리고 나면 잠자리에 들 시간이 됩니다.

사회복지사: 체이스 부인, 여기서 우리는 선택을 해야 할 것 같습니다. 첫째, 아들이 나아진 후 당신이 정말 정원 가꾸기를 다시 시작하겠다고 생각한다면, 우리는 정원 가꾸기를 시작할 시기를 단순히 연기하면 됩니다. 하지만 아들이 다치지 않았고 당신이 정원 가꾸기를 하지 못하게 한 것이 다른 이유때문이라면, 우리는 당신이 맡고 있는 과도한 역할상의 문제를 다룰 기회를 가져야만 합니다. 우리가 이전에 이에 대해 탐색했을 때, 당신이 다른 사람들, 특히 리처드와 로버트를 지나치게 보살피는 것을 "과잉보호(overmothering)"라는 단어로 지칭했습니다. 과잉보호는 두 사람이 그들 스스로를 보살피는 능력을 방해합니다. 정원 가꾸기를 하지 않겠다는 당신의 결정이 단순히 특별한 상황이기보다 자신에 대한 소홀과 과잉보호(overmothering)의 문제라면, 로버트가 아픈 동안이라도 문제를 바로 다루기 시작할 수 있습니다. 어떻게 생각합니까?

클라이언트: 글쎄요, 솔직히 말하면, 두 가지 다입니다. 로버트의 부상은 제가 그를 보살필 기회를 주었어요. 그것이 과잉보호(overmothering)인지는 모르겠지만 전 확실히 필요 이상으로 보살펴. 지난 주에 로버트에게 너무 집중한 것은 제가 정말 기대했던 정원 가꾸기 활동을 못하게 했어요.

사회복지사: 그러면 어떻게 생각합니까? 정원 가꾸기를 시작할 날짜를 연기해야겠습니까, 아니면 자신을 돌보지 않는 당신의 경향성에 도전하기 위해 지금 당장 시작하시겠습니까?

클라이언트: 글쎄요, 지금 당장 시작하는 게 좋겠습니다. 비록 아들이 무릎을 다쳤지만 저는 마땅히 저녁 시간 15분 정도는 투자해야 한다고 생각해요.

사회복지사: 좋아요. 아들의 부상 때문에 당신이 추가적으로 할 일이 있으니 매일 15분씩이었던 계획을 다음 주에는 15분씩 세 번으로 바꾸는 게 어떨까요? 현재 상황을 고려할 때 그게 더 적절할 수 있겠습니다.

클라이언트: 네, 그래요. 그게 알맞을 것 같군요. 다음 일주일 동안 정원 가꾸기를 세 번 할 수 있다는 것을 압니다.

사회복지사: 좋아요. 매일 정원 가꾸기를 하자는 계획은 다음 일주일 동안은 세 번으로 변경했습니다. 이제 이것을 조금 연습하는 것이 어떻습니까?

이러한 과정을 통해, 클라이언트는 여러분이 각 회기의 과업과 합의된 목표에 도달할 수 있도록 그들을 지지하는 것에 대해 진심으로 관심이 있다는 것을 더욱 믿게 된다. 실행 단계의 검토는 클라이언트가 앞으로 과업을 시도하고 완수할 가능성을 높인다.

연습 12-2 실행 단계의 검토

연습을 위해, 여러분이 가족 상담 센터의 사회복지사라고 가정한다. 주어진 공간에, 실행 단계를 검토하는 기술을 보여주기 위한 자신과 클라이언트 간의 대화를 작성하시오. 연습 11-7에 나온 실행 단계에 이어서 써보시오.

1. 여러분은 혼자 사는 77세의 미망인 ○부인과 상담중이다. 부인은 합의된 실행 단계를 완수했다고 말한다. 아래의 빈 공간에 이 클라이언트와 실행 단계를 검토하기 위해 자신이

할 말을 적어 보시오.

2. 여러분은 일곱 식구로 이루어진 S가족과 상담중이다. 가족은 합의된 실행 단계를 부분적으로 완수했다고 한다. 아래의 빈 공간에 이 클라이언트와 실행 단계를 검토하기 위해 자신이 할 말을 적어 보시오.

3. 여러분은 F부인과 상담중이다. 그녀는 합의된 실행 단계를 시도하지 않았다고 한다. 아래의 빈 공간에 이 클라이언트와 실행 단계를 검토하기 위해 자신이 할 말을 적어 보시오.

4. 여러분은 사회복지 상담서비스를 제공하는 사회복지기관의 관리자와 함께 일하고 있다. 관리자는 합의된 실행 단계가 완수된 것을 이사회에서 발표했다. 관리자와 실행 단계를 검토하기 위해 자신이 할 말을 적어 보시오. 관리자가 여러분의 행동과 주장에 무엇이라고 대답할지 예상해 보시오.

평가

평가 과정은 개입 및 평가 단계에서 매우 중요하며, 일반적으로 실행 단계를 검토하는 동안 이루어진다. 평가 기술을 통해서 여러분은 목표달성 정도를 검토하는 과정에 클라이언트를 참여시킬 수 있다. 여러분과 클라이언트는 목표달성 척도, 빈도, 주관적 평가, 간단한 사정 도구, 자기기입식 및 온라인 도구 등과 같은 지표의 변화를 통해 경과를 알아 볼 수 있다. 평가 결과는 사례 기록에 포함된다. 또한 여러분은 변화의 정도 또는 경과의 유무를 기록하여 진행 결과를 기억하도록 해야한다. 소프트웨어 프로그램을 사용하면, 클라이언트가 쉽게 이해할 수 있는 표, 선그래프, 파이그래프, 막대그래프 등의 다양한 그래프 형태로 점수를 시각화 할 수 있다. 이처럼 경과를 보여주는 그래프는 클라이언트의 자기효능감을 향상시키고 다음 단계의 행동에 대한 동기를 부여한다. 평가에서 경과가 거의 또는 전혀 없거나 부정적인 흐름이 보일 경우, 여러분과 클라이언트는 평가, 계약, 계획된 실행 단계 등을 재고해야 한다.

평가 기술을 사용하여 평가 계획에 따라 자료를 검토하는 과정에 클라이언트를 참여시켜야 한다. 여러분은 평가 자료가 목표달성의 경과, 변화가 없는 상태, 잘못된 방향으로의 변화를 반영하는지 확인해야 한다. 실행 단계를 검토할 때와 마찬가지로, 확실한 경과가 있을 때 기쁨을 적절하게 표현하면서 클라이언트가 긍정적인 변화를 가져온 요인을 찾아보도록 한다. 또한 경과가 없을 경우, 여러분은 클라이언트와 함께 원인을 분석하여 전반적으로 계획을 수정해야 하는지 혹은 부분적으로 계획을 수정해야 하는지 파악해야 한다. 종종 평가도구는 클라이언트의 경험과 여러분의 관찰을 보충할 수 있는 유용한 정보를 제공한다. 문제가 악화되었을 경우, 그에 대한 집중적인 재분석이 필요하다. 계획된 실행 단계가 실제로 상황을 돕기보다 오히려 악화시키지는 않았는지 살펴보아야 한다. 종종 초기에 나타나는 부정적인 결과는 예상 가능한 일시적인 현상이며, 이후에 긍정적인 결과가 나타날 수 있다. "문제 상황이 호전되기 전의 일시적 악화"는 보기 드문 현상은 아니지만 짧은 기간 동안 일어나야만 한다. 만약 이것이 오랜 기간 동안 지속된다면, 이는 즉각적으로 다루어져야 하는 문제라는 것을 의미한다. 또한 부정적인 결과가 항상 여러분의 전문적인 노력이나 클라이언트의 실행 단계의 결과 때문만은 아니다. 오히려 환경의 변화로 인한 영향일 수도 있다. 물론 프로그램 자체의 변화로 부정적인 결과가 발생하기도 한다. 이러한 경우, 계약의 주요한 부분에 대한 수정이 필요하다.

예를 들어 체이스 부인이 매일 밤 수면 시간을 기록하는 수면일지에 대해 생각해 보자. 사회복지사인 수잔 홀더는 수면일지를 확인했고 수면 시간을 그림 12.1에 나타난 그래프로 옮겼다.

그래프가 보여주듯이 체이스 부인은 1월 13일과 1월 19일 사이에 매일 밤 4시간 정도의 수면을 취했다. 그녀의 말에 따르면, 지난 몇 달간 매일 밤 약 4시간 정도의 수면을 취했다고 한다. 두 번째 상담 주간인 1월 20일 저녁, 체이스 부인은 그들이 고안한 변화 프로그램을 실행했다. 그날 밤부터 체이스 부인의 일지는 매일 밤 8시간 동안 수면을 취하는 변화를 보였다. 그 후 그녀가 7시간 미만으로 수면을 취한 날은 하루 밖에 되지 않았다.

평가 과정에서 체이스 부인과 수잔은 수면시간을 늘리는 목표와 관련하여 계획이 성공적으로 진행되고 있다고 결론지었다. 물론 매일 아침 일어났을 때 얼마나 상쾌한지에 대한 체이스 부인의 주관적인 평가를 검토했고, 수잔은 이를 그래프로 변환하여 평가할 수 있었다.

그림 12.1   수면패턴 : 체이스 부인

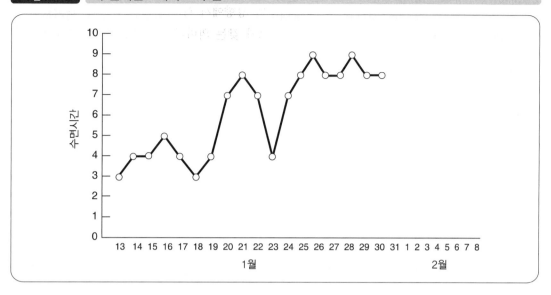

연습 12-3   평가

연습을 위해 여러분이 가족 상담 센터의 사회복지사라고 가정하고 아래의 공간에 목표달성 정도를 평가하는 기술을 어떻게 사용할 수 있는지 보여주는 여러분과 클라이언트 사이의 대화를 작성해 보시오.

1. 여러분은 77세의 미망인 O부인과 목표달성에 대한 과정을 평가 중이다. 측정 자료는 목표달성을 위한 경과가 없음을 나타낸다. 오히려 문제는 더 악화되었다. 여러분이 클라이언트와 함께 자료를 검토하면서 그 자료가 갖는 의미와 논의하는 대화를 작성해 보시오.

2. 여러분은 S가족과 목표달성 정도를 평가하는 중이다. 평가 자료는 긍정적이거나 부정적 방향으로의 변화는 없었음을 나타냈다. 여러분이 클라이언트와 함께 자료를 검토하면서, 그 자료가 갖는 의미를 논의하는 여러분과 S가족 사이의 대화를 작성해 보시오.

3. 여러분은 F부인과 목표달성 정도를 평가하는 중이다. 측정 자료는 정확하게 목표달성을 위한 경과가 있는 것으로 나타났다. 긍정적인 방향에서 확실한 변화가 있다. 여러분이 클라이언트와 함께 자료를 검토하면서 그 자료가 갖는 의미를 논의하는 여러분과 F부인 사이의 대화를 작성해 보시오.

4. 여러분은 사회복지 컨설팅 서비스를 제공하는 기관의 이사회에서 목표달성에 대해 진행평가 중이다. 측정 자료는 정확하게 목표달성에 대해 경과가 있는 것으로 나타난다. 긍정적인 방향으로 확실한 변화가 있다. 직원들 간의 대화는 증가하였고, 매주 슈퍼비전을 받고 있으며, 기관관리자는 적극적인 자세로 리더십을 추구한다. 또한 직원들의 사기가 충만해지고 있다. 여러분이 이사회와 함께 자료를 검토하면서 그 자료가 갖는 의미를 논의하는 대화를 작성해 보시오.

초점 맞추기

초점 맞추기(Perlman, 1957, pp. 145~149)는 현재 다루고 있는 주제에 주의를 집중하고 유지하기 위해 사용되는 기술이다. 가끔 여러분과 클라이언트는 합의한 목표와 이슈들로부터 멀어지는 경우가 있다. 주제의 전환은 이해의 폭을 넓히고 효과적인 변화의 기회를 만들어 때로는 생산적인 경우도 있으나 때로는 비생산적일 수도 있다. 초점 맞추기 기술을 통해 주제와 관련된 방향으로 되돌아갈 수 있다. 때때로 클라이언트는 표적 문제 및 목표와 관련된 중요한 현상을 간과하기도 한다. 따라서 여러분은 클라이언트가 이 주제에 주의를 기울이도록 하여 그들의 인식과 이해를 높일 수 있다. 예를 들어, 가족과의 상담에서 여러분이 실행 단계를 결정할 무렵, 갑자기 형제·자매 중 한 명이 다른 가족 구성원이 과거에 저지른 실수에 대한 불만을 표시하면서 방해하는 경우가 발생할 수 있다. 이때에 여러분은 사회복지사로서 이와 같은 방해를 자기 방어적 행동, 변화에 대한 양가감정, 또는 가족 체계의 균형을 유지하려 하는 시도로 가정해 볼 수 있다. 그러나 여러분은 초점 맞추기 기술을 사용하여 그 가족 구성원의 방해 행동에 반응함으로써 그 행동을 이론적으로 생각해 볼 수도 있다. 여러분은 상담 회기를 방해하는 가족 성원에게 "그 주제는 잠시 보류하고 나중에 다루기로 할까요? 우선 우리의 계획을 결정합시다. 감사합니다"라고 말할 수 있을 것이다. 이와 같이 초점 맞추기 기술을 통해 여러분은 현재 다루고 있는 주제로 가족을 되돌릴 수 있다. 여러분은 또 다른 목적이라 할 수 있는 과정에 대한 인식을 높이기 위해서 다른 방법에 관심을 둘 수 있다: "이 문제를 다루려는 실행 단계에 대해 동의하려고 할 때, 자네는 쉴라의 과거 행동에 대한 우려를 나타냈습니다. 자네, 이 시점에 그 주제를 꺼낸 이유가 무엇입니까?"

연습 12-4 초점 맞추기

연습을 위해, 여러분이 가족 상담 센터의 사회복지사라고 가정하고 주어진 공간에 초점 맞추기 기술을 사용하면서 자신이 할 말을 적어 보시오.

1. 여러분은 ○부인과 실행 단계를 검토하고 있는 중이다. 이 과정 중에 ○부인은 어린 시절 친구에 대해 회상하기 시작했다. 서비스 목표에 따라 여러분은 실행 단계에 대한 검토 과정을 끝내는 것이 ○부인을 위해 더 좋다고 믿었고, 클라이언트의 아동기 기억을 나중에 다루려고 한다. 주어진 빈 공간에 ○부인과 초점 맞추기 기술을 사용하기 위해 할 수 있는 말을 적어 보시오.

2. 여러분은 S가족에게 중요한 새로운 주제를 탐색하는 중이다. 부모와 세 명의 10대 자녀들만이 상담에 참석했다. 상담 주제는 사춘기 자녀의 성에 대한 것이다. 상담이 진행되면서 S부인이 좀 더 편안한 문제로 주제를 바꾸는 것을 관찰했다. 이와 같은 패턴은 사춘기 자녀를 둔 가족 성원들이 성과 관련된 주제를 다룰 때 나타난다. 청소년의 성 주제를 계속 이야기하는 것이 가족의 가치관과 문화적 배경과 일치되고 가족에게 도움이 되며 목표달성을 위한 단계를 의미하는지는 여러분의 전문가적 판단에 기반하여 결정하여야 한다.

    여러분은 초점 맞추기 기술을 사용하기로 결정하였다. 성과 관련된 주제로 토론을 다시 되돌리기 위해 여러분이 사용할 말을 적어 보시오. 그 다음, 어려운 주제에서 벗어나려는 패턴에 대한 가족의 인식을 높이기 위해 어떻게 초점을 다시 맞출 것인지 제시하시오.

3. 여러분은 F부인과 역할극 중이다. F부인은 자신의 딸 역할을 하기로 했다. 역할극을 시작한 지 몇 분 후 부인의 눈에는 눈물이 고였고, 곧 그녀의 볼에 눈물이 흐르기 시작했다. 부인은 머쓱해 하며 딸의 역할을 계속했다. 여러분은 부인이 눈물의 의미를 탐색하고 감정을 더 표현하는 것이 부인에게 도움이 될 것이라는 전문가적인 판단을 내려야 한다. 또한 여러분은 이러한 단계가 계약에 대해 전적으로 일관성을 가진다고 판단하였다. 아래의 공간에 눈물과 눈물에 숨겨진 감정과 생각에 대해 초점 맞추기 기술을 사용하여 무엇이라고 말할 것인지 적어 보시오.

4. 여러분은 사회복지 컨설팅 서비스를 제공하는 기관의 이사회와 함께 목표달성을 위한 평가과정중에 있다. 여러분의 과정에 대한 자료 발표에 따라 이사회 구성원들은 긍정적인 결과의 영향에 대해 활발한 토론을 하기 시작한다. 갑자기 참여자 중 한 명이 이전 관리자의 잘못된 행동에 대한 주제를 거론하였다. 여러분의 전문가적 판단에 따르면, 현 토론에서 벗어난 이러한 전환은 이사회의 업적을 비방하는 것이다. 긍정적인 평가 자료의 영향에 대해 이사회 구성원들이 토론을 이어가도록 독려하기 위해 무엇이라고 말할지 적어 보시오.

교육

개입 단계 동안 클라이언트가 동의한 목표 성취에 필요한 정보나 기술이 부족하다는 것이 명확하게 나타나는 경우가 있는데, 이와 같은 상황에서 여러분은 교사나 교육자의 역할을 적절히 수행해야 한다. 교육 기술은 몇 가지 단계를 포함한다. 여러분은 클라이언트와 지식과 가설을 공유할 수 있다. 예를 들어, 여러분은 유아의 생애 첫 해에서 기대되는 주요 발달단계 과업에 대해 부모에게 알려줄 수 있다. 예를 들어 상호 역할 활동을 통해 부모가 어떻게 아동의 발달을 촉진할 수 있는지에 대한 의견을 나눌 수도 있다. 교육 시, 클라이언트가 특정 상황과의 관련성을 자유롭게 생각하게 하는 방법으로 정보를 제공하고, 그 정보의 수용 여부를 결정할 수 있도록 해야 한다. 이는 사실이 아닌 가설을 제공할 경우 더욱 그러하다. 그러나 사실적 정보를 제시할 때도 반대할 수 있는 클라이언트의 권리를 존중하고 스스로 행동 방향을 선택하도록 한다.

여러분은 클라이언트를 교육시키면서 모든 사람들의 학습방법이 동일하지 않다는 점을 기억해야 한다. 다양한 학습방식이 존재한다; 일부 클라이언트는 여러분이 선호하는 교수법이나 학습방식과는 다른 학습방식을 선호할 수 있다. 그러므로 여러분은 교육방식을 개별화시켜 각각의 클라이언트에게 다가가야 한다. 예를 들어 어떤 클라이언트는 연역적 사고방식에 익숙하다. 그들은 이론적인 개념과 원리를 즐기며, 추상적인 원리가 이해될 때, 연역적인 추론을 통해 이를 일상생활에 적용할 수 있다. 다른 클라이언트들은 귀납적 사고방식이 강하다. 그들은 특정한 사건이나 상황을 파악할 수 있고, 그에 대해 명확하게 이해할 수 있다. 이러한 이해는 미래의 비슷한 상황에 적용될 수 있으나, 또 다른 상황에서는 이미 배웠던 것을 처음부터 다시 배워야 할 수도 있다. 이러한 클라이언트는 보통 추상적인 원리보다는 예나 보기 그리고 구체적인 지침을 통해서 더 많은 것을 배운다. 또한 많은 경우, 클라이언트는 여러분이 이야기해 주거나 은유법을 사용하거나 유추에 의해 설명할 때 더 잘 배운다. 예를 들어 자신의 주변 환경으로 인해 어려움을 겪고 있는 성인 남성 클라이언트와 일할 때, 여러분은 함께 그 상황을 철저하게 탐색하고 나서 클라이언트가 스스로를 함정에 빠뜨리는 경향이 있음을 알게 되었다. 이러한 경우, 여러 가지 대안들이 있으나 클라이언트는 대안들을 알지 못하거나 신중하게 고려하지 않을 수 있다. 이와 같은 경우 여러분은 다음과 같은 방법으로 이야기할 수 있다.

〈사례: 교육〉

예전에 본 적이 있는 만화가 생각이 납니다. 첫 번째 그림엔 절망적으로 보이는 남자가 있고 그는 감옥의 쇠창살 사이로 밖을 내다보고 있습니다. 그의 눈과 머리는 전혀 움직이지 않습니다. 그는 창살을 통해서만 봅니다. 그는 언제나 불안하고 두려우며 우울해 보입니다. 두 번째 그림에서 우리는 더 먼 곳에서 그 장면을 봅니다. 우리는 다시 창살 사이로 내다보고 있는 절망적인 남자를 봅니다. 하지만 그리고 나서 우리는 쇠창살이 방의 한 쪽에만 있다는 것을 알게 됩니다. 나머지 세 면에는 창살이 없습니다. 거기엔 벽도 없습니다. 완전히 열려 있는 것이지요. 죄수가 창살 사이에서 머리를 움직여 다른 방향을 본다면 그는 그가 원하는 대로 언제나 쉽게 달아날 수 있는 것입니다.

이 외에도 어떤 클라이언트는 청각, 어떤 클라이언트는 시각, 그리고 또 어떤 클라이언트는 다감각적인 교육 방법(청각, 시각, 신체적 경험의 결합)을 통해서 더욱 잘 배운다. 어떤 사람들은 독립적으로 일하면서, 또 어떤 사람들은 과정 내내 지침과 피드백을 받고 사람들과 협동적으로 일하면서 가장 잘 배운다. 어떤 사람들은 오전에, 어떤 사람들은 오후에 그리고 어떤 사람들은 저녁 시간에 더 잘 배운다. 어떤 사람들은 동적인 상태에서 그리고 어떤 사람들은 정적인 상태에서 배우기를 선호한다. 어떤 사람들은 음악이나 배경 음악과 같은 형태의 자극을 선호하지만 어떤 사람들은 아주 조용한 상황에서 배우는 것을 선호한다. 클라이언트를 교육시키는 동안 그들이 선호하는 학습 방식을 발견하고 그에 맞게 교육 방법을 적합하게 사용해야 한다.

여러분은 종종 개인적인 감정과 경험을 클라이언트와 함께 공유함으로써 중요한 교육적 역할을 하게 된다. 이것은 이야기하기(telling a story)와 비슷하지만 여러분 자신에 대한 이야기이다. 여러분이 자기 노출(self-disclosure)을 할 때 여러분은 클라이언트에게 더욱 진정성 있는 상대가 된다. 또한 개인적인 경험은 여러분 개인사에 대한 메시지에 중요한 의미를 부여하는 클라이언트에게 특별한 의미를 전달할 수 있다. 하지만 개인적 감정과 경험을 공유할 때 클라이언트의 클라이언트가 되지 않도록 주의해야 한다. 여러분의 자기노출과 정의된 문제 및 개입에 대한 목표 사이에는 분명한 관계가 있어야 한다. 또한 클라이언트의 자기표현 기회를 방해하면서 여러분 자신의 감정과 경험을 이야기하는 것에 너무 많은 시간을 할애해서는 안 된다. 여러분이 자신에 대해 너무 많이 이야기하면(특히 어려움이나 불행 등에 대해) 클라이언트는 여러분을 능력이 있다고 보기보다는 문제가 있거나 도움이 필요하다고 생각할 수 있다. 클라이언트가 여러분을 이렇게 바라보기 시작하면 여러분의 효과성은 상당히 감소된다. 그 결과 클라이언트는 여러분과의 관계를 갑자기 끝내고 더욱 유능한 전문가를 찾을 수도 있다. 또한, 클라이언트가 여러분의 보호자나 대리 부모의 역할을 수행하면서 여러분을 돌보기 시작할 수도 있다. 따라서 여러분 자신에 대한 이야기를 너무 자주 그리고 너무 많이 하지 않도록 주의해야 한다. 사회복지서비스는 여러분을 위한 것이 아니라 우선적으로 클라이언트를 위한 것이라는 점을 기억해야 한다.

연습 12-5 교육

연습을 위해, 여러분이 가족 상담 센터의 사회복지사라고 가정하고 주어진 공간에 교육을 위한 기술을 사용하면서 자신이 할 말을 적어 보시오.

1. 여러분은 ○부인의 식생활 습관에 대해 이야기하는 중이다. ○부인이 따뜻한 음식은 먹지 않고 야채도 거의 안 먹는 것을 발견하고, ○부인과 여러분은 부인에게 더욱 균형 잡힌 식사가 필요하다는 것에 합의하였다. 그리고 나서 ○부인에게 지역사회에서 준비하는 도시락 서비스에 대한 교육을 시작했다. 이 프로그램을 통해 ○부인은 따뜻하고 균형 잡힌 식사를 하루에 한두 번 제공받을 수 있게 되었다. 주어진 공간에 ○부인에게 전달하고자 하는 주된 정보를 요약하고 도시락 서비스 프로그램을 ○부인에게 교육시키기 위해 자신이 할 말을 적어 보시오.

2. 여러분은 S가족의 10대 청소년과 상담중이다. 그녀는 자신 있는 태도로 자신이 성적으로 활발하다고 말하며, "어머니가 뭐라고 하던 내 남자친구와 계속 성관계를 가질 것이다"라고 말한다. 그녀와 그녀의 남자친구는 피임은 하지 않지만 피임법을 사용하고 싶다고 한다. 그녀는 최근 성기 부분에 가려움증과 불쾌감을 느끼기 시작했다고 하였다. 여러분은 그녀와 어떤 대화를 나눌 것인가? 10대 청소년에게 피임과 의학적 치료에 대한 교육을 어떻게 시작할 것인가?

3. 여러분은 F부인과 역할극 중이다. 그녀는 딸의 역할을 하고 여러분은 F부인의 역할을 맡았다. 역할극을 통해서 F부인은 자녀들을 양육하는 방식에 대해서 굉장한 죄책감을 느끼게 되었다. 그녀는 흐느끼며 말했다. "저는 저의 부모님이 저에게 했던 잘못된 것들을 반복하고 싶지 않아요. 그런데 제가 부모님처럼 똑같이 하고 있는 것처럼 보여요." 여러분은 피하기 원하는 가족세대 간의 패턴조차도 반복하는 인간의 습성에 대해서 그녀에게 어떻게 교육할 것인가?

4. 여러분은 사회복지 컨설팅 서비스를 제공하는 기관의 이사회와 목표달성에 대한 평가과정을 진행하고 있다. 측정 자료에 의하면 정확하게 목표를 달성한 것으로 나왔다. 이사회 구성원들은 이 사실에 대해서 만족감을 표현했다. 그러나 여러분은 이러한 긍정적인 변화가 상당한 시간이 지난 후에도 유지되기 위해서는 지속적인 관심이 필요하다는 것을 안다. 변화를 유지하기 위한 명확하고 지속적인 계획이 없으면 오랫동안 지속되어진 과거의 역기능적 패턴으로 돌아갈 수도 있다. 이전의 역기능적이고 조직적 패턴으로 돌아갈 가능성과 지속적인 개입의 필요성에 대해서 어떻게 교육할 것인가?

조언하기

클라이언트와 함께 일을 할 때 여러분이 가끔 조언을 해주는 것이 필요하며 제안이나 추천 또한 사회복지사가 할 수 있는 적절한 행동일 수 있다. 조언하기 기술을 사용할 때, 여러분은 클라이언트에게 자유롭게 조언을 받아들이거나 거절할 수 있다는 것을 항상 전달해야 한다. 말루씨 오Maluccio(1979)가 관찰하였듯이 많은 클라이언트는 여러분의 전문적인 조언을 가치 있게 생각하고 고마워한다. 그러나 사회복지사로서 성장을 해 가는 초기에 여러분은 조언하기에 대한 어려움을 겪는다. 여러분은 너무 많이 또는 너무 적게 조언을 하기 쉽다. 사회복지사로서 여러분은 자기 결정권과 개별성을 존중해야 한다는 것을 알고 있을 것이다. 이러한 사회복지의 가치들에 따르면, 여러분은 절대 조언을 해선 안 된다고 결론 내릴 수도 있다. 반대로, 여러분 자신이 가진 모든 지식을 클라이언트가 알아야 한다고 생각한다면 여러분은 클라이언트가 원하든 원하지 않든 그들에게 많은 조언을 하기도 한다. 이러한 두 입장은 연속선상에서 양극단을 나타낸다. 대부분의 경우 여러분은 모든 상황에서 조언을 하기보다는 특정 상황에서 조언을 하는 중도적 입장을 취할 것이다. 어느 정도의 조언은 적절하고 도움이 된다. 중요한 것은 언제 그리고 특히 어떻게 조언을 해야 할지에 대해 아는 것이다.

일반적으로 개인적 감정, 태도, 선호에 기초해서 조언을 하고자 하는 유혹을 이겨내야 하는데 "내가 어떻게 해야 하지요?"나 "당신이 내 입장이라면 어떻게 하겠습니까?"라고 클라이언트가 질문을 하는 상황에서는 어려울 수 있다. 예를 들어 여러분이 지난 몇 주간 동성애자인 19세의 남자에 대해 개입하고 있다고 가정해 보자. 함께 탐색한 결과, 클라이언트는 자신의 성적 취향을 더 인정하게 되었고 편안해졌다고 밝혔다. 최근 그는 자신의 보수적인 부모에게 자신의 성적 취향에 대해 어떻게 털어놓을지에 대한 문제를 제기했다. 그는 "부모님들에게 말해야 할까요?"라고 묻는다.

물론 여러분은 "당신은 어떻게 생각합니까?"라고 클라이언트에게 질문함으로써 재치 있게 답을 피할 수도 있고, 혹은 "물론이지요. 말하세요. 부끄러워할 것이 아무 것도 없습니다"와 같이 자신의 개인적 의견을 함께 나누면서 직접적으로 반응할 수 있다. 또한, 여러분은 어떻게 말하고 행동해야 할지를 모른 채 당황하고 불확실해 할 수 있다. 한편, 클라이언트가 자신의 성적 취향을 부모에게 말한다면, 클라이언트의 스트레스가 감소되고 인격적으로 보다 차별받지 않게 될 것으로 기대할 수 있다. 반면에 클라이언트가 자신의 성적 취향에 대해 부모에게 알리는 것이 클라이언트와 부모 사이에 상당한 긴장감을 불러일으키고 부모의 인정과 지지를 받지 못하게 되어, 그 결과 그가 부모와 결별할 수도 있다는 결과를 예상할 수도 있다. 따라서 여러분은 클라이언트가 스스로 결정을 해야 한다는 것을 알고 있다. 이와 같은 맥락에서 여러분은 클라이언트가 해야 할 일에 대한 조언은 삼간 채 클라이언트의 질문에 직접적으로 응답할 수 있다: "이 문제를 당신과 함께 탐색하고 당신이 결정을 내릴 수 있도록 도와주고 싶습니다. 그러나 저는 그 질문에 쉽고 직접적인 대답을 줄 수는 없습니다. 당신이 무엇을 해야 할지에 대한 조언도 할 수 없습니다. 최종 결정은 당신의 것이며 당신 스스로 결정을 해야 합니다."

물론 여러분이 직접적이며 구체적인 조언을 해야 할 경우도 많다. 예를 들어 남자친구에게 자신의 의견을 좀 더 표현하고자 하는 성인 여자 클라이언트를 돕고 있다고 가정하자. 여러분과 클라이언트는 회기 중 자기주장훈련을 연습하였고 클라이언트는 남자친구와의 관계에서 자기주장을 보다 잘 펼칠 수 있게 되었다. 부드럽거나 배려적인 의사 표현이 연인 관계를 강화시키고, 자기주장을 펴나가는 의사소통에 대한 기초를 제공한다고 여러분은 믿는다. 따라서 여러분은 클라이언트가 애정 어리고 다정한 형태의 자기주장으로부터 시작하고 좀 더 익숙해진 후에 남자친구에게 변화를 요구할 수 있는 형태의 자기주장을 하도록 조언한다.

조언하기는 사회복지실천의 다양한 분야에서 사용된다. 예를 들어 여러분은 음주문제를 가진 폭력적인 아버지 밑에서 성장한 성인 남자 클라이언트에게 알코올중독자 자녀 자조모임에 관한 책을 읽도록 조언해 줄 수 있다. 여러분은 클라이언트에게 부가적으로 알코올 중독자 자녀 또는 가족을 위한 모임에 참석하도록 제안할 수 있다. 또한 여러분은 어떻게 취업원서를 작성하는지, 어떻게 월급 인상을 요청하는지에 대해 고민하는 클라이언트에게 조언할 수 있다. 클라이언트에게 의료적 원조를 받도록 조언할 수도 있다. 여러분은 다양한 인생에 관해 클라이언트에게 조언을 제공할 수 있는데, 다른 목적을 달성하기 위해서는 약간 다른 방법을 선택해야 한다. 생명을 위협하는 경우가 아니라면 여러분은 언제나 제안이나 강한 추천의 형식으로 조언해야 한다. 권위적인 상사가 부하 직원에게 혹은 화가 난 부모가 복종하지 않는 자녀에게 이야기하는 것과 같이 조언을 명령이나 지시 형태로 전달하는 것을 피해야 한다.

조언하기 기술을 연습하기 시작하는 시기에는 아래에 나타난 형식을 사용하고 숙달되면 다른 형식을 사용하며 연습하도록 한다.

실천 형식: 조언하기

당신이 고려했으면 하는 제안이 있습니다.
당신이 _____하는 것을 제안(추천)합니다.

연습 12-6 조언하기

이 연습을 위해, 자신이 가족 상담 센터의 사회복지사라고 가정하고 주어진 공간에 조언하기 기술을 사용하면서 자신이 할 말을 적어 보시오.

1. 여러분은 ○부인에게 자신의 지역사회에서 활용 가능한 도시락 서비스 프로그램에 대한 정보를 제공했다. 그러나 ○부인은 프로그램에 대해 불확실한 태도를 보인다. 아래의 공간에 ○부인이 도시락 서비스 프로그램을 활용할 수 있도록 조언하기 위해 여러분이 할 말을 적어 보시오.

2. 여러분과 S가족의 10대 여자 청소년과의 개별 상담중에, 그녀는 분명한 성병의 증상들을 호소하였다. 이 10대 청소년이 치료를 받을 수 있도록 조언하기 위해 여러분이 어떠한 이야기를 할 것인지 적어 보시오.

3. 여러분은 F부인과 함께 그녀가 원가족에서 겪은 어린 시절의 경험과 부모의 양육패턴 간의 관계에 대해 알아본 후, 가계도(genogram)를 그려보는 것이 그녀에게 도움이 된다고 생각했다. 아래 공간에 여러분이 F부인에게 가계도를 함께 완성하자고 제안하는 말을 적으시오.

4. 여러분은 사회복지 컨설팅 서비스를 제공하는 기관의 이사회와 함께 목표 달성을 위한 개입과정에 대해 평가를 하는 중이다. 측정 자료는 개입과정이 목표를 달성했다는 것을 명확하게 보여주고 있다. 그러나 결과의 한 부분에서는 긍정적인 경향을 보이지 않았다. 평균적으로 기관과 서비스 질에 대한 클라이언트의 만족이 향상되지 않았다. 물론, 변화가 나타나기 전에도 클라이언트가 높은 만족도를 가지고 있고, 이전에도 만족도가 지속되었다면, 여러분과 이사회 구성원들은 걱정하지 않았을지 모른다. 그러나 일반적으로 클라이언트는 다른 부분에서는 긍정적임에도 불구하고, 매우 만족해하지 않고 변화하지도 않는다. 이사회 구성원들은 여러분에게 조언을 구했다. 그들은 기관과 서비스에 대한 클라이언트의 만족도를 향상시키기 위해서 어떻게 해야 하는지 알기 원한다. 이 문제에 대해서 이사회에게 어떻게 조언할지 아래 공간에 적으시오.

대변하기

　　대변하기 기술은 클라이언트와 합의한 목표를 추구함에 있어 클라이언트를 위해 여러분이 취할 수 있는 행동이다. 대변하기 기술은 클라이언트와 다양한 사회체계들 간의 상호작용을 촉진시킨다. 대변하기 기술은 중개자, 옹호자 그리고 조정자의 개입적인 역할을 포함한다(B. R. Compton et al., 2005, pp. 230~234). 따라서 대변하기는 실제로 복합적인 과정이라고 할 수 있으며 사정, 계약, 개입행동뿐 아니라 준비, 시작, 탐색 단계의 많은 기술을 토대로 수행된다. 하지만 클라이언트와 직접적으로 일하기보다는 클라이언트를 대신하여 다른 사람에게 개입한다. 예를 들어 현재 노숙자인 직장이 없는 여성 클라이언트가 의·식·주 및 경제적인 도움을 원하고 있다고 가정하자. 만약 그녀가 특정한 자원기관에 직접 도움을 청한다면, 아마 요청이 거절될 것이라는 의견에 여러분과 클라이언트는 동의했다. 클라이언트는 이 문제와 관련하여 여러분이 자신을 대변해 줄 것을 부탁하였고 여러분은 관련 기관과 접촉하는 것에 동의하였다. 그 다음 클라이언트와 함께 여러분은 몇 가지 실행 단계를 계획하게 된다. 여러분이 클라이언트와의 첫 만남 전에 준비하는 것과 같이, 클라이언트를 효과적으로 대변하기 위해 관련 기관과의 접촉을 신중하게 준비해야 한다.

　　여러분이 사회복지사로 일할 때는 다른 사회복지사와 다양한 지역사회 기관의 대표자들의 이름, 전화번호, 이메일주소를 수집해 놓아야 한다. 교회, 사찰, 사원, 지역사회 복지관, 병원, 지역모임, 정부 복지 조직, 그 외의 클라이언트를 돕는 데 자원이 될 만한 기관의 직원과 친분을 쌓고 그들에 대한 정보를 기록하고 그런 정보를 카드나 컴퓨터 데이터베이스와 같이 쉽게 사용할 수 있는 곳에 보관하는 것이 필요하다. 때로는 그들에게 감사카드를 보내거나 그들의 상사나 기관장에게 칭찬하는 편지를 보내는 것도 좋다. 이러한 행동들은 지역사회 안에서 여러분 자신의 가치를 높이고 여러분의 클라이언트가 양질의 서비스를 받을 기회를 높여준다.

　　당장 먹을 음식과 거처가 필요한 여성 클라이언트의 사례에서 여러분이 취할 수 있는 첫 번째 단계는 관련 기관에서 일하는 동료 사회복지사와 연락하는 것이다. 동료 사회복지사에게 전화를 한 후 마치 여러분이 클라이언트와 업무를 시작하듯이 같은 방법으로 절차를 진행한다. 서로 소개를 하고 상황에 따라서 여러분은 동료가 편안하게 느낄 수 있도록 비공식적이고 친근감 있는 대화를 해도 좋다. 그런 다음 연락한 목적을 간략히 말한다. "저에게 도움이 필요한 클라이언트가 있습니다. 그녀는 실직한 상태이며 가지고 있는 돈도 없습니다. 지난 이틀간 아무것도 먹지 못했고 머무를 곳도 없습니다. 그녀가 당신의 기관에서 도움을 받을 수 있는지 알아보려고 전화를 드립니다." 이와 같이 목적을 설명한 후, 여러분은 자신의 메시지가 제대로 전달되었는지 확인하기 위해 피드백을 구할 수 있다. 이러한 과정에서 여러분은 동료 사회복지사에게 자격 요건에 대한 정보를 구하거나 그들에게 클라이언트의 상황에 대해 좀 더 알릴 수 있다.

　　위의 사례처럼 클라이언트를 대변하는 것은 매우 만족스러운 것이다. 도움을 줄 수 있는 사람과의 대화는 즐겁고 생산적이다. 클라이언트는 그들이 필요한 것을 받을 수 있고 친절하게 대접받을 수 있다. 여러분이 도움을 줄 수 있는 사람들과 좋은 관계를 맺고 있고, 다양한 기관의 임무와 프로그램에 대해 알고 있다면 여러분은 클라이언트를 대변하는 데 더욱 효과적일 수 있다.

　　하지만 클라이언트를 대변하는 것이 언제나 즐겁고 만족스러운 것은 아니다. 여러분은 불공정하거나 낮은 질의 서비스를 받는 클라이언트를 위해 적극적으로 옹호해야 하는데 그것은 여러분에게 당혹감을 줄 수 있다. 예를 들어 집주인과 문제를 해결하는 과정에서 여러분의 도움이 필요한 클라이언트의 상황을 생각해 보자. 추운 겨울 모든 거주자들에게 집세의 일부분으로 제공되어야 할 난방이 클라이언트의 아파트에 공급되지 않았다. 불만을 표현했음에도 불구하고 집주인은 상황을 개선시키기 위한 아무런 행동도 취하지 않았다. 클라이언트는 여러분이 자신을 대신해서 집주인과 접촉하기를 부탁한다.

우선 여러분은 준비 기술을 통해 임시 계획을 세운다. 여러분은 난방 문제에 대한 자세한 사실과 세입자로서의 그녀의 경험을 확인하면서 클라이언트와 상황을 더 정확하게 탐색한다. 그 다음 여러분은 주택 법규와 집주인-세입자 법에 대해 잘 알고 있는 관련 공무원의 자문을 통해 이러한 법에 대해 지식을 넓힐 수 있다. 또한 여러분은 집주인과의 첫 만남을 준비할 수 있다. 이 사례에서 여러분이 먼저 전화하기로 했다고 가정하자. 여러분은 전화를 해서 이름을 밝히고, "저는 ○○ 사회복지관의 거주자 옹호 프로그램에서 일하는 사회복지사입니다. 세입자 중 W씨가 난방 문제로 우리를 찾아왔습니다. 그녀의 가족은 지난 5일 동안 난방을 공급받지 못했습니다. 당신은 문제를 해결하기 위해 어떠한 일을 하셨으며 언제쯤이면 아파트가 따뜻해질 수 있는지 말씀해 주시겠습니까?"

집주인이 문제를 인정하지 않는다면, 예를 들어, 클라이언트를 모욕하기 시작한다면 여러분은 "W씨와 그녀의 가족들에 대한 당신의 불만과 관계없이 그들은 난방 시설이 필요합니다. 알고 계시다시피 지금 아파트는 너무 춥기 때문에 난방 공급이 빨리 되지 않는다면 가족이 상당히 위험해질 수 있습니다"라고 말할 수 있다. 집주인이 반응을 보이지 않는다면, 난방 시설이 수리되지 않고 가족이 계속 위험에 처하게 될 때 여러분은 자신이 취할 수 있는 행동을 요약할 수 있다. 여러 가지 측면에서 여러분의 말은 시작 단계에서 클라이언트와 공유한 것과 유사하다. 자신의 목적을 말하고 클라이언트의 대변자로서 자신의 역할을 설명하고 클라이언트가 계속 위험에 처하게 되면 여러분이 취할 수 있는 행동에 대해 말할 수 있다(즉, 규칙과 절차). 여러분은 또한 집주인이 어떠한 행동을 하도록 특정한 요구를 할 수 있다(예를 들어 여러분이 집주인의 역할에 대해 요약한다).

집주인이 문제를 인정하여 수리를 위한 계획과 시간표를 준비하고 가족에게 충분한 난방 시설을 제공하기로 약속하면, 여러분은 자신의 요구에 응해준 것에 대해 집주인에게 적절한 감사를 표현할 수 있다. 그리고 여러분은 클라이언트에게 집주인의 계획에 대해 알리고 클라이언트가 여러분에게 그 결과를 알리도록 한다. 집주인이 약속했던 계획을 실행하면, 여러분은 긍정적인 행동에 대한 감사를 전할 수 있다. 하지만 만약 집주인이 계획을 따르지 않는다면 여러분은 그와 다시 연락을 취하여 아파트가 여전히 매우 춥다는 것을 알리고 자신이 클라이언트의 안전과 안녕을 지키기 위해 취할 행동에 대해 구체적으로 알려줄 수 있다.

중재와 갈등 해소 과정의 일부분으로서 여러분은 클라이언트를 필요한 지역사회자원과 연결시켜 주고 클라이언트가 공정한 대우를 받을 수 있도록 하기 위해 종종 클라이언트를 대변하게 되는데 이는 사회복지실천의 일부분이다. 대변하기를 실행하면서 클라이언트를 대변하는 행동에 대해서 동의를 얻는 것과 클라이언트의 이익이 최우선이라는 점, 이와 더불어 정기적으로 여러분의 활동에 대해 클라이언트에게 알려주어야 한다는 것을 잊어서는 안 된다.

연습 12-7 대변하기

이 연습을 위해, 자신이 가족 상담 센터의 사회복지사라고 가정하고 다음 상황에서 클라이언트를 대변하기 위해 자신이 취할 실행 단계를 주어진 공간에 요약해 보시오. 자신이 클라이언트를 대변하기 위해 어떻게 준비할 것인지, 그리고 클라이언트를 대신해서 사람을 접촉했을 때 여러분이 할 말을 적어 보시오.

1. ○부인은 따뜻하고 영양가 있는 균형 잡힌 식사를 거의 해본 적이 없는 노인이다. 부인의 동의로 여러분은 그 부인을 대변하게 된다. 여러분은 ○부인에게 적어도 하루에 한 번 식사를 제공할 수 있는 자원을 찾기 위해 지역사회의 도시락 서비스 프로그램을 접촉할 것이다. 그 프로그램의 관계자를 접촉하기 전에 자신이 취할 행동을 요약하고, 지역사회 기관을 상대로 ○부인을 대변하면서 자신이 할 말을 적어 보시오.

2. 여러분은 S가족의 10대 소녀와 그 소녀 부모의 동의 아래, 소녀Gloria의 성과 관련된 문제를 대변하고 있다. 성병 치료를 위한 예약을 하기 위해 병원에 연락하기로 결정하였다. 병원과 접촉하기 전에 자신이 취할 행동을 요약하고 이 문제를 위해 클라이언트를 대변하면서 자신이 할 말을 적어 보시오.

3. 여러분은 F부인의 동의에 따라 딸들을 대변하며 학교의 교장과 이야기를 하고 있다. F부인의 딸들은 몇 명의 10대 소년들이 그녀들을 괴롭힌다고 말했다. 딸들에 따르면, 그 소년들은 그녀들에게 침을 뱉고, 라틴계와 관련된 인종차별적인 욕설을 했다고 한다. 교장과 만나기 위한 준비 단계의 개요를 짜보고 여러분이 할 말을 적어 보시오.

4. 기관에 대한 컨설팅의 일환으로, 여러분은 새로 임명된 소비자 옹호자(consumer advocate)들과 함께 기관 이용자에 대한 옹호 및 서비스 질 향상을 위한 노력으로 한 달에 한 번 만나는 약 10명의 현재 및 과거 클라이언트 집단을 구성하였다. 최근 이용자 모임에서 한 참여자(현재 클라이언트)는 지난 2주간, 자신이 사회복지사에게 여러 번 연락을 했지만, 사회복지사가 자신에게 연락을 다시 하지 않은 것에 대해 실망감과 불만을 표현했다. 그녀는 8살인 자신의 딸과 관련된 급한 문제에 대해서 이야기 하려고 약속을 잡기 원했다. 먼저 여러분은 그녀에게 그 문제를 스스로 해결하기 원하는지, 기관의 '이용자들의 옹호자(consumer advocate)'의 도움을 받고 싶은지 물어보았다. 그녀는 도움받기를 희망하며 이 문제를 언급하고 옹호하는 것에 동의하였다. 그 후, 여러분은 이용자들의 옹호자(consumer advocate)에게 그녀의 사례를 넘겼고, 이 시점에서 도움을 주기 위해서 무엇을 해야 하는지 물었다. 여러분은 옹호자가 클라이언트를 대표하기 위한 예비 단계를 세울 때 다음과 관련하여 무슨 말을 할 것이라고 생각하는가? (a) 그녀의 불만족에 대한 피드백 제공하기, (b) 그녀의 8세 딸의 급한 문제를 돕도록 사회복지사와의 초기 약속을 보장하기

즉시 반응하기

즉시 반응하기 기술(Cakhuff & Anthony, 1979, pp. 114~116)은 여러분 혹은 여러분과의 관계, 여러분의 개입에 대한 클라이언트의 경험과 감정에 대한 탐색을 포함한다. 즉시 반응하기 기술은 현재 여러분과 클라이언트 간에 발생한 일에 대한 클라이언트의 경험에 초점을 맞춘다. 클라이언트의 사고와 감정은 즉각적인 탐색의 대상이 된다. 즉시 반응을 하는 것은 문제를 박진감 있게 만들고 여러분과 클라이언트와의 관계를 강화시키며, 클라이언트가 여러분과의 관계에 대해 갖는 관심사를 탐색하게 한다. 여러분이 즉시 반응할 때 여러분은 클라이언트에게 개방적 의사소통 방식을 사용하는 법을 설명하거나 직접 보여줄 수 있다. 이러한 개방성은 클라이언트의 진실성과 신뢰성을 증가시키고, 대인관계 패턴에 대한 이해를 향상시키며, 문제와 목표를 다루는 것에 대한 망설임을 감소시킨다. 즉시 반응하기를 위한 형식은 다음과 같다.

실천 형식: 즉시 반응하기

당신은 지금 여기서 나와 함께 _____라고 (생각하고/느끼고/하고/경험하고 있다.)

대개, 이 기술은 여러분, 여러분과의 관계, 개입의 본질과 유용성에 대한 클라이언트의 즉각적인 감정에 직접적으로 적용된다. "나와 함께 바로 여기서, 바로 지금(right here and right now with me)"이라는 맥락에서 멀어질수록 즉시성과 영향력을 잃게 된다. 즉시 반응하기는 현재 시제로 일어난다. 대화가 과거나 미래 시제로 옮겨질 때마다 상호작용은 즉시성을 잃게 된다. 예를 들어, 여러분이 1~2주 전에 클라이언트와 있던 일에 대해 이야기한다면 클라이언트는 그 일에 대해 다르게 기억하거나 아예 기억하지 못할 수도 있으며, 그 일이 미치는 영향력을 생각하지 못한 채 지식적으로 정보만 처리해 버릴지도 모른다. 과거에 일어난 일을 탐색하는 것은 필요할 수도 있지만, 현재 일어나고 있는 일에 대해 즉시 반응하는 것만큼의 강한 효과를 얻을 수는 없다.

많은 경우 클라이언트가 여러분을 대하는 방식은 그들의 대인관계 방식을 나타낸다. 때로 클라이언트는 다른 사람과의 관계에서 보이는 동일한 패턴을 여러분과의 업무관계에서 나타내기도 한다. 여러분은 클라이언트가 이러한 대인관계 패턴을 보이는 즉시 그 패턴에 반응함으로써 클라이언트로 하여금 그것을 인식하고, 더 새롭고 유용한 상호작용 패턴을 개발할 수 있도록 돕는 것이다.

그러나 즉시 반응하는 것이 모든 클라이언트에게 적합한 것은 아니며, 개입 목표와 변화계획을 포함한 계약의 본질에 따라 다르다. 일반적으로 클라이언트의 반응이 개입을 위한 문제나 목표와 명확한 관계가 있다면 여러분은 즉시 반응하지는 않을 것이다. 또한 사회복지사들이 클라이언트와의 관계에서 즉각적인 상호작용을 강조하고 수행하는 정도도 다르다. 어떤 사회복지실천 접근방법은 여러분과 클라이언트와의 관계를 매우 중요하게 생각하는 반면, 다른 접근방법은 그것을 덜 중요하게 생각한다. 그러나 대부분의 사회복지사는 클라이언트의 반응이 원조과정과 관련이 있다고 인식하는 것이 일반적이다. 즉시 반응하는 기술은 현재 일어나고 있는 클라이언트의 경험을 다루고 탐색하는 기술이다.

예를 들어 자신과 시간 보내는 것을 싫어하는 남편 때문에 힘들어하는 여성 클라이언트와 일을 시작했다고 가정하자. 그녀의 남편은 실제로, "사실입니다. 안타깝지만 저는 아내와 시간을 보내는 것을 좋아하지 않습니다. 우리가 이야기를 시작할 때마다 아내는 허공, 꿈의 세계를 떠돌아 다니죠"라고 확인해 주었다. 클라이언트와의 상담중 여러분은 남편이 말한 것처럼 그녀가 상담에 집중하고 있지 않은 것을 알게 되었다. 그녀는 자신의 생각에 빠져 무성의하게 사회복지사의 말을 듣고 있었다. 여러분이 이야기할 때 그녀가 실제로 여러분을 무시하는 것을 관찰하고 느낄 수 있었다. 이와 같은 상호작용 패턴이 합의된 계약에 영향을 미치므로 여러분은 즉시: "지금 현재 여기서 이야기하면서 당신의 눈이 나에게서 멀어져가고 있다는 것을 알았습니다. 당신은 다른 것을 생각하면서 멀리 시선을 옮기는 것 같습니다. 지금 무엇을 하고 있습니까?"라고 적절하게 즉각적 반응을 보일 수 있다.

즉시 반응하기 기술은 가끔 여러분과 클라이언트 사이의 에너지를 매우 증가시킬 수 있다. 사회복지사와 클라이언트 모두 현재 순간에 더욱 주의를 기울이게 되며 상대방에게 더욱 몰두하게 된다. 즉시 반응하기 기술은 가끔 전문적인 관계의 정도와 대인관계의 친밀성을 강조하기 때문에 신뢰관계가 잘 성립된 후에 사용하는 것이 좋다. 즉시 반응하는 기술을 사용하기 전에 여러분이 클라이언트에 대해 진심으로 관심이 있다는 것을 클라이언트가 알 수 있도록 해야 한다.

연습 12-8 즉시 반응하기

이 연습을 위해, 여러분이 가족 상담 센터의 사회복지사라고 가정하고 아래의 공간에 즉시 반응하는 기술을 사용하기 위해 여러분이 할 말을 적어 보시오.

1. ○부인의 식습관에 대해 이야기하던 중에 여러분은 ○부인에게 도시락 서비스 프로그램을 신청하여 하루에 적어도 한 번 균형 잡힌 식사를 할 수 있도록 조언했다. 이러한 제안을 말하는 동안 ○부인이 여러분으로부터 몸을 돌리고 머리를 약간 흔드는 것을 알았다. 따라서 ○부인의 비언어적 행동은 여러분의 제안을 거부하는 것으로 결론지었다. 주어진 빈 공간에 ○부인의 비언어적 반응에 즉시 반응하기 위해 여러분이 할 말을 적어보고 이런 반응에 대한 ○부인의 반응이 어떠할지 예상해 보시오.

2. 여러분은 S가족의 10대 소녀와 개별 상담중이다. 그녀는 남자친구와 성적으로 적극적인 관계를 가지고 있지만 가끔 다른 사람에 대해 성적 환상을 가지곤 한다고 털어놓는다. 그렇게 말하면서 그녀는 여러분을 자세히 바라보며 얼굴을 붉히고 당황한 듯이 시선을 다른 곳으로 돌렸다. 여러분은 그녀가 여러분에 대해 성적 환상을 가지고 있는 것이 아닌지를

의심하였다. 또한 이 문제에 대해 직접적으로 이야기하는 것은 계약과 관련이 있다는 것을 알고 있다. 주어진 빈 공간에 이 10대 소녀의 표현에 즉시 반응하기 위해 여러분이 할 말을 적어보고 이런 반응에 대한 그녀의 반응이 어떠할지 예상해 보시오.

3. 여러분은 F부인과 그녀의 양육행동 및 그녀가 어릴 때 원가족 안에서 겪었던 일들에 대해 이야기를 나누고 있다. 이때, 여러분은 그녀가 의자에 등을 대고 팔짱을 끼며 인상을 찌푸리는 것을 관찰했다. 비록 이러한 반응이 무엇을 의미하는지 전혀 알지 못했지만, 여러분은 그녀가 부끄러워하고 쉽게 상처받으며, 당신으로부터 비판받는 것을 두려워하고 있다고 생각한다. F부인에게 즉시 반응하여 할 말을 적어 보시오.

4. 사회 서비스 기관에 대한 컨설팅의 일부로서, 여러분은 개입행동과 평가결과 자료를 검토하고 다음 단계를 결정하기 위해 기관관리자와 정기적으로 만난다. 오늘 회의에서 여러분과 관리자는 클라이언트들의 만족도 조사 자료에서 발견한 점들에 대해서 토론했다. 이때 조사결과의 일부가 기관의 현 행정에 비판적인 것으로 나타났다. 이를 알고 나자 관리자의 표정과 행동은 변하기 시작했고 말하는 속도와 억양이 높아졌다. 관리자는 "당신은 클라이언트가 기관 행정을 비판하게 만들고 있다. 특히 나에 대해서는 더 그러하다. 이것은 공정하지 않다. 상담자로서 사회복지사인 당신은 나를 도와야 하지, 더 어렵게 만들어서는 안 된다"라고 말했다. 관리자의 말에 당신이 즉시 반응하여 할 말을 적으시오.

재구조화

재구조화(Bandler & Grinder, 1979; Hartman & Laird, 1983; Tingley, 2001)는 클라이언트에게 그들 자신과 문제 및 상황을 바라보는 새로운 관점을 소개하기 위해 여러분이 하는 말과 행동을 의미한다. 보통 재구조화는 클라이언트가 이전에 받아들인 관점과 다른 관점을 공유하는 것을 포함한다. 어떤 클라이언트는 지속적으로 목표달성에 방해가 되는 관점을 가지고 있다. 물론 고정된 관점이 언제나 문제시되는 것은 아니므로 무분별하게 클라이언트의 관점에 도전하거나 이를 재구조화해서는 안 된다. 클라이언트의 관점이 개입하는 문제의 근본을 차지하고 있을 경우, 재구조화 기술을 적용할 수 있다. 교육 기술과 유사하게, 재구조화 기술의 목적은 클라이언트를 독단적인 관점에서 벗어나도록 하는 것이다. 재구조화의 결과로 클라이언트는 자신이 지녔던 신념에 대해 재고할 수 있으며, 이는 그들의 감정과 행동에 영향을 미치기도 한다.

재구조화에는 몇 가지 형태가 있다. 일반적으로 사용되는 것 중 하나는 부정적인 것을 긍정적인 것으로 재구조화하는 것이다.

사례 : 부정적 관점을 긍정적 관점으로 재구조화하기

여러 가지 행동 중 선택하는 것이 어려운 경우를 일컬어 "어리석고 우유부단하다"고 말하는 것은 저를 매우 혼란스럽게 합니다. 당신이 우유부단하다고 말한 것이 다른 관점에서는 능력이라고 생각합니다. 저는 당신이 개방적이며 다양한 관점과 의견을 고려하는 사람이라고 생각되며, 우유부단함이 아니라 융통성이 있는 것 같습니다. 또한 당신이 어리석음이라고 하는 것이 저에게는 조심성, 철저함, 인내심처럼 들립니다. 이것들은 굉장히 매력적이고 기능적이라고 생각됩니다. 이런 점들이 정말 그렇게 나쁘다고 생각되십니까?

의미의 개인화(personalizing meaning)(Carkhuff & Anthony, 1979, pp. 95~131)는 재구조화의 또 다른 형태로서, 클라이언트가 책임 소재를 다른 사람이나 조직, 외부 요인(상황)에서 클라이언트 자신에게로 옮기도록 하는 것이다. 의미의 개인화는 변화를 위해 사람들이 더 많은 책임을 갖도록 도우며, 클라이언트가 자신의 믿음, 가치관, 태도, 기대와 클라이언트의 감정과 행동 간의 관계를 볼 수 있도록 돕는다. 이런 형태의 재구조화는 클라이언트가 직접적으로 표현한 의사소통 이상의 것을 포함한다. 클라이언트가 더 많은 책임과 개인적인 능력, 통제력을 느낄 수 있도록, 클라이언트의 표현을 외현화된 의미로부터 내재화 혹은 개인화된 의미로 조금씩 바꿔 나간다. 의미를 개인화하기 위해 여러분은 다음의 형식을 사용할 수 있다.

연습 형식: 의미의 개인화

당신은 _____게 생각하기(믿기/가치를 두기/인식하기/기대하기) 때문에 당신은 _____게 느낍니다(합니다 혹은 경험합니다).

의미를 개인화하는 기술은 클라이언트의 준거틀보다는 사회복지사의 준거틀에서 나오기 때문에 감정이입 기술이라기보다는 표현적인 기술이라고 할 수 있다. 따라서 여러분은 스스로의 의견을 가변적인 방식으로 표현해야 한다. 클라이언트의 생각, 감정, 행동이 외적 또는 상황적인 요소보다는 개인의 의식과정과 관계가 있기 때문에 의미를 개인화하는 것은 클라이언트가 비교적 많은 죄책감을 느낄 수도 있다. 그러나 이러한 감정은 클라이언트 자신의 가치관, 믿음, 사고의 결과이기 때문에 오히려 긍정적인 의미 즉, 개인의 가치관, 믿음, 사고는 가변적이라는 사실을 보여준다. 이는 징크스가 있고, 초자아가 부족하며, 불행한 어린 시절을 보냈고, 성격장애가 있다거나 또는 "이것이 바로 내 방식이야"라고 보는 영구적인 관점과 비교해 볼 때 얼마나 긍정적인 관점인지를 알아야 한다.

다음은 사회복지학을 공부하고 있는 클라이언트와 사회복지사와의 대화이다.

사례 : 의미의 개인화

클라이언트: 저는 절망적입니다! 저는 사회복지 실습 과목에서 C+를 받았습니다. 저는 학위과정을 끝내지 못할 것입니다. 저는 완전한 실패자입니다.

사회복지사: 당신은 C+보다 더 잘 해야 한다고 믿기 때문에 당신 스스로에게 실망했군요. 그리고 C+를 받는다는 것이 졸업을 못할 것을 의미하기에 걱정하고 있고요.

의미의 상황화(situationalizing meaning)는 클라이언트가 제시한 표현의 의미를 변화시키는 재구조화의 또 다른 형태이다. 감정이입적 측면도 있지만 이 형태에서도 여러분은 클라이언트가 표현한 의미를 약간 바꿀 수 있다. 위 사례에서 사회복지사는 클라이언트의 감정 혹은 행동에 대한 여러분의 이해를 반영하고 있지만, 그것들이 클라이언트 개인의 통제와 책임을 넘어 외적, 사회적, 체계적, 상황적 및 기타 요인들의 결과로 고려될 수 있음을 제시한다. 의미의 상황화는 클라이언트의 관점을 확장하고 그들의 죄책감, 자기 비난 및 개인적 책임감을 감소시켜준다.

사례 : 의미의 상황화

클라이언트: 나는 산산이 부서졌습니다. 잘 수도 먹을 수도 없습니다. 무언가에 집중할 수도 없어요. 제 머리는 너무나 복잡합니다. 저는 정신이 나간 것 같습니다.

사회복지사: 당신은 기분이 상당히 안 좋군요. 당신은 불안하고 우울한 상태이며 많은 문제를 가지고 있습니다. 이러한 감정들이 당신의 생활에 나타난 최근의 변화에 대한 적절한 반응인지 궁금합니다. 변화에 아주 잘 적응하는 사람이라도 그런 감정을 가질 수 있습니다. 좋은 직장에서 해고당하고 즉시 다른 직장을 구할 수 없다면 여러 가지 부정적인 감정을 경험하고 수면에 어려움을 느끼지 않겠습니까?

연습 12-9 재구조화

연습을 위해, 자신이 가족 상담 센터의 사회복지사라고 가정하고 아래의 공간에 재구조화의 기술을 사용하기 위해 자신이 할 말을 적어 보시오.

1. 여러분은 O부인과 그녀의 식습관에 대해 논의하는 중이다. O부인은 균형잡힌 식사를 할 수 없는 이유에 대해 다음과 같이 이야기한다. "시장에 나를 데려다 줄 사람이 없는데 걸어가기에는 너무 먼 거리에 있어요. 전화로 배달을 시킬 때면 언제나 주문과는 다른 물건을 가져와요." 주어진 빈 공간에 O부인의 말을 재구조화하고 그것이 개인화된 의미를 반영할 수 있도록 하기 위해 여러분이 할 말을 적어 보시오.

2. 여러분은 S가족의 10대 소녀인 글로리아와 상담중이다. 그녀는 "우리 엄마는 나를 언제나 간섭해요. 엄마는 항상 통제하려고 해요. 제가 원하는 것은 아무것도 할 수가 없어요. 엄마는 제가 5살인 줄 알아요"라고 말했다. 아래의 공간에 그녀의 말을 부정적인 것에서 긍정적인 것으로 재구조화 하시오. 그녀의 말이 개인화된 의미를 갖도록 그녀의 말을 재구조화해 보시오.

3. 여러분은 F부인과 상담하는 중에, 부인이 자녀들을 학대했다는 것에 대해 수치심과 죄책감을 느낀다는 것을 알 수 있었다. 그녀는 "수치스러워요. 제가 항상 제 부모님에 대해 비판하던 것을 했어요." F부인의 진술을 의미의 상황화를 사용하여 재구조화해 보시오. 그리고 나서 의미의 개인화를 사용하여 재구조화해 보시오. 마지막으로 부정적인 것을 긍정적인 것으로 재구조화를 해보시오.

4. 컨설팅을 제공하는 사회서비스기관에서 여러분은 정기적으로 약 8명의 사회복지전문가들과 만난다. 오늘 회의에서 한 사회복지사가 최근의 변화(기관장의 보다 적극적인 리더십, 기관을 통한 명료하고 완벽한 의사소통, 정기적인 슈퍼비전 회의, 서비스 질 관리의 강조)가 사회복지사들의 전문적인 자율성을 제한한다고 주장했다. 그 사회복지사는 "나는 점점 더 이러한 변화들에 대해서 걱정하고 염려하게 됩니다. 만약 이러한 흐름이 계속 된다면, 머지않아 저와 다른 사회복지사들은 소위 기술자나 공무원같이 될 것입니다. 사회복지사들은 클라이언트에게 어떤 개입을 하기 전에 슈퍼바이저에게 허락을 받아야 할 것입니다. 우리의 자립적이고 전문적인 판단과 우리가 클라이언트에게 가장 좋다고 생각하는 것을 실행하지 못할 것입니다"라고 말했다. 이 사회복지사의 주장을 의미의 상황화를 사용하여 재구조화하시오. 그리고 의미의 개인화를 사용하여 재구조화해 보시오. 마지막으로 부정적인 것을 긍정적인 것으로 재구조화하는 기술을 사용하시오.

직면하기

여러분은 직면(Carkhuff & Anthony, 1979, pp. 116~119)할 때 클라이언트의 언어, 감정, 행동에 대해 불일치, 모순과 부정에 대해 비난 없이 직접적으로 지적해야 한다. 직면하기는 일관성에 대해 클라이언트가 스스로를 돌아볼 수 있도록 클라이언트에게 이의를 제기하는 것이다. 예를 들어 성인 남성 클라이언트가 자신의 부부 문제에 대해 여러분에게 도움을 요청했다고 가정하자. 클라이언트는 "이 관계를 발전시키기 위해 필요한 것은 무엇이든지 할 의향이 있습니다"라고 말하였다. 클라이언트와 아내가 함께하는 부부 상담 시, 클라이언트는 '아내와 이번 주에 데이트를 하기로' 약속하였다. 그러나 그는 자진하여 직장에서 초과 근무를 하고 귀가시간 보다 3시간이나 늦게 집에 도착해서 데이트를 하기에는 너무 늦은 시간이었다. 클라이언트가 약속한 아내와의 데이트하기를 다음번에도 지키지 않았을 경우, 여러분은 직면하기 기술을 사용할 수 있다. "당신은 아내와의 관계를 발전시키고 싶다고 말했고 아내와 두 번의 데이트를 하기로 했습니다. 하지만 아내와 데이트하기로 한 날, 밤 늦게까지 일했습니다. 이것은 무엇을 뜻합니까?"

클라이언트를 직면할 때 여러분은 다음의 형식을 사용할 수 있다(Carkhuff & Anthony, 1979, p. 117).

> **연습 형식: 직면하기**
>
> 한편으로 당신은 _____라고 말하지만(느끼지만, 생각하지만 혹은 행동하지만) 그 반면에, 또 다른 한편으로 당신은 _____라고 말합니다(느낍니다, 생각합니다 혹은 행동합니다).

직면하기는 클라이언트에게 강력한 영향을 줄 수 있다. 즉, 직면하기는 스트레스에 취약하거나 그에 대한 효과적인 대처 기술을 갖고 있지 못한 사람에게는 심각한 불균형을 초래할 수 있다. 따라서 특정 클라이언트에게 직면하기를 사용하기 전에 클라이언트가 충격을 견딜 만한 심리적 및 사회적 자원을 가지고 있는가를 확인해야 한다. 특히 직면을 하기 전에, 클라이언트와 견고한 관계가 성립되어야 한다. 클라이언트의 불일치에 대해서 직면하기를 할 때, 클라이언트에게 자신이 관찰한 모순이나 불일치에 대해 설명하도록 한다. 또한 여러분은 비판적이거나 평가적인 추측과 결론은 피해야 한다. 마지막으로 "직면하기 전후에 감정이입적 반응을 사용하는 것"이 효과적이다(Hammond et al., 1977, p. 280).

연습 12-10 직면하기

이 연습을 위해, 자신이 가족 상담 센터의 사회복지사라고 가정하고 아래의 공간에 직면하기 기술을 사용하여 여러분이 할 말을 적어 보시오.

1. 도시락 서비스 프로그램을 통해 ○부인이 매일 따뜻한 식사를 받기 시작한지 약 2주 후에 여러분은 ○부인과 상담중이다. 이전에, ○부인은 균형 잡힌 식사를 원하며 음식이 오면 먹겠다고 이야기했다. 이번 상담에서 여러분은 ○부인이 그 날 음식에 손도 대지 않았다

는 것을 발견했다. 또한 ○부인이 지난 이틀 동안 배달된 음식을 먹지 않은 것을 나타내는 증거도 있다. 아래 공간에 먹지 않은 음식에 대해 ○부인을 직면하기 위해 여러분이 할 말을 적어 보시오.

2. 여러분은 S가족의 10대 소녀인 글로리아와 개별 상담중이다. 성병을 치료하기 위해 의사가 약을 처방했다고 그녀는 말한다. 의사는 약을 먹는 기간인 2주 동안 성관계를 하지 말라고 이야기했다. 또한 클라이언트는 그녀의 남자친구에게 성관계를 계속하기 전 의사의 진찰을 받고 치료를 받아야 한다고 말했다. 그렇지 않으면 그들은 계속해서 서로를 감염시킬 것이다. 클라이언트는 그녀의 남자친구가 의사의 진찰을 받지 않으려 하고 자신과 성관계를 지속하려 한다고 이야기한다. 클라이언트는 "내가 그렇게 하지 않으면 그가 다른 곳에 갈 것이기 때문에 나는 아마도 그가 원하는 대로 해줄 것 같습니다"라고 말한다. 주어진 공간에 이 상황에 대해 클라이언트를 직면하기 위해 여러분이 할 말을 적어 보시오.

3. 여러분은 F부인의 딸들이 학교에서 몇 명의 10대 소년들에게 괴롭힘을 당한 그 학교 교장과 대화중이다. 그러나 교장은 "우리 학교에는 인종주의가 없습니다. F부인의 딸들이 매우 예민하게 반응하는 것일 뿐입니다. 부인의 딸들은 우리 학교의 유일한 라틴계 학생이고 남학생들과 어울리는 것에 대해 배워야 할 것입니다. 부인의 딸들이 우리 학교에 오기 전에는 학교에 아무런 문제가 없었습니다" 라고 말한다. 주어진 공간에 교장에게 직면하기를 할 때 여러분이 할 말을 적어 보시오.

4. 여러분은 사회복지 서비스 기관에 대한 컨설팅의 일환으로 기관장과 정기적으로 회의를 하고 있다. 오늘 회의에서 기관장은 "내가 하는 일이 무엇이든지 간에 나는 비난과 비판을 받는다. 이전 기관장으로부터 인수받은 상황 때문에 내 자신이 무능하고 나약하게 보인다. 이전 기관장은 탈세를 하고 사람들을 불공평하게 대했으며 책임감이 없었다. 나는 현재 최선을 다하고 있고 이러한 관련성에 대해 죄책감을 느낀다"라고 말했다. 주어진 공간에 기관장에게 직면하기를 할 때 여러분이 할 말을 적어 보시오.

종결 예고하기

여러분은 최종 만남이 있기 전에 클라이언트에게 종결에 대해 예고한다(Shulman, 1992, p. 206). 함께 일하기로 동의하고, 서비스 계약이 성립된 대부분의 경우에 여러분은 상담기간도 클라이언트와 함께 결정했다. 이것은 목표를 정하고 과정을 계획하는 계약에 있어서 중요한 부분이다(9장 참조). 개입 단계 동안 여러분은 주기적으로 기간에 대해 언급한다. 물론 타당한 상황이 발생되면 일정이 재조정될 수도 있다. 하지만 이러한 수정은 클라이언트와의 신중하고 공개적인 논의를 통해 결정되어야 한다. 기간을 연장하는 것이 반드시 목표 달성 가능성을 높이는 것은 아니다. 기간의 연장은 목표가 달성되기 어렵다는 것을 의미하기도 하며, 여러분의 개입이 무기한으로 지속될 수 있다는 인상을 남기기도 한다.

실무현장(병원, 생활시설, 교도소)에서 사회복지는 클라이언트나 사회복지사의 통제를 넘어서 부분적 또는 전반적으로 자연스러운 종결을 가져온다. 종결과정과 관련된 많은 법률적 또는 실무적 함의들이 있다("Lawsuit Seeks", 1999). 예를 들어 병원 또는 정신과 병원의 퇴원절차의 경우, 퇴원계획은 추가적인 사정, 계약, 개입활동이 포함된 복잡한 종결과정이라 할 수 있다(Christ, Clarkin, & Hull, 1994; Clemens, 1995; C.B. Cox, 1996; Morrow-Howell, Chadiha, Proctor, Hourd-Bryant, & Dore, 1996; Oktay, Steinwachs, Mamon, Bone, & Fahey, 1992; Proctor, Morrow-Howell, & Kalplan, 1996; Spath, 2002; Tuzman & Cohen, 1992).

종결에 대한 예고는 설정했던 기간 내에 과업을 완수할 수 있도록 클라이언트의 동기 향상을 돕는다. 펄만Perlman에 의하면(1979:48~77), 사회복지적 관계는 시간 제한적 관계라 할 수 있다. 여러분은 클라이언트와 결혼하거나 그 사람을 입양하는 것이 아니다. 즉, 클라이언트의 가족 성원이 아니라 전문적으로 도움을 주는 사람이기 때문이다. 시간제한을 정하고 종결을 예고함으로써 클라이언트가 여러분과의 전문적 관계를 종결하는 과정을 심리적으로 준비하도록 돕는다. 다가오는 종결에 대해 언급하는 것을 피한다면, 여러분과 클라이언트는 종결과 관련된 당시의 감정을 부인할 수 있다. 이러한 부인은 종결과 관련된 강한 감정을 일시적으로 피할 수는 있으나, 심리적으로 종결을 예상하고 그에 대해 준비하는 것을 방해할 수 있다. 따라서 종결에 대한 언급이 불편한 감정을 일으킬지라도 여러분은 다가오는 전문적 관계의 종결에 대해 가끔 언급해야 한다.

종결을 예고하는 기술에는 몇 가지 방법이 있다. 구체적인 형식과 관계없이, 이 기술은 클라이언트가 종결에 대해 의식적으로, 감정적으로 대비하도록 도와준다. 타 기관으로의 이송(transfer) 및 의뢰(referral), 또는 종결(termination) 등 종결이 다가오면 이러한 변화에 따른 생각과 감정이 나타날 수 있다는 것을 클라이언트에게 조심스럽게 상기시킨다.

예를 들어 여러분은 가족 구성원과 의사소통 기술 향상을 목표로 8회기의 상담을 갖기로 합의했다고 가정하자. 개입은 아주 잘 진행되어 왔다. 네 번째 만남에서 가족 성원들은 자신들이 무시받았다거니 기절당했다고 생각하지 않고 다른 이견을 표현할 수 있을 정도로 발전했다. 가족 구성원 사이의 긴장은 상당히 줄어들었고 유머가 늘어났다. 그 모임이 끝날 무렵 여러분은 "이제 우리는 네 번째 세션을 끝내고 있습니다. 앞으로 네 번의 만남이 더 남았습니다. 우리는 반을 온 거지요"라고 말한다.

이와 같이 암시한 후에 여러분은 종결에 대한 의견, 생각, 감정을 탐색하거나 검증할 수 있다. 여러분은 클라이언트에게 "종결에 대해 생각하면 어떤 생각이나 감정이 나타날 수 있습니다. 어떤 생각이나 감정이 떠오릅니까?"라고 묻거나, "우리의 관계가 종결되고 나면 어떻게 달라질 것 같습니까?"라고 물어볼 수 있다. 특정한 형식이 있는 것은 아니지만 종결을 예고하는 주된 요소는 암시이다. "우리에게 ___번의 미팅이 남았습니다" 혹은 "___주 더 만나겠습니다"와 같은 표현은 이러한 역할을 한다. 클라이언트를 다른 기관으로 의뢰하는 경우 여러분은 클라이언트에게 관계가 종결된 후 어떠한 일이 일어날지 명확하게 설명해 주어야 한다. 여러분은 "___와 일하기 시작하기 전에 세션이 ___번 남았습니다", 혹은 "___에서 프로그램을 시작하기 전에 우리는 ___주 동안 더 만날 것입니다"라고 말할 수 있다.

연습 12-11 종결 예고하기

이 연습을 위해, 자신이 가족 상담 센터의 사회복지사라고 가정하라. 아래의 공간에 종결을 예고하는 기술을 사용하기 위해 여러분이 할 말을 적어 보시오.

1. 여러분은 약 2달 동안 ○부인과 일해 왔다. ○부인의 식습관은 더 이상의 도움이 필요하지 않을 만큼 향상되었다. 그녀는 현재 도시락 서비스 프로그램에서 정기적으로 음식을 제공받고 있다. ○부인의 체중은 정상으로 되돌아왔고 기운도 회복되었다. 3주 전에 여러분과 ○부인은 그 동안의 경과에 대해 이야기했고, 한 달 후 여러분과 클라이언트의 관계를 끝낼 것을 결정했다. 따라서 다음 주 회기가 마지막이 될 것이다. 주어진 빈 공간에 ○부인에게 종결을 예고하기 위해 여러분이 사용할 말을 적어 보시오.

2. 여러분은 S가족과의 마지막에서 두 번째 순서의 상담중이다. 지난 몇 달 동안 많은 생산적인 변화가 일어났다. 두 세션 전에 가족 성원들은 목표 달성을 향해 잘 해나가고 있다. 그때 여러분은 세션을 세 번 더 갖기로 합의했다. 다음 주에는 마지막 세션을 가질 것이다. 주어진 빈 공간에 S가족에게 종결을 예고하기 위해 자신이 할 말을 적어 보시오. S가족 성원들에게 종결을 예고하는 데 여러분이 할 말을 적어 보시오.

3. 2주 전 상담에서 여러분과 F부인은 그녀가 10주 과정의 자기주장 훈련과정에 참여해야만 목표를 가장 잘 달성할 수 있다고 결론을 내렸다. 이 훈련과정은 3주 후에 시작한다. 따라서 다음 주는 여러분과의 마지막 상담이 될 것이다. 아래 주어진 공간에 F부인에게 종결을 예고하는 데 여러분이 할 말을 적어 보시오.

4. 여러분은 이전 기관관리자의 부정부패와 경영 무능으로 혁신이 필요한 기관에게 9개월 전부터 컨설팅 서비스를 제공해 왔다. 매 5~6주째, 기관 직원들과 이사진, 주요 관계자들을 만나 이러한 과정을 알리고 피드백 및 조언을 얻는다. 12개월 계약은 앞으로 3개월 후에 만료된다. 오늘의 만남 후 앞으로 한 번의 만남이 더 남았다. 마지막 만남인 다음 회기에서 이 집단에게 종결과 관련하여 여러분이 할 말을 적어 보시오.

진행 기록

여러분은 많은 법적, 윤리적 의무를 가진 전문 사회복지사로서 사회복지실천의 모든 단계에서 기록의 의무를 지켜야 한다. 개입 단계 동안 초기 사정과 계약의 수정 사항을 기록해야 하며 목표달성을 위한 개입 단계와 과정을 사례 기록지에 포함시켜야 한다. 목표달성 척도, 주관적 평가, 간단한 사정도구, 다른 평가 점수 또는 경향을 나타내는 그래프와 같은 평가과정에 대한 결과를 포함해야 한다. 또한 목표달성을 위한 개입 과정과 관련된 사건과 현상들을 묘사하고 문제나 주제를 정의해야 한다. 경우에 따라서 여러분은 자신이 취한 행동이나 제안에 대한 근본적 이유를 명시해야 한다. 예를 들어 성인 남성 클라이언트가 유아기 아들을 성적으로 학대한다는 사실을 알게 되었다고 가정하자. 물론, 여러분은 보건복지부 산하 아동보호기관과 같은 관련 기관에 보고해야 한다. 대부분의 경우 이 정보는 클라이언트의 비밀보장 원칙이 고려되고, 법적, 윤리적으로 보호되는 개입과정중에 알게 된 정보이므로, 아동이 학대 위험에 있다는 명확한 증거 자료(클라이언트가 말한 단어)들을 꼼꼼하게 기록해야 한다. 또한 여러분이 클라이언트에게 했던 말도 기록해야 한다. 전문 사회복지사로서 여러분이 이러한 사실을 아동보호기관에 보고할 법적 의무가 있다는 것을 클라이언트에게 고지하고, 이 또한 기록해야 한다. 또한 여러분이 해당 클라이언트의 사회복지사로서 지속적인 원조 의지를 표현할 수 있는데 이러한 내용 또한 기록해야 한다. 여러분은 관련 기관에 연락할 경우 날짜와 시간, 접촉한 사람, 통화 내용을 기록해야 한다. 물론 클라이언트가 동의하지 않는다면, 아동 학대 가능성과 관련한 문제 이상으로 클라이언트에 대한 정보를 공유하는 것을 삼가야 한다.

많은 기관에서 사회복지사는 문제 중심 기록(problem-oriented recording: POR)을 개입 단계에서 사용한다(Burrill, 1976, pp. 67~68; H.C. Johnson, 1978, pp. 71~77; Martens & Holmstrup, 1974, pp. 554~561). 잘 알려진 SOAP 형식(주관적 정보(subjective data), 객관적 정보(objective data), 사정(assessment), 계획(plan))은 일반적으로 의료 영역에서 사용되며 사회복지 영역에서도 널리 사용되고 있다. DAR(정보(data), 개입(action), 반응(response))과 APIE(사정(assessment), 계획(plan), 수행(implement), 평가(evaluation))가 일반적이다. 전통적인 SOAP 구조에 대한 몇 가지 변화된 형태가 있는데, SOAPIE는 주관적(subjective), 객관적(objective), 사정(assessment), 계획(plan), 수행(implement) 혹은 개입(interventions), 평가(evaluation)를 의미한다. SOAPIER은 기존의 형식에 '검토(revision)'가 추가된다. SOAIGP 형식도 또 다른 형태인데(Kagle, 1991, pp. 101~104; Kagle & Kopels, 2008, p. 133), 그 내용은 다음과 같다:

- S(Supplemental): 클라이언트나 가족으로부터 얻어진 추가적인 정보
- O(Observations): 여러분과 타 기관 직원들의 관찰
- A(Activities): 여러분, 클라이언트, 다른 사람들이 취한 활동
- I(Impressions): 여러분의 인상, 가설, 사정 또는 평가
- G(Goals): 현재 목표
- P(Plans): 추가적인 활동 또는 실행 단계를 위한 계획

추가적인 항목(supplemental)에는 여러분이 클라이언트, 가족 구성원, 클라이언트의 일차적 사회체계 내의 사람들로부터 수집한 새로운 또는 수정된 정보를 포함할 수 있다. 관찰 항목

(observations)에는 사람, 문제, 상황에 대해 여러분이 관찰한 객관적인 사실만을 기록한다. 가능하다면 타 기관 직원들이 관찰한 내용도 포함한다. 활동 항목(activities)에서는 클라이언트의 과제, 사회복지사의 과제, 각 회기에서 요구되는 과제들을 요약한다. 인상(느낌) 항목(impressions)에는 목표 달성을 위한 과정에 대한 현재의 평가와 잠정적인 인상과 가설을 요약할 수 있다. 또한 측정된 빈도, 주관적 평가 결과와 이 항목 자체에 대한 평가 결과를 요약한다. 목표 항목에는 현재의 목표를 기록하거나 최초의 목표를 수정하여 기록할 수도 있다. 계획 항목에는 여러분의 접근상의 변화를 기록하고 여러분과 클라이언트가 취하고자 하는 추가적인 실행 단계를 밝힌다.

예를 들면, 체이스 부인과의 상담 후에 여러분은 사례기록을 보관하는 서류철(case file)을 위한 SOAIGP를 다음과 같이 준비할 수 있다.

〈사례: 과정 기록 – SOAIGP〉

2월 10일, 체이스 부인과의 상담에 대한 SOAIGP

Supplemental: 체이스 부인은 우리가 세운 실행 단계를 수행했다고 했다. 그녀는 그것이 많은 도움이 되었다고 보고했다. 그녀는 지난 몇 달간 기분이 좋아졌다. 회기 전에 체이스 부인의 남편은 집에서 모든 것이 나아졌다는 것을 알리기 위해 전화했다. 그는, "모든 식구가 집에서 서로 돕기 시작했고 우리 모두 행복합니다. 감사합니다"라고 말했다.

Observations: 체이스 부인은 참으로 기분이 나아 보였다. 그녀는 활동적이고 표현력 있게 말했다. 그녀가 가족생활과 정원 가꾸기에 대해 이야기할 때 그녀의 얼굴은 밝아지고 생기 있게 변했다. 직장생활에 대해 이야기할 때는 더 '사무적인' 모습으로 변하기도 했다.

Activities: 오늘 만남 중에 체이스 부인과 나는 그녀의 아동기에 대해 길게 이야기를 나누었다. 그녀는 몇 차례 그녀의 어머니의 음주와 술에 취한 어머니를 대할 때의 어린이로서 그녀가 느꼈던 혼란한 감정에 대해 이야기했다. 그녀의 어머니가 술에 취해 욕설을 퍼붓는 상황에서 친구가 집에 왔을 때 그녀가 느꼈던 창피함과 분노에 대해 이야기하면서 눈물을 흘렸다. 그녀는 그녀의 어머니의 음주에 대해 '비난하고' 싶다고 밝혔다. 그녀는 "내가 문제가 별로 없었고 좀 더 잘했더라면 엄마는 그렇게 마시지 않았을 거라고 느끼곤 했다"라고 말했다.

앞으로 세 번의 만남이 남았다고 체이스 부인에게 알려 주었다. 그녀는 당신이 그리울 것이라고 말했지만 이미 모든 것이 많이 나아졌다고 했다.

Impressions: 체이스 부인의 일일 기록지(첨부)는 두 가지 목표인 잠을 더 편안하게 자는 것과 남편과 아들(로버트와 리차드) 사이의 말다툼을 줄이기의 과정을 반영하고 있다. 변화를 위한 프로그램을 계속해서 성공적이라는 인상을 받았다. 이 시점에서 그것을 바꿀 필요는 없다.

Goals: 전에 수립된 목표가 아직도 효과적이다.

Plan: 우리는 새로운 실행 단계를 세웠다. 지난 주에 이미 밝혀진 것에 추가적으로 체이스 부인은 오늘부터 3주간 Janet Woitiz의 성인 알코올 중독자 자녀(1981)를 읽기로 합의하였다.

수잔 홀더, BSW, MSW

문제 중심 기록 형식은 여러 가지 중요한 기능을 한다. SOAPIE, SOAPIER, SOAIGP는 수행(implement), 개입, 평가에 대해 더 강조하며 SOAP형식을 개선한 형식이다. SOAIGP의 경우, 목표

의 중요성에 대한 구체적인 인식을 강조한다. 더욱이 이러한 추세에 따라, 목표 중심적 형식의 예비 실험 형태인 GAAP(명칭 미정)를 고려해보자.

- Goals: 계약단계에서 이야기 된 목표와 목적을 요약한다.
- Activities: 목표달성을 위한 상담과정에서 참여자(예를 들어, 사회복지사, 클라이언트, 기타)에게 주어지는 과제, 활동, 개입을 묘사한다.
- Assessment: 목표달성을 활동과 진행과정의 결과 및 효과와 연관된 평가와 사정결과를 보고한다.
- Plans: 사정과 평가를 기반으로 합의된 목표와 목적의 수정이 필요한 경우, 추가적으로 목표와 관련된 과제 및 활동을 계획한다.

진행기록은 합법적이며 전문적인 문서이다. 심사위원회, 법률자문 및 재판과 같은 맥락에서 공적 자료로 사용될 수 있도록 기록을 준비해야 하며, 논리적인 방법으로 조직화해야 한다. 또한 조리 있게 쓰여야 하며, 읽기 쉬워야 하고 적절한 시기에 준비되어야 한다. 개입의 목적과 목표를 담은 묘사적이고 사실적인 정보를 포함하여야 한다. 반면, 입증될 수 없는 복잡하고 추상적인 내용은 피해야 한다. 클라이언트의 개인적이고 문화적 특성뿐 아니라, 결정 및 과정 내에서 그들의 적극적인 참여를 존중하는 동시에 여러분의 기록은 정확하고 객관적이며 선입관이 없는 보고여야 한다. 또한 제 3자에 대한 비밀보장의 권리를 유지하면서, 정보의 원천을 찾아내고, 결정과 행동의 이유를 지지해야 한다. 마지막으로 여러분의 기록은 사법과 기관정책을 준수해야 한다.

연습 12-12 진행 기록

이 연습을 위해, 자신이 가족 상담 센터의 사회복지사라고 가정하고 주어진 공간에 각각의 클라이언트와의 상담에 관한 사례 기록을 위한 SOAIGP를 준비하시오.

1. 여러분은 이번 주 월요일 ○부인과의 상담을 끝냈다. 만남은 ○부인이 도시락 서비스 프로그램을 통해 매일 따뜻한 음식을 제공받기 시작한 몇 주 후에 있었다. 처음 2주간 ○부인은 배달된 음식을 다 먹은 것으로 나타났다. 하지만 이번 만남이 있는 날, 부인이 식사를 하지 않았다는 것을 알았고, 지난 이틀 동안에도 식사를 하지 않은 것으로 나타났다. 여러분은 ○부인에게 식사를 하지 않은 이유에 대해 물었고 그녀는 배가 고프지 않았다고 대답했다. 내일 배달될 음식을 먹을 것인지의 질문에 대해 ○부인은 "글쎄요, 잘 모르겠어요"라고 대답했다. SOAIGP 형식을 사용하여 주어진 빈 공간에 상담에 대한 진행 기록을 준비하시오.

2. 여러분은 S가족의 10대 소녀인 글로리아와의 상담을 마쳤다. 그녀는 지난 만남 후 남자친구와 다시 성관계를 갖기 전에 의사의 진찰을 받고 치료를 받아야 한다고 남자친구에게 말했다고 한다. 그녀가 이것을 여러분에게 보고할 수 있는 것에 대해 기뻐하는 듯 했다. 그녀가 취한 행동에 대해 칭찬해 주었고 남자친구의 반응을 물었다. 그녀는 남자친구가 발끈 화를 내면서 떠났지만 다시 돌아올 것이라고 이야기했다. SOAIGP 형식을 사용하여 주어진 빈 공간에 상담에 대한 진행 기록을 준비하시오.

3. 여러분은 오늘 F부인과 그녀의 딸들 그리고 학교 교장선생님을 만났다. 상담 동안 F부인의 딸들은 10대 소년들이 그녀들을 어떻게 놀리고 괴롭혔는지 자세히 설명했다. 딸들은 소년들이 그들에게 침을 뱉고 라틴계 혈통을 지칭하는 별명을 불렀지만, 소년들의 이름을 언급하지는 않았다. 교장 선생님은 놀랐고 그녀들이 한 말에 대해 걱정했다. 그는 이러한 일이 발생한 것에 대해 유감을 표한 것으로 보아, 그녀들의 말을 믿는 것 같았다. 또한 그녀들을 괴롭힌 소년들과 이야기를 나눠보겠다고 했으며, 이러한 일이 다시 생기면 자신에게 바로 말하라고 당부하기도 했다. GAAP 형식을 사용하여 주어진 빈 공간에 상담에 대한 진행 기록을 준비하시오.

4. 여러분은 전 관리자의 부정부패와 경쟁력 없는 경영으로부터의 혁신을 시도하고자 사회복지 컨설팅 서비스를 지난 9개월 동안 제공하였다. 현재 기관에는 긍정적인 변화가 나타났다. 직원 간의 소통이 향상되었고 직원들이 매주 슈퍼비전을 받으며, 기관장도 적극적 방법으로 리더십을 추구하였고, 도덕성도 향상되었다. 오늘 여러분은 이러한 긍정적인 변화를 보고하며 기관장, 행정가들, 슈퍼바이저들, 다른 실무자들을 지지할 의도로 기관 이사회와 만났다. 이사회는 여러분의 보고에 대해 굉장히 기뻐하며 계속해서 노력해 줄 것을 부탁했으나, 기관장의 업무수행 및 역할에 대한 적합성에 관해 평가해 줄 것을 요구하였다. SOAIGP 형식을 사용하여 모임에 대한 진행 기록을 준비하시오.

요약

사회복지실천의 개입 및 평가 단계 동안 여러분과 클라이언트는 문제의 해결과 설정된 목표의 달성을 위해 행동을 취한다. 이런 과정에서 여러분은 감정이입적 기술과 개입 단계의 표현 기술을 모두 사용한다. 여기에 적합한 기술은 (1) 실행 단계 연습, (2) 실행 단계 검토, (3) 평가, (4) 초점 맞추기, (5) 교육, (6) 조언, (7) 대변, (8) 즉시 반응하기, (9) 재구조화, (10) 직면, (11) 종결 예고, 그리고 (12) 진행 기록이다.

Chapter 12 요약 연습

이전까지 동료와 함께 상담을 진행시켰다면, 다른 상담을 해 보시오. 이 상담의 주요한 목적은 계약 과정에서 정해진 목표를 성취하는 것이다. 이전에 했던 것처럼, 개인적인 장소를 마련하고 비디오테이프와 녹음기를 다시 준비한다. 감정이입 기술과 개입 단계의 표현 기술을 활용하면서, 여러분의 동료가 목표 달성하는 것을 돕기 위해서 그 동료를 상담해본다. 상담이 끝날 때쯤약 일주일 후에 다른 상담을 약속하고 다음 상담이 마지막이라는 것을 알려 주는 것을 잊지 말아야 한다.

1. 여러분이 상담을 끝내면서 경험한 것에 대한 생각과 느낌에 대해 물어보시오. 다음 질문들에 관한 친구의 답변을 구하시오. (a) 상담 동안 자신이 친구에 대한 이해와 존중을 전달한 것으로 느꼈나? (b) 상담이 목표달성을 향한 과정에 도움이 될 만큼 생산적이었나? (c) 자신이 수행한 다양한 개입 및 평가 기술의 질에 관한 친구의 피드백은 무엇인가? (d) 이 경험이 만족스러웠는가? (e) 목표달성을 향한 진전이 있었다고 생각하는가? 만약 그렇다면 어떠한 것이 가장 도움이 되었다고 생각하는가? 그렇지 않다면 장애물은 무엇이었나? 내가 친구에게 도움이 되지 않은 것을 했나? (f) 어떻게 하면 상담이 더 좋을 수 있었는지, 도움이 될 수 있었는지에 대한 제안이 있는가? 빈 공간에 친구의 피드백을 요약하시오. 이 때 "4번째 상담연습"이라는 제목을 붙이고 "피드백"이라는 소제목을 붙이시오.

2. 다음의 공간에 상담에 대한 여러분 자신의 반응을 요약하시오. 상담에 대해 어떻게 느꼈나? 상담의 어떤 면이 좋았으며, 어떠한 면이 마음에 안 들었나? 상담에서 감정이입적, 표현적인 기술을 모두 사용했다고 생각하는가? 상담을 다시 한다면 어떤 것을 다르게 하겠는가? 어떤 개입과 평가 기술이 좀 더 나은 실천을 위해 필요한가? "4번째 상담연습"이라는 문서에 여러분의 관찰, 반응, 생각 등을 포함시키고 "나의 반응과 생각"이라는 소제목을 붙이시오.

3. 위에서 설명된 SOAIGP 형식을 사용하여 기록지에 자신의 친구와 함께 한 상담에 대한 진행 기록을 준비하시오. SOAIGP 기록을 완성한 뒤 녹음기나 비디오를 작동시키고 SOAIGP 기록을 작성하는 방법에 영향을 준 중요한 대화를 기록하고 그에 따라 기록을 수정하시오. SOAIGP 기록을 여러분의 사회복지실천기술 학습 포트폴리오의 실천사례기록에 포함시키시오.

Chapter 12 자기 평가

여러분은 이 장을 마쳤고, 연습 문제들을 완성하였습니다. 다음에 제시된 자기 평가 연습을 통해 개입 및 평가 기술의 숙련도를 평가하시오.

자기 평가: 개입 및 평가 기술

다음 문항에 응답하시오. 여러분의 응답은 개입과 평가 기술이 숙련된 정도를 스스로 평가하는 데 도움이 됩니다. 각 문항을 주의 깊게 읽고, 여러분이 각각의 문항에 동의 또는 동의하지 않는 정도를 아래에 제시된 4점 척도를 활용하여 표시하시오. 해당하는 숫자에 표시하시오.

4 = 전적으로 동의한다
3 = 동의한다
2 = 동의하지 않는다
1 = 전혀 동의하지 않는다

4	3	2	1	평가 진술
				이 시점에서, 나는…
☐	☐	☐	☐	1. 평가와 개입의 기능과 목적을 설명할 수 있다.
☐	☐	☐	☐	2. 실행 단계 연습 기술을 수행하고 설명할 수 있다.
☐	☐	☐	☐	3. 실행 단계 검토 기술을 수행하고 설명할 수 있다.
☐	☐	☐	☐	4. 평가과정 기술을 수행하고 설명할 수 있다.
☐	☐	☐	☐	5. 초점 맞추기 기술을 수행하고 설명할 수 있다.
☐	☐	☐	☐	6. 교육하기 기술을 수행하고 설명할 수 있다.
☐	☐	☐	☐	7. 조언하기 기술을 수행하고 설명할 수 있다.
☐	☐	☐	☐	8. 대변하기 기술을 수행하고 설명할 수 있다.
☐	☐	☐	☐	9. 즉시 반응하기 기술을 수행하고 설명할 수 있다.
☐	☐	☐	☐	10. 재구조화 기술을 수행하고 설명할 수 있다.
☐	☐	☐	☐	11. 불일치에 직면하는 기술을 수행하고 설명할 수 있다.
☐	☐	☐	☐	12. 종결예고하기 기술을 수행하고 설명할 수 있다.
☐	☐	☐	☐	13. 진행기록을 준비할 수 있다.
☐	☐	☐	☐	14. 개입 및 평가 기술의 숙련도를 사정할 수 있다.
				소계

참고: 위의 문항들은 부록 3의 사회복지실천기술 자기 평가도구의 개입과 평가 기술 부문에 제시되어 있다. 여러분은 제2장의 연습 문제 2-2에서 위의 문항들에 응답한 적이 있다. 여러분은 이전의 여러분의 응답과 이번에 여러분이 응답한 것을 비교할 수 있다. 이전의 점수보다 이번의 점수가 높을 경우 여러분이 개입과 평가 기술과 관련하여 향상된 것이다.

마지막으로 제12장에서 다룬 사회복지실천기술과 자기 평가 결과를 분석한 후, 1쪽 분량의 보고서를 준비하시오. 보고서의 제목은 "개입과 평가 기술의 숙련에 대한 자기 평가"입니다. 보고서에는 여러분이 알고 있고 잘 수행할 수 있는(예: 3점 이상) 기술을 반드시 밝히시오. 또한 보다 연습을 요하는(예: 2점 이하) 기술을 구체적으로 밝히고 그러한 기술을 숙련하기 위한 계획을 세워 보시오. 보고서를 완성한 후 보고서를 사회복지실천기술 학습 포트폴리오에 포함시키시오.

종결 기술

이 장의 목적은(박스 13.1 참조) 종결 기술이 숙달될 수 있도록 돕는 것이다. 사회복지사는 클라이언트와의 개입관계를 결론짓기 위해 종결 기술을 사용한다. 관계를 종결하는 형태는 다양하지만, 종결과정에는 중요한 몇 가지 기술들이 있다. 윌리암 슈와츠William Schwartz(1971)와 엘리자베스 쿠블러-로스Elizabeth Kubler-Ross(1969)의 저서에 기초하여 로렌스 샬맨Lawrence Shalman(1992)은 종결과정의 역동성과 관련 기술들에 대해 설명하고 있다. 여기에 제시된 기술들은 그가 밝혀낸 것의 일부분이다. 사회복지 종결 기술은 (1) 과정검토, (2) 최종평가, (3) 종결과 관련된 감정을 공유하고 작별인사 나누기, 그리고 (4) 사례 종결 요약하기를 포함한다.

클라이언트와의 관계를 종결하는 가장 일반적인 네 가지 형태는 (1) 인계, (2) 의뢰, (3) 종결, 그리고 (4) 클라이언트로 인한 중단이다. 처음 세 가지의 경우 여러분과 클라이언트는 종결과정에 대해 개방적으로 이야기하고 주어진 상황에서 실행할 수 있는 최선의 실행과정을 함께 결정한다. 이와 같은 형태는 클라이언트와의 관계를 종결하는 적절한 방법이다. 네 번째 형태는 클라이언트에 의해 일방적으로 종결되는 방식이다. 가끔 클라이언트는 여러분과의 만남을 일방적으로 중단한다. 클라이언트는 종결에 대한 자신의 결정을 만남에서, 전화로, 또는 서면으로 여러분에게 고지한다. 하지만 어떤 클라이언트는 여러분에게 알리지 않고 약속된 만남에 불참함으로써 종결하기도 한다. 즉, 그들의 상담불참을 통해 종결의사가 전달된다. 이러한 경우 여러분이 클라이언트와 연락이 가능하다면 클라이언트의 종결의사를 확인할 필요가 있다. 하지만 이러한 접촉을 시도하는 동안 클라이언트의 간접적인 의사소통방식에 민감해야 한다. 클라이언트는 실제로 만남을 중단하기로 결정한 상태일지라도 가끔 여러분의 질문에 대한 반응으로 "당신은 나에게 전화를 할 정도로 매우 친절하니" 만남을 지속하고 싶다고 말할 수 있다. 만약 여러분이 이와 같은 접촉을 통해 일어난 일들을 자세히 살펴본다면, 여러분 자신 또는 의사소통방식이 클라이언트의 종결 결정에 영향을 미쳤는지 알 수 있다. 이와 같은 정보는 미래에 다른 클라이언트와 함께 일할 때에 참고될 수 있다. 클라이언트에게 서비스에 대한 생각을 표현할 기회를 부여하는 것은 여러분과 그들 사이의 전문적인 관계를 보다 만족스러운 방법으로 종결할 수 있도록 돕는다. 이는 당신에 대한 클라이언트의 관점, 사회복지기관 및 자신의 경험을 확장시켜 클라이언트가 미래에 같은 상황에서 필요한 서비스를 다시 요청할 수 있도록 할 것이다.

박스 13.1 ┃ 13장의 목적

13장의 목적은 여러분의 종결 기술을 발달시키는 데에 있다.

목표

이 장을 학습한 후 여러분은 다음과 같은 기술을 숙달하여야 한다.

• 종결의 목표와 기능을 이야기하는 기술
• 과정검토 기술
• 최종평가 기술
• 종결과 관련된 감정을 공유하고 작별인사하는 기술
• 종결요약 기술
• 종결 기술의 숙련도를 평가하는 능력

핵심 역량

이 장에서 언급되는 기술은 다음과 같은 핵심 EPAS(Education Policy and Accreditation Standards) 역량을 확보하는 데 도움을 줄 것이다:

• 전문적인 사회복지사로서 인정하게 되고, 스스로 그에 맞춰 행동한다(EP2.1.1).
• 전문적인 실천에 사회복지의 윤리적 원칙을 적용한다(EP2.1.2).
• 비판적인 생각을 전문적인 판단에 활용한다(EP2.1.3).
• 실천 현장에서 다양성과 이타성을 인정한다(EP2.1.4).
• 인간행동과 사회환경에 대한 지식을 적용한다(EP2.1.7).
• 실천 현장을 이루고 있는 맥락에 부응한다(EP2.1.9).
• 개인, 가족, 집단, 조직, 지역사회에 대한 개입과 평가를 한다(EP2.1.10[c-d]).

클라이언트는 사전 예고 없이 관계를 중단할 가능성이 많다. 변화가 일어날 때마다 클라이언트가 관계를 중단할 가능성은 높아진다. 만남의 시간과 장소의 변경 또는 같은 기관 내의 다른 사회복지사에게로의 인계는 클라이언트가 관계를 중단하게 하는 요인이 될 수 있다. 가장 어려운 것은 클라이언트를 다른 사회복지기관의 사회복지사에게 의뢰하는 것이다. 의뢰는 많은 변화(새로운 장소, 다른 정책·절차·사명을 가진 다른 기관, 새로운 만남 일정 그리고 새로운 전문가)를 수반한다. 많은 클라이언트가 관계를 중단함으로써 이러한 큰 변화에 대처하는 것은 이해할 수 있는 일이다. 내부인계와 외부의뢰의 역동성은 비슷하지만 보통 내부인계가 외부의뢰보다 다루기 용이하다. 외부의뢰는 내부인계보다 더 많은 변화를 수반하며 클라이언트에게 주어지는 심리적 압박 또한 훨씬 커진다. 이에 따라, 내부인계 및 외부의뢰는 정상적인 종결 혹은 중단과 같이 여러분과 클라이언트 간의 관계를 종료시키기도 한다.

중요한 관계를 종결하는 것은 종종 힘들고 고통스러운 경험이며, 물론 여러분에게도 쉽지 않을 것이다. 클라이언트와의 관계를 종결하는 것은 슬픔, 상실감 등을 포함한 다양한 감정을 수반한다. 클라이언트에게 종결과정은 더욱 힘들 수 있다. 보통 종결이 다가오면 클라이언트는 여러분을 친절하고 배려심이 있으며 잘 경청하고 자신에게 진심으로 관심을 가져 주는 이해심 많은 사람으로 바라보게 된다. 종종 클라이언트는 개인적인 생각과 감정을 나누기도 하는데, 이는 클라이언트가 안전함과 연약함을 동시에 느끼게 한다. 클라이언트는 다시는 보지 않을 사람인 여러분에게 비밀을 털어놓기도 한다. 클라이언트는 성공적으로 중요한 문제를 해결했을 수도 있고 인생이 바뀌었거나 중요한 목표를 달성했을 수도 있다. 클라이언트는 여러분에게 물질적이거나 상징적인 선물로 감사의 마음을 표현하고 싶어 하기도 한다. 관계의 종결은 심각한 감정을 일으킬 수도 있다. 어떤 클라이언트는 아주 친한 친구를 잃은 것처럼 아주 슬퍼하면서 "당신 없이 내가 어떻게 해나갈 수 있습니까?"라고 질문하면서 무서워하고 의지하려 하기도 한다. 그들이 최선을 다해 열심히 하지 않은 것이나 자신이 최선을 다해 변화하고 성장할 수 있는 기회를 이용하지 않은 것에 대해 죄책감을 느낄 수 있다. 관계가 종결되는 것에 대해 클라이언트는 여러분에게 거절당했다고 느낄 수 있고 화를 낼 수도 있다. 그들은 "당신이 나에 대해서 정말 걱정한다면 이 관계를 끝내지 않을 거예요. 당신은 나에 대해 전혀 걱정하지 않는 것이 분명해요. 저와 헤어지니 기쁘시죠!"라고 할 수도 있다. 또한 클라이언트는 자신의 감정 상태를 인정하지 않거나 최소화할 수도 있다. 그들이 인정하지 않거나 표현하지 않은 강한 감정과 싸우는 동안 그들 자신이 관계를 끝내기 위해 많이 준비한 것처럼 표현할 수 있다. 종결로 인해 여러분과 클라이언트로부터 중요한 행동을 나타나게 하는 변화에는 이와 관련된 다양한 심리적, 사회적 과정이 있는데, 이러한 반응들을 종결과정의 한 부분으로 탐색하는 것이 바람직하다.

과정 검토

과정을 검토하는 것은 여러분과 클라이언트 사이에 어떤 일이 일어났는지 되돌아보고 요약하는 것이다. 이것은 검토한 것을 공유하는 협동의 작업과정이기도 하다. 일반적으로 클라이언트가 여러분을 처음 만난 시간부터 지금까지의 과정을 검토하도록 하면서 시작한다. 예를 들어 다음과 같이 이야기할 수 있다. "지난 몇 달 동안의 과정에 걸쳐 우리가 함께 한 일들에 대해 생각을 해보았습니다. 우리는 함께 많은 문제들에 대해 이야기를 했고, 당신과 당신이 처한 상황에 많은 변화들이 있었습니다. 지난 회기들을 생각하면 어떤 것들이 기억에 남습니까?"

여러분의 요청에 클라이언트가 응답한 후, 여러분은 클라이언트의 생각과 느낌을 검증하고 자신의 중요한 기억을 함께 공유할 수 있다. 이것은 종종 다른 경험들도 되돌아볼 수 있게 한다.

연습 13-1 과정 검토

이 연습을 위해, 자신이 가족 상담 센터의 사회복지사라고 가정하고 주어진 공간에 클라이언트와 과정을 검토할 때 자신이 할 말을 적어 보시오.

1. 여러분은 O부인과 약 두 달 동안 함께 일해 왔다. O부인은 균형 있는 식습관을 갖는 목표를 달성했다. O부인은 의사의 진찰을 받았으며 그녀의 의식불명을 효과적으로 관리하는 약을 처방받았다. 여러분과 클라이언트 모두 함께 한 일에 대해 아주 기뻐하는 것 같다. 이번이 마지막 만남이다. 주어진 공간에 클라이언트와의 과정을 검토하기 위해 여러분이 할 말을 적어 보시오.

2. 여러분은 S가족과의 마지막 만남 중이다. 지난 몇 달 동안 많은 생산적인 변화가 일어났다. 주어진 공간에 S가족과의 과정을 검토하기 위해 여러분이 할 말을 적어 보시오.

3. 여러분은 F부인과의 종결 단계에 있다. 학교의 상황은 극적으로 나아졌고, F부인과 자녀들은 만족스럽게 대화하고 있다. 2주 후에 F부인은 다른 지역사회기관에서 10주 동안 진행되는 자기주장훈련 프로그램에 참여할 것이다. 주어진 공간에 F부인과의 과정을 검토하기 위해 여러분이 할 말을 적어 보시오.

4. 여러분은 지난 9개월 동안 선임 기관장의 역량 부족 및 부정부패로 인해 많은 개선이 필요한 한 기관에 사회복지 컨설팅 서비스를 제공해왔다. 여러분은 기관관계자들과 마지막 상담을 남겨두고 있다. 주어진 공간에 기관관계자들과의 과정을 검토하기 위해 여러분이 할 말을 적어 보시오.

최종평가

　　과정을 검토하는 것과 더불어 여러분은 문제해결과 목표달성 정도를 최종적으로 평가하는데 클라이언트를 참여시켜야 한다. 여러분은 최종평가를 위해 설문지 외에도 다양한 개별적 및 주관적 측정도구(예: 그래프) 등을 이용할 수 있다. 또한 여러분은 클라이언트의 경과에 대한 주관적인 생각을 공유할 수도 있다. 최종평가 시에 여러분이 무엇을 공유하든지 반드시 클라이언트의 피드백을 받아야 한다. 대개 클라이언트들은 평가결과에 동의하지만 때때로 그들은 다른 견해를 보이기도 하는데 이에 대한 여러분의 인식과 고려가 필요하다.

　　평가과정 중에 여러분은 긍정적인 변화에 대한 기쁨을 표현하는 것이 좋다. 여러분은 개입과정 중에 일어난 모든 일에 대해 클라이언트를 칭찬하고 또한 클라이언트가 해결되지 않은 문제와 부분적으로만 달성된 목표를 밝힐 수 있도록 원조한다. 여러분과 클라이언트의 관계가 종결된다고 해서 목표달성을 향한 노력이 중단되는 것은 아니다. 클라이언트는 스스로 또는 친구나 가족의 도움을 통해 목표를 향한 실행 단계를 지속해 나갈 수 있다. 여러분과의 관계를 종결할 무렵, 많은 클라이언트들은 스스로 문제를 해결할 수 있는 사람이 된다. 그들은 스스로 목표를 정하고 실행 단계를 밝힐 수 있게 된다. 이것은 여러분에게 있어서 매우 만족스러운 결과라 할 수 있다. 클라이언트가 스스로를 원조하고 효과적으로 문제해결을 할 수 있게 되었을 때 여러분이 진정으로 클라이언트를 도와주었다고 할 수 있다. 여러분과의 관계 덕분에 클라이언트가 미래의 문제를 다룰 수 있는 기술을 얻었다면 그들은 많은 것을 얻은 것이다.

　　대부분의 종결 기술과 같이 최종평가는 상호협동적인 과정이다. 여러분과 클라이언트는 경과에 대한 평가를 공유하고 추가적인 작업이 필요한 부분을 함께 살펴본다. 최종평가를 시작하기 위해 여러분은 "우리가 설정한 목표를 향한 경과와 관련해서 우리가 어디에 있는지에 대해 최종적으로 살펴보도록 합시다. 주된 목표 중 하나는 ＿＿＿＿＿입니다. 우리가 목표를 어느 정도 달성하였다고 생각합니까?"라고 말할 수 있다.

　　다양한 측정도구를 통해 평가된 결과를 클라이언트와 공유하고 평가 결과의 요약 그래프 등을 전달하는 것이 필요하다. 클라이언트는 실질적인 성과의 증거물을 확인할 때 동일한 내용을 구두로만 전달할 때와 대비해 높은 성취감을 느낄 수 있다.

　　완벽히 달성된 목표에 대해 여러분은 적절한 기쁨과 만족감을 표현하고 클라이언트 자신이 유능하고 인정받을 만하다는 것을 경험하고 느낄 수 있도록 유도해야 한다. 여러분은 추가적으로 개선이 필요한 부분을 밝히면서 클라이언트가 관계를 종결한 후에 취할 수 있는 추가적인 실행 단계를 계획하도록 해야 한다. 물론 이와 같은 논의가 계약과 개입행동과정의 일부분으로 실행 단계를 설정할 때처럼 포괄적이거나 상세할 필요는 없다. 그보다도 여러분은 클라이언트가 지속적으로 성장하고 발전하는 데 필요한 미래의 활동을 생각해 볼 수 있도록 클라이언트를 원조해야 한다. 여러분은 "어떠한 활동들이 우리가 지금까지 이루어 온 진척을 계속 도울 거라고 생각합니까?"와 같은 질문을 함으로써 이 과정을 시작할 수 있다.

　　최종평가의 일부분으로 여러분이 했던 말과 행동 가운데 도움이 되었거나 그렇지 않은 것에 대해 클라이언트로부터 피드백을 구하는 것이 좋다. 평가는 클라이언트가 미래에 취할 행동들을 탐색할 수 있도록 원조한다는 점에서 클라이언트에게 도움이 되며, 또한 클라이언트가 여러분의 도움에 대한 감사를 표현할 수 있는 기회를 제공하기도 한다. 하지만 도움이 되었거나 그렇지 않았던 요소에 대한 피드백의 중요한 목적은 여러분 자신의 전문적인 성장 및 발전과 관계가 있다는 것이다. 어떤 의미에서 보면 여러분이 클라이언트에게 사회복지사로서 여러분의 업무수행 능력 평가를 요청하는 것이다. 이러한 평가적인 피드백을 통해 여러분은 현재와 미래의 클라이언트와 일할 때 필요한 자신에 대한 유용한 정보를 얻을 수 있다. 클라이언트로부터 피드백을 구하기 위해 여러분은 "우리가 함께 일하는 동안 제가 한 일 중 특별하게 당신에게 도움이 되었던 것에 대해 이야기해 주시면 감사하겠습니다. 그리고 제가 한 일 중 도움이 되지 않았던 것들을 이야기해 주시겠습니까?"라고 말할 수 있다.

연습 13-2 최종평가

각 클라이언트가 최종평가과정에 참여시키기 위해 여러분이 할 말을 아래의 공간에 적어 보시오. 또한 각 클라이언트가 미래의 실행 단계를 밝히도록 권유하는 문장을 준비하시오. 마지막으로 도움이 되었거나 안 되었던 부분에 관해 각 클라이언트에게서 평가적 피드백을 구하기 위해 자신이 할 말을 적어 보시오.

1. 여러분은 O부인과 약 두 달 동안 일해 왔다. O부인은 설정된 목표를 모두 다 달성했다. 이번이 마지막 만남이다. 주어진 빈칸에 O부인이 최종평가의 세 가지 부분에 참여하도록 하기 위해 여러분이 할 말을 적어 보시오.

2. 여러분은 S가족과 마지막 만남 중이다. 지난 몇 달 동안 많은 생산적인 변화가 있었다. 몇몇 가족들 사이엔 여전히 긴장이 있지만 그들은 잘 대처해 나가고 있는 것으로 보인다. 가족들 간의 의사소통이 더욱 직접적이고 솔직해졌다는 몇 가지 증표도 있다. 가족은 설정된 목표 중 반 이상을 달성했다. 주어진 빈칸에 S가족이 최종평가의 세 가지 부분에 참여하도록 하기 위해 여러분이 할 말을 적어 보시오.

3. F부인과 종결 단계이고 그녀의 자녀들은 여러분과의 상담을 통해 상당한 도움을 받았다. 모두들 변화에 만족스러워하고 있다. F부인은 한 주 후에 진행되는 자기주장훈련 프로그램을 기대하고 있다. 주어진 빈칸에 F부인과 마지막 평가 단계를 시작하면서 할 말을 적어 보시오.

4. 여러분은 지난 9개월 동안 선임 기관장의 역량 부족 및 부정부패로 인해 많은 개선이 필요한 기관에 사회복지상담을 제공해 왔다. 이제 기관 관계자들과 마지막 상담을 남겨놓고 있다. 기관은 모든 목표를 거의 달성하였고 상당한 발전을 이루어냈다. 주어진 빈칸에 기관관계자들과 마지막 평가 단계를 시작하면서 할 말을 적어 보시오.

종결과 관련된 감정을 공유하고 작별인사하기

클라이언트가 여러분과 관계를 종결하면서 경험하는 감정의 내용과 강도는 그들의 성격, 서비스의 기간, 문제와 목표, 여러분의 역할과 기능, 경과의 정도에 따라 다양하다. 일반적으로 종결은 클라이언트에게 중요한 사건이므로 여러분은 그들이 종결과 관련된 감정을 표현할 기회를 주어야 한다.

클라이언트가 여러분과의 관계를 종결하면서 경험하는 감정적인 반응은 분노, 슬픔, 상실, 두려움, 죄책감, 의존, 불안정, 감사, 애정 등 여러 가지가 있다. 클라이언트는 종결 시에 그들이 갖는 감정을 자유롭게 표현하지 못하고 망설일 수 있다. 그들이 이러한 감정을 함께 공유하지 않고 관계를 종결할 경우, 여러분과의 관계에 대해 불완전함을 느낄 수 있다. 이러한 "미해결 감정"은 여러분으로부터 적절한 심리적 분리를 저해하며 자율과 독립심을 향한 움직임을 저해할 수 있다. 따라서 여러분은 종결을 맞는 클라이언트가 그들의 감정을 표현할 수 있도록 도와주어야 한다. 여러분은 "우리가 함께 했던 과정을 다시 살펴보고 평가했습니다. 하지만 서로와의 관계를 끝맺는 데에 대한 느낌을 함께 이야기하지 않았습니다. 이것이 우리의 마지막 만남임을 알고 나서 어떠한 느낌을 갖고 있습니까?"라고 말할 수 있다.

물론 여러분도 클라이언트와의 관계를 종료하면서 다양한 감정을 경험할 것이다. 여러분은 개인, 부부, 가족 혹은 집단과 몇 주 혹은 몇 달 동안 일하기도 한다. 클라이언트와 함께 일하는 동안 클라이언트는 괴로운 감정을 공유하고 민감한 문제를 논의하거나, 또는 의미 있는 경과를 이루었을 수 있다. 여러분의 전문적인 위치나 클라이언트에 대한 책임에도 불구하고 여러분은 클라이언트와의 관계를 끝내면서 강한 감정을 경험할 수 있다. 종결과정 동안 여러분은 죄책감, 불편함, 자랑스러움, 만족감, 슬픔, 분노, 불안정, 안도, 혹은 애정 등의 감정을 느끼는 자신을 볼 수 있을 것이다. 여러분이 느끼는 감정의 정도는 여러 요소에 따라 다를 수 있다. 클라이언트와 마찬가지로 여러분은 대부분의 종결단계에서 어떠한 개인적인 감정적 반응을 경험할 것이다. 하지만 클라이언트와는 다르게 여러분은 자신의 전문적 책임을 종결 시에도 유지해야 한다. 여러분은 자신이 경험하는 감정을 자유롭게 표현해서는 안 된다. 여러분의 감정적 표현이 클라이언트에게 미칠 수 있는 잠재적인 영향에 대해 유념해야 한다. 예를 들어 여러분이 기대한 만큼 클라이언트가 열심히 노력하지 않아서 클라이언트에 대해 불쾌함을 느낀다고 가정해 보자. 여러분은 이러한 감정을 표현하는 것이 클라이언트가 남은 목표를 달성하는 데 도움이 되거나 클라이언트가 긍정적인 방식으로 관계를 종결하도록 원조하는 경우가 아닌 이상 이런 감정을 공유해서는 안 된다. 심지어 마지막 만남에서도 여러분은 어떠한 감정을 어떻게 표현할 것인가에 대해서 전문적으로 판단해야 한다. 그러나 클라이언트와 공유하기에 적절하지 않은 감정을 단순히 억제해서는 안 된다. 그보다 그러한 감정을 개인적, 전문적, 효과적인 방법으로 다루기 위한 자기 탐색과 집중적인 자기관리 기술을 사용해야 한다.

여러분의 감정이 관련 있고 적절하다면 여러분은 종결에 대한 개인적인 감정을 나눌 수 있다. 예를 들어, "우리가 더 이상 만나지 않을 것이라는 사실에 대해 생각할 때 나는 상실감을 느낍니다. 정말 당신이 그리울 것입니다"라고 말할 수 있다.

가끔 여러분이 감정을 공유할 때 클라이언트는 그들 자신이 느끼는 추가적인 감정을 표현하기도 하는데 이때 여러분은 클라이언트의 감정을 반영하고 여러분 자신의 감정을 좀 더 공유할 수도 있다. 마지막으로 여러분과 클라이언트는 작별인사로 종결과정을 마무리하게 된다.

연습 13-3 종결과 관련된 감정을 공유하고 작별인사하기

주어진 공간에 클라이언트가 종결에 대해 갖는 감정을 함께 공유하도록 하기 위해 여러분이 할 말을 적어 보시오. 또한 여러분 각각의 클라이언트와 헤어지면서 감정을 공유하는 표현을 준비하시오. 이 과정의 일부분으로서 여러분이 각각의 클라이언트와 실제로 일했을 때 경험했을 감정에 대해 구체적으로 이야기해 보시오. 공유하기에 적당한 것과 적당하지 않은 것을 밝히시오. 마지막으로 작별인사시 할 말을 적어 보시오.

1. 여러분은 약 두 달 동안 ○부인과 일한 후, 과정을 검토하였고 최종평가를 하였다. 마지막 만남에서 약 15분의 시간이 있다. 주어진 공간에 종결하면서 ○부인과 감정을 공유하고 작별 인사를 하기 위해 여러분이 할 말을 적어 보시오.

2. 여러분은 S가족과 과정을 검토하고 최종평가를 하였다. 마지막 만남에서 몇 분을 남겨놓고 종결과 관련된 감정을 함께 나누고 작별인사를 하고자 한다. 주어진 공간에 종결하면서 S가족과 감정을 공유하고 작별인사를 하기 위해 할 말을 적어 보시오.

3. 여러분은 F부인과 마지막 단계를 마무리 하는 과정에 있다. 여러분은 지난 과정들을 검토하고 진전에 대한 최종평가를 진행했다. 이제 모든 것을 종결시킬 시간이다. 주어진 공간에 종결하면서 F부인과 감정을 공유하고 작별인사를 하기 위해 할 말을 적어 보시오.

4. 여러분은 지난 9개월 동안 선임 기관장의 역량 부족 및 부정부패로 인해 많은 개선이 필요했던 기관에 사회복지 컨설팅 서비스를 제공해 왔다. 기관직원들, 이사들, 기관관련자들과의 마지막 만남을 남겨두고 있다. 여러분은 지난 과정들을 검토하고 진전에 대한 최종평가를 진행했다. 이제 모든 것을 종결시킬 시간이다. 주어진 공간에 종결하면서 기관관계자들과 감정을 공유하고 작별인사를 하기 위해 할 말을 적어 보시오.

종결 요약하기

클라이언트와의 최종 만남 후에 여러분은 그동안 일어난 모든 일을 간결하게 기록한다. 이러한 마지막 기록은 일반적인 기록보다 포괄적이다. 마지막 회기가 과정의 검토, 최종평가, 종결과 관련된 감정을 공유하는 것을 포함한다면, 여러분은 아마 사례종결을 요약하는 데 필요한 대부분의 과업을 수행한 것이다. 최종 기록에 다음의 정보를 포함시킨다: (1) 최종 접촉 날짜, (2) 클라이언트의 이름과 여러분의 이름 및 직함, (3) 서비스 시작일, (4) 여러분과 클라이언트와의 계약이 성립된 이유, (5) 합의된 문제와 목표, (6) 접근방법, 여러분이 제공한 서비스 내용, 여러분과 클라이언트가 취한 행동, (7) 경과에 대한 평가와 해결되지 않았거나 달성되지 않은 문제와 목표, (8) 현재의 사람-문제-상황에 대한 간단한 사정, 그리고 (9) 사례를 종료하는 이유(Wilson, 1980, pp. 119~120).

아래와 같은 구분을 통해 종결요약을 준비할 수 있다

- 과정과 문제
- 평가
- 지속적인 목표
- 현재 사정
- 종결과정

예를 들어 체이스 부인과의 마지막 상담 후에 여러분은 사례종결 요약을 다음과 같이 준비할 수 있다.

〈사례: 기록－사례종결 요약－체이스 부인〉

과정과 문제: 2011년 1월 21일 오늘 체이스 부인과 나는 여덟 번째이자 마지막 만남을 가졌다. 체이스 부인과 나는 2010년 1월 21일 처음 만났다. 그 당시 우리는 함께 다음의 문제들을 다루기로 동의하였다: (1) 아들과 남편과의 잦은 말다툼과 그들에 대한 노여움과 분노, (2) 스트레스, 긴장, 불안, (3) 수면장애, (4) 직장에 대한 불안정, (5) 지나친 책임과 통제에 대한 생각과 느낌, 그리고 (6) 어머니, 아내, 가정주부 그리고 직장인으로서의 역할에 대한 부담과 갈등. 이같은 문제에 기초하여 우리는 몇 가지 목표와 8주간의 계획을 수립했다.

평가: 개입과정을 검토하고 경과를 평가하면서 체이스 부인은 현재 자신이 느끼는 스트레스와 분노의 감정이 우리가 처음으로 만난 후 급격히 감소했다고 보고하였다. 그녀는 또한 가족들이 가사 일에 대한 책임을 더욱 평등하게 분담한 이후 그녀와 남편, 그녀와 아들, 그리고 심지어 남편과 아들 사이의 관계가 많이 발전했다고 했다. 그녀의 진술은 우리가 사용한 다른 평가 자료와도 일치하였다.

그녀는 아들과 남편에 대해 보호자의 역할을 덜 느낀다고 했다. 그녀는 그들이 가족과 가사 일에 더 많은 책임을 맡음으로써 실제적으로 이득을 보았다고 믿는다. 그녀는 이제 잘 자며 두통도 거의 없다고 말했다. ○○제조회사에서 그녀의 일은 이제 상당히 만족스럽다고 보고했으며 계속 일할 것이라고 말한다. 특히 그녀는 정원 가꾸기와 같은 즐거운 활동에 참여하고 있다.

체이스 부인은 우리가 함께 일하면서 가장 도움이 된 한 가지 요소는 내가 그녀에게 "당신의 남편과 아들을 위해 일해 주는 것은 그들이 가진 잠재 능력을 모두 발전시키지 못하게 하는 것"이라는 말한 것이라고 했다.

지속적인 목표: 체이스 부인은 아직도 자신이 지나친 보호에 대한 문제를 가지고 있으며 관련 서적을 읽을 계획이라고 한다. 그녀는 알코올중독자의 성인자녀 모임(Adult Children of Alcoholics: ACOA)이 어떤 모임인지 알아보기 위해 그 모임에 참여할 것이라고 한다. 또한 자기주장 훈련 프로그램에 참여하는 것을 고려하고 있다고 한다.

현재 사정: 활용 가능한 증거에 기초하면 체이스 부인, 아들, 남편은 더욱 직접적으로 의사소통하고 있으며 가사를 함께 공유하고 있고 가족 관계에 주목할 만한 만족감을 느끼고 있다고 한다. 아들은 건설적 방법으로 사춘기 요구에 적응하는 것 같고 체이스 부인은 오랫동안 지속되어온 그녀의 지나친 책임과 통제 패턴을 전환하는 데 있어 주목할 만한 경과를 보였다. 체이스 부인과 그녀의 가족은 미래에 그들을 도와 줄 많은 장점을 가지고 있다. 나는 체이스 부인이 더욱 폭넓고 융통성 있는 개인적, 가정적인 역할을 할 수 있을 만큼 계속해서 발전하고 성장할 것으로 기대한다.

종결 과정: 체이스 부인과 나는 우리의 관계를 긍정적인 방식으로 마무리했다. 그녀는 감사를 표시했으며 나는 그녀가 이룬 진전에 대한 나의 기쁨과 그녀에 대한 애정을 공유하였다. 사례는 계약한대로 8주에 종결되었다.

수잔 홀더, BSW, MSW 2월 27일

연습 13-4 종결 요약하기

주어진 공간에 각각의 클라이언트를 위한 간단한 사례종결 요약을 준비하시오. 연습을 위해 정보를 약간 만들어야 하나, 이전의 연습에 대한 여러분의 응답이 문제, 목표, 실행 단계, 진전과 관련 있는 필요한 대부분의 정보를 포함하고 있다.

1. 여러분은 ○부인과 마지막 만남을 막 끝냈다. 주어진 공간에 ○부인에 대한 사례종결 요약기록을 준비하시오.

2. 여러분은 S가족과 마지막 만남을 막 끝냈다. 주어진 공간에 S가족에 대한 사례종결 요약기록을 준비하시오.

3. 여러분은 F부인과의 마지막 만남을 막 끝냈다. 주어진 공간에 F부인에 대한 사례종결 요약기록을 준비하시오.

4. 여러분은 사회복지기관과의 마지막 만남을 막 끝냈다. 주어진 공간에 기관에 대한 사례종결 요약기록을 준비하시오.

요약

사회복지실천의 종결 단계는 여러분과 클라이언트가 함께 한 개입행동을 되돌아 볼 기회를 여러분과 클라이언트에게 제공해 준다. 여러분은 전체적인 진행을 평가하고 미래의 개입을 위한 방향을 밝힐 수 있는 기회를 갖는다. 하지만 관계를 끝내는 것은 여러분과 클라이언트에게 기쁠 수도 있고 고통스러운 경험일 수 있다. 또한 성취한 진전에 대해 만족감을 경험하고, 취해지지 않은 행동에 대해 후회할 수도 있으며, 중요했던 사람과의 헤어짐에 대해 슬픔을 경험할 수 있다. 최적의 상황에서 이러한 감정들을 종결 과정의 일부로 탐색할 수 있다.

종결의 형식은 내부인계, 외부의뢰, 종료 또는 중단일 수 있다. 종결 과정에 중요한 몇 가지 기술은 (1) 과정 검토, (2) 최종평가, (3) 종결과 관련된 감정을 공유하고 작별인사 나누기, 그리고 (4) 사례종결 요약하기이다.

Chapter 13 요약 연습

지난 몇 주간 여러분의 클라이언트를 맡아온 동료와 마지막 상담을 하시오. 이전과 마찬가지로 반드시 상담 장소로 전용 공간을 사용하고, 다시 한 번 상담을 녹음하시오. 감정이입적 개입 기술, 특히 종결 기술을 사용하여, 관계를 마무리 짓는 관점으로 동료를 상담하시오. 이것이 마지막 만남이므로 개입 과정을 검토하고 최종평가 그리고 종결과 관련된 감정을 공유하고 작별인사를 하는 데 관련된 종결 기술을 사용하시오.

1. 마지막 상담에서 종결을 위한 상담에 관한 생각과 느낌에 대해 동료에게 물어 보시오. 특히 여러분의 종결 기술사용에 대한 피드백을 구하시오. 마지막 만남이므로 연습의 일부로 전체 경험에 대해 피드백을 제공할 것을 동료에게 부탁하시오. "클라이언트와의 5번째 회기 연습"이라는 제목의 워드문서를 만든 후 소제목 "클라이언트 피드백 연습" 아래 동료의 피드백을 요약하시오.

2. 마지막 상담을 진행한 후 본 만남에 대한 여러분의 반응을 기록하시오. 상담에 대해 어떻게 느꼈는가? 상담과 관련하여 어떤 것이 좋았으며 어떤 것이 좋지 않았나? 상담 동안 자신이 적절한 공감적, 표현적 종결을 위한 기술들을 사용했다고 생각하는가? 종결 기술을 얼마나 잘 사용했는가? 만약 마지막 상담을 다시 한다면 무엇을 다르게 하겠는가? 종결 기술 중 어떠한 것을 더 연습해야겠는가? 이제 상담의 전체과정을 되돌아보고 주어진 빈 칸에 여러분의 전체적인 느낌과 반응을 "클라이언트와의 5번째 회기 연습" 문서의 소제목 "나의 반응 및 고찰" 아래 요약하시오.

3. 이제 전체 면담 과정을 생각해 보시오. "클라이언트와의 5번째 회기 연습" 문서에 여러분의 전반적인 느낌, 반응, 생각을 요약해 보시오. "5번의 상담 경험에 대한 나의 반응과 생각"이라는 소제목을 붙이시오.

4. 클라이언트 역할을 해준 동료와의 작업에서의 종결과정을 요약해 보시오. 그 후에 녹화된 비디오테이프를 보시오. 여러분이 요약한 내용에 추가되거나 변경을 가져올 수 있는 주요 대화 내용에 주목하고 이에 맞추어 요약 내용을 수정하시오. 완성된 문서를 사회복지실천 기술 학습 포트폴리오에 포함시키시오.

이제, 자기 평가를 활용하여 여러분의 종결 기술 숙련도를 평가해 보시오.

자기 평가: 종결 기술

여러분의 종결 기술이 숙련된 정도를 스스로 평가하기 위해 아래의 문항들에 응답하시오. 여러분이 각각의 문항에 동의 또는 동의하지 않는 정도를 아래에 제시된 4점 척도를 활용하여 표시하시오.

4=전적으로 동의한다
3=동의한다
2=동의하지 않는다
1=전혀 동의하지 않는다

4	3	2	1	평가 진술
				이 시점에서 나는…
☐	☐	☐	☐	1. 종결의 역할과 목적을 설명할 수 있다.
☐	☐	☐	☐	2. 과정 검토 기술을 설명할 수 있다.
☐	☐	☐	☐	3. 종결 평가 기술을 설명할 수 있다.
☐	☐	☐	☐	4. 종결과 관련된 감정을 공유하고 작별인사 나누기 기술을 설명할 수 있다.
☐	☐	☐	☐	5. 사례종결요약기록을 준비할 수 있다.
☐	☐	☐	☐	6. 종결 기술의 숙련도를 평가할 수 있다.
				소계

참고: 위의 문항들은 부록 3의 사회복지실천기술 자기 평가도구의 종결 기술 부분에 제시되어 있다. 2장의 연습 2-2를 수행했다면 여러분은 위의 문항들에 이전에 응답한 바 있다. 여러분은 이전의 응답과 이번에 응답한 것을 비교할 수 있으며, 이전의 점수보다 이번의 점수가 높을 경우 여러분의 종결 기술이 향상된 것이라 할 수 있다.

13장에서 다룬 사회복지실천기술과 자기 평가 결과를 분석한 후, 1쪽 분량의 보고서를 준비하시오. 보고서의 제목을 "종결 기술의 숙련에 대한 자기 평가"로 하시오. 보고서에는 여러분이 알고 있고 잘 수행할 수 있는(예: 3점 이상) 기술을 반드시 밝히시오. 또한 보다 연습을 요하는(예: 2점 이하) 기술을 구체적으로 밝히고 그러한 기술을 숙련하기 위한 계획을 세워보시오. 보고서를 완성한 후 보고서를 사회복지실천기술 학습 포트폴리오에 포함시키시오.

Chapter 13 보충 연습

축하합니다! 지금까지 여러분은 본 교재의 모든 장들을 검토하였고 수많은 연습문제를 풀었으며 거대한 학습 포트폴리오를 만들어냈습니다. 여러분은 많은 일을 했습니다! 여러분이 이러한 다양한 활동들에 투자한 엄청난 시간과 노력을 인정합니다. 여러분은 칭찬을 받기에 충분합니다!

본 교재를 완성하는 것은 일종의 종결을 의미하며 어떤 의미에서는 마치 사회복지사와 클라이언트가 경험하는 종결과정과도 같습니다. 마지막 연습 -최종 수업- 을 위해 여러분이 최근에 연습했던 실천기술들 중 일부를 활용할 수 있습니다.

1. 사회복지실천기술 학습 포트폴리오의 내용을 검토하고 부록 1에 있는 체크리스트를 이용하여 여러분의 포트폴리오의 내용을 점검해 보시오. 이것은 여러분이 무엇을, 얼마나 배웠는지 증명해줄 것이다. 주어진 공간에 포트폴리오에서 빠진 부분들이나 수정 및 보완해야 할 부분들을 적어 보시오.

2. 그러나 여러분의 포트폴리오는 여러분의 기술이 어떻게 발전해왔는지 보여주는 일부 자료에 지나지 않는다. 처음으로 본 교재를 접했던 순간부터 지금까지 여러분은 수많은 연습문제들을 접했으며 다양한 학습경험을 해 왔다. 잠시 동안 여러분이 무엇을 배웠는지 생각해 본 후 다양한 학습경험으로부터 얻은 가장 중요한 교훈을 간략하게 아래의 공간에 적어 보시오.

3. 여러분이 배웠던, 가장 중요한 교훈을 살펴본 후, 사회복지실천기술이 어느 정도 숙련되었는지를 최종적으로 평가해 보시오. 이를 위해 부록 3을 펴고, 사회복지실천기술 자기 평가지를 완성해 보시오. 여러분이 2장에서 먼저 실시한 평가는 사전조사였고, 이번 평가는 사후평가의 일부분이라고 할 수 있다. 자기평가 질문지를 끝낸 후에 마지막으로 부록 2의 사회복지실천기술 테스트를 완성하시오. 그런 다음 2장에서 이미 했던 사전평가 결과와 비교해 보시오. 그 후 주어진 공간에 여러분 자신의 사회복지실천기술 숙련도 향상에 대한 전반적인 평가를 기록하시오. 자기 평가 결과 및 사회복지실천기술 평가의 결과, 그리고 여러분이 이 책을 통해 이해한 것, 학습경험에 대한 여러분의 생각, 학습된 교훈을 기반으로 정리해 보시오.

4. 마지막으로, 주어진 공간에 추가적인 연습이 필요하다고 느끼는 부분을 요약해 보시오.

사회복지실천기술 학습 포트폴리오

포트폴리오는 다양한 상황에서 재능, 능력, 성취 그리고 잠재력을 표현하기 위해 사용된다. 예를 들면, 예술가와 사진작가는 정선된 예술 작품을 포트폴리오에 관리하며 취업이나 대학원 진학 또는 작품 전시회 과정의 일부로서 그들의 예술 작품의 견본을 제시한다. 또한 포트폴리오는 학습 환경에서 사용되기도 하는데, 이때 평가받은 실적물은 여러분의 학습 깊이와 폭을 반영한다. 특히 여러분이 이 책에 포함된 연습문제를 풀면서 완성한 결과물은 여러분의 학습 포트폴리오에 포함시키기에 적합하다.

사회복지실천기술 포트폴리오를 워드 또는 전산화 된 형태로 준비하여라. 그것은 완성된 연습문제, 과제, 자기 사정, 그리고 여러분 자신의 학습을 반영하는 내용을 포함해야 한다. 여러분은 학습하는 과정 동안 여러 시점에서 "중간 포트폴리오(interim portfolio)"를 스스로 평가하거나 평가와 피드백을 위해 누군가에게(예를 들면, 동료, 교수, 슈퍼바이저) 제출할 수도 있다. 이후에 여러분은 최상의 작품을 위해서 신중하게 검토하고 작업하여 엄선된 내용으로 구성된 "최종" 포트폴리오를 준비할 수 있다. 이러한 최종 포트폴리오는 취업을 위한 면담과 같은 다양한 목적(예: 학점)을 위해 활용될 수 있다. 그러나 보다 중요한 점은 최종 포트폴리오는 여러분의 사회복지 경력 내내 평생 학습과 실천기술 발달을 위한 토대가 된다는 것이다.

사회복지실천 학습 포트폴리오를 만들기 위한 첫 번째 단계로서 여러분의 포트폴리오에 포함시킬 내용들을 고려하여라. 이러한 내용들은 이 책에 포함된 선별된 학습 연습문제로부터 얻어질 수 있다. 여러분의 포트폴리오에 포함될 내용을 고려하기 위해 다음의 "예", "아니오" 박스를 사용할 수 있다.

예	아니오	문서
☐	☐	Chapter 1 (요약 연습 1-4): 기록 – 전문적 관심에 관련된 웹사이트
☐	☐	Chapter 1 (자기 평가 연습): 짧은 에세이 – 사회복지와 사회복지사에 대한 첫인상
☐	☐	Chapter 2 (연습 2-3.1): 다세대 가계도
☐	☐	Chapter 2 (연습 2-3.3): 생태도
☐	☐	Chapter 2 (연습 2-3.4): 개인적으로 중요한 사건을 표시한 시간표
☐	☐	Chapter 2 (요약 연습): 보고서 – 선택된 측면의 사회복지실천 전문성에 대한 함의
☐	☐	Chapter 3 (요약 연습 8): 실천과 관련된 연구질문을 위한 동의어와 주제어 표
☐	☐	Chapter 4 (자기 평가): 보고서 – 다양성에 대한 가치를 부여하는 숙련도에 대한 자기 평가; 인권과 사회정의를 향상시키는 것; 그리고 정책 및 실천 기술을 통한 사회적 안녕을 증진시키는 것
☐	☐	Chapter 5 (자기 평가): 보고서 – 윤리적 결정 기술의 숙련도에 대한 자기 평가
☐	☐	Chapter 5 (요약 연습): 보고서 – 전문사회복지사가 되기 위한 나의 동기, 준비성과 적합성에 대한 평가 요약
☐	☐	Chapter 6 (연습 6-3.2): 듣고 기억하는 연습 문제
☐	☐	Chapter 6 (요약 연습 4): 초기의 상담을 글로 옮기기
☐	☐	Chapter 6 (요약 연습 5): 보고서 – 초기 상담 평가
☐	☐	Chapter 6 (자기 평가): 요약 보고서 – 말하기와 경청의 기본적 기술의 숙련도에 대한 자기 평가
☐	☐	Chapter 7 (자기 평가): 요약 보고서 – 준비 기술의 숙련도에 대한 자기 평가
☐	☐	Chapter 8 (자기 평가): 요약 보고서 – 시작 기술의 숙련도에 대한 자기 평가
☐	☐	Chapter 9 (보충 연습 1): 클라이언트와의 첫 상담 연습 – 클라이언트의 피드백 연습
☐	☐	Chapter 9 (보충 연습 2): 클라이언트와의 첫 상담 연습 – 나의 반응과 성찰
☐	☐	Chapter 9 (보충 연습 3): 기록하기 – 클라이언트와의 첫 상담 연습
☐	☐	Chapter 9 (보충 연습 4): 클라이언트와의 첫 상담 연습 – 탐색 매트릭스
☐	☐	Chapter 9 (보충 연습 5): 클라이언트와의 첫 상담 연습 – 고려해야 할 부가적 질문
☐	☐	Chapter 9 (보충 연습 6): 클라이언트와의 첫 상담 연습 – 문제 또는 중요한 주제 탐색
☐	☐	Chapter 9 (보충 연습 7): 클라이언트와의 첫 상담 연습 – 추가적 문제/문제에 초점화된 질문
☐	☐	Chapter 9 (보충 연습 8): 클라이언트와의 첫 상담 연습 – 위험 및 보호요인
☐	☐	Chapter 9 (보충 연습 9): 클라이언트와의 첫 상담 연습 – 강점찾기
☐	☐	Chapter 9 (자기 평가): 요약 보고서 – 탐색 기술의 숙련도에 대한 자기 평가
☐	☐	Chapter 10 (연습 10-1): 나의 사례 기록 – DAC에서 서술 부분
☐	☐	Chapter 10 (연습 10-2): 나의 사례 기록 – DAC의 사정과 사례 개념화 부분
☐	☐	Chapter 10 (보충 연습 1): 클라이언트와의 두 번째 상담 연습 – 클라이언트 피드백 연습
☐	☐	Chapter 10 (보충 연습 2): 클라이언트와의 두 번째 상담 연습 – 나의 반응과 성찰
☐	☐	Chapter 10 (보충 연습 3): 사례 기록 연습 – DAC의 서술, 사정, 사례 개념화 부분(연습 클라이언트와의 첫 번째와 두 번째 상담에 근거하여)
☐	☐	Chapter 10 (자기 평가): 요약 보고서 – 사정 기술에서의 숙련도에 대한 자기 평가
☐	☐	Chapter 11 (연습 11-9): 나의 개인 사례 기록 – DAC의 계약 부분

예	아니오	문서
☐	☐	Chapter 11 (요약 연습 1): 연습 클라이언트와의 세 번째 상담 - 클라이언트의 피드백 연습
☐	☐	Chapter 11 (요약 연습 2): 클라이언트와의 세 번째 상담 연습 - 나의 반응과 성찰
☐	☐	Chapter 11 (요약 연습 3): 사례 기록 연습 - DAC의 계약 부분
☐	☐	Chapter 11 (자기 평가): 요약 보고서 - 계약 기술의 숙련도에 대한 자기 평가
☐	☐	Chapter 12 (요약 연습 1): 클라이언트와의 네 번째 상담 연습 - 클라이언트 피드백 연습
☐	☐	Chapter 12 (요약 연습 2): 클라이언트와의 네 번째 상담 연습 - 나의 반응과 성찰
☐	☐	Chapter 12 (요약 연습 3): 사례 기록 연습 - 과정 기록(SOAIGP 유형)
☐	☐	Chapter 12 (자기 평가): 요약 보고서 - 개입과 사정 기술의 숙련된 정도에 대한 자기 평가
☐	☐	Chapter 13 (요약 연습 1): 클라이언트와의 다섯 번째 상담 연습 - 클라이언트 피드백 연습
☐	☐	Chapter 13 (요약 연습 2): 클라이언트와의 다섯 번째 상담 연습 - 나의 반응과 성찰
☐	☐	Chapter 13 (요약 연습 3): 클라이언트와의 다섯 번째 상담 연습 - 5회기 상담 경험에 대한 나의 반응과 성찰
☐	☐	Chapter 13 (요약 연습 4): 연습 사례 기록 - 종결 요약
☐	☐	Chapter 13 (자기 평가): 요약 보고서 - 종결 기술의 숙련도에 대한 자기 평가

사회복지실천기술 시험

다음의 각 문항들을 주의깊게 읽으시오. 답은 시험지에 작성하지 마시오. 참-거짓 문제와 객관식 문제(1번부터 130번까지 문제)의 답을 부록 15에 있는 답안지에 작성하시오. 단답형 문제와 사례연구 부분(131번부터 195번까지 문제)에 대한 답은 워드프로세서로 작성하시오. 나중에 관련된 문제를 쉽게 검토할 수 있도록 각 문항에 번호를 붙이시오. 또한 여러분이 시험을 마친 날짜를 기록하시오. 여러분은 이 시험을 다시 봤을 때, 이전의 답과 이후의 답을 비교할 수 있다.

(참-거짓) 다음 문장이 참인지 거짓인지를 부록 15의 답안지에 표시하시오.

1. 윤리적 의사결정과 관계된 모든 과정은 사회복지사에게 부담이 된다. 하지만 법적·윤리적 의무와의 갈등에 대해 논의하는 것은 모두에게 가장 큰 어려움 중 하나이며 가장 높은 수준의 비판적 사고 능력을 요구한다.
   A. 참
   B. 거짓

2. 2007년과 2008년에 캐나다는 사회적 안녕에 대한 세 가지 차원의 지표인 UN의 인간발달지수(Human Development Index) 평가에서 미국보다 상당히 높은 순위를 차지하였다.
   A. 참
   B. 거짓

3. 클라이언트와 관련된 정책이나 윤리적 요소에 대해 이야기하지 않는 것은 위법행위의 원인이 된다.
   A. 참
   B. 거짓

4. 일반적으로 편견은 사람, 현상, 또는 집단에 대한 부정적이거나 비판적인 의견의 형식으로 나타나지만, 긍정적이거나 호의적인 방향으로 일어나기도 한다.

    A. 참

    B. 거짓

5. 일부 실험조사 연구들은 거짓 기억들이 만들어내기 어렵다는 것을 증명하였다.

    A. 참

    B. 거짓

6. 유전자 변형은 다른 인종 사이에서보다 같은 인종 내에서 더 많이 존재한다. 실제로, 인간 게놈 프로젝트의 DNA 연구는 뚜렷하게 구분되는 아종(subspecies)이지만 "인종"은 현대 인류에서 나타나지 않는다고 제안했다.

    A. 참

    B. 거짓

(객관식) 다음 문제들을 읽고 가장 적절한 답을 찾아 부록 15의 답안지에 작성하시오.

7. 문제나 이슈에 대해 상세히 탐색할 때, 사회복지사들은 종종 클라이언트로 하여금 그 문제의 발생, 진화 또는 발전, 그리고 문제가 발생한 상황적 맥락 등에 대해 이야기하도록 격려한다. 또한 그들은 일반적으로 각 사건의 빈도, 강도 또는 심각성 그리고 _____을(를) 고려한다.

    A. 예후   B. 함의

    C. 지속성   D. 가변성

8. 클라이언트가 "회사에서 8개월 전에 정리해고를 당하여 주택 마련을 위한 대출금을 지난 6개월 동안 갚지 못했습니다. 나는 계속 일자리를 찾아 다녔지만 아무것도 찾을 수 없었습니다. 나는 너무나도 좌절해서 그냥 포기해 버렸습니다"라고 말한다. 이에 대한 대답으로 사회복지사가 "당신도 알고 있듯이, 당신은 최소한 세 가지 주요 문제에 대해 우리가 함께 다루기를 원하고 있습니다. 첫째, 당신은 무직이며 직업을 찾을 수 없습니다. 둘째, 당신은 여러 달 동안 대출금을 갚지 못하고 있습니다. 셋째, 상황이 나아질 것이라는 희망을 거의 포기했습니다"라고 말한다. 이 상황에서 사회복지사가 사용한 기술은 무엇인가?

    A. 세분화시키기   B. 문제 반영하기

    C. 감정과 의미 반영하기   D. 대화 내용의 범위 넘어서기

9. 인종, 성별, 종교, 민족성, 연령, 신체적 모습이나 능력, 성적 취향과 같은 특성에 기반해서 사람들이 긍정적이거나 부정적으로 처우(대우)하는 것을 무엇이라 하는가?

    A. 민족중심주의   B. 차별

    C. 선입견   D. 편견

10. 미국 50개 주의 대부분, 콜롬비아 지역(District of Columbia), 푸에르토리코, 미국령 버진 아일랜드와 캐나다의 일부 지방에서 사용되는 표준화된 미국사회복지사 자격 시험은 다양한 내용을 포함하고 있다. 그중 가장 큰 비율을 차지하는 두 가지 내용의 영역은 다음과 같다.

    A. 다양성의 문제, 전문적 가치와 도덕성

    B. 인간행동과 사회환경, 서비스 전달체계

    C. 사회복지 슈퍼비전, 실천 평가와 연구 방법

    D. 사회복지실천에서의 사정, 직접 및 간접적 실천방법

11. 고등학교 고학년인 클라이언트가 "나는 두 학교로부터 입학 허가를 받았어요. 한 학교는 나의 진로 목표 및 흥미와 완벽하게 일치하는 교육 프로그램을 제공하고, 다른 한 학교는 내 남자친구가 다니게 될 학교와 가까이에 위치해 있어요. 저는 이 두 가지 선택 사이에서 망설이고 있어요"라고 말했다고 가정하자. 사회복지사가 이에 대해 "만약 당신이 원하는 학교에 다닌다면 남자친구와의 관계가 끝나게 될까봐 겁이 나는군요"라고 대답하였을 경우, 이에 사용된 기술은 무엇인가?

    A. 감정 반영하기   B. 감정과 의미 반영하기

    D. 대화 내용의 범위 넘어서기   D. 내용 반영하기

12. 미국 노동부 통계에 따르면, 2006년까지 약 _____명의 사회복지사가 미국 내에서 고용되었다.

    A. 795,000   B. 595,000

    C. 395,000   D. 195,000

13. 다음 그림은 무엇의 요소인가?

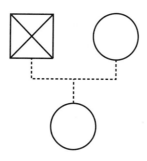

    A. 사회 체계도   B. 가족조각

    C. 생태도   D. 가계도

14. 새로운 클라이언트가 "나는 동시에 너무 많은 문제들에 직면하고 있어요. 내 아이들 중 한 명은 수술이 필요하지만 나는 직업과 의료보험을 상실했어요. 남편은 내 나이의 절반 밖에 안 되는 여자와 함께 다른 나라로 떠나버렸어요. 물론 그를 보지 않게 되어서 속이 시원하긴 하지만 그는 우리에게 어떤 재정적 지원도 하지 않고 있어요. 난 의료보험이 보장되는 직업을 찾고 싶어요. 하지만 18년 된 내 차가 고장이 나버려서 아무 데도

갈 수가 없군요. 어떻게 하면 좋을지 모르겠어요. 나는 당신이 나를 도와줄 수 있기를 바랍니다"라고 사회복지사에게 말했다고 가정하자. 이때 사회복지사가 사용할 수 있는 가장 현명한 기술은 무엇인가?

A. 내용 반영하기 B. 세분화시키기
C. 초점화하기 D. 감정과 의미 반영하기

15. 블룸Bloom의 분류학은 개인이나 집단이 학습 목표를 세울 때 종종 사용된다. 이때 분류는 6가지 카테고리 또는 학습 수준을 통해 진행된다. 처음 또는 기초 수준은 반영, 그리고 여섯 번째 수준은 평가이다. 그렇다면 세 번째 단계는 무엇인가?

A. 통합 B. 이해
C. 분석 D. 적용

16. 사회복지실천의 초기 단계에서 사회복지사는 종종 특정 정보를 수집하기 위해 노력한다. 예를 들면, 사회복지사는 상황에 따라서 "전화번호는 무엇인가요?", "주소는 어떻게 되나요?", "생년월일은 어떻게 되나요?" 등과 같은 질문을 할 수 있다. 이러한 질문의 특성을 가장 잘 설명한 것은 무엇인가?

A. 폐쇄형 질문 B. 개방형 질문
C. 정보수집 D. 세부사항 지향적 질문

17. 사회복지사가 쉐론 오Sharon Oh와 만나고 있다. 클라이언트가 "여기에 오게 되어 기뻐요. 지난 번에는 도움이 필요해서 북부 중앙 사회복지센터를 찾아갔어요. 하지만 그 기관은 엉망이었어요. 그들은 자신들이 무엇을 하는지도 몰랐고 내게 전혀 도움이 되지 않았어요"라고 말한다. 이러한 클라이언트의 언급에 대한 반응으로 다음 중 사회복지사의 가장 적절한 말하기와 듣기 기술은 무엇인가?

A. "네, 저도 다른 사람들이 그 기관에서 좋지 못한 경험을 했다고 들었어요."
B. "오(Oh)양, 당신은 우리 기관이 다른 기관보다 더 유능하길 기대하시는군요."
C. "당신은 과거에 도움을 필요로 했을 때 긍정적인 경험을 하지 못했군요. 그래서 더 나은 서비스를 위해 이곳을 찾으셨군요."
D. "쉐론, 저도 당신이 이곳에 왔다는 것이 기뻐요."

18. 종결 단계에서 사회복지사들은 일반적으로 클라이언트에게 그들의 경험에 대한 감정을 표현할 기회를 제공한다. 또한 사회복지사들은 종종 자신들의 생각이나 감정을 공유하기도 한다. 이러한 것은 어떤 기술에 속하는가?

A. 종결 예고하기
B. 자기 개방, 질문하기, 교육하기
C. 과정 검토하기
D. 종결에 대한 감정 공유하고 이별에 대해 이야기하기

19. 고등학교 고학년인 클라이언트가 "나는 두 개의 학교로부터 입학 허가를 받았어요. 한 학교는 나의 진로 목표 및 흥미와 완벽하게 일치를 이루는 교육 프로그램을 제공하고, 다른 한 학교는 내 남자친구가 다니게 될 학교와 가까워요. 저는 이 두 가지 선택 사이에서 망설이고 있어요"라고 말했다고 가정하자. 사회복지사가 이에 대해 "당신은 당신의 학업적 목표와 관계적 목표 중 무엇을 추구할 것인지 알지 못하기 때문에 고민하고 있군요"라고 말한다. 여기서 사회복지사가 사용한 기술은 무엇인가?

    A. 내용 반영하기　　　　　　　　　B. 감정과 의미 반영하기
    C. 초점화하기　　　　　　　　　　D. 감정 반영하기

20. 상담에 앞서, 사회복지사들은 종종 클라이언트의 관점이나 경험으로 현 상황과 세계를 그려본다. 그들은 클라이언트들이 어떻게 느끼고 생각하고 상상하며 우연한 만남에서 어떻게 대처하는지 예상하기 위해 노력한다. _____을(를) 통해 사회복지사들은 사회 서비스를 찾거나 받는 것, 또는 현재의 특정한 상담에 대한 다른 사람들의 주관적인 경험을 예상하기 위해 노력한다. 빈 칸에 알맞은 말은?

    A. 준비 계획　　　　　　　　　　B. 준비 예상
    C. 예상되는 사정　　　　　　　　D. 준비 감정이입

21. 사회복지사가 아동이 부모나 손위 형제, 자매들로부터 학대를 받고 있거나 혹은 받은 경험이 있는지 알아보기 위해 가정을 방문한다고 가정하자. 확보한 증거들을 통해 사회복지사는 아동이 학대를 받지 않았다는 결론을 내렸다. 하지만 추후의 정보로부터 사회복지사의 결론이 틀렸다는 것이 증명되었다. 사실 아동은 여러 상황에서 학대를 받아왔다. 사회복지사의 부정확한 결론은 다음 중 무엇에 해당하는가?

    A. 위음　　　　　　　　　　　　B. 위양
    C. 진양　　　　　　　　　　　　D. 진음

22. 미국 50개 주의 대부분, 콜롬비아 지역(District of Columbia), 푸에르토리코, 미국령 버진 아일랜드와 캐나다의 일부 지방에서 사용되는 표준화된 미국사회복지사 자격시험은 어떠한 기관의 후원에 의해 개발되었는가?

    A. 국제사회복지사연합회(I FSW)　　　B. 미국사회복지이사협회(ASWB)
    C. 미국사회복지사협회(NASW)　　　　D. 미국사회복지교육협의회(CSWE)

23. 클라이언트가 과거에 사용한 관점과 상이한 관점을 공유하는 것에 대해 사회복지사가 클라이언트에게 클라이언트 자신의 특성, 문제, 또는 상황을 바라보는 새로운 방법을 알려줄 때 사용할 수 있는 기술은 무엇인가?

    A. 의역하기　　　　　　　　　　B. 대화 내용의 범위 넘어서기
    C. 의미 반영하기　　　　　　　　D. 재구조화하기

24. 사회복지사가 클라이언트에게 "나는 우리가 앞으로 상담중에 다룰 주요한 문제들에 대해 동의하였다고 생각합니다. 그러면 우리 함께 그 문제들에 대해 확인해봅시다. 그 문제들을 적어보면 함께 살펴볼 수 있을 것 같습니다. 첫째, 당신은 실직과 구직활동의 문제가 있습니다. 둘째, 당신은 대출금 상환의 문제가 있습니다. 셋째, 당신은 이러한 상황에 대해 좌절하고 있습니다. 이것을 우리의 상담과정에서 다룰 문제의 정확한 목록으로 사용하는 것에 대해 어떻게 생각합니까?"라고 말하였다. 여기에서 사회복지사가 사용한 기술은?
    A. 개입을 위한 문제 명료화하기   B. 문제 확인하기
    C. 세분화시키기   D. 문제 반영하기

25. 인간으로서 우리는 우리가 보기를 원하거나 기대하는 것을 보고, 우리가 찾기를 원하거나 기대하는 것을 찾는 경향이 있다. 선행연구에 따르면 이러한 인간의 경향성은 연구 설계의 잘못된 적용이나 기대된 결과를 발견하는 것과 데이터의 잘못된 해석으로 이어질 수 있다. 만약 이러한 경향성이 제어되거나 관리되지 않을 경우, 연구들은 어떠한 효과를 감안하게 되는가?
    A. 확증 편향   B. 감소
    C. 성숙   D. 반응성

26. 현대의 심리사회적 서비스들의 주요 주제나 경향성은 동기에 대한 사정과 관련이 있다. 많은 사회복지사들은 범이론적모델에서 제안한 "변화의 5단계"를 활용한다. 이 단계에서 세 번째 단계에 속하는 것은 무엇인가?
    A. 숙고   B. 유지
    C. 준비   D. 행동

27. _____은(는) 간략하게 기록된 단순한 표로서 정해진 기간 동안의 주요 사건이나 경험을 시간적 순서로 정리한 것이다. 빈 칸에 들어갈 말을 고르시오.
    A. 시간기록지   B. 생태도
    C. 가계도   D. 연표

28. 개인, 가족, 집단, 단체 그리고 지역사회와의 만남, 계약 및 상담 전에, 사회복지사들은 _____을(를) 한다. 그렇게 하면서 사회복지사는 다음과 같은 질문을 한다: "왜 이 만남이 발생하였나? 이 만남의 궁극적인 목적은 무엇인가? 나는 이 만남을 통해 무엇을 성취하려고 하는가? 나의 잠정적인 안건은 무엇인가? 이 만남에 관계되거나 영향을 받게 될 사람들의 안건은 무엇인가? 그들이 성취하고자 하는 것은 무엇인가? 나는 어떤 것이 성공적인 만남이라 생각하는가? 그들은 어떠한가? 이 만남에서 나의 기능과 역할은 무엇인가? 나는 어떻게 시작하길 바라는가? 나는 어떤 것들을 이야기해야 하는가? 나는 어떤 질문들을 해야 하는가? 그들은 나에 대해 무엇을 질문하고자 하는가? 나는 어떠한 유형의 상호작용 과정을 보고자 하는가? 그들은 어떠한 종류인가? 나는 어떻게 만남을 종결하고자 하는가? 그들은 어떻게 만남을 종결짓는 것을 원할 것인가?" 등과

같은 질문을 종종 이끌어 내게 된다.

    A. 안건 결정하기   B. 명확화하기

    C. 초점화하기   D. 준비계획하기

29. 클라이언트와 사회복지사가 개입의 목표와 계획에 동의한 후에, 클라이언트가 동의한 개입의 목표 성취에 기여할 수 있는 유용한 정보나 기술이 부족하다는 것이 명확할 경우, 사회복지사는 적절하게 _____의 기술을 사용한다.

    A. 해석하기   B. 조언하기

    C. 교육하기   D. 정보전달하기

30. 탐색 단계에서 사회복지사와 그들의 클라이언트들은 일반적으로 문제나 이슈의 시간적 측면에 대해 탐색한다. 즉, 그들은 문제가 과거에 발생한 것이지만 현재 나타나는 것으로 생각한다. 이러한 시간적인 맥락에서 그들은 문제나 이슈를 또 어떻게 간주하는가?

    A. 그것이 미래에도 발생 가능하다고 생각한다.

    B. 그것이 강점인 것처럼 생각한다.

    C. 그것이 전혀 발생하지 않은 것처럼 생각한다.

    D. 다른 사람들도 그러한 경험을 한다고 생각한다.

31. 클라이언트와 사회복지사가 개입의 목표와 계획에 동의한 후에, 클라이언트가 동의한 개입목표의 성취에 기여할 수 있는 제안이나 추천으로부터 도움을 받을 수 있다는 것이 명확할 경우, 사회복지사는 적절하게 _____의 기술을 사용한다.

    A. 정보전달하기   B. 해석하기

    C. 교육하기   D. 조언하기

32. 사회복지사의 전문적인 행동으로부터 부정적인 영향을 받았다고 믿는 사람들은 때론 미국사회복지사협회(NASW)에 불만사항을 제출한다. 대부분의 도덕적 위반행위에 대한 불만신고는 누구에 의해 접수되는가?

    A. 클라이언트와 그들의 가족 구성원   B. 사회복지사의 슈퍼바이저와 직원들

    C. 사회복지사의 슈퍼바이저와 고용인   D. 직장동료나 동료들

33. 일반적으로 사람들이 권위있는 위치나 권위있는 자료에 실려있는 주장이 절대적인 사실을 보여준다는 가정에 기반하여 확고한 주장을 할 때, 그들이 사용할 수 있는 것은?

    A. 상대론적 사고   B. 마법적 사고

    C. 복합적 사고   D. 중복적 사고

34. 많은 클라이언트들은 그 문제가 왜 발생하게 되었는지에 대한 생각이나 설명을 기꺼이 공유한다. 우리는 이를 무엇이라 부르는가?

    A. 설명적 가설   B. 탐색적 가설

    C. 이론적 가설   D. 변화 지향의 가설

35. "포함적 문화 공감(inclusive cultural empathy)"의 개념은 최소한 세 가지의 중심 과정을 포함한다. 다음 중 그 세 가지에 포함되지 않는 것은?

    A. 지적인 이해: 다른 문화에 대해 아는 것

    B. 적절한 상호작용: 다른 문화적 소속에 대해 존중감을 나타내는 방법으로 타인과 관계하는 것

    C. 문화적 매칭: 우리가 상호작용하는 다양한 문화 집단의 몸짓, 언어 구사방식, 은어, 특수어 등에 적응하는 것

    D. 정서적 수용: 다른 문화 집단에 속한 사람들을 수용하고 가치있게 여기는 것

36. 누군가 유일한 두 가지 선택이 복잡한 문제에 적용된다고 전제하면서, 그들의 입장에 당신이 적응하도록 권유한다고 가정하자. 예를 들면 의료보험에 대해서 이야기할 때, "당신은 자유시장과 사회적인 접근 중 어떤 의료보험을 선호하나요?"와 같이 "모 아니면 도"의 방식으로 이야기한다고 할 경우 그들은 어떤 논리적 오류를 범하고 있는가?

    A. 동일한 원인

    B. 허수아비 오류

    C. 논리적 오류(red herring)

    D. 흑백논리

37. 어떤 사회복지사가 다른 직원들에게 그 클라이언트는 거짓말쟁이기 때문에 성추행을 당했다는 클라이언트의 말을 믿지 말아야 한다고 이야기한다. 하지만 그 사회복지사는 클라이언트가 최근 거짓말을 하고 있다거나 과거에 거짓말을 한 적이 있다는 것에 대한 증거를 제시하지 못한다. 이것은 어떤 논리적 오류에 속하는가?

    A. 통념   B. 인신공격

    C. 아드 호미넴(ad hominem)   D. 개인적 경험

38. 사회복지사는 일반적으로 다른 사람들이 가능한 충분하게 그리고 자유롭게 자신을 표현할 수 있도록 격려하기 위해서 개방적이고 무비판적인 자세로 그들을 인간으로서 받아들이고 이에 관심을 가지며 비언어적 의사소통을 추구한다. 이와 같은 과정은 다음 중 무엇인가?

    A. 매칭   B. 근접학(proxemics)

    C. 공감   D. 참여

39. UN 인간발달지수(HDI)는 인간 사회 발달의 세 가지 척도의 복합적 지표이다. 이 중에서 그 세 가지에 포함되지 않는 것은 무엇인가?

    A. 건강과 수명   B. 지식

    C. 생활 표준   D. 개인 자산

40. 상담중에 사회복지사와 클라이언트가 함께 클라이언트가 하루에 몇 번 자신의 10대 아들에게 관심을 표현하는 행동을 하였는지를 나타내는 그래프를 조사한다. 그들이 그래프를 함께 검토하면서 사회복지사가 사용할 수 있는 실천 기술은 무엇인가?

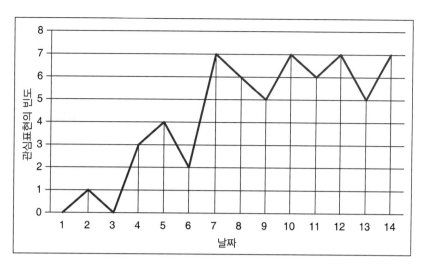

A. 실행 단계 검토   B. 재구조화

C. 평가하기   D. 교육하기

41. 미국사회복지교육협의회의 교육 규정 및 인가 기준(2008)에서 개념화하고 있는 바와 같이, 역량은 지식, 가치, 기술로 구성된 _____이다. 빈 칸에 알맞은 말은 무엇인가?

    A. 문화적으로 역량있는 행동   B. 측정 가능한 실천 행동

    C. 전문적 판단   D. 유용한 정책과 실천 개입

42. 기본적인 대인관계 기술인 적극적인 경청은 3단계로 이루어진다. 첫 번째는 초대하기이다. 나머지 두 단계는 무엇인가?

    A. 듣기와 반영하기   B. 보여주기(mirroring)와 피드백 제공하기

    C. 수용하기와 등록하기   D. 번역하기와 말하기

43. 실행 단계를 계획하고 계획을 수행하며 성공적인 결과를 얻을 수 있는 개인 능력에 대한 믿음을 가장 잘 설명한 것은 무엇인가?

    A. 문제해결   B. 자아-강점

    C. 자아존중감   D. 자기효능감

44. 사람들은 자신의 꿈을 현재의 상황에 맞추는 경향이 있다. 예를 들어, 수년 내에 최소한 모든 것을 쓰지 않은 대부분의 복권당첨자들은 그들의 새로 찾은 생활 방식에 적응하고 그들의 꿈을 상향 조정한다. 그리하여 현재와 그들이 바라는 것 사이의 "차이"는 여전히 같다. 이러한 과정은 무엇인가?

    A. 꿈의 적응   B. 꿈의 차이

    C. 행복의 쳇바퀴   D. 가진 것과 가지고 싶은 것의 차이

45. 스트레스를 주는 일상의 사건과 위험에 저항하는 개인의 능력을 향상시켜주고, 적응과 능력을 증진시키는 개인적 또는 환경적 안전장치는 무엇인가?

    A. 보호요인   B. 긍정적 가능성

    C. 효과 크기   D. 긍정적 영향 요인

46. _____는 지위가 낮은 사람들에 대하여 지위가 높은 사람이 권력을 사용하고 남용할 때 사용된다. 학대받고, 억압받으며 노예화되고 감옥에 수감되거나 착취될 때, 또는 누군가 우월감, 오만, 자만을 나타낼 때 어느 누구도 느낄 수 없는 수치심, 모욕, 냉대, 또는 열등감은 인종차별, 성차별, 연령주의, 능력주의, 외모주의, 이성애주의 또는 기타 내면의 "이념"을 가지고 있는지 여부와 상관없이 거의 동일하다.

    A. 국수주의   B. 엘리트주의
    C. 민족중심주의   D. 서열주의

47. 성격을 사정하는 최근의 가장 인기있는 특성 접근 중 하나는 다섯 가지 성격적 요인에 주의를 기울인다. 이 성격의 다섯 가지 양상 또는 측면은 어떠한 약어로 표현되는가?

    A. OCEAN   B. MULTI
    C. CEASE   D. FIVE

48. 사회복지사가 약속을 잡고, 상담실을 확보하며, 통역사를 찾고, 가구를 재배치하여 외국어를 사용하고 안내견과 함께 오는 클라이언트가 상담실을 편안하게 느낄 수 있도록 하는 것은 어떤 기술에 속하는가?

    A. 준비계획   B. 준비조정
    C. 준비정리   D. 환경준비

49. 클라이언트와 상담중에 사회복지사가 "이 과정을 시작할 때 우리는 12번을 만나기로 결정했습니다. 처음에 우리는 한 주에 두 번 만났고 그 후 한 주에 한 번 그리고 최근에는 한 달에 한 번 만나고 있습니다. 제 달력에 따르면 우리에게는 이제 두 번의 만남이 남아있습니다. 한 번은 다음 달, 마지막 만남은 그 다음 달에 있을 것입니다"라고 말하였다. 이때에 사회복지사는 어떠한 기술을 사용하고 있는가?

    A. 직면하기   B. 종결 예고하기
    C. 초점화하기   D. 명확화하기

50. 일반적이고 불명확한 요인의 네 가지 영역은 상담과 심리치료 결과에서 대부분의 변화를 설명한다. 이들 네 가지 영역은 (1) 클라이언트와 상황적 요인, (2) 관계적 요인, (3) _____ 그리고 (4) 모델과 기술 요인이다. 빈 칸에 알맞은 것을 고르시오.

    A. 기대 요인   B. 사회경제적 요인
    C. 교육 및 경험적 요인   D. 전문적 확인 요인

51. 사회복지사가 자신의 이름, 전문성, 기관 또는 부서 등을 통해 자신을 밝힐 때, 이 사회복지사는 어떠한 기술을 사용하는 것인가?

    A. 자기 정체성 확인   B. 자기 개방
    C. 자기 소개   D. 오리엔테이션

52. 개입의 초기 단계에서 많은 클라이언트들은 무엇을 기대해야 하는지 그리고 그들이 무엇을 해야 하는지에 대해 잘 알지 못한다. 이때 사회복지사는 어떤 일들이 발생할 수 있는지, 어떻게 클라이언트가 사회복지사와 함께 적극적이고 협조적으로 원조과정에 참여

할 수 있는지 설명하는 것을 통해 불확실한 상황을 명확하게 한다. 이것은 어떤 기술에
속하는가?

A. 오리엔테이션시키기   B. 기대 명확화하기

C. 사회화시키기   D. 과정 명확화하기

53. 실천의 탐색 단계에서 사회복지사는 강점을 찾으면서 클라이언트와 관계를 맺는다. 사회
복지사와 클라이언트는 일반적으로 (1) 역량, (2) 사회적 지지, (3) 성공과 (4) _____
을(를) 찾는다.

A. 행복   B. 운 좋은 일

C. 삶의 교훈   D. 꿈

54. 사회복지사는 제나 올라자비츠Janna Olazavitz와 첫 면담을 가졌다. 그녀는 다음과 같이 말
했다. "저는 올라자비츠라고 해요. 16살인 제 아들을 어떻게 도와야 하는지 조언을 얻고
싶어요. 제 아들은 잘못된 친구들과 어울리면서 학교 성적이 나빠졌어요. 전 그 아이가
대학 진학이 어려워질까봐 걱정이 돼요." 이러한 클라이언트의 이야기에 대한 반응으로
사회복지사가 사용할 수 있는 가장 적당한 말과 경청 기술은 다음 중 무엇인가?

A. "당신은 아들의 새로운 친구들이 아들에게 나쁜 영향을 줬다고 생각하시는군요. 아
들의 성적이 떨어지니 약물이나 알코올을 접하는 것은 아닌지 걱정도 하고 계시고
요."

B. "당신은 아들이 더 나은 삶을 살 수 있는 기회를 망치고 있다는 것이 두려우시군요."

C. "당신은 아들의 새로운 친구들, 좋지 않은 학업성적이 걱정 되시는군요. 아들을 대학
에 보내기 위해 당신이 도울 수 있는 방법에 대한 가이드라인을 얻기 원하시는군
요."

D. "당신은 아들을 돕기 위해 저의 도움을 필요로 하시는군요."

55. 사회복지사와 클라이언트가 사정 과정의 일부로 사용하는 두 가지 분류체계는 DSM-
IV-TR과 _____이다.

A. PIE 체계   B. 고면의 Grid

C. 블룸의 분류학   D. GARP 척도

56. 논의는 일반적으로 한 개 이상의 전제가 있는 주장이나 결론을 포함한다. 다음의 논의
를 읽으시오.

• 모든 남성의 몸은 남성호르몬인 테스토스테론을 가지고 있다.
• 테스토스테론은 폭력성의 원인이 된다.
• 그러므로 모든 남성은 폭력적이다.

이 논의는:

A. 타당하지만 비논리적이다.   B. 타당하지 않으나 논리적이다.

C. 타당하고 논리적이다.   D. 타당하지 않고 비논리적이다.

57. 사회복지사는 다음과 같이 말했다. "우리는 할 일을 찾는 것이 우선순위이며 가장 중요한 목표라는 것에 동의했습니다. 이 목표를 위해 취업 컨설턴트에게 여러분의 이력서를 검토하고 발전적 제안을 달라고 요청하려 합니다. 당신은 어떻게 생각하십니까?" 이 상황에서 사회복지사는 다음과 같은 기술을 사용하고 있다.

    A. 조언하기   B. 계획하기

    C. 목표 제안하기   D. 실행 단계 제안하기

58. 문화적 역량 연속성(1989)에는 여러 단계가 있다. 개인, 가족, 집단, 조직체, 지역사회가 그들의 신념, 태도, 정책, 실천, 언행을 통해 적극적으로 다양한 문화를 존중하고 긍정적이며 가치롭게 여기는 단계는 어느 단계에 속하는가?

    A. 7단계   B. 4단계

    C. 6단계   D. 5단계

59. 미국사회복지교육협의회(Council on Social Work Education, 2008)의 교육 규정 및 인가 기준(Educational Policy and Accreditation Standards: EPAS)에 따르면, 사회복지 전문성의 목적은 사회 및 경제적 정의에 대한 전문적 탐구, 인권 제한적 환경 예방, _____, 모든 이의 삶의 질 향상을 통해 이루어진다고 말한다.

    A. 빈곤 퇴치   B. 직무 개발과 교육 기회

    C. 민주주의 정치과정의 향상   D. 음식 및 물질적 자원의 배분

60. 사회복지사가 사회체계나 클라이언트와 합의된 목표하에 관계를 맺을 때, 사회복지사는 일반적으로 다음과 같은 기술을 사용한다.

    A. 교육하기   B. 진술하기

    C. 해석하기   D. 조언하기

61. 가족, 집단, 조직, 지역사회, 사회에는 다양한 삼각관계들이 나타나는데, 이는 도덕적 판단과 비유를 반영한다. 잘 알려진 "극적 삼각관계"는 세 가지 역할 혹은 지위를 갖는다. 다음 보기에서 그중 포함되지 않는 것은 무엇인가?

    A. 박해자   B. 희생자

    C. 구출자   D. 중재자

62. 개인의 행복은 어느 정도 유전적, 생물학적 요인에 기반하고, 시간이 지날수록 안정적인 경향이 있다는 것을 인지하는 것은 각 개인이 _____을(를) 갖는다는 가설로 이어진다.

    A. 행복감의 상한선   B. 비교적 고정된 행복 지수

    C. 행복감의 하한선   D. 행복 결정점

63. 때때로 사회복지사와 클라이언트 모두 합의된 이슈와 목표에서 벗어날 때가 있다. 이러한 전환은 이해와 효과적인 변화 기회를 높이기 때문에 생산적일 때도 있다. 그러나 이러한 일탈이 항상 생산적인 것은 아니다. 사회복지사가 관련된 주제로 주의와 에너지를 다시 되돌릴 때, 다음과 같은 기술을 사용한다.

A. 초점화하기　　　　　　　　　　B. 재구성하기

C. 참여하기　　　　　　　　　　　D. 재구조화하기

64. 사회복지사는 예비 클라이언트 및 타인들, 문제, 이슈, 이전 면담에서의 상황에 대해 질문을 할 때, 다음과 관련된다.

A. 예비질문　　　　　　　　　　　B. 준비탐색

C. 준비조사　　　　　　　　　　　D. 준비검토

65. 류보머스키와 그의 동료들의 행복에 대한 연구에 따르면, 사람의 행복의 약_____%가 자발적 및 의도적 활동에서 나온다고 보고한다.

A. 40　　　　　　　　　　　　　　B. 80

C. 60　　　　　　　　　　　　　　D. 20

66. _____은 사회적 맥락에서 개인이나 가족, 세대를 도식화한 것이다. 이것은 외부세계와 주요한 사회체계(예를 들어 가족이나 세대) 구성원 간의 관계를 고갈시키는 에너지와 상승시키는 에너지를 강조한다.

A. 가계도　　　　　　　　　　　　B. 생태도

C. 사회체계도　　　　　　　　　　D. 가족조각

67. 클라이언트와의 만남에 앞서 사회복지사는 전문성, 성과, 사회복지서비스 전달을 방해하지 않기 위해 개인적 생각, 감정, 신체 반응을 조직하고 다루고자 한다. 이러한 기술은 다음 중 어느 것과 관련되는가?

A. 집중적 자기관리하기　　　　　　B. 명확화하기

C. 초점화하기　　　　　　　　　　D. 조율하기

68. 사회복지실천이라는 맥락에서 전문성은 (1) 사회복지서비스를 제공하기 위한 수준 높은 지식, 역량, 자기효능감, 전문지식, (2) 사회복지 전문성에 대한 개인의 가치와 윤리에 대한 존중과 고수, (3) 개인 및 전문적 정직성, 자기 이해 및 통제와 사회적 지지를 포함한다. 사회복지기술실천론 교재에서 정의된 전문성의 나머지 측면은 무엇인가?

A. 자신감, 희망, 낙관성　　　　　　B. 비판적 사고, 과학적 학습, 지속적 학습

C. 외모, 스타일, 표현　　　　　　　D. 정직, 결단력, 헌신

69. 사회복지기술실천론 교재에서 저자는 사회복지사들이 과정기록을 조직하는 데 사용할 수 있는 몇 개의 방식을 소개하고 있다. 다음 중 저자가 소개하지 않은 것은 어느 것인가?

A. APIE　　　　　　　　　　　　B. GRAF

C. SOAPIER　　　　　　　　　　D. GAAP

70. 클라이언트가 사회복지사와 자신 사이에서 '지금, 여기'에 일어나는 것에 대해 경험하고 느끼는 것을 클라이언트가 탐색할 수 있도록 도울 때 사회복지사는 다음 중 어느 기술을 이용하는가?

A. 즉각적으로 반응하기　　　　　　B. 탐색하기

C. 질문하기   D. 초점화하기

71. 미국 인구조사(United States Census Bureau)에 따르면, 미국 내 생산인구(18~24세) 비율은
    2008년의 63%에서 2050년에는 _____%로 _____ 된다.
    A. 57, 감소   B. 65, 증가
    C. 61, 감소   D. 49, 감소

72. 법률용어에서, 사회복지 전문가의 '부적절한 실천(malpratice; mal praxis)'은 _____이다.
    A. 중죄이다.   B. 계약 규정에 대한 위반이다.
    C. 경범죄이다.   D. 불법행위이다.

73. 일반적으로 종결된 사례기록에서 마지막 항목은 _____ 이다.
    A. 최종 평가   B. 최종 과정기록
    C. 최종 사정   D. 종결 요약

74. 미국사회복지교육협의회(2008)에 따르면, 개인과 환경 구조, 세계적 관점, 다양성에 대한
    존중과 _____은(는) 사회복지 전문직의 목표 추구를 돕는다.
    A. 과학적 연구를 기반한 지식   B. 국제법
    C. 유대-기독교 가치   D. 기본적 인도주의 원리

75. 고귀하고 이상주의적이며 이타주의적 동기에도 불구하고 _____가 부족한 사회복
    지사는 자신도 모르게 미해결된 개인적 이슈가 작용하고 이념적, 감정적, 행동적 양상이
    일어날지도 모른다. 사회복지사의 이러한 패턴은 클라이언트를 돕고 싶은 마음에도 불
    구하고 클라이언트에게 피해를 준다.
    A. 자기인식과 자기 통제   B. 진실과 헌신
    C. 지식과 기술   D. 자신감과 자기효능감

76. 개입을 위한 사정 단계에서 사회복지사와 클라이언트는 일반적으로 다음 두 가지 가설
    을 포함하는 "사례이론"을 가져온다.
    A. 임기응변적이고 예측적인   B. 설명적이고 변화 지향적인
    C. 인과관계적이고 상관관계적인   D. 기술과 사정

77. 미국사회복지사협회(NASW)는 윤리기준과 관련하여 다음의 여섯 가지 주요 가치를 제
    시하였다. 이러한 주요 가치들은 사회복지사의 고유한 목표와 관점의 기반으로서 작용
    한다. 이 중 첫 번째 주요 가치는 무엇인가?
    A. 인간에 대한 가치와 존엄성   B. 진실성
    C. 서비스   D. 사회정의

78. 대부분의 환경에서 윤리적 결정이 요구됨에도 불구하고, _____은(는) 높은 수준의
    비판적 사고 기술을 요구하고, 가장 큰 장애물이 되기도 한다.
    A. 서로에게 일관적으로 적용되는 관련 법적 및 윤리적 의무
    B. 사회복지 전문직의 관점으로 개인적 관점을 경시하는 것

C. 서로에게 일관적으로 적용되지 않는 관련 법적 및 윤리적 의무

D. 사회복지사에게 개인적 문제를 생각나게 하는 문제

79. 클라이언트가 다음과 같이 말했다. "제가 성취하고 싶은 첫 번째 일은 취업을 해서 고지서를 납부할 수 있게 되는 거예요." 사회복지사는 "그렇다면, 당신의 가장 중요한 목표는 직장을 찾는 것이군요"라고 답했다. 이 상황에서 사회복지사는 어느 기술을 사용하였는가?

A. 목표 제안하기
B. 목표 반영하기
C. 명확화하기
D. 내용 반영하기

80. 사회복지기관의 사회복지사들은 클라이언트에 대한 서비스 질 향상을 위해 서로 상담한다. 한 사회복지사는 자신이 도와주고 있는 가족에 대해 논의했다. 세 명의 어린 자녀들이 엄마의 남자친구에 의해 성적 및 신체적 학대를 받았다는 사실에 대해 이야기하였다. 그 남자친구는 현재 수감중이다. 다음 중 사회복지사가 그 남자친구에 대해 가장 적절하게 표현한 것은 어느 것인가?

A. "제 생각에는 그 남자는 소아기호증(Pedophile)인 것 같아요."

B. "그는 약탈자예요."

C. "그는 성 폭력자예요."

D. "그는 아이들을 학대했어요."

81. 미국 인구조사에 의하면, 21세기에 미국 내 민족 및 인종 구성이 극적으로 변화할 것이라고 한다. 언제 소수민족들이 미국 인구의 대다수를 차지하게 되는가?

A. 2022
B. 2062
C. 2042
D. 2082

82. 사회복지실천기술론 교재에서 저자는 형식적 및 비형식적 학습 모두에 적용되는 몇 가지 보편적인 지적 기준을 제시하고 있다. 사회복지사는 복잡한 문제를 지나치게 간단한 방식으로 보는 경향이나 명확한 주제를 과도하게 복잡한 방식으로 보는 경향을 피하고, 대신 비교적 복잡한 것을 적절하게 다루는 방법으로 전문적 주제와 문제에 접근한다. 이것은 어떤 기준을 보여주는가?

A. 타당성
B. 논리성
C. 공정성
D. 지적 교양

83. 클라이언트는 다음과 같이 말한다. "전 공대학위를 취득해야 한다는 것을 알았어요. 만약 학위 취득을 했었다면, 저는 이미 직장이 있거나 취업하기에 더 쉬웠을 거예요." 사회복지사가 말한다. "당신이 아시다시피, 당신이 취직하지 못한 이유들 중 하나는 당신이 학위를 마치지 않았기 때문이에요." 이 경우, 사회복지사가 사용하는 기술은 무엇인가?

A. 가설 반영하기
B. 의미 부여하기
C. 이슈 반영하기
D. 대화 내용의 범위 넘어서기

84. 연속된 12번의 만남이 끝을 향하면서 사회복지사는 합의된 목표 성취 과정의 평가를 공유하기 위해 설문지, 다양한 개별 및 주관적 척도, 경향이나 패턴을 나타내는 그래프(예: 선 그래프)와 같은 측정도구 결과를 사용한다. 이때 사회복지사가 사용하는 기술은 무엇인가?

    A. 종결 알리기　　　　　　　　　　　B. 명확화하기

    C. 최종 평가　　　　　　　　　　　　D. 과정 검토하기

85. 클라이언트는 다음 7일 동안 실행 단계를 실행하는 것에 동의했다. 목표 성취 가능성을 높이기 위해, 사회복지사는 클라이언트를 다음 중 무엇에 참여시키는가?

    A. 예상 평가　　　　　　　　　　　　B. 가능성 향상

    C. 실행 단계 검토하기　　　　　　　D. 실행 단계 연습하기

86. 부정적 결과가 일어날 가능성의 증가와 관련한 개인적 또는 환경적 표시를 무엇이라고 하는가?

    A. 부정적 가능성　　　　　　　　　　B. 부정적 효과 요인

    C. 위험요인　　　　　　　　　　　　D. 효과크기

87. 많은 클라이언트는 이미 어떻게 문제를 해결할 것인지에 대한 설명과 생각을 공유하였다. 이러한 것들을 무엇이라고 하는가?

    A. 설명적 가설　　　　　　　　　　　B. 탐색적 가설

    C. 이론적 가설　　　　　　　　　　　D. 변화 지향적 가설

88. 법적인 보호의무는 사회복지사와 다른 원조 전문가에게 적용된다. 이 법적 의무는 전문가에게 무엇을 요구하는가?

    A. 증거기반 효과성과 안전성을 반영한 실천방법, 모델, 절차를 적용하는 것

    B. 돌봄에 대한 최소한의 기준에 맞추는 것

    C. 돌봄에 대한 타당한 기준에 맞추는 것

    D. 클라이언트에게 적용하기 전, 실천 방법, 모델, 기술, 절차에 대해 높은 전문성을 갖는 것

89. 교육규정 및 인가기준(EPAS)에서 미국사회복지교육협의회(CSWE)는 여섯 가지 주요 가치를 제시하고 있다. 이 가치들은 미국사회복지사협회(NASW)의 윤리적 가치에 두 가지를 추가하였다. 이 두 가지 가치는 무엇인가?

    A. 지식과 전문지식　　　　　　　　　B. 인권과 과학적 조사

    C. 정직성과 전문성　　　　　　　　　D. 동등성과 지역사회

90. 잘 설계된 실천과 관련된 연구결과는 어떤 프로그램, 실천, 정책, 협약, 개입 등이 구체적인 결과를 가져온다는 가능성에 대한 정보를 제공한다. 이러한 연구는 일반적으로 좋은 표본크기를 가지고 참여자를 실험집단과 비교집단/통제집단에 무작위로 배치한다. 또한, 문제를 다루고 목표를 추구하는 방법과 관련하여 클라이언트와 사회복지사에게 중요한 가치인 _____을(를) 제공한다.

A. 법에 입각한 증거   B. 예측적 증거

C. 주관적 증거   D. 표의적 증거

91. 사회복지사들은 클라이언트가 될 대상들이나 기타 사람들을 방문하는 것에 대해 슈퍼바이저나 동료에게 조언을 구한다. 이때 그들이 사용하게 되는 것은 무엇인가?

     A. 준비조언 구하기   B. 준비탐색하기

     C. 준비상담하기   D. 예상 슈퍼비전

92. 일반적으로 위법행위에 대한 세 가지 유형이 있다. 다음 중 틀린 것 하나를 고르시오.

     A. 직권남용   B. 직권과용

     C. 부정행위   D. 의무불이행

93. 인간은 일반적으로 자기탄력성이 있다. 대부분의 사람들은 스트레스가 높은 사건이나 어려운 환경을 겪은 후, 이전의 행복 수준으로 다시 회복한다. 이러한 현상을 무엇이라고 하는가?

     A. 조절과정   B. 안녕감이론의 적용

     C. 균형 회복   D. 적응과정

94. 사회복지사가 사람들이 자신의 이름으로 정체성을 찾고 자신에 대한 무언가를 공유하는 것을 고무시키고자 할 때 사용하는 사회복지기술은 무엇인가?

     A. 타인과 관계를 맺기   B. 소개 권유하기

     C. 예비 탐색   D. 타인 확인하기

95. 문제 및 이슈의 탐색 단계에서 사회복지사는 클라이언트를 자주 독려한다. 어떻게 독려해야 하는지 다음 중 고르시오.

     A. 타인들이 이러한 문제나 이슈에 어떻게 접근하는지 생각하게 한다.

     B. 클라이언트가 이전에 문제나 이슈를 어떻게 해결하고 대처했는지 이야기하게 한다.

     C. 문제나 이슈에 대한 또 다른 관점을 갖기 위해 클라이언트의 친구나 가족들과 이야기를 나누게 한다.

     D. 문제나 이슈에 대한 역학연구 결과들을 살펴보도록 한다.

96. DAC는 기술(Description), 사정(Assessment)과 _____을(를) 의미하는 약어이다.

     A. 환경   B. 개념화

     C. 상태   D. 계약

97. 개입을 위한 탐색 단계에서 사회복지사와 클라이언트는 세 가지 일반적 영역 또는 측면을 검토한다: (1) 문제나 이슈, (2) 사람, (3) _____.

     A. 가족   B. 개인력

     C. 상황   D. 문제의 발달

98. 사회복지실천기술론 교재에서, 사회복지기술로서 _____인 행동들은 실천 단계 및 과정이라는 맥락에서 (1) 연구에 기반한 지식, (2) 사회복지 가치, 윤리, 의무, (3) 필수적이고 촉진적인 자질이나 핵심조건, (4) 전문성의 특징 (5) 타당한 사회복지 목표에 일관되게 부합된다.

    A. 전문적이고 대인관계적   B. 인지 및 행동적

    C. 심리적이고 사회적   D. 개인 내적이고 대인관계적

99. 이전 상담에서 클라이언트와 다음 상담까지 매일 행동 단계를 실천해보도록 약속하였다. 오늘 상담에서 사회복지사는 다음과 같이 말했다. "지난번 상담 때, 매일 밤 잠들기 전 감사한 것 다섯 가지를 적기로 했는데, 어떠셨나요?" 이 상황에서 사회복지사는 어떠한 기술을 사용하고 있는가?

    A. 즉시 반응하기   B. 실행 단계 검토하기

    C. 평가하기   D. 초점화하기

100. 준비하기 기술의 능숙한 사용은 클라이언트와 사회복지사 간의 생산적인 관계에 도움이 되고, 필요한 서비스를 너무 일찍 중단해버리는 비율을 줄일 수 있다. 상담을 미리 충분히 준비한 사회복지사는 문제나 이슈에 대한 클라이언트의 관점을 정확히 이해하고 이를 더 표현할 수 있다. 준비를 제대로 하지 않는다면 초기 탈락될 가능성이 _____.

    A. 3배가 된다.   B. 0.5배로 증가한다.

    C. 4배가 된다.   D. 2배가 된다.

101. 클라이언트에게 멀거나 가까운 선행 요인, 동시 발생 요인, 차후 요인과 관련된 문제의 발생을 생각해 보도록 독려할 때, 사회복지사는 다음 중 어떠한 과정을 사용하겠는가?

    A. 요인분석   B. 상황 사정

    C. 체계분석   D. 기능분석

102. 사회복지사를 상대로 한 윤리적인 위법행위와 관련된 다양한 소송 중에서 가장 큰 분류에는 다음 중 무엇이 포함되는가?

    A. 무능함   B. 낮은 수준의 실천

    C. 경계침해   D. 사기나 부정직성

103. 증거기반 실천에는 5단계가 있다. 그중 두 번째 단계에 포함되는 것은 무엇인가?

    A. 클라이언트의 욕구, 목표, 문화, 선호에 대한 증거 분석

    B. 실천에 대한 증거를 클라이언트에게 적용하는 것

    C. 연구기반 증거에서 발견된 점 탐색

    D. 클라이언트와의 협력에 대한 효과 평가

104. 미국 사법 체계에서 잘못된 판결에는 많은 이유가 있다. 그러나 추후에 무죄로 판결된 피고의 60% 이상은 _____과 관련된다. 이것은 잘못된 판결의 가장 많은 원인이 된다(Gross, Jacoby, Matheson, Montgomery, & Paul, 2004).

    A. 증인 위증   B. 목격자의 착오

C. 검사의 위법행위   D. 변호사의 무능력

105. 사회복지사가 클라이언트에게 물었다. "골반 부위가 많이 아프신 적 있으세요? 혹시 당신은 어린 시절에 성학대를 받은 적이 있나요?" 이러한 질문의 특성을 가장 잘 나타난 것은 무엇인가?

A. 유도적   B. 폐쇄적
C. 개방적   D. 주제 설정적

106. 사회복지사가 클라이언트에게 물었다. "저는 당신의 수면문제에 대해 궁금합니다. 매일 2~3시간만 주무시는 것 같은데요." 이 상황에서 사회복지사는 다음 중 어느 기술을 사용하고 있는가?

A. 조언하기   B. 문제 확인하기
C. 직면하기   D. 문제 반영하기

107. 잠재적 폭력피해자를 보호하고 주의를 주는 사회복지사의 책임은 증거의 수준과 기준에 따라 아동학대에 대한 신고 의무와 구분된다. 예를 들면, 자신의 상사를 죽이거나 해치려하고 위협하는 클라이언트가 있을 때, 보호행동을 취하기 위한 보호 기준은 아동학대 가능성을 신고할 의무(와)(보다) _____.

A. 때에 따라 높거나 낮다.   B. 낮다.
C. 높다.   D. 동일하다.

108. 클라이언트가 한 말에 대해 사회복지사가 다음과 같이 응답한다고 가정하자. "당신과 당신의 파트너가 더 이상 친숙하지 않다고 말씀하셨는데, '더 이상 친숙하지 않다'는 말은 무슨 의미인가요?" 이러한 반응에서 사회복지사가 사용한 기술은 무엇인가?

A. 질문하기   B. 초점화하기
C. 명확화하기   D. 대화 내용의 범위 넘어서기

109. 초기 실천 단계에서 사회복지사는 특정 시기에 클라이언트가 기관을 찾게 된 이유를 탐색하고자 한다. 예를 들어, 어떠한 경우에는 사회복지사가 다음과 같이 질문할 수 있다. "1년 전과 6개월 전이 아닌, 이 시점에 저희에게 연락을 하시게 된 계기는 무엇인가요?" 이러한 질문의 특징을 가장 잘 설명한 것은?

A. 유도적   B. 개방적
C. 폐쇄적   D. 설명적

110. 사회복지사가 상담의 역할과 방향을 제안할 때, 다음 중 어떠한 사회복지 기술을 사용하는가?

A. 다른 것 지향하기   B. 초기 목표를 설명하기
C. 초점화하기   D. 안건 세우기

111. 실천의 사정 단계에서 사회복지사와 클라이언트는 탐색 단계 동안 수집된 정보를 이해하려고 노력한다. 사정은 관련 당사자들에게 목표를 형성하고 실행을 위한 계획을 발전시킬 수 있도록 하는 시각을 부여한다. 특히 사정 단계에 적절한 두 가지 기술이 있는

데, 이 기술은 무엇인가?

    A. 정보 수집과 해석하기

    B. 탐색하기와 검토하기

    C. 제안하기와 종결하기

    D. 정보를 조직하기, 잠정적인 사정과 사례 개념화 준비하기

112. 도덕적 및 윤리적 문제나 딜레마를 살펴볼 때, 사회복지사는 _____, 수단, 종결, 효과와 같은 딜레마를 현명하게 고려해야 한다.

    A. 진실성   B. 정의

    C. 동기   D. 공정성

113. 개인력, 특성, 욕구, 편견, 감정적 약점, 철학적 혹은 종교적 관점과 행동 유형의 잠재적 영향력을 알아보기 위해 사회복지사는 다른 사람들과 만남에 앞서 _____을(를) 가져야 한다.

    A. 준비 자기관리   B. 준비 자기탐색

    C. 준비 민감성   D. 준비 자기통제

114. 미국 교육 규정 및 인가 기준(EPAS)에서 미국사회복지교육협의회(CSWE)는 _____가지 주요 역량들을 정의하고 있다. (이 중 마지막은 관계, 사정, 개입, 평가와 같은 네 가지 하위 역량을 포함한다)

    A. 12   B. 10

    C. 8   D. 6

115. 고등학생인 클라이언트가 다음과 같이 말했다고 생각해보자. "어떻게 해야 할지 모르겠어요. 남자친구와 더 가까이 있고 싶은 제 마음을 따르면, 나중에 남자친구 때문에 대학을 포기한 것을 후회하게 될 거예요. 혹 우리가 결혼을 못하게 될지도 모르죠. 한편으로, 제가 남자친구에게서 너무 멀어졌다는 이유로 우리가 헤어진다고 해도 아마 똑같이 후회할 것 같아요." 사회복지사는 클라이언트의 말에 다음과 같이 대답한다. "당신은 두 가지 선택의 갈림길에 있군요. 당신은 잘못된 결정을 하고 나중에 후회하게 될 것 같아 두려워하고 있고요." 이러한 응답에서 사회복지사가 사용한 사회복지기술은 무엇인가?

    A. 초점화하기   B. 내용을 반영하기

    C. 감정과 의미를 반영하기   D. 감정을 반영하기

116. 16번의 연속적인 계획된 만남이 종결로 접어들면서 사회복지사는 클라이언트에게 다음과 같이 이야기하였다. "우리가 만남을 종결하면서, 지난 몇 개월간 진행한 것에 대하여 생각해보았습니다. 함께 여러 가지 문제에 대하여 논의하였고 지금 상황에서뿐만 아니라 당신의 행동에서도 많은 부분이 변화되었습니다. 우리가 함께했던 것을 되돌아보면 어떤 기억들이 마음에 와 닿습니까?" 이러한 상황에서 사회복지사가 사용한 기술은 다음 중 무엇인지 고르시오.

    A. 종결 예고하기   B. 최종 평가하기

C. 명확화하기 D. 과정 검토하기

117. 자신의 인종, 종족, 문화 또는 국적 집단을 타인보다 우월한 것으로 보는 경향에 대하여 다음과 같이 부른다.

A. 민족중심주의 B. 차별

C. 편견 D. 선입관

118. _____은(는) 포용, 사회적 정체성, 사회화, 이해 및 격려에 대한 인간의 주요 욕구를 충족시키거나 표명하는 공식적 또는 비공식적 관계 및 활동을 포함한다.

A. 사회적 지지 B. 사회지능

C. 사회적 합의 D. 사회복지

119. 미국사회복지교육협의회(CSWE)의 교육규정 및 인가 기준(EPAS, 2006)에 따르면, 역량있는 사회복지가가 개인, 가족, 집단, 조직 및 지역사회에게 서비스 제공을 수행하는 사회복지실천의 네 가지 단계가 있다. 다음 중 사회복지실천의 두 번째 단계는 무엇인지 고르시오.

A. 평가 B. 개입

C. 사정 D. 종결

120. 폭력적이면서 학대적인 남성과 수년간 함께한 클라이언트가 있다고 가정해보자. "떠나기가 두렵고 머물러 있기도 두렵다. 내가 머물러 있으면 그가 나를 계속 때릴 것이다. 떠나게 되면 그가 나를 찾아서 더 심하게 때릴 것이다. 어쩌면 나를 죽일지도 모른다." 이러한 말에 대하여 사회복지사는 "당신은 덫에 걸린 듯한 기분이 들고 겁이 나시는군요." 라고 반응하였다. 이러한 방식으로 사회복지사가 대응하였다면 다음 보기 중 기술로 사용한 것은 무엇인지 고르시오.

A. 감정과 의미 반영하기 B. 대화 내용의 범위 넘어서기

C. 즉각적으로 반응하기 D. 감정을 반영하기

121. _____ 기술은(는) 타인들과의 초기 면담 전에 본인 또는 소속 기관에서 이용가능한 정보에 대하여 조사하고 고려하는 것을 포함한다.

A. 준비검토 B. 예비사정

C. 준비성찰 D. 예비준비

122. 다음 그림이 나타내는 것은 무엇인지 고르시오.

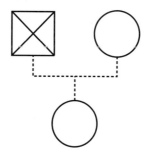

A. 사망한 남아의 출생과의 인과적 관계

B. 여아의 생물학적 부의 사망

C. 남아의 생물학적 모의 사망

D. 이혼으로 귀결된 혼인관계에서 출생한 여아

123. 타인의 단어, 발언과 언어를 듣는 것; 비언어적 몸짓과 위치를 관찰하는 것; 스스로 완전히 표현하도록 독려하는 것; 의사소통을 기억하는 것은 다음 중 어떤 요소인지 고르시오.

A. 듣기   B. 등록하기

C. 이해하기   D. 반영하기

124. 오랫동안 일해온 클라이언트와 만나는 동안, 사회복지사는 다음과 같이 말한다. "한편으로 당신은 자녀와의 관계를 개선하고 싶어하지만, 다른 한편으로는 일 때문에 아이들과 함께 시간을 보낼 수 없다고 말하는군요" 이 같은 상황에서 사회복지사가 사용하는 기술은 무엇인가?

A. 직면하기   B. 의미 반영하기

C. 재구조화하기   D. 대화 내용의 범위 넘어서기

125. 다양한 종류에 대한 구체적인 측정을 통하여 사정 과정을 완성하거나 또는 목적 달성의 지표를 제공할 수 있다. 이러한 측정 방법은 RAIs로 불리는데, 첫 음절을 따서 지어졌다. 다음 보기 중 RAIs의 원 이름은 무엇인지 고르시오.

A. 준비도 사정 지표   B. 신속한 사정 도구

C. 합리적 분석 색인   D. 판독 사정 지표

126. 실천과정의 다양한 단계에서 상이한 크기의 클라이언트 체제와 일하는 경우, 사회복지사는 다음과 같은 주요한 촉진적 특성을 끊임없이 제시하여야 한다: (1) 공감, (2) 존중, (3) _____.

A. 지지   B. 진실성

C. 이해   D. 연민

127. 초기 면담중 사회복지사는 클라이언트가 알코올의 과도한 소비 문제를 가질 수 있는 가능성에 대하여 알게 되었다. 클라이언트가 행동양식 변화의 어떠한 단계도 실행하지 않고 변화계획은 진전시키지 않았음에도 불구하고, 매일 알코올 섭취 시간, 장소, 종류 및 양에 대하여 기록하기 시작하였다. 이 시점에서 알코올 소비 문제와 연관하여 사회복지사와 클라이언트는 클라이언트가 변화의 _____ 단계에 있는 것으로 간주할 수 있다.

A. 숙고   B. 실행

C. 유지   D. 준비

128. 사회복지교육에 관한 교육 규정 및 인가 기준 협의회(EPAS)에서 제시한 네 가지를 보충하여 사회복지실천연습 교재에서 실천의 일곱 가지 단계 개요를 작성하였다. 일곱 가지

단계 중 두 번째에 해당하는 것은 다음 중 무엇인지 고르시오.

    A. 탐색하기   B. 사정하기

    C. 시작하기   D. 개입 및 평가하기

129. 적극적이고 표현적인 방법으로 사회복지사의 전문적 지식과 기술을 통하여 클라이언트의 경험과 참조틀을 개발할 수 있는 사회복지실천기술을 고르시오.

    A. 계약 기술   B. 개입 및 평가 기술

    C. 사정 기술   D. 탐색 기술

130. 사회복지사와 클라이언트는 클라이언트의 직업을 찾는 작업을 실행하는 것에 동의하였다. 또한 목적을 달성하기 위한 계획을 수립하였고 성취 과정을 평가하는 방법을 모색하는 과정에 있다. "가장 비이상적"인 것부터 "가장 이상적"인 것까지 실현 가능한 결과의 범위를 지정하였다. 이렇게 함으로써 만들어진 것은 다음 보기 중 어떤 것인지 고르시오.

    A. 주관적 평가 척도   B. 개인맞춤형 평가 척도

    C. 목적 달성 척도   D. 신속한 사정 도구

다음 단답형 질문의 답변을 워드프로세서를 사용해 작성하십시오. 파일의 해당 주제에 대한 라벨과 날짜를 표시하여 본 시험을 언제 치렀는지 쉽게 알 수 있도록 하시오.

131. 17세 남자 클라이언트는 다음과 같이 진술하였다: "나한테 잘못된 것이 무엇인지 모르겠어요. 나와 사귀려 하지 않아요. 다가가는 모든 여자들이 거절해요. 심지어 동성 친구도 없어요. 내 가족마저 날 싫어해요. 엄마와 나는 매일 싸우고 양부는 나와 아무것도 하지 않아요. 내 방에서 혼자 음악 들으면서 외롭게 시간을 보내요. 우울하다는 것은 나도 알지만 무엇을 해야할지 모르겠어요."

    클라이언트 진술에 대하여 클라이언트에 대한 탐색에 집중하기 위해 세분화 기술을 사용하여 사회복지사 진술을 작성하시오.

132. 상담사회복지사로서 약 6개월간 자발적인 클라이언트를 담당하였다고 가정하자. 클라이언트는 계약 단계에서 함께 계획한 모든 목적을 실질적으로 달성하였다. 사회복지사는 클라이언트와의 만남이 즐겁고 클라이언트 역시 사회복지사와의 만남이 즐거운 것으로 보인다. 과거 1회기 개입을 연장하였으나 전문가로서 재연장은 현명한 처사가 아님을 인지하고 있다. 하지만, 사회복지사는 상담관계를 완결하기 위하여 마지막으로 한 회 더 면담할 것을 제안하였다.

    사회복지사의 제안에 클라이언트는 잠시 멈추고 이야기하였다. "올바른 처사로 생각됩니다. 나한테 상당히 많은 도움이 되었고, 스스로 시도할 준비가 되었다고 생각합니다. 사실 당신이 나한테 매우 중요한 존재이고 나는 당신을 좋아하고 존중합니다. 더 이상 클라이언트와의 관계가 아닌 친구관계가 되면 기쁠 것 같습니다. 한 회 면담 대신 저

녁 식사를 함께 하였으면 합니다. 어떤 메뉴를 좋아하세요?"

본 상황에서 적용할 수 있는 사회복지 가치, 법적 의무 및 윤리적 원칙에 대하여 명시하고 토론하시오. 가능하면 특정한 갈등을 해결하기 위하여 본 사례의 가치체계를 설정하시오. 윤리적 방법으로 사회복지사로서 본 상황에서 어떻게 행동할지 기술하시오.

133. 21세 남성 클라이언트는 "9살 때 아버지는 나를 성추행하기 시작하였다. 그 일에 대해서 생각하면 몸서리가 쳐진다. 심지어 지금도 그렇고, 언제라도 그것에 대해서 생각할 때면 나는 더럽고 상처받은 느낌이 든다. 아버지는 내가 14세가 될 때까지 그랬고, 그 이후에는 나의 힘이 세져 더 이상 그런 짓을 못하게 되었다."

클라이언트 진술에 대하여 (a) 감정의 성찰, (b) 감정과 의미의 성찰 그리고 (c) 대화 내용의 범위 넘어서기 기술을 사용하여 클라이언트 탐색을 촉진하기 위해 클라이언트에게 할 말을 적으시오.

134. 오랜 시간 지배적인 다수 집단의 구성원에 소속된 경우 그 사회의 지위와 연결된 특권을 인지하지 못할 수 있는데 그 경로와 이유에 대하여 간략하게 설명하시오.

135. 사회복지실천기술연습 교재는 실천 준비 단계에 연관된 사회복지기술에 대하여 제시하였다. 여덟 가지의 준비 기술은 무엇인가?

136. 미국사회복지사협회(NASW)의 윤리규정 중 전문가의식의 주요한 요소로써 통합성 원칙을 지지하는 문구를 진술하시오.

137. 사회복지실천기술연습 교재에서 사회복지사가 과학적인 연구에 집중해야 하는 몇 가지 이유에 대하여 제시하였다. 그 이유는 무엇인가?

138. 일부 사회복지사의 전문성 부족은 전체 사회복지 전문직에 대해 어떻게 부정적인 영향을 끼치는가?

139. 높은 수준의 전문가의식을 보유한 사회복지사들이 취하는 행동에 대해 설명이나 예시를 간략히 서술하시오.

140. 전문가의 원조적 활동에 대해 다수의 호혜적 결과를 구성하는 일반적 요인 또는 핵심 조건과 비특정적 요인이 무엇인지 설명하시오.

141. 사회복지실천기술연습 교재는 실천 개입 및 평가와 연관된 사회복지기술을 제시하였다. 열두 가지 개입 및 평가 기술은 무엇인가?

142. 사회복지사의 잘 발달된 전문가적 자기효능감을 통하여 어떤 식으로 클라이언트의 긍정적 결과에 영향을 끼칠 수 있는가?

143. 어제, 리틀Little 부인은 당신이 일하고 있는 가족서비스기관에 전화를 걸어 7세 딸 샤리Shari를 학대하는 결혼한 지 6개월 된 새 남편에 대하여 이야기하였다. 새 남편을 사랑하고 있지만 샤리가 심하게 걱정되었다(샤리의 친부는 몇 년 전 가족을 버림). 당신은 기관에서 부부 또는 가족을 원조하는 데 특화된 사회복지사로서 그녀가 오늘 오후 기관을

방문하였을 때 이야기를 나누게 될 것이다.

리틀 부인을 만나기 전에 그녀에게 적용 가능한 준비 기술을 사용하는 지식과 능력을 제시하시오(준비정리, 준비공감, 예비계획, 준비자기탐색과 중심화). 답변 작성 시 각각의 방법이 어떤 준비 기술에 해당되는 것인지 표기하시오.

144. 당신은 앞서 언급된 리틀 부인과 최초의 만남을 준비하는 사회복지사라고 가정하라. 약속시간이 다되어 당신은 대기실에서 리틀 부인을 데리고 상담실로 자리를 옮겼다.

리틀 부인과 처음에 이야기할 내용을 서술하시오. 적용가능하다면, 본 상황과 관련된 일부 또는 모든 시작 기술을 사용하시오. 당신이 말할 내용을 서술하는 것이 끝나면 서술된 문단 옆에 선택한 기술들을 표기하시오. 본 상황에서 적용할 수 없는 특정 시작 기술이 있다면 제외된 이유에 대해 간략한 논리적 근거를 제시하시오.

145. 사회복지실천연습 교재에서 저자들은 실천의 사정 단계와 연관된 두 가지 주요한 사회복지실천기술을 제시하였다. 이 사정 기술은 무엇인가?

146. 사회복지실천의 맥락에서 문화적 민감성이 전문성의 주요한 요소가 되는 방법과 이유에 대해 논하라.

147. 사회복지실천기술연습 교재의 저자들은 실천의 계약 단계와 연관된 사회복지기술을 기술하였다. 아홉 가지의 계약 기술은 무엇인가?

148. 강하고 긍정적인 사회적 지지망이 부족한 사회복지사는 왜 클라이언트와의 경계를 깨기 쉬운가?

149. 사회복지실천기술연습 교재에서 저자들은 실천 초기 단계와 연관된 사회복지기술을 소개하였다. 여덟 가지 초기 기술은 무엇인가?

150. 다양성의 측면과 연관시켜 "다양한 요인의 교차성" 단계의 의미를 자신의 언어를 사용하여 설명하라.

151. 사회복지실천기술연습 교재의 저자들은 실천의 종결 단계와 관련된 사회복지실천기술에 대하여 설명하였다. 네 가지 종결 기술은 무엇인가?

152. 아프리카인 조상을 가진 성인 남성 클라이언트가 "때로는 그것이 가짜 같다. 백인들이 나를 '깜둥이'라고 부르는 것을 들으면서 자랐다. 찢어지게 가난했고 단지 피부 색깔 때문에 맞기도 하였다. 그러나 난 그것들에 대해 계속해서 싸웠다. 내 자존심을 지켰고 대학에 입학하였다. 나는 정말 잘 해냈다. 졸업 당시, 많은 대기업에서 소수인종 할당을 채우기 원했고, 그래서 나는 곧바로 높은 연봉을 주는 곳에 취직하였다. 나는 지금 회사에서 5년간 재직하고 있으며, 상당 부분 공헌도 하였다. 그리고 나는 두 번 승진하였고, 연봉도 인상되었다. 그런데 지금까지 회사에 있는 백인 중 단 한명도 나를 집에 초대한 적이 없다. 지금 이것이 당신에게 무엇을 말하는가?"

클라이언트 진술 후 클라이언트 탐색을 촉진시키기 위해 대화 내용의 범위 넘어서기 기술을 사용할 때 여러분이 할 말을 적으시오.

153. 사회정의에 대해 논할 때, 존 랄스John Rawls는 가능성 있는 정책과 행동에 대해 생각하고, 제안하거나 고려하는 데 있어서 사람들은 "무지의 베일"을 사용한다고 말하였다. 사회정의의 맥락에서 "무지의 베일"이라는 개념이 의미하는 것은 무엇인가?

154. 인권에 관하여 '타고난, 보편적인, 양도할 수 없는, 분리될 수 없는'이라는 용어가 의미하는 것은 무엇인가?

155. 용기에 대한 보편적인 이성적 기준을 전형적으로 보여주는 사회복지사가 취할 행동의 예를 간략하게 제시하시오.

156. 사회복지실천기술연습 교재에서 저자들은 타인에게, 타인과 함께 또는 그들을 대신하는 서비스를 통틀어 사회복지사가 반영할 수 있는 전문성의 몇 가지 측면과 특성을 명시하였다. 전문성의 이러한 측면 및 특성은 무엇인가?

157. 7세 소년과 6세 소녀를 입양한 동성 부부를 중심으로 한 가족의 가계도를 요약하여 그리시오.

158. 사회복지실천기술연습 교재에서 저자들은 실천의 탐색 단계와 관련된 몇 가지 사회복지 기술을 논하였다. 일곱 가지 탐색 기술은 무엇인가?

159. "주요한 다섯 가지" 성격 요인에 대해 각각 간략하게 설명하시오.

160. 사회복지실천기술연습 교재의 저자들은 실천의 일곱 단계 또는 과정에 따라 사회복지 기술을 정리한다. 일곱 단계를 순서대로 나열하시오.

161. 4명의 핵가족과 그들의 신앙공동체, 이웃 그리고 부모의 직업공간 간 긍정적이며 활력 증진적인 관계를 나타내는 간략한 생태도를 그리시오.

162. 미국사회복지교육협의회(CSWE)에 따르면 사회복지사는 사회복지 목적을 추구하기 위해 일곱 가지 요인에 따라 안내된다. 이러한 안내요인에는 무엇이 있는가?

163. 사회복지실천기술연습 교재에서 명시된 아홉 가지 지적 기준은 무엇인가?

164. 미국사회복지교육협의회(CSWE)에 따르면 사회복지전문직의 목적은 _____와 _____을(를) 증진시키는 것이다.

165. 과학적 발견을 위한 다수의 접근방식이 있지만 전통적으로 일곱 가지 단계가 "과학적 방법"으로 특징지어졌다. 이 단계는 무엇인가?

166. 1년간 결혼생활을 한 클라이언트는 "우리는 남편이 이전 결혼에서 낳은 10대 아들 때문에 항상 싸운다. 남편은 내가 아들을 훈육시켜야 한다고 전혀 생각하지 않는다. 그는 내가 아들을 교정하거나 벌주는 것을 원하지 않는다. 그런데, 남편보다 내가 훨씬 더 그 아이와 함께 있어야 하고, 그 버릇없는 녀석과 부딪혀야만 한다!"

이 같은 클라이언트 진술에 대하여 추가적으로 클라이언트 탐색을 독려하는 질문하기 기술의 두 가지 형태를 사용하여 여러분이 이야기할 내용을 기술하시오. 첫 번째 질문은 개방형으로, 두 번째 질문은 폐쇄형으로 만드시오.

167. 미국사회복지사협의회(NASW)의 윤리규정에서 여섯 가지 핵심 가치를 제시하였다. 이 핵심가치는 사회복지 고유의 목적과 관점의 기반이 된다. 여섯 가지 핵심 가치는 무엇인가?

168. 블룸Bloom의 분류학에서 각 수준 또는 범주에 대한 최소 한 가지의 행동을 나타내는 동사를 제시하시오.

169. 14세 남자 클라이언트는 "가끔 나한테 무슨 잘못된 것이 있는지 궁금해요. 소녀들이 날 거절해요. 그러나 소년들은…. 잘생긴 소년들이 나에게 접근했을 때 흥분하는 것을 느껴요. 이것은 내가 동성애자라는 것을 의미하나요?"

    클라이언트 진술에 대하여 추가적으로 클라이언트 탐색을 촉진시키는 내용 반영하기 기술을 사용하여 여러분이 이야기할 내용을 기술하시오.

170. 14세 남자 클라이언트는 "내가 동성애자라면, 무엇을 해야 하나요? 엄마가 이 사실을 아신다면, 마음의 상처를 크게 받을 거예요. 아마 엄마의 잘못이라 느낄 거예요. 나는 너무 무섭고 걱정돼요. 친구들이 내가 동성애자인 것을 안다면, 어떻게 해야 하나요?"

    클라이언트 진술에 대하여 추가적인 클라이언트 탐색을 촉진시키는 (a) 감정 반영하기, (b) 감정과 의미 반영하기, (c) 대화내용의 범위 넘어서기 기술을 사용하여 여러분이 이야기할 내용을 기술하시오.

171. 미국사회복지교육협의회(CSWE)에 따르면, 사회복지전문직의 목적은 전문가의 (1) _____에 대한 추구, (2) _____에 대한 예방, (3) _____의 제거와 (4) _____에 대한 증진을 통하여 실현된다.

172. 위탁양육을 받는 14세 여자 클라이언트는 "가족들이 나를 하찮게 여겨요. 별명을 부르고, 내가 원하는 어떤 것도 하지 못하게 해요. 반나절 동안 아무런 먹을 것도 주지 않았어요. 나는 거기 있는 게 싫어요!"

    클라이언트 진술에 대하여 추가적인 클라이언트 탐색을 촉진하기 위하여 명확화하기 기술을 사용하여 여러분이 이야기할 내용을 기술하시오.

사례연구. 다음과 같은 사례연구의 항목에 대한 여러분의 답변을 기록하기 위하여 워드프로세서를 사용하시오. 테스트 중 이 부분의 각 영역을 마쳤을 때 신속하게 결정할 수 있도록 서류철에 라벨을 붙이고 날짜를 명시하시오.

여러분이 미국아동복지부의 아동보호서비스국(Child-Protective Service: CPS) 사회복지사라고 가정해보자. 당신의 업무는 아동학대 및 방임 혐의를 조사하고 대상 아동이 보호서비스가 필요한지 결정하는 것이다.

한 거주자가 아동보호서비스국(CPS)에 전화하여 폴Paul, K.라는 8세 이웃 아동의 등과 다리에 심한 멍이 있는 것을 목격하였다고 보고하였다. 이웃들은 그 아이의 집에서 큰 다툼 소리를 들었고 아동이 몇 번 구타당했다고 믿었다.

여러분은 혐의에 대하여 조사하도록 요구받았다. 여러분은 이웃과 학대가 발생한 것으로 보고된 K부인의 집으로 갔다. 아이의 엄마인 K부인으로 보이는 여자가 대문에서 대답하였다.

당신의 이름과 직업을 밝힌 후, 방문목적과 역할에 대하여 설명하고, 관련된 제도와 윤리적 요인에 대하여 설명하였다.

K부인은 "당신이 왜 여기 왔는지 압니다. 길 아래 시끄러운 이웃이 있어요. 그녀는 다른 사람 일에 늘 끼어듭니다. 그녀가 당신을 불렀지요?"라고 말했다.

여러분은 다음과 같이 K부인 말에 대답한다. "아동학대 및 방임 혐의에 대한 정보가 어떻게 저한테 들어왔는지에 대해서는 밝힐 수 없습니다. 사건이 발생되었는지를 조사하고, 아이가 위험에 처해있는지 확인하는 게 제 임무입니다. 아시겠지요?"

K부인은 "예. 들어오세요. 폴을 만나고 싶으시겠어요." 그녀는 큰소리로 폴(다른 방에서 놀고 있는)을 불렀다.

폴은 약간 놀란 표정으로 방에 들어온다. 아이가 쉽게 이해할 수 있는 용어를 사용하여 여러분은 자신을 소개하고, 여러분의 목적과 역할에 대하여 설명한다. 여러분은 그의 엄마(갑자기 부엌으로 향함)와 떨어져 있는 조용한 공간으로 폴을 데리고 갔다. 그리고 말하길 "나는 네가 위험으로부터 안전하게 있는지 확인하고, 누군가 너를 해하는지 알아보려고 왔어. 폴, 내가 하는 말 이해할 수 있겠니? 너에게 몇 가지 질문이 있단다. 우선, 너는 이 집에서 누구와 함께 사니?"

폴은 말했다. "나와 엄마가 살아요. 그리고 어…. 엄마의 남자친구가 여기 자주 와요."

그러자 당신은, "그 남자친구는 언제?"라고 묻는다.

폴은 머뭇거리고, 부엌을 미심쩍게 쳐다보며 당신의 눈을 다시 쳐다봤다. 그는 무엇인가 더 말하는 것을 두려워하는 것처럼 보였다.

당신은 이러한 방식으로 대답하는 것이 얼마나 어렵고 당황스러운 것인지 당신이 이해하고 있다는 것을 폴에게 이야기하였다.

폴은 "예, 정말 그래요"라고 말하면서 당신의 감정이입적 의사소통에 대해 반응하였다.

당신은 "폴, 누군가 너를 해친 적이 있니?"라고 물었다.

폴은 다시 머뭇거리다가 말했다. "예, 엄마의 남자친구, 찰리^{Charlie}가 가끔 벨트로 나를 때려요"

당신은 그의 말을 반영한다. 폴은 다음과 같이 말함으로써 당신의 감정이입적 의사소통에 반응한다. "네. 그와 엄마는 술에 취해서 서로에게 소리치고 서로를 때려요. 저는 너무 무서워요. 만약 내가 어떤 소리라도 내면 찰리는 나에게 소리쳐요. 그리고서 벨트를 풀고 그것으로 나를 때려요."

여러분은 그의 메시지에 내재하는 감정과 의미를 이해하면서 대화한다. 그리고 나서 체벌의 상태와 멍의 위치에 대하여 개방형 질문으로 묻는다.

폴이 질문에 대답하기를 "다리, 등, 그리고 엉덩이 전체에 멍이 있어요. 아주 아파요. 찰리가 나를 때릴 때, 때론 피가 나요. 나는 그 남자가 싫어요. 싫어요! 그가 여기를 떠나서 다시 안 왔으면 좋겠어요."

당신은 다시 폴에게 더 자세히 설명해 줄 것을 요청한다. 그는 다음과 같이 응답한다. "찰리가 나타나기 전까지 모든 게 좋았어요. 엄마와 나는 아주 잘 지냈어요. 친아빠는 내가 태어나기 전에 차 사고로 죽었고, 찰리가 오기 전까지는 엄마와 나랑만 살았어요."

173. 문제 반영하기 기술을 사용하여 폴에 진술에 반응하시오.

174. 여러분이 문제를 반영한 후, 폴은 "예, 맞아요."라고 말한다.

　　상호 교환 후, 폴에게 양해를 구하고 K부인이 함께 하였다. 당신은 폴의 다리와 등에서 심한 멍을 보았다고 말했다. 그리고 당신은 폴에게 보호양육을 제공하고, 조사가 완전히 끝날 때까지 일시 위탁가정에서 보호할 것이라고 이야기한다. 폴의 양육권에 대한 최종 판결은 판사 딕슨Dixon이 결정할 것이라고 안내한다. 폴과 함께 떠나기 전에, 문제에 대한 당신의 의견을 그녀와 공유하고자 하는 것에 대하여 덧붙여 말한다.

　　K부인과 문제 확인하기 기술을 사용하여 여러분이 이야기할 내용을 기록하시오.

175. 본 상황에서 당신은 K부인에게 부인의 권리에 대한 요약문을 제공하고, 이 기간 동안 폴의 양육과 안전에 대하여 책임지고 있는 사람의 연락처를 제공한다. 그리고 폴에게 위탁가정을 배정하고, 그에게 위탁가정을 소개하며, 가정 입소를 돕는다.

　　폴과 위탁가정에게 인사를 한 후, 당신은 사례 기록을 준비하기 위하여 사무실로 돌아온다. K사례에 대한 정보를 정리하기 위하여 사례 기록의 진술 부분에 포함할 정보를 개괄적으로 제시하시오.

176. K사례와 관련하여 사례 기록의 사정 부분에 포함할 내용을 개괄적으로 제시하시오.

177. K사례와 관련하여 사례 기록의 계약 부분에 포함할 내용을 명시하시오.

178. 앞선 여러분의 설명에 기반하여 다음의 두 가지 방법으로 K부인에게 명시한 문제에 합리적으로 부합하는 목적을 설정하시오: 첫째, 일반적인 목적 진술을 작성하시오. 둘째, SMART 형태로 구체적인 목적 진술을 작성하시오.

179. 설명된 문제와 목적에 대한 여러분의 견해를 기반으로, 구체적 목적 달성을 위한 과정 평가 방법을 적어도 한 가지 이상 제시하시오.

180. 다음으로 문제, 목적 및 평가 방법과 일치하는 방법으로, 이 사례에서 목표 달성을 위해 사회복지사와 클라이언트가 함께 할 수 있는 실행계획을 작성하시오.

181. 몇 주가 지나고 찰리는 아동학대와 관련된 다양한 범죄로 기소되었고, K부인의 가정을 떠나게 되었다. 그는 그 지역에서 달아났고 K부인은 알코올 중단 시점의 초기 혼란 상태에서 개선되어 현재는 상담에 적극적으로 참여하고 있다. 그녀는 상담이 격려적이며 흥미로울 뿐만 아니라 도움된다는 것을 깨달은 듯하다. 그녀는 이미 회기 내에서 일부 과업과 활동을 성공적으로 완수하였다.

　　폴은 여전히 임시 위탁가정에 있으나, 다음 주 중으로 집으로 돌아갈 수 있다. K부인은 매일 아들을 방문하였고, 만남은 잘 이루어졌다.

　　면담중에 K부인은 당신 앞에서 말하길(눈물을 흘리며), "어렸을 때, 양부 역시 나를 때렸어요. 바지를 벗기고 면도칼 가는 가죽으로 때렸어요. 계속 울어도 양부는 계속 때렸어요. 엄마는 양부를 막지도 않았고, 막을 수도 없었어요. 그들은 내 말을 듣지 않았고 아무도 나를 보호해주지 않았어요. 사실, 이렇게 생각하는 게 이상할 수 있지만, 당신이 폴을 확인하려고 집에 왔을 때 누군가 아이를 보호하고자 노력하는 것을 처음 보았어요. 그래서 당신은 나와, 내가 생각하고 느끼는 것에 관심을 보인 유일한 사람이에요. 그것에 대해 너무 감사합니다."

즉각 반응하기 기술을 가지고 K부인의 언어 및 비언어 표현에 대한 반응으로 여러분이 말할 내용을 적어 보시오.

182. 당신은 알코올 중독자이며 학대하는 남자와의 관계에 있어 K부인의 과거를 계속하여 탐색하고 있다. 그것은 그녀가 엄마와 양부 사이에서 관찰한 관계와 매우 유사한 양상이다. 대화중, 그녀는 "제가 아마도 피학대 성애자(masochistic)인 것 같아요. 맞거나 무시당하는 것을 좋아하는 것 같아요!"

부정적인 것을 긍정적으로 재조정하는 기술로 K부인의 진술에 대응하시오.

183. 의미를 개별화시키는 재구조화 기술로 K부인의 진술(위)에 대응하시오.

184. 의미를 상황에 따라 재구조화하는 형태로 K부인의 진술에 대응하시오.

185. 직면하기 기술을 포함하여 K부인 진술에 대응하시오.

186. K부인 진술에 대해 재구조화하고 직면하는 반응 이후에, 어렸을 때 학대받은 어른이 어떻게 생각하고, 느끼고 행동하는 경향이 있는지에 대하여 K부인이 이해하는 것을 도우려고 교육하기 기술을 사용하는 것은 적절한 것으로 보인다. 본 주제에 대해 그녀를 교육시키기 위해 여러분이 이야기할 내용을 기술하시오.

187. K부인을 교육시키는 시도 이후, 아들 폴에게 좋은 부모가 되는 방법에 대한 구체적인 조언이 그녀에게 도움이 된 것처럼 보인다. 이 영역에 대해 그녀에게 조언할 때 이야기할 내용을 기록하시오.

188. 약 1주가 지나가고 폴은 집으로 돌아왔고, 폴과 엄마는 기뻐했다. 두 사람과의 회기 중에 K부인이 스스로 정한 목적 중 하나인 '다정한 부모와 좋은 경청자 되기'에 대하여 이야기를 나누었다.

당신은 폴에게 묻는다. "너의 어머니가 너를 사랑하는 사실을 어떻게 보여주는 것이 좋으니?" 질문에 대한 답을 하는 대신에, 폴은 공을 잡고 뛰기 시작한다.

초점화하기 기술을 사용하여 이러한 상황에 대해 반응하시오.

189. 방문 끝에 폴, K부인과 여러분은 큰 종이에 그림을 그리는 게임을 하였다. 각자 K가족의 그림을 크레파스로 그리는 것이다. 흥미롭게도 폴의 그림은 커다란 크기의 엄마와 아동을 그렸다-즉, 아이(폴)는 엄마(K부인)만큼 키가 크고 덩치가 크다.

여러분이 생각하기에 가장 적용 가능하다고 믿는 사회복지기술을 사용하여 엄마와 아들의 상대적 크기에 대한 여러분의 관찰에 대해 응답하시오. 그 기술을 사용하여 이야기할 내용을 기록하시오. 그 후에는 여러분의 선택에 대한 타당성에 대하여 논하시오.

190. 몇 주가 지나고, 폴과 K부인은 잘 지내고 있다. 폴은 더 이상 위험에 빠져있지 않다. 여러분은 법정에서 4번 이하의 추가 상담 회기를 제공하도록 인가받았다.

191. 한 달이 지나고 당신, 폴과 K부인은 마지막 면담을 가졌다. 상황은 이전의 그 어떤 때보다 훨씬 더 좋다. 그들은 설정한 목표 전부를 성취하였고 그 과정에 대하여 매우 만족스러워한다. 그들은 또한 당신에게 고마워한다.

폴과 K부인과의 개입 종결 부분에서 과정의 검토를 시작하면서 이야기할 내용을 적어 보시오.

192. 개입의 종결 부분에서 폴과 K부인이 마지막 평가에 참여하도록 격려하기 위하여 여러분이 이야기할 내용을 적어 보시오.

193. 개입의 종결 부분에서 생각과 감정을 공유하도록 폴과 K부인을 격려하기 위하여 여러분이 이야기할 내용을 적어 보시오.

194. 폴과 K부인이 작별인사를 하기 전에 여러분의 종결에 대한 감정을 공유하기 위하여 사용할 수 있는 말을 적어 보시오.

195. 폴과 K부인에게 작별인사로 사용할 수 있는 말을 적어 보시오.

부록 3

사회복지실천기술 자기 평가 문항

각 장의 마지막에 포함되어 있는 연습 문제를 엮은 이 설문지는 이 연습 교재에서 다루고 있는 지식과 기술에 대한 여러분의 자기 평가 숙련도를 측정한다. 각 항목을 신중하게 읽은 후, 여러분이 동의하거나 동의하지 않는 정도를 4점 척도를 사용하여 아래 제공된 공간에 표시하라.

4점 = 매우 동의한다.
3점 = 동의한다.
2점 = 동의하지 않는다.
1점 = 전혀 동의하지 않는다.

				Chapter 1 자기 평가: 서론
4	3	2	1	평가 문항
				이 시점에서 나는…
☐	☐	☐	☐	1. 사회복지 전문직의 사명과 목적을 설명할 수 있다.
☐	☐	☐	☐	2. 전문성의 특성을 밝힐 수 있다.
☐	☐	☐	☐	3. 사회복지실천기술과 역량의 개념을 정의할 수 있다.
☐	☐	☐	☐	4. 사회복지실천의 단계를 밝힐 수 있다.
☐	☐	☐	☐	5. 핵심적인 촉진적 자질과 일반적 요인을 설명할 수 있다.
☐	☐	☐	☐	6. 사회복지실천기술 학습 포트폴리오의 목적과 기능을 설명할 수 있다.
				소계

4	3	2	1	Chapter 2 자기 평가: 전문성
				평가 문항
				이 시점에서 나는…
☐	☐	☐	☐	1. 전문성의 특징들을 설명할 수 있다.
☐	☐	☐	☐	2. 효과적인 사회복지실천을 위해 전문성의 중요성을 논할 수 있다.
☐	☐	☐	☐	3. 진실성이 전문성의 필수적인 측면으로 작용하는 바를 논할 수 있다.
☐	☐	☐	☐	4. 전문적 지식과 자기효능감, 자기이해와 자기통제, 사회적 지지와 효과적인 사회복지실천과의 관련성을 논할 수 있다.
☐	☐	☐	☐	5. 가족 가계도를 준비할 수 있다.
☐	☐	☐	☐	6. 생태도를 준비할 수 있다.
☐	☐	☐	☐	7. 주요 사건 연표를 준비할 수 있다.
☐	☐	☐	☐	8. 성격 사정이 갖는 의미를 논할 수 있다.
☐	☐	☐	☐	9. 사회복지실천기술의 숙련도를 사정할 수 있다.
				소계
4	3	2	1	Chapter 3 자기 평가: 비판적 사고, 과학적 조사와 지속적 학습 관련 기술
				평가 문항
				이 시점에서 나는…
☐	☐	☐	☐	1. 사회복지실천에서 비판적 사고, 과학적 탐구, 평생 학습의 중요성을 논할 수 있다.
☐	☐	☐	☐	2. 주장이나 결론의 신뢰성을 평가하기 위해 비판적 사고 기술을 사용할 수 있다.
☐	☐	☐	☐	3. 정교한 연구문제를 만들고 실천이나 정책 관련 주제를 다루는 연구물을 찾고 분석하기 위해 과학적 탐구 기술을 사용할 수 있다.
☐	☐	☐	☐	4. 평생 학습 욕구의 사정, 학습목표설정, 학습계획을 수립할 수 있다.
☐	☐	☐	☐	5. 비판적 사고, 과학적 탐구, 평생학습 기술의 숙련도를 사정할 수 있다.
				소계

4	3	2	1	Chapter 4 자기 평가: 다양성의 존중; 인권과 사회정의 향상; 그리고 정책 실행 기술들을 통한 사회적 안녕의 증진
4	3	2	1	평가 문항
				이 시점에서 나는…
☐	☐	☐	☐	1. 클라이언트에게 서비스를 제공할 때 다양성과 차이를 존중할 수 있다.
☐	☐	☐	☐	2. 인권과 사회정의를 증진시킬 수 있다.
☐	☐	☐	☐	3. 사회적 안녕을 촉진하는 정책 실천에 관여할 수 있다.
☐	☐	☐	☐	4. 다양성과 차이 존중, 인권과 사회정의 증진, 사회적 안녕을 촉진하는 정책 실천에 관여하는 것과 관련 있는 지식과 기술의 숙련도를 사정할 수 있다.
				소계
				Chapter 5 자기 평가: 윤리적 결정의 기술
4	3	2	1	평가 문항
				이 시점에서 나는…
☐	☐	☐	☐	1. 윤리적 결정의 목적과 기능을 논의할 수 있다.
☐	☐	☐	☐	2. 원조전문가의 법적 의무 파악하고 논의할 수 있다.
☐	☐	☐	☐	3. 사회복지실천을 규정하는 법 평가할 수 있다.
☐	☐	☐	☐	4. 사회복지 전문직의 기본 가치를 파악하고 논의할 수 있다.
☐	☐	☐	☐	5. 사회복지실천을 인도하는 윤리적 원칙과 기준을 이해할 수 있다.
☐	☐	☐	☐	6. 전문적 맥락에 적용할 수 있는 관련 법적 의무와 윤리 파악하고 분석할 수 있다.
☐	☐	☐	☐	7. 사례에 충실한 가치 서열을 통해 법적, 윤리적 의무들의 상대적 우선순위 분석하고 결정할 수 있다.
☐	☐	☐	☐	8. 윤리적 결정을 내리고 적합한 행동을 계획하기 위해 비판적 사고 기술을 사용할 수 있다.
☐	☐	☐	☐	9. 윤리적 의사결정 능력을 평가할 수 있다.
☐	☐	☐	☐	10. 사회복지 전문직을 위한 준비 정도를 평가할 수 있다.
				소계

4	3	2	1	Chapter 6 자기 평가: 말하기와 듣기 기술
				평가 문항
				이 시점에서 나는…
☐	☐	☐	☐	1. 말하기, 듣기, 적극적 듣기 기술에 대해 서술하고 논할 수 있다.
☐	☐	☐	☐	2. 문화적으로 민감한 의사소통을 통해 다양성과 차이에 접근할 수 있다.
☐	☐	☐	☐	3. 비언어적 의사소통과 신체적 언어의 숙련도를 증명할 수 있다.
☐	☐	☐	☐	4. 말하기 기술의 숙련도를 증명할 수 있다.
☐	☐	☐	☐	5. 듣기 기술의 숙련도를 증명할 수 있다.
☐	☐	☐	☐	6. 적극적 듣기 기술의 숙련도를 증명할 수 있다.
☐	☐	☐	☐	7. 말하기와 듣기 기술의 숙련도를 사정할 수 있다.
				소계

4	3	2	1	Chapter 7 자기 평가: 준비 기술
				평가 문항
				이 시점에서 나는…
☐	☐	☐	☐	1. 준비하기의 목적과 기능을 논할 수 있다.
☐	☐	☐	☐	2. 준비검토 기술을 설명하고 실행할 수 있다.
☐	☐	☐	☐	3. 준비탐색 기술을 설명하고 실행할 수 있다.
☐	☐	☐	☐	4. 준비상담 기술을 설명하고 실행할 수 있다.
☐	☐	☐	☐	5. 준비조정 기술을 설명하고 실행할 수 있다.
☐	☐	☐	☐	6. 준비감정이입 기술을 설명하고 실행할 수 있다.
☐	☐	☐	☐	7. 준비자기탐색 기술을 설명하고 실행할 수 있다.
☐	☐	☐	☐	8. 중심화 기술을 설명하고 실행할 수 있다.
☐	☐	☐	☐	9. 준비계획과 기록의 기술을 설명하고 실행할 수 있다.
☐	☐	☐	☐	10. 준비 기술의 숙련도를 사정할 수 있다.
				소계

4	3	2	1	Chapter 8 자기 평가: 시작기술
				평가 문항
				이 시점에서 나는…
☐	☐	☐	☐	1. 시작의 목적과 기능에 대해 논할 수 있다.
☐	☐	☐	☐	2. 자기소개 기술을 설명하고 실행할 수 있다.
☐	☐	☐	☐	3. 소개를 권유하는 기술을 설명하고 실행할 수 있다.
☐	☐	☐	☐	4. 초기 목적을 설명하는 기술을 설명하고 실행할 수 있다.
☐	☐	☐	☐	5. 클라이언트를 초기적응시키는 기술을 설명하고 실행할 수 있다.
☐	☐	☐	☐	6. 정책과 윤리적 요인들에 대해 논의하는 기술을 설명하고 실행할 수 있다.
☐	☐	☐	☐	7. 피드백을 구하는 기술을 설명하고 실행할 수 있다.
☐	☐	☐	☐	8. 시작 기술의 숙련도를 사정할 수 있다.
				소계

4	3	2	1	Chapter 9 자기 평가: 탐색 기술
				평가 문항
				이 시점에서 나는…
☐	☐	☐	☐	1. 탐색의 목적과 기능을 논할 수 있다.
☐	☐	☐	☐	2. 사람–문제–상황과 관련된 측면을 탐색하고 강점을 찾을 수 있다.
☐	☐	☐	☐	3. 질문을 할 수 있다.
☐	☐	☐	☐	4. 설명을 할 수 있다.
☐	☐	☐	☐	5. 내용을 반영할 수 있다.
☐	☐	☐	☐	6. 감정을 반영할 수 있다.
☐	☐	☐	☐	7. 감정과 의미를 반영할 수 있다.
☐	☐	☐	☐	8. 세분화할 수 있다.
☐	☐	☐	☐	9. 대화 내용의 범위를 넘어설 수 있다.
☐	☐	☐	☐	10. 탐색 기술의 숙련도를 사정할 수 있다.
				소계

4	3	2	1	Chapter 10 자기 평가: 사정 기술
				평가 문항
				이 시점에서 나는…
☐	☐	☐	☐	1. 사정의 목적과 기능에 대해 논할 수 있다.
☐	☐	☐	☐	2. 기술적 정보를 조직화하는 기술을 설명하고 실행할 수 있다.
☐	☐	☐	☐	3. 잠정적 사정과 사례의 공식화를 준비하는 기술을 설명하고 실행할 수 있다.
☐	☐	☐	☐	4. 사정 기술의 숙련도를 평가할 수 있다.
				소계
4	3	2	1	Chapter 11 자기 평가: 계약 기술
				평가 문항
				이 시점에서 나는…
☐	☐	☐	☐	1. 계약하기의 목적과 기능에 대해 논할 수 있다.
☐	☐	☐	☐	2. 문제를 반영할 수 있다.
☐	☐	☐	☐	3. 가설을 반영할 수 있다.
☐	☐	☐	☐	4. 문제를 인식할 수 있다.
☐	☐	☐	☐	5. 개입을 위해 문제를 명료화할 수 있다.
☐	☐	☐	☐	6. 목표를 설정할 수 있다.
☐	☐	☐	☐	7. 실행 계획을 발전시킬 수 있다.
☐	☐	☐	☐	8. 실행 단계를 확인할 수 있다.
☐	☐	☐	☐	9. 평가를 계획할 수 있다.
☐	☐	☐	☐	10. 계약을 요약할 수 있다.
☐	☐	☐	☐	11. 계약 기술의 숙련도를 사정할 수 있다.
				소계

				Chapter 12 자기 평가: 개입 및 평가 기술
4	3	2	1	평가 문항
				이 시점에서 나는…
☐	☐	☐	☐	1. 개입 및 평가 기술의 기능과 목표에 대해 논의할 수 있다.
☐	☐	☐	☐	2. 실행 단계 연습 기술을 설명하고 실행할 수 있다.
☐	☐	☐	☐	3. 실행 단계 검토 기술을 설명하고 실행할 수 있다.
☐	☐	☐	☐	4. 평가 기술을 설명하고 실행할 수 있다.
☐	☐	☐	☐	5. 초점화 기술을 설명하고 실행할 수 있다.
☐	☐	☐	☐	6. 교육 기술을 설명하고 실행할 수 있다.
☐	☐	☐	☐	7. 조언 기술을 설명하고 실행할 수 있다.
☐	☐	☐	☐	8. 대변 기술을 설명하고 실행할 수 있다.
☐	☐	☐	☐	9. 즉각적 반응 기술을 설명하고 실행할 수 있다.
☐	☐	☐	☐	10. 재구조화 기술을 설명하고 실행할 수 있다.
☐	☐	☐	☐	11. 직면 기술을 설명하고 실행할 수 있다.
☐	☐	☐	☐	12. 종결예고 기술을 설명하고 실행할 수 있다.
☐	☐	☐	☐	13. 진행 과정 기록을 준비할 수 있다.
☐	☐	☐	☐	14. 개입 및 평가 기술의 숙련도를 사정할 수 있다.
				소계
				Chapter 13 자기 평가: 종결 기술
4	3	2	1	평가 문항
				이 시점에서 나는…
☐	☐	☐	☐	1. 종결 목적과 기능을 논의할 수 있다.
☐	☐	☐	☐	2. 과정 검토 기술을 설명하고 증명할 수 있다.
☐	☐	☐	☐	3. 최종평가 기술을 설명하고 증명할 수 있다.
☐	☐	☐	☐	4. 종결과 관련된 감정을 공유하고 작별인사 나누기 기술을 설명하고 증명할 수 있다.
☐	☐	☐	☐	5. 종결요약 기술을 준비할 수 있다.
☐	☐	☐	☐	6. 종결 기술의 숙련도를 평가할 수 있다.
				소계
				합계

이 자기 평가 설문지는 사회복지실천기술의 숙련된 정도를 스스로 평가할 수 있도록 지침을 제공한다. 이것은 자신의 능숙함에 대한 믿음을 스스로 평가한 것에 기초하고 있기 때문에 절대적인 점수는 상대적으로 중요하지 않다. 이보다는 다양한 실천 기술과 관련된 자신의 능력에 대해 스스로 질문을 하고 추가적 학습과 연습이 필요한 실천 기술에 능숙해질 수 있도록 계획을 세우기 위한 자극으로서 평가 결과를 사용해라. 이 설문지는 학습과정 동안 여러 시점에서 작성할 수 있다. 설문 결과가 높을수록 자신의 사회복지실천기술이 높다는 것을 의미한다는 것을 기억하라.

이 사회복지실천기술 자기 평가 설문지는 104개의 문항의 응답에 대한 점수를 모두 합하여 총점을 계산한다. 당신의 총점은 104점과 416점 사이에 위치할 것인데, 점수가 높을수록 높은 수준의 숙련도를 의미한다. 이론적으로 312점(또는 104문항에서 평균 3점)은 여러분이 104가지 항목에서 능숙하다는 것에 평균적으로 "동의한다"는 것을 의미한다. 그러나 이러한 평균점수가 여러분이 모든 실천 기술들에 숙련되었다는 것을 의미하지는 않는다는 것을 기억하라. 여러분이 몇 개의 문항에는 "4점" 즉, "매우 동의한다"라고 응답하고, 동일한 수의 문항에서는 "2점", 즉 "동의하지 않는다"라고 한다면 이러한 점수를 받을 수 있다. 따라서 여러분은 각 실천 기술 영역의 소계뿐만 아니라 각 문항에 대한 응답을 신중하게 살펴보아야 한다.

마지막으로 여러분은 자기 평가 설문지가 여러분의 주관적인 의견들을 반영한다는 사실을 알아야한다. 여러분은 의식적으로나 무의식적으로 사회복지실천기술에 대한 자신의 숙련도를 과대평가하거나 과소평가할 수도 있다. 따라서 설문지에 대한 결과는 여러분의 숙련도를 증명할 수 있는 다른 자료와 함께 사용해야 할 것이다.

자기 효능감 척도

설명: 이 질문지는 여러분의 개인적 태도와 특성에 관한 질문지이다. 각 문항은 일반적인 통념을 나타내고 있다. 각 문항을 잘 읽어보고, 그것이 여러분을 나타내는 정도를 결정하시오. 여러분은 아마 어느 문항에 대해서는 동의할 것이고 어느 문항에 대해서는 동의하지 않을 것이다. 정답은 없다. 여러분이 그렇게 되고 싶은 것이 아니라, 여러분을 잘 묘사한 문항에 솔직히 답하시오.

각 문항에서 가장 근접하게 여러분의 관점이 반영된 것에 숫자로 동의하는 또는 동의하지 않는 정도를 다음의 점수 체계를 사용하여 표시하라.

1 = 매우 동의하지 않는다.

2 = 동의하지 않는다.

3 = 동의하는 것도 동의하지 않는 것도 아니다.

4 = 동의한다.

5 = 매우 동의한다.

자기 효능감 척도	
1 2 3 4 5	평가 항목
□ □ □ □ □	1. 나는 화초 기르는 것을 좋아한다.
□ □ □ □ □	2. 나는 계획을 세울 때, 그것을 잘할 수 있다고 확신한다.
□ □ □ □ □	3. 내 문제 중의 하나는 어떤 일을 해야만 할 때 그 일을 시작하지 못한다는 점이다.
□ □ □ □ □	4. 처음에 하지 못하는 일은 잘할 수 있을 때까지 계속 노력한다.
□ □ □ □ □	5. 사람의 성격을 결정하는 중요한 요소는 유전이다.
□ □ □ □ □	6. 새로운 친구를 사귀는 것이 어렵다.
□ □ □ □ □	7. 스스로 중요한 목적을 세울 때, 나는 그것을 거의 성취하지 못한다.

자기 효능감 척도					
1 2 3 4 5					평가 항목
☐ ☐ ☐ ☐ ☐					8. 나는 일을 마치기 전에 포기한다.
☐ ☐ ☐ ☐ ☐					9. 나는 요리하는 것을 좋아한다.
☐ ☐ ☐ ☐ ☐					10. 만나고 싶은 사람이 있으면 기다리기보다 내가 만나러 가는 편이다.
☐ ☐ ☐ ☐ ☐					11. 어려움은 피해간다.
☐ ☐ ☐ ☐ ☐					12. 복잡해 보이는 일의 경우 시도하는 것을 귀찮아하지 않는다.
☐ ☐ ☐ ☐ ☐					13. 누구나 장점이 있다.
☐ ☐ ☐ ☐ ☐					14. 친구로 사귀기 어려운 사람에게 호감을 느끼면, 나는 그 사람과 친구가 되고자하는 노력을 바로 포기한다.
☐ ☐ ☐ ☐ ☐					15. 불쾌한 일을 하게 되더라도 끝날 때까지 매달린다.
☐ ☐ ☐ ☐ ☐					16. 무엇을 하기로 하면 곧장 시작한다.
☐ ☐ ☐ ☐ ☐					17. 나는 과학을 좋아한다.
☐ ☐ ☐ ☐ ☐					18. 새로운 것을 배울 때 내가 원래 잘 하는 것이 아니면 곧잘 포기한다.
☐ ☐ ☐ ☐ ☐					19. 처음에 관심이 없던 사람도 사귀기로 작정하면 쉽게 포기하지 않는다.
☐ ☐ ☐ ☐ ☐					20. 예기치 않은 문제가 생기면 잘 다룰 수 없다.
☐ ☐ ☐ ☐ ☐					21. 내가 화가라면 아이들을 그리고 싶다.
☐ ☐ ☐ ☐ ☐					22. 새로운 것이 어려워 보일 때 배우려고 하지 않는다.
☐ ☐ ☐ ☐ ☐					23. 실패는 나를 더욱더 노력하게 만든다.
☐ ☐ ☐ ☐ ☐					24. 사교 모임에서 스스로 어찌할 바를 모른다.
☐ ☐ ☐ ☐ ☐					25. 나는 승마를 매우 좋아한다.
☐ ☐ ☐ ☐ ☐					26. 나는 일을 해내는 내 능력이 불안하게 느껴진다.
☐ ☐ ☐ ☐ ☐					27. 나는 자립적인 사람이다.
☐ ☐ ☐ ☐ ☐					28. 나는 사람을 사귀는 개인적 능력으로 친구들을 사귄다.
☐ ☐ ☐ ☐ ☐					29. 나는 포기를 잘 한다.
☐ ☐ ☐ ☐ ☐					30. 나는 인생의 대부분의 일을 잘 해내지 못하는 것 같다.
					일반적인 자기 효능감 하위척도
					사회적 자기 효능감 하위척도

자기 효능감 척도의 점수에서 역으로 채점해야 할 문항은 3, 6, 7, 8, 11, 12, 14, 20, 22, 24, 26, 29, 30이다. 역채점 문항을 계산할 때는 1점을 5점으로, 2점을 4점으로, 4점을 2점으로, 5점을 1점으로 계산하면 된다. 3점은 그대로 3점으로 두면 된다. 역채점 문항의 점수를 확인하였으면 2, 3, 4, 7, 8, 11, 12, 15, 16, 18, 20, 22, 23, 26, 27, 29 그리고 30번 문항의 점수를 합하라. 이 총합은 여러분의 일반적인 자기 효능감 하위척도의 점수를 나타낸다. 점수를 기록한 후에 6, 10, 14, 19, 24, 그리고 28번의 점수를 합하여 사회적 자기 효능감 하위척도 점수를 구한다. 주의: 1, 5, 9, 13, 17, 21 그리고 25번 문항은 하위척도에 포함되어 있지 않다. 또한, 일반적인 자기 효능감 하위척도와 사회적 자기효능감 하위척도의 점수는 총점으로 합하지 않는다.

자기 통제 기술 척도

다음에 제시된 척도의 각 문항을 주의깊게 읽으시오. 아래 제시된 채점 코드를 사용하여 각 문항이 특징적으로 서술한 정도를 나타내시오.

+3＝나의 특징을 매우 잘 나타내고 있다.
+2＝나의 특징을 상당히 잘 나타내고 있다.
+1＝나의 특징을 약간 잘 나타내고 있다.
−1＝나의 특징을 약간 잘 나타내고 있지 않다.
−2＝나의 특징을 상당히 잘 나타내고 있지 않다.
−3＝나의 특징을 매우 잘 나타내고 있지 않다.

자기 통제 기술 척도						
+3	+2	+1	−1	−2	−3	평가 항목
☐	☐	☐	☐	☐	☐	1. 나는 지루한 일을 할 때, 그 일의 덜 지루한 면을 생각하거나 그 일을 마쳤을 때 받을 수 있는 보상을 생각한다.
☐	☐	☐	☐	☐	☐	2. 불안한 일을 해야만 할 때, 그것을 하는 동안 불안을 극복하는 것을 상상하려고 노력한다.
☐	☐	☐	☐	☐	☐	3. 나의 사고의 전환으로 인해 감정의 전환까지 일어나는 일이 가끔 있다.
☐	☐	☐	☐	☐	☐	4. 나는 외부의 도움이 없이는 예민해지거나 긴장하는 것을 극복하는 것이 어려울 때가 종종 있다.
☐	☐	☐	☐	☐	☐	5. 우울함을 느낄 때, 기분 좋은 사건을 생각하려고 한다.
☐	☐	☐	☐	☐	☐	6. 내가 저지른 실수에 대한 생각을 떨칠 수 없다.
☐	☐	☐	☐	☐	☐	7. 어려운 문제에 직면했을 때, 나는 체계적인 방법으로 문제에 접근하는 편이다.
☐	☐	☐	☐	☐	☐	8. 누군가가 압력을 넣었을 때 나는 좀 더 빨리 일을 할 수 있다.

자기 통제 기술 척도						
+3	+2	+1	-1	-2	-3	평가 항목
□	□	□	□	□	□	9. 어려운 결정을 해야만 할 때, 내가 모든 사실을 알더라도 그것을 미루는 경향이 있다.
□	□	□	□	□	□	10. 책을 읽는 것이 집중이 잘 되지 않으면, 나는 집중력을 향상시키기 위한 방법을 찾는다.
□	□	□	□	□	□	11. 나는 일을 계획할 때, 그 일과 관계없는 일은 모두 제쳐놓는다.
□	□	□	□	□	□	12. 나는 나쁜 습관을 고치려 할 때, 우선 그 습관의 원인이 되는 모든 것들을 찾아내려고 노력한다.
□	□	□	□	□	□	13. 불쾌한 생각이 떠오르면 무엇인가 즐거운 일을 생각하려 노력한다.
□	□	□	□	□	□	14. 내가 만약 하루에 담배를 두 갑씩 피운다면, 담배를 끊기 위해 다른 사람의 도움이 필요할 것이다.
□	□	□	□	□	□	15. 기분이 저조해지면, 나는 즐겁게 행동하고, 그러면 기분전환이 될 것이다.
□	□	□	□	□	□	16. 만약 나에게 신경 안정제가 있다면 긴장되고 불안할 때마다 한 알씩 복용할 것이다.
□	□	□	□	□	□	17. 나는 우울할 때 내가 좋아하는 것을 하면서 스스로 바쁘게 하려는 경향이 있다.
□	□	□	□	□	□	18. 하고 싶지 않은 일은 지금 당장 할 수 있음에도 불구하고 뒤로 미루려는 경향이 있다.
□	□	□	□	□	□	19. 나는 나쁜 습관을 없애기 위해 다른 사람의 도움을 필요로 한다.
□	□	□	□	□	□	20. 나는 마음이 안정이 되지 않고 일을 하기 어려울 때 마음을 안정시키는 데 도움이 되는 방법을 찾는다.
□	□	□	□	□	□	21. 내 기분을 나쁘게 함에도 불구하고, 나는 머릿속에 떠오르는 온갖 재앙에 관한 생각을 떨쳐버릴 수가 없다.
□	□	□	□	□	□	22. 내가 정말로 좋아하는 일을 시작하기 전에 나는 내가 해야 할 일을 먼저 끝내는 것을 선호한다.
□	□	□	□	□	□	23. 신체적인 고통이 있을 때, 나는 그것에 대해 생각하지 않으려고 한다.
□	□	□	□	□	□	24. 나는 나쁜 습관을 극복해낼 때 자존감이 향상된다.
□	□	□	□	□	□	25. 나는 흔히 실수로 인해 발생한 안좋은 기분을 극복하려 스스로에게 이것은 최악의 상황이 아니며 나는 모든 것을 해낼 수 있다고 말한다.
□	□	□	□	□	□	26. 자신이 너무 충동적이라고 느끼면 멈추어서 그것을 하기 전에 생각하라고 스스로에게 말한다.
□	□	□	□	□	□	27. 누군가에게 아주 화가 많이 났을 때에도 나는 나의 행동에 대해 매우 신중하게 생각한다.
□	□	□	□	□	□	28. 무엇인가 결정할 일이 생겼을 때, 나는 보통 신속하고 즉각적으로 결정내리기 전에 다른 대안이 있는지를 찾아본다.
□	□	□	□	□	□	29. 대체적으로 나는 급한 일보다 좋아하는 일을 먼저 한다.
□	□	□	□	□	□	30. 나는 중요한 모임에 어쩔 수 없이 늦게 되었을 때 나 자신에게 침착하라고 얘기한다.
□	□	□	□	□	□	31. 내 몸에 통증을 느꼈을 때 나는 신경을 다른 쪽으로 돌리기 위해 노력한다.
□	□	□	□	□	□	32. 여러 가지 일을 해야 할 때, 나는 대체로 계획을 세운다.

자기 통제 기술 척도						
+3 +2 +1 −1 −2 −3						평가 항목
☐	☐	☐	☐	☐	☐	33. 돈이 부족한 상황에서 앞으로 좀 더 신중하게 예산을 세우기 위해 금전출납부를 기록하겠다고 결심한다.
☐	☐	☐	☐	☐	☐	34. 일에 집중하기 힘들 때, 나는 일을 세분화한다.
☐	☐	☐	☐	☐	☐	35. 불쾌한 생각이 나를 괴롭힐 때 그것을 극복하지 못하는 일이 자주 있는 편이다.
☐	☐	☐	☐	☐	☐	36. 배가 고픈데 먹을 것이 없으면 배고픈 것을 잊기 위해 다른 생각을 해보거나 기분 좋은 상상을 해보려고 애쓴다.
☐	☐	☐	☐	☐	☐	37. 지루한 일을 할 때 그 일의 덜 지루한 면을 생각하거나 그 일을 마쳤을 때 받을 수 있는 보상을 생각한다.
						자기통제 점수

자기 통제 척도 점수는 다음 방식을 따른다. 우선 역점수 문항은 4, 6, 8, 9, 14, 16, 18, 19, 21, 29, 35번 문항이다. 이 척도에서 역점수는 양의 숫자를 음의 숫자로, 혹은 음의 숫자를 양의 숫자로 바꾸는 것을 의미한다(예를 들면, +3은 −3이 되고, +2는 −2가 된다. 그리고 +1은 −1이 된다). 그런 다음 36개 문항의 점수를 합산한다. 총점이 나오면 그것이 바로 여러분의 자기 통제 점수가 되는 것이다.

다른 자기 보고식 도구들처럼 주의깊게 이 척도의 결과를 보아야 한다. 여러분의 자기 통제의 능력을 평가할 때, 다른 출처로부터의 정보를 함께 고려하여야 한다. 여러분의 자기 통제 점수를 검토하면, 점수는 −108점부터 +108점까지의 범위인 것을 알 수 있다. 대부분 응답자 표본의 평균 점수는 23점에서 27점까지 분포하는 경향을 보이고 있다. 일반 모집단의 평균은 약 25점이다(표준편차=20) (Rosenbaum, 1980). 새로운 24명의 사회복지대학원생 표본(Cournoyer, 1994)의 자기 통제 점수는 평균 35.46점이었다(표준편차=20.60). 점수가 높을수록 높은 자기 통제 수준을 나타낸다. 여러분의 점수가 이러한 평균 점수들보다 많이 낮다면 자기 통제 수준을 향상시키기 위해 고안된 프로그램 등을 통해 도움을 받을 수 있다. 만약 여러분의 점수가 +5점이거나 혹은 그보다 더 낮다면, 자기 통제력 향상을 위한 프로그램 개발에 관해 전문가와 상의해야 할 것이다. 만약 점수가 정확하게 나타났다면, 낮은 자기 통제 수준은 전문적인 사회복지사로서 여러분의 역할을 수행할 때 문제가 될 수 있다.

사회적 지지 척도

아래에 나타난 척도의 각 문항을 주의 깊게 읽으시오. 여러분의 의견을 가장 잘 반영한 답을 골라 각 문항에 신중하고 정확하게 응답하시오. 여러분의 응답을 기록할 때 다음에 제시된 4점 척도를 이용하시오.

1 = 매우 동의한다.
2 = 동의한다.
3 = 동의하지 않는다.
4 = 매우 동의하지 않는다.

사회적 지지 척도				
1	2	3	4	평가 항목
☐	☐	☐	☐	1. 내 친구들은 나를 존중한다.
☐	☐	☐	☐	2. 내 가족들은 나를 잘 돌봐준다.
☐	☐	☐	☐	3. 나는 다른 사람들에게 중요한 존재가 아니다.
☐	☐	☐	☐	4. 내 가족들은 나를 매우 존중한다.
☐	☐	☐	☐	5. 사람들은 나를 매우 좋아한다.
☐	☐	☐	☐	6. 나는 친구들에게 의지할 수 있다.
☐	☐	☐	☐	7. 나는 내 가족들에게 존경받는다.
☐	☐	☐	☐	8. 나는 다른 사람들에게 존경받는다.
☐	☐	☐	☐	9. 나는 가족들에게 매우 사랑받는다.
☐	☐	☐	☐	10. 내 친구들은 나의 안녕에 대해 상관하지 않는다.
☐	☐	☐	☐	11. 나의 가족 구성원은 나를 의지한다.
☐	☐	☐	☐	12. 나는 자존감이 높다.

사회적 지지 척도				
1	2	3	4	평가 항목
☐	☐	☐	☐	13. 나는 가족들의 지지에 의존하지 않는다.
☐	☐	☐	☐	14. 나는 친구들과 강한 결속력을 느낀다.
☐	☐	☐	☐	15. 내 친구들은 나를 보살핀다.
☐	☐	☐	☐	16. 나는 다른 사람들에게 존중받는다고 느낀다.
☐	☐	☐	☐	17. 나의 가족들은 진심으로 나를 존경한다.
☐	☐	☐	☐	18. 나와 친구들은 서로에게 정말 중요한 존재이다.
☐	☐	☐	☐	19. 나는 소속감이 있다.
☐	☐	☐	☐	20. 만일 내가 내일 죽는다면, 나를 그리워할 사람은 거의 없다.
☐	☐	☐	☐	21. 나는 나의 가족 구성원과 친밀함을 느끼지 않는다.
☐	☐	☐	☐	22. 내 친구들과 나는 서로를 위해 많은 일을 했다.
				사회적 지지 척도 총점
				가족 하위척도 점수
				친구 하위척도 점수

사회적 지지 척도의 총점을 계산하기 위해서 우선 역점수의 문항들은 3, 10, 13, 21 그리고 22번이다. 그리고 23개의 문항의 응답을 모두 더하라. 여러분의 총점은 22점에서 88점 사이의 값을 나타낼 것이다(22문항이므로 총점은 22점에서 88점 사이의 값을 나타내게 됩니다).

또한 이 척도는 가족과 친구의 하위척도를 포함하고 있다. 여러분의 가족 하위척도 점수를 결정할 때 2, 4, 7, 9, 11, 13, 18 그리고 22번 문항의 합을 구한다. 친구 하위척도는 1, 6, 10, 15, 16, 19, 그리고 23번 문항의 응답을 더해서 구할 수 있다. 가족 하위척도는 8점에서 23점 사이의 값을 나타낸다. 친구 하위척도는 7점에서 28점 사이의 값을 나타낸다.

이 점수들의 중요성을 살펴보면서, 낮은 점수는 높은 수준의 사회적 지지를 나타낸다는 것을 인식하라. 그동안 연구자들이 사회적 지지 척도를 많은 연구에 사용해 왔고, 본 척도는 수용할 수 있는 타당성과 신뢰도의 특성을 나타낸다. 다양한 연구에서 나타난 사회적 척도의 평균 총점은 60점대 중반부터 60대 후반까지 분포하는 경향을 보이며(Miller & Lago, 1990; O'Reilly, 1995), 가족 하위척도의 평균 점수는 20점대 초반에서 20점대 중반인 것으로 나타났고, 친구 하위척도의 평균 점수는 20점대 초반이었다. 이러한 평균 범위에 비추어 여러분의 결과를 살펴보아라.

비판적 사고 질문지

아래 질문지에 나타난 각 문항을 주의 깊게 읽으시오. 그리고 동의하거나 동의하지 않는 정도에 대한 여러분의 의견을 가장 잘 반영한 숫자에 원으로 표시하시오. 다음 제시된 점수 체계를 이용하시오.

1 = 매우 동의한다.

2 = 동의한다.

3 = 동의하지 않는다.

4 = 매우 동의하지 않는다.

비판적 사고 질문지				
1	2	3	4	평가 항목
☐	☐	☐	☐	1. 오로지 직관이나 감정에 기반하여 판단하는 것은 나에게 드문 일이다.
☐	☐	☐	☐	2. 나는 말하거나 행동하기 전에 항상 생각한다.
☐	☐	☐	☐	3. 나는 마치 그것이 사실인 것처럼 의견을 말하지 않는다.
☐	☐	☐	☐	4. 나는 항상 논쟁의 기저에 있는 가정을 확인한다.
☐	☐	☐	☐	5. 나는 타당도를 결정하는 정보의 출처를 신중하게 고려한다.
☐	☐	☐	☐	6. 나는 증거를 고려하지 않고는 좀처럼 결론에 도달하지 않는다.
☐	☐	☐	☐	7. 나는 주기적으로 확률에 관하여 생각한다.
☐	☐	☐	☐	8. 나는 거의 절대적인 관점으로는 생각하지 않는다.
☐	☐	☐	☐	9. 나는 항상 논점과 결론의 타당성에 대해 질문한다.
☐	☐	☐	☐	10. 나는 좀처럼 어떤 것이 타당하거나 진실하다고 생각하지 않는다.
☐	☐	☐	☐	11. 나는 주기적으로 나의 편견이나 선호를 인식한다.
☐	☐	☐	☐	12. 나는 주기적으로 신뢰도에 관한 문제를 생각한다.

비판적 사고 질문지				
1	2	3	4	평가 항목
☐	☐	☐	☐	13. 나는 주기적으로 내 자신의 논리적 오류를 확인한다.
☐	☐	☐	☐	14. 지지하는 근거가 확실하지 않다면, 나는 진실이라고 좀처럼 말하지 않는다.
☐	☐	☐	☐	15. 나는 결론에 이르는 규칙적 사고 과정 틀을 사용한다.
				비판적 사고 총점(1~15번 문항의 합)

이 질문지의 점수는 간단하게 15문항의 응답을 모두 더하면 된다. 여러분의 총점은 15점에서 60점 사이에 놓일 것이다. 낮은 점수는 더 높은 수준의 비판적 사고를 요구한다. 그러나 질문지는 아직 개발중이며, 심리측정 특성은 아직 결정되지 않았다는 것을 기억하라. 척도를 잘 살펴보고 주의깊게 답하라. 그러나 잠정적인 지표로써 여러분의 점수는 대학원 사회복지실천수업의 기초학년 21명을 표본으로 한 점수와 비교될 것이다. 비판적 질문지에 관한 표본의 평균값은 32.38(범위는 20~42, 표준편차=6.26)이었다(Cournoyer, 1999). 또 다른 표본은 사회복지 대학원의 기초학년과 심화학년 학생들 90명 이상으로, 이 표본의 평균은 31.79(n=95, 범위 21~51, 표준편차: 4.51)로 나타났다(Cournoyer, 2003).

평생학습 질문지

아래 질문지에 제시된 각 문항을 잘 읽으시오. 그리고 동의하거나 동의하지 않는 정도에 대해 여러분의 의견을 가장 잘 반영한 숫자에 원으로 표시하시오. 다음 제시된 점수 체계를 이용하시오.

1 = 매우 동의한다.
2 = 동의한다.
3 = 동의하지 않는다.
4 = 매우 동의하지 않는다.

평생학습 질문지				
1	2	3	4	평가 항목
☐	☐	☐	☐	1. 나는 정기적으로 전문 학술지를 읽는다.
☐	☐	☐	☐	2. 나는 진심으로 배우는 것을 즐긴다.
☐	☐	☐	☐	3. 나는 학습과정, 세미나, 워크숍에서의 최소 요구사항보다 항상 더 많은 것을 한다.
☐	☐	☐	☐	4. 나는 정기적으로 학식이나 전문지식을 향상시킬 수 있는 기회를 추구한다.
☐	☐	☐	☐	5. 나는 누군가 나의 기술을 향상시킬 수 있는 피드백을 제공했을 때 방어한 적이 없다.
☐	☐	☐	☐	6. 나는 공부하는 것을 좋아한다.
☐	☐	☐	☐	7. 나는 나의 개인적 학습 방법을 알고 있다.
☐	☐	☐	☐	8. 나는 학습 경험에 적극적으로 참여한다.
☐	☐	☐	☐	9. 나는 내 자신의 학습에 대해 개인적인 책임을 진다.
☐	☐	☐	☐	10. 나는 시험을 배움의 수단으로 간주한다.
☐	☐	☐	☐	11. 나는 전문적인 문헌고찰 방법을 알고 있다.
☐	☐	☐	☐	12. 나는 가끔 배우고자 하는 노력의 일환으로 국내 및 국제적 전문가와 접촉한다.

				평생학습 질문지
1	2	3	4	평가 항목
☐	☐	☐	☐	13. 나는 학습 목표 목록을 가지고 있다.
☐	☐	☐	☐	14. 나는 내 학습을 향상시킬 구체적인 계획을 가지고 있다.
☐	☐	☐	☐	15. 나는 다른 사람을 가르치는 것을 좋아한다.
				평생교육질문지 총점(1~15번문항 총합)

질문지의 점수는 간단히 15문항의 점수를 더하면 된다. 여러분의 점수는 15점에서 60점 사이에 놓이게 될 것이다. 여기에는 두 가지 하위척도가 있다. 낮은 점수에 해당하는 사람에게는 높은 수준의 평생 교육을 받을 것을 제안한다. 하지만 질문지는 아직 개발중이며, 그것의 심리측정 특성은 아직 결정되지 않았다는 것을 기억하라. 척도를 잘 살펴보고 주의깊게 답하라. 그러나 잠정적인 지표로써 당신의 점수는 대학원 사회복지실천수업의 기초학년 21명을 표본으로 한 점수와 비교할 수 있다. 그 표본의 평생교육 질문지의 평균 점수는 33.10(범위 20~43, 표준편차=7.44)이다 (Cournoyer, 1999). 또 다른 표본은 사회복지대학원 기초학년과 심화학년 학생들 90명으로 구성된 표본으로 평균은 29.12(n=97, 범위 16~41, 표준편차: 5.44)로 나타났다(Cournoyer, 2003).

타인수용 척도

이 질문지는 여러분이 타인을 수용하는 정도를 평가하는 것이다. 시험이 아니므로 정답이나 오답은 존재하지 않는다. 각 항목을 주의깊게 읽고, 아래에 제시된 기준에 따라 알맞은 숫자로 답하시오.

1＝거의 항상 그렇다.

2＝주로 그렇다.

3＝반 정도는 그렇다.

4＝가끔 그렇다.

5＝거의 그렇지 않다.

타인수용 척도				
1	2	3	4	평가 항목
☐	☐	☐	☐	1. 사람들은 너무 쉽게 유도된다.
☐	☐	☐	☐	2. 나는 나의 지인들을 좋아한다.
☐	☐	☐	☐	3. 요즘 사람들은 도덕 수준이 매우 낮다.
☐	☐	☐	☐	4. 대부분의 사람들은 자신의 단점을 직면하지 못하고 너무 의기양양하다.
☐	☐	☐	☐	5. 나는 거의 모든 종류의 사람들과 편하게 지낼 수 있다.
☐	☐	☐	☐	6. 요즘 들어 모든 사람들은 영화나 TV와 같은 어리석은 것들에 대해 말한다.
☐	☐	☐	☐	7. 사람들은 그들이 알고 있는 것이 아닌 세력이나 배경을 사용해 앞서 나간다.
☐	☐	☐	☐	8. 사람들에게 호의를 베풀기 시작하면, 그들은 당신을 함부로 대할 것이다.
☐	☐	☐	☐	9. 사람들은 너무 자기중심적이다.
☐	☐	☐	☐	10. 사람들은 항상 불만족스러우며 새로운 것을 찾는다.
☐	☐	☐	☐	11. 당신은 많은 사람들 사이에서 어떻게 비춰지는지 알지 못한다.

타인수용 척도				
1	2	3	4	평가 항목
□	□	□	□	12. 만일 당신이 더 잘 나가기 위해서는 누군가를 해칠 것이다.
□	□	□	□	13. 사람들은 강인하고 영리한 리더가 정말 필요하다.
□	□	□	□	14. 나는 사람들과 떨어져 혼자 있을 때 가장 즐겁다.
□	□	□	□	15. 나는 사람들이 나에게 더 솔직했으면 좋겠다.
□	□	□	□	16. 나는 여러 사람들과 함께 있는 것을 즐긴다.
□	□	□	□	17. 내 경험에 의하면, 사람들은 고집이 세고 불합리하다.
□	□	□	□	18. 나는 내 생각과 다른 가치를 갖고 있는 사람들과 함께 있는 것을 즐긴다.
□	□	□	□	19. 모든 사람들은 친절하려고 노력한다.
□	□	□	□	20. 평균적인 사람은 자신에 대해 만족하지 못한다.
				평생학습질문지 총점

타인수용 척도는 다음과 같은 방법으로 점수를 계산한다. 우선 역수 문항들은 5, 16, 18, 19이다. 역수라는 말의 뜻은 숫자 1은 5로, 2는 4로, 4는 2로, 5는 1로 바꾸라는 뜻이다. 3점은 3점으로 유지한다. 20개 질문의 점수를 더해서 최종 점수를 계산한다. 다른 척도들과 마찬가지로, 주의깊게 이 질문지의 결과를 해석하라. 그리고 다른 자료로부터의 증거를 조사하여 검증할 가설을 만드는 데 이 결과를 사용하라. 가이드라인은 여러분의 결과를 평가하는 데 도움이 된다(Fey, 1955).

85~100점 범위의 점수를 가진 사람들은 일반적으로 타인을 잘 수용하고, 그들을 수용함으로써 타인을 경험하고, 타인들에게 잘 수용되는 경향이 있다. 66~84점 사이의 범위는 대다수 사람들의 평균 점수를 포함한다. 20명의 사회복지 대학원 학생 표본(Cournoyer, 1994)은 타인수용 척도에서 평균 78.4점(표준편차=7.61)을 받았다. 이런 평균적인 점수는 타인에 대한 경계와 수용의 혼합을 나타내고 있다. 특정한 사람에 대한 수용도가 적더라도, 이러한 평균 범위 안에 점수를 받은 사람들은 타인을 수용할 수 있는 능력을 충분히 가지고 있다. 0부터 65점 범위에 속한 사람들은 타인에 대해 굉장히 조심하고 편협적일 수 있다. 타인에 대한 이런 주저함은 과거 어느 한 시점에서 다른 사람에게 받았던 사회적, 감정적 혹은 신체적 고통의 결과일 수 있다.

사회적 안녕 척도

아래에 여러분이 동의할 수도 있고 동의하지 않을 수도 있는 다섯 문장이 있다. 1~7점 척도를 사용해서 여러분이 각 문항에 동의하는 정도를 알맞은 숫자로 표기하시오. 자유롭고 솔직하게 답해 주시오.

7 = 매우 동의

6 = 동의

5 = 조금 동의

4 = 동의도 반대도 아님

3 = 조금 반대

2 = 반대

1 = 매우 반대

사회적 안녕 척도				
1	2	3	4	평가 항목
☐	☐	☐	☐	1. 나의 삶은 거의 나의 이상에 근접한다.
☐	☐	☐	☐	2. 나의 삶의 상태는 아주 훌륭하다.
☐	☐	☐	☐	3. 나는 내 삶에 만족한다.
☐	☐	☐	☐	4. 지금까지 인생에서 내가 원하는 중요한 것들을 가졌다.
☐	☐	☐	☐	5. 만약 나의 인생을 다시 살 수 있다면, 나는 거의 아무것도 바꾸지 않을 것이다.
				총점

사회적 안녕 척도(Diener, Emmons, Larsen, & Griffin, 1985)를 다음과 같은 방법으로 점수 매기시오. 각 항목에 응답한 후에 점수를 합산하시오. 당신의 점수는 5부터 35점 사이에 있을 것이다. 애드 디에너Ed Diener 박사(2006, 2.3)가 제시한 다음의 가이드라인에 따라 당신의 점수를 해석하시오.

30-35 아주 높은 점수: 매우 만족함

이 사이의 점수를 받은 사람들은 그들의 삶을 사랑하고, 일도 매우 잘 되고 있다고 느낀다. 그들의 삶은 완벽하진 않지만 삶이 좋은 만큼 일도 잘 된다고 느낀다. 그리고 단순히 본인의 삶에 만족한다고 해서 현실에 안주한다는 것은 아니다. 사실, 성장과 도전이 응답자를 만족시키는 이유의 일부분일 수도 있다. 높은 점수 범주에 드는 대부분의 사람들에게 인생은 즐겁고, 일, 학교, 가족, 친구, 휴식, 그리고 자기개발과 같은 삶의 주요 영역들은 잘 되고 있다.

25-29 높은 점수

이 사이의 점수 범위에 속하는 사람들은 그들의 삶을 사랑하고, 일도 잘 되고 있다고 느낀다. 그들의 삶이 완벽하진 않지만 대체로 좋다고 생각한다. 그리고, 단순히 본인의 삶에 만족한다고 해서 현실에 안주한다는 것은 아니다. 사실, 성장과 도전이 응답자를 만족시키는 이유의 일부분일 수도 있다. 높은 점수 범주에 드는 대부분의 사람들에게 인생은 즐겁고, 일, 학교, 가족, 친구, 휴식, 그리고 자기개발과 같은 삶의 주요 영역들은 잘 되고 있다. 그들은 불만족한 영역으로부터 동기를 이끌어 낼 수 있다.

20-24 평균 점수

경제적으로 발달한 국가들에서 삶의 만족도의 평균은 이 범위 안에 있다. 거의 대부분의 사람들은 일반적으로 만족하지만, 매우 향상되기를 바라는 일부의 영역도 있다. 이 범위에 속하는 일부 개인들은 삶의 거의 모든 부분에서 만족감을 느끼지만 각 영역별로 향상에 대한 욕구가 조금씩 있기 때문에 이러한 점수가 나타난다. 또 다른 응답자들은 삶의 주요 영역에서는 만족하지만 한두 영역에서 큰 향상을 바라기 때문에 이 범위에 속하는 점수가 나타난다. 이 범위 안의 점수를 가진 사람들은 향상되기를 바라는 삶의 영역이 있다는 점에서는 정상적이다. 그러나 일반적으로 이 범위에 속한 개인들은 일부 생활의 변화를 통해 더 높은 수준으로 나아가기를 원한다.

15-19 약간 평균 이하의 삶 만족도

이 범위 안에 드는 점수를 받은 사람들은 주로 삶의 몇 가지 영역에서 작지만 상당한 문제를 가지고 있거나, 많은 영역에서 만족감을 느끼지만 한 영역에서 심각한 문제를 가지고 있다. 만약 최근에 발생한 사건으로 인해 높은 단계에서 이 단계로 임시 하향했다면, 일반적으로 시간이 지날 경우 점수가 향상되고 만족감도 되찾을 것이다. 반면, 삶의 여러 영역에서 만성적으로 좀 불만스럽다면, 일부 변화가 잇따른다. 사람들은 가끔 너무 많은 기대를 하고, 때론 삶의 변화가 필요하다. 그러므로 임시적인 불만은 일반적이고 정상적이지만, 삶의 많은 영역에서 만성적인 수준의 불만은 성찰이 필요하다. 어떤 사람들은 낮은 수준의 불만으로부터 동기부여를 얻을 수 있으나, 불만은 종종 삶의 여러 영역에서 방해물이 되고 불쾌한 것이기도 하다.

10-14 불만 상태

이 범위에 해당하는 점수를 받은 사람들은 그들의 삶에 상당히 불만스럽다. 이들은 여러 영역의 일이 잘 안 풀리거나, 하나 혹은 두 개의 영역이 매우 좋지 않은 상태이다. 만일 삶의 불만족에 대한 원인이 가족의 사망, 이혼, 혹은 직장에서의 심각한 문제와 같은 최근의 사건에서 비롯되었다면 시간이 지난 후에 이전의 높은 만족 수준으로 다시 상향할 것이다. 하지만 만약 낮은 수준의 불만이 만성적이라면, 일부 변화가 잇따른다. 태도와 생각의 패턴, 그리고 아마 삶의 활동까지도 변화할 것이다. 이 범위에 속한 낮은 수준의 삶에 대한 불만이 지속된다는 것은 삶이 좋지 않은 방향으로 나아가고 있고 삶의 변화가 필요하다는 근거이다. 뿐만 아니라, 이 범위 안에 속한 삶의 만족도가 낮은 사람은 가끔 불행이 방해요소로 작용하기 때문에 잘 기능할 수 없다. 비록 좋은 변화는 그들 자신에게 달려 있지만, 친구나 성직자, 상담사 혹은 다른 전문가들과 이야기하는 것은 종종 그들을 바람직한 방향으로 이끄는 것을 돕는다.

5-9 극도의 불만상태

이 범위 안의 사람들은 주로 그들의 삶을 극도로 불만족스러워한다. 어떤 경우는 배우자의 상실이나 실직과 같은 최근의 좋지 못한 사건들에 대한 반응이다. 다른 경우는 알코올 중독이나 다른 중독 같은 만성적인 문제들의 결과물이기도 하다. 또한 최근 사랑하는 사람과의 사별 같은 좋지 못한 사건 때문에 일어난 반응이다. 하지만 이 수준의 불만은 주로 삶의 여러 영역에서 발생한 불만족으로부터 비롯된 것이다. 낮은 수준의 삶의 만족에 대한 이유가 무엇이든, 친구, 가족, 성직자와의 상담, 혹은 심리학자나 다른 상담가의 도움을 필요로 한다. 만일 그 불만이 만성적이라면 그들은 변화가 필요하고 종종 다른 누군가가 도움을 줄 수 있다.

각 영역의 공통점

삶의 만족도 점수를 이해하기 위해서는, 대다수 사람들의 만족 경험에 대한 구성요소들을 이해하는 것이 도움이 된다. 행복의 가장 중요한 영향 중 하나는 사회적 관계이다. 높은 삶의 만족도 점수를 받는 사람들은 가깝고 지지적인 가족과 친구들이 곁에 있는 경향이 있다. 반면에 가까운 가족과 친구들이 없는 이들은 불만족스러울 가능성이 크다. 물론 가까운 친구 혹은 가족의 사망은 삶의 불만을 일으키고 회복하는 데 있어 상당한 시간이 걸릴 것이다.

대다수 사람들의 삶의 만족도에 영향을 미치는 또 다른 요소는 직업, 학업, 또는 주부 또는 조부모 같은 중요한 역할을 행하는 것이다. 보수 여부를 떠나서 일을 즐기고 그것이 의미가 있고 중요한 일이라고 느끼는 것은 그의 삶의 만족도에 기여한다. 만약에 열악한 상황이거나 일을 하는 사람의 장점에 맞지 않아서 일이 잘 되지 않는 것은 삶의 만족도를 경감시킨다. 중요한 목표를 가졌지만 그것을 이루기 위한 적절한 과정을 겪지 못한다면 이것 또한 삶의 불만족으로 이어진다.

대다수 사람들의 삶의 만족도에 영향을 미치는 세 번째는 개인적인 요소이다. 그것은 자신에 대한 것, 종교적인 혹은 영적인 삶, 배움과 성장, 그리고 여가생활에 대한 만족도이다. 많은 이들에게 이것들은 만족의 근원이다. 그러나 이러한 개인적 가치의 근원이 좌절감을 준다면 그것은 강력한 불만족의 원인이 될 수 있다. 물론 만족과 불만족의 추가적인 근원이 있다. 어떤 것들은 건강과 같이 대부분의 사람들에게 공통적인 것이고, 다른 것들은 각 개인들에게 유일하게 적용되는 것이다. 대부분의 사람들은 본인의 기질을 떠나서 즉, 행복한 경향을 보이는 사람이건 아니건, 만족과 불만족을 이끌어 내는 요인들이 응답을 결정할 수 있다는 것을 알고 있다.

삶의 만족에는 한 가지 열쇠가 있는 것이 아니라, 오히려 여러 가지 재료를 포함한 조리법이 있다. 시간과 꾸준한 노력을 기울이면 사람들의 삶은 주로 불만족에서 만족으로 상승한다. 상실의 아픔을 겪는 사람도 시간이 지나면 회복된다. 불만족스러운 인간관계나 일을 가진 사람은 종종 시간이 흐름에 따라 불만족이 상승된다. 행복의 가장 중요한 요소는, 위에서 말했듯이, 사회적 관계이다. 그리고 다른 주요요인은 가치에서 비롯된 중요한 목표와 그 목표를 향한 진전이다. 많은 사람들에게 그들 자신보다 더 큰 무엇인가와 유대감을 느끼는 것이 중요하다. 만일 어떤 이가 만성적인 불만이 있다면, 그들 자신을 돌아봐야 하며, 삶과 세상에 대해 더 긍정적인 태도를 발전시킬 필요가 있는지의 여부를 물어야 할 것이다.

부록 11

설명, 평가 및 계약: 체이스 부인

Ⅰ. 설명

A. 클라이언트 정보

1. 면담 날짜/시간: 1월 13일/3:30 - 5:00PM
2. 면담을 진행한 사람: 수잔 홀더Susan Holder, 사회복지사
3. 면담에 응한 사람: 린 비 체이스Lynn B. Chase, 생일: 10월 5일, 나이: 34
4. 주소: 1212 Clearview Drive, Central City
5. 집전화: 223-1234
6. 직업: 폭스 제조사(Fox Manufacturing Co.)에서 조립기술자로 일하고 있음
7. 회사전화: 567-5678

   a. 가족관계: 린 체이스는 리차드 에스 체이스(Richard S. Chase, 35세, 크레스 건설회사 - Crass Construction Company - (회사전화: 789-7890)에서 목수로 일하고 있음)와 결혼한 상태이다. 부부 사이에는 12살 아들 로버트 엘 체이스(Robert L. Chase, 홉 중학교 - Hope Middle School - 6학년 재학중)가 있다.

   b. 의뢰인: 샌드라 파울스(Sandra Fowles, 린 체이스의 친구)

B. 개인, 가족, 지역사회 체계

1. 개인 체계

   린 체이스는 "린"으로 불리는 것을 선호한다. 자신을 아일랜드계 미국인이라고 하고 "로마 가톨릭 교인으로 자랐다"고 한다. 결혼하기 전의 성이 샤우네시(Shaughnessy)라고 했다. 키는 약 5피트 6인치 정도이고 보통의 신체를 가진 것으로 보였다. 면담 당일 현대적 바지와 블라우스 차림으로 왔다. 눈가의 다크서클과 긴장감이 깃든 이마의 주름

살이 보였다. 린은 느린 걸음으로 다가와 앉으면서 귀에 들릴 만한 한숨을 내쉬었다. 이 지역에서 흔히 들을 수 있는 억양으로 말했고, 느리면서도 신중한 말투로 이야기했다. 가끔 자신의 말을 중단하고 한숨을 쉰 다음 다시 말을 이어가는 것을 볼 수 있었다.

2. 가족 체계

체이스 부인과 내가 1차 면담 때 준비한 가계도에서 볼 수 있듯이[2장 그림 2.1 참조], 가족 구성원은 린, 리차드, 로버트, 그리고 강아지 "슬레이Sly"가 있다. 이 가족은 클리어뷰 거리에 5년 동안 살았고 "이곳에 사는 것에 만족한다"고 한다. 가족들의 생활은 "분주하다." 린과 리차드는 주중(월요일부터 금요일까지)에 오전 8시에서 오후 5시까지 직장생활을 한다. 부부 중 한 사람(대체로 린)이 로버트가 학교 갈 준비하는 것을 도와주고 7:15AM에 스쿨버스가 올 때까지 함께 가까운 길모퉁이에서 기다린다. 그 후 린은 자동차를 운전해서 직장으로 출근한다. 방과 후 로버트는 스쿨버스를 타고 3:45PM 경에 귀가한 후 부부가 5:15PM 경에 집에 돌아올 때까지 집에 혼자 있는다. 체이스 부인에 의하면 로버트와 아버지와의 관계는 매우 원만하다. 부자는 운동 경기에 함께 가며 둘 다 낚시를 즐긴다. 로버트는 지난 여름 리틀리그 야구팀에서 야구를 했고 아버지는 모든 경기에 구경을 갔다. 린은 자신과 로버트와의 관계를 "현재 껄끄럽다"라고 표현한다. 또한 린은 "남편을 사랑하지만, 현재 부부관계에 즐거움이나 로맨스는 많지 않다"고 했다.

3. 지역사회 체계

첨부한 생태도에서 볼 수 있듯이[2장 그림 2.3 참조], 체이스 부인은 가족들이 다양한 지역 사회 활동에 참여하고 있다고 했다. 체이스 부인에 의하면 가족은 자주 제일감리교회 예배에 참석하지만 "매주 가지는 않는다"고 한다. 체이스 부인은 때때로 제빵 바자회 및 기타 교회 활동에 참여한다. 린에 의하면 로버트는 교회 주일학교에 거의 매주 참석한다. 남편 리차드는 "많은 사회활동에 참여하지 않는다"고 한다. "남편은 친한 친구가 많지 않아요. 로버트와 제가 남편의 친구죠." 리차드는 로버트의 운동 경기를 관전하고 함께 낚시를 간다고 한다. 직장생활 및 로버트와 함께하는 시간을 제외하면 리차드는 대부분의 시간을 집안일을 하거나 마당에서 보낸다고 한다. 리차드는 지하에 작업실이 있어 거기서 가족들을 위한 가구를 만든다고 한다.

체이스 부인에 의하면 로버트는 전반적으로 모범생이다. 선생님들은 로버트가 수줍은 학생이라고 한다고 했다. 수업 시간에 선생님께서 질문을 하면 조용하고 주저하는 목소리로 이야기하지만 사려깊은 답을 한다고 한다. 체이스 부인에 의하면 지난 여름 로버트는 리틀리그 야구팀에서 좋은 활약을 했다. 팀의 감독이 칭찬을 많이 했고 몇 년 후 고등학교 야구팀에 합류할 수 있을 것이라 했다. 체이스 부인은 아들이 같은 동네에 두세 명 정도의 친한 친구가 있다고 한다.

체이스 부인은 자신의 가족이 중산층 동네에 살고 있다고 했다. 다양한 인종이 섞여서 사는 것은 아니고, 범죄율은 낮으며, 이웃들은 친절하다고 한다. 집을 소유하고 있는 대부분의 이웃들은 자신들의 집을 잘 관리하고 유지한다고 한다. 체이스 가족은 이웃의 다른 가족들과 친하게 지내며, 매달 한 번 정도 저녁 식사를 같이 하거나 야외에서 식사를 한다고 한다.

체이스 부인은 자신의 직장을 "괜찮다"고 표현했고 함께 일하는 사람들이 좋다고 했다. 남편은 자신의 일을 진심으로 사랑하고 "남편은 목수를 하기 위해 태어났다"고 했다.

C. 문제 제기/우려가 되는 사항들

체이스 부인은 최근 아들과 "매우 자주" 다투기 때문에 걱정이라고 했다. 그녀는 문제의 발단이 무엇인지 모른다고 했다. 아들이 조금만 자극을 해도 그녀는 비판적이고 신경질적으로 변한다고 했다. 체이스 부인은 로버트가 "문제 있는 행동을 하는 것은 아니고" "자신의 문제"라고 주장했다. 약 6개월 전부터 로버트뿐만 아니라 때로는 리차드에게도 짜증을 많이 내기 시작했다고 한다. 체이스 부인은 지난 6개월 동안 숙면을 취하지 못하고 있고 몸무게가 10파운드 정도 감소하였다. 또한 5년 전에 끊었던 담배를 다시 피우기 시작했으며 일주일에 수차례 심한 두통을 겪고 있다. 체이스 부인에 의하면 이러한 문제들이 발생하기 시작한 것은 6개월 전 폭스 제조사에서 일을 시작한 시점이다. "직장을 다니기 전에는 집에 있으면서 로버트를 돌보고 집안일을 했죠."

직장을 구한 이유를 묻자 "우리 부부는 모아놓은 돈이 거의 없는데 로버트를 대학에 보내려면 돈이 필요하죠. 아들이 대학에 진학하기까지는 몇 년 남았으니까 그 전에 돈을 모아야 한다고 생각했어요. 그때 마침 친구 중 한 명이 폭스에 일자리가 생겼는데 거기에서 같이 일하면 아주 좋겠다고 하더군요." 체이스 부인은 이러한 서비스를 통해 짜증을 덜 내고, 숙면을 취하고, 두통을 덜 겪으며, 담배를 끊고, 아들 및 남편과 다투는 횟수가 줄어들기 바란다고 했다.

D. 자산, 자원 및 장점

체이스 부인은 자신이 평균 이상의 지적인 능력 및 구체적인 요구사항과 문제에 대해서 다양한 측면을 세심하게 고려할 수 있는 능력을 보유하고 있다고 했다. 또한 자신이 매우 책임감 있는 사람이라고 했다: "가끔은 지나칠 정도죠." 그녀는 자신이 다양한 역할을 함에 있어 믿을 만한 사람이라고 했다. 체이스 부인은 본인의 가족이 재정적으로 충족한 상태이고 자신이 직업을 가짐으로 인해 "실제 필요한 것보다 약간의 수입이 더 생긴다"고 했다. 또한 자신의 가족이 "안전하고 쾌적한 동네의 좋은 집에" 살고 있다고 했다. 체이스 부인은 자신의 직장이 안정적이라고 말한다. 비록 일을 시작한지 6개월 밖에 되지 않았지만, 회사에서는 그녀의 업무를 높이 평가하고 있고 동료들은 그녀와 함께 일하는 것을 즐겁게 생각한다고 했다. 체이스 부인은 자신에게 지원을 아끼지 않고 자신을 이해해 주는 친한 친구 여럿이 있다고 했다. 하지만 그녀는 "대부분의 경우 제가 도움을 제공하는 편이죠"라고 말했다. 체이스 부인은 남편으로부터 사랑을 받고 있다고 했고, 남편과 아들은 자신을 위해서 어떤 일이든 할 것이라고 했다.

E. 의뢰원 및 의뢰 과정; 추가 정보

체이스 부인의 친구이자 이웃인 샌드라 파울스 양이 체이스 부인을 본 단체에 소개했다. 파울스 양 본인도 본 단체의 서비스를 의뢰한 경험이 있다. 파울스 양은 체이스 부인이

"매우 친절하고 사려깊은 여성이죠. 남을 위해서 어떤 일이든 합니다. 때로는 지나치게 친절해서 손해를 보는 경우도 있어요"라고 했다. 파울스 양은 본 단체와 사전에 연락을 해서 담당자가 체이스 부인과 만날 수 있는지 의뢰했다. 그 후, 본 단체의 담당자가 체이스 부인에게 전화를 걸어서 본 면담을 위한 날짜와 시간을 정했다.

F. 사회력

1. 발달 측면

체이스 부인은 어머니가 자신을 임신하는 과정 및 자신의 유아기간이 "정상적"이었다고 생각했다. 하지만 본인의 아동기는 "행복하지 않았다"고 설명했다(아래 개인 및 가족사 부분 참조).

2. 개인, 가족 및 문화적 측면

첨부된 가계도와 관련하여[2장 그림 2.2 참조], 체이스 부인은 자신의 개인 및 가족력에 대해 다음과 같이 말했다. 결혼하기 전 그녀의 가족은 5명이었다. 그녀의 아버지와 어머니는 10대 후반에 결혼했다. 결혼 직후 어머니는 린을 임신하게 되었다. 체이스 부인이 장녀이고 한 살 어린 남동생과 다섯 살 어린 여동생이 있다. 체이스 부인의 부모님은 두 분 모두 생존해 계시고 "놀랍게도 아직 결혼생활을 유지하고 있다"고 했다. 체이스 부인에 의하면 아버지는 자신이 어렸을 때 "일에 중독되어 계셨고 아직도 그렇다"고 했으며 거의 집에 안 계셨다고 한다. 그녀는 어머니를 "불안정하고, 화를 자주 내며, 나에 대해서는 어떠한 경우라도 칭찬하지 않고 항상 깎아내리는 비판적인 사람"이라고 표현했다. 체이스 부인은 어머니가 항상 술에 취한 상태였기 때문에 자신이 "여동생을 키웠다"고 했다. 체이스 부인에 의하면 어머니는 지난 3년 동안 술을 마시지 않았고 지금은 금주모임에 참석한다고 한다. 그녀의 부모님 간의 관계에 대해서 다음과 같이 말했다: "끔찍하죠. 오랫동안 서로를 증오했어요." 체이스 부인은 "부모님은 천주교인이기 때문에 이혼하지 않으시는 거죠"라고 했다. 체이스 부인에 의하면 어머니는 리차드가 전에 결혼을 한 번 한 경험이 있기 때문에 자신과의 결혼을 반대했고 한다. 어머니는 결혼식에 참석하지 않으셨다. 또한 어머니는 지금도 계속 리차드를 질책하고 "내가 로버트를 키우는 방식에 대해서도 자주 책망한다"고 했다.

체이스 부인은 200마일 거리에 살고 계신 어머니를 거의 만나지 않고 있지만 여동생은 한 달에 한 번 정도 만난다고 했다. 여동생은 정서적인 도움 및 충고를 자주 요청하고, 때로는 금전적인 도움이 필요하다고 한다. 체이스 부인에 의하면 여동생은 과거에 술과 마약 문제가 있었지만 "지금은 나아졌다"고 했다.

체이스 부인은 남편의 가족은 "믿기 힘들겠지만 우리 가족보다 더 문제가 많았다"고 했다. 리차드의 가족은 다섯 명이었다. 그녀에 의하면 리차드의 아버지는 리차드가 9살, 누나가 10살, 그리고 여동생이 7살 때 가정을 버리고 떠났다. 리차드의 아버지는 심한 알코올 중독자였고 리차드의 어머니와 리차드를 자주 구타했다고 언급했다. 체이스 부인은 리차드가 매우 어려운 환경에서 자라서 돈을 소중하게 여기는 법을 배웠다고 한다. 그녀에 의하면, 리차드는 지금도 가족의 돈 씀씀이를 세심하게 관찰하고 가족이

"무일푼이 될 수 있다"는 걱정을 한다고 했다.

체이스 부인은 그녀의 어린 시절이 행복하지 않았다고 했다. 그녀는 자신이 다른 아이들과 "다르게" 느꼈다고 기억했다. 어릴 때 매우 수줍어하고, 자주 두려워하며, 쉽게 다른 어린이에 의해 위협당했다는 사실을 언급했다. 부모님이나 선생님이 그녀를 비난하거나 행동을 지적할 때 종종 죄책감과 수치심을 느꼈다고 했다. 그녀는 항상 "모범생"이 되려고 노력했고, "적어도 10대 시절까지는 대체로 모범생이었다"고 한다. 학교에서는 매우 우수한 성적을 기록했으나, 다른 학생들이 "선생님의 귀여움을 받는 학생"이라며 놀렸던 사실을 기억했다. 어릴 적 약간의 과체중이었으나 자신을 항상 "뚱뚱하다"고 여겼다. 체이스 부인은 어릴 적 친한 친구들이 많지 않았다. 한두 명에 지나지 않았고 그들 또한 "수줍음이 많고 예쁘지 않은" 아이들이었다고 표현했다. 또한 친구관계를 맺고 싶었던 아이들이 자신을 "거부한" 일들도 있었다고 했다. 그녀는 어린 시절 내내 자주 슬프고 우울했던 것으로 기억했다.

3. 주요 사건들

첨부된 주요 사건의 시점에 나타난 바와 같이[2장 그림 2.4 참조], 체이스 부인은 12살 즈음에 경험한 일에 대해 언급했다. 그녀가 좋아했던 남학생이 다른 아이들 앞에서 그녀를 "뚱뚱하다"고 했다. 그녀는 심한 수치심을 느꼈고 "며칠 동안 집에서 울었다"고 했다. 또한 14~15세 경의 일도 기억했다. 그녀는 자신의 육체를 관찰하고 자위를 하면서 실험을 하기 시작했다. 기분은 좋았지만 그러한 행동이 죄를 범하는 것 같았다고 한다. 그녀는 이 문제를 고해성사 때 신부님과 의논했다고 한다. 체이스 부인에 의하면 신부님은 그녀에게 "격노했고", "크고 비판적인 목소리"로 "더러운 방법으로 자신을 욕되게 하는 행위를 중단하라"고 했다고 한다. 그녀는 엄청난 죄책감에 시달렸고 매우 수치스러웠다고 했다. 이 사건이 그녀로 하여금 몇 년 뒤 성당을 떠나게 한 계기가 되었다고 한다. 체이스 부인은 강간이나 강력 범죄의 피해자가 된 경험은 없다. 하지만 남자 친척(외삼촌)이 수차례 그녀에게 입을 맞추고 가슴을 만지려고 한 사실을 기억했다. 그때마다 삼촌을 밀어냈지만 더럽고 추한 기분을 느꼈다고 기억했다. 당시 그녀는 12세 또는 13세였으며 그 일에 대해서 누구에게도 알리지 않았다고 했다.

4. 성적 측면

체이스 부인은 고등학교 졸업반 때 처음으로 남자 학생들과 데이트를 했다고 한다. 그때 한 남학생과 몇 번 데이트를 했고 "첫 성경험"을 했다. 그 후 "많은 남자들"과 관계를 가졌지만 "그다지 즐겁지 않았다"고 했다. 고등학교를 졸업하고 2년 뒤 향후 남편이 될 리차드를 만났고 그 후 성관계가 즐겁고 만족스러웠다고 했다. 결혼 후 부부관계는 "지속적으로 매우 좋았다"고 했다. 하지만 지난 몇 날 동안 남편과의 성관계에 관심이 없었다고 했다.

5. 술과 마약

체이스 부인은 현재 술과 마약과 관련된 문제는 없지만 18살 때는 술을 많이 마셨다고 한다. 고등학교 졸업 후 "매일 파티를 하는" 친구들과 어울렸고 술을 많이 마셨다고 했다. 그 당시에는 "소속감"을 느끼기 위해서 술을 마셨고 남자들과의 성적인 관계에서 편안하게 느끼기 위해서도 술을 마셨다고 했다.

6. 의학적/신체적/생리적 측면

8년 전 자궁 내 비대해진 낭포를 제거하는 수술을 받은 것을 제외하면 체이스 부인은 심각한 질병이나 신체의 문제를 경험하지 않았다. "리차드와 저는 아이를 한 명 더 가지고 싶었지만" 수술 후 "임신이 되지 않았다"고 한다. "더 이상 아이를 가질 수 없다"고 결론을 내렸고 "이것이 우리 가족의 운명인가 보다"라고 생각했다고 한다.

신혼 시절 체이스 부인은 체중조절 기관(Weight Watchers)에 다니면서 "체중 문제를 통제할 수 있게 되었다"고 했다. 그녀는 최근 의사와 가끔 느끼는 극심한 피로감, 수면 양상의 변화, 의도하지 않은 체중감량, 그리고 주기적인 두통에 대해서 상담했다고 한다. 신체적 이상은 발견되지 않았고 의사는 "스트레스와 관련된 증상들"인지 의심해 볼 필요가 있다고 했다고 한다.

7. 법적 측면

체이스 부인은 본인 및 가족들이 사법 또는 형사 관련 기관에 연루된 적이 없다고 했다.

8. 교육적 측면

체이스 부인은 고등학교를 졸업했고 약 2년 동안 대학 강의를 수강했다고 한다. 약 6개월 전까지는 매 학기마다 한 과목씩 수강했는데 "집에서 좀 더 많은 시간을 보내기 위해서" 저녁 강의 수강을 중단했다.

9. 직업

체이스 부인은 고등학교 졸업 후 비서 및 행정직으로 일을 했다. 로버트가 태어난 후 그를 돌보기 위해서 직장을 그만두었다고 했다. 아들이 초등학교에 입학했을 때 다시 파트타임으로 일하기 시작했다. 약 3년 전 직장에서 해고를 당한 후, 로버트가 학교에서 돌아오는 시간에 맞추어 집에 있을 수 있는 파트타임 직장을 찾지 못했다고 한다. 그러다 약 6개월 전 체이스 부인과 리차드는 로버트가 학교에서 돌아온 후 한두 시간 동안 혼자 집에 있어도 괜찮은 나이가 되었다고 판단하여 폭스 제조사에 지원했고 정규직으로 입사하게 되었다.

10. 여가 활동 측면

체이스 부인은 몇 년 동안 정원 가꾸기에 푹 빠져 있었다고 한다. 하지만 지난 1년 정도는 정원 가꾸기를 하지 않았다고 했다. 언제가 될지는 모르지만, 앞으로 다시 정원 가꾸기를 시작하면 과거의 만족감을 되찾을 수 있을 것이라 했다.

11. 종교/영적 측면

체이스 부인은 18살 때 고등학교 졸업 후 성당에 나가지 않았다고 했다. 그녀는 아들이 태어날 때까지 어떤 교회도 다니지 않았다. 체이스 부인과 남편은 자녀들이 어느 정도의 종교적 생활을 하기를 원했다고 한다. 그 후 동네에 있는 감리교회에 등록했는데 "집에서 가깝기 때문에" 다니기 시작한 것으로 기억했다.

12. 과거에 심리, 사회적, 의학 서비스를 받은 경험

체이스 부인은 과거에 사회 또는 심리 문제와 관련하여 서비스를 받은 경험이 없다고 했고 우울증으로 약물을 복용한 경험도 없다. 그녀의 어머니는 약 4년 간 "심리치료"를 받고 있는 상태이다.

Ⅱ. 개인-문제-상황에 관한 잠정적 사정

A. 문제 및 주요사항

1. 특성, 지속기간, 빈도, 정도 및 긴급성

아들과 남편에게 짜증을 내거나 잦은 언쟁을 하는 것, 분노를 표출하거나 다툰 후에 느끼는 수치심 및 죄책감, 수면부족, 체중감량, 두통, 그리고 다시 담배를 피우기 시작한 것 등은 체이스 부인이 정규직으로 일을 시작하는 시점과 거의 일치하는 것 같았다. 그녀는 고통스러운 사춘기 시절을 보냈지만, 지금 느끼는 것들을 전에는 경험하지 못했다고 한다. 현재 상황에서는, 그녀가 하고 있는 일이 아들을 키우고 집안일을 돌보는 것과 같이 만족감을 제공해주고 있는지, 앞으로 그럴 가능성이 있는지 확실하지 않다. 가정과 직장에서 그녀가 해야 할 역할 사이에 긴장관계 또는 갈등이 있을 수도 있다. 이러한 문제들을 분석하는 과정에서, 체이스 부인과 나는 이러한 증상들이 그녀의 시간과 에너지에 대해 늘어난 요구와 그녀의 역할 및 역할의 성격 변화와 관련되어 증가한 스트레스 때문이 아닌지 생각해 보았다. 체이스 부인은 현재 일주일에 40시간 이상 일을 하고 있지만, 일을 하기 전에 하던 집안일을 계속 하고 있다. 체이스 부인은 남편, 아들, 형제들 및 친구들에게 열심히 일하는 보호자 역할을 하는 것 같았다. 또한 가족들의 생각, 느낌 및 행동에 대해 본인이 책임을 느끼는 것처럼 보였다.

2. 위험 및 보호 요소; 예외 사항

전반적인 관점에서 보면, 정규직으로 일을 시작한 것이 현재의 증상들을 촉발시킨 것으로 보인다. 체이스 부인과 나는 혹시 이러한 증상들이 남편과 아들로부터 좀 더 관심을 받고, 그들로 하여금 더 큰 고마움을 느끼게 하고, 마음의 지지를 받으려는 간접적인 시도는 아닌지 생각해 보았다. 또한 이러한 증상들의 악화가 직장을 그만두고 가족과 가정을 돌보는 일로 돌아와야 하는 타당한 이유가 되는지도 생각해 보았다. 현재 우려되고 있는 증상들이 나타나기 바로 전의 상태는 체이스 부인이 자신에 대한, 또한 어쩌면 다른 사람들에 대한 믿음 및 기대치와 관련된 것으로 보인다. 그녀는 자주 그녀가 "해야 할" 일들에 대해서 걱정을 하고 있다고 했고, 직장에서 일을 하기 전과 같이 어머니, 아내, 그리고 가정주부로서의 역할을 하지 못하는 것 같아 죄책감을 느끼고 있다고 했다.

체이스 부인은 지난 6개월 동안 만족과 행복을 느꼈던 일이 두 번 있었다고 한다. 한 번은 리차드, 로버트와 함께 다른 도시로 주말여행을 갔었을 때인데, 가족은 호텔에 머물며 식당에서 식사를 하고 야구경기를 관람하며 농담을 주고받으며 시간을 보냈다고 한다. 또 다른 경험은 남편 리차드와 함께 친척 결혼식에 참석하기 위하여 1박으로 여

행을 다녀온 것이었다.

현재 우려되는 증상들은 약 6개월간 지속되어 왔다. 체이스 부인과 나는 문제 및 증상들의 심각성이 중간 정도라고 평가했다. 그녀는 지금도 자기가 해야 할 모든 일을 꾸준하고 능숙하게 하고 있다. 이러한 문제로 가장 큰 불편을 겪는 것은 체이스 부인 자신 같았다. 하지만 로버트와 리차드도 어느 정도는 그녀의 짜증과 잦아지는 언쟁에 영향을 받고 있는 것처럼 보였다. 체이스 부인과 나는 이러한 문제들이 생명에 위협을 가하는 상황이 아니며, 즉각적이고 강도 높은 긴급 치료가 필요한 것도 아니라는 것에 동의했다.

B. 환경 속의 인간

1. 개인적 요인

체이스 부인은 아들과 남편뿐만 아니라 다른 사람들에 대해서도 자신의 도리와 책임감에 대한 강한 윤리관을 나타냈다. 그녀는 자기 자신에게 매우 높은 기준을 요구하고 있으며, 자신이 충분히 잘하고 있지 않다는 것에 대해 걱정을 하고, 때로는 죄책감을 가지기도 한다. 또한 실수를 하거나 타인의 감정에 상처를 줄 경우 수치심을 느낀다. 그리고 자유롭고 즉흥적인 놀이, 휴식 및 여가를 위하여 시간 내는 것을 편하게 생각하지 못하는 것 같았다. 예전에는 정원 가꾸기를 좋아했으나 폭스 제조사에서 정규직으로 일을 시작한 후부터는 자신이 "비생산적인" 여가 및 휴식을 위해 시간을 보낸다는 사실을 꺼려했다. 우리가 함께 그녀의 기대치와 남들을 돌보는 활동의 특성 및 범위를 관찰한 후, 그녀는 자신이 남들을 위해 너무 많은 것들을 제공해 주고 있을 수도 있다는 의견을 제시했다. 우리는 그녀가 자기 자신에 대한 기대치에 미치는 정도로 모든 책임을 이행해 내지 못할 수도 있다는 가능성에 대해 스트레스와 죄책감을 느끼고 있을 수도 있다고 생각했다. 이제 아들 로버트와 함께 있는 시간이 줄었기 때문에 그를 잠재적 위험 상황들로부터 보호할 수 없다는 생각에 죄책감을 느낄 수도 있다. 우리는 로버트를 보호해야 한다는 생각이 그녀가 보호를 받지 못했던 자신의 어린 시절과 연관이 있을 수도 있다고 생각했다. 또한 우리는 로버트가 이제 체이스 부인 자신이 첫 성경험을 하고 술을 마시기 시작한(때로는 과음을 했던) 고등학교 졸업반 나이에 가까워지고 있다는 사실에 우려가 커지는 것일 수도 있다고 생각했다. 자신의 정체성 및 독립성 발달에 관련된 문제들과 직면한 사춘기 아들을 과잉보호하는 것일 수도 있다고 생각했다. 체이스 부인은 현재 부모로서의 자신의 역할에 대해 직간접적으로 불편하거나 불명확한 입장을 취하고 있을 수도 있다. 그녀 자신의 사춘기 시절 경험과 그 당시 느꼈던 수치심들이 현재까지 계속되어 아들 로버트와의 관계에 영향을 미치고 있을 수도 있다. 아들의 성적인 발달과 그가 어떻게 사춘기 변화에 대처할지 걱정을 하고 있을 가능성도 있다.

체이스 부인은 자신을 우선 아내 및 어머니로 보고, 이와 동시에 열심히 일하고 책임감 있는 사회의 구성원으로 간주하고 있다. 형제들에게는 어머니와 같은 큰 언니/누나의 역할을 맡고 있는 것 같다. 그녀는 나를 포함한 타인들의 충고를 받아들이는 열린 자세를 가지고 있으며, 아내, 어머니, 딸, 그리고 장녀로서 가족 내에서의 역할과 관련된 개인적인 정체성을 잘 설정하고 있다. 그녀와 그녀의 남편은 아이를 더 가지고 싶었지만 건강상의 문제(낭포, 또는 이를 제거하기 위한 수술) 때문에 그러지 못하고 있다. 하지만 그녀는 더 재미있거나 여가적인 역할에 대해서는 명확하거나 확고하지 못한 것 같았다. 이러한 부분에서는 확신이 서지 않고 내부 지향적이지 않을 것으로 보였다. 그녀는 아직 가족의 목표와는 별개인 개인적 인생의 목표를 설정하고 있지 않았다.

체이스 부인의 상황을 DSM-IV-TR(미국 정신의학회, American Psychiatric Association, 2000c) 기준에 적용하면 "V-Code"로 구분될 수 있다. V-Codes는 우려는 되지만 반드시 정신적 질환이나 질병에 연관되어 있지는 않은 문제들의 구분이다. 현재 체이스 부인과 아들의 긴장 관계 측면에서 보면, 체이스 부인의 개인-문제-상황에 가장 적합한 V-Codes는 "부모-자식 간 관계의 문제"이다. 또는 가정주부로서만 일을 하다가 가정주부가 정규직원으로 일을 하는 역할 정체성의 변화와 관련된 스트레스를 감안하면, "인생의 단계와 관련된 문제"일 수도 있다. 또한 10대 아들과의 관계의 성격이 변화하는 것도 문제의 원인 중 하나일 수 있다.

더불어 고려되어야 할 사항은 DSM-IV-TR 진단 중 "복합적 불안 및 우울증세를 동반한 적응 장애"이다. 하지만 스트레스의 요인인 정규직으로 일을 시작한 시점이 6개월 전이라는 사실을 감안하면 적응 장애는 적합하지 않은 것 같다. 대부분의 적응 장애는 전문가의 도움이 있든 없든 6개월 이내에 해결된다.

체이스 부인의 상황에 PIE 메뉴얼 기준(Karls & Wandrei, 1994a)을 적용하면 다음과 같은 요인들로 구분되어질 수 있다:

요인 I: 가정주부의 역할-가정, 혼합형(양가감정의 공존, 책임감, 의존도), 중간 정도의 심각성, 6개월에서 1년 사이의 지속기간, 적절한 대처 기술, 부모로서의 역할 또는 배우자로서의 역할도 감안되어야 함.

요인 II: 기타 감정적 지지와 관련된 문제, 낮은 정도의 심각성, 5년 이상의 지속기간.

로버트가 주중에 학교에서 귀가한 후 두 시간 동안 집에 혼자 있으면서 아무도 돌봐주거나 보호하지 않는다는 사실이 체이스 부인의 스트레스, 짜증 및 죄책감을 유발하는 중요한 계기가 되는가? 아들의 대학교육을 위해서 돈을 버는 것과 학교에서 돌아온 아들을 집에서 맞을 수 없다는 사실 사이에 갈등을 느끼는 것은 아닌가? 아들이 어떤 위험에 처해 있을지도 모른다는 것을 걱정하는 것은 아닌가? 체이스 부인이 직장 생활을 하기 때문에 로버트를 동네 친구들의 영향으로부터 보호할 수 있는 정도가 전보다 덜해졌다고 믿고 있는 것은 아닌가? 그녀는 로버트를 모든 부정적이고 위험한 상황들로부터 완전하게 보호해야 한다는 책임감을 느끼고 있는가? 그녀는 로버트가 친구들의 부정적인 영향에 특히 취약하다고 생각하고, 책임감 있는 판단을 하고 유혹을 이길 수 있는지를 의심하고 있는가? 그녀는 로버트의 사춘기를 본인의 십대 시절의 경험과 연관해서 생각하고 있는가? 그녀는 로버트가 성숙한 판단을 내릴 수 있는 능력을 갖추었기 때문에 전과 같이 그녀를 필요로 하지 않을 수 있다는 사실을 우려하는가? 체이스 부인으로 하여금 로버트가 두 시간 동안 집에 혼자 있을 때도 안전하다는 확신을 갖게 하기 위해서는 무엇이 필요한가?

그녀는 직장생활을 얼마나 원하고 있는가? 직장생활을 즐기는가? 남편은 그녀의 직업에 대해서 어떻게 생각하는가? 일에 중독된 생활상 및 강박관념의 측면에서 체이스 부인은 얼마나 그녀의 아버지와 유사한 면이 있는가? 그녀의 직장생활에 대한 반응이 아버지를 "일에 중독되어 집에 거의 없던 사람"으로 보는 것과 연관성이 있나? "그녀가 아버지를 닮았다"라는 측면에서 죄책감을 느끼고 있나? 쉽게 분노하고, 비판적이고 불안정하다고 체이스 부인이 표현한 그녀의 어머니와, 짜증을 내며 자주 언쟁을 하는 자신을 비교하게 되었나? 체이스 부인은 자기가 다른 사람들을 위해 헌신하지 않으면 그들이 그녀를 사랑하지 않거나 인정하지 않을지도 모른다는 사실을 우려하고 있는가?

첫 면담에서 얻은 정보에 의하면, 체이스 부인과 그녀의 가족은 오랫동안 모범적으로 생활해 왔다. 개인적으로 보나 가족 단위로 보나 가족 구성원들은 일관성 있고 안정적으로 보인다. 하지만 남편인 체이스 씨, 로버트, 그리고 특히 체이스 부인은 변화하는 요구와 관련된 스트레스를 경험하고 있다. 체이스 부인은 계속해서 "모든 것을 다 하려고" 노력하고 있지만, 아들이 자신을 필요하거나 원하는 만큼 곁에 있어주지 못하는 것에 대해서 걱정하고 죄책감을 느끼는 것으로 보인다.

다수의 요인들이 우리가 파악한 문제들과 연관이 있을 수 있다. 첫째, 체이스 부인은 어린 나이에 어른의 책임을 맡아야 하는 가정에서 자랐다. 그녀에 의하면 어머니는 알코올중독자였고 아버지는 일에 중독되어 있었다고 한다. 체이스 부인이 다른 사람들, 특히 가족들을 위해서 상당한 책임을 지려고 하는 경향이 있는 것 같다. 이는 그녀가 어린 나이에 배운 것이다. 때문에 정규직으로 직장생활을 하는 것은 그녀에게 중요한 심리적 갈등을 일으킬 수 있다. 한편으로 그녀는 어쩌면 그녀의 아버지와 같이, 직장생활에 많은 시간과 에너지를 투자하려는 의지가 있을지도 모른다. 하지만 또 다른 한편으로는 집에서 나와 있으면 상당한 불안과 불확신감은 느낄 수도 있다. 그녀는 남편과 아들을 돌보는 역할에 너무 익숙한 나머지 집에서 나와 있으며 남편과 아들의 요구사항을 들어주지 않으면 불안을 느낄 수 있다. 둘째, 체이스 부인은 자녀를 더 가지고 싶었지만 건강상의 문제 때문에 그러지 못하고 있다. 아이를 가지고 싶다는 꿈을 실현하지 못한다는 사실에 대해 아직 충분히 슬퍼하거나 깊이 생각해 볼 기회를 가지지 못했을 수 있다. 아들 로버트가 "유일한 자식"이기 때문에 그에게 더욱 큰 정서적인 에너지를 쏟아 부을 수도 있다. 셋째, 사춘기로 접어든 로버트는 다양한 신체적, 심리적 및 사회적 변화를 경험하게 될 것이다. 체이스 부인의 직장생활과 더불어 아들의 이러한 변화는 가족 전체에 상당한 스트레스를 가중시킬 수 있다. 가족에게 정서적으로 초점이 맞추어진 개인으로서, 체이스 부인은 이러한 과도기에 영향을 받았을 가능성이 충분히 있다. 그녀는 전적으로 가족에 초점을 맞추고 있는 자신의 역할 정체성과 관련된 한계를 곧 인식하게 될지도 모른다.

현재 우려되는 문제들은 체이스 부인으로 하여금 유아시절에서 시작된 어색함으로부터 자신을 해방시키고 좀 더 평화롭고 즐거운 인생의 하반기를 맞을 수 있도록 개인적인 변화를 추구하는 긍정적인 신호로 해석될 수 있다. 비록 정규직으로 직장생활을 시작한 것이 현재의 문제들과 연관된 것처럼 보일 수 있으나, 체이스 가족 체계에서 그녀 자신, 남편, 그리고 아들로 하여금 개인 그리고 가족의 발달에 있어 다음 단계로 넘어가는 것을 돕기 위해 필요했을 수도 있다. 에릭슨의 인생 순환 단계에 대한 심리사회적 이론(Erikson, 1963, 1968)을 적용하면 체이스 부인이 인생에서 좀 더 큰 의미를 찾고 더욱 일관성 있는 개인 정체성을 추구함에 있어 "생산성 대 침체성"의 문제에 처해 있다고 판명될 수도 있다. 과거의 특정 인생 순환 단계와 관련된 문제에 대한 검토가 필요할 수 있다(예를 들어 자율성 대 수치심/의구심, 주도성 대 죄책감, 정체성 대 정체성 혼란). 길리건의 여성 발달 이론적 접근을 적용하면 체이스 부인이 그녀의 일생에서 가장 중요한 사람들에게 한층 높은 친근감과 애착을 추구하는 것으로 판명될 수 있다 (Gilligan, 1979, 1984). 비록 그녀가 타인들에게 헌신하면서 확고한 관계를 형성하고 있으나, 그녀의 부모 및 보호자의 역할이 지배적이 되어감에 따라 타인들과의 친밀감과 친근감의 정도가 억제되었을 수 있다.

체이스 부인은 높은 수준의 능숙함을 가지고 있고, 잘 발달된 대처 능력 및 방어 장치들을 소유하고 있는 것 같다. 이러한 기술은 지난 수년 동안 그녀에게 많은 도움이 되었다. 그녀는 많은 인생의 변화, 전환 및 문제들에 잘 대처해 왔다. 하지만 현재는 그녀가 이례적인 짜증과 분노를 경험하면서 그녀의 대처 능력이 효과적이지 않은 것처럼 보인다. 어떤 측면에서는, 그녀가 "불안정하고 쉽게 분노하며 비판적이라고" 표현했던 그녀의 어머니를 닮아가는 것이 아닌지 우려하고 있을지도 모른다.

그러나 현재의 우려에도 불구하고, 그녀는 대부분의 사회적 역할을 잘 해내고 있다. 그녀는 일관성 있고 포괄적인 성격을 소유하고 있는 것 같다. 그녀는 우수한 사고 능력 및 평균 이상의 지적 능력을 소유하고, 통찰력이 있으며 표현력 또한 우수하다. 리차드와 결혼한 후 그녀의 생활방식은 안정적이고 적절했다. 또한 그녀의 인생 변화에 있어 주체와 객체의 역할을 하는 것에 매우 고무되어 있고 잘해 나가는 것 같았다.

체이스 부인과 나는 그녀의 어떤 인지적인 신념이 이제까지 지적된 문제들에 기여하고 있을 수 있다고 생각했다. 그녀는 자주 자신에게 다음과 같은 말을 한다: "네 자신을 생각하기 전에 남을 생각하라", "네 자신을 위해 행동하기 전에 남을 위해 행동하라", "실수를 하지 말아라", "다른 사람에게 짐이 되지 말아라", "네 자신을 생각하지 말아라", "이기적이면 안 된다". 이러한 신념들은 그녀의 친정에서 여성의 역할에 대한 기대치, 종교 교육 및 경험, 그리고 문화적 배경과 관련이 있을 수 있다. 첫 면담 도중, 그녀는 이러한 신념과 현재 문제들 간에 연관성이 있다고 결론지었다. 이러한 가정은 그녀가 믿어 왔던 신념 및 자신과 대화하는 방법을 재고하는 데 동기를 부여하는 것 같았다.

2. 상황적 및 체계적 요소들

첫 면담에서 얻은 정보에 의하면, 체이스 가족은 잘 조직되어 있는데, 그 안에서 체이스 부인이 최고의 경영자, 관리자, 또는 "부모 역할"을 하는 것 같았다. 그녀가 가정 및 가족의 일상적인 일, 기능 및 활동에 관하여 대부분의 책임을 맡고 있는 것 같았다. 남편 체이스 씨는 마당일, 집수리 및 자동차 수리를 제외하면 거의 집안일을 하지 않는다. 체이스 부인이 주된 가정살림꾼이고 부모 역할을 한다. 그녀가 식사를 준비하고, 쇼핑을 하고, 빨래를 하고, 로버트 등교를 책임지고, 각종 고지서를 지불한다. 체이스 부인이 직장생활을 하기 전에는, 가족의 규칙과 역할의 분담이 명확했다. 리차드와 로버트의 의견을 듣기는 했지만 대부분의 가족과 관련된 결정은 체이스 부인이 내리고 실행했다. 이제 그녀가 집에 있는 시간이 줄고 해야 할 일들이 더 많아졌기 때문에 가족의 규칙과 역할에 변화가 있어야 할지도 모른다. 현 시점에서, 체이스 부인은 과거의 가족 및 지역사회의 책임을 유지하면서 직장에서의 추가 임무까지도 맡으려고 하는 것 같다. 그녀는 또한 동네의 "문제 10대 남학생들"에 대해서 걱정하고 로버트가 그들로부터 부정적인 영향을 받을 것을 우려하는 것 같았다. 우리는 그녀가 로버트의 음주나 마약사용에 대해 걱정하고 있는지 생각해 보았다.

체이스 가족 내에서의 대화 및 관계양상이 비교적 개방되었지만 거리낌이 있고 부자연스러운 면이 있는 것 같았다. 가족 구성원들은 서로를 아끼고 좋아한다. 하지만 체이스 부인에 의하면, 남자들은 때때로 그들이 원하는 바를 명확하게 이야기하지 않고 "암시하는" 것 같다고 한다. 체이스 부인은 그러한 간접적인 표현에 남편과 아들이 진정으로 무엇을 원하는지를 추측해서 대응하는 것 같았다. 최근 가족 저녁 식사에서 로버트가 "싫은 표정"을 지은 일화를 언급했다. 체이스 부인이 "왜 그래?"라고 묻자, 로버트는 "아무것도 아니에요"라고 답했다. 체이스 부인이 "저녁 식사가 마음에 들지 않니? 다른 걸로 차려 줄게"라고 하자 로버트는 "아니에요, 괜찮아요"라고 했다. 체이스 부인이 "아냐, 다른 걸로 차려 줄게"라고 하자 로버트가 "예, 감사합니다"라고 답했다. 그래서 체이스 부인은 자신의 식사를 중단하고 일어나서 로버트가 좋아하는 다른 음식을 준비해 주었다고 한다.

가족 내에서의 대화 방식에 대해서 의논한 후, 우리는 리차드와 로버트가 때로는 얼굴 표정이나 비언어적인 몸짓을 사용하여 간접적으로 자신들을 표현하고 있다는 사실을 알고 있는지 생각해 보았다. 그들은 체이스 부인이 종종 그들의 "마음을 읽고", 그렇게 함으로 인해 남편과 아들이 간접적으로 대화하는 방식을 계속하도록 부추길 수 있다는 사실을 알고 있는가? 가족 구성원 간에 좀 더 직접적으로 언어를 사용하는 표현을 하면 어떤 결과를 초래할 수 있는가? 그렇게 되면 가족 구성원들은 무엇을 얻고 무엇을 잃게 되는가?

체이스 가족 구성원들은 지배적인 북미 문화에 반영된 남성, 여성, 자식들의 정형화된 규칙과 역할을 취한 것 같았다. 로버트의 사춘기와 체이스 부인의 정규직 직장생활은 아마도 그들 가족 시스템에서 가장 중요한 스트레스 요인으로 작용하고 있을 수도 있다.

체계 측면에서, 체이스 가족은 사춘기의 자녀가 종종 가족 전체에 여러 문제와 결정을 일으키는 단계에 접근하고 있을 수 있다. 체이스 부인에 의하면, 로버트는 신체적 변화를 겪고 있고, 전보다 더욱 자의식이 강하게 되었으며 자기중심적이 되었다. 이러한 변화는 로버트와 체이스 부인의 관계뿐만 아니라 아들과 아버지와의 관계의 특성에 영향을 주고 있을 수 있다.

우리는 리차드와 로버트가 자신들의 일은 스스로 하고 집안일에 대한 책임을 일부 맡게 되면 어떨까 생각해 보았다. 만일 체이스 부인이 가족 및 집안일에 대한 부담을 덜게 되면 그녀의 증상의 빈도와 정도가 줄어들 수 있을까? 아니면 그녀가 로버트와 리차드에게 예전보다 덜 "필요한 존재"라고 결론지어 증상이 더욱 악화될까? 나는 체이스 부인이 남편과 아들에게 집안일에 대해 좀 더 많은 임무를 맡길 의향이 있는지 생각해 보았다. 남편과 아들이 이러한 일들을 기꺼이 할 것인가? 만일 이런 방식으로 가족 구성원들이 가족의 구조와 역할을 변화시키면, 이들은 그 후 어떻게 반응할까?

현재 사춘기를 경험하고 있는 로버트는 지금 어떤 구체적인 문제와 딜레마에 놓여 있는가? 체이스 부인은 아들이 더욱 자유로워지고 싶고 더 큰 개인적인 책임감을 가지기를 원한다는 사실을 얼마나 편안하게 받아들이고 있는가? 만일 이러한 상황이 불편하다면, 그녀는 사춘기 발달에 대한 자신의 시각을 바꾸는 것을 고려해 보아야 하는가? 남편 체이스 씨는 현재 아들을 어떻게 이해하고 있는가? 체이스 부부는 아들의 미래에 대해 어떤 희망과 꿈을 가지고 있는가? 아들에 대해서 어떤 의구심과 두려움을 가지고 있는가?

체이스 가족은 구성원들의 기본적인 욕구와 발달된 욕구를 만족시킬 수 있는 충분한 자원을 가지고 있는 것 같다. 그들은 자신들의 포부를 추구하는 데 있어 적절한 자산과 기회를 가지고 있다. 그들은 강압이나 차별을 받은 적이 없다. 체이스 부인은 남편과 아들의 사랑과 지지를 받고 있는 것 같았다. 비록 그녀의 어머니, 아버지와 형제들은 관심, 이해 및 지지 측면에서 많은 것들을 주지 않지만, 체이스 부인에게는 그녀를 매우 아끼는 많은 친구들이 있다. 대부분의 인간관계에서 체이스 부인은 "받는 것보다 주는 것이 많고" "다른 사람들이 그녀에 대해서 아는 것보다 그녀가 다른 사람들에 대해서 더 많이 알고" 있는 것 같았다. 그녀는 또한 남편과 아들뿐 아니라, 많은 친구들이 그녀를 돕기 위해서 무슨 일이든 할 것이라고 굳게 믿고 있다.

3. 동기 및 준비 상태: 변화의 단계

첫 미팅이 끝나기 전, 체이스 부인은 자신이 평생 동안 타인들에게(특히 가족들에게) 보호자의 역할, 부모의 역할, 보살핌, 그리고 사람들을 즐겁게 하는 역할을 자처했다고 했다. 또한 그녀는 "이러한 삶의 방식이 나에게 죄책감과 스트레스를 주었을 뿐 아니라 리차드와 로버트가 자신들을 돌볼 수 있는 능력에 어느 정도 방해가 되었어요"라고 했다. 웃으면서 말하기를, "남편과 아들을 위해서라도 이제 제가 좀 더 이기적으로 변하는 것이 좋겠어요."

첫 미팅이 종료된 후, 체이스 부인은 개인의 변화를 통하여 책임의 부담을 덜고 다른 사람들로 하여금 자신들의 인생에 대해 좀 더 많은 주도권을 가질 수 있도록 하는 것에 대해 매우 고무된 것 같았다. 그녀는 더욱 여유가 있고 재미를 느끼며 즐거움을 경험하는 것을 기대하는 것 같았다. 그녀는 이렇게 변화하는 것이 분노, 비판, 수치심, 죄책감, 그리고 일중독으로 얼룩진 자신의 "가족 전통"을 극복할 수 있게 하기 때문에 매우 중요하다고 했다. 체이스 부인은 내가 이러한 문제들을 다루고 도움을 제공하는 것을 편안하게 생각하고 신뢰를 가지는 것 같았고 이 과정에서 나와 협력할 의사가 있는 것 같았다.

프로차스카Prochaska의 범이론적 방법(Prochaska *et al.*, 1994)과 관련, 체이스 부인은 아마도 고민 단계의 하반기 그리고 변화를 위한 준비의 상반기에 있는 것 같다. 그녀의 아동기에 시작되었다고 믿고 있는 자신의 생각, 느낌, 그리고 행동의 방식에 변화를 준다는 생각에 고무된 것 같았다. 또한 그러한 변화가 자신의 삶을 좀 더 쉽고 즐겁게 만들 뿐만 아니라 남편과 아들에게 도움이 될 수 있다는 사실에도 용기를 얻은 것 같았다.

체이스 부인은 리차드와 로버트가 자신을 돕는 데 있어 무슨 일이든 적극적으로 노력할 것이라 믿었다. 그녀는 남편과 아들의 사랑과 애정에 대해 확고한 자신감이 있었고 그들이 자신의 짜증, 언쟁, 수치심, 죄책감, 수면장애, 흡연, 과도한 체중감량 등의 문제 해결을 위한 도움을 제공하는 데 우선적으로 참여할 것이라 생각했다. 또한 그들이 함께 가족의 구조를 바꾸기 위해 노력하여 두 남자를 위한 "보호하는 엄마"의 역할이 줄어들 수 있을 것이라 믿었다. 하지만 그녀는 가족 구성원 모두가 과거에 익숙했던 방식으로 돌아가려고 하는 유혹이 있을 수도 있다고 예상했다.

그녀의 부모님과 형제들이 그녀의 문제를 인정하고 이를 해결하는 데 도움을 제공하는 것에 대해서는 그다지 낙관적이지 않았다. 또한 그녀는 직장 동료 및 교회, 지역사회의 친구들의 반응에 대해서 걱정했다. 그녀가 갑자기 다른 사람들을 위해 덜 헌신하면 혼란스러워 하거나 부정적인 반응을 보일지도 모른다고 생각했다. 하지만 그녀는 웃으면서 "내 문제에 대해 함께 이야기하고, 내가 변화하기 시작하면 어떻게 되는지 보기로 하죠"라고 했다.

4. 어려움과 방해요소들

개인적인 어려움이 될 수 있는 측면은 통제력이다. 체이스 부인과 나는 아직 다른 사람들을 돌보는 것과 통제하고자 하는 감정 간의 관계에 대해 의논하지 않았다. 나는 그녀가 타인들에 대해 덜 걱정하고 보호자의 역할을 줄임에 따라 감소하는 통제력과 관련된 불안감을 경험할 수 있다고 생각했다.

그녀의 일차 및 이차 사회적 체계의 일부 요소들은 그녀가 바라는 변화에 저항할 수 있다. 그녀를 사랑하고 지지하는 마음에도 불구하고, 리차드와 로버트는 스스로 알아서 일을 처리하고 추가적인 집안일을 맡게 됨에 따라 좋지 않은 기분을 느낄 수 있다. 체이스 부인의 부모님, 형제들, 그리고 직장 동료들 및 교회, 기타 지역사회 친구들도 비슷하게 반응할 수 있다.

5. 위험 사정

비록 스트레스와 우울 증세의 징조가 있지만, 우리는 체이스 부인이 그녀 자신 또는 타인에게 위험한 단계는 아니라는 데 동의했다. 자살과 관련된 생각이나 행동에 대해 물었을 때, 그녀는 자해 행동을 하거나 자살에 관한 생각을 해 본 경험이 없다고 했다. 이와 마찬가지로, 그녀는 타인을 다치게 하는 생각이나 행동도 취해본 적이 없다고 했다. 또한 그녀는 어떠한 마약도 복용하지 않고, 아주 드물게 아스피린을 복용하며, 일주일에 와인 한 잔 이상 마시지 않는다고 했다.

C. 사례 구성

이제까지의 평가를 바탕으로, 체이스 부인과 나는 그녀의 개인적 삶과 가족의 삶의 방식의 특정 부분에 변화를 주면 우리가 확인한 문제들을 해결할 수 있다고 가정하였다:

1. 만일 체이스 부인이 아동기에 처음 갖게 된 생각들을 논리적으로 관찰한다면, 그녀는 그녀의 아들, 남편, 그리고 많은 지인들의 안전, 안녕 및 행복을 위해 과도한 책임의식을 느끼지 않는 방법으로 변화하기로 결정할 수 있다. 우리는 그녀의 사고방식을 바꾸는 것이 그녀의 느낌, 감정 및 신체적 감각에 변화를 초래하고 숙면을 취할 수 있도록 도울 수 있다고 예상했다.

2. 만일 체이스 부인이 가족 및 집안일의 책임을 다소 덜고 아들과 남편이 이러한 일들을 맡아 주며, 체이스 부인 자신의 믿음과 스스로와의 대화에 변화를 준다면, 체이스 부인의 스트레스를 줄일 수 있을 것이다.

3. 만일 체이스 부인이 아들 로버트에게 자신의 생각과 행동에 대해 더욱 책임감을 느끼도록 격려하고 좀 더 많은 자유와 자율을 제공하면, 로버트로 하여금 사춘기 발달 요구사항들을 좀 더 쉽게 해결할 수 있게 하고, 모자 간에 언쟁이 줄어들며, 서로 간의 대화가 즐거워질 수 있다.

체이스 부인의 지적인 면, 성숙도, 통찰력 및 동기뿐만 아니라 남편과 아들의 애정과 옹호를 바탕으로 판단해 보면, 이 가족은 이제까지 확인된 문제들을 효과적으로 해결할 확률이 매우 높다. 완전하고 성공적인 해결의 확률을 85% 이상으로 예상한다. 또한 체이스 부인 및 그녀의 가족들과 일주일에 한번 만남을 1, 2개월 정도 진행하면 그 기간 내에 만족스러운 결과를 얻을 수 있을 것으로 기대한다.

III. 서비스 계약

A. 문제들

1. 클라이언트가 확인한 문제들

체이스 부인은 다음과 같은 문제들을 지적했다:

a. 아들 로버트와의 잦은 언쟁, 그리고 보다 적은 빈도이기는 하지만 남편 리차드와의 언쟁

b. 아들 로버트, 그리고 보다 낮은 정도이기는 하지만 남편 리차드를 향한 짜증, 비판, 분노

c. 아들과의 언쟁 후 느끼는 부끄러움과 죄책감

d. 지난 6개월간의 의도하지 않은 체중감량(10 파운드)

e. 수면 장애

f. 5년 동안 담배를 끊은 후 다시 시작된 흡연

g. 피로

h. 두통

2. 사회복지사가 확인한 문제들

첫 면담이 끝나고, 나는 다음과 같은 사항들을 잠정적인 문제로 지적했다:

a. 폭스 제조사에서의 직장생활에 대한 상반되는 양가감정

b. 우울 증세

c. 로버트의 사춘기에 대한 양가감정

d. 더 이상 자녀를 가지기 힘들다는 사실에서 오는 상실감, 실망, 슬픔

e. 스트레스 및 긴장; 불안

f. 과도한 책임감 및 통제에 대한 생각과 감정

g. 어머니, 아내, 가정주부 및 근로자로서의 역할들 간의 긴장(및 갈등일 수도 있음)

h. 아동기의 경험과 관련된 문제들(어머니가 알코올 중독자인 가정에서 자란 점; 일에 중독되어 집에 거의 들어오지 않은 아버지; 어릴 적 동료들과의 불행했던 사건들; 과체중이고 아름답지 않은 외모를 가졌다는 생각; 교회와 관련된 일들; 외삼촌이 추행을 하려고 했던 사건)

i. 때로는 공격적인 언어 표현이 포함되나 대부분의 경우 단정적이지 않은 대화 방식

3. 해결해야 한다고 동의한 과제들

체이스 부인과 나는 다음 문제들을 해결해야 한다고 동의했다. 이 문제들이 우리 과제의 초점을 제시할 것이다:

a. 아들 로버트와의 잦은 언쟁, 그리고 보다 적은 빈도이기는 하지만 남편 리차드와의 언쟁

b. 아들 로버트, 그리고 보다 낮은 정도이기는 하지만 남편 리차드를 향한 짜증, 비판, 분노

c. 불균형적인 수치심과 죄책감

d. 수면 장애

e. 폭스 제조사에서의 직장생활에 대한 양가감정

f. 스트레스 및 긴장; 불안

g. 과도한 책임감 및 통제에 대한 생각과 감정

h. 아내, 가정주부 및 근로자로서의 역할들 간의 긴장 및 갈등

B. 서비스의 목표

체이스 부인과 나는 다음 목표를 달성하기 위하여 함께 노력하기로 동의했다:

1. 6주 내로 로버트, 리차드와의 불필요한 언쟁의 빈도를 50% 줄이고 만족스러운 대화의 빈도를 50% 늘린다.

2. 6주 내로 로버트, 리차드를 향한 부적절한 짜증, 비판 및 분노의 감정의 빈도와 정도를 50% 줄이고 편안함과 포용의 감정을 50% 늘린다.

3. 6주 내로 불균형적인 수치심과 죄책감의 빈도와 정도를 50% 줄이고 자신을 포용하며 용서하는 감정을 50% 늘린다.

4. 6주 내로 매일 밤 8시간 숙면을 취하고 일주일에 적어도 4일 아침은 상쾌한 기분으로

기상한다.

5. 6주 이내로 진심으로 직장생활을 유지하고 싶은지를 결정해서 폭스 제조사에서의 직장생활과 관련된 양가감정을 줄인다.

6. 6주 이내로 스트레스, 긴장 및 불안감을 줄이고 개인적 편안함과 평온함의 감정을 50% 늘린다.

7. 2주 이내로 과도한 책임감 및 통제력과 관련된 문제들을 포괄적으로 분석한다. 2주 후, 현재의 책임감과 통제력을 유지하는 것이 좋은지 완화시키는 것이 좋은지 결정하기로 한다.

C. 계획

1. 실행계획/서비스 접근법

최종 목표를 달성하기 위하여, 체이스 부인과 나는 다음과 같은 실행계획에 동의했다: 린 체이스 부인과 나(수잔 홀더, 사회복지사)는 향후 2달 동안 1시간씩 8차례 만남을 갖는다. 우리는 위에 명시된 최종 목표를 달성하기 위하여 함께 노력한다. 우리는 협동하는 자세로 임할 것이며 아이디어와 제안을 공유한다. 나는 상담자 및 조력자의 역할을 할 것이며, 인지-행동, 문제해결, 가족 시스템 및 과제 중심을 결합하는 포괄적인 방법으로 우리의 과제들에 접근할 것이다. 적어도 몇 번은 체이스 부인의 남편과 아들에게 자리를 함께 하도록 요청할 것이다. 2달 내내 우리는 발전의 속도와 정도를 관찰할 것이다. 2달 후, 우리는 서비스를 종료할 것인지, 다른 사람에게 조언을 구하거나 의뢰할 것인지, 아니면 추가적인 서비스를 위하여 다시 계약을 할 것인지 결정한다.

a. 클라이언트의 과제/실행 단계

체이스 부인과 나는 서비스 첫 주 중에 그녀가 다음 단계를 수행할 것에 동의했다. 다른 과제들은 향후 프로그램에서 결정하고 수행한다.

- 스트레스, 긴장 및 불안감을 줄이고 개인적 편안함과 차분함을 늘리는 첫 단계로 체이스 부인은 다음 한 주 동안 매일 15분씩 정원을 가꾸는 계획을 세우고 정원을 가꾸기로 했다.

- 로버트와 리차드를 향한 부적절한 짜증, 비판 및 분노의 감정의 빈도를 줄이고 편안함, 이해 그리고 포용의 감정을 50% 늘리기 위한 첫 단계로, 체이스 부인은 일주일 내로 다음 두 가지를 하기로 동의했다. 첫째, 그녀의 감정을 "안으로 숨기는 것"을 저항하기로 했다. 글로 쓰든지, 아무도 듣지 않는 곳에서 말로 표현하든지, 아니면 관계된 사람에게 직접적으로 표현하든지, 그녀가 감정을 느끼고 몇 분 이내에 그 감정을 표현한다는 것에 동의했다. 둘째, 매일 5분씩 로버트와 리차드의 생각, 감정 및 활동에 대해 물어보며 즐겁게 대화하기로 동의했다.

- 일부 영역에서 책임을 덜고 통제력을 감소시키는 것이 도움이 되는지 판단하기 위한 첫 단계로, 체이스 부인은 그녀가 현재 어느 정도의 책임감과 통제력을 유지

해야 하는지 이유를 가능한 많이 생각해서 적어 보기로 동의했다. 그리고 나서 체이스 부인은 왜 책임감과 통제력을 감소시키는 것이 그녀 자신, 남편, 그리고 아들에게 이득이 될 수 있는지 가능한 많은 이유를 생각해서 적어보기로 했다. 우리는 다음 미팅에서 두 목록을 검토하기로 동의했다.

b. 사회복지사의 과제

- 나, 수잔 홀더는 본 서비스 계약서를 서류로 작성하여 사본을 체이스 부인에게 제공하는 것에 동의한다.
- 나는 우리의 미팅을 위한 잠정적인 안건을 계획하고 실행 단계의 수행 및 결과에 대해 체이스 부인과 협력하는 것에 동의한다.
- 나는 체이스 부인에게 우리의 과제가 명시된 노트와 관련 자료를 제공하고 진행 단계를 관찰하는 것에 동의한다.

c. 상담중 과제

체이스 부인과 나는 상담에서 아래 활동 중 일부 또는 전부를 실행하는 것에 동의한다(추가 과제들은 프로그램 후반에 결정하고 진행함):

- 체이스 부인으로 하여금 양가감정을 느낄 수 있는 여러 문제들을 다루는 데 있어 도움이 되도록 고안된 가치설명 연습
- 체이스 부인으로 하여금 과도한 책임의식 및 짜증, 비판, 분노, 우울, 스트레스 및 긴장의 감정과 관련된 "자신에게 하는 말들"을 확인할 수 있도록 도와주는 자신과의 대화 분석
- 아내, 어머니, 친구로서의 정체와는 별개로, 체이스 부인이 강한 개인의식 및 자율성을 개발할 수 있도록 그녀의 장점에 초점을 맞추는 "자랑하기" 연습

d. 유지관리 과제

체이스 부인과 나는 우리의 목표를 달성하기 위해서 장기적인 변화와 지속적인 관심이 필요하다는 것에 동의한다. 체이스 부인은 앞으로 365일 동안 적어도 하루에 한 번 마음의 평정을 위한 기도를 낭송하기로 했다.

2. 과정 평가 계획

우리는 목표를 달성할 때까지의 과정을 여러 방법으로 평가할 것이다. 첫째, 체이스 부인은 모든 "언쟁" 및 "만족스러운 대화"의 날짜와 시간을 매일 일지에 기록하는 것에 동의했다. 둘째, 체이스 부인은 리차드와 로버트를 향해 느끼는 부적절한 "짜증, 분노 및 비판"의 감정, 그리고 "편안, 이해 및 포용"의 감정을 느끼는 날짜와 시간을 매일 기록하는 것에도 동의했다. 셋째, 체이스 부인은 매일 수면 시간과, 기상했을 때 얼마나 상쾌하게 느꼈는지를 1부터 10까지 주관적인 점수로 일지에 기록하기로 했다. 넷째, 체이스 부인은 매일 15분 동안 "정원 가꾸기"를 하기로 했다. 다른 목표들과 관련된 진행 상황은 체이스 부인이 보고서를 작성해서 평가하기로 했다. 과도한 임무 및 폭스 제조

사에서의 직장생활에 대한 상반되는 감정의 공존과 관련해서는, 체이스 부인이 책임감 및 통제력을 덜기로 결정했는지, 아니면 직장생활을 계속할 것인지 결정함에 따라 진행상황을 관찰하기로 했다. 우리는 결정이 어떤 방향으로 내려지든 이는 발전을 의미한다고 결론지었다.

사회복지실천기술 면담 평가 양식

여러분은 이 평가 양식을 클라이언트와 면담하는 동안 사회복지실천기술에 대한 여러분 자신 혹은 다른 사람들의 수행능력을 평가하는 과정의 일부로서 사용할 수 있다. 예를 들어 여러분은 개인, 부부, 가족 또는 소집단과 면담하는 동안 여러분의 수행능력을 평가하기 위해 이 양식을 사용할 수 있다. 또한 여러분은 자신의 수행능력을 향상시키려는 동료에게 피드백을 제공하기 위해 이 양식을 사용할 수도 있다.

이 양식을 사용하는 동안 다음의 평가 체계를 사용하기 바란다:

N/A 면담이 진행되는 동안 이 기술은 적합하거나 필요하지 않았다. 따라서 사용될 필요가 없었으며 면담에 아무런 영향도 미치지 않았다.

−3 면담이 진행되는 동안 이 기술은 부적절한 시점 또는 적합하지 않은 맥락에서 사용되어 면담에 의미있는 기여를 하지 못하였다.

−2 면담이 진행되는 동안 이 기술은 적절한 때 적합한 맥락에서 시도되었으나 숙달되지 않은 방식으로 사용되었으며 면담에 의미있는 기여를 하지 못하였다.

−1 면담이 진행되고 있는 동안 이 기술이 적절한 때 적합한 맥락에서 사용되지 않았고 면담에 의미있는 기여를 하지 못하였다.

0 면담이 진행되는 동안 이 기술은 최소한의 수준으로 사용되었다. 이 기술의 사용은 면담을 손상시키지도 않았으나 의미있는 기여를 하지도 않았다.

+1 면담이 진행되는 동안 이 기술은 적절한 때에 적합한 맥락에서 시도되었고 그저 그런 수준으로 사용되었다. 이 기술의 사용은 면담에 보통으로 기여하였다.

+2 면담이 진행되는 동안 이 기술은 적절한 때에 적합한 맥락에서 시도되었고 보통 수준으로 사용되었다. 이 기술의 사용은 면담에 의미있는 기여를 하였다.

+3 면담이 진행되는 동안 이 기술은 적절한 때에 적합한 맥락에서 시도되었고 높은 수준

으로 사용되었다. 이 기술의 사용은 면담에 실질적인 기여를 하였다.

+4 면담이 진행되는 동안 이 기술은 적절한 때에 적합한 맥락에서 시도되었고 매우 높은 수준으로 사용되었다. 이 기술의 사용은 면담에서 매우 중요한 기여를 하였다.

사회복지기술 면담 평가 양식

평가	기술
	말하기와 듣기: 기본적인 대인관계 기술
	1. 말하기와 언어
	의견
	2. 신체 언어
	의견
	3. 듣기
	의견
	4. 관찰하기
	의견
	5. 격려하기
	의견
	6. 기억하기
	의견

평가	기술
	7. 적극적으로 경청하기
	의견
	시작
	1. 자기 소개
	의견
	2. 소개 권유하기
	의견
	3. 첫 만남의 목적 설명하기
	의견
	4. 오리엔테이션시키기
	의견
	5. 기관의 정책 및 윤리적 요인 논하기
	의견

평가	기술
	6. 피드백 구하기
	의견
	탐색
	1. 질문(개방형과 폐쇄형)하기
	의견
	2. 명확화하기
	의견
	3. 내용 반영하기
	의견
	4. 감정 반영하기
	의견
	5. 감정과 의미 반영하기
	이견

평가	기술
	6. 세분화하기
	의견
	7. 대화 내용의 범위 넘어서기
	의견
	계약
	1. 문제 반영하기
	의견
	2. 가설 반영하기
	의견
	3. 문제 확인하기
	의견
	4. 개입을 위한 문제를 명확히 하기
	의견

평가	기술
	5. 목표설정하기
	의견
	6. 실행계획 개발하기
	의견
	7. 실행 단계 확인하기
	의견
	8. 평가 계획하기
	의견
	개입 및 평가
	1. 실행 단계 연습하기
	의견
	2. 실행 단계 검토하기
	외견

평가	기술
	3. 과정 평가하기
	의견
	4. 초점 맞추기
	의견
	5. 교육하기
	의견
	6. 조언하기
	의견
	7. 클라이언트 대변하기
	의견
	8. 즉시 반응하기
	의견

평가	기술
	9. 재구성하기
	의견
	10. 직면하기
	의견
	11. 종결 예고하기
	의견
	종결
	1. 과정 검토
	의견
	2. 최종 평가
	의견
	3. 종결과 관련된 감정을 공유하고 작별인사하기
	의견

사회복지실천기술 표

	사회복지실천기술	ID
전문성 (Professionalism, PF)	PF001 진실성 입증하기	PF001
	PF002 전문적 지식의 적용과 자기 효능감 보이기	PF002
	PF003 자기 이해 증명하기와 자기 통제 유지하기	PF003
	PF004 사회적 지지 주고 받기	PF004
	PF005 비판적으로 생각하고 과학적으로 탐구하기	PF005
	PF006 평생 학습에 참여하기	PF006
	PF007 다양성과 차이를 존중하기	PF007
	PF008 인권과 사회정의를 향상시키기	PF008
	PF009 사회적 안녕의 증진 및 정책 실천에 참여하기	PF009
윤리적 결정 (Ethical Decision-making, ED)	ED001 법적 의무 이해하기	ED001
	ED002 사회복지의 기본 가치와 윤리 이해하기	ED002
	ED003 윤리적, 법적 함의 인식하기	ED003
	ED004 윤리적 딜레마 다루기	ED004
말하기와 경청하기 기술 (Talking and Listening Skills, TL)	TL001 문화적으로 민감한 의사소통을 통해 다양성과 차이에 개입하기	TL001
	TL002 비언어적으로 의사소통하고 신체 언어 사용하기	TL002
	TL003 경청하기: 듣기, 관찰하기, 격려하기, 기억하기	TL003
	TL004 적극적으로 경청하기: 이해증진을 위해 말하기와 경청하기를 결합하기	TL004

	사회복지실천기술	ID
준비 기술 (Preparing Skills, PR)	PR001 준비검토	PR001
	PR002 준비탐색	PR002
	PR003 준비상담	PR003
	PR004 준비조정	PR004
	PR005 준비 감정이입	PR005
	PR006 준비자기탐색	PR006
	PR007 중심화	PR007
	PR008 예비계획 및 기록	PR008
시작 기술 (Beginning Skills, BG)	BG001 자기소개하기	BG001
	BG002 소개 권유하기	BG002
	BG003 초기 목적 설명하기	BG003
	BG004 오리엔테이션 시키기	BG004
	BG005 정책적, 윤리적 요인 논의하기	BG005
	BG006 피드백 구하기	BG006
탐색 기술 (Exploring Skills, EX)	EX001 질문하기	EX001
	EX002 명확화하기	EX002
	EX003 내용 반영하기	EX003
	EX004 감정 반영하기	EX004
	EX005 감정과 의미 반영하기	EX005
	EX006 세분화하기	EX006
	EX007 범위 넘어서기	EX007
사정 기술 (Assessing Skills, AS)	AS001 기술적 정보를 정리하기	AS001
	AS002 임시 사정과 사례 개념화 준비하기	AS002
계약 기술 (Contracting Skills, CN)	CN001 문제를 반영하기	CN001
	CN002 가설을 반영하기	CN002
	CN003 문제를 확인하기	CN003
	CN004 개입을 위해 문제 구체화하기	CN004
	CN005 목표 설정하기	CN005
	CN006 실행 계획 세우기	CN006
	CN007 실행 단계 확인하기	CN007
	CN008 평가 계획 세우기	CN008
	CN009 계약 내용 요약하기	CN009

	사회복지실천기술	ID
개입 및 평가 기술 (Working and Evaluating Skills, WE)	WE001 실행 단계 연습하기	WE001
	WE002 실행 단계 검토하기	WE002
	WE003 평가하기	WE003
	WE004 초점화하기	WE004
	WE005 교육하기	WE005
	WE006 조언하기	WE006
	WE007 대변하기	WE007
	WE008 즉각적으로 반응하기	WE008
	WE009 재구조화하기	WE009
	WE010 직면하기	WE010
	WE011 종결 예고하기	WE011
	WE012 과정 기록하기(문서화 과정)	WE012
종결 기술 (Ending Skills, EN)	EN001 과정 검토하기	EN001
	EN002 최종 평가하기	EN002
	EN003 종결과 관련된 감정을 공유하고 작별인사 나누기	EN003
	EN004 종결 요약문 기록하기	EN004

핵심 EAPS 역량별로 분류된 사회복지실천기술 표

아래의 표는 사회복지기술과 핵심 EAPS 역량과의 관계를 보여준다. 기술 분류는 각 핵심역량과 관련된 실천지식 요소 및 실천행동에 대한 설명에 기반한다(CSWE, 2008). 학생들은 사회복지실천기술의 숙련도를 성찰하면서, 동시에 그것들과 연관된 기능들의 숙련도를 성찰할 수 있다.

EP 2.1.1: 사회복지전문직에 대해 알아보고 그에 맞게 직접 행동하시오.	
PF001	진실성 입증하기
PF002	전문적 지식의 적용과 자기 효능감 보이기
PF003	자기 이해 증명하기와 자기 통제 유지하기
PF004	사회적 지지 주고 받기
PF005	비판적으로 생각하고 과학적으로 탐구하기
PF006	평생 학습에 참여하기
PF007	다양성과 차이를 존중하기
PF008	인권과 사회정의를 향상시키기
PF009	사회적 안녕의 증진 및 정책 실천에 참여하기
ED002	사회복지의 기본 가치와 윤리 이해하기
PR003	준비상담
PR006	준비자기탐색
PR007	중심학
BG001	자기소개하기
BG006	피드백 구하기
TL001	문화적으로 민감한 의사소통을 통해 다양성과 차이에 개입하기
TL002	비언어적으로 의사소통하고 신체 언어 사용하기

TL003	경청하기: 듣기, 관찰하기, 격려하기, 기억하기
WE007	대변하기
EP 2.1.2: 전문적 실천을 위한 사회복지윤리강령을 적용하시오.	
ED001	우리의 법적 의무 이해하기
ED002	사회복지의 기본 가치와 윤리 이해하기
ED003	윤리적, 법적 함의 인식하기
ED004	윤리적 딜레마 다루기
PF001	진실성 입증하기
PF003	자기 이해 증명하기와 자기 통제 유지하기
PF005	비판적으로 생각하고 과학적으로 조사하기
PR006	사전자기탐색
PR007	집중적 자기관리
BG005	정책적, 윤리적 요인 논의하기
EP 2.1.3: 전문적인 판단을 전달하고 의사소통하기 위해 비판적으로 사고하시오.	
PF002	전문적 지식의 적용과 자기 효능감 보이기
PF005	비판적으로 생각하고 과학적으로 탐구하기
TL001	문화적으로 민감한 의사소통을 통해 다양성과 차이에 개입하기
TL002	비언어적으로 의사소통하고 신체 언어 사용하기
TL003	경청하기: 듣기, 관찰하기, 격려하기, 기억하기
TL004	적극적으로 경청하기: 이해증진을 위해 말하기와 경청하기를 결합하기
PR008	예비계획 및 기록
AS001	기술적 정보를 조직화하기
AS002	잠정적 사정과 사례 개념화 준비하기
CN008	평가 계획하기
CN009	계약 내용 요약하기
WE003	평가하기
WE012	과정 기록하기(문서화 과정)
EN001	과정 검토하기
EN002	최종 평가하기
EN004	종결 요약문 기록하기
EP 2.1.4: 실천에서 다양성과 차이에 개입하시오.	
PF001	진실성 입증하기
PF002	전문적 지식의 적용과 자기 효능감 보이기
PF003	자기 이해 증명하기와 자기 통제 유지하기
PF005	비판적으로 생각하고 과학적으로 탐구하기
PF006	평생 학습에 참여하기
PF007	다양성과 차이를 존중하기
PF008	인권과 사회정의를 향상시키기
PF009	사회적 안녕의 증진 및 정책 실천에 참여하기

ED002	사회복지의 기본 가치와 윤리 이해하기
TL001	문화적으로 민감한 의사소통을 통해 다양성과 차이에 개입하기
TL002	비언어적으로 의사소통하고 신체 언어 사용하기
TL003	경청하기: 듣기, 관찰하기, 격려하기, 기억하기
TL004	적극적으로 경청하기: 이해증진을 위해 말하기와 경청하기를 결합하기
PR005	준비 감정이입
PR006	준비자기탐색
PR007	중심화
BG002	소개 권유하기
BG006	피드백 구하기
EX002	명확화하기
WE008	즉각적으로 반응하기

EP 2.1.5: 인권과 사회정의를 향상시키시오.

PF002	전문적 지식의 적용과 자기 효능감 보이기
PF007	다양성과 차이를 존중하기
PF008	인권과 사회정의 향상시키기
PF009	사회적 안녕의 증진 및 정책 실천에 참여하기
WE007	대변하기

EP 2.1.6: 연구에 기반한 실천과 실천에 기반한 연구에 참여하시오.

PF002	전문적 지식의 적용과 자기 효능감 보이기
PF005	비판적으로 생각하고 과학적으로 탐구하기
ED003	윤리적, 법적 함의 인지하기
BG006	피드백 구하기
AS002	잠정적 사정과 사례 개념화 준비하기
CN003	문제 인식하기
CN002	가설 반영하기
CN006	실행 계획 세우기
CN007	실행 단계 인식하기
CN008	평가 계획 세우기
WE002	실행 단계 검토하기
WE003	평가하기
WE005	교육하기
EN002	최종 평가하기

EP 2.1.7: 인간행동과 사회환경에 대한 지식을 적용하시오.

PF002	전문적 지식의 적용과 자기 효능감 보이기
PF005	비판적으로 생각하고 과학적으로 탐구하기
PF009	사회적 안녕의 증진 및 정책 실천에 참여하기
AS002	잠정적 사정과 사례 개념화 준비하기
CN003	문제 인식하기

CN006	실행 계획 세우기
WE005	교육하기

EP 2.1.8: 사회적, 경제적 안녕을 향상시키고 효과적으로 사회복지서비스를 전달할 수 있도록 정책 실현에 참여하시오.

PF005	비판적으로 생각하고 과학적으로 탐구하기
PF006	평생 학습에 참여하기
PF007	다양성과 차이 존중하기
PF008	인권과 사회정의 향상시키기
PF009	사회적 안녕 증진 및 정책 실천에 참여하기
BG005	정책적, 윤리적 요인 논하기
AS002	잠정적 사정과 사례 개념화 준비하기
WE007	대변하기

EP 2.1.9: 실천을 구체화하는 상황에 반응하시오.

PF002	전문적 지식의 적용과 자기 효능감 보이기
PF005	비판적으로 생각하고 과학적으로 탐구하기
PF006	지속적 학습에 참여하기
ED003	윤리적, 법적 함의 인식하기
ED004	윤리적 딜레마 다루기
TL003	경청하기: 듣기, 관찰하기, 격려하기, 기억하기
CN003	문제를 인식하기
CN004	개입을 위해 문제 구체화하기
WE005	교육하기
WE006	조언하기

EP 2.1.10a: 개인, 가족, 집단, 조직, 지역사회에 관여하시오.

PF001	진실성 입증하기
PF002	전문적 지식의 적용과 자기 효능감 보이기
PF003	자기 이해 증명하기와 자기 통제 유지하기
PF007	다양성과 차이를 존중하기
PR001	준비검토
PR002	준비탐색
PR003	준비상담
PR004	준비조정
PR005	준비 감정이입
PR006	준비자기탐색
PR007	중심화
PR008	예비계획 및 기록
BG001	자기소개하기
BG002	소개 권유하기
BG003	초기 목적 설명하기

BG004	클라이언트 적응시키기
BG005	정책적, 윤리적 요인 논의하기
BG006	피드백 구하기
TL001	문화적으로 민감한 의사소통을 통해 다양성과 차이에 개입하기
TL002	말을 사용하지 않고 신체언어를 사용하여 의사소통하기
TL003	경청하기: 듣기, 관찰하기, 격려하기, 기억하기
EX001	질문하기
EX002	명확화하기
EX003	내용을 반영하기
EX004	감정을 반영하기
EX005	감정과 의미를 반영하기
EX006	세분화하기
EX007	범위 넘어서기
CN001	문제를 반영하기
EP 2.1.10b: 개인, 가족, 집단, 조직, 지역사회를 사정하시오.	
PF001	진실성 입증하기
PF002	전문적 지식의 적용과 자아 효능감 보이기
PF005	비판적으로 생각하고 과학적으로 탐구하기
BG006	피드백 구하기
TL001	문화적으로 민감한 의사소통을 통해 다양성과 차이에 개입하기
TL002	말을 사용하지 않고 신체언어를 사용하여 의사소통하기
TL003	경청하기: 듣기, 관찰하기, 격려하기, 기억하기
EX001	질문하기
EX002	명확화하기
EX003	내용을 반영하기
EX004	감정을 반영하기
EX005	감정과 의미를 반영하기
EX006	세분화하기
EX007	범위 넘어서기
AS001	기술적 정보 조직화하기
AS002	잠정적으로 사정하고 사례 개념화 준비하기
CN001	문제 반영하기
CN002	가설 반영하기
CN003	문제 인식하기
CN004	개입을 위한 문제 구체화하기
CN005	목표 설정하기
CN006	실행 계획을 세우기
CN008	평가 계획 세우기
CN009	계약 내용 요약하기

EP 2.1.10c: 개인, 가족, 집단, 조직, 지역사회에 개입하시오.	
PF001	진실성 입증하기
PF002	전문적 지식의 적용과 자기 효능감 보이기
PF003	자기 이해 증명하기와 자기 통제 유지하기
PF005	비판적으로 생각하고 과학적으로 탐구하기
PF007	다양성과 차이 존중하기
PF008	인권과 사회정의 향상시키기
PF009	사회적 안녕 증진 및 정책 실천에 참여하기
BG006	피드백 구하기
TL001	문화적으로 민감한 의사소통을 통해 다양성과 차이에 개입하기
TL002	비언어적으로 의사소통하고 신체 언어 사용하기
TL003	경청하기: 듣기, 관찰하기, 격려하기, 기억하기
EX001	질문하기
EX002	명확화하기
EX003	내용 반영하기
EX004	감정 반영하기
EX005	감정과 의미 반영하기
EX006	세분화하기
EX007	범위 넘어서기
CN002	가설 반영하기
CN007	실행 단계 확인하기
WE001	실행 단계 연습하기
WE002	실행 단계 검토하기
WE003	평가하기
WE004	초점화하기
WE005	교육하기
WE006	조언하기
WE007	대변하기
WE008	즉각적으로 반응하기
WE009	재구조화하기
WE010	직면하기
WE011	종결 예고하기
WE012	과정 기록하기(문서화 과정)
EP 2.1.10d: 개인, 가족, 집단, 조직, 지역사회를 평가하시오.	
PF001	진실성 입증하기
PF005	비판적으로 생각하고 과학적으로 탐구하기
TL001	문화적으로 민감한 의사소통을 통해 다양성과 차이에 개입하기
TL002	비언어적으로 의사소통하고 신체 언어 사용하기
TL003	경청하기: 듣기, 관찰하기, 격려하기, 기억하기

BG006	피드백 구하기
EX001	질문하기
EX002	명확화하기
EX003	내용 반영하기
EX004	감정 반영하기
EX005	감정과 의미 반영하기
EX007	범위 넘어서기
CN008	평가 계획 세우기
WE003	평가하기
WE012	과정 기록하기(문서화 과정)
EN001	과정 검토하기
EN002	최종 평가하기
EN004	종결 요약문 기록하기

사회복지실천기술평가 답안지

사회복지 실천 기술 문제-답안지

이름:_____날짜:_____ 관리: 1, 2, 3

각 문항에서 정-오답이거나, 객관식 문제에서 가장 적합한 답을 선택하여 문자 아래의 동그라미에 표시하시오(1-130문항까지).

	A B C D		A B C D		A B C D
1.	○ ○ ○ ○	2.	○ ○ ○ ○	3.	○ ○ ○ ○
4.	○ ○ ○ ○	5.	○ ○ ○ ○	6.	○ ○ ○ ○
7.	○ ○ ○ ○	8.	○ ○ ○ ○	9.	○ ○ ○ ○
10.	○ ○ ○ ○	11.	○ ○ ○ ○	12.	○ ○ ○ ○
13.	○ ○ ○ ○	14.	○ ○ ○ ○	15.	○ ○ ○ ○
16.	○ ○ ○ ○	17.	○ ○ ○ ○	18.	○ ○ ○ ○
19.	○ ○ ○ ○	20.	○ ○ ○ ○	21.	○ ○ ○ ○
22.	○ ○ ○ ○	23.	○ ○ ○ ○	24.	○ ○ ○ ○
25.	○ ○ ○ ○	26.	○ ○ ○ ○	27.	○ ○ ○ ○
28.	○ ○ ○ ○	29.	○ ○ ○ ○	30.	○ ○ ○ ○

	A	B	C	D			A	B	C	D			A	B	C	D
31.	○	○	○	○		32.	○	○	○	○		33.	○	○	○	○
34.	○	○	○	○		35.	○	○	○	○		36.	○	○	○	○
37.	○	○	○	○		38.	○	○	○	○		39.	○	○	○	○
40.	○	○	○	○		41.	○	○	○	○		42.	○	○	○	○
43.	○	○	○	○		44.	○	○	○	○		45.	○	○	○	○
46.	○	○	○	○		47.	○	○	○	○		48.	○	○	○	○
49.	○	○	○	○		50.	○	○	○	○		51.	○	○	○	○
52.	○	○	○	○		53.	○	○	○	○		54.	○	○	○	○
55.	○	○	○	○		56.	○	○	○	○		57.	○	○	○	○
58.	○	○	○	○		59.	○	○	○	○		60.	○	○	○	○
61.	○	○	○	○		62.	○	○	○	○		63.	○	○	○	○
64.	○	○	○	○		65.	○	○	○	○		66.	○	○	○	○
67.	○	○	○	○		68.	○	○	○	○		69.	○	○	○	○
70.	○	○	○	○		71.	○	○	○	○		72.	○	○	○	○
73.	○	○	○	○		74.	○	○	○	○		75.	○	○	○	○
76.	○	○	○	○		77.	○	○	○	○		78.	○	○	○	○
79.	○	○	○	○		80.	○	○	○	○		81.	○	○	○	○
82.	○	○	○	○		83.	○	○	○	○		84.	○	○	○	○
85.	○	○	○	○		86.	○	○	○	○		87.	○	○	○	○
88.	○	○	○	○		89.	○	○	○	○		90.	○	○	○	○
91.	○	○	○	○		92.	○	○	○	○		93.	○	○	○	○

94.	A ○	B ○	C ○	D ○		95.	A ○	B ○	C ○	D ○		96.	A ○	B ○	C ○	D ○
97.	A ○	B ○	C ○	D ○		98.	A ○	B ○	C ○	D ○		99.	A ○	B ○	C ○	D ○
100.	A ○	B ○	C ○	D ○		101.	A ○	B ○	C ○	D ○		102.	A ○	B ○	C ○	D ○
103.	A ○	B ○	C ○	D ○		104.	A ○	B ○	C ○	D ○		105.	A ○	B ○	C ○	D ○
106.	A ○	B ○	C ○	D ○		107.	A ○	B ○	C ○	D ○		108.	A ○	B ○	C ○	D ○
109.	A ○	B ○	C ○	D ○		110.	A ○	B ○	C ○	D ○		111.	A ○	B ○	C ○	D ○
112.	A ○	B ○	C ○	D ○		113.	A ○	B ○	C ○	D ○		114.	A ○	B ○	C ○	D ○
115.	A ○	B ○	C ○	D ○		116.	A ○	B ○	C ○	D ○		117.	A ○	B ○	C ○	D ○
118.	A ○	B ○	C ○	D ○		119.	A ○	B ○	C ○	D ○		120.	A ○	B ○	C ○	D ○
121.	A ○	B ○	C ○	D ○		122.	A ○	B ○	C ○	D ○		123.	A ○	B ○	C ○	D ○
124.	A ○	B ○	C ○	D ○		125.	A ○	B ○	C ○	D ○		126.	A ○	B ○	C ○	D ○
127.	A ○	B ○	C ○	D ○		128.	A ○	B ○	C ○	D ○		129.	A ○	B ○	C ○	D ○
130.	A ○	B ○	C ○	D ○											

각 문자 아래에 있는 동그라미에 표기하는 것으로서 사회복지실천기술 질문지의 각 문항에 가장 적절한 답을 고르시오(131-172문항까지).

1=만족하지 않는다. 2=낮은 편이다. 3=만족한다. 4=능숙하다.

131.	A ○	B ○	C ○	D ○		132.	A ○	B ○	C ○	D ○		133.	A ○	B ○	C ○	D ○
134.	A ○	B ○	C ○	D ○		135.	A ○	B ○	C ○	D ○		136.	A ○	B ○	C ○	D ○
137.	A ○	B ○	C ○	D ○		138.	A ○	B ○	C ○	D ○		139.	A ○	B ○	C ○	D ○
140.	A ○	B ○	C ○	D ○		141.	A ○	B ○	C ○	D ○		142.	A ○	B ○	C ○	D ○
143.	A ○	B ○	C ○	D ○		144.	A ○	B ○	C ○	D ○		145.	A ○	B ○	C ○	D ○

146.	A ○	B ○	C ○	D ○		147.	A ○	B ○	C ○	D ○		148.	A ○	B ○	C ○	D ○
149.	A ○	B ○	C ○	D ○		150.	A ○	B ○	C ○	D ○		151.	A ○	B ○	C ○	D ○
152.	A ○	B ○	C ○	D ○		153.	A ○	B ○	C ○	D ○		154.	A ○	B ○	C ○	D ○
155.	A ○	B ○	C ○	D ○		156.	A ○	B ○	C ○	D ○		157.	A ○	B ○	C ○	D ○
158.	A ○	B ○	C ○	D ○		159.	A ○	B ○	C ○	D ○		160.	A ○	B ○	C ○	D ○
161.	A ○	B ○	C ○	D ○		162.	A ○	B ○	C ○	D ○		163.	A ○	B ○	C ○	D ○
164.	A ○	B ○	C ○	D ○		165.	A ○	B ○	C ○	D ○		166.	A ○	B ○	C ○	D ○
167.	A ○	B ○	C ○	D ○		168.	A ○	B ○	C ○	D ○		169.	A ○	B ○	C ○	D ○
170.	A ○	B ○	C ○	D ○		171.	A ○	B ○	C ○	D ○		172.	A ○	B ○	C ○	D ○

각 문자 아래에 있는 동그라미에 표기하는 것으로서 사회복지실천기술 질문지의 각 문항에 가장 적절한 답을 고르시오(173-195문항까지).

1=만족하지 않는다. 2=낮은 편이다. 3=만족한다. 4=능숙하다.

173.	A ○	B ○	C ○	D ○		174.	A ○	B ○	C ○	D ○		175.	A ○	B ○	C ○	D ○
176.	A ○	B ○	C ○	D ○		177.	A ○	B ○	C ○	D ○		178.	A ○	B ○	C ○	D ○
179.	A ○	B ○	C ○	D ○		180.	A ○	B ○	C ○	D ○		181.	A ○	B ○	C ○	D ○
182.	A ○	B ○	C ○	D ○		183.	A ○	B ○	C ○	D ○		184.	A ○	B ○	C ○	D ○
185.	A ○	B ○	C ○	D ○		186.	A ○	B ○	C ○	D ○		187.	A ○	B ○	C ○	D ○
188.	A ○	B ○	C ○	D ○		189.	A ○	B ○	C ○	D ○		190.	A ○	B ○	C ○	D ○
191.	A ○	B ○	C ○	D ○		192.	A ○	B ○	C ○	D ○		193.	A ○	B ○	C ○	D ○
194.	A ○	B ○	C ○	D ○		195.	A ○	B ○	C ○	D ○						

사회복지실천기술 문제-답안지

이름:_____ 날짜:_____ 관리: 1, 2, 3

    각 문항에서 정-오답이거나, 객관식 문제에서 가장 적합한 답을 선택하여 문자 아래의 동그라미에 표시하시오(1-130문항까지).

1.	A B C D ○ ○ ○ ○	2.	A B C D ○ ○ ○ ○	3.	A B C D ○ ○ ○ ○
4.	A B C D ○ ○ ○ ○	5.	A B C D ○ ○ ○ ○	6.	A B C D ○ ○ ○ ○
7.	A B C D ○ ○ ○ ○	8.	A B C D ○ ○ ○ ○	9.	A B C D ○ ○ ○ ○
10.	A B C D ○ ○ ○ ○	11.	A B C D ○ ○ ○ ○	12.	A B C D ○ ○ ○ ○
13.	A B C D ○ ○ ○ ○	14.	A B C D ○ ○ ○ ○	15.	A B C D ○ ○ ○ ○
16.	A B C D ○ ○ ○ ○	17.	A B C D ○ ○ ○ ○	18.	A B C D ○ ○ ○ ○
19.	A B C D ○ ○ ○ ○	20.	A B C D ○ ○ ○ ○	21.	A B C D ○ ○ ○ ○
22.	A B C D ○ ○ ○ ○	23.	A B C D ○ ○ ○ ○	24.	A B C D ○ ○ ○ ○
25.	A B C D ○ ○ ○ ○	26.	A B C D ○ ○ ○ ○	27.	A B C D ○ ○ ○ ○
28.	A B C D ○ ○ ○ ○	29.	A B C D ○ ○ ○ ○	30.	A B C D ○ ○ ○ ○
31.	A B C D ○ ○ ○ ○	32.	A B C D ○ ○ ○ ○	33.	A B C D ○ ○ ○ ○
34.	A B C D ○ ○ ○ ○	35.	A B C D ○ ○ ○ ○	36.	A B C D ○ ○ ○ ○
37.	A B C D ○ ○ ○ ○	38.	A B C D ○ ○ ○ ○	39.	A B C D ○ ○ ○ ○
40.	A B C D ○ ○ ○ ○	41.	A B C D ○ ○ ○ ○	42.	A B C D ○ ○ ○ ○
43.	A B C D ○ ○ ○ ○	44.	A B C D ○ ○ ○ ○	45.	A B C D ○ ○ ○ ○
46.	A B C D ○ ○ ○ ○	47.	A B C D ○ ○ ○ ○	48.	A B C D ○ ○ ○ ○
49.	A B C D ○ ○ ○ ○	50.	A B C D ○ ○ ○ ○	51.	A B C D ○ ○ ○ ○
52.	A B C D ○ ○ ○ ○	53.	A B C D ○ ○ ○ ○	54.	A B C D ○ ○ ○ ○
55.	A B C D ○ ○ ○ ○	56.	A B C D ○ ○ ○ ○	57.	A B C D ○ ○ ○ ○

	A	B	C	D			A	B	C	D			A	B	C	D
58.	○	○	○	○		59.	○	○	○	○		60.	○	○	○	○
61.	○	○	○	○		62.	○	○	○	○		63.	○	○	○	○
64.	○	○	○	○		65.	○	○	○	○		66.	○	○	○	○
67.	○	○	○	○		68.	○	○	○	○		69.	○	○	○	○
70.	○	○	○	○		71.	○	○	○	○		72.	○	○	○	○
73.	○	○	○	○		74.	○	○	○	○		75.	○	○	○	○
76.	○	○	○	○		77.	○	○	○	○		78.	○	○	○	○
79.	○	○	○	○		80.	○	○	○	○		81.	○	○	○	○
82.	○	○	○	○		83.	○	○	○	○		84.	○	○	○	○
85.	○	○	○	○		86.	○	○	○	○		87.	○	○	○	○
88.	○	○	○	○		89.	○	○	○	○		90.	○	○	○	○
91.	○	○	○	○		92.	○	○	○	○		93.	○	○	○	○
94.	○	○	○	○		95.	○	○	○	○		96.	○	○	○	○
97.	○	○	○	○		98.	○	○	○	○		99.	○	○	○	○
100.	○	○	○	○		101.	○	○	○	○		102.	○	○	○	○
103.	○	○	○	○		104.	○	○	○	○		105.	○	○	○	○
106.	○	○	○	○		107.	○	○	○	○		108.	○	○	○	○
109.	○	○	○	○		110.	○	○	○	○		111.	○	○	○	○
112.	○	○	○	○		113.	○	○	○	○		114.	○	○	○	○
115.	○	○	○	○		116.	○	○	○	○		117.	○	○	○	○
118.	○	○	○	○		119.	○	○	○	○		120.	○	○	○	○

	A	B	C	D			A	B	C	D			A	B	C	D
121.	○	○	○	○		122.	○	○	○	○		123.	○	○	○	○
124.	○	○	○	○		125.	○	○	○	○		126.	○	○	○	○
127.	○	○	○	○		128.	○	○	○	○		129.	○	○	○	○
130.	○	○	○	○												

각 문자 아래에 있는 동그라미에 표기하는 것으로서 사회복지실천기술 질문지의 각 문항에 가장 적절한 답을 고르시오(131-172문항까지).

1=만족하지 않는다. 2=낮은 편이다. 3=만족한다. 4=능숙하다.

	A	B	C	D			A	B	C	D			A	B	C	D
131.	○	○	○	○		132.	○	○	○	○		133.	○	○	○	○
134.	○	○	○	○		135.	○	○	○	○		136.	○	○	○	○
137.	○	○	○	○		138.	○	○	○	○		139.	○	○	○	○
140.	○	○	○	○		141.	○	○	○	○		142.	○	○	○	○
143.	○	○	○	○		144.	○	○	○	○		145.	○	○	○	○
146.	○	○	○	○		147.	○	○	○	○		148.	○	○	○	○
149.	○	○	○	○		150.	○	○	○	○		151.	○	○	○	○
152.	○	○	○	○		153.	○	○	○	○		154.	○	○	○	○
155.	○	○	○	○		156.	○	○	○	○		157.	○	○	○	○
158.	○	○	○	○		159.	○	○	○	○		160.	○	○	○	○
161.	○	○	○	○		162.	○	○	○	○		163.	○	○	○	○
164.	○	○	○	○		165.	○	○	○	○		166.	○	○	○	○
167.	○	○	○	○		168.	○	○	○	○		169.	○	○	○	○
170.	○	○	○	○		171.	○	○	○	○		172.	○	○	○	○

각 문자 아래에 있는 동그라미에 표기하는 것으로서 사회복지실천기술 질문지의 각 문항에 가장 적절한 답을 고르시오(173-195문항까지).

1=만족하지 않는다. 2=낮은 편이다. 3=만족한다. 4=능숙하다.

173.	A B C D ○ ○ ○ ○	174.	A B C D ○ ○ ○ ○	175.	A B C D ○ ○ ○ ○
176.	A B C D ○ ○ ○ ○	177.	A B C D ○ ○ ○ ○	178.	A B C D ○ ○ ○ ○
179.	A B C D ○ ○ ○ ○	180.	A B C D ○ ○ ○ ○	181.	A B C D ○ ○ ○ ○
182.	A B C D ○ ○ ○ ○	183.	A B C D ○ ○ ○ ○	184.	A B C D ○ ○ ○ ○
185.	A B C D ○ ○ ○ ○	186.	A B C D ○ ○ ○ ○	187.	A B C D ○ ○ ○ ○
188.	A B C D ○ ○ ○ ○	189.	A B C D ○ ○ ○ ○	190.	A B C D ○ ○ ○ ○
191.	A B C D ○ ○ ○ ○	192.	A B C D ○ ○ ○ ○	193.	A B C D ○ ○ ○ ○
194.	A B C D ○ ○ ○ ○	195.	A B C D ○ ○ ○ ○		

사회복지실천기술 문제-답안지

이름:_____날짜:_____ 관리: 1, 2, 3

각 문항에서 정-오답이거나, 객관식 문제에서 가장 적합한 답을 선택하여 문자 아래의 동그라미에 표시하시오(1-130문항까지).

1.	A B C D ○ ○ ○ ○	2.	A B C D ○ ○ ○ ○	3.	A B C D ○ ○ ○ ○
4.	A B C D ○ ○ ○ ○	5.	A B C D ○ ○ ○ ○	6.	A B C D ○ ○ ○ ○
7.	A B C D ○ ○ ○ ○	8.	A B C D ○ ○ ○ ○	9.	A B C D ○ ○ ○ ○
10.	A B C D ○ ○ ○ ○	11.	A B C D ○ ○ ○ ○	12.	A B C D ○ ○ ○ ○
13.	A B C D ○ ○ ○ ○	14.	A B C D ○ ○ ○ ○	15.	A B C D ○ ○ ○ ○
16.	A B C D ○ ○ ○ ○	17.	A B C D ○ ○ ○ ○	18.	A B C D ○ ○ ○ ○
19.	A B C D ○ ○ ○ ○	20.	A B C D ○ ○ ○ ○	21.	A B C D ○ ○ ○ ○

22.	A ○ B ○ C ○ D ○		23.	A ○ B ○ C ○ D ○		24.	A ○ B ○ C ○ D ○
25.	A ○ B ○ C ○ D ○		26.	A ○ B ○ C ○ D ○		27.	A ○ B ○ C ○ D ○
28.	A ○ B ○ C ○ D ○		29.	A ○ B ○ C ○ D ○		30.	A ○ B ○ C ○ D ○
31.	A ○ B ○ C ○ D ○		32.	A ○ B ○ C ○ D ○		33.	A ○ B ○ C ○ D ○
34.	A ○ B ○ C ○ D ○		35.	A ○ B ○ C ○ D ○		36.	A ○ B ○ C ○ D ○
37.	A ○ B ○ C ○ D ○		38.	A ○ B ○ C ○ D ○		39.	A ○ B ○ C ○ D ○
40.	A ○ B ○ C ○ D ○		41.	A ○ B ○ C ○ D ○		42.	A ○ B ○ C ○ D ○
43.	A ○ B ○ C ○ D ○		44.	A ○ B ○ C ○ D ○		45.	A ○ B ○ C ○ D ○
46.	A ○ B ○ C ○ D ○		47.	A ○ B ○ C ○ D ○		48.	A ○ B ○ C ○ D ○
49.	A ○ B ○ C ○ D ○		50.	A ○ B ○ C ○ D ○		51.	A ○ B ○ C ○ D ○
52.	A ○ B ○ C ○ D ○		53.	A ○ B ○ C ○ D ○		54.	A ○ B ○ C ○ D ○
55.	A ○ B ○ C ○ D ○		56.	A ○ B ○ C ○ D ○		57.	A ○ B ○ C ○ D ○
58.	A ○ B ○ C ○ D ○		59.	A ○ B ○ C ○ D ○		60.	A ○ B ○ C ○ D ○
61.	A ○ B ○ C ○ D ○		62.	A ○ B ○ C ○ D ○		63.	A ○ B ○ C ○ D ○
64.	A ○ B ○ C ○ D ○		65.	A ○ B ○ C ○ D ○		66.	A ○ B ○ C ○ D ○
67.	A ○ B ○ C ○ D ○		68.	A ○ B ○ C ○ D ○		69.	A ○ B ○ C ○ D ○
70.	A ○ B ○ C ○ D ○		71.	A ○ B ○ C ○ D ○		72.	A ○ B ○ C ○ D ○
73.	A ○ B ○ C ○ D ○		74.	A ○ B ○ C ○ D ○		75.	A ○ B ○ C ○ D ○
76.	A ○ B ○ C ○ D ○		77.	A ○ B ○ C ○ D ○		78.	A ○ B ○ C ○ D ○
79.	A ○ B ○ C ○ D ○		80.	A ○ B ○ C ○ D ○		81.	A ○ B ○ C ○ D ○
82.	A ○ B ○ C ○ D ○		83.	A ○ B ○ C ○ D ○		84.	A ○ B ○ C ○ D ○

85.	A ○ B ○ C ○ D ○		86.	A ○ B ○ C ○ D ○		87.	A ○ B ○ C ○ D ○
88.	A ○ B ○ C ○ D ○		89.	A ○ B ○ C ○ D ○		90.	A ○ B ○ C ○ D ○
91.	A ○ B ○ C ○ D ○		92.	A ○ B ○ C ○ D ○		93.	A ○ B ○ C ○ D ○
94.	A ○ B ○ C ○ D ○		95.	A ○ B ○ C ○ D ○		96.	A ○ B ○ C ○ D ○
97.	A ○ B ○ C ○ D ○		98.	A ○ B ○ C ○ D ○		99.	A ○ B ○ C ○ D ○
100.	A ○ B ○ C ○ D ○		101.	A ○ B ○ C ○ D ○		102.	A ○ B ○ C ○ D ○
103.	A ○ B ○ C ○ D ○		104.	A ○ B ○ C ○ D ○		105.	A ○ B ○ C ○ D ○
106.	A ○ B ○ C ○ D ○		107.	A ○ B ○ C ○ D ○		108.	A ○ B ○ C ○ D ○
109.	A ○ B ○ C ○ D ○		110.	A ○ B ○ C ○ D ○		111.	A ○ B ○ C ○ D ○
112.	A ○ B ○ C ○ D ○		113.	A ○ B ○ C ○ D ○		114.	A ○ B ○ C ○ D ○
115.	A ○ B ○ C ○ D ○		116.	A ○ B ○ C ○ D ○		117.	A ○ B ○ C ○ D ○
118.	A ○ B ○ C ○ D ○		119.	A ○ B ○ C ○ D ○		120.	A ○ B ○ C ○ D ○
121.	A ○ B ○ C ○ D ○		122.	A ○ B ○ C ○ D ○		123.	A ○ B ○ C ○ D ○
124.	A ○ B ○ C ○ D ○		125.	A ○ B ○ C ○ D ○		126.	A ○ B ○ C ○ D ○
127.	A ○ B ○ C ○ D ○		128.	A ○ B ○ C ○ D ○		129.	A ○ B ○ C ○ D ○
130.	A ○ B ○ C ○ D ○						

각 문자 아래에 있는 동그라미에 표기하는 것으로서 사회복지실천기술 질문지의 각 문항에 가장 적절한 답을 고르시오(131-172문항까지).

1＝만족하지 않는다. 2＝낮은 편이다. 3＝만족한다. 4＝능숙하다.

131.	A ○ B ○ C ○ D ○		132.	A ○ B ○ C ○ D ○		133.	A ○ B ○ C ○ D ○
134.	A ○ B ○ C ○ D ○		135.	A ○ B ○ C ○ D ○		136.	A ○ B ○ C ○ D ○

137.	A ○	B ○	C ○	D ○		138.	A ○	B ○	C ○	D ○		139.	A ○	B ○	C ○	D ○
140.	A ○	B ○	C ○	D ○		141.	A ○	B ○	C ○	D ○		142.	A ○	B ○	C ○	D ○
143.	A ○	B ○	C ○	D ○		144.	A ○	B ○	C ○	D ○		145.	A ○	B ○	C ○	D ○
146.	A ○	B ○	C ○	D ○		147.	A ○	B ○	C ○	D ○		148.	A ○	B ○	C ○	D ○
149.	A ○	B ○	C ○	D ○		150.	A ○	B ○	C ○	D ○		151.	A ○	B ○	C ○	D ○
152.	A ○	B ○	C ○	D ○		153.	A ○	B ○	C ○	D ○		154.	A ○	B ○	C ○	D ○
155.	A ○	B ○	C ○	D ○		156.	A ○	B ○	C ○	D ○		157.	A ○	B ○	C ○	D ○
158.	A ○	B ○	C ○	D ○		159.	A ○	B ○	C ○	D ○		160.	A ○	B ○	C ○	D ○
161.	A ○	B ○	C ○	D ○		162.	A ○	B ○	C ○	D ○		163.	A ○	B ○	C ○	D ○
164.	A ○	B ○	C ○	D ○		165.	A ○	B ○	C ○	D ○		166.	A ○	B ○	C ○	D ○
167.	A ○	B ○	C ○	D ○		168.	A ○	B ○	C ○	D ○		169.	A ○	B ○	C ○	D ○
170.	A ○	B ○	C ○	D ○		171.	A ○	B ○	C ○	D ○		172.	A ○	B ○	C ○	D ○

각 문자 아래에 있는 동그라미에 표기하는 것으로서 사회복지실천기술 질문지의 각 문항에 가장 적절한 답을 고르시오(173-195문항까지).

1＝만족하지 않는다. 2＝낮은 편이다. 3＝만족한다. 4＝능숙하다.

173.	A ○	B ○	C ○	D ○		174.	A ○	B ○	C ○	D ○		175.	A ○	B ○	C ○	D ○
176.	A ○	B ○	C ○	D ○		177.	A ○	B ○	C ○	D ○		178.	A ○	B ○	C ○	D ○
179.	A ○	B ○	C ○	D ○		180.	A ○	B ○	C ○	D ○		181.	A ○	B ○	C ○	D ○
182.	A ○	B ○	C ○	D ○		183.	A ○	B ○	C ○	D ○		184.	A ○	B ○	C ○	D ○
185.	A ○	B ○	C ○	D ○		186.	A ○	B ○	C ○	D ○		187.	A ○	B ○	C ○	D ○
188.	A ○	B ○	C ○	D ○		189.	A ○	B ○	C ○	D ○		190.	A ○	B ○	C ○	D ○

191.	A ○	B ○	C ○	D ○		192.	A ○	B ○	C ○	D ○		193.	A ○	B ○	C ○	D ○
194.	A ○	B ○	C ○	D ○		195.	A ○	B ○	C ○	D ○						

찾아보기